예루살렘

Jerusalem
by Thomas A. Idinopulos

Copyright © 1991, 1994 by Thomas A. Idinopulos.
All rights reserved
Korean translation copyright © 2002 by Greenbee Publishing Company.
This edition is published by arrangement with
Ivan R. Dee, Incorporated, Chicago
through Korea Copyright Center, Seoul

이 책의 한국어판 저작권은 한국저작권센터(KCC)를 통한
저작권자와의 독점 계약으로 도서출판 그린비에 있습니다.
저작권법에 의해 한국 내에서 보호를 받는 저작물이므로
무단전재와 무단복제를 금합니다.

유대교, 그리스도교, 이슬람교의 투쟁을 통해서 본
가장 거룩한 도시의 역사

예루살렘

토마스 이디노풀로스 지음
이동진 옮김

gB
그린비

예루살렘
C O N T E N T S

서문　7
축복받은 예루살렘, 저주받은 예루살렘

1부 유태인 역사에서 본 예루살렘의 의미
1. 시온, 다윗의 도시　43
2. 파괴된 성전　83
3. 시온으로의 귀환　131

2부 그리스도교인들의 분쟁과 축복으로 얼룩진 예루살렘 역사
4. 예수의 발자취들　181
5. 신의 뜻입니다!　219
6. 그리스도의 무덤은 누구 것인가?　262

3부 이슬람 역사에서 본 예루살렘의 거룩함
7. 이슬람, 예루살렘에서 이기다　293
8. 전갈로 가득 찬 황금그릇　335
9. 오스만의 무관심　366

4부 예루살렘의 미래, 분할이냐 통합이냐
10. 탄생과 배반 – 예루살렘을 향한 투쟁, 1917~1967　393

보론　439
이스라엘의 팔레스타인 침공, 어떻게 볼 것인가?

부록　465
중동지역 약사 / 왕계표 / 참고연표 / 참고문헌 / 찾아보기

일러두기

1. 히브리어 및 아랍어의 경우 현재 우리나라는 물론 영어권 지역에서도 공통된 표기 원칙이 마련되어 있지 않다. 이 책에서는 일관된 표기를 위해 『브리태니커 백과사전』을 참조했으며, 특히 아랍어 장모음은 (ˊ), (ˋ)를 사용하여 표시했다.

2. 원서는 고대부터 1967년 이전까지 예루살렘과 중동지역의 역사를 다루고 있다. 1967년 이후 이 지역 현대사에 대한 독자들의 심층적인 이해를 돕기 위해 보론으로 한국 외국어대학교 아랍어과 홍순남 교수의 「이스라엘의 팔레스타인 침공, 어떻게 볼 것인가?」를 실었다. 부록으로 실은 '중동지역 약사', '왕계표', '참고연표'는 원서에는 없는 것으로 옮긴이가 독자들의 이해를 돕기 위해 따로 정리한 것이다.

3. Christianity를 우리말로 옮기면 기독교, 그리스도교이다. 따라서 기독교라고 하든 그리스도교라고 하든 그것은 가톨릭, 정교, 개신교 등을 모두 포괄하는 말이다. 그러나 우리나라에서는 기독교라고 하면 개신교만을 가리키는 것으로 오해하는 경우가 많기 때문에 이 책에서는 혼란을 피하기 위해 기독교 대신 그리스도교라고 표기했다.

4. 본문에 인용된 성경구절은 『공동번역 성서』(대한성서공회, 1999년)의 번역을 그대로 따랐다.

5. 본문에 나오는 주석은 모두 원저자주가 아닌 역자주이다.

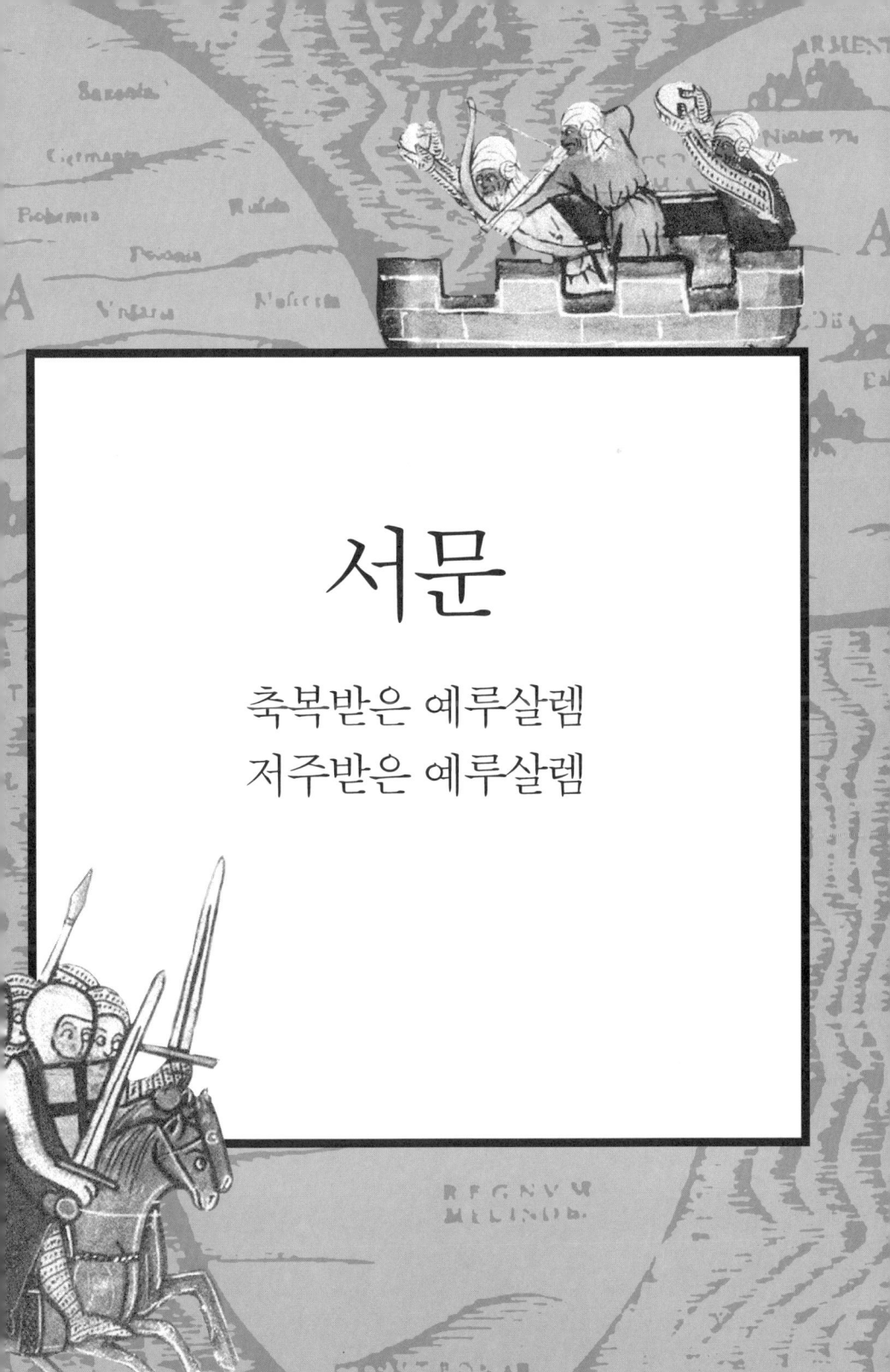

서문

축복받은 예루살렘
저주받은 예루살렘

축복받은 예루살렘, 저주받은 예루살렘

아리엘(Ariel)⁺, 다윗의 도시, 시온(Zion)⁺⁺, 신의 동산, 이 모두가 예루살렘을 가리키는 말이다. 언덕 위에 놓인 자그마한, 먼지투성이 도시에 왜 이런 고귀한 이름들이 붙었을까? 신앙심 깊은 사람들이 예루살렘을 천국과 이 세계를 연결시켜 주는 곳이라고 선전해 왔기 때문일까? 오랜 동안 수많은 유태인, 그리스도교인, 무슬림들이 신의 말씀을 듣고자 세계 각지에서 이곳으로 몰려들었다. 그리고 지금도 그 행렬은 끊이지 않고 있다. 이 책은 이 역사 깊은 종교들이 어떻게 예루살렘을 불멸의 성지로 만들어 왔는지를 이야기해 준다.

    이 책은 또한 수세기 동안 예루살렘을 끔찍하고 참담하게 만든, 인간들의 피비린내 나는 전쟁사이기도 하다. 여기에서는 종교와 전쟁을 떼어놓을 수가 없다. 경건함과 붉은 피, 믿음, 전투, 이런 것들은 3천 년이 넘는 지난 세월 동안 이곳에 공존해 왔다. 오늘날 무슬림과 유태인, 그리스도교인, 또는 이스라엘인들과 팔레스타인 사람들은 그들 각자의

✛ 예루살렘의 다른 이름으로서 이사야서 29장 1절에 나오는 말. 하느님의 화로(火爐)라는 뜻으로, 제사를 지낼 때 동물들을 희생제물로 바치기 위한 화로를 의미한다. 즉 이스라엘인들이 예루살렘의 성전에 모여 하느님께 제사지냈음을 비유하여 붙여진 이름이다.
✛✛ 다윗이 예부스(Jebus)인들로부터 빼앗은 요새화된 언덕의 이름. 다윗은 이곳에 자신의 왕궁을 건설했다.

구역에 따로 떨어져 살면서, 맞은 편의 상대방을 의심에 찬 눈초리로 쳐다보고 있다. 이름 자체가 평화를 의미한다는 예루살렘이란 곳에서 허구한 날 피부로 느껴지는 종교와 민족의 대립감정은 도대체 무엇 때문일까?

파괴와 불신과 고통은 예루살렘 문제를 낳아 왔다. 이 문제는 성스러운 땅의 거룩한 도시에 평화와 정의를 심어놓으려고 노력하는 외교관들을 괴롭히고 있지만, 몇 가지 근본적인 질문에 대한 해답이 구해지기 전까지 이 문제는 풀리지 않는다. 누가 예루살렘을 다스려야 하는가? 유태인인가, 아랍인인가? 예루살렘은 이들간에 분할되어야 하는가? 그렇게 되고 나면 이제껏 염원하던 평화가 과연 오는 걸까 아니면 또다른 전쟁이 터지는 걸까? 예루살렘 문제가 해결되면 아랍과 이스라엘 사이의 모든 쟁점이 다 풀리는 건가? 이 책은 이런 질문들에 대한 해답을 구해보고자 한다.

기원전 8세기 말에 활동한 히브리(Hebrew)✦ 예언자이자 시인인 이사야만큼 예루살렘 문제를 잘 예견한 사람도 없다. 낙관론자였던 그는

✦ 『구약성경』에 따르면 이스라엘 민족의 조상 아브라함은 지금의 이라크 지방에서 하느님의 계시를 받아 가나안 지역으로 이주했는데, 이는 기원전 약 20~19세기경 고대사에 등장하는 하비루(Habiru) 민족의 이동 과정을 설명해 준다. 이들은 가나안 지역에서 살다가 기원전 19~18세기경에는 일부(『구약성경』 창세기에 나오는 야콥의 아들 12명과 그 가족들)가 이집트로 이주한 듯하다. 그리고 오랜 노예생활 끝에 기원전 13세기경 모세의 인도로 이집트에서 나와 가나안에 정착했으며, 조상 야콥의 별명 이스라엘을 자신들의 이름으로 썼다. 12지파 중 유다(Judah) 지파는 가나안 남부의 유대(Judea)라 불리게 될 땅을 받았으며, 얼마 후 다윗 왕가를 배출하는 등 번영했으나, 솔로몬 왕 사후에 유다 지파와 베냐민 지파를 제외한 나머지 북부지파들과 분리되었다. 그후 북부지파들의 나라 이스라엘이 먼저 망하고, 남쪽의 유대만이 남았다가 150년 후 이들 또한 바빌로니아에 의해 망하고 그곳으로 끌려갔다(바빌론 유수). 얼마 후 페르시아의 등장과 함께 고향으로 돌아온 유대인들이 히브리인의 계승자로 다시 뭉쳐 살아갔는데, 이들을 쥬(Jew)라고 부르게 되었다. 아람어로 유대 지방의 사람들이란 뜻을 가진 예후딤(Jehudim)의 영어식 발음이 바로 쥬이다. 여기에서는 이스라엘 12지파의 하나인 유다 지파의 사람들과 솔로몬 이후 분열된 유대 왕국의 백성들을 유대인이라 하고, 이들과 바빌로니아에서 돌아와 히브리인의 명맥을 이어간 유대인들을 구분하기 위해 후자를 흔히 쓰는 한자어 유태인(猶太人)이라 하겠다.

세상의 파멸을 예언하는 동시에 메시아를 통한 미래의 구원이 예루살렘 언덕에서 이루어질 것이라고 말했다. 그리하여 언젠가 모든 나라가 전쟁을 그만두고 시온이라 불리는 그 언덕에 모여 화해할 것이라고 예견했다. 천국의 동산인 그 시온으로부터 정의로운 신의 시대가 도래할 것이라고. 이사야의 말을 직접 들어보자.

> 장차, 어느 날엔가 야훼의 집이 서 있는 산이 모든 멧부리 위에 우뚝 서고, 모든 언덕 위에 드높이 솟아 만국이 그리로 물밀듯이 밀려 들리라. / 법은 시온에서 나오고, 야훼의 말씀은 예루살렘에서 나오느니. 그가 민족 간의 분쟁을 심판하시고 나라 사이의 분규를 조정하시리니, 나라마다 칼을 쳐서 보습을 만들고, 창을 쳐서 낫을 만들리라. 민족들은 칼을 들고 서로 싸우지 않을 것이며.
>
> ─ 이사야 2 : 2, 4

이사야는 영원한 평화에 대한 염원에도 불구하고 예루살렘에는 언제나 싸움이 끊이질 않는다는 것을 알고 있었다. 이런 모순은 예루살렘의 경관에서도 볼 수 있다. 예루살렘의 동쪽에는 유대 사막으로 이어지는 언덕이 자리잡고 있는데, 이 사막은 메마른 갈색 황무지로서, 세상에서 가장 수심이 깊고 가장 소금기가 많은 사해(死海)까지 이어진다. 반면, 서쪽으로는 70킬로미터 밖의 지중해에서 불어오는 습기찬 바람으로부터 도시를 식혀주는 울창한 푸른 소나무 숲이 있다. 모든 예언자, 사제, 순례자, 왕, 그리고 정복자는 누구나 한번씩 이 언덕에 올라가 보았다. 예루살렘에 들어서면 그 누구든 이 언덕에 올라 신이 자신의 거주지로 택한 곳을 한번 바라보지 않을 수 없다. 언덕이라고 해봐야 사실 평지보다 조금 높은 정도지만, 그 언덕엔 가장 귀하고 가장 두려운 이름들이 붙여져 있다. 구세주가 나타나실 올리브(Olive) 산, 주님의 계율이 퍼져 나갈 시온 산, 아브라함이 아들 이사악을 희생제물로 바치려던 모리야(Moriah) 산, 대제사장 가야파(Caiaphas)가 예수를 단죄한 모략의 동산, 솔로몬 왕이 이교도 왕비를 즐겁게 해주려고 우상을 만들어 신을 모욕한 부정한 언덕.

언덕 아래로 난 계곡들을 보면 인간의 잘못에 대한 신의 징벌을 확연히 느낄 수 있다. 우선 겐나(Ghenna) 계곡이 있는데, 이곳은 화난 몰로크(Moloch) 신을 달래기 위해 갓 태어난 아기들을 제물로 바쳤다는 전설을 가진 지옥의 계곡이다. 겐나 계곡 맞은 편에는 사악한 인간들이 심판의 날에 저주받을 곳이라는 여호소팟(Jehosophat) 계곡이 있다. 그 두 계곡 사이엔 키드론(Kidron) 계곡이 있는데, 이곳은 예수가 제자들에게 "세상 사람들이 다 너희들을 미워하더라도, 그보다 먼저 나를 미워했었다는 걸 잊지 마라"고 주의를 주었던 곳이다.

이것이 기원전부터 지금까지 약 30세기 동안 포위되고, 방어되고, 정복당하고, 파괴되었다가 다시 건축되기를 40차례나, 그것도 모두 신의 이름으로 그랬던 도시의 윤곽이다. 하지만 이사야의 예언은 헛된 말이 아니었다. 민족, 신앙, 문화 간의 피비린내 나는 분쟁에도 불구하고, 예루살렘에는 불굴의 신앙과 좋은 뜻을 가진 사람들이 모여든다. 이 도시는 그 장구한 역사의 폐허 위로 우뚝 솟아있다. 여기에서 오래 산 사람들은 이곳 언덕에서 정의나 평화, 화합의 분위기를 자연스럽게 느끼며, 매년 이곳을 찾는 목마른 영혼들은 그런 구호들을 믿는다. 지나온 험난한 역사에도 불구하고, 예루살렘에는 신앙인들을 편안하게 만드는 무엇인가가 있는 듯하다.

도대체 무엇 때문에 사람들은 이곳을 찾는 것일까? 이 성스러울 수 없는 도시에 성소(聖所)라고 하는 언덕이나 계곡, 성전이나 교회, 유대교

회당, 이슬람 사원, 그리고 무덤들에는 어떤 영묘한 기운이 있는 것일까? 지난 17년간 예루살렘 구석구석을 다 다니며 내 자신에게 묻던 말들이다. 예루살렘을 돌아다니며 나는 서구의 도시들이 여러 기능에 맞게 실질적이며 세속적으로 근대화되어 온 반면, 이 도시는 전통적인 방식을 고수하고 있다는 사실을 알게 되었다. 이곳에서는 종교가 여러 문화적 기능의 일부로서 보조적인 역할을 하는 게 아니다. 예루살렘인들은 종교가 사사로운 일이라거나, 개인 감정에 속한 주관적인 것이란 말을 들으면 냉소한다. 이들은 죄악이나 심판, 은혜, 또는 천국이나 지옥에 대한 신앙을 순수히 심리적인 것이며, 걱정과 고통과 무지에서 비롯된 인간적인 반응이라고 정의한 마르크스나 프로이트[+]를 비난한다. 예루살렘인들에게 있어서 종교적 믿음은 인간의 마음에서 나오는 것이 아니라, 돌과 빛에서 느껴지는 성스러움에 대한 반응이다. 신앙이란 거룩한 존재에 대해 독창적이고 광신적으로 온 몸을 다 던지는 꾸준한 반응이라는 것이다. 세상에서 둘도 없는 장소인 예루살렘에서 기도란 '보는 것'의 한 형태다.

무엇을 보는 걸까? 이에 대한 답을 찾으려면 우린 먼 훗날로 되돌아가야 한다. 이사야가 그렇게 부르기 훨씬 전부터 이미 예루살렘은 시온, 즉 신의 동산이었다. 이사야 이전에, 더 나아가 다윗 왕(그는 잘 알려지지 않았던 예부스라는 요새를 세상에 드러냈다) 이전에도, 이미 이곳엔 가나안인들이 살고 있었다.

가나안인들은 예루살렘이란 곳이 좀 이상하다는 걸 알고 있었다. 그들은 석회암이 삐죽이 드러나 있는 어떤 작은 언덕 위에서 태양의 힘과 신비를 느낄 수 있었던 것이다. 이곳에서 가나안의 우상숭배자들은

[+] 마르크스와 프로이트는 둘 다 공교롭게도 유태인이었다.

추분(秋分)이 되면 태양이 그들 바로 앞에 떠서 바로 등 뒤로 진다는 걸 알게 되었다. 그들이 보기에는 이곳이 바로 세상의 축, 다시 말해 하늘과 땅이 만나는 곳이었고, 언덕 위에 있는 커다란 바위는 빛과 따스함의 근원이었다. 따라서 그들이 숭배하는 태양신 샤하르(Shahar ; 일출의 신)와 샬림(Shalim ; 일몰의 신)의 거주지는 이곳이 아닐 수 없었다.

바로 그 샬림, 또는 샬렘(Shalem)이 예루살렘에게 그의 이름을 주었다. 예루-샬렘(Jeru-Shalem)이란 '샬렘 신의 집'이라는 뜻이다. 하지만 샬렘은 불쌍하게도 그의 숭배자들이 우상이라면 치를 떠는 이스라엘 민족에게 패배하자 자신의 거처를 잃고 말았다. 기원전 13세기, 이스라엘인들이 가나안에 등장한 뒤, 그들은 샬렘이란 단어와 평화라는 뜻의 히브리어 샬롬(Shalom)을 혼동하게 되었다. 그 이후 예루살렘은 '평화의 도시'라고 잘못 알려지게 된다. 평화의 도시라니, 역사는 옛 사람들의 실수를 조롱거리로 만들고 말았다!

이스라엘인들 역시 가나안인들이 숭배했었다는 이유만으로도 예루살렘의 언덕에 솟아있는 신성한 바위에 눈길을 주지 않을 수 없었다. 『구약성경』은 유일신에 대한 예견으로 유명한 예루살렘의 제관이자 통치자 멜기세덱(Melchisedek)에 대한 이야기를 통해 이 두 민족간의 관계를 극적으로 들려준다. 그 이야기에 의하면, 멜기세덱은 예루살렘 언덕의 바위 위에 서서 가장 위대한 신인 엘 엘리온(El Elyon)에게 제사를 바쳤는데, 이스라엘인들은 이보다 간단히 엘로힘(Elohim)*이라는 말을 택하여 자신들 주님(Lord)의 이름으로 썼다. 나중에 아브라함은 신의 뜻에 순종, 모리야라 불리는 그 신성한 바위 위에 그의 아들 이사악을 묶어 제물로 바치려 하기도 했다. 훗날 모리야 바위는 솔로몬 왕이 성전을 지을 때 그 초석이 되었다. 이 귀중한 바위는 유대교와 그 분파라 할 수 있는 그리스도교 및 이슬람교 사이를 잇는 끈끈한 연결고리가 된다. 바로 그 유태인들의 성전에서 예수는 하늘나라가 오기 전 예루살렘이 파괴될 것을 예고했다. 그리고 예수 이후 6백년 뒤, 유태인들의 성전은 폐허가 되었으나, 팔레스타인을 점령한 이슬람 정복자들은 아브라함이 아들 이사악을 희생하려 했던 그 바위를 매우 거룩하게 여겨 그 위에 멋진 팔각형의 사원을 짓고, '바위 돔 사원'(Dome of The Rock)이라 불렀다.

이 바위는 예루살렘의 종교들을 한데 모이게 만들기도 하지만, 동시에 세계적인 신앙의 상징이기도 하다. 어떤 유명한 중세의 세계지도는 예루살렘과 솔로몬의 성전이 세계의 중심을 차지하고, 이로부터 유럽, 아프리카, 아시아 대륙이 꽃잎처럼 퍼져 있는 모습을 하고 있다. 이는 바로 예루살렘을 중심으로 한 세상의 구원을 묘사한 것이기도 하다. 오늘날 예수의 무덤 앞에서 무릎을 꿇고 있는 순례자들이나, 성전의 서쪽벽(Western Wall, 통곡의 벽) 앞에서 기도하는 유태인들, 또 무슬림들의 기도를 이끄는 이슬람 지도자들을 보고 있노라면, 그 지도 제작자의 바람이 이루어진 것이 아닌가 싶기도 하다. 예루살렘은 문제도 많지만 여전히 구원의 근간을 이루는 곳이다. 이 도시에는 변함 없이 신앙인들의 마음을 편안하게 만들어 주는 무엇인가가 있기 때문이다.

모리야 바위는 사실 이 돌로 만들어진 도시에서 흔히 볼 수 있는 돌들 가운데 하나일 뿐이다. 그러나 그 바위가 언덕 위에 놓여지고, 코발트색 하늘과 순백의 빛이 그 위에 드리워지는 순간, 이 도시는 거룩한 모습

✦ 히브리어로 엘(El)은 신이라는 뜻을 가진다. 이스라-엘(Isra-el)이란 말도 아브라함의 손자 야곱이 꿈 속에서 하느님의 천사와 씨름을 했다는 의미로 신과 싸웠다는 의미를 가진다.『신약성경』의 복음서에서 예수가 십자가에 못박혀 숨을 거두기 전에 엘로이(Eloi)를 부르는 대목 역시 신을 의미한다. 성서상 히브리인들은 신을 YHWH(혹은 YHVH)로 표기했으며, 여기에 훗날 학자들이 모음을 붙인 것이 여호와(Jehovah) 또는 야훼(Yahweh 혹은 Yahveh)이다. 한편 무슬림들은 자신들의 유일신을 '알라'라고 부른다. 유대교, 그리스도교, 이슬람교가 공유하는 강력한 유일신 사상은 그 후 인류 역사를 바꿔놓을 정도였는데, 모두 하나의 신에 대한 다른 이름일지도 모르겠다. 이 세 종교가 배태된 곳 역시 예루살렘이다.

이 되어 사람들을 끌어안는다. 예루살렘은 새벽에 가장 신비한 모습이 된다. 이른 아침의 빛이 언덕을 비추기 시작하고 그 위의 바위를 황금빛으로 물들이면, 차들의 소음이 들리기 전까지 1시간 남짓한 시간 동안 하늘과 바위와 언덕이 함께 창조주에게 고요히 경의를 표한다. 그 언덕을 바라보고 있노라면, 우리는 저절로 신이 이 도시를 만들었음을 믿지 않을 수 없게 된다.

하나뿐인 신에 대한 믿음은 예루살렘에 사는 갖가지 민족들을 하나로 뭉치게 한다. 그들은 다만 그 믿음을 표현하는 방식, 다시 말하면 종교가 서로 다를 뿐이다. 신에 대한 믿음은 다 같지만, 사람들마다 언어가 다르고 세상을 바라보는 시각이 다르기 때문에 이 차이에서 각기 다른 종교가 태어난다. 한때 겐나 계곡에는 거대한 바위가 있어 가나안인들에게 우상으로 숭배되었다. 그들이 히브리인들에게 굴복하자, 이제 그 우상은 히브리인들의 전능한 신에게 그 자리를 넘겨주었다. 하지만 이 유일신 신앙이 다신론적 우상숭배를 정복한 지 1천 년 만에 그 유일신을 믿는 사람들간에는 세상을 구하러 유일신이 보낸 대리인이 누구인가를 놓고 다툼이 벌어졌다. 그리스도교 신앙은 그 와중에 태어났다. 얼마 후, 유태인이나 그리스도교인들에게 다 환영받지 못하던 예언자 무함마드(Muhammad)✛는 자신을 따르는 열성분자들을 모았고, 그의 사후에 그들은 예루살렘을 정복했다. 이슬람교의 승리를 자축하려는 듯, 무슬림들은 언덕 위의 성전 자리에 바위 돔 사원을 지었는데, 일부러 로마 제국의 콘스탄티누스(Constantinus) 황제가 지었던 골고다(Golgotha) 성당보다 더 높게 건축했다. 그리스도교와 이슬람교가 유대교에서 파생되는

✛ 표기 방식에 따라서 무하마드, 모하메드(Mohammed), 마호메트(Mahomet), 메메트(Mehmet) 등으로 다양하게 불리지만, 이 책에서는 원어 발음에 가장 가깝게 표기한 무함마드를 따르겠다.

과정은 피로 물든 고통에 찬 과정이었다. 새로 태어난 아기들은 겉모습은 엄마를 닮았지만, 속으로는 엄마를 무척 증오했다. 그리고 유대교 역시 자신의 배에서 나온 아이들을 경멸하며, 자신과의 관계를 부정했다. 이러니 이 세 유일신앙이 예루살렘에서 싸우게 되는 건 놀랄 일이 아니었다.

이런 투쟁이 나쁘다고 할 수는 없다. 만일 신이 예루살렘의 거룩한 바위를 두고 자신의 피조물들이 싸우는 게 싫었다면, 처음부터 자신이 머물 곳으로 그곳을 택하지 말았어야 했다. 오늘날 그 거룩한 도시에서 벌어지는 종교적 갈등을 한심하다고 비판하는 사람들은 우선 그곳을 거주지로 택한 신에게 먼저 항의해야 한다. 왜냐하면 우상숭배자든 유태인이든 그리스도교인이든 무슬림이든, 그 누구라도 자신들이 믿는 신의 거주지를 차지하기 위해서라면 형제하고라도 싸울 게 뻔하기 때문이다. 겉핥기식 신앙심을 가진 고상한 체하는 사람들을 제외하곤 누구나 신에 대한 애정으로 축복받은 예루살렘과 종교라는 형식에 의해 저주받은 예루살렘의 운명적인 모순을 쉽게 느낄 수 있다.

물론 모든 사람이 다 이렇게 느끼는 건 아니다. 영성신학(靈性神學)[+]을 믿는 어떤 메노파(Mennonite)[++] 신학자와의 대화가 기억난다. 그와 나는 같이 올리브 산을 걸어 올라가 유태인들의 성전과 수많은 이슬람 사원과 교회 들을 내려다보고는, 마지막으로 우리 앞에 펼쳐진 옛 도성의 모습을 쳐다보았다. 그는 불신에 가득찬 얼굴로 나를 돌아보며 말했

[+] 성서공부 및 개인적인 체험을 통해 성령을 느낄 수 있다고 믿으며, 그럼으로써 그리스도교인의 삶 속에서 예수의 삶을 재현해 보자는 운동 및 그런 방향의 연구.
[++] 16세기 초 종교개혁과 더불어 유럽에서 시작된 개신교의 일파. 유아 영세를 반대하고 종교와 정치의 분리를 주장했으며, 초기교회의 모습을 따라 단순하고 청결한 생활을 강조했다. 지금도 미국 산골에는 이들의 분파 에이미쉬(Amish)들이 모여 사는 곳이 있다.

다. "예루살렘은 바위들을 모아놓은 곳에 불과해요. 이 성전, 이 사원들 때문에 그 많은 피를 흘리다니, 쓸데없는 짓이에요." 아마 그 자리에 예언자 이사야가 같이 있었다면 영적인 은혜를 최우선으로 생각하는 그 그리스도교 신학자의 견해에 동감했을 것이다. 이사야도 일종의 영성신학 추종자였으니까.

하지만 이사야는 영혼이 육신과 떨어질 수 없음을 잘 알고 있었다. 가장 이상적인 꿈은 언제나 종교적이고 파벌적인 경향을 띠기 마련이다. 내 동료인 그 신학자는 그리스도교인, 유태인, 무슬림들에게 있어서 예루살렘의 바위는 바로 그들이 흘린 피 때문에 더욱 거룩한 곳이 될 수 있었다는 점을 간과하고 있는 것 같았다. 사제들과 예언자들은 혼자서 이곳으로 온 게 아니었다. 그들은 전사(戰士)들과 함께 도착했고, 전사들의 피가 처음 뿌려진 곳을 성소(聖所)로 만들었다. 그들은 힘과 권력에 집착하는 그들의 유일신을 닮아가고 있었다. 겐나 계곡의 우상신 제단에는 어린아이가 제물로 바쳐지지 않았던가? 아브라함도 신의 뜻에 따라 자신의 아들 이사악을 제물로 바치려 함으로써 모리야 바위를 거룩하게 만들지 않았던가? 그리스도교인들의 구원 또한 예수가 골고다 언덕에서 뿌린 피로 얻은 게 아니었던가? 무슬림들 역시 유태인들이나 그리스도교인들과 마찬가지로 신을 기쁘게 하기 위해 정의롭게 피 흘리는 성전, 즉 지하드(jihad)를 믿지 않던가? 바위는 그 위에 피가 뿌려질 때 가장 성스러워진다. 예루살렘은 성스러움, 희생, 그리고 뿌려진 피 위에 세워진 도시이다.

정말 많은 피가 뿌려졌다. 지난 3천 년 동안 선진적으로 문명화된 대부분의 민족들이 예루살렘의 주인으로, 또는 포로로 서로 자리를 바꾸어오기를 40여 차례, 그 와중에 도시는 파괴되고 폐허가 되었다. 예루살렘은 정말 돌이 쌓여 만들어진 도시다. 새로운 정복자가 들어설 때마다 이런 돌들이 한층한층 쌓여갔다. 기원전 1천 년경, 다윗은 예부스인들에게서 이곳을 빼앗은 뒤, 그때까지의 다신 숭배신앙을 대신하여 자신들의 유일신 신앙을 도입했다. 그리고 나서 이스라엘인들은 두 세대 동안 그 산상의 도성에서 민족적·종교적 번영을 누렸지만, 다윗의 아들 솔로몬 왕이 죽고 나자 갓 태어난 통일 왕국 이스라엘은 둘로 갈라지고 말았다. 그 이후 예언자들은 부패한 왕들을 비난하며, 히브리인의 파멸을 예언했다. 기원전 586년, 과연 예루살렘은 바빌로니아인들에 의해 파괴당하고, 유대 왕국 사람들(즉 유대인)은 그 옛 도성에서 쫓겨나게 되었다. 얼마 후 바빌로니아를 멸망시킨 페르시아인들은 유대인들을 예루살렘에 돌려보내고, 성전도 다시 짓게 해주었으나, 뒤이어 침략해 온 그리스인들은 그들의 우상신 숭배로 예루살렘 성전을 더럽혔으며, 마카베오(Maccabee) 일파로 하여금 유태인 역사상 가장 오랜 기간에 걸친, 가장 성공적인 반란을 일으키게 만들었다.

하지만 예루살렘의 운명은 항상 머나먼 곳에서 결정되었다. 약 100년 뒤 마카베오 일파가 세운 하스몬 왕조를 진압한 로마인들은 그들에겐 전략적으로나 경제적으로 큰 관심을 끌지 못하는 유대 땅의 왕으로 이두매 출신의 반(半)유태인 헤로데(Herod)를 앉혔다. 원형경기장, 도로, 목욕탕, 포룸(고대 로마 도시의 공공광장—옮긴이), 요새, 그리고 예루살렘의 마지막 성전까지, 온갖 건축 사업에 열을 올렸던 헤로데는 호화롭지만 잔인한 군주로서, 두 차례의 큰 유태인 반란 사이에 걸친 그의 재임 기간을 그런대로 무리 없이 꾸려갔다. 유태인 젤로트당(Zealot)원들은 그가 죽은 뒤에야 로마에 반기를 들었는데, 로마는 서기 70년에 이 반란을 진압한 뒤 성전을 파괴했고, 132년의 재반란 때는 하드리아누스 황제가 이를 진압한 후 유태인들을 예루살렘에서 추방했다. 그뿐 아니라 하드리아누스는 도시 전체를 부수고 로마식으로 새로 건축한 뒤, 아일리아 카피톨리나(Aelia Capitolina)⁺란 이름을 붙였으며, 이 일대를 이 스라엘의 옛 적수인 필리스틴(Philistine)의 이름에서 따온 팔레스티나(Palestina)⁺⁺라 불렀다.

로마의 승리 이후, 비잔틴 시대가 되면서 300년에 걸친 그리스도교 통치시대가 이어졌다. 이 기간 중 비잔틴 황제들은 예루살렘에 교회와 수도원을 수도 없이 지었으며, 유태인들의 접근을 계속 금지시켰다. 유태인들은 자신들 고유의 성스러운 축일이 되면 어떻게 해서라도 뇌물을 써서 폐허가 된 성전에 가까이 다가가 애도의 노래를 부르며, 어서 메시아가 오기를 기도했다. 7세기가 되자, 이슬람 신앙으로 단합해 아라비아 반도에서 퍼져 나온 부족민들이 팔레스타인을 침범했다. 무슬림들이 비잔틴인들을 콘스탄티노플로 쫓아내자, 가장 기뻐한 사람들은 유태인들이었다. 그들은 이제 무슬림들에게 세금만 내면, 예전처럼 자유롭게 예루살렘에 살며 그들의 신을 모실 수가 있기 때문이었다.

1099년, 십자군의 기치 아래 중동 지역 사람들에게는 완전히 이방인이었던, 거칠고 거만한 프랑스인들이 예루살렘을 정복하여 약 100년 가량 다스렸다. 이들은 무슬림들과 유태인들을 학살함으로써 이 거룩한 도시를 피로 정화했고, 그곳에서 살아온 그리스인 그리스도교도들과 아랍계 그리스도교인들마저 피부가 너무 거무스레하다며 교회에서 쫓아냈다. 하지만 1186년, 쿠르드(Kurd)족 출신의 전사 살라딘(Saladin)이 예루살렘을 수복하고 프랑스인들을 쫓아내자, 그곳의 유대교 회당, 이슬람 사원, 그리고 일부 교회에서는 환성이 울려 퍼졌으며, 유태인들은

✚ 아일리아는 하드리아누스 황제의 이름(Publius Aelius Hadrianus)에서, 카피톨리나는 로마의 신 주피터의 신전이 있는 카피톨리누스(Capitolinus) 언덕에서 따온 것이다.
✚✚ 그리스어 필리스틴(Philistine)의 라틴어식 발음이며, 영어로는 팔레스타인(Palestine)이 된다. 『구약성경』에 나오는 불레셋은 히브리어 표기 펠레세스(Peleseth)를 음역한 것이다.

거기서 한걸음 더 나아가 이것이 성서에 예언된 메시아의 구원이 아니냐고 흥분하기도 했다.

그후 700여 년 동안, 팔레스타인은 이슬람 세계의 영향권 아래 남아 있으면서, 이곳에 별 관심이 없던 이집트 혹은 투르크 출신 통치자들에 의해 선정과 악정을 번갈아가며 받았다. 기나긴 무슬림 통치는 1차 세계대전 와중에 영국군이 투르크군을 몰아냈던 1917년에야 끝났다. 팔레스타인의 그리스도교인들은 환호했지만, 그 기쁨은 그리 오래 가지 못했다. 30년에 걸친 영국의 위임통치는, 이곳을 차지하기 위한 유태인들과 아랍민족주의자들 간의 투쟁이 본격화되기 전의 준비단계일 뿐이었다.

예루살렘의 역사를 요점만 잡아 정리하면 바로 이렇다는 얘기다. 이 역사적 사실들 중 이제 와서 과거의 일로 끝나버리고 잊혀진 건 없다. 승리한 자와 패배한 자의 이야기는 언제나 여기 사는 이들의 상상력을 자극한다. 지나간 정복의 날들은 아직도 잊혀지지 않고 있으며, 비극의 날들은 지금까지 슬픔 속에 기억되고 있다. 지나간 인물들, 예를 들면 다윗 왕, 유다 마카베오, 바르 코크바, 총주교 소프로니우스, 헤라클리우스 황제, 칼리프 하룬 알 라시드, 예루살렘왕 보두앵 1세, 술탄 살라딘, 벤 구리온, 아민 알 후사인 같은 이들의 이름은 후손들의 의지를 불태워 준다. 이들은 과거의 영웅이 아니라, 앞길을 인도해 주는 빛이다. 대부분의 도시에서 사람들은 과거를 돌아보며 옛 영화를 그리는 정도지만, 예루살렘 사람들은 과거를 바로 자신들의 가정과 마음속으로 잡아 당긴다. 그래서 과거는 그들의 일부가 되어, 그들을 일치시키고, 그들의 불만을 정당화시키며, 미래에 대한 희망을 갖게 한다.

예루살렘에 있어서 과거의 의미를 이해하기 시작한 건 도시 구석구석에 산재하는 유물이나 유적들이 다른 도시와는 눈에 띄게 다르다는 걸 알고 나서였다. 아테네나 로마, 이스탄불에서는 과거의 영광은 이미 지난 일로서, 유물과 유적들도 깨끗하게 단장되어 바쁜 일상의 도시 한가운데서 비교적 떨어진 곳에 있다. 아테네의 파르테논 신전, 소크라테스의 아고라 광장, 로마의 콜로세움과 포룸, 이스탄불의 하기아 소피아 성당 등이 다 그러하다. 이런 유물들이 매일 생계로 바빠 살아가는 그리스인, 이탈리아인, 터키인들과 어떤 관계가 있을까? 이런 유물들은 다만 관광객들을 위한 것일 뿐이며, 관광객들 역시 잘 마련된 길을 따라 현대식 도심을 빠져나가 깨끗한 화장실이 구비되어 있는 유적지를 방문해 몇 시간 동안 옛 정취를 맛볼 뿐이다.

이들에 비하면 예루살렘의 기념물들은 그 얼마나 판이한가? 여기에서는 유물과 유적들이 바로 도시 그 자체이며, 사람들은 그 고귀한 옛 유물들 가까이에서 숨쉬고 있다. 대부분의 정복자들은 패배한 상대방이 이용했던 성소들을 더럽혔다. 이스라엘인들은 요르단 사람들이 구(舊)예루살렘의 유대교 회당을 파괴하고, 올리브 산에 있는 유태인들의 묘지를 훼손했던 것을 잘 기억하고 있다. 오늘날 무슬림들은 유태인 과격파가 성전 산에 있는 그들의 사원을 역사상 세번째로 자신들의 성전을 세우겠다며 폭파시키지나 않을까 노심초사한다. 다윗 왕의 도읍지 흔적을 찾기 위해 키드론 계곡을 탐사하던 히브리 대학 고고학팀은 그 주변의 유태인 무덤들을 손상한다며 항의하는 유태인들을 상대해야 한다. 한걸음 더 나아가 최고 정통파 유태인들은 헤로데 왕이 지은 성전의 흔적을 밤낮으로 지키기까지 하는데, 이는 그곳이 무슬림들에게도 예언자 무함마드가 하늘에 다녀오기 전, 자신의 애마 부라크를 잠시 묶어두고 간 곳으로 알려져 경배를 받는 성소이기 때문이다. 성묘 교회(聖墓敎會, Church of the Holy Sepulcher)에서는 창문이나 기둥, 계단 등을 닦거나 수리하려면 그리스인, 프란체스코회 수도사들, 아르메니아(Armenia)인들, 콥트(Copt)⁺인들이 모두 달려들어 야단법석을 떠는데, 이것은 이들 모두가 나름대로 그 건물에 대해 그들만의 권리 내지 서로 상반되는 주장들을 가지고 있기 때문이다. 이런 유적지로 가는 길은 관광객의 편의를 위해 잘 정돈되어 있지도 않다. 특별히 고풍스럽거나 먼지가 쌓여 있거나 초연해 보이는 것도 없다. 다만 이들 속엔 예루살렘의 역사가 녹아 들어가 있을 뿐이다. 오늘날, 이 유적지들은 거기에서 사는 이들의 야망과 원한이 날카롭게 부딪치는 곳이다.

✚ '그리스도 단성설'을 신봉하는 이집트 그리스도교의 일파. 그리스도 단성설이란 그리스도에게서는 신성과 인성이 하나로 융합하여 단일한 성(性)을 이룬다는 주장으로 칼케돈 공의회에서 이단으로 단죄되었다.

도시의 거리엔 아직도 정복의 기운이 스며들어 있다. 한번은 밤 늦게 검은 코트를 입고 검은 턱수염을 기른 젊은 하시딤[+] 청년들을 따라 그들이 기도를 마친 성전 서쪽벽에서 출발해, 예루살렘 구도시의 좁은 골목길을 걸어간 적이 있었다. 그들은 보폭을 크게 하고, 마치 운동선수들처럼 양팔도 힘차게 저으며 빠르게 걸어갔다. 그들이 지나는 모습을 본 비슷한 또래의 아랍 청년들은 재빠르게 길가로 비켜서고, 우리 일행이 지나가는 동안 벽에 붙어서 몰래 두려움과 경멸의 눈초리를 보내고 있었다. 이 도시에서는 언제나 한 집단이 서면 다른 집단은 앉아야 한다. 그리고 주저앉은 집단은 불평을 참으며 언젠가 다시 서기를 기다린다.

예루살렘에는 아직껏 정복의 혼이 살아 있다. 이 인구 3만의 옛 도성에는 아직도 수많은 구역과 외인거주 지역, 성벽, 요새 등을 볼 수 있으며, 많은 교회와 사원, 유대교 회당, 그리고 이 세상에서 가장 신성하다는 성소들이 널려 있다. 구도시 성벽 밖으로는 근대식 신도시에 약 40만 명의 인구가 살고 있으며, 그 서쪽으로는 유태인들 마을인 레하비아, 탈비아, 카타몬, 로메마, 탈피오트 등이 있으며, 동쪽으로는 아랍인들의 지역인 와디 요스, 세이크 야라, 베이트 하니나, 슈아파트 등을 찾을 수 있다. 그래도 여기에선 확실하게 민족과 지역을 구분지을 길은 없다. 옛 기억들은 증오심이 깊어짐에 따라 지역에 대한 구분을 모호하게 만들기 때문이다. 40년 전만 해도 구시가지를 포함하는 동(東)예루살렘에는 유태인 주택들이 많이 있었고, 아랍인들도 탈비아나 카타몬에 살고 있었으며, 가자 거리에는 유태인 지도자들이 살던 성채도 있었다.

[+] 기원전 4세기 이후 그리스인들에 의한 팔레스타인 정복 당시, 그리스인들의 문화에 동화되어가던 유태인 헬레나이저(hellenizer)에 반하여, 유태인의 전통을 철저히 지키며 동화되지 않던 유태인을 하시딤(hasidim)이라 했다. 근대에 와서는 18세기에 동유럽에서 일어난 신비주의적 경향이 강한 유대교의 일파를 칭하기도 한다.

구도시의 성벽을 보면 이 도시의 역사를 느낄 수 있다. 성벽은 사람들을 갈라놓기도 하고, 사막의 모래가 더 가까이 오는 걸 막기도 한다. 또한 성벽은 파괴되고 망가진 지역으로부터 성소를 구분하기 위해 세워지기도 했다. 사람들은 성벽을 닦기도 하고, 장식하기도 하며, 짐승들을 묶어두기도 하고, 노을이 질 무렵 그냥 바라보기도 한다. 1869년, 작가 마크 트웨인은 예루살렘의 네 성벽을 빠른 걸음으로 다 도는 데 약 1시간이 걸렸다고 쓴 적이 있다. 1948년, 이스라엘의 전 수상 다비드 벤 구리온(David ben Gurion)은 예루살렘의 해방을 기념하기 위해 이 성벽을 무너뜨릴 구상을 한 적이 있었다. 하지만 여러 사람들의 만류로 다행히 생각을 바꾸었고, 그 덕에 성벽은 아직까지 남아 있다. 같은 해, 요르단 병사들은 동예루살렘의 경계선에 콘크리트로 장벽을 만들어 유태인들이 무슬림 지역을 침범하지 못하게 했다. 하지만 1967년, 이스라엘이 전쟁에서 승리하여 예루살렘 전체를 장악하자, 그들은 이 치욕스러운 장벽을 가장 먼저 제거했다.

성경에는 느헤미야가 예루살렘의 벽을 수리했다고 쓰여져 있다. 로마 황제 티투스와 하드리아누스는 그 벽을 허물어뜨린 뒤에 성벽을 새로 올렸는데, 그 이후 비잔틴 제국의 황후였던 에우도키아(Eudocia)가 이 성벽을 다시 수리한 바 있다. 지금 우리가 볼 수 있는 성벽은 오스만 투르크의 정복자인 술탄 쉴레이만(Süleiman)이 16세기에 다시 지은 것이다.

지난 3백 년 동안, 이 성벽 아래에는 돌부스러기가 쌓여 성벽의 키가 점점 줄어들었는데, 이를 보다 못한 시장 테디 콜렉(Teddy Kollek)이 느헤미야의 정성과 쉴레이만의 노력을 합하여 그 돌 조각들을 치운 덕에 이제 벽은 과거의 높이와 우아함을 다시 찾았다.

성벽에는 문이 있다. 구도시의 성문은 넓고 멋진 입구이지만, 이를 통해 시내로 들어서면 사제, 순례자, 상인, 모사꾼, 몽상가, 유태인 지도자, 무슬림 지도자 들이 모두 모인 좁디 좁은 거리들을 만나게 된다. 하지만 성문 중 결코 열리지 않는 문이 하나 있는데, 이것은 바로 종려주일(Palm Sunday)✛에 예수가 성전에 들어갈 때 지나갔던 황금문이다. 오스만 투르크인들은 예수가 다시 그 문으로 나타나면 그들의 제국이 멸망한다는 믿음을 두려워한 나머지 이 문을 막아버리고 말았다.

황금문에 있는 두개의 출입구가 돌로 꽉 막혀 있는 모습은 성문이라기보다는 꼭 성벽에 새겨진 무늬의 일부처럼 느껴진다. 하지만 도시에 사는 사람들은 이 성문을 알고 있으며, 이에 얽힌 소망과 걱정에 대해 많은 이야기를 해준다. 전설에 의하면, 로마 황제 티투스가 성전을 불사를 때 셰키나(shekhina)✛✛가 이 문을 통해 세상을 벗어났다고 한다. 오늘날까지도 예루살렘에 사는 신심 깊은 유태인들은 심판의 날이 되면 이 문을 통해 셰키나가 성전으로 돌아올 것이라고 믿는다. 그날이 되면, 착한 사람들은 남쪽문(자비의 문)을 통해 하늘나라에 들 것이요, 악한 사람들은 북쪽문(후회의 문)을 통해 지옥에 떨어질 것이다. 그 심판은 올리브산 아래의 여호소팟 계곡에서 이루어질 것이다. 그런가 하면 무슬림들은 그 계곡 위로 머리카락처럼 가늘고 칼처럼 날카로운 다리가 하나 드리울 것이며, 올바른 무슬림들만이 그 다리를 무사히 건널 것이고, 사악한 자들은 그 아래로 떨어질 것이라 믿는다. 같은 전설이지만, 유태인들의 이야기는 이와 조금 다르다. 다리가 두 개 드리울 것인데 하나는 쇠

✛ 부활절 직전의 일요일로 예수가 예루살렘에 들어갈 때, 사람들이 종려나무 가지를 꺾어 길에 깔아놓으며 환호했던 것을 기념하는 날이다. 가톨릭교회에서는 지금도 성지주일(聖枝週日)이라 하여 그 장면을 재연하는 의식을 한다.
✛✛ 셰키나는 히브리어로 '신성의 거주' 라는 뜻이다. 많은 유대교 관련 문구에서 셰키나는 하느님의 이름을 직접 쓰는 것을 피해 그 대신 사용된 용어였다. 하느님의 내재 형태를 상징하는 것으로 그리스도교에서 말하는 성령과 같은 것은 아니지만 비슷한 점이 있다.

구도시 동쪽벽에 있는 황금문의 모습이다. 유태인, 그리스도교인, 무슬림들의 믿음에 의하면, 이 문을 통해서 메시아가 온다고 한다. 문 아래에는 무슬림들의 묘지가 있다(사진 – 아드리엔 본필 Adrien Bonfils, 19세기 말).

로, 다른 하나는 종이로 만든 것이다. 무슬림들과 그리스도교인들은 쇠다리를 건너지만 다리가 무너질 것이요, 유태인들은 종이다리를 건너지만 안전할 것이라고 한다.

성벽과 성문 때문에 예루살렘은 작은 공동 집단들의 도시가 되었다. 사람들은 종교와 민족에 따라 거주지를 따로 꾸리고 그 안에서 각자의 신을 모시며 산다. 아르메니아인, 그리스인, 멜키트(Melkite)인✦, 마론교회(Maronite)인✦✦, 시리아인, 에티오피아인, 콥트인, 독일이나 스위스 출신의 루터파, 이탈리아인, 프랑스인, 스코틀랜드의 장로파, 복음주의

✦ 451년 칼케돈 공의회에서 콘스탄티노플에 있는 황제 주위의 교회 지도자들 의견에 따라 단성론이 이단으로 배척받았으나, 동방의 많은 교회들은 단성론을 따랐다. 동방교회 중 칼케돈 공의회 결정을 따른 자들을 멜키트라 한다. 아람어로 멜렉(melek)은 왕을 뜻하며, '멜키트'란 왕의 사람이란 뜻이다. 현대에는 로마 가톨릭을 신봉하면서 그리스정교 의식을 따르는 사람들을 말한다.
✦✦ 마론 교회는 레바논 및 시리아에서 태어난 가톨릭교회의 일파로, 단일의지론을 신봉하여 정통파에서 분리되었다. 하지만 십자군 정복 이후 교황의 지위를 인정해 왔다.

파(Evangelicals) 및 오순절파(Pentecostals)⁺, 또는 사막의 유목민, 헤브론에서 온 장사꾼, 농민, 무슬림 지도자, 하시딤 유태인 들 모두가 따로 거주 구역이 있다. 또한 유태인 거주지역에는 젊고 혈기 넘치는 시온주의자(Zionist)⁺⁺들이 모여 사는 구역도 있고, 라하비아나 탈비아처럼 정통 아슈케나지(Ashkenazi)⁺⁺⁺들이 모여 사는 곳도 있다. 그런가 하면 독일인이나 그리스인 거주지에는 이스라엘의 벼락부자들이 모여 살고, 예민 모이셰에는 미국에서 건너온 유태인들이 살고 있으며, 무스라라나

✛ 18세기 중반, 존 웨슬리(John Wesley) 등의 종교지도자들이 북유럽과 북미의 교회들을 부흥시키기 위해 시작한 운동이 복음주의라는 말로 불리워졌다. 성서를 궁극적인 권위로 신뢰하며 적극적인 선교, 자기변화에 중점을 두고 있다. 오순절(五旬節, Pentecost)은 유월절 후 50일째 되는 날로서 유태인들은 밀농사 수확을 감사하며 이 날을 기념해 왔다. 그리스도교인들은 예수가 죽은 후 바로 이 날 제자들에게 성령이 내려 전도 활동이 본격적으로 시작되었으므로, 부활절 이후 7주일째 일요일을 성령강림주일라 하여 교회의 창립일로 여긴다. 오순절파 교회는 초대교회에서처럼 성령의 역할을 강조하는 개신교의 일파이다.

✛✛ 로마가 성전을 파괴하고 팔레스타인에서 유태인들을 추방한 이후, 유태인 랍비들은 무모한 독립운동을 피하기 위해 메시아의 출현 및 이스라엘의 독립은 야훼의 의지에 의해서만 이루어질 것이므로 무력을 행사하지 말고 기도하는 생활에 주력해야 한다고 가르친 반면, 19세기 후반 이후엔 유태인의 국가 수립을 위해 유태인들이 적극적으로 나서서 팔레스타인으로 귀향하여 그들의 힘으로 나라를 건설하자는 목소리가 유럽의 유태인들 사이에 커졌다. 이들은 정통 유태교 랍비들과 심한 대립을 이루며 유태인 사회에 분열을 가져왔지만, 20세기에 들어 궁극적으로 이들의 주도하에 이스라엘 국가가 수립되었다.

✛✛✛ 팔레스타인에서 쫓겨난 유태인들은 세계 각지에 흩어져 살았는데, 이중에서 독일 및 유럽 동북부 지역에 자리잡은 사람들을 아슈케나지라 하며, 스페인·포르투갈 등의 라틴 국가에 자리잡은 사람들을 세파르디(Sephardi)라 했다. 아슈케나지는 독일을 지칭하는 아슈케나즈(Ashkenaz)에서 나온 말로 15세기에 폴란드, 우크라이나, 러시아 등의 동부 유럽으로 진출하기 전 주로 독일에 살았으며, 언어도 독일어의 어휘와 문법을 골간으로 하는 이디시(Yiddish)어를 썼다. 그러나 현대 이스라엘을 건국한 강경파 시온주의자들이 히브리어의 국어화 정책을 강력하게 추진하면서 이디시어는 말살되었다. 세파르디는 스페인을 지칭하는 히브리어 세파라드(Sefarad)에서 나온 말로, 중세부터 스페인과 포르투갈에서 살다가 15세기 후반에 집단 추방된 유태인 및 그들의 후손을 말한다. 이들 세파르디들은 대개 스페인계 유태인의 언어인 라디노(Ladino)어를 썼다. 한편 북아프리카와 중동 지역에 살던 유태인들은 스페인이나 독일과 유대 관계가 전혀 없고, 언어도 아랍어, 페르시아어 등을 사용했기 때문에 아슈케나지 및 세파르디와는 별도로 동방 유태인 정도로 불려야 하지만, 흔히 세파르디의 영향을 받은 이슬람권 출신의 유태인까지 포함해 폭넓게 세파르디라고 부른다. 오늘날 아슈케나지는 전세계에 흩어져 있는 유태인의 80퍼센트 이상을 차지하며, 현재 이스라엘에서는 사회의 상류와 중류층을 이루는 아슈케나지와 주로 하류층을 이루는 세파르디 유태인의 수가 거의 비슷하다.

카타몬에는 아랍어를 쓰는 유태인들도 살고 있다. 그리고 마지막으로 러시아에서 이주해 온 유태인들은 도시의 외곽에 여기저기 흩어져 살고 있다.

예루살렘을 평화와 단결의 도시로 미화시키던 『구약성경』 시편의 작자는 이 도시를 "한몸같이 잘도 짜여졌구나"라고 표현했었다. 하지만 사실 예루살렘에는 독특함이라는 말이 더 어울린다. 개개 집단의 독특함에 대한 열망이 얼마나 강한지 이곳에서는 그 어느 자치모임에도 다른 집단의 사람이 참여하는 건 상상할 수 없다.

어느 누가 어느 마을에 사는가에 따라 바로 그 사람의 종교와 계급, 민족, 그리고 정치적 성향까지 다 드러난다. 예루살렘에서는 누구나 자신이 속한 곳이 있으며 그곳의 관례를 따르게 된다. 그리고 그런 이유 때문에 누구도 아무하고나 사귀려고 하지 않는데, 같은 구역 내에 사는 이웃이 아니면 알거나 사귀거나 결혼하지 않는다. 400년 전 투르크 통치 시절, 종교와 민족을 혼합한 밀레트(millet) 제도✦로 인해 생겨난 이런 생활방식은 그 이후 계속 되어오고 있다. 즉, 예루살렘에서는 누구나 다 어떤 범주 안에 속하고 있으며, 무슨 말을 하든 무슨 행동을 하든 자신의 범주에서 벗어날 수가 없다. 당신이 만일 무신론자이거나, 무가지론(無可知論)자라 하더라도 예루살렘에서는 유태인 아니면 그리스도교인 아니면 무슬림 중의 하나로 분리될 뿐이다. 이 커다란 범주 안에서 또 세부로 여러 종류의 가지가 쳐진다. 예루살렘에선 그 누구도 자유롭게 활보할 수가 없다. 바로 이것 때문에 예루살렘은 무거운 짐이 되고, 항상 심각함을 띤다. 신학적 용어를 빌리자면, 예루살렘은 말세적인 도시라고

✦ 오스만 투르크 제국이 아프리카, 아시아, 유럽에 걸친 방대한 영토를 효과적으로 다스리기 위해 종파에 따라 백성들을 분류하고, 각 개별집단에 교육, 종교, 사법, 향토방위 등 광범위한 자치권을 준 제도.

해야 할지도 모른다. 언제나 종말에 다가온 듯한 도시, 언제나 새 시대의 지각변동을 염원하는 그런 도시. 그 어느 순간에 나타날지 모를 메시아가 유태인 젤로트당원의 모습일지, 분개한 무슬림의 모습일지, 아니면 광적인 그리스도교 예언자의 모습일지 모르지만, 메시아를 기다리는 도시이다. 한편 예루살렘에서는 모든 사람이 다 걱정에 싸여 있다. 유태인들은 다음 전쟁을 두려워 하고, 무슬림들은 어떻게 유태인들을 쫓아낼까 고심하며, 그리스도교인들은 아랍인과 유태인 간의 갈등에서 어떻게 살아남을지를 걱정한다.

예루살렘에는 높은 건물들이 많지만, 도심 계획이 잘된 도시는 아니다. 아무리 그럴싸하게 건물을 지어도 예루살렘의 옛 분위기는 바뀌지 않는다. 어디나 오래된 도시가 다 그러하듯, 예루살렘에도 분명한 티가 난다. 옛 냄새라고나 할까? 마치 어떤 사람의 숨결처럼 말이다. 알베르 카뮈는 소설 『페스트』에서 완전히 근대식으로 탈바꿈하여 친근함이 없는 알제리의 도시 오랑(Oran)에 대해 "이 도시의 시민들은 예나 지금이나 똑같은 무관심 속에 살고, 사랑하다가 죽는다"라고 썼던 바 있다. 근대식 도시의 정반대라 할 수 있는 예루살렘에서는 뭔가 친밀감이 느껴진다. 여기에선 사람들이 격렬하게 사랑을 하면서, 모두 아슬아슬한 벼랑 끝에 살고 있다. 죽음? 이들에겐 모두 여기 아니면 죽을 곳이 없으며, 죽은 뒤엔 언젠가 올 심판의 날에 죽은 자가 살아날 것으로 알려진 올리브 산에 묻히고 싶어한다. 예루살렘에는 색깔 없는, 냄새 없는, 그런 밋밋한 사람은 없다. 모든 시민들이 어딘가에 속해 있으며, 그 누구도 그 안에서 방황하지 않는다.

바로 이런 이유 때문에 예루살렘은 감각적인 도시가 된다. 로마나 파리 또는 베네치아처럼 감각적이라는 말은 아니다. 여기엔 닳아 없어질 아름다움은 없다. 영광스러운 건물도, 잘 꾸며진 산책로도, 멋진 사거

예루살렘의 다마스쿠스 문 모습. 예루살렘과 시리아의 수도 다마스쿠스 간의 거리를 표시하기 위해 붙여진 이름이다. 성문 위의 맘루크(Mamluk)식 장식 덕에 구도시로 들어가는 성문 중 가장 멋진 문이 되었다(그림 - 데이비드 로버츠David Roberts, 1838).

리도 찾아볼 수 없으며, 잘난 체 하고 돈 많은 탐욕스러운 사회의 모습도 전혀 볼 수 없다. 예루살렘의 감각적인 면은 바로 드러나는 단순함이다. 이는 구도시 입구의 다마스쿠스 문에 있는 사람들의 모습에서도 느낄 수 있고, 꽉 끼는 검은 바지를 입은 아랍 소년들이 여자친구들 앞에서 걸어가는 모습에서도 느낄 수 있다. 초록색 외투를 입은 무슬림 여인들, 물건 살 자루를 들고 다니는 아랍계 그리스도교인 남자들, 라틴 교회나 그리스정교의 정복(正服)한 사제들, 황청색 포도 바구니 앞에 웅크려 앉은 뚱뚱한 유목민 여인들, 짐 싣고 다니는 노새들 모습, 묶여 있는 염소들, 게으름부리는 비둘기들, 따스한 피타(pita)빵을 담은 긴 나무 접시를 들고 빠른 속도로 걸어 다니는 소년들, 민트나 담배 향내, 땀내 나는 집안에 들어서면 걸려 있는 고깃덩어리, 신선한 물고기, 아니스(anise) 열매,

바실(basil) 향료, 게다가 말라버린 노새 똥에서 나는 냄새에서까지도.

　도시의 독특함 때문이겠지만 여기서는 예법, 형식, 모양, 정중함 등이 매우 중요하다. 사람들은 서로를 그냥 공손하게 반기는 정도가 아니라, 좀 심하다 싶을 정도로 반긴다. 그들 말에 따르면, "우리들은 신앙과 전통, 성전(聖戰)에 의해 갈라져 있다. 하지만 우리도 세상 사람들이며, 사람들답게 서로를 반길 줄도 안다". 유태인들은 세심한 마음씨로 무슬림들을 대한다. 가톨릭교회 및 그리스정교의 사제들은 구시가지의 골목길에서 만나면 서로에게 인사한다. 아르메니아인들은 그 누구보다도 공손하며 환한 웃음을 웃어준다. 하시딤 유태인들은 서로 끊임없이 떠들어대지만 이방인들에겐 한마디라도 말을 걸거나 웃음을 짓지 않는다. 하지만 어떤 사람이 용기를 내어 지나가는 하시딤 한 사람을 붙잡고 종교의식이나 『탈무드』(Talmud)나 『토라』(Torah)✢에 나오는 어떤 의미에 대해 묻기라도 하면, 이 경건주의자들은 가던 발걸음을 멈춘 채 낮고 친근한 목소리로 그 질문에 대해 15분 동안이나 설명을 해줄 것이다. 이 도시에 있는 여러 구역에서 공통적으로 발견할 수 있는 것은 서로 다른 사람들에 대한 인간적인 궁금증이다. 애정이라고는 할 수 없지만, 교양 있고 세련된 호기심이라고는 할 수 있다.

　전례를 존중하는 도시답게 지난 1981년 여름의 어느날 밤, 러시아정교회가 예루살렘에 그들의 교회가 처음 설립된 날을 기념하는 축하의 식을 열었다. 러시아정교회는 모스크바에 있는 주교구에 연결되어 있는

✢ 히브리어로 '율법'을 의미하는 말로, 모세가 썼다고 하는 창세기, 출애굽기, 레위기, 민수기, 신명기, 즉 모세 5경을 가리킨다. 그리스어로는 5권의 책이란 뜻으로 펜타테우크(Pentateuch)라 한다. 하느님과 유태인과의 관계 및 하느님이 내린 율법을 집대성한 유태인 최고의 경전으로서, 훗날 『토라』에 대해 유태인 성서학자들이 주석을 붙이고 실생활에 맞게 인용한 것이 바로 우리에게 잘 알려진 『탈무드』이다.

관계로, 사실상 소련의 통제를 받는 붉은(공산당) 교회였다. 12명 이상을 넘은 적이 없는 러시아정교회 사제들은 모두 소련의 첩자들로 알려져 있었으며, 1킬로미터 정도 떨어진 올리브 산 자락에 교회와 숙소를 따로 가지고 있는 반(反)볼세비키적 백러시아(White Russia) 주민들과는 가까이 하지 못하고 있다. 그 연회는 1882년 야파(Jaffa) 문 북쪽 성내에 만들어졌던 러시아인 구역의 한 정원에서 열렸다. 그 당시에 쓰던 대부분의 건물은 이제 이스라엘 정부에게 팔렸거나 그들에게 임대해 주고 있는데, 이스라엘 정부는 이를 경찰서본부 및 유치장으로 쓰고 있다. 이 구역 중앙에는 성삼위교회(聖三位敎會, Church of Holy Trinity)가 위치하고 있다. 이 교회는 지난 1백 년 동안 이 약속의 땅에서 러시아정교회의 깊은 신앙과 힘을 상징해왔다.

예루살렘의 여름밤은 조용하고 시원하며, 도시 여기저기에 심어진 지 얼마 안 되는 소나무 냄새가 그윽하다. 이날의 밤공기는 레몬과 파프리카(paprika) 고추와 석쇠에 구워지는 양고기 냄새 등으로 가득 차 있었다. 베들레헴에서 온 아랍계 그리스도교 소년들은 수도원 내 현관 앞에서 바베큐를 만들고 있었다. 외교 감각이 뛰어난 사제들은 일부러 탁트이게 만들어진 바에서 크림(Crimea)산 포도주, 러시아 보드카, 프랑스 브랜디, 그리스 우조(Ouzo), 독일 맥주, 조니 워커 스카치, 이스라엘산 카멜 샴페인 등을 대접했다. 그런가 하면 뷔페로는 10가지 종류의 샐러드, 세 종류의 닭 요리, 진한 크림 소스로 만든 미트볼, 6가지 생선요리, 녹색 나뭇잎을 곁들인 담배 모양의 돌마드(dolmade) 요리 등이 준비되어 상다리가 부러질 정도였다. 곁에 서 있던 사람이 내게 상어알이 어디 있냐고 공손히 묻자, 어떤 수녀가 뒤를 돌아 얼음통을 뒤지더니 까만 물고기알로 가득찬 은빛 쟁반을 꺼내어 그 남자에게 공손히 건네주기도 했다.

삼삼오오 도착한 손님들은 정문에서 35세 가량 되어 보이는 어떤 사제에게 양 볼에 뽀뽀세례를 당하며 환영받았다. 그 사제는 어떤 언어라도 열댓 마디 정도는 하는 것 같았다. 저녁놀이 지기 전까지 정원에는 지역 내의 그리스도교계 인사들이 다 모여들어 자리를 차지했다. 한 구석에는 그리스정교파가, 또 한쪽에는 콥트인이, 그들 사이로는 가톨릭 주교구에서 온 대표들이 있었다. 조금 떨어진 곳에는 세 명의 흑인 에티오피아 사제들이 모여 있었다. 한쪽에 앉아 있던 사제가 조심스레 다른 쪽으로 자리를 옮겨갈 때면 그 자리의 모든 사람들이 일어나 방문객의 손을 잡고 키스를 주고 받으며 서로를 환대했다. 각 교회들마다 베푸는 수없이 많은 연례 축하행사에서 항상 이런 환영인사를 주고 받았을 텐데도 이들의 이런 행동은 틀림없이 즐거운 마음으로 반복되어지는 것 같았다.

거의 대부분이 이스라엘인이거나 유럽인인 정부 관리들도 신나게 여기저기 돌아다니며 사제들을 만났고, 사제들은 마치 자신들이 옛 왕자들이나 되는 것처럼 근엄한 표정을 짓고 앉아서 관리들이 말을 걸어오기를 기다렸다. 하지만 멋진 광대뼈를 가진 금발의 핀란드 부영사가 가까이 다가오면, 독신으로 지내는 그리스정교 주교들도 금방 일어나 환하게 맞이하며 그녀와 반갑게 악수를 하곤 했다. 그녀가 키가 1미터 90센티나 되는 거구의 대주교 디오도루스의 반지에 키스를 하려고 고개를 숙이자, 대주교도 의자에서 반쯤 일어나 눈을 반짝이며 그녀의 손을 따스하게 잡았다.

예루살렘에서는 교회의 예절에도 이렇게 미묘하고 감각적인 면이 있다. 사람들은 각각의 고립된 구역으로부터 벗어나 서로 다른 사람들에게 조용히 머뭇거리며 다가간다.

어떤 책이든 그게 언제 처음 구상되었는지, 머릿속의 인상이 언제 언어로 바뀌었는지 기억하기 힘든 게 보통이다. 하지만 이 책의 경우는 너무나 분명한데, 그건 바로 1973년 9월의 마지막 날, 내가 이스라엘에 처음 도착해, 로드(Lod) 공항에서 예루살렘으로 들어오던 첫날 밤이었다. 당시 난 탄투르(Tantur) 그리스도교협회의 초청으로 이스라엘을 방문, 도스토예프스키, 알베르 카뮈, 엘리 비셀(Elie Wiesel) 등의 작품에 나타난 종교적인 고통의 상징에 대해 저술하고 강연할 예정이었다. 그런데 그날 밤, 내게 색다른 비극에 대해 눈을 뜨게 해준 건 바로 택시기사 쉴로모였다. 이 솔직하고 다정다감한 기사와의 대화가 시작된 건, 차가 해안가의 평지를 지나 기어를 낮추어 고지대로 올라가는 기분이 들 때 즈음이었다. 그는 35살 된 모로코 출신의 유태인으로서 15년 전에 라바트에서 가족과 함께 이스라엘로 이민을 온 사람이었다. 그가 먼저 내게 물었다.

"이스라엘엔 처음이신가요?"

"예, 처음입니다."

"방문 목적은 뭔가요? 관광여행?"

"책을 쓰러 왔어요."

"책이요?"

"문학에 나타난 고통에 관한 책이죠."

그의 얼굴이 차창 안으로 비추어오는 달빛에 환하게 빛났다. 그는 환한 미소를 짓고 있었다.

"고통이라구요? 제대로 오셨습니다. 여기에선 우리 모두가 고통받고 있거든요."

"내 책은 근대 문학작품에 나오는 고통에 관한 건데요."

"상관 없어요. 고통이면 다 고통이죠 뭐."

난 주제를 바꾸려 했다. "이스라엘에선 살기가 힘듭니까?"

"살기가 힘드냐고요? 살기 힘든 정도가 아니라 불가능하지요. 하지만 달리 방법도 없어요."

"무슨 얘기죠? 달리 방법이 없다니?"

"아랍국가들 속에서 우리에게 좋을 게 없죠. 그들이 우리를 박해하는 건 아니지만, 그 지도자들은 우리를 원치 않죠."

"반(反)유태주의 말인가요?"

"꼭 그렇지는 않습니다. 그들에게도 나름대로 문제가 있지요. 아랍의 문제죠. 그들도 서로를 미워한답니다. 사다트(Sadat), 아사드(Assad), 파이살(Faisal)⁺은 서로를 미워한다는 점에서 꼭 같죠. 그들은 상대방을 미워해야 기분이 더 좋을 겁니다. 이런 면이 이스라엘에겐 다행이지요."

"생활이 좀 나아지면 다시 모로코로 돌아갈 겁니까?"

그는 웃기 시작했다. "어쩌면요. 아니, 아닐 겁니다. 이곳엔 색다른 삶이 있지만, 난 그런 삶을 좋아하진 않습니다. 라바트에서는 조용했죠, 훨씬 더 단순하고. 하지만 전 이제 이스라엘사람이고, 그걸로 족합니다. 전 여기 남을 거예요."

난 계속 추궁했다. "모로코에도 반유태주의가 굉장합니까?"

"전 굳이 그걸 반유태주의라고 부르고 싶진 않습니다. 그건 정치 아닙니까? 오스트리아의 그 더러운 유태인 자식 크라이스키 얘기 아시죠?"

내가 이스라엘에 도착하기 며칠 전, 오스트리아의 수상 브루노 크라이스키(Bruno Kreisky)는 팔레스타인인들의 편을 들어, 오스트리아를 거쳐 이스라엘로 가는 소련 출신 유태인들의 임시숙소를 폐쇄했었다.

✢ 사다트, 아사드, 파이살은 각각 그 당시 이집트와 시리아 대통령, 사우디아라비아 국왕.

"크라이스키가 더러운 유태인입니까?"

"그럼요. 더러운 놈이죠. 유태인에게 반기를 드는 유태인이라면, 아랍인들과 다를 바가 없죠."

"세계의 지도자들이 무슨 짓을 하든 이스라엘은 살아남을 것 같지 않습니까?"

"상관없어요. 이스라엘은 무슨 일이 있어도 잘 견딜 거예요. 우린 서로를 다 잘 견뎌왔죠. 정치가들이 뭐라고 하든 우리는 아무 일 없을 거예요."

"그게 무슨 말이죠? 서로를 견뎌왔다는 건?"

"아, 여기에 처음 온 거라고 하셨죠? 아마 아시게 될 겁니다. 이스라엘인들은 서로를 좋아하지 않죠. 서로 떠밀고 소리지르고 그럽니다. 우린 어려운 사람들이죠. 정치가나 택시 기사나 모두 다 마찬가지예요."

"그래서 이스라엘에선 모두가 고통 받는다고 말씀하신 겁니까?"

"네, 아뇨! 보세요. 우리가 전쟁할 땐 모두가 변합니다. 저는 하느님께서 우리를 단결시키느라 몇 년마다 전쟁을 불러일으키시는 거라고 믿어요."

"정말 하느님이 이스라엘의 단결을 위해 전쟁을 일으킨다고 믿으십니까?"

"믿지 않을 수 없지요."

"기사 아저씨는 예루살렘에 사시나요?"

그는 고개를 저으며 웃었다.

"제 질문이 우스웠나요?"

"우스워서 그런 게 아닙니다. 전 예루살렘에선 살 생각이 없어요. 너무 종교뿐이고, 종교 지도자들도 너무 많아요. 아시겠어요? 그리고 돌들도 너무 많죠."

"그리고 고통도?"

"예, 고통도 너무 많아요."

"기사 아저씨, 돌이 많은 게 뭐가 문젠가요?"

"돌들은 차갑습니다. 돌들 때문에 예루살렘이 밤새 차가워져요. 전 페타 티크바(Petah Tikva)✚에서 사는 게 더 좋습니다. 날씨도 따스하고, 돌도 별로 없고, 종교 지도자들도 적고, 제겐 적격이죠."

약 30분 가량 올라가던 언덕길 꼭대기에서 커브길을 돌자 예루살렘이 나왔다. 1920년, 예루살렘을 처음 보았던 체스터튼(Chesterton)은 이런 글을 남겼었다. "갑자기 정거장과 비구름 사이로 예루살렘이 보였다. 그 수많은 역사의 뒤안길 속에 때로는 빛나고 때로는 우울하던, 축복과 불경스러움을 홀로 받아내던 그 언덕 위의 도시, 어디로도 숨을 수 없을 도시였다." 내가 어둠 속에서 처음 본 건 시내의 불빛과 검문소, 그리고 반쯤 마무리 된 힐튼호텔 건축 공사장이었다.

"어디로 가는 거죠?"

"사막으로요."

"탄투르협회는 예루살렘 근방 아니던가요?"

"예, 맞습니다. 하지만 예루살렘 끝은 사막이 시작되는 곳이죠."

우린 예루살렘의 서쪽을 지나 베들레헴-헤브론 도로로 향했다. 몇 분도 되지 않아 우린 낮고 삭막한 언덕을 지나가고 있었다. 거대한 석조 건물 하나가 달빛을 받으며 우리 왼편으로 모습을 드러냈다.

"저건 뭡니까?"

"민자르(Minzar)라구요, 마르 엘리아스(Mar Elias) 수도원이죠. 여기서 2분이면 탄투르협회에 도착합니다."

✚ 유태인 거주구역 가운데 하나.

그는 수도원을 지나 몇 백 미터를 더 가더니 좁은 문을 통과해 언덕으로 올라가서는 또 하나의 문을 통과했다. 그리고는 중세 십자군시대의 작은 성채를 지나 소나무로 둘러 싸인 낮은 유리건물 앞에 차를 댔다.

쉴로모는 벌떡 일어나 여행가방을 손에 들고는 우리를 도우러 나온 협회직원과 아랍어로 뭐라뭐라 떠들었다. 그는 돌아서 떠나가며 창 밖으로 내게 이렇게 소리지르고는 사라졌다.

"책 쓰시는 데 도움이 될지는 모르겠지만 아까 드린 말씀들은 잊지 마세요!"

짐을 부린 후 난 협회직원 아부 요세프(Abu Joseph)에게 달빛 속의 사막을 보고 싶으니 옥상으로 데려가 달라고 부탁했다. "이 성지엔 처음이거든요." 그는 알겠다는 듯 환하게 웃음지으며 내 팔을 부축하여 계단을 올랐다.

난 연구소 옥상에 서서 이 방향 저 방향으로 고개를 돌렸다. 새벽 3시였다. 북쪽으로 보름달이 야광등으로 환히 빛나는 예루살렘을 비추고 있었다. 반대 방향으로 4킬로미터 가량 떨어진 베들레헴 쪽에서도 조금 작은 불빛이 흘러나왔다. 이 두 도시 사이에 있는 칠흑 같은 공간은 동쪽으로 요르단 계곡 및 사해까지 뻗은 유대 사막이었다. 나의 뒤로는 협회의 담벽에서 아주 가까운 거리에 아랍계 그리스도교인 마을인 베이트 알라(Beit Jala)가 위치하고 있는데, 그곳은 바로 『구약성경』에서 야곱이 양떼를 돌보던 바로 그 언덕이었다. 내가 왜 옥상에 올라가보고 싶었는지는 뻔하다. 난 이런 곳들을 성경상의 이름이나 여행잡지의 안내가 아닌, 실제 내 눈으로 확인해 보고 싶었던 것이다. 난 레몬과 소나무, 그리고 달콤하고 취할 듯한 자스민 향기를 맡을 수 있었다. 내가 서 있는 바로 아래쪽 담장 밖으로 동물의 울음소리가 들려와 잘 봤더니 아랍인 목동의 헛간인 듯했다. 다른 소리는 아무것도 들리지 않았다. 바람도 없었다. 수천 개의 별들이 다이아몬드처럼 빛을 발하여, 밤하늘을 거대한 원으로 만들며 이 세상을 둘러싸고 있었다. 그 별들을 쳐다보고 있노라니 머리가 어질어질 했다. 난 피곤뿐 아니라 허기도 느꼈지만, 감정이 복받치고 있었다. 나는 그날 밤을 잊을 수가 없다. 3일 뒤, 시리아와 이집트가 이스라엘에 대해 전쟁을 일으켰다. 그리고 쉴로모가 어떻게 되었는지는 알 수 없었다.

1부
유태인 역사에서 본
예루살렘의 의미

1. 시온, 다윗의 도시

내가 시온에 주춧돌을 놓는다.
값진 돌을 모퉁이에 놓아 기초를 튼튼히 잡으리니.
― 이사야 28 : 16

나의 거룩한 시온 산 위에 나의 왕을 내 손으로 세웠노라.
― 시편 2 : 6

1967년 6월, 이스라엘군은 아랍인 거주지와 성벽, 옛 유태인 거주지, 성전 산, 성전의 서쪽벽(통곡의 벽) 등을 포함하는 동(東)예루살렘을 점령했다. 그리고 며칠 뒤, 이스라엘 국회 크네세트(Knesset)는 동예루살렘과 유태인들이 사는 서예루살렘은 나누어질 수 없는 하나의 도시이며, 주권국 이스라엘의 확실한 수도라고 선포했다.

이스라엘의 다음 조치 역시 실질적이며 상징적이었다. 군당국은 지난 19년 동안 요르단 통치하에 아랍과 유태인들을 갈라놓았던 콘크리트 벽을 무너뜨렸다. 이 장벽이 사라짐으로써 도시는 사실상 하나로 합쳐졌고, 이스라엘의 주권이 예루살렘 전역에 미치게 됨에 따라, 이스라엘 및 세계 각지의 유태인들은 그들이 세운 나라가 이제 상처 없이 완전해지는 것을 볼 수 있었다. 무려 1800년 동안 패배와 파괴, 타향살이와 이

산을 경험한 유태인들은 이제야 진정으로 고국에 돌아올 수 있게 되었으며, 유태인의 국가도 비로소 그들의 수도를 진정으로 되찾았다. 세속적인 유태인들은 시온주의자의 꿈이 이루어졌다고 손뼉을 쳤으며, 이들보다 신앙심이 두터운 유태인들은 이것을 메시아 구원의 시작이라고까지 보았다.

예루살렘 쟁탈전에서 싸웠던 어느 젊은 공수부대원의 말에는 모든 유태인들의 심정이 잘 담겨 있다. 그 병사는 당시 동예루살렘과 같이 점령되었던 아랍인들이 많이 사는 요르단 강 서안과 가자 지역은 예루살렘과 구별되어야 한다면서 이렇게 말했다.

> 난 예루살렘의 문제와 그 두 지역의 문제는 다른 거라고 봅니다. 그 두 지역이 우리 국가의 안보에 필요하다면 우리가 더 있어야겠죠. 하지만 안보 문제만 해결되고 나면 제가 보기에는 우리가 거기에 더 있을 권리는 없어요. 전쟁에서 승리한 거 이외엔 다른 명분이 없지요. 누가 전쟁을 시작했는지, 그 원인이 무엇인지는 상관이 없습니다. 하지만 예루살렘은 달라요. 예루살렘에는 훨씬 더 깊은 의미가 있습니다. 그건 우리 가슴속에 있는, 우리의 느낌과 관련된 그 무엇입니다. 예루살렘은 모든 유태인의 근원이요, 초석입니다. 예루살렘은 우리의 모든 역사를 상징하며, 우리 민족의 이야기를 관통해 온 한가닥 실과 같은 거죠. 그리고 예루살렘은 항상 그 중심에 있습니다. 예루살렘은 허구가 아니에요. 이건 우리의 모든 걸 다 품고 있는 우리의 세계, 그 자체입니다.

이 말은 시기적절하고, 감동적이며, 유태인 역사 속에서 예루살렘이 차지하는 독특한 위상을 잘 말해주고 있다. 이 말을 듣고 나면 예루살렘이 유태인들에게 있어 변함없이 강력한 의미를 지니고 있음을, 그리고 그 의미는 유태인 역사 속의 영예와 좌절의 순간들로부터 만들어져 왔음을 알게 된다. 예루살렘의 역사를 되돌아보면, 유태인들이 예루살렘의 역사에 대해 갖고 있는 경외심이 그리스도교인들이나 무슬림들도 예루살렘을 성스러운 곳으로 판단하게 만들었다는 걸 알 수 있다. 그런 면에서 예루살렘의 신성함은 모든 사람들이 다 같이 느끼고 있다.

아마 예루살렘의 역사에서 더욱 놀라운 것은 예루살렘에 대한 사랑의 표현인 신앙, 의식(儀式), 상징 등이 유태인, 그리스도교인, 무슬림에 따라 너무도 다양하다는 사실일 것이다. 이 도시의 역사는 다른 무엇보다도 이 세 부류의 사람들이 매우 색다른 영광과 비극의 순간을 경험해 왔다는 점을 적나라하게 보여준다. 따라서 예루살렘의 '의미'는 이 세 부류의 사람들에게 다 다를 수밖에 없다. 이 책에서는 그 차이점을 중심으로 이야기를 펼쳐 나갈 것이다.

우선 예루살렘에 얽힌 유태인들의 역사를 다루려는 이 장에서, 나는 유태인들이 이 도시에 부여한 독특한 의미, 바로 오늘날까지 그들에게 전해져 오는 그 의미를 파헤쳐 보려 한다. 그 이후의 장에서는 그리스도교인들과 무슬림들이 그들 나름대로 역사의 흐름 속에서 경험한 예루살렘의 의미를 살펴볼 것이다.

앞서 언급한 공수부대원의 말을 되새겨 보자. "예루살렘은 우리의 모든 역사를 상징하며 우리 민족의 이야기를 관통해 온 한가닥 실과 같은 겁니다." 그 실이 옷을 짜냈다. 이것이 바로 예루살렘이 유태인에게 차지하고 있는 위상이다. 놀라운 사실은 유태인들의 국가가 정치적으로 분열되거나, 군사적 패배를 당하거나, 종교적인 모욕을 견뎌야 했을 그런 수많은 위기의 시기에도 예루살렘은 절대로 끊어지지 않는 강력한 실타래 역할을 해왔다는 점이다. 정치적인 관점에서만 보면, 예루살렘은 통일된 유태인 국가를 만드는 데 성공하기도 했고 실패하기도 했다.

하지만 실패보다는 성공에 더 무게가 실리는데, 그 이유는 민족의 통일에는 정치적인 것뿐 아니라 종교적인 것도 있기 때문이다. 예루살렘이 율법의 권위와 접목되면서, 고대 이스라엘 사람들은 어떤 패배, 어떤 재앙도 결국 그들에게서 조국과 수도를 앗아가지 못할 것이라는 믿음을 갖게 되었다. 왜냐하면 어떤 시련이 온다 해도 야훼가 유태인들에게 한 약속은 반드시 이루어질 것이기 때문이었다.

모든 약소국의 운명이 그러하듯이 고대 이스라엘 국가 및 그 정치 역시 주변 강대국에 의해 지배되었다. 하지만 예루살렘에 대한 기억은 국가가 망해도 계속되었는데, 율법과 연결된 예루살렘의 의미는 정치적인 것과 종교적인 것으로 나뉠 수 없기 때문이었다. 물론 그 두 요소가 평화스럽게 결합된 것은 아니었다. 이스라엘 율법의 대가인 예언자들은 종종 율법을 도덕적으로 어기고, 우상을 숭배했다는 이유로 국가를 비난하고 그 수도를 비판했다. 하지만 애국자이기도 했던 예언자들은 예루살렘이 저지른 신에 대한 불경에도 불구하고, 그들이 믿는 율법의 적이 아니라 율법이 뿌리박고 있는 곳임을 믿고 있었다. 이사야는 이렇게 말했다. "시온으로부터 야훼의 법이 나오리라. 그리고 예루살렘으로부터 야훼의 말씀이 나오리라."

바빌로니아에 의해 그리고 훗날엔 로마에 의해 유태인들의 국가는 파괴되었고, 사람들은 세계 각지로 추방되어 흩어졌음에도 불구하고 하나로 뭉쳤다. 종교적인 생명력을 지닌 율법과 이에 못지 않게 생생한 예루살렘에 대한 기억이 그런 정신을 만들어냈다. 예루살렘은 또한 유태인들에게 언젠가는 그들이 조상의 땅에 돌아와 주권국의 국민으로 자유롭게 살 수 있도록 해줄 메시아에 대한 소망을 불어넣어 주었다.

다윗 왕의 위대한 공적은 율법에 근거하여 예루살렘을 중심으로 한 통일 왕국을 세운 데 있다. 그는 예루살렘을 중심으로 예로부터 내려온 신앙과 도덕성이라는 활력소에 정치화된 민족주의를 결합했다. 그리하여 고대 이스라엘이라는 민족국가가 태어날 수 있었다. 이 국가는 전쟁과 무역, 그리고 인접 국가들과의 조약 등을 통해 실력을 키워갔다. 그리고 다른 모든 민족국가가 그러하듯, 이스라엘은 이웃 나라들에게 지배당하기보다 그들을 지배하려고 했다. 따라서 군사적, 정치적, 경제적인 필요가 율법상의 종교적, 도덕적인 원칙에 우선하게 되었다. 예언자들은 다윗 및 그의 뒤를 따른 모든 왕들이 율법을 위배한다며 비난의 목청을 높였다. 하지만 다윗뿐 아니라 그 뒤의 왕들도 잘 알고 있었다. 율법에는 이스라엘 민족이 그들의 신, 야훼에게 어떻게 복종하며 살아야 하는가가 쓰여 있지만, 민족국가로서 이스라엘의 생존은 어떻게 현명하게 주변국 사이에서 세력을 유지하는가에 달려 있다는 것을 말이다. 하느님의 율법이 예루살렘에서 나올지는 몰라도, 이스라엘의 수도인 그 도시를 방어하려면 군대가 필요했던 것이다. 앞으로 보겠지만 민족과 도덕, 국가와 종교, 수도와 율법 사이의 관계는 미묘했으며, 쉽게 무너지고, 쉽게 뒤틀렸다.

유태인들의 역사적 경험 속에서 예루살렘의 정치적 의미와 종교적 의미를 모두 이해하려면 우리는 다윗 왕이 예루살렘을 정복한 기원전 1000년경 이전으로, 율법이 고대 이스라엘인들의 의식 속에 자리잡기 시작한 기원전 1300~1200년경의 모세 시대로 돌아가야 한다. 예루살렘이 고대 이스라엘의 '초석'이 될 수 있었던 건, 이스라엘이 딛고 서 있던 발판이 바로 율법이었기 때문이다.

율법은 이스라엘의 경전인 『토라』에 있어서 가장 성스러운 대목들을 장식하고 있다. 바로 이 율법은 이스라엘 민족을 계약의 상대로 선택한 야훼의 마음이요, 의지였다. 야훼는 이스라엘 민족에게 율법을 줌으로써 자신을 드러냈으며, 십계에 나타난 도덕 원칙을 지키도록 요구했던 것이다. 그 계율들의 정신을 한 마디로 표현하면 다음과 같다. '마음과 정신과 영혼을 다하여 하느님을 사랑하고, 너 자신을 아끼듯 이웃을 사랑하라.'

기원전 12세기 중반, 이스라엘의 열두 부족(12지파)들은 가나안 땅에 살고 있었다. 그들은 하나의 연맹체를 이루고 있었는데, 그들을 단결시키는 끈은 야훼에 대한 네 가지 강력한 믿음이었다. 첫째, 온 우주의 진정한 주인은 주위의 이교도 민족들이 믿는 하찮은 신들이 아니라 바로 그들의 신 야훼다. 둘째, 야훼는 온 세상에 자신의 위엄을 전하기 위해 이스라엘 민족을 선택했다. 셋째, 야훼는 이스라엘 민족이 살 땅으로 가나안을 주었다. 넷째, 야훼는 이스라엘 민족에게 도덕법을 주어 그 말씀에 따라 살게 했다. 매년, 봄에 씨 뿌릴 때나 과일을 처음 딸 때나 가을에 수확을 할 때와 같은 중요한 축제의 시기에, 이 부족들은 모두 모여 그들의 공통된 신앙을 함께 나누곤 했다. 이럴 때면 부족들은 서로간의 경쟁의식도 없이 지도자들이 해주는 노예생활을 했던 이집트에서 탈출한 얘기를 들으며 그들 민족만이 믿는 야훼에 대한 신앙을 돈독히 해나갔다. 또한 부족들은 야훼의 위엄을 칭송하며 야훼와 맺은 율법의 가장 중심이라 할 수 있는 그 도덕법을 암송했다.

하지만 기도만으로는 살아남을 수 없었다. 이스라엘 부족들은 2백년도 넘게 그들이 빼앗은 가나안 땅을 지키기 위해 적들과 싸워왔다. 전쟁에서 승리하기 위해 그들은 싸움터마다 야훼의 보호를 상징하며 신앙의 부적이라 할 수 있는 계약궤*를 가지고 다녔다. 이 나무궤짝 속에는 십계명이 쓰여진 가죽판이 있었고, 상자 바깥 쪽에는 사원에서 전쟁터로 운반하기 좋도록 팔걸이도 붙어 있었다.

칼과 창과 계약궤로 무장한 이스라엘인들은 용맹스럽게 싸워 가나안 땅의 중앙에 있는 언덕지대를 잘 지켰으며, 북쪽으로는 요르단 강의 상류인 단(Dan)에서 남쪽으로는 네게브(Negev) 사막 끝자락에 있는 베르셰바(Beersheba)에 이르는 지역을 확보할 수 있었다. 비교적 작은 지역에 몰려 있던 그들은 모두 함께 힘을 모아 그들을 내쫓으려는 에돔(Edom)인이나 아말렉(Amalek)인 같은 가나안 원주민들에 대항해 싸웠다. 그러던 중 기원전 약 1050년 경, 필리스틴(Philistine; 혹은 불레셋)이라 불리우는 강력한 새로운 적이 그들의 영토를 침입해 왔다. 이들은 에게 해 출신의 무서운 전사들이었으며, 필리스틴이란 이름도 '바다의 사람들'이란 뜻이었다. 그들은 새로운 철제무기를 갖추고 그들의 근거지인 지중해 해안의 가자, 아슈켈론(Ashkelon), 아슈도드(Ashdod), 가드(Gath), 에크론(Ekron) 등지에서 내륙으로 진출하기 시작했다. 그들은 이스라엘 부족들의 지역으로 들어온 직후 수차례의 전투에서 승리하여 계약궤를 모셔 놓은 신전 마을 실로(Shiloh)를 점령하기에 이르렀다.

    계약궤를 빼앗긴 것은 이스라엘인들에게 큰 모욕이 아닐 수 없었다. 많은 이스라엘인들이 전쟁에서 이스라엘을 지켜주는 야훼가 그들이 율법에 복종하지 않은 데 대한 형벌로 그들을 버린 것이라고 느꼈다. 하지만 필리스틴인들 역시 그 궤짝에 대해 두려워하긴 마찬가지였다. 그들은 궤짝 주위를 감도는 성스러운 기운 때문에 위협감을 느꼈던 것 같다. 『구약성경』의 신명기 저자✚✚는 사무엘서도 구술했는데, 그에 의하면

✚ 모세가 야훼로부터 받은 계명들이 쓰여진 가죽판을 담은 상자. 이스라엘인들이 가나안 부족들과 싸우면서 항상 모시고 다니다가 훗날 솔로몬이 성전을 지은 뒤 성전 안에서도 가장 귀중한 곳인 지성소(至聖所)에 두었다. 그곳엔 1년에 한 번, 참회의 날(Yom Kippur)에 대제사장만이 혼자 들어가 안에서 제사를 올렸다.

✚✚ 흔히 신명기는 모세 5경(창세기, 출애굽기, 레위기, 민수기, 신명기)이라 하여 모세가 그 저자로 알려져 있으나, 대부분의 학자들은 이 경전이 훨씬 나중에 쓰여졌다는 데 의견일치를 보고 있다. 모세가 했던 연설 내용에 기원전 7세기경에 여러 사람들이 다른 자료를 덧붙여 완성한 것이 바로 신명기다. 신명기에 특히 율법 엄수에 관한 내용이 많은 데에서도 추측할 수 있듯이 신명기 저자는 율법에 복종하면 축복을 받고, 율법을 무시하면 저주를 받으며, 이스라엘 민족은 오직 예루살렘에서만 야훼께 경배를 드릴 수 있음을 원칙으로 내세워 이스라엘 역사를 기술했다고 한다.

필리스틴인들은 그 궤짝을 얻은 뒤 신의 저주가 미칠까 두려워한 나머지 일부러 그것을 아무데나 버렸다고 한다. 그후로 계약궤는 오랫동안 분실된 채 발견되지 못하다가, 수십 년 뒤 유다(Judah) 지파의 행운아 다윗(David)에 의해 발견되었다. 그리고 현명하게도 다윗은 이스라엘을 민족국가로 발전시키는 데 그 궤를 충분히 이용했다.

필리스틴인들이 가나안 중앙을 지배하던 30년 동안, 이스라엘 부족의 지도자들은 그들 연맹체의 존속을 걱정했다. 하지만 기원전 1020년경 이후, 두 명의 영웅이 이스라엘 역사에 모습을 나타낸다. 그 첫번째 인물은 베냐민(Benjamin) 지파의 지도자인 사울(Saul)이었으며, 두번째 인물은 유다 지파의 다윗이었다. 성경에 나타난 이들 두 인물의 이야기는, 이스라엘이 민주적인 제도에도 불구하고 부족간의 적개심과 불안정한 영토라는 한계를 가진 과거의 부족 집단에서 권력과 자부심, 그리고 중앙정부의 권위에 대한 복종 등으로 특징지어지는 미래의 새로운 정치 집단으로 이행하는 과정을 잘 그려준다.

이스라엘의 첫번째 왕이 된 사울은 필리스틴인들의 침입에 맞서 이스라엘인들을 잘 이끌었지만, 이런 공적도 그의 부하이자 경쟁 상대인 다윗에 비하면 빛이 바랬다. 사울의 경쟁 의식은 노래의 후렴구에서 다음과 같이 조롱당했다.

> 다윗이 그 불레셋 장수를 죽이고 나서 군대를 이끌고 돌아오자, 이스라엘 모든 성읍에서 여인들이 나와 환성을 올리며 꽹과리에 맞춰 노래하고 춤추며 사울왕을 맞았다. / 여인들은 덩실거리며 노래를 주고 받았다. "사울은 수천을 치셨고, 다윗은 수만을 치셨다네!"
>
> ― 사무엘상 18 : 6~7

다윗의 전술은 그를 유다 지파의 지도자로 격상시키는 데 부족함이 없었고, 결국 사울에 이어 이스라엘 민족 전체의 왕위에까지 오르게 한다. 오래지 않아 다윗은 필리스틴인들에 대해 결정적인 승리를 거둬 그들을 원래 근거지인 해안가로 몰아내는 데 성공했을 뿐 아니라, 그들에게 자신의 치세 및 솔로몬 시대에 이르기까지 계속 공물을 바치게 만들었다.

다윗의 재주는 군사적인 면에 그치지 않았다. 그는 이스라엘이란 나라가 계속 안전하게 번영하려면 그때까지의 부족 연맹체에서 벗어나 새롭고 더욱 단결된 중앙집권체제로 변신해야 한다는 현명한 정치적 판단을 하고 있었다. 사울이 여러 부족들을 처음으로 왕의 지배 아래에 두기 시작했다면, 다윗은 이런 작업을 완결했다고 할 수 있다. 그가 부족 지도자들 위에 서서 자신의 왕권을 확립할 수 있었던 것은, 그들이 그를 상대할 힘이 없었기 때문이기도 하고, 그들 대부분이 나라의 안위에 대한 다윗의 인식에 동감하고 있었기 때문이기도 하다.

다윗의 천재성은 통합된 이스라엘 왕국의 수도로 예루살렘을 택한 데서 가장 명백하게 드러난다. 우리는 그가 예루살렘(그 당시엔 거기에 살던 사람들 명칭을 따라 예부스라 불리웠다)이란 언덕 마을을 힘들이지 않고 점령했던 날 밤에 바로 그곳을 왕국의 수도로 염두에 두었는지는 확신할 수 없다. 하지만 그 도시를 차지한 후 그는 곧바로 그곳의 장점을 이용하기 시작했다. 그곳은 사막 황무지에 맞닿은 가파른 언덕으로 삼면이 둘러싸인 천연의 요새로서, 새 왕궁을 마련하기엔 안성맞춤이었던 것이다. 예루살렘은 요르단 계곡을 내려다보는 위치인 동시에 왕국의 중앙에 자리잡아 북부 및 남부를 효과적으로 통치할 수 있었다.

예루살렘의 정치적 이점 역시 똑같이 명백했다. 예부스인들의 중심지였던 터라 예루살렘은 이스라엘의 어느 부족에도 속하지 않은 '중립적'인 곳이었으며, 따라서 새로 생긴 정치적인 연합체의 수도로 이상적이었다. 다윗은 예루살렘에서 남동쪽으로 50킬로미터 정도 떨어진 곳에 있는 자기 부족(유다 지파)의 중심지 헤브론(Hebron) 대신 예루살렘을 왕국의 수도로 정함으로써 북쪽의 부족들과 남쪽의 유다 지파 사이의 갈등을 최소화하려고 애썼다. 또한 예루살렘은 다윗 자신이 정복해서 얻은 땅이므로 여타 지역에서처럼 힘센 부족장들의 눈치를 볼 필요 없이 자기 마음대로 수도를 건설할 수 있었다.

마침내 왕국의 모든 중요한 시설이 예루살렘에 완성되었다. 궁전, 재물창고, 법정, 군 지도부, 그리고 신전까지도. 예루살렘이 철저히 왕의 권력과 개성에 따라 그 모양새가 갖추어짐에 따라 사람들은 그곳을 그냥 다윗의 도시라고 부르곤 했으며, 성서에도 그렇게 묘사되었다.

예루살렘 건설 초기부터 다윗은 부족들 사이의 경쟁관계가 사라져야만 자신의 왕권이 안전할 수 있다는 걸 알고 있었다. 어떻게 해야 그의 충성스런 지지자인 유다 지파는 물론이고 북쪽의 다른 지파들에게도 예루살렘을 왕국의 수도로 받아들이게 할 수 있을까? 어떻게 해야 예루살렘이 세겜, 실로, 베델 등에 있는 그들의 신전과 동등한 지위를 갖는 신전으로 경배받게 할 수 있을까? 어떻게 해야 예루살렘으로부터 나오는 그의 통치가 그들의 전통적인 정치 및 종교 관례를 망가뜨리는 게 아니라 오히려 발전시켜 나가는 것임을 납득시킬 수 있을까? 다윗은 이런 문제점들에 대한 해답을 종교에서 구했다. 그는 이스라엘 부족의 토템과도 같던 계약궤를 다시 찾아 예루살렘에 모셔옴으로써 그곳을 다른 어느 곳보다 거룩한 신전으로 만들었던 것이다. 이 계약궤는 다윗이 세운 새 왕국과 새 수도를 과거의 부족 시대 전통과 연결시켜 주었으며, 사람들로 하여금 그의 왕국이 부족 연맹체의 적법한 후계자라는 믿음을 갖게 해주었다.

『구약성경』 사무엘하편을 보면 다윗은 예루살렘에서 북쪽으로 불과 몇 킬로미터밖에 안 떨어진 키럇여아림(Kiriath-jearim)이란 곳에서 필리스틴인들이 버렸던 계약궤를 찾았다고 한다. 신명기 저자는 사무엘하에서 계약궤가 예루살렘으로 옮겨질 당시 사람들이 수금과 거문고를 뜯고 딱딱이와 징을 치면서 마음껏 노래 부르고 춤을 추는 축제의 분위기를 화려한 언어로 묘사하고 있다. 성 안으로 계약궤가 들어오는 순간 나팔이 크게 울렸으며, 야훼를 경배하여 여섯 걸음에 한번씩 소를 잡아 제물로 바쳤는데, 다윗 왕은 맨 앞에 서서 행렬을 이끌었다. 왕으로서뿐만 아니라 민족의 숭배를 받는 대제사장으로서도 인정받고 싶었던 다윗은 이날 행사에 사제들이 입는 얇은 모시 제복(祭服)만을 걸치고 있었다. 신명기 저자에 의하면 그날 다윗은 기쁨에 넘쳐 "온 힘을 다해 야훼 앞에서" 거의 벗은 몸으로 덩실덩실 춤을 추며 행진했다고 한다.

그러다 갑자기 원인을 알 수 없는 불길한 일이 터졌다. 계약궤를 끌던 황소가 비틀거리자, 수행원들 가운데 우찌야(Uzziah)라는 사람이 계약궤를 똑바로 받치려고 손을 내밀었다. 그런데 그는 그 성스러운 상자를 잘못 만졌으며, 그 자리에 쓰러져 죽고 말았다. 왜 그랬을까? 마술이었을까? 신의 형벌이었을까? 신의 벌이라면 무슨 죄 때문일까? 아무도 답할 수가 없었다. 이 이야기를 듣고 나면 이스라엘의 신 야훼가 정말로 그 율법이 담긴 궤짝이 영원히 한 곳에 보존되어 경배받기를 원했는지 의심하게 된다(그곳이 아무리 다윗 통치하에 앞길이 환하게 보장된 예루살렘이라 할지라도 말이다).

계약궤가 예루살렘에 들어서자마자 또 다른 불길한 사건이 터졌다. 사울의 딸이자 왕비였던 미갈(Michal)이 거의 옷을 걸치지 않은 채 있는 다윗을 보곤 무섭게 화를 냈던 것이다. 그녀의 노여움은 그후 다윗의 통치를 병들게 만들 무서운 여러 사건들의 조짐이었을까? 다윗의 치세 말기에 그의 가족들은 배반, 근친상간, 간음, 모반, 살인 등으로 괴로움을 겪게 된다. 예언자 나단(Nathan)은 다윗이 유부녀 밧세바(Bathsheba)와 결혼하기 위해서 그녀의 남편 우리야(Uriah)를 죽게 만든 것[+]을 강력히 비난했다. 나단의 뒤를 이은 예언자들 역시 통일 왕국의 분열과 그에 이은 예루살렘의 파괴가 모두 다윗 왕의 비도덕성과 그의 아들이자 후계자인 솔로몬의 과대망상증 때문이라고 헐뜯었다.

성 안으로 들어온 계약궤는 키드론 계곡이 바라보이는 동쪽 언덕에 지어진 다윗의 궁전에 모셔졌다. 다윗은 경배의식을 집전할 사람으로 실로에 있는 레위(Levi)[++] 사제를 불러들여 다른 지역에 있는 신전들보다 예루살렘을 격상시키려 했다. 그러나 막상 의식을 주재한 사람은 다윗 자신이었으며, 그 의식에서는 그가 지은 찬미가[+++]가 불려지기도 했다.

다윗은 통치 초기부터 대제사장으로 인정받고 싶어했다. 그는 야훼의 축복을 사람들에게 전달해 줄 수 있었다. 다윗은 자신을 가나안의 제사장이자 왕으로서 예루살렘을 다스렸다는 전설 속의 인물 멜기세덱의 후계자라고 생각했으며, 매년 새해를 기리는 가을축제 때마다 사제의 역할을 맡았다. 과거엔 이스라엘인들이 실로, 세겜, 베델 등지에 있는 지방 신전에 모여 야훼와의 계약 관계를 새로 기억했으나, 왕이 계약궤 앞에서 직접 의식을 거행하게 되자, 그들은 모두 예루살렘으로 오지 않을 수 없었다.

[+] 우리야는 소아시아의 히타이트(Hittite) 계통 사람이었는데, 다윗은 그의 아내를 빼앗기 위해 전쟁터에 있는 그를 최전방에 나가 싸우게 하여 죽게 만들었다. 그가 죽은 곳은 지금의 요르단 수도인 암만(Amman)이 있는 곳으로 알려져 있다.
[++] 출애굽기에 보면 야훼는 12지파 중 하나인 레위 지파에게 신에 대한 제사를 맡겼는데, 이들의 의무와 권리, 제사의식 등이 자세히 나온 경전이 바로 레위기다. 예루살렘에 계약궤가 오기까지 이들은 세겜, 실로 등지에 있는 전통적인 신전에서 제사를 주관해 왔다.
[+++] 현악기에 맞춰 노래했던 시편의 시가 중 상당 부분은 다윗이 썼다고 전해진다.

점차 다윗은 신성한 존재가 되어갔으며, 그의 보좌관들은 그의 신성(神性)에 대해 말하기 시작했는데, 이는 인접 국가의 왕들이 가지고 있는 왕권 개념과 다르지 않은 것이었다. 계약궤를 경배하기 위해 또는 훗날 성전 의식을 위해 쓰여진 시편들은 이미 다윗 생전에 시작되었던 왕에 대한 신적인 숭배를 더욱 확산시켰다. 그 좋은 일례로 두번째 시편의 일부를 보면, 하느님이 다윗을 기름부음을 받은 자(Anointed One)✝, 즉 온 세상 모든 나라를 다스릴 신의 아들로 묘사하는 대목이 나온다.

어찌하여 나라들이 술렁대는가? 어찌하여 민족들이 헛일을 꾸미는가? / 야훼를 거슬러, 그 기름부은 자를 거슬러, 세상의 왕들은 들썩거리고 왕족들은 음모를 꾸미며 / "이 사슬을 끊어 버리자!" "이 멍에를 벗어 버리자!" 한다마는 / 하늘 옥좌에 앉으신 야훼, 가소로와 웃으시다가 / 드디어 분노를 터뜨려 호통치시고 노기 띤 음성으로 호령하신다. / "나의 거룩한 시온 산 위에 나의 왕을 내 손으로 세웠노라." / 나를 왕으로 세우시며 선포하신 야훼의 칙령을 들어라. "너는 내 아들, 나 오늘 너를 낳았노라."

— 시편 2 : 1~7

다윗 왕의 신격화와 궁전에 있는 계약궤의 존재 때문에 예루살렘은 더욱 거룩한 도시가 되었다. 오래지 않아 사람들은 야훼가 자신의 영원

✝ '기름부음을 받은 자'라는 뜻의 히브리어 마시아크(mashiakh)를 영어로 음역한 것이 메시아(messiah)다. 야훼의 예언자에 의해 기름부음을 받은 자가 적법한 왕이라는 의식에서, 바빌론 유수 후 이상적인 왕에게 거는 희망이 커지면서 메시아 사상이 싹텄다. 기름 붓는 것을 그리스어로는 크리스토스(Christos)라 하는데, 이의 영어 음역이 크라이스트(Christ)다. 그리스도교에서는 예수가 바로 그 메시아라 믿으며 제자들이 선교 활동을 시작했고, 그래서 그리스도교인들을 메시아를 믿는 사람들이란 뜻의 크리스천(Christian)이라 부르게 되었다. 크라이스트의 한자 음역이 기독(基督)이며, 우리말로는 그리스도가 된다.

한 집으로 택한 곳이 바로 예루살렘이라는 생각을 품게 되었다. 아직 북쪽의 지방 신전들에서도 신에 대한 경배가 계속되긴 했지만, 이스라엘의 종교와 신앙은 점점 더 예루살렘을 중심으로 이루어져 갔으며, 이는 솔로몬 왕 치세 중 성전의 건립과 더불어 가속화되었다.

예루살렘을 히브리인의 국가적 신전으로 바꾸는 일은 예부스라는 옛 도시 국가에 항상 서려 있던 성스러운 기운 때문에 더욱 쉽게 추진될 수 있었다. 예부스 사람들은 그들의 마을을 내려다보는 북쪽 언덕 위 석회암이 돌출한 곳에서 그들의 신 샬렘(Shalem)에 대한 희생제물을 바쳤다. 성경에 의하면 다윗은 그곳을 곡식 타작하는 장소로 썼던 예부스 왕 아라우나(Araunah)에게 돈 50세켈(shekel)을 주고 매입했다고 한다. 그러고 나서 다윗은 예부스 사람들이 제물을 바쳤던 돌 위에 작은 제단을 만들었는데, 바로 그 돌이 솔로몬 성전의 초석이 되었다.

다윗의 궁전 북쪽에 위치한 그 언덕은 시온(Zion)이라는 신비한 이름을 얻었다. 이스라엘인들 역시 예부스 사람들처럼 그 언덕 위에 그들의 신 야훼가 계신다고 믿었기 때문이다. 예부스인들이 그 언덕에서 그들의 신 샬렘에게 제사를 지냈다 하여 결국 그 도시는 '샬렘 신의 집'(우루살렘[Urushalem] 또는 예루살렘[Jeru-salem])이라 불렸다.

이스라엘인들은 예부스인의 신화에다 자신들의 거룩한 전설을 보태, 시온의 신성함을 더욱 부풀렸다. 예컨대 아브라함이 자신의 믿음을 검증받기 위해 아들 이사악을 제물로 바치려던 얘기를 기억해 보자. 이스라엘인들은 이 장면의 배경을 시온 언덕에 맞추고 있다. 또 다른 예도 있다. 전설에 따르면 멜기세덱은 이 언덕에서 가나안의 신이며 '가장 높은 신'이라는 뜻을 지닌 엘 엘리온(El Elyon)의 이름으로 아브라함을 축복하기도 했다. 그리고 이스라엘인들은 이 신을 간단히 '주님'이란 뜻의 엘로힘(Elohim)으로 바꾸어 불렀다.

다윗은 계약궤를 영원히 모실 곳으로 성전의 건립을 계획했다. 하지만 그는 성전의 제사의식 때 쓸 금이나 은 덩어리들을 모아놓고도 건축을 시작하지는 않았고, 지금 우리는 그가 왜 그랬는지 정확히 알 수 없다. 그러나 다윗에 대한 사람들의 경외심이 얼마나 대단했던지 그가 성전을 건립하지 못한 것조차도 신의 은총으로 받아들여졌다. 신명기 저자에 의하면 다윗은 예언자 나단에게 예루살렘에 신을 위한 '집'을 지어 야훼를 경배할 수 있도록 허락해 달라고 부탁했다. 다윗이 말하길, "나는 이렇게 송백으로 지은 궁에 사는데, 하느님의 궤는 아직도 휘장 안에 모셔둔 채 그대로 있습니다"(사무엘하 7: 2). 하지만 야훼는 나단의 목소리를 빌려 다윗이 그를 위한 집을 짓는 것을 불허하면서, 오히려 다윗에게 집을 지어주겠다고 약속했다. 그 집은 앞으로 왕국을 이어나갈 왕가(王家)를 뜻했다. 다윗에게 성전 건립을 불허하는 대목이 다윗 후손의 적통성을 보장해 주고 축복해 주는 장면으로 바뀐 것이다.

아마 하느님이 다윗의 제안을 거절한 진짜 이유에는 왕국 내 많은 사람들이 하고 있던 우려가 반영되어 있는 듯 하다. 원래부터 간소하게 사막의 휘장 속에 모셔왔던 전통에서 벗어나 계약궤를 성전에 모신다는 것 자체가 너무 급진적인 변화가 아닌지 우려하는 사람들이 많았던 것이다. 그렇다면 그때 다윗이 성전 건립을 피한 것은 현명한 처사였다. 그가 성전 건립부터 추진했다면 계약궤를 예루살렘에 가져오려는 목적마저 결국 이루지 못했을 테니까. 수세기가 지난 뒤, 유대교의 랍비들은 하느님의 거부에 대해 그럴듯한 이유를 만들어냈다. 그들은 제사는 순결해야 한다는 원칙에서 그 이유를 끌어왔다. 다윗은 군 지도자로서 어쩔 수 없이 전쟁의 피로 더럽혀진 인물이기 때문에 티 한 점 없어야 할 하느님의 집을 짓기엔 부적합한 인물이었다는 것이다. 같은 논리에서 그들은 다윗에게서 왕국을 이어받은 솔로몬은 전쟁 경험이 없는 깨끗한 왕으로서 하느님의 '집'을 지을 수 있었다고 말했다.

다윗을 따르는 사람들은 하느님이 다윗에게 한 '집'에 대한 약속을 다윗과 앞으로 태어날 그의 모든 후손들에 대한 약속으로 해석했다. 야훼가 다윗의 '집'에 그의 사랑과 축복을 보여주실 것이며, 따라서 다윗의 후손들이 영원히 이스라엘을 다스릴 것이라고. 다윗과 그 주변 인물들에게 있어서 야훼의 약속이란 적어도 다윗 왕가에 기초하여 이스라엘과 야훼 간에 새로운 계약이 맺어졌음을 의미했다. 이 새 계약은 모세의 율법에 기초한 옛 계약을 대체하는 게 아니라 그것을 토대로 한 것이었다. 따라서 다윗은 제2의 모세처럼 여겨졌으며, 다윗의 도시 예루살렘은 계약의 장소로서 시나이(Sinai) 산의 뒤를 이어갈 곳이었다.

하지만 다윗 생전에도 이스라엘 사람들, 특히 북부 부족들은 다윗 왕가가 야훼의 축복을 받았다는 말을 믿지 않았다. 그들이 보기에 모세의 율법을 대체할 수 있는 것은 없었으며, 따라서 그 누구도 심지어 이스라엘의 왕이라 할지라도, 제2의 모세라고 주장할 수는 없었다. 그리고 예루살렘은 절대로 하느님의 산인 시나이 산을 대신할 수 없었다.

이런 반대 목소리들을 알고 있던 다윗은 자기 왕국의 신성한 권위를 높이기 위해 분주히 노력했다. 그는 예루살렘을 점령하자마자 왕실에 서기 및 연대기 작가들을 두고 그의 치세를 기록하게 하였다. 오늘날 우리가 사무엘하에서 읽을 수 있는 다윗의 치세는 바로 이들의 글솜씨이다. 물론 그들은 객관성을 유지하며 사실의 서술을 목적으로 하는 근대적 의미의 역사가들은 아니었다. 그들의 목적은 하느님께서 다윗을 이스라엘의 왕으로 선택했으며, 하느님의 축복 속에 다윗 왕가와 그 왕국은 영원할 것이라는 그런 종교적 신념과 민족주의적인 자신감에서 끌어낸 의미의 융단을 짜나가는 것이었다. 하지만 이런 왕실 역사에도 주목할 만한 사실이 있었는데, 왕실 역사가들이 종교적이고 정치적인 의

도를 가지고 있었음에도 불구하고 다윗의 부주의와 과오를 굳이 감추려 하지 않았던 점이다. 그들이 쓴 역사 덕분에 우리는 이스라엘 민족이 다윗 왕국에 걸었던 희망뿐 아니라 왕국의 몰락을 야기한 비극적인 실수들에 대해서도 살펴볼 수 있다.

왕국의 설립, 예루살렘을 수도로 정한 것, 계약궤의 안치 등 이 모든 사건들은 이스라엘인들의 점증하는 민족의식을 말해주고 있었다. 그리고 정복에 의한 영토 확장은 이런 민족의식에 더욱 불을 붙였다. 야훼가 그들 편에 서 있다는 확신 속에 다윗의 군대는 필리스틴뿐 아니라 가나안의 모든 원주민들을 다 정복했다. 그런 후 다윗은 트란스요르단(요르단 강 동안—옮긴이)에도 군대를 보내 모압(Moab)인, 에돔(Edom)인, 암몬(Ammon)인, 다마스쿠스의 아람(Aram)인 등을 제압하고 조공을 바치도록 했다. 이런 영토 확장으로 인하여 기원전 970년에 다윗이 죽었을 때 왕국의 경계는 유프라테스 강에서 이집트 국경에까지 이르렀다. 이는 대단한 업적이었다. 40년에 걸친 지칠 줄 모르는 전투 끝에, 지난 2백여 년 동안 가나안 땅 중앙에서 불안한 연합체를 이루고 명맥을 유지하던 약소국 이스라엘은 유능한 영도자의 지도 아래 단결하여 주위의 적들을 무찌르고 강력한 나라로 성장했던 것이다. 그리고 이 힘은 예루살렘에 근거한 것이었다. 예루살렘은 일찍이 야훼가 그들의 조상 아브라함에게 약속해 준 땅을 모두 확보한, 하느님의 축복을 받은 왕 다윗이 세운 도시였던 것이다.

하지만 다윗의 삶은 말년에 어려워졌다. 그의 치세 후반은 반란들로 얼룩졌다. 다윗은 전쟁을 할 때 북부 부족의 지도자들로 하여금 그를 따르게 만들긴 했지만, 궁극적으로 그를 절대군주로 믿고 따르게 하는 데는 실패하고 말았다. 다윗의 치세 40년 동안, 예루살렘을 근거로 통치하는 왕과 북부 부족들 간에는 항상 긴장감이 감돌았다. 그리고 이런 갈등은 다윗이 부족 지도자들을 무시한 채 마음대로 보좌관이나 서기, 사제, 연대기 작가, 토지측량가, 세리(稅吏) 등을 임명하면서 더욱 골이 깊어갔다. 더구나 이스라엘 역사상 처음 등장하는 이런 직위에 임명된 관리들은 이스라엘 사람도 아니었다. 특별한 기술이나 충성심 때문에 발탁된 이들은 가나안이나 트란스요르단 등 정복지에서 온 사람들이 많았다. 다윗이 가장 신임하는 개인 경호원들조차도 이스라엘 사람이 아니라 바로 얼마 전까지도 이스라엘의 적국이던 필리스틴의 용병들이었다. 예루살렘 궁정에 득실거리는 수많은 이교도 외국인들의 모습은 다윗과 북부 부족들의 사이를 더욱 깊게 갈라놓았다.

그런 상황이었으니 다윗의 아들인 압살롬(Absalom)이 왕위를 노려 반란을 일으켰을 때, 그간 다윗에게 무시당해 온 북부 부족의 지도자들이 압살롬을 지지한 건 당연한 일이었다. 다윗은 자신의 기반인 유다 지파를 규합하여 왕위는 지켰지만, 싸움 와중에 아들 압살롬을 잃는 비극적 대가를 치러야 했다. 그리고 북부 부족들이 지지한 반란을 남부의 유다 지파에 의존하여 진압함으로써, 다윗은 자신이 오랜 기간에 걸쳐 어렵게 일구어낸 통일 이스라엘의 명줄을 끊어놓고 말았다.

그후에도 반란이 잇달았다. 그 중에는 베냐민 지파 출신으로 비그리(Bichri)의 아들인 세바(Sheba)도 있었다. 그 역시 다른 많은 북부의 부족민들처럼 사울 왕과 그의 직계 후손 대신 다윗이 왕좌를 차지한 데 불만을 가진 사람이었다. 이런 불만의 목소리는 성경에 다음과 같이 잘 묘사되어 있다. "다윗에게 붙어봐야 돌아올 몫은 없다. 이새(Jesse ; 다윗의 아버지—옮긴이)의 아들에게 붙어봐야 물려받을 유산은 없다. 그러니 이스라엘 사람들아, 모두들 집으로 돌아가자!"(사무엘하 20 : 1).

다윗이 당면한 문제의 근원은 바로 이스라엘이 왕국이라는 정치체제를 택했을 때 잉태된 것으로서, 과연 왕국이란 것이 오직 야훼만을 왕으로 모시던 오랜 부족적 신앙과 양립할 수 있느냐 하는 문제였다. 야훼가 모세에게 율법만으로도 이스라엘을 다스릴 수 있다고 분명히 밝힌 바 있는데, 어떻게 다윗이 왕이 되어 이스라엘을 다스린다는 말인가? 한 걸음 더 나아가 왕이란 우상을 숭배하는 백성들의 눈엔 신으로까지 비추어지는, 이교도 나라의 전제 군주적 직위로 혐오스러운 것이 아닌가. 신명기 저자는 이런 문제에 대해 그 누구보다도 깊이 생각한 듯 싶다. 바빌로니아에게 국가와 수도가 파괴당하기 전 예루살렘에 살았던 마지막 세대인 이 저자는 다윗의 왕국을 크게 추켜세웠다. 하지만 그는 정직하게도 다윗 치하의 백성들이 왕국에 대해 가졌던 애착뿐 아니라 그들의 고통까지도 빠짐없이 표현했다.

다윗이 임명한 왕실 역사가들이나 그 밖의 측근들은 모두 야훼가 다윗 왕의 통치를 축복해 준다고 굳게 믿었다. 필리스틴인들에 의해 나라가 멸망할지도 모르는 위기의 순간, 야훼가 다윗을 선택하여 이스라엘을 승리로 이끌었다는 그런 믿음이었다. 하지만 이보다 더 이전, 판관(判官)✢시대 이스라엘의 지도자였던 기드온(Gideon)은 왕위를 제안받자, 이런 겸손한 답변으로 왕에 대한 다른 시각을 표현했다. "내가 그대들을 다스릴 것도 아니요, 내 자손이 그대들을 다스릴 것도 아닙니다. 그대들을 다스리실 분은 야훼십니다"(판관기 8 : 23).

예로부터 이스라엘 민족에게 있어서 왕에 관련된 문제는 결코 쉽게 풀릴 수 없었다. 이스라엘의 안전, 생존, 점증하는 민족의식 등은 모두

✢ 기원전 12세기 초 가나안을 점령한 이스라엘 민족은 그후 약 200년 가량, 부족 연맹체를 이루어, 군정 지도자라 할 수 있는 판관을 중심으로 세력을 넓혀갔다. 그러다가 기원전 11세기 후반 필리스틴인들의 침투에 위협을 느낀 이들은 강력한 지도체제의 필요성을 느끼고 왕정체제로 전환했다. 판관들 중엔 기드온이나 삼손 등이 잘 알려져 있지만, 사울과 다윗에게 기름을 부어 왕으로 축복했던 사무엘도 판관이라 할 만하다.

왕국체제하에서만 가능한 통일된 지도력을 필요로 했다. 그러나 조상 대대로 그들이 지켜온 종교는 왕권을 완전히 부정하진 않았지만 왕권의 행사를 엄격하게 제한했다. 다윗 왕은 이스라엘의 민족의식과 율법에 대한 믿음을 하나로 묶기 위해 노력했지만, 그의 왕권에 상처를 남긴 치세 후기의 반란들은 그가 초창기에 성공적으로 수립했던 통일국가를 유지하는 데는 실패했음을 단적으로 보여주었다. 그 실패의 원인은 분명했다. 이스라엘 사람들은 민족의 신전으로 만들어진 수도에 앉아 한 명의 왕이 권력을 행사하며 그들을 다스리는 것에 동의할 수 없었던 것이다. 다윗이 솔로몬에게 물려준 왕국은 겉으로는 강성하고 부유했지만, 안으로는 단결의식도 목적의식도 흐릿했다. 그 왕국은 오래지 않아 기반이 무너질 것이었으며, 이스라엘의 지도자들은 야훼 및 율법에 대한 신앙에 맞는 새로운 정치체제를 추구하게 될 것이었다.

다윗에 대한 마지막 반란은 끔찍한 징조였다. 다윗이 죽기 직전 그의 남은 아들 중 가장 나이가 많은 아도니야(Adonijah)가 노쇠한 부왕으로부터 왕위를 빼앗으려다 실패했던 것이다. 다윗은 이런 사태의 재발을 막기 위해 밧세바가 낳은 자신의 막내아들 솔로몬을 후계자로 지명했다. 신명기 작가가 보기엔 왕위가 솔로몬으로 넘어간 것은, 다윗과 밧세바의 불륜이 밝혀진 후 나단이 했던 무서운 예언이 맞았음을 의미했다. "네가 이렇게 나를 얕보고 우리야의 아내를 네 아내로 삼았으니, 너의 집안에는 칼부림 가실 날이 없으리라"(사무엘하 12 : 10). 과연 칼부림은 가시질 않았다. 솔로몬은 자신의 배다른 형 아도니야를 죽이고 나서야 왕위를 확보할 수 있었던 것이다.

기원전 970년경 예루살렘에서 왕위에 오른 솔로몬은 아버지와 같은 전사가 아니라 건축업자에 가까웠다. 그는 예루살렘을 크게 확장했으며, 신전 옆으로 화려한 새 궁전을 지었고, 메기도(Megiddo), 게젤(Gezer), 하솔(Hazor) 같은 도시들을 요새화했다. 이런 사업의 자금은 당시 써도써도 끝이 없을 것 같던 왕실의 금고에서 나왔다. 솔로몬은 다양한 무역사업을 통해 많은 부를 축적했다. 그는 '왕의 도로'라 불리던 다마스쿠스에서 이집트에 이르는 무역상 통로를 장악, 많은 돈을 거두어 들였다. 그는 말과 낙타를 사들여 다른 곳에 파는가 하면, 페니키아✛ 왕 히람(Hiram)에게 밀과 올리브유를 수출하는 대신, 건축사업에 필요한 삼나무를 수입했다. 그는 사해 남부 및 홍해 북쪽 해안의 광산에서 채취한 구리를 무역선에 싣고 먼 나라에 내다 팔기도 했다.

그러나 무엇보다도 그의 가장 뛰어난 업적은 예루살렘에 성전을 건축한 일이었다. 건물을 완성하는 데 7년이 걸렸는데, 사실 건물의 규모는 길이 30미터, 폭 10미터, 높이 14미터로 대단한 건 아니었지만, 건축적인 면에서는 대단한 성과였다. 건축 설계와 여러 기술적인 작업에 페니키아인들이 주로 고용되었는데, 그 결과 초기 시리아-페니키아 양식의 성전이 완성되었다. 당시에 왕에게 볼멘 소리를 한 사람은 거의 없었겠지만, 훗날 불만의 목소리가 터져 나왔다. 즉 솔로몬은 야훼를 위한 집을 지은 게 아니라 이교도 건축사들을 고용하여 그들의 신을 경배할 신전을 지었다는 목소리였다.

성전은 세 개의 방으로 이루어져 있었다. 먼저 입구에는 현관방이 있었고, 그 다음 중앙에 있는 성소(聖所)는 본당으로 종교 의식에 쓸 제단, 촛대, 빵을 놓는 탁자가 있었으며, 마지막 방은 창문도 없고 빛이 차

✛ 이스라엘 북부의 해안지대로서 지금의 레바논 지역에 살던 가나안 부족의 일파. 이들은 지중해 각지로 퍼져나가 카르타고 등의 식민지를 건설했을 뿐 아니라 알파벳을 발명하기도 했다. 당시 페니키아에는 시돈(Sidon)과 티레(Tyre ; 우리말 성경에는 띠로) 등이 가장 발전한 도시였으므로 성경에는 띠로 왕 히람이라고 나온다.

단된 작은 후실(後室)로, 성소의 위쪽에 있었다. 이 후실은 가장 신성한 내부 신전으로서 바로 계약궤가 보관된 지성소였다. 성궤는 올리브 나무로 만든 스핑크스 같이 생긴 두 케루빔[+]이 양쪽에서 지키고 있었다. 페니키아인들의 신전 양식을 본 딴 이 케루빔들의 날개는 아래로는 계약궤를 지켜주면서, 위로는 보이진 않지만 천국에 있는 야훼의 옥좌 역할을 하는 상징적인 기능이 있었다. 대제사장만이 이 내부 신전으로 들어갈 수 있었는데, 그조차도 1년에 한 번 있는 속죄의 날에만 지성소에 들어가서 계약궤를 바라보며 이스라엘 민족 전체를 대신하여 하느님의 자비를 구했다.

건물 앞 뜰 한가운데는 커다란 제단이 있었는데, 그 위에 있는 청동으로 만든 거대한 그릇의 가장자리는 "나리꽃 무늬로 잔의 테처럼 만들어졌다"(열왕기상 7 : 26). 경배자들은 매년 축제일이 되면 전국 각지에서 몰려와 이 제단 앞에서 하느님께 기도 드리고, 제관에게는 돈을 주어 새끼 암양을 희생제물로 바침으로써 신의 축복을 얻으려 했다.

다윗이 계약궤를 그의 도시로 옮겨올 때 시작된 예루살렘의 성역화 작업은 이제 솔로몬이 그 성궤를 성전에 안치함으로써 완성되었다. 하지만 성전이 야훼에게 바쳐지던 그날, 왕의 마음에는 지워지지 않는 의문이 있었던 것 같다. 왕의 기도는 자신만만하게 시작되었다. "야훼께서는 몸소 캄캄한 데 계시겠다고 하셨습니다. 영원히 여기에서 사십시오. 제가 주님을 위하여 이 전을 세웠습니다"(열왕기상 8 : 12~13). 그러나 갑자기 신학적인 문제점이 드러났다. 어떻게 눈으로 볼 수 없으며, 우주 전체를 다스리시는 위대한 야훼께서 이런 세상 위의 한 구석에 자리 잡

✚ 케루빔(Cherubim)은 사람 또는 짐승의 얼굴에 날개를 가진 초인적 존재로 우리말 성경에는 '거룸'이라 표기되어 있으며 가톨릭에서는 지천사(智天使)라 번역하여 천사 가운데 하나로 본다. 미술에서는 머리와 날개만 있는 유아로 묘사된다.

으실 수 있을까? 이건 오히려 우상을 믿는 이교도들이나 할 바보 같은 소리가 아닌가? 이 문제를 깨달았던 솔로몬은 기도 중간에 이렇게 묻고 있다. "그러나 하느님, 하느님께서 이 땅에 사람과 같이 자리잡으시기를 어찌 바라겠습니까?"(열왕기상 8 : 27). 물론 당연히 그렇게 기대할 수는 없었다. "저 하늘, 저 꼭대기 하늘도 주를 모시지 못할 터인데 소인이 지은 이 전이야말로 말해 무엇하겠습니까?" 그렇다면 어떻게 야훼가 이 세속의 성전에 드실 수 있을까? 솔로몬은 계속되는 기도 속에 결국 이 질문에 대한 해답을 구한다. 즉 이 세속의 성전에 머무는 것은 야훼 자신이 아니라 그의 이름이라는 것이다.

솔로몬은 이렇게 우상숭배라는 비난을 피해갔다. 적어도 솔로몬의 이스라엘 통치를 찬성하는 사람들에게는 그랬다.

> 그러나 나의 하느님 야훼여, 소인의 기도와 간청에 귀를 기울여 주십시오. 이날 당신 앞에서 울부짖으며 드리는 이 기도를 들어주십시오. / 당신께서 '내 이름이 거기에 있을 것이다' 하고 말씀하신 곳입니다. 밤낮으로 이 성전을 보살펴 주십시오. 소인이 이곳을 바라보며 올리는 기도를 부디 들어주십시오.
>
> ─ 열왕기상 8: 28~29

솔로몬의 치세는 기원전 931년까지 약 40년간 계속되었으나, 그가 죽고 나자 다시 부족적인 파벌의식이 고개를 들더니, 북부 부족들이 통일왕국에서 분리, 독립하고 말았다. 통일왕국의 분열은 이미 정해진 수순을 밟고 있었다. 다윗은 아들 솔로몬에게 권위와 부, 그리고 왕국의 신성함을 남겼지만, 민족의 단결을 유지하기 위해 필요한 정치적 감각까지 물려주지는 못했다.

솔로몬의 치세에 있어 가장 큰 문제는 낭비였다. 그는 거둬들인 것보다 더 많은 돈을 써댔다. 성전, 궁전, 요새, 도시 등을 멋지게 짓고 치장하는 일 외에도 그는 평화시기임에도 불구하고 군대를 큰 규모로 유지하며 많은 관리들을 고용했다. 아프리카로 금속을 수출하던 무역선들은 실크, 향료, 상아, 보석, 금, 그리고 왕실 동물원용으로 비비 원숭이와 같은 여러 희귀 동물들을 싣고 돌아왔다. 이런 것들은 모두 솔로몬의 왕실을 우아하게 해주었지만, 사실 그런 허세는 주변의 이교도 왕실을 점점 더 닮아가는 것이었다. 통치 후반, 솔로몬은 페니키아에서 과도하게 사들인 목재의 대금을 감당하지 못하자, 아크레(Acre : 현재 지명은 아코 [Akko]―옮긴이)와 티레 사이의 해안에 있는 20여 개의 생산성 높은 도시들을 티레 왕 히람에게 넘겨주기도 했다. 신명기 저자는 비꼬는 말투로 솔로몬의 통치를 뿌리부터 흔들어버린 그 과대망상증을 이렇게 표현했다. "솔로몬 왕의 술잔은 모두 금으로 만들었고 …… 은으로 만든 것은 하나도 없었다. 솔로몬 시대에는 은을 귀금속으로 생각하지도 않았기 때문이다"(열왕기상 10 : 21).

정작 이스라엘 사람들의 마음이 솔로몬으로부터 떠나간 이유는 세금과 노동에 관한 급진적인 두 가지 정책 때문이었다. 솔로몬은 인구조사 후 징세편의상 왕국을 12개의 지역으로 나누어 자신의 가족 중에서 임명한 총독을 파견하여, 그들로 하여금 세금을 마구 거두어들이게 했다. 게다가 솔로몬은 왕국에 노동력을 제공하던 비(非)이스라엘인 노예들을 보충하기 위해 이스라엘(특히 북부 지역) 사람들에게도 강제노동을 요구하기에 이르렀다. 이런 결정은 곧바로 반란의 씨앗이 되었다.

신명기 저자는 솔로몬 치세 말기에 노예 노동력을 제공하던 아람과 에돔의 피정복민들이 왕국에서 떨어져 나가 독립을 쟁취했다고 알려준다. 그후 솔로몬의 측근 중 한 사람이자 북부 지역 강제노동단의 지휘관이던 느밧(Nebat)의 아들 여로보암(Jeroboam)은 예언자 아히야(Ahijah)의 인도에 따라 변심, "왕에게 반기를 들었다"(열왕기상 11 : 27).

정치적, 경제적 실책들 때문에 솔로몬의 왕국은 무너지게 되었다. 하지만 신명기 저자는 더 근본적인 데서 이유를 찾았다. 그는 왕국의 쇠락을 우상숭배와 관련지으며, 솔로몬이 수많은 이교도 부인들을 즐겁게 해주기 위해 그들이 믿는 여러 신들을 위한 신전을 여기저기에 지어주었다는 것이다.

> 솔로몬은 시돈인들의 여신 아스도렛을 섬겼고, 암몬인들의 우상 밀곰을 숭배했다. / 이와 같이 솔로몬은 선왕 다윗만큼 야훼를 따르지 못하였고, 야훼 앞에서 해서는 안 될 일을 하였다. / 솔로몬은 예루살렘 동편 산 위에 모압의 우상 그모스의 신당과 암몬의 우상 몰록의 신당을 지었다. / 솔로몬은 외국인 왕비들이 하자는 대로 왕비들이 섬기는 신들에게 분향하고 제물까지 드렸다.
>
> ─ 열왕기상 11: 5~8

신명기 저자의 비난처럼 솔로몬이 우상숭배를 했던 것은 아마도 사실일 것이다. 하지만 그는 왕이 이교도 관습을 용인하고 외국 왕비들을 맞아들인 것이 주요 무역 상대국인 페니키아 및 이집트와 정치·경제적 관계를 공고히 하기 위한 수단이었음을 간파하지 못하고 있다. 이런 점에서 솔로몬의 '자유주의'가 야훼에 대한 그의 열정을 식게 했는지, 그의 통치력을 손상시킬 정도로 그를 타락시켰는지 어쩐지는 알기 힘들다. 어쩌면 우상숭배는 그것의 상징적인 의미만큼 그를 타락시키지는 않았을지도 모른다. 다만 우리가 확신할 수 있는 점은, 그의 왕국이 붕괴한 것이 종교적인 이유 다시 말해 우상숭배 때문이라지만, 사실은 정치·경제적인 실책이 야기한 타락의 한 측면일 뿐이라는 것이다. 물론 우상숭배는 율법에 있어 가장 큰 죄였으며, 따라서 신명기 저자나 예언자들은 우상숭배를 이스라엘 왕국이란 신체에 주입된 독약 같은 것으로 보았다. 그 독약은 계속 번져나가 이후 이스라엘의 많은 왕들에게 영향을 미칠 것이었으며, 궁극적으로 예루살렘의 파멸을 가져올 것이었다.

다윗이 세우고 솔로몬이 유지하려 했던 국가적 통합은 기원전 931년 솔로몬의 죽음과 함께 끝나고 말았다. 결국 북부의 이스라엘인들은 예루살렘 중심의 왕국에 복종하지 않았던 것이다.

왕국의 분열 이후 북이스라엘✢과 유대 왕국 간의 50년에 걸친 내전이 보여준 것은 왕권도, 거룩한 예루살렘도 그리고 그곳의 성전도 정치적·경제적인 불만 속에 분열된 사람들을 하나의 국가 안에 묶어 세울 수 없다는 사실이었다. 민족적 통합의 궁극적 원천은 국가의 제도나 예루살렘 성전 숭배가 아닌 이스라엘인들이 야훼와 그의 율법에 대해 공유하고 있는 믿음이었다. 왕국과 수도와 성전 같은 것들도 하느님과 율법이라는 '주춧돌'과 접합될 때에만 민족을 통합하는 데 도움이 될 것이

✢ 이스라엘 사람들은 가나안을 정복한 후 12지파가 이를 나누어 가졌는데, 이중 유다와 시므온 지파의 땅이 남부에 위치했으나 시므온 지파는 곧 유다 지파에 흡수되어 버린 듯하다. 이들은 2백년가량 부족 연합체를 이루어 오다가, 베냐민 지파에 속한 사울이 왕이 되었고, 그의 사후 유다 지파 출신의 다윗이 왕가를 이루어 통일 이스라엘 왕국을 형성했다. 하지만 북부의 지파들은 남쪽 끝에 위치한 유다 지파와는 항상 편치 않은 관계였으며, 따라서 솔로몬 왕 사후 여로보암 아래 독자적으로 왕국을 세우고는 이스라엘 왕국을 칭했다. 유다 지파 바로 북쪽에 있었던 베냐민 지파는 계보상으로나 심정적으로나 북부지파에 속했지만, 예루살렘이 베냐민 땅에 있었으므로(하지만 그들은 예부스를 정복하지는 못했었다) 남부의 유대 왕국과 운명을 같이 하게 되었다. 남부의 유다 및 베냐민보다 북쪽의 나라가 인구도 많고 더욱 강성했으므로, 이스라엘이란 이름도 북쪽에 남았다. 훗날 이 북부 지역은 사마리아(Samaria)와 갈릴리(Galilee)라 불렸는데, 특히 사마리아인들은 북이스라엘이 아시리아에게 멸망당한 뒤 가나안 원주민들과 섞여 살며 그들의 종교관행에 영향을 받았다는 이유로 남쪽의 유대인들에게 경멸받았다.

었다. 그런 것들은 다윗이 자석 같은 정치력을 발휘했을 때는 어느 정도 도움이 되었지만, 솔로몬이 국부를 탕진하고 있을 때는 아무 도움이 되지 못했다. 이런 결과가 혜안을 가진 왕들에게 주는 교훈은 너무나 분명했다. 아무리 예루살렘이 이스라엘의 수도요, 모든 것의 중심이라 하더라도, 그 통치자가 율법에 충실하고 군사력을 유지하며 정치, 경제적으로 옳은 판단을 내릴 때만 국가의 통합을 이룰 수 있다는 교훈이었다.

이제 이스라엘의 첫 왕국이 남긴 업적을 살펴보자. 장수(長壽)가 성공의 척도라면, 의문의 여지 없이 다윗은 왕으로서 성공했다. 그가 군사, 정치, 종교 등의 분야에서 이룬 업적은 그의 사후에도 유대인들에게 그는 정말 신의 '부름을 받은 왕'이라는 확신을 주었다. 북이스라엘에서는 여러 왕가가 일어나 음모와 살해를 반복하며 계속 교체되었지만, 이와 대조적으로 유대 왕국에서는 다윗의 후손들에게 왕위가 계승되면서 안정적인 모습을 보였다.

다윗의 성공을 판단하는 두번째 척도는 메시아에 의한 구원 신화 속에 자신의 유산을 영원히 남긴 것이었다. 왕국의 분열 후 수세기 동안 북이스라엘과 유대 왕국이 겪었던 대조적인 운명을 떠올려 보면 그 신화의 힘을 느낄 수 있다. 아시리아와 국경을 마주하던 북이스라엘은 기원전 722년 결국 그들의 손에 멸망당했으며, 북이스라엘인들은 모두 머나먼 메소포타미아로 잡혀간 뒤 그 이후로 사라지고 말았다. 그리고 북이스라엘인들에게는 야훼가 그들을 구하여 고향이나 그들의 수도 사마리아로 돌려보낼 거라는 식의 전설도 생겨나지 않았다.

유대 왕국은 북쪽의 형제국보다는 운이 좋았다. 예루살렘을 침공해 봐야 얻을 게 별로 없다고 본 아시리아는 유대 왕국으로부터 공물만 받고 독립을 보장해 주었다. 기원전 6세기 초에 새로운 정복자 바빌로니아가 그 땅에 모습을 드러내기 전까지 약 350년 동안 유대인들은 자유롭게 살며, 일하고, 신을 경배할 수 있었다. 기원전 596~586년 바빌로니아는 유대를 침공했고, 예루살렘을 파괴했으며, 성전을 잿더미로 만들었고, 유대인들을 붙잡아 약 150년 전 북이스라엘 형제들이 잡혀간 바 있던 메소포타미아로 끌고 갔다. 하지만 이 패배의 경험도 오히려 신의 뜻으로 해석되었다. 바빌론 유수 생활을 체험한 신명기 저자나 그 밖의 예언자들은 훗날 그때를 돌아보며 이를 신의 뜻, 즉 유대인들이 율법을 어긴 데 대한 징벌로 받아들였다.

또한 이 종교적 몽상가들은 다윗의 계약에 대해 굳은 믿음을 가지고 있었다. 왕국의 분열 이후 수세기 동안 유대 왕국에서는 다윗 왕조를 번창케 할 것이라는 야훼의 약속에 대한 믿음이 신학에 기반한 민족적 신화로 자리잡았고, 군사적인 패배도 이 신화를 잘못된 것으로 여기게 하지 못했다. 오히려 그 반대로 재앙은 하느님의 계획에 따라 발생한 일로 여겨졌다. 야훼가 북이스라엘의 죄를 벌하기 위해 아시리아로 하여금 그 나라를 파멸시켰듯이, 이제 율법에 불복종한 유대인들을 벌하기 위해 바빌로니아의 힘을 사용하시는 것이었다. 하지만 징벌은 끝이 날 것이었다. 벌을 받았으니 회개할 것이요, 회개를 하면 구원을 받을 수 있었다. 야훼는 이스라엘 민족에 대한, 다윗 왕조에 대한, 그리고 예루살렘에 대한 약속을 지킬 것이었다. 지금은 다 흩어진 북부나 남부의 모든 사람들이 언젠가 약속의 땅에 다시 모일 것이고, 예루살렘과 성전이 다시 세워질 것이며, 신에게 기름부음 받은 자(메시아) 곧 다윗 혈통의 왕이 나타날 것이었다. 이런 전망은 다윗 치세하의 '좋았던 시절'에 대한 그리움이기도 했고, 인간의 잘못을 야훼가 바로잡아 주실 거라는 진지한 희망이기도 했다. 그 무엇보다도 이는 야훼와 이스라엘 간의 계약의 중심에 다윗과 예루살렘, 그리고 성전이 서 있다는 민족적 믿음의 표현이었다. 처음부터 이런 믿음을 심어놓으려 노력했던 다윗은 야훼의 율법이라는 '주춧돌'에 자신의 왕좌를 단단히 연결시키는 데 성공했다.

아시리아와 바빌로니아의 위협에 직면한 북이스라엘과 유대 왕국의 왕들은 고민했다. 이들 이민족에게 모욕적으로 굴복해야 하는가, 아니면 멸망당할 위험을 안고 저항할 것인가? 아하즈(Ahaz) 왕과 므나쎄(Manasseh) 왕은 굴복하여 살아남았고, 히즈키야(Hezekiah) 왕은 처음엔 굴복했다가 나중에 저항했으나 기막힌 운으로 살아남을 수 있었고, 요시야(Josiah) 왕은 막 타오르는 민족적·종교적 우월감 속에 저항을 택했다가 비극적인 결과를 맞았다.

예루살렘의 왕들에 대한 이야기는 신명기 저자 및 예언자 이사야와 예레미야에 의해 전해지고 있다. 이들은 이교도들이 제사 지내는 장소를 없애버린 히즈키야나 요시야 같은 왕을 높이 평가하고 있는 반면, 아하즈나 므나쎄 같은 왕은 그 이전의 솔로몬처럼 이교도 숭배를 관대히 봐주거나 심지어는 성전에서 이들이 제사의식을 거행하도록 허락하기도 했던, 율법을 모독한 사악한 왕으로 묘사하고 있다. 예언자들은 북이스라엘이나 유대 왕국에 내린 재앙이 모두 이런 사악한 왕들 때문이라고 확신했다. 하지만 역사적으로는 재미있는 사실을 발견할 수 있다. 예언자들이 사악하다고 한 왕들은 주변의 강대국에게 공물을 바치거나 이교도 숭배를 허락함으로써 평화와 생존을 유지할 수 있었으며, 오히려 그들이 경건하다고 한 왕들은 공물을 거부하고 이교도 제사를 금함으로써 나라를 파멸의 구렁텅이로 몰아넣고 말았던 것이다.

예를 들면, 신명기 저자는 민족적 우월감에 넘쳐 부왕 아하즈가 허락한 이교도 신전을 없애버렸던 히즈키야 왕을 크게 칭찬하고 있다. 히즈키야는 성전에 있던 놋쇠로 만든 혐오스러운 메소포타미아의 뱀 우상 느후스탄(Nechustan)을 제거했으며, 한걸음 더 나아가 아시리아에 대한 공물 진상을 그만두는 실책을 범했다. 이는 반란이나 마찬가지였다. 기기원전 705년, 영민하고 공격적인 아시리아 왕 사르곤 2세(Sargon II)가 죽자, 히즈키야는 이 기회를 틈타 유대 왕국이 독립을 할 수 있을 거라 믿게 되었다. 뿐만 아니라 히즈키야는 이집트 왕 샤바코(Shabako)로부터도 지지를 얻어내는 데 성공, 이들은 힘을 합하여 가나안에서 아시리아의 세력을 몰아내기 위해 공동전선을 폈다.

반기를 든 이상, 아시리아의 군사적 대응에 대비하여 히즈키야는 예루살렘의 급수시설을 개선하여 수도 방어를 강화했다. 예루살렘은 난공불락의 요새이긴 했지만, 급수원은 성 밖에 있는 키드론 계곡의 기혼(Gihon)이란 샘뿐이었으므로, 히즈키야는 기술자들을 고용, 터널을 만들어 그 물을 성 안에 있는 연못으로 끌어들이게끔 했다. 500미터가 넘는 이 터널은 그 당시로는 대단한 성과였으며, 오늘날까지도 경이롭게 여겨진다.

히즈키야 왕 당시 고위직 관리이기도 했던 예언자 이사야는 아시리아에게 반기를 들지 말라는 조언을 했다. 이사야는 유대 왕국과 예루살렘의 운명은 야훼의 손에 달려 있다면서, 야훼가 북이스라엘의 죄를 벌하기 위해 아시리아를 보냈듯이, 이제 율법을 제대로 지키지 않은 유대에도 똑같이 아시리아를 보내시는 것이라고 했다. 유대를 벌하시고 나면 야훼가 아시리아를 도구로 사용할 필요가 없어질 것이며, 그때는 이 이교도 나라가 야훼의 분노를 사게 될 것이라는 이야기였다. 따라서 이사야는 히즈키야에게 야훼의 뜻에 복종하라고 충고했다. 그것이 아시리아에 대한 계속적인 굴종을 의미한다 해도.

하지만 이미 아시리아의 우상들을 쫓아버리고 유대 사람들에게 민족적 우월감을 불어넣어 준 히즈키야는 이사야의 충고를 무시하고 공물 바치는 일을 중지했으며 반기를 들었다. 결국 기원전 701년, 아시리아 왕 센나케리브(Sennacherib ; 우리말 성경에는 산헤립)는 유대에 대군을 파견, 예루살렘에서 48킬로미터밖에 안 떨어진 라키시를 점령한 뒤, 곧 예루살렘을 포위할 태세를 갖추고 있었다. 이사야서에는 이때 이사야가 전후 설명도 없이 왕에게 아시리아군의 진격을 막으라고 충고하며, 예루살렘은 아무 일이 없을 것이라고 안심시키는 장면이 나온다. 야훼가 자신의 성전을 이교도들이 빼앗도록 허락하지 않을 거라는 얘기였다.

그 이후의 사태는 이사야의 예언대로였고, 이 일은 모든 사람들에게 이사야의 권위를 더욱 높여주는 계기가 되었다. 아시리아군이 예루살렘을 향해 언덕을 오르고 있을 때, 갑자기 진군을 멈추고 메소포타미아로의 긴 철수를 준비하라는 명령이 떨어졌던 것이다. 아시리아군이 왜 갑자기 공격을 중지했는지는 알 수 없다. 아마도 남부 메소포타미아의 칼데아인들(Chaldeans)✦이 반란을 일으켜 위기감을 느낀 센나케리브 왕이 이들을 진압하러 군대를 돌렸는지도 모른다. 아니면 병사들 사이에 질병이 돌았을 수도 있다(혹 페스트가 아니었을까?). 이유가 뭐든 간에, 아시리아군의 철수는 유대인들에게 신의 기적으로 받아들여졌다.

이사야가 유대 왕국 및 예루살렘의 보존을 정확히 예언함에 따라, 히즈키야를 비롯한 모든 사람들은 이사야가 진정한 야훼의 목소리임을 믿어 의심치 않게 되었다. 뿐만 아니라 이 일로 인해 정말 예루살렘에는 하느님이 살고 계신다는 믿음이 더욱 깊이 뿌리 내리게 되었다. 그 누가 봐도, 예루살렘의 구원은 야훼가 다윗에게 그곳에서 영원히 다스릴 것이라고 하신 약속이 지켜지고 있다는 증거였다.

다윗의 민족적 신학론을 가장 열렬히 신봉한 사람은 바로 이사야였다. 그는 예루살렘에서 태어나 그곳에서 4명의 왕을 보좌한 바 있었지

✦ 이때부터 약 90년 뒤인 기원전 612년에 아시리아를 멸망시키고 뒤이어 유대 왕국을 멸망시키는 바빌로니아인들을 일컫는 다른 명칭. 바빌로니아 남부에서 활약한 셈계의 한 종족.

만, 자신이 사제로 일하던 성전에서 환상을 체험한 뒤 예언자의 길로 들어섰다. 하지만 그는 한가로이 예루살렘에 대해 백일몽을 꾸는 사람은 아니었다. 그는 예루살렘을 잘 알고 있었으며, 가차없이 비판을 가했다. 그가 판단하기엔 히즈키야의 개혁에도 불구하고 사람들의 도덕적 해이는 나아지지 않았다. 예루살렘에서 하느님의 율법은 하루도 지켜지지 않고 있었다. 그는 "이 믿음의 도시는 어느새 더러운 곳이 되었다"면서, "고아들을 돌보고", "과부들을 돕는" 자가 아무도 없다고 질책했다.

이런 죄 때문에 예루살렘은 계속 야훼의 보호를 받을 수 없었다. 이사야의 젊은 동료 예언자인 미가(Micah)는 다가오는 재앙을 그림 그리듯 묘사했다. "시온이 갈아 엎은 밭이 되고, 예루살렘이 돌무더기가 되며, 성전 언덕이 잡초로 뒤덮이게 되거든, 그것이 바로 너희 탓인 줄 알아라"(미가 3:12). 하지만 이사야는 하느님께서 이스라엘 사람들에게 이런 벌을 내린 뒤 시온에 대한 약속을 지킬 것이며, 다윗의 가문에서 태어난 한 아이를 왕의 자리에 앉히실 거라 확신했다. 바로 이것이 메시아 구원의 시작이며, 그후엔 온 세계에 평화와 정의가 실현되는 그런 시대가 펼쳐질 것이었다. 훗날 그리스도교는 바로 이런 이사야의 예언이 예수 그리스도를 통해 이루어진 것으로 보게 된다.

> 우리를 위하여 태어날 한 아기, 우리에게 주시는 아드님, 그 어깨에는 주권이 메어지겠고, 그 이름은 탁월한 경륜가, 용사이신 야훼, 영원한 아버지, 평화의 왕이라 불릴 것입니다.
>
> ─ 이사야 9:6

히즈키야는 이사야의 말에 귀는 기울였지만, 그의 아들이자 후계자인 므나쎄는 이민족의 지배에 저항하라는 예언자들의 조언을 완전히 무시했다. 이유가 없진 않았다. 그는 어떻게 해야 살아남을 수 있는가를 배웠던 것이다. 그는 아시리아 왕 에사르하돈(Esarhaddon ; 우리말 성경에는 에살핫돈)과 그 후계자 아슈르바니팔(Ashurbanipal)에게 충실하게 조공을 바쳤을 뿐 아니라, 그들의 미움을 사지 않기 위해 아시리아의 적국과는 동맹을 맺지 않았다. 그 결과 그는 55년이나 되는 오랜 치세(기원전 697년~642년)✛를 누릴 수 있었고, 그 기간 중 유대는 보기 드문 평화를 맛보았다. 이 이유로 인해 그가 성경 저자들에 의해 현명하고 훌륭한 임금으로 기억될 수 있었을까? 신명기 저자나 예언자들이 보기에 므나쎄는 겐나(Ghenna) 계곡에서 아이들을 희생제물로 바친 제사를 거행한, 유대 왕국 역사상 가장 죄 많은 임금일 뿐이었다. 하지만 아이를 희생제물로 바친 것을 제외하면 그가 율법을 어긴 사실은 찾기 힘들다. 므나쎄가 이스라엘의 종교의식에 이교도적 요소가 섞이도록 허용하여, 종교가 마구 뒤섞인 의식을 만들어낸 것은 분명하지만, 그의 이런 행동들은 외국 문화에 대해 개방 정책을 채택하여, 아시리아와 좋은 관계를 유지하려 했던 할아버지 아하즈 왕과 큰 차이가 없는 것이었다.

아시리아는 기원전 625년 아슈르바니팔 왕의 사망으로 인해 내리막길을 걷게 된다. 제국의 서부지역에 대한 장악력이 느슨해지는가 싶더니, 그후 불과 13년 만에 아시리아는 메디아(Media)와 바빌로니아의 연합 세력에 밀려 무너지고 말았다. 그들의 수도 니네베(Nineveh)는 기원전 612년 이들 연합군에게 함락되었다.

기원전 640년, 므나쎄의 손자 요시야(Josiah)가 즉위하자, 유대 왕국의 역사는 운명적인 전환점을 맞이하게 되었다. 요시야는 아시리아

✛ 므나쎄 왕의 치세 55년은 기원전 697년부터 9년 동안 부왕 히즈키야와 공동 통치한 기간을 포함한 것이며, 여러 정황으로 보아 정식으로 즉위한 것은 기원전 688년경으로 보인다.

세력이 약화되는 징후를 징확하게 읽고, 그 기회를 포착해 조공을 중지했으며, 유대의 독립성을 다시 내세우려 했다. 그런 다음 종교개혁을 단행하여 므나쎄가 이교도 문화에 관용을 베푸는 바람에 더럽혀진 종교의식을 원래대로 돌려놓았다. 그는 예루살렘 성전에서 남자신 바알이나 아시리아의 모신(母神) 아세라의 우상을 제거했으며, 성전에서의 매춘, 마법, 점치는 행위, 별자리 숭배, 아이들을 희생제물로 바치는 일 등을 엄금했다. 신명기 저자는 이런 개혁에 대해 주석을 너무 생생하게 달아놓아, 읽는 사람들로 하여금 광신주의와 잔인함의 희생물이 된 우상숭배자들을 동정하게 만들 정도다. 요시야는 전국의 이교도 사원을 남김없이 파괴했으며, 예루살렘 북쪽 베델에서는 사제들을 도살했다. 베델은 과거에 북이스라엘의 첫번째 왕 여로보암이 예루살렘 성전에 맞서 신전을 지은 곳으로 그후 유대의 왕들이 항상 경멸해 온 곳이었다.

요시야가 성전을 보수한다고 법석을 떨던 와중에 그곳에서 엄청난 것이 발견되었다. 수리공 중 한 명이 그곳에서 법전✛을 찾아냈는데, 이 법전은 이스라엘의 신앙생활 초기 이래로 내려온 도덕률과 제사의식을 담은 복사본이었다. 요시야는 이를 야훼께서 자신의 종교개혁을 기뻐하여 내리시는 선물이라며 환호했다. 수리가 끝난 성전은 신과의 계약 갱신을 기념하는 의식을 통하여 새로이 바쳐졌다. 그 의식은 새로 발견한 법전을 공개적으로 낭독할 때 절정에 달했다.

요시야는 종교적인 열정뿐 아니라 민족주의적인 열정에도 사로잡혀 있었다. 그는 기회가 있을 때마다 유대의 영토를 과거 북이스라엘의

✛ 학자들은 이때 발견된 법전이 신명기(Deuteronomy)일 것이라고 추정한다. Deuteronomy는 '두번째 법률'이란 뜻이며, 한자로 음역한 신명(申命) 역시 계명을 거듭 밝힌다는 뜻이다. 이는 모세가 가나안을 눈 앞에 두고 죽기 전에 이스라엘 민족에게 지나온 역정을 상기시키며 율법의 핵심을 다시 되새기는 내용을 다룬 데서 온 이름이다.

영역으로 확장해 나갔다. 분열된 다윗 왕국의 영토를 하나로 통합하려는 야심 속에 그는 아시리아에 대항하여 사마리아를 되찾는 데 성공했다. 그의 이런 행동들은 많은 백성들로 하여금 그를 경건하고 용맹한 왕이며, 다윗의 진정한 후계자라고 믿게 만들었다.

하지만 요시야는 다윗 왕국을 재건하지 못했다. 그는 아시리아의 힘이 약해지는 틈을 타 종교개혁과 영토확장을 실현했을 뿐이었다. 주변에선 이집트와 바빌로니아가 세력을 키우고 있었다. 주변국과의 분쟁에 휘말리지 말라는 이사야나 예레미야 같은 예언자들의 조언을 무시한 채, 요시야는 바빌로니아와 반(反)아시리아 동맹을 맺었다. 유대 왕국의 가장 큰 위험은 아시리아라는 잘못된 생각에서였다. 강성해지는 바빌로니아에 맞서기 위해 아시리아는 새로운 파트너로 과거의 적이었던 이집트를 선택했다. 기원전 609년, 바빌로니아가 아시리아 잔여세력을 공격했을 때, 요시야는 아시리아를 돕는 이집트의 북진(北進)을 막기 위해 북이스라엘 땅의 메기도(Megiddo)란 마을에 직접 군사를 이끌고 갔다. 하지만 이 전략은 처참한 결과를 맞았다. 유대군은 이집트군에게 대패했고, 요시야마저 목숨을 잃었던 것이다.

요시야의 죽음과 더불어 나라의 운명은 급속히 기울었다. 불과 4년 후 카르케미시(Carchemish ; 우리말 성경에서는 가르그미스)라는 곳에서 벌어진 전투에서, 바빌로니아는 아시리아와 이집트 연합군에게 대승을 거둔 뒤 고대 근동의 패자가 되었다. 바빌로니아의 승리는 유대를 공포에 몰아넣었다. 물론 이전에는 아시리아 및 이집트에 맞서는 동맹관계였지만, 바빌로니아의 세력이 커짐에 따라 유대는 이집트에 구원 요청을 하기 시작했다. 카르케미시 전투 후, 유대는 누구에게 의지해야 할지 몰랐다.

유대 왕국의 마지막 20년 동안 눈에 띄는 인물은 왕이 아니라, 예언자 예레미야였다. 그는 요시야 왕이 죽던 기원전 609년, 예루살렘 성전에서 설교를 함으로써 예언자 생활을 시작했다. 그리고 그는 반세기에 걸친 삶을 통해 기원전 586년 예루살렘의 파괴를 목격했다. 그는 유대가 이집트와 동맹을 맺어서는 안 되며 바빌로니아에 복종해야 한다고 강하게 주장했다. 그는 요시야 왕의 후계자 여호야킴(Jehoiakim)에게 유대가 명맥을 유지하는 길은 바빌로니아에 복종하는 것뿐이라고 충고했다. "너희는 바빌론 왕의 멍에를 메어라. 그 왕과 그 백성을 섬겨라. 그러면 모두 죽지 않으리라"(예레미야 27 : 12). 하지만 예레미야의 충고는 받아들여지지 않았다. 유대는 계속 이집트에 기댔고, 이에 분노한 바빌로니아는 결국 군대를 보내 유대를 응징했다.

요시야가 신앙심이나 군사적인 용맹함에서 다윗을 닮았다면, 여호야킴의 과대망상증은 솔로몬을 그대로 닮았다. 요시야가 도덕적·종교적·정치적인 개혁을 가져온 반면, 여호야킴은 호화스런 궁궐이나 요새를 만들기 위해 무거운 세금을 징수했으며, 솔로몬이 했던 것처럼 이스라엘 백성들에게 강제노역을 시켰다. 예레미야는 성전에서 야훼의 입이 되어 이런 권력 남용을 강하게 비판했다. 왕과 영향력 있는 지도자들은 그의 말에 눈치보지 않을 수 없었다.

예레미야 역시 이사야와 마찬가지로 사제 집안 출신으로서 성전과 밀접한 관련이 있었지만, 그는 이사야와는 달리 군주국이라는 체제에 대한 애착은 별로 없었던 것 같다. 그는 설교에서 솔로몬이 세운 성전이 곧 야훼가 유대 왕국을 사랑한다는 보증이라는 믿음에 도전했다. "이것은 야훼의 성전이다, 야훼의 성전이다, 야훼의 성전이다 한다마는, 그런 빈말을 믿어 안심하지 말고……"(예레미야 7 : 4). 예레미야는 성전에 대한 맹목적인 믿음이 아니라 도덕적인 회개를 통한 새 삶이 필요하다고 외쳤다. "너희는 훔치고 죽이고 간음하고……그리고 나의 이름으로 불리는 이 성전으로 찾아와 나의 앞에 나서서 살려주셔서 고맙다고 하고는 또 갖가지 역겨운 짓을 그대로 하고 있으니"(예레미야 7:9~10). 예레미야는 성전을 도둑의 소굴이라고까지 부르며, 야훼는 북이스라엘의 실로에 있는 성전도 필리스틴인에게 파괴되도록 놔두시어 사람들을 응징했음을 주지시켰다. 그는 예루살렘에도 같은 운명이 덮칠 것임을 예고했다. "그런데 너희도 이제 꼭 같은 일을 하고 있다. 내 말이니 잘 들어라. 내가 아무리 타일러도 너희는 듣지 않았다. 불러도 대답하지 않았다. 나의 이름으로 불리는 성전을 믿고 안심하지만, 나는 실로를 해치웠듯이 이곳을 해치우고 말리라. 자손 대대로 살라고 내가 너희 조상들에게 준 이 땅을 해치울 것이다"(예레미야 7:13~14).

여호야킴은 기원전 598년에 죽고, 유약한 왕 두 명이 그 뒤를 이었다. 첫째는 여호야긴(Jehoiachin, 기원전 598년)으로서 겨우 3개월간 왕위에 있었으며, 둘째인 시드키야(Zedekiah, 기원전 598~586년)는 다윗의 혈통으로서 독립 유대 왕국의 마지막 왕이 되었다. 정세를 잘못 판단한 여호야긴은 이집트와의 관계를 돈독히 하기 위해 바빌로니아에 바치는 조공을 끊었으며, 이는 바빌로니아가 기원전 598년, 591년, 586년에 유대를 침공하게 만들었다. 결국 유대 왕국은 멸망했고, 수많은 유대인이 붙잡혀 메소포타미아 및 바빌로니아 제국의 머나먼 변경으로 끌려갔다. 과거에 아시리아가 그랬던 것처럼 바빌로니아도 이후 반란의 씨앗을 뿌리뽑기 위해 유대 사회의 기반이 되는 행정, 군사, 교육, 종교, 상업 분야의 지도자들을 다 제거해 버렸다. 그 땅에는 경작을 위해 오직 농부들만이 남겨졌다.

기원전 586년의 바빌로니아 침공으로 말미암아 예루살렘은 파괴되었다. 저자를 알 수 없는 애가서(the Book of Lamentations ; 예레미야가 썼다고 잘못 알려졌다)는 그 당시의 상황을 가장 정확하면서도 절절하게 묘사하고 있나. 애가서는 그 상황이 벌어진 직후에 쓰여졌다는 슬픈 연시(連詩)로 구성되어 있는데, 이 시들은 예루살렘 및 성전의 상실을 애도하기 위해 대중들 앞에서 암송되도록 쓰여진 것이었다. 그 시인은 야훼께서 이스라엘 사람들의 죄를 묻기 위해 유대에 대한 보호막을 거두었고, 그 때문에 바빌로니아가 마음껏 파괴와 약탈을 저지를 수 있었다고 개탄했다. 그리고 그 결과는 황폐함과 위로 받기 힘든 슬픔이었다. "시온의 장로들은 몸에 베옷을 걸치고 머리에 흙을 들쓰고, 기가 막혀 말도 못하고 주저앉아 있으며, 예루살렘의 처녀들은 땅에 머리를 묻었다"(애가 2 : 10).

예루살렘 사람들을 굶겨 죽이려는 물샐틈 없는 포위가 길어지면서, 끔찍한 일들이 자행되었다. 사제들과 예언자들이 성전 안에서 학살되는 가운데, 사람들은 배고픔을 못 이기고 항복했다. 사람이 사람을 잡아 먹었다는 이야기까지 남아 있다. 모두 고통 받았지만, 그 중에서도 어린아이들이 가장 심했다.

> 내 백성의 수도가 이렇게 망하다니, 울다 지쳐 눈앞에 아득하고 애가 끊어지는 것 같구나. 아이들, 젖먹이들이 성안 길목에서 기절하는 모습을 보니, 창자가 터져 땅에 쏟아지는 것 같구나. / 먹고 마실 것을 달라고 어미에게 조르다가, 성안 광장에서 부상병처럼 맥이 빠져 어미 품에서 숨져 갔구나.
>
> — 애가 2 : 11~12

예레미야에 의하면, 바빌로니아인들은 성전을 파괴하기 전에 성전의 보물들을 약탈했다. "예식에 쓰이는 재받이와 부삽과 가위와 물뿌리개와 작은 향합과 그 밖의 모든 놋기구들은 그대로 가져갔다. 친위대장은 또 잔들과 화로, 피 담는 그릇, 재받이, 등잔대, 대접, 접시 등 금은 그릇을 가져갔다"(예레미야 52 : 18~19).

바빌로니아가 예루살렘을 파괴한 때부터 이스라엘의 역사를 돌아볼 때, 우린 크나큰 비극을 발견하게 된다. 고대 이스라엘 민족의 과제는 민족주의적이며 종교적인 충동을 하나로 묶어내는 일이었다. 약 80년간 일시적으로 다윗과 솔로몬의 지도 아래 이들은 왕국과 신앙, 수도, 그리고 성전을 하나로 통일하는 데 성공했다. 하지만 이 통합은 솔로몬 사후 끝이 났다. 솔로몬 사후 350년간 이스라엘의 역사는 정치적 분열의 역사요, 군사적 패배의 역사이며, 종교적 분쟁의 역사였다. 분열의 결과로 생긴 작은 두 왕국, 북이스라엘과 유대는 아시리아나 이집트, 바빌로니아 같은 강대국의 힘을 당해낼 수 없었다.

다윗이 세운 통일 왕국이 그대로 보존되었더라면, 그래서 툭하면 서로 치고받고 싸우는 두 개의 군대가 아닌 하나의 이스라엘군이 있었다면, 이스라엘은 강대국의 세력 팽창에 대항하여 국가를 지켜나갈 수 있었을지도 모른다. 또한 예언자들의 말처럼, 이들이 지역 분쟁에 끼여들지 않고 그냥 초연하게 있었더라면 주변 강대국들의 침입을 받지 않았을지도 모른다. 왜냐하면 북이스라엘이나 유대 왕국 가운데 어느 쪽도 국부(國富)로 보아 침공할 만한 가치가 많았던 나라는 아니었으니까. 거의 언제나 강대국들의 침공을 도발한 건 두 나라 왕들의 허세에 차고 근시안적이며, 민족주의적인 야심이었다. 물론 외세로부터의 독립은 귀중한 것이었지만, 유대는 조공을 하는 대신 종교적 자유라는 가장 귀중한 자유를 누릴 수 있었다. 자신들은 가나안의 원주민이던 이교도들에게 결코 허용한 적이 없던 그런 자유였다. 약소국의 생존열쇠는 주변 강대국에게 공물을 바치고, 조약을 맺고, 그들의 신에게 경의를 표함으로써, 그들을 달래는 데 있었다. 몇몇 왕들은 이런 방법을 썼지만, 또 어떤 왕들은 종교적인 집착 속에 이와는 반대의 노선을 걸었다.

하지만 다윗의 왕국이나 그 뒤를 이은 두 왕국이 비록 멸망하긴 했지만, 다윗의 민족적 단결이라는 원칙은 유대 왕국이 망하고 예루살렘이 파괴되어도 살아남았다. 이는 우리가 오늘날 유태인+이라고 부르는 유대 왕국의 백성들이 메소포타미아나 다른 먼 지역으로 추방당해도 자신들의 고향 유대를 진정한 민족의 땅으로 여기게 됨을 의미했다. 또한 그들에게 예루살렘은 파괴된 성전이 있는 그들 국가의 수도로 남을 것이었다. 그리고 다윗의 혈통에서 왕이 나와 예루살렘에 다시 이스라엘 사람들의 국가를 세우는 그날, 성전의 모습도 다시 볼 수 있을 것이었다. 메소포타미아에 끌려간 수많은 사람들은 날이면 날마다 이런 희망찬 기도를 바쳤다. 이들은 자신들의 희망을 자식들에게 물려주었으며, 이들 중 몇몇 불굴의 의지를 가진 자들은 고향으로 돌아가 선조들의 땅과 그 수도에 자리를 잡기도 했다. 예루살렘은 잊을 수도, 포기할 수도 없는 곳이었다.

+ 여기까지는 북부지파에 상대하는 개념으로서 남쪽의 유다(Judah) 지파, 유대(Judea) 지방, 유대 왕국이라 표기했다. 북쪽의 부족들이 아시리아에 의해 잡혀간 뒤 사실상 흔적이 없어진 상태에서, 유대의 사람들이 이스라엘 민족의 명맥을 유지하게 되므로, 서문의 주에서도 밝혔듯이 그 이후의 유대인은 유태인이라고 표기하겠다.

2. 파괴된 성전

천하 일색이라 칭송이 자자하던 그 도시가 고작 이 꼴이냐?
— 애가 2 : 15

그 날, 유대는 살 길이 열려 예루살렘에서 모두들 마음놓고 살게 되리라.
— 예레미야 33 : 16

예루살렘은 벌을 받아 마땅하다.
— 예레미야 6 : 6

유태인들이 무엄하게도 반역하던 예루살렘성을 다시 세우고 있습니다.
— 에즈라 4 : 12

바빌로니아의 예루살렘 정복은 4백여 년에 걸친 다윗의 왕국에 종지부를 찍었다. 약 100년(기원전 167~63년)에 걸친 하스몬(Hasmon) 왕가의 통치기를 제외하면, 유태인들은 현대까지 결코 다시는 조상들의 땅에서 정치적인 독립을 이룰 수 없었다.

나라를 잃은 유태인들이 고향에서 추방당할 때 잊지 않고 가져간 것은 그들 민족의 정체성과 생존의 근원인 율법이었다. 야훼의 위엄과

선(善), 공평과 정직을 근간으로 한 도덕률, 기도와 순수함을 지켜줄 종교의식, 이런 모든 것들이 율법이란 전통 속에 뿌리를 내리고 있었으며, 하루도 빠짐없이 유태인들에게 자신이 누구이며, 야훼와 동료들의 기대에 맞는 행동이 어떤 것인지를 기억할 수 있게 해주었다.

패배의 경험은 민족 종교를 약화시키는 게 아니라 오히려 더 강화시키는 듯했다. 이제 율법의 준수는 구세주(메시아)에 대한 희망이라는 더 넓어진 틀 속에서 간주되었다. 메소포타미아에 끌려간 유태인들은 이스라엘에 닥친 재난의 산 증인들이었다. 그들은 이사야, 미가, 예레미야 등이 남긴 말을 알고 있었으며, 그들의 민족, 국토, 수도, 그리고 성전에 닥친 재난이 단순히 운이 없거나 적군이 강했기 때문에 일어난 결과가 아니라는 걸 잘 알고 있었다. 언제나 지상의 모든 일은 신의 뜻에 따라 일어난다는 믿음을 가진 그들은, 그들이 율법을 어긴 데 대해 신이 벌을 내리고 있다고 믿었다. 마찬가지로 그들은 자신들이 율법을 다시 잘 지키면, 신은 고맙게도 자신들을 다시 용서하리라고 굳게 믿었다. 신명기 저자나 예언자들이 강조한 회개는 새로운 메시지가 아니었다. 회개의 필요성과 앞날에 올 구원에 대한 희망은 이미 사람들의 마음속에 자리잡고 있었다. 기원전 586년에 끌려간 사람들 중의 하나였던 에제키엘(Ezekiel)은 그런 생각들을 말로 표현한 예언자였다. 그는 이스라엘 민족이 자신들의 죄에 책임을 져야 하며, 사악한 왕 므나쎄에게만 책임을 돌려서는 안 된다는 걸 알고 있었다.

이사야나 예레미야가 사람들에게 외세 침략이 궁극적으로 의미하는 바를 가르치기 이전부터도 회개와 구원의 사상은 민족적 종교의 차원을 띠고 있었다. 기원전 8세기, 북이스라엘의 예언자 아모스(Amos)와 호세아(Hosea)는 국가의 파멸을 경고하며, 회개의 필요와 다가올 구원에 대해 예언했다. 그들 이전에도 이미 엘리야(Elijah)와 엘리사(Elisha)

가 날카롭게 예언한 바 있었고, 그보다 전에는 다윗에게 따끔한 경고를 내리던 예언자 나단이 있었다. 이들 모든 예언자들이 입을 맞춘 듯 똑같이 한 애기는 야훼가 죄를 범한 그의 백성들을 심하게 벌하시겠지만 결코 그들을 버리시지는 않을 것이며, 또한 예루살렘과 그 성전이 폐허더미에서 다시 일어날 것이라는 점이었다. 이런 미래에 대한 사람들의 믿음을 가장 잘 나타낸 예언자가 바로 에제키엘이다. 그는 죽음과 부활의 메타포를 구사하면서 민족의 구원에 대해 말했다.

> 너 사람아, 이 뼈들은 이스라엘의 온 족속이다. 뼈는 마르고, 희망은 사라져 끝장이 났다고 넋두리하던 것들이다. / 이제 너는 이들에게 나의 말을 전하여라. '주 야훼가 말한다. 나 이제 무덤을 열고 내 백성이었던 너희를 그 무덤에서 끌어 올려 이스라엘 고국 땅으로 데리고 가리라······.'
> ─ 에제키엘 37 : 11~12

물론 메시아에 대한 희망은 역사적 사실과는 맞지 않았다. 그렇게 될 수밖에 없었다. 바빌론 유수[✢] 중에 민족의 사기를 유지하려면, 그들의 지도자들이나 그들 자신은 모두 지나간 재난만 돌아보고 살 수는 없었다. 그들의 왕 여호야긴마저도 그들과 마찬가지로 끌려와 있는데 무얼 더 바랄 수 있었겠는가? 바빌로니아는 이 한심한 왕을 옥살이를 면하게

✢ 약 50년에 걸친 이 기간은 흔히 유수(幽囚, Captivity)라 하여 포로생활을 연상하지만, 사실 유태인들은 바빌로니아에서 일정 지역에 모여 살며, 별 구속 없이 종교생활과 경제생활을 한 것으로 보인다. 이 기간 중에 유대교의 기초가 다져졌으며, 메시아에 의한 구원사상, 이스라엘 선민의식 등이 더욱 강화되었고, 율법체계가 완성되기 시작했다. 경제적으로도 비교적 안정적이었던 것으로 보이며, 이는 페르시아에 의해 바빌로니아가 멸망한 뒤, 유대로 귀환할 수 있었음에도 많은 사람들이 남아 있었던 이유이기도 하다. 이곳에 남은 유태인들은 계속 그들 사회를 유지·발전시켰으며, 로마에 의한 유태인 추방 이후엔 가장 번영하는 유태인 사회로 그 이름을 오래 간직했다.

해주는 대신 연금을 주며 도시 여기저기를 방황하게 하여, 유태인들에게 민족적 모멸감을 더해주었다고 한다.

유배지의 유태인 지도자들은 바빌로니아인들이 관대히 허가한 종교의 자유를 최대한 활용하기 위해서 그들의 정치·법률·경제적인 행동에 필요한 조정을 가할 준비를 했다. 비록 정치적 독립을 잃기는 했지만, 그들의 민족은 하나뿐인 종교를 통해 본연의 모습을 지켜갈 것이었다. 종교는 메시아에 대한 희망으로 유지될 것이고, 이런 희망은 비정치적인 방법으로 조용히 가르쳐 가면 되었으니, 통치자가 심기 불편해 할 일은 없었다. 무엇보다도 이스라엘 민족은 그들이 과거에 누렸고 앞으로도 다시 누리게 될 민족적 영예의 상징인 예루살렘을, 시온을 잊지 말아야 했다.

바빌로니아는 유대 땅을 겨우 48년간(기원전 586~538년) 다스렸는데, 유명한 왕 네부카드네자르(Nebuchadnezzar)[+]의 치세 이후 수십 년을 더 넘기지 못했다. 바빌로니아 세력을 무너뜨린 건 페르시아의 왕 키루스(Cyrus)[++]로서, 그는 눈부신 전과를 올린 끝에 기원전 539년, 티그리스 강 유역에 있는 오피스(Opis)에서 바빌로니아에 대승을 거두고 얼마 뒤엔 그들 제국의 수도 바빌론을 점령했다.

키루스 왕이 승리를 거두기 직전, 그러니까 이미 바빌로니아의 패배가 눈앞에 보일 때, 새로운 히브리 예언자의 목소리가 들려왔다. 이것은 둘째 이사야[+++]라고 불리는 이름을 알 수 없는 작가의 목소리였는데, 그 독특한 별명은 그가 남긴 시적인 예언이 훗날 이사야서 뒤에 덧붙여

[+] 재위 기간은 기원전 605~562년. 우리말 성경에는 느부갓네살이라고 되어 있다.
[++] 재위 기간은 기원전 550~530년. 우리말 성경에는 고레스라고 되어 있다.
[+++] 이사야서 40장 이후는 기원전 8세기 후반에 활동했던 이사야가 쓴 것으로 볼 수 없는, 기원전 6세기의 유수기를 배경으로 한 예언이 나온다. 이 무명의 예언자를 둘째 이사야라고 부른다.

지면서 생겨났다. 이 예언자는 키루스 왕의 출현은 신이 만든 사건이며, 키루스 왕이 이스라엘의 구원을 위해 신이 보낸 메시아 대리인이라고 말했다. 그가 유태인이 아니고 페르시아인이며, 이방인이고, 이교도라는 점을 생각해 볼 때, 이것은 엄청난 계시가 아닐 수 없었다. 둘째 이사야의 예언을 직접 들어보자.

> 야훼께서 당신이 기름 부어 세우신 고레스에게 말씀하신다. "내가 너의 오른손을 잡아 주어 만백성을 네 앞에 굴복시키고, 제왕들을 무장해제시키리라. / 네 앞에 성문을 활짝 열어 젖혀 다시는 닫히지 않게 하리라. 내가 너를 이끌고 앞장서서 언덕을 훤하게 밀고 나가리라. 청동 성문을 두드려 부수고, 쇠빗장을 부러뜨리리라. / 나의 종 야곱을 도우라고, 내가 뽑아 세운 이스라엘을 도우라고 나는 너를 지명하여 불렀다 ……"
> ─ 이사야 45 : 1~2, 4

둘째 이사야가 한 예언의 뜻은 분명했다. 즉 야훼가 키루스 왕을 보내어 바빌로니아를 멸망시키고 이스라엘 사람들을 약속의 땅으로 돌려보낸다는 것이었고, 그래서 야훼가 세상의 모든 나라들에게 최고의 신으로 추앙받는 그런 구원의 시대가 시작된다는 것이었다.

우리는 키루스 왕이 둘째 이사야의 이런 격앙된 예언을 어떻게 생각했는지, 아니 아예 들어보기나 했는지 알 길이 없다. 수세기 이후 로마 시대의 유태인 역사가 요세푸스(Josephus)는, 키루스 왕이 유태인들을 조상들의 땅으로 무사히 돌려보내는 인자함을 보인 것은 바로 자신에 대한 예언자의 기대에 부응하기 위해서였을 거라고 추측했다. 어쨌든 간에 오피스에서 승리한 뒤 1년이 지난 기원전 538년, 키루스 왕은 메소포타미아의 모든 유태인들에게 유대 땅으로 돌아가라도 좋다고 말했다.

더 나아가 그는 예루살렘 성전의 재건축을 명했으며, 여기에 필요한 자금의 지원까지도 약속했다. 뿐만 아니라 키루스 왕은 네부카드네자르의 군대에게 약탈당했던 성전의 귀한 금은 제기(祭器)들을 다 돌려보내 주겠다고 했다. 하지만 그는 유대 국가 재건에는 선을 그었다. 재건된 유태인 사회의 지도자는 왕이 아니라 지사(知事, Governor)로 불리도록 했으며, 이들이 과거처럼 군사적인 모험을 하지 않도록 예루살렘의 무너진 성벽은 그대로 놔두게 했다.

물론 예루살렘 성전의 재건축은 키루스 왕이 그 제국 내 각지에서 허락한 수많은 신전 건축 사업 중의 하나였다. 그렇다 해도 과거 아시리아나 바빌로니아에서 볼 수 있던 피정복민 추방정책에서 180도 전환한 이 고대 통치자의 관대함을 어떻게 설명할 수 있을까? 키루스 왕은 다른 종교에 대한 관용으로 잘 알려진 페르시아 조로아스터(Zoroaster)교의 열렬한 신자였다. 또한 그는 백성들과의 관계를 잘 유지할 줄 아는 왕이어서, 바빌로니아를 정복할 때도 바빌로니아의 신 마르둑(Marduk)의 이름을 빌려 바빌로니아인들이 그를 외인 정복자로 보지 않고 그들의 적법한 왕으로 받들게 만들었고, 유태인들에게도 자신이 야훼의 충복임을 밝혀 그들의 열렬한 환영을 받기도 했다. 따라서 둘째 이사야 같은 예언자들은 그의 다신적인 종교관이 유대 신앙의 원칙과는 대척됨을 알면서도 키루스 왕의 이름을 찬양하는 데는 인색하지 않았다.

유태인들을 유대 땅에 재정착시키려 했던 키루스 왕의 종교적인 의도가 무엇이었든 간에, 그는 다윗 왕국의 재건에 관한 메시아적 예언이나 유대의 민족주의 등에 대해 두려움을 가지고 있지는 않았다. 그의 정책은 비대해진 그의 대제국을 안정시키려면 그 안에 속한 여러 민족들이 자신에게 충성하도록 만들어야 한다는 철저히 정치적인 시각에서 나온 것이었다.

그러면 키루스 왕의 귀환 허가에 유대로 돌아간 유태인의 숫자가 그렇게 적었던 이유는 무엇일까? 이 질문은 오랫동안 많은 역사학자들을 괴롭혀 왔으며, 아직도 만족할 만한 해답은 없다. 아마 이 명령이 유수 1세대들에게 내려졌다면 두 말할 나위 없이 거의 대부분의 사람들이 짐을 싸서 고향으로 갔을 것이다. 하지만 이 포고령은 추방된 지 50년이 지나 유수 2세대에게 내려진 것이었고, 그들 중엔 고향을 기억하는 사람이 없었다. 유대 땅에 대해서는 부모에게 들은 게 전부인 그들에게는 다음과 같은 예레미야의 충고가 그럴 듯하게 들렸다. "나에게 쫓겨 사로잡혀가 사는 그 나라가 잘 되도록 힘쓰며 잘 되기를 나에게 빌어라"(예레미야서 29 : 7). 그들은 결혼도 하고, 아이들도 낳고, 가정을 꾸미며 꽤 인자한 편이었던 페르시아 통치자들 치하에서 편안하게 살고 있었다. 물론 그들도 예루살렘을 파괴된 성전이 있는 그들 민족의 수도로 기억하고 있었다. 하지만 한편으로는 예루살렘이 좋지 못한 시절을 만난 세속적인 곳이라는 것도 모두 알고 있었다. 예루살렘은 이미 율법의 도시가 아니었다. 이들은 예루살렘을 떠나서, 성전 없이도 율법을 준수하며 살아갈 수 있다는 걸 알고 있었다.

하지만 예루살렘을 잊을 수는 없었다. 매일 반복되는 메시아에 의한 구원의 기도를 드릴 때마다, 이들은 키루스 왕의 관대함 때문이라기보다는 야훼의 은총 덕에 이스라엘 민족이 모두 모여 예루살렘, 그 약속의 땅으로 돌아갈 수 있기를 학수고대했다. 예루살렘에 대한 기억은 기도를 통해 표현해야 하는 신성한 의무가 되어 있었다. 시편의 저자는 그런 기분을 이렇게 표현했다.

바빌론 기슭, 거기에 앉아 시온을 생각하며 눈물 흘렸다. / 우리 어찌 남의 나라 낯선 땅에서 야훼의 노래를 부르랴? / 예루살렘아, 내가 너를 잊는다면, 내 오른손이 말라 버릴 것이다. / 내 생각 내 기억 속에서 잊혀진 다면, 내 만일 너보다 더 좋아하는 다른 것이 있다면, 내 혀가 입천장에 붙을 것이다.

—시편 137: 1, 4~6

귀향길의 어려움을 고려해 본다면, 사실 우린 유태인 사회 전체가 한마음이 되어 짐을 꾸려 떠나지 않았다는 데 놀랄 게 아니라, 무리를 이루어 떠난 사람들이 있다는 사실에 놀라야 한다. 안락한 집과 안정된 직업을 떠나 1천 킬로미터나 되는 위험한 여행길에 올라야 했고, 또 도착해서는 개척자로서의 힘든 생활이 기다리고 있었지만, 그럼에도 불구하고 고향 땅으로 돌아가는 '시온주의자'들은 꽤 있었다. 도대체 몇 명이나 되는 유태인이 유대 땅이나 예루살렘으로 돌아갔는지는 알 수 없다. 에즈라서(2:64)에 따르면 42,360명이 떠났다고 하지만, 그 첫번째 귀환 후 백 년이 지난 다음의 그 지역 인구수와 비교해 볼 때, 이는 과장된 수치임이 분명하다. 에즈라나 느헤미야가 보기에 귀향은 바빌로니아의 멸망 직전 둘째 이사야를 통해 신이 예고해 준 바로 그 구원의 실현이었다. 둘째 이사야는 오랜 징벌의 밤이 끝났다는 말로 다음과 같은 예언을 시작했다. "위로하여라, 나의 백성을 위로하여라. 너희의 야훼께서 말씀하신다. '예루살렘 시민에게 다정스레 일러라. 이제 복역기간이 끝났다고. 그만하면 벌을 받을 만큼 받았다고, 야훼의 손에서 죄벌을 곱절이나 받았다고 외쳐라'"(이사야 40:1~2). 둘째 이사야는 밤이 가고 새날이 온다면서, 새로운 시대의 동이 트는 기쁨을 이렇게 표현했다.

너, 시온아, 높은 산에 올라 기쁜 소식을 전하여라. 너, 예루살렘아. 힘껏 외쳐 기쁜 소식을 전하여라. 두려워 말고 소리를 질러라. 유대의 모든 도시에 알리라. 너희의 야훼께서 저기 오신다.

— 이사야서 40 : 9

　기원전 520년경 유대에 도착한 유태인들의 지도자는 포로로 잡혀 갔던 여호야긴 왕의 손자 즈루빠벨(Zerubbabel)과 요수아(Joshua)란 이름의 대제사장이었다. 기원전 515년, 이들은 힘을 모아 예루살렘에 성전을 재건했다. 하깨(Haggai)와 즈가리야(Zechariah)라는 예언자들이 이들의 성전 재건을 재촉했는데, 특히 즈가리야는 바로 즈루빠벨이 다윗의 혈통으로서 이스라엘을 구할 메시아라면서 이를 공개적으로 밝히고 다녔다. 하지만 이는 실수였다. 즈가리야의 예언이 있은 후, 유대의 민족감정이 살아날 기미가 보이자 페르시아의 관리들은 재빨리 즈루빠벨을 파면시켜 버렸다. 즈가리야의 예언을 믿던 많은 사람들의 실망에도 불구하고, 즈루빠벨은 다윗 왕가의 후손으로서 정치적 지도력을 발휘할 수 있던 마지막 인물이었다.

　하지만 이외에도 다른 실망스러운 일들이 있었다. 모든 사람들이 성전의 재건을 반긴 것은 아니었다. 그 크기나 형태에 있어서 새 건물은 옛 솔로몬 시대에 지어진 원래의 성전과 비슷했지만, 경제적으로 아직 힘들던 유대의 귀향인들은 성전에 솔로몬이 했던 것 같은 화려한 장식을 할 여유가 없었다. 성전의 옛 모습을 기억하던 몇몇 사람들은 새 건물을 보고는 눈물을 흘렸다고 한다.

　그뿐만이 아니었다. 이주민들이 돌아온 고향은 바빌로니아의 침공으로 인해 아직 황폐한 상태였으며, 가뭄과 기근으로 피폐하고, 에돔인들이나 모압인들, 또는 필리스틴인들이나 아니면 아랍의 사막 유목민들에 의해 걸핏하면 약탈당하는, 그런 질병 많고 위험한 땅이었다.

　이에 못지 않게 낙담스러웠던 건, 바빌론 유수 기간 중 그나마 유대 땅에 남아 있을 수 있던 농부들과 일부 사제들이 그 사이에 타락한 종교 생활을 영위해 왔다는 점이었다. 그들은 아시리아에게 정복된 이후 그 땅에 남아 있던 북이스라엘인들의 자손인 사마리아인들과도 혼인 관계를 맺어왔다. 이미 오래 전부터 시리아의 토박이들과도 혼인 관계를 맺어오던 사마리아인들은 유태인 이주민들의 눈에 종교적으로나 민족적으로나 순결하지 못하게 비추어졌다. 혼인을 통해 히브리 신앙을 갖게 되는 사마리아인들의 경우 개종 의식까지 거치기도 했지만, 유태인들은 인정할 수 없었다.

사마리아인들이 유태인 이주민들의 콧대 높은 우월감 때문에 얼마나 감정이 상했는지는 알 수 없다. 하지만 사마리아인들은 예루살렘 성전 순례를 해왔었다. 예루살렘의 성전은 그들에게도 커다란 의미가 있었다. 그들은 성전의 파괴를 슬퍼하며, 그 폐허더미 위에 제단을 세워 희생제사를 지내왔다. 따라서 그들이 유태인들에게 성전 재건축에 힘을 보태겠다고 한 제안은 진심에서 우러나온 것이었다. 하지만 그들의 제안은 거절되었고, 두 집단간의 관계는 악화되었다.

사마리아인들의 입장에서 보면, 유태인들은 그 지역 전체를 장악해야 한다는 시급한 목적을 가지고 유대로 돌아온 것이었다. 기원전 5세기 중반, 페르시아가 안보상의 이유로 기존 정책을 바꿔 예루살렘의 성벽 재건축을 허가하자, 과거부터 예루살렘 성벽을 유태인 민족주의의 상징으로 받아들였던 사마리아인들은 더욱 더 의심의 눈초리로 바라보게 되었다. 둘 사이의 관계는 계속 악화되다가 결국 기원전 4세기에 사마리아인들이 예루살렘의 성전과 관계를 아주 끊더니, 그 뒤 기원전 332년 북이스라엘 지역의 오래된 세겜 마을 그리짐(Gerizim) 산 위에 그들 나름대로의 신전을 지으면서 완전히 단절되었다.

기원전 5세기 중반에 있던 대규모의 유태인 귀향을 주도한 인물은 느헤미야와 에즈라로서 그들은 페르시아 당국에 의해 유태인 사회를 이끌어 가도록 임명된 사람들이었다. 둘 중에 누가 먼저 귀환했는지는 확실하지 않다. 하지만 둘은 함께 힘을 합해 유태인 사회를 하나로 단결시켰으며, 훗날 정통 유대교(Orthodox Judaism)라 불릴 종교와 사상의 기초를 닦아놓았다.

기원전 440년 경 유대에 도착한 것으로 보이는 느헤미야는 성경에 보면 페르시아 궁중에서 술잔 나르는 사람으로 표현되어 있다. 역사적으로 보면, 그는 페르시아 궁중에서 웬만한 위치에 있던 관리였던 것 같다. 그런 자리 덕에 그는 페르시아 당국이 임명한 지사(Governor)로서 예루살렘에 돌아갈 수 있었음이 분명하다. 그는 주변의 잦은 약탈로부터 예루살렘을 보호하기 위해 외곽의 성벽을 다시 쌓기 시작, 불과 3년 만에 이를 완성했다. 그는 또한 바빌론 유수 시절 이래 유대에 남아 있는 많은 상처를 아물게 하기 위해 노력, 몇몇이 소유하고 있던 대규모 농지를 쪼개어 가난한 농부들에게 나누어 주기도 했다. 그는 돈놀이 하는 사람들이나 부유한 상인들이 그들에게 집을 저당잡히거나 돈을 꿔간 가난한 사람들을 함부로 대하지 못하도록 하는 입법을 추진했다. 그는 또한 적어도 유대 인구의 10퍼센트는 예루살렘에 거주하도록 조치했다. 하지만 동시에 유태인이 아니면 예루살렘에 살지 못하게 해 그가 예루살렘의 안보나 복지뿐 아니라 종교적 순수함을 회복시키려고 애썼음을 보여주었다.

느헤미야는 20년간 예루살렘에 머물면서 수많은 개혁조치를 이끌었는데, 이것들은 다 훗날 그의 후계자 에즈라에 의해 완결된 종교개혁의 초석이 되었다. 느헤미야는 그간 유태인 전통 속에 이교도적 요소가 너무 많이 스며들었다면서, 이미 만연한 유태인과 이방인들 간의 결혼을 올바른 개종 의식을 거쳐야만 가능하게 바꾸어버렸다. 훗날 에즈라는 한술 더 떠서 사회 지도자들 특히 성전의 사제들로 하여금 이미 데리고 살고 있는 이방인 아내나 그 아이들을 다 포기하게 만들었다. 느헤미야는 이런 결혼을 통해 태어난 혼혈아들이 히브리어를 잘 구사하지 못하는 걸 보고는 히브리어 학습과 사용을 필수로 바꾸었다. 또한 할례의식 및 안식일도 철저히 준수하게 만들었는데, 안식일 전날 밤에는 예루살렘의 성문을 모두 닫아 과거처럼 상인들이 거룩한 안식일에는 장사를 할 수 없게 만들었다. 그리고 매년 1/3세켈의 성전 유지비를 징수했으며, 농부들의 실망에도 불구하고 안식년을 제정, 토지도 가끔 쉴 수 있게 만들었다.

이런 개혁조치들이 새로운 것은 아니었다. 사실 이미 메소포타미아에 있을 때부터 유태인과 주변 이방인들 간의 접촉을 최소화하기 위해 애쓰던 유태인 지도자들이 대중들에게 엄격한 종교 생활 및 사회 생활을 요구할 때부터 있던 조치들이었다. 메소포타미아의 유태인들이 민족 분리주의를 잘 시행하면서 그들만의 사회적·종교적 동질감을 유지했듯이, 이제 느헤미야는 유대의 유태인들에게도 똑같은 요구를 하고 있는 것이었다. 메소포타미아에서건 유대에서건 이런 분리주의 정책은 심오한 신학적 확신을 근거로 하고 있었다. 이전의 모든 지도자들이 그랬듯이 느헤미야도 예언자들의 비판을 믿었다. 그들 예언자들이 뭐라 했던가? 야훼가 예루살렘을 파괴한 가장 큰 이유는 그들 자신의 죄 때문이라고, 특히 이교도 및 이방인들과 어울리며 다른 신을 숭배하는 그런 죄 때문이라고 하지 않았던가? 이제 복구된 유태인 사회는 같은 잘못을 반복할 수 없었다.

느헤미야는 이런 분리주의가 이사야서에 나온 전세계적 구원의 메시지와 상반된다고는 생각하지 않았다. 그는 이스라엘이 온 세계를 비추는 빛이 되기 위해서는, 먼저 그 빛이 밝고 분명하도록 지도자나 백성

모두가 노력을 기울여야 한다는 입장이었다.

느헤미야의 개혁은 대제사장이자 『토라』 연구가인 에즈라에 의해 지속되었다. 에즈라는 느헤미야보다 먼저[+] 더욱 순수한 성전의식을 도입하려는 열망으로 가득찬 사제들을 데리고 유대 땅을 밟았다. 또한 그는 모세 율법의 복사본을 가지고 왔는데, 메소포타미아에서 해마다 하던 율법 계약식을 흉내내어 연단에 올라가서 경전을 낭독하곤 했다. 이러한 공개 낭독의례 이외에도 에즈라는 공개적인 죄고백과 회개의식을 시작했다.

오래지 않아 민족의 지도자들 모습이 바뀐 것을 누구나 알 수 있었다. 이제 그들을 이끄는 사람들은 왕이나 그 관리들이 아니라 설교자, 서기, 법률가들이었다. 그리고 이들을 중심으로 성서에 기초한 유대교 회당(시나고그[synagogue])이 생겨났다. 이 회당은 성전과 함께 유태인들의 숭배 장소로 발전하다가, 결국 훗날 성전이 완전히 파괴된 뒤에도 남아, 유태인들이 팔레스타인에서 쫓겨나 사방으로 흩어져 살던 디아스포라(Diaspora)[++] 기간 동안 유태인 사회의 중심이 되었다.

이스라엘의 순수성을 회복하기 위한 느헤미야와 에즈라의 개혁은 덤으로 예루살렘의 신성함에 대한 새로운 자각을 가져왔다. 이런 느낌은 유수 생활이 끝난 이후에 지어진 시편에서 성스러운 도시에 대한 찬미의 형태로 많이 나타났다. 이 시편들은 성전의식을 위해 지어졌으며, 새해가 되어 시온에 계시는 야훼에 대한 믿음을 새로이 할 때도 사용되

[+] 에즈라의 도착 시기는 느헤미야보다 약 20년 이르거나 아니면 약 40년 늦었을 수도 있다.
[++] 분산 또는 이산을 뜻하는 그리스어. 기원전 6세기 바빌로니아의 예루살렘 정복 이후, 그리고 서기 2세기 초 로마에 의한 예루살렘 파괴 후, 유태인은 팔레스타인에서 추방되어 각지에 흩어져 살았다. 이렇게 팔레스타인 밖의 지역에 살면서 유대교의 종교 규범과 생활관습을 유지한 유태인, 혹은 그들의 거주지를 '디아스포라'라고 한다.

었다. 시편들 가운데는 한 성전 순례자가 예루살렘의 평화와 번영을 기원하면서, 이 도시는 일치된 이스라엘 민족의 상징이라며 다음과 같이 노래하는 것도 있다.

우리는 벌써 왔다. 예루살렘아. 네 문 앞에 발걸음을 멈추었다. / 예루살렘아, 과연 수도답게 잘도 지어졌구나. 모든 것이 한몸같이 잘도 짜였구나. / 그 지파들이, 야훼의 지파들이 이스라엘의 법도에 따라 야훼 이름 기리러 그리로 올라 가는구나.

—시편 122 : 2~4

기원전 333년, 마케도니아(Macedonia)의 정복자 알렉산드로스(Alexandros)는 소아시아의 이수스(Issus)에서 페르시아 왕 다리우스 3세(Darius III)를 크게 무찔렀다. 그리스군의 승리는 곧 페르시아 제국의 멸망을 가져왔으며, 그후 불과 1년여 만에 그리스인들은 이집트, 시리아뿐 아니라, 그 두 지역을 잇는 땅도 정복했다. 이들은 이곳을 과거 이스라엘의 적(敵) 이름을 그리스어로 발음한 필리스티아(Philistia)라 불렀는데, 이것이 훗날 라틴어로 팔레스티나(Palestina)가 되었으며, 이 말의 영어식 발음이 지금 우리에게 익숙한 팔레스타인(Palestine)이다.

이수스에서 승리를 거둔 후 겨우 10년 뒤, 알렉산드로스는 불과 33세의 나이로 매독에 걸려 죽었다. 정치적 필요에 의해 맞이해야 했던 수많은 이민족 왕비들에게서 전염된 것이었다. 갑작스런 그의 죽음으로 인한 힘의 공백 속에, 그의 장군들은 제국을 차지하기 위한 격렬한 전쟁을 벌였다. 그 가운데 특히 프톨레마이오스(Ptolemaios)와 셀레우코스(Seleukos) 사이의 기나긴 전쟁은 그들의 후손에게까지 이어지면서 150년간이나 팔레스타인과 예루살렘의 운명을 결정지었다. 그리하여 유태인들은 처음엔 이집트를 근거로 한 프톨레마이오스 왕조의 통치하에 있었으나, 나중엔 시리아를 차지하고 있던 셀레우코스 왕조의 지배하에 놓이게 되었다.

그리스인들의 통치는 유태인들에게 언어와 '폴리스'(polis)라는 두 가지 문화적 충격을 가져다 주었다. 교양 있는 유태인들은 기꺼이 그리스어에 익숙해져 팔레스타인에 온 그 어느 그리스인 못지 않게 읽고 쓰고 말할 줄 알았다. 히브리어로 쓰여진 성경에 인간의 모든 지혜가 담겨있다고 믿어온 유태인들에게 그리스어를 통해 접하게 된 소포클레스의 희곡과 플라톤의 철학, 유클리드의 수학은 가히 혁명에 가까운 새로운 발견이었다.

알렉산드로스의 중근동 정복 이후 상업활동이 크게 확대되었는데, 유태인 투자자나 상인들은 그 주된 언어인 그리스어를 금세 배웠다. 바빌로니아 시대 이후의 경제적 파탄에서 조금씩 회복해 나가던 팔레스타인에는 돈 될 만한 일들이 많이 있었다. 국제적인 커넥션을 가진 그리스인들은 유태인 농장에서 재배한 품질 좋은 올리브유를 수출할 시장을 개척했다. 사해(死海)의 아스팔트(asphalt)는 미이라를 만들기 위해 시체에 방부처리를 하는 이집트인들에게 팔기 좋았고, 솔로몬 시대에도 그랬듯이 팔레스타인은 향료, 비단, 양념, 상아, 귀금속 등을 아라비아에서 북아프리카나 지중해 각지로 실어보내는 운송지 역할을 했다.

그리스어를 배우고 상업활동에 발을 들여놓는 것은 바로 헬레니즘화(Hellenization)의 시작이었다. 일부 유태인들은 야손(Jason)이나 메넬라오스(Menelaos) 같은 그리스식 이름을 쓰기도 하고, 그리스인들처럼 턱수염을 깎고 머리를 짧게 치기도 했다. 한술 더 떠서 할례한 자국을 없애기 위해 섬세한 수술을 받는 유태인들도 있었다.

하지만 유태인들에게 그리스식 도시인 폴리스는 좀 다른 문제였다.

팔레스타인과 트란스요르단 지역에 수많은 그리스 도시들이 새로 세워졌을 뿐 아니라, 베이트 세안(Beit Shean), 사마리아, 가자 같은 오래된 유태인 도시마저도 점차 그리스 정착인들에 의해 그리스화되어 갔다. 대체로 유태인들은 그리스인들의 종교에 근거해 설립된 폴리스를 피했다. 그리스식 도시엔 반드시 신전이 있어 시민들이 제우스, 아폴로, 아프로디테 등의 신들을 숭배할 수 있었으며, 충실한 시민이라면 모두 이런 신들에게 헌금을 바치고 동물을 잡아 희생제를 올려야 할 의무가 있었다. 율법에 충실해야 하는 유태인들로서는 이런 신전의식에 참여할 수 없었으며, 따라서 그들은 공직자가 될 수 없었고 시민으로서의 권리도 제대로 누리지 못했다. 신전 외에도 모든 도시엔 수련장(Gymnasium)이 있어 시민들이 철학, 수학, 시작(詩作) 공부뿐 아니라 달리기, 원반던지기 등의 체력단련도 할 수 있었다. 하지만 이런 경기들조차 헤라클레스나 헤르메스 같은 신들에 대한 숭배의식을 통해 마련되는 것이었기 때문에 유태인들은 접근을 삼가지 않을 수 없었다.

유태인 문화와 그리스 문화의 충돌은 예루살렘에서 가장 심하게 나타났다. 예루살렘의 유태인 사회는 점차 그리스 문화에 매료된 소수의 부유한 귀족들인 헬레나이저(Hellenizer)와 수많은 시골 농부들처럼 그리스 문화를 철저히 배격하는 가난하고 경건한 전통주의자들인 하시딤(Hasidim)으로 나뉘어져 갔다. 하지만 100년에 걸친 프톨레마이오스 지배하에서는, 그리스인들이 유태인들의 고유한 전통을 나름대로 존중해 주는 현명한 방식을 취한 결과, 두 집단간의 긴장관계가 격렬한 사회 분열로 이어지지는 않았다.

따라서 예루살렘이나 유태인들이 사는 다른 어떤 폴리스에서도 그리스인들과 유태인들 사이엔 별 충돌이 없었다. 유태인들은 이방인 세리, 또는 알렉산드리아의 왕실 국세청에서 고액을 주고 세금 징수권을 구입한 헬레나이저 세리에게 세금만 내면 그만이었다. 유태인들은 프톨레마이오스 왕조의 군대에도 입대했지만, 그들의 전통 명절을 따를 수 있었고, 그리스 신들에게 올리는 제사에 참석할 것을 강요받지 않았다. 예루살렘 성전의 제사장들도 그리스식 영향을 조금 받긴 했지만, 그들 마음대로 히브리 전통에 따라 의식을 치를 수 있었다. 이들은 예루살렘이 가자나 사마리아와 같은 그리스 폴리스가 되지 않도록 세심한 주의를 기울였고, 그 결과 예루살렘은 그 성벽 안에 수많은 유태인들이 사는, 피부로 느껴질 정도로 유대적인 도시였다. 페르시아 제국 후기에 그랬던 것처럼, 당시 유태인 지도자는 성전의 대제사장으로서 장로(長老)들과 함께 요시야 왕 때부터 전해 내려온 신명기 시대의 전통적 율법체계에 따라 유태인들을 이끌었다.

 그러다가 기원전 2세기 초, 팔레스타인의 패권이 프톨레마이오스 왕조의 천적인 셀레우코스 왕조로 넘어가면서 유태인과 그리스인의 관계가 악화되기 시작했다. 이제 유태인들은 두드러져 가는 그리스적인 문화 속에서 유태인 문화가 말살될지도 모르는 위협에 직면하게 되었다. 그리고 그 시발점이 된 것은 기원전 175년, 셀레우코스 왕조의 안티오코스 4세(Antiochos IV)의 즉위였다. 안티오코스는 거만하게도 자기를 에피파네스(Epiphanes)✝라고 부르게 했는데, 이는 신이 자기의 모습으로 나타났다는 의미였다. 또한 그는 그리스 종교의 열렬한 신봉자로서, 유태인들이 그리스 신들에게 존경심을 표하지 않는 데 대해 불쾌감을 감추지 않았다. 처음엔 별 조치를 취하지 않았던 그는 점차 돈이 아쉬워지자 유태인들에게 무거운 세금을 거두었고, 이와 함께 히브리 종교

✝ 그리스어로 '나타나다'란 뜻. 그리스도교에서는 매년 1월 6일을 공현축일(公現祝日, Epiphany)이라 하는데, 동방박사 세 사람이 예수 탄생을 축복하러 나타난 걸 기념하는 날이다.

관습에 대한 탄압을 시작했는데, 그 결과 유태인의 역사가 바뀌었다.

안티오코스의 재정 부담은 이집트의 프톨레마이오스 왕조와의 끊임없는 전쟁 때문이었는데, 셀레우코스 왕조는 더 강한 군대를 가지고 있으면서도 그들의 세력확장을 두려워하는 로마가 프톨레마이오스 왕조를 도와주었기 때문에 어려운 지경에 처해 있었다. 기원전 188년, 이집트에 침입했던 안티오코스의 아버지[✛]는 로마의 원군에 대패하였을 뿐 아니라 그 결과 로마에 전쟁 부채까지 지게 되어 그 부담이 아들에게도 이어졌다. 돈이 궁한 안티오코스는 예루살렘 성전의 금고에 눈독을 들이게 되었다. 성전은 과거 프톨레마이오스 통치하에서 농업과 무역으로 부를 쌓아올린 많은 유태인 부자들의 헌금으로 유지되고 있었을 뿐만 아니라, 느헤미야 이후 지속된 세금도 매년 3분의 1세켈에서 2분의 1세켈로 인상되어 차곡차곡 쌓여갔다. 성전의 금고는 부자나 돈 많은 과부들이 그리스인들의 은행 대신에 그들의 돈을 맡기는 일종의 은행 성격을 띠어갔던 것이다.

안티오코스는 돈을 마련하려는 꿍꿍이 속에 예루살렘의 대제사장 오니아스(Onias)를 파면하고 많은 뇌물을 바친 오니아스의 동생 야손(Jason)을 그 자리에 임명했다. 야손은 그 자리에 앉자마자 안티오코스를 기쁘게 하기 위해 유태인들에 대한 세금을 크게 올렸다. 열렬한 헬레나이저였던 그는 예루살렘에 수련장을 만드는가 하면, 이교도 신전 건축계획도 세웠으며, 심지어 왕의 이름을 따서 예루살렘 명칭을 안티오코스 바꾸겠다고까지 했다. 야손은 만일 그가 예루살렘을 그리스식 폴리스로 바꿀 가능성을 보여주면 예루살렘을 역사 깊은 아름다운 도시라

✛ 안티오코스 3세를 말한다. 셀레우코스 왕조의 왕들은 대부분 셀레우코스 또는 안티오코스라는 왕명을 썼다. 마찬가지로 프톨레마이오스 왕조의 왕들 역시 모두 프톨레마이오스라는 왕명을 사용했다.

고 경탄해 마지 않는 왕조 내의 부유한 그리스인들이 너도나도 돈을 가지고 오리란 것을 잘 알고 있었던 것이다.

예루살렘의 그리스화가 가속화됨에 따라 성전의 제사장들도 그 영향을 받게 되었다. 마카베오(Maccabee)상✢의 저자는 이교도들의 운동경기에 재미를 들인 제사장들이 수련장에 가서 경기를 관람하느라 종교의식을 게을리한다며 차갑게 꼬집었다. "그들은 곧 이방인들의 풍속을 따라 예루살렘에 수련장을 세우고 할례를 받은 흔적을 없애고 거룩한 계약을 폐기하고 이방인들과 어울렸다. 이렇게 그들은 자기 민족을 팔고 악에 가담했다"(마카베오상 1 : 14~15).

그러면 신전 금고에 눈독 들이던 안티오코스는 어떻게 했을까? 야손 역시 성전에 관한 한은 완강한 원칙주의자로서 안티오코스도 마음대로 성전의 금고에 손 대지 못하게 했다. 이에 노한 왕은 야손을 파면하고, 더 말을 잘 듣는 메넬라오스(Menelaos)를 임명, 곧 자신의 뜻을 이루었다. 물론 이로 인해 왕은 예루살렘의 유태인뿐 아니라 전국 각지의 유태인들로부터 거센 항의를 받았다. 더구나 메넬라오스는 야손과는 달리 대제사장 집안 출신이 아니었으므로 유태인들의 전통에 따르면 신전의 최고 책임자가 될 수 없는 사람이었다.

안티오코스에 대한 대중들의 반감은 기원전 167년, 왕이 이집트와의 전투에서 죽었다는 잘못된 소문 때문에 벌어진 축하소동에서 잘 나타났다. 또한 그리스화에 어느 정도 동조하던, 영향력 있는 유태인들조차도 안티오코스가 죽었다는 소문에 신전 헌금을 중단했다.

안티오코스는 이집트 전투에서 매우 실의에 빠진 채 귀향했다. 성

✢ 마카베오서는 유태인 경전에는 포함되어 있지 않은 외경(外經, Apocrypha)으로, 상하 2권이 전해지고 있다. 외경은 현재 가톨릭에서는 제2정경(正經)으로 지칭받으며 정경에 준하는 권위를 부여받고 있지만, 개신교에서는 종교적인 책으로만 인정받고 있다.

공적으로 침입하여 그들의 수도 알렉산드리아를 거의 함락시켜 오랜 숙원인 시리아와 이집트의 통일을 이루려는 순간, 로마가 끼여든 것이었다. 로마군에 의해 이집트에서 쫓겨나 돈도 다 떨어진 채 귀환하던 그는 유태인들의 소동을 듣자 자신의 울분을 유태인들에게 풀게 되었다. 그때까지 전례가 없던 철저한 종교 박해를 시작한 것이었다.

안티오코스는 우선 그의 수도 안티오크(Antioch)에서 그리스 용병 군단을 불러 예루살렘 북서쪽의 요새 아크라(Akra)에 주둔시켰다. 가까운 곳에 그리스군이 주둔하고 있으면 놀란 유태인들이 예루살렘의 그리스화에 박차를 가하지 않을까 하는 생각이었다. 이미 야손이 수련장을 짓는 등 예루살렘의 그리스화에 시동을 걸긴 했지만, 그리스 신전 설립은 무산되었다. 하지만 이젠 안티오코스의 명령에 따라 제단이 세워지고, 올림피아의 신들을 위한 동물 희생제사가 시작되었다. 수많은 그리스인들이 몰려들자, 예루살렘은 점차 하시딤들이 두려워하고 혐오하는 그리스식 폴리스의 모습을 띠어갔다. 마치 우상숭배를 장려한 므나쎄 왕 치하에서 예루살렘이 겪었던 치욕을 그대로 다시 겪는 듯 했다.

예루살렘 내에서 그리스 우상들의 모습이 보이자 유태인들은 즉각 반응을 보여, 많은 사람들이 도시 밖으로 피난해 갔다. 하지만 그 누구도 율법낭독의 금지로 시작된 안티오코스의 박해를 피해 갈 수는 없었다. 안식일을 지키거나 아이를 할례하는 유태인들은 모두 죽음을 면치 못하게 되었고, 모두 이교도 신전의 제사에 참가해야 했으며, 전통적인 금기음식인 돼지고기도 먹어야 했다. 심지어 예루살렘 성전 내에서 돼지를 잡기도 했다. 유태인들의 굴욕은, 한때 계약궤가 모셔졌던 성전 내의 지성소에 안티오코스가 자신의 수호신인 제우스의 동상을 모시게 함으로써 최고조에 달했다. 다니엘서의 저자가 "성소 한 쪽에 파괴자의 우상을 세울 것이다"(다니엘서 9 : 27)라고 예언했던 대로 야훼의 성스러운 장소에 돌로 만든 이교도의 우상이 세워졌던 것이다. 다니엘 같은 하시딤은 이 끔찍한 사건을 사악한 자들을 때려눕히고 이스라엘 민족을 다시 일으켜 줄 메시아가 오실 '종말의 때'가 가까워 온 것으로 받아들였다.

유대교에 대한 안티오코스의 가혹한 탄압은 도화선에 불을 붙였고 기원전 167년 마침내 유태인들은 폭발하고 말았다. 리따(Lydda) 근처에 있는 모데인(Modein)이란 마을 출신의 이름없는 제사장 마타시아스 하스몬(Mattathias Hasmon ; 우리말 성경에는 마따디아)은 어떤 유태인이 이교도 제단에 제물을 바치는 걸 보고는 분개하여 그 유태인은 물론 신전을 책임지고 있던 그리스 관리까지 죽여 버렸다. 그는 곧 자신의 다섯 아들 및 뜻을 같이 하는 자들을 모아 유대 황무지에 있는 은밀한 동굴로 피신했다. 그들은 곧 안티오코스의 법령에 저항하는 전쟁에 들어갔고, 게릴라식 습격으로 그리스군에게 타격을 입히는가 하면, 이교도 신전을 파괴하고, 겁이 많거나 그리스식을 따르는 부모를 가진 아이들에게 유대교 의식에 따라 할례를 해주기도 했다.

마타시아스는 자유를 얻기 위한 혁명의 첫 불을 지핀 지 불과 2년 만에 세상을 떠나고, 혁명의 성화는 다섯 아들 중 가장 뛰어난 유다에게 넘어갔다. 그는 눈부신 군사적 재능 때문에 마카베오(Maccabee), 즉 '망치질장이'라는 별명을 가지고 있었다. 유다와 그의 형제 요나단 및 시몬 등은 성공적으로 반란군을 이끌어 안티오코스가 박해를 시작한 지 5년 만인 기원전 163년엔 유대와 사마리아, 갈릴리 등지를 확보했다. 예루살렘을 수복한 뒤엔 성전에서 다니엘이 표현한 '파괴자의 우상'들을 다 없애버렸음은 말할 나위도 없다. 기원전 164년, 안티오코스가 성전을 훼손했던 바로 그 달(12월)의 23일, 그들은 제단의 큰 촛대에 새로이 불을 켜는 의식을 통해 성전을 다시 축성했다. 유태인들에게는 종교적·정치적으로 매우 감동적인 의미를 가졌던 이 의식은, 그 이후에도 봉헌

축세(Feast of Dedication)라는 뜻의 하누카(Hanukkah)란 이름으로 불리며 유태인의 기념일이 되었다. 정말이지 유태인들에겐 축하할 날이 아닐 수 없었다. 422년 만에 다시 나라를 찾은 것이었으니 말이다.

마타시아스 하스몬이 시작하여 유다 마카베오가 이어간 반란은 약 100년에 걸친 하스몬 가문의 통치로 이어졌다. 오랜만에 정치적인 자유를 맛보게 된 유태인들은 요시야 왕 이래 경험하지 못했던 새로운 민족적 자신감에 넘치게 되었다. 물론 이런 정치적 자유는 상존하는 셀레우코스 왕조의 위협에 군사적으로 대비할 뿐 아니라 셀레우코스 왕조와 대립하는 스파르타 및 아테네 등의 그리스 도시국가, 그리고 로마와도 동맹관계를 유지해야만 겨우겨우 힘겹게 지켜나갈 수 있는 것이었다. 다행히 안티오코스 에피파네스 사후 셀레우코스 왕조는 경제적·군사적으로 침체기에 빠져, 하스몬 통치자들은 해안가나 트란스요르단 지방의 영토까지도 회복할 수 있었다.

하스몬가의 요한 히르카누스(John Hyrcanus, 재위 기원전 134~104)는 영토를 더욱 늘려 사마리아, 이두매, 트란스요르단의 모압 등지를 병합했다. 그리고 그의 아들 알렉산데르 야나이우스(Alexander Jannaeus, 재위 기원전 104~76)는 정복 정책을 계속해 트란스요르단 지방은 물론 가자 및 도르 등지의 해안지역으로도 진출하여 당시 하스몬 왕가의 판도는 다윗 왕 시절의 통일 왕국에 맞먹을 정도로 확장되었다. 이 시기에 예루살렘은 서쪽 언덕 방향으로 그 크기가 5배나 늘어났으며, 그 안에 3만 명이나 되는 사람들이 살았다.

히르카누스 왕과 야나이우스 왕 시대 하스몬 왕가의 영토 확장은 이런 땅들이 모두 이스라엘 민족의 과거 유산이란 확신 속에 가능한 것이었다. 바로 이런 종교적이고 민족적인 우월감을 바탕으로 히르카누스 왕은 주변 피정복민들을 유대교로 개종시키려 노력했다. 그 결과, 사해 가까이 위치하며, 한때는 에돔이란 이름으로 불리던 이두매 지역의 사람들은 대다수가 유대교로 개종하여 젊은이들이 할례를 받았다. 과거 요시야 왕이 보복심에 불타 북이스라엘의 베델에 위치한 성소를 파괴했던 것처럼 히르카누스 왕도 기원전 128년 그리짐 산에 있는 사마리아인들의 신전을 부숴버렸다. 그는 티 한 점 없이 깨끗하게 다시 태어난 이스라엘 왕국에서는 사마리아인들도 야훼의 진정한 성전은 예루살렘 성전뿐이란 걸 인정해야 한다고 믿었다. 정말 아이러니한 일이 아닐 수 없었다. 유태인들에게 종교적 자유를 되찾아주기 위해 시작된 마카베오의 혁명이 같은 민족에게조차 종교의 자유를 허락하지 않는 그런 광신적인 국가의 설립을 낳았으니 말이다.

    영토의 확장으로 어느 정도 군사적인 안보는 이룰 수 있었지만, 내부적인 분열은 계속되었다. 마카베오 혁명의 원인이 되기도 했던 헬레나이저와 하시딤 간의 해묵은 다툼은 하스몬 왕가의 성공에도 불구하고 그칠 줄 몰랐다. 시간이 흐르자 하시딤은 전통적 종교 원리에 더욱 충실한 당파 페루심(Perushim)을 탄생시켰는데, 이들은 죄로 물든 이 세상에서 종교적으로 순결한 상태를 유지하려는 '분리주의자들'이었다. 이들은 우리에게 바리사이(Pharisee)라는 이름으로 알려졌으며, 자신들을 다윗 왕 시절의 대제사장 사독(Zadok)의 영적인 후손으로 여기는 또 하나의 원칙주의파 사두가이(Sadducee)와 종종 다투었다. 바리사이가 비교적 평민 출신의 율법학자들로 구성되었다면, 사두가이는 예루살렘의 귀족 출신들로서 성전 사제들을 중심으로 세력을 이루었다.

    바리사이와 사두가이 간의 가장 첨예한 대립 지점은 토라(율법)의 의미였다. 사두가이는 신의 뜻에 의해 쓰여진 그대로의 율법만이 이스라엘을 위한 확실한 길잡이라면서, 인간적인 어떤 해석으로도 율법에 쓰여진 말씀을 바꿀 수는 없으며, 거기에 쓰인 모든 말을 문자 그대로 엄

엄격히 따라야 한다고 했다. 이와 대조적으로 바리사이는 뛰어난 율법학자들답게 경전의 말씀이 유태인 삶의 유일한 길잡이임을 인정하면서도 학자들이 항상 경전을 잘 연구하여 유태인들에게 그 시대상황에 맞는 삶의 방향을 제시해 줄 수 있어야 한다고 주장했다. 경전 연구란 바로 경전의 해석을 의미했으며, 더 나아가 학자들의 해석은 단순한 의견이나 주관적인 생각이 아니라, 야훼의 말씀인 율법의 연속선상에 있는 것이라는 의미였다. 따라서 바리사이들은 그들이 말로 풀이하는 토라가 옛날 야훼께서 모세에게 내려주신 글로 쓰인 토라와 다르지 않은, 같은 것임을 주장했다.

두 계파는 예루살렘에서 공공연히 충돌하곤 했다. 사두가이는 왕실에 가까운 귀족층을 중심으로 그 나름대로 그리스적인 경향을 띤 반면, 바리사이는 학교에서 연구와 교육에 열중하며 그들의 높은 도덕성 때문에 학생들에게 추앙받았다.

만일 기원전 160년 유다 마카베오가 죽은 후, 정치 상황에 급진적인 변화가 일어나지 않았다면, 이 두 계파간의 알력은 그렇게 커지지 않았을지도 모른다. 유다의 뒤는 동생 요나단이, 요나단의 뒤는 시몬이 이어갔다. 이 둘은 모두 다윗 왕국의 멸망 후 나라를 이끌어간 지도자들처럼 대제사장(high priest)이라 칭해졌다. 사람들은 물론 하스몬 가문이 대제사장 출신은 아니란 걸 알고 있었지만, 모두들 그들의 말에 따랐다. 형제들이 다 대중적인 영웅이었으며, 그들의 종교적 이상주의는 사람들의 존경을 받았다. 하지만 기원전 134년, 시몬의 아들 요한 히르카누스가 대제사장뿐 아니라 왕이라고 칭하고 나서자 문제가 생기지 않을 수 없었다. 철저히 이상주의자들인 바리사이들은 히르카누스가 다윗 가문에만 쓰일 수 있는 성스러운 왕의 칭호를 탈취했다면서 수군거렸다. 그들은 다윗 왕가가 몰락한 뒤의 이스라엘은 야훼의 율법 및 학자들에 의한 율법 해석을 바탕으로 다스려져야 한다는 입장이었다.

히르카누스 자신 역시 다윗 왕가도 아닌데 왕이라 칭하기가 찜찜하긴 했지만, 주변 국가의 왕들과 같은 수준에 있어야 한다는 정치적 필요에 따라 그렇게 하기로 결정한 것이었다. 그는 성전의 사제들 및 다른 헬레나이저들에겐 왕으로서의 대접을 받았지만, 그의 백성들로부터는 지지를 받지 못했다. 그의 통치 당시에 주조된 동전에는 한쪽 면에는 히브리어로 '행정관', 다른 면에는 그리스어로 '왕'이라고 쓰여 있었다.

히르카누스 왕이 점차 1인 독재체제를 이루어감에 따라, 바리사이와 히르카누스 왕의 관계는 더욱 악화되었다. 바리사이는 히르카누스가 군사, 민사, 종교에 걸친 국가의 전 기능을 독점하는 데 반대하고 나섰으며, 항상 대제사장을 도와 나라일을 돌봐오던 장로들을 교묘히 조정하는 것도 반대했다. 게다가 군대마저 나라보다 왕에게 더 충성할 그리스인 용병들을 자꾸 끌어들여 그들의 심기를 불편하게 만들었다.

하지만 히르카누스 왕에게 반감을 가진 종교 집단은 바리사이만이 아니었다. 금욕주의적인 에세네(Essenes)파는 히르카누스 왕의 독재를 참지 못하고 예루살렘을 떠나 사해 근방의 쿰란(Qumran)에 있는 동굴로 들어갔다. 그들은 그곳에서 기원후 68년 로마군의 손에 완전히 몰살될 때까지 200여 년 동안 메시아의 구원을 기다리며 기도와 단식으로 살아갔다.

히르카누스의 뒤를 이은 알렉산데르 야나이우스 왕은 바리사이와의 관계를 더욱 악화시켰다. 결국 바리사이는 왕의 독재에 항거, 6년에 걸친 반란을 일으켰는데, 야나이우스는 이를 잔인하게 진압했다. 한때 바리사이에 속했던 역사가 요세푸스(Josephus)는 이때의 등골 오싹한 처벌 장면을 이렇게 표현했다. "야나이우스는 자신의 후궁들과 잔치를 벌이면서 바리사이들 약 800명을 사람들이 다 볼 수 있는 곳에서 십자가형에 처하도록 명령했다. 그리고 아직 그들의 숨이 붙어 있는 동안 왕은 그들이 내려다볼 수 있는 곳에서 그들 가족의 목을 치게 했다."

야나이우스 왕 사후 하스몬 왕국은 겨우 13년밖에 더 버티지 못했다. 야나이우스의 뒤를 이은 사람은 그의 아내 알렉산드라(Alexandra, 재위 기원전 76~67년)였는데, 그녀는 9년에 걸친 치세 중에 국방을 튼튼히 했고 바리사이와의 관계도 개선하려 힘썼다. 하지만 불행하게도 그녀의 무능한 자식들인 히르카누스 2세와 아리스토불루스(Aristobulus) 2세는 어머니가 죽자 왕위를 놓고 바로 내전에 돌입했다. 이 내전 때문에 결국 기원전 63년에 로마군이 예루살렘에 입성하게 된다. 성전을 두고 3개월에 걸친 치열한 전투가 있었지만, 결국 유태인들은 다시 독립을 잃고 말았다.

로마의 유대 병합은 주변 국가의 침입이 있기 전부터 내부적인 분열로 인해 저항력을 잃었던 과거 이스라엘 왕국의 비극이 재연된 것이었다. 혹자는 로마군이 아르메니아(Armenia)를 정복한 뒤 시리아에 쳐들어 왔을 때 로마의 팔레스타인 정복은 이미 피할 수 없는 일이 된 것이었다고 할지 모른다. 하지만 꼭 그렇게 될 이유도 없었다. 오히려 유태인들이 군사적으로 종교적으로 하나로 뭉쳐 단결된 모습을 보였다면, 과거 아시리아가 그랬듯이 로마가 굳이 유대나 예루살렘을 차지하기 위해 피를 흘리려 하지 않았을 수도 있다. 그런 힘든 전쟁을 치러 이겨봐야 유대 땅에는 가져갈 게 별로 없었기 때문이다.

정복자인 로마 장군 폼페이우스(Pompeius)는 예루살렘을 점령한 후, 신속한 후속 조치를 통해 식민통치의 기반을 마련했다. 우선 비대해진 유대의 국경을 예루살렘과 그 주변 몇 킬로미터로 축소해 제국에 병합하는 대신 시리아의 서부 지역으로서 자치를 허용했다. 무엇보다도 그는 유대라는 지명을 그대로 사용, 이곳이 유태인들의 고국임을 인정했으며, 요한 히르카누스 2세를 그 지도자로서 대제사장에 임명했다. 물론 왕호는 박탈했다. 과거 페르시아가 그랬던 것처럼 로마도 행정직은 인정하지만, 왕권을 넘보는 건 금지라는 얘기였다.

예루살렘이 함락되었지만, 유태인들에 대한 박해는 없었다. 세금을 부과할 피정복민들에게 괜히 원성을 살 필요가 없기 때문이었다. 또한 로마로서는 셀레우코스 왕조를 약화시키는 데 도움이 되었던 하스몬 왕가와의 동맹관계에 대한 기억도 있었다. 따라서 유태인들이 로마인에 의해 피해를 본 거라곤 이국에 정복당한 상징으로서 새로 세금을 내는 정도였다. 북쪽의 사마리아인들에게는 로마인들이 허용해 준 종교적 자유에 비하면 세금을 내는 것 정도는 아무것도 아니었다. 이제 사마리아인들은 로마법에 따라 보호받으며 예루살렘 성전에 가지 않고도 그들 나름대로 경전의 말씀에 따라 살아갈 수 있었다.

히르카누스 2세가 유대의 대제사장이었던 반면, 사실상의 실권은 반(半)유태인으로서 로마에 의해 임명된 지사 안티파테르(Antipater)의 손에 있었다. 안티파테르와 그 뒤를 이어 40년 가깝도록 유대를 다스린 그의 아들 헤로데(Herod)는 새로운 왕가를 형성해 100여 년 동안 유태인의 나라를 다스렸다. 로마에 대한 유태인들의 연이은 반란으로 인해 결국 나라와 수도, 그리고 성전에 비극적인 재앙이 내리게 될 때까지.

로마의 지배를 받았던 시기, 예루살렘의 유태인에 관한 이야기는 헤로데 왕(Herod the Great)✛이라 알려진 유별난 인물을 빼고는 시작할

✛ 헤로데 왕은 예수 탄생 당시 유대를 다스렸던 인물로, 성경에서 동방 박사들이 만났던 바로 그 왕이다. 그의 사후 유대는 세 지역으로 분할되어 그의 세 아들이 각각 다스렸는데, 그 중 헤로데 안티파스가 다스린 갈릴리 지역을 제외한 두 지역은 곧 로마의 직접 통치하에 들어간다. 세례 요한을 죽이고 예수를 단죄하기도 했던 인물은 헤로데 왕의 아들 헤로데 안티파스다.

수 없다. 아버지 안티파테르처럼 헤로데 역시 로마에 충성하는, 잔인할 정도로 효율적인 로마식 행정가로서 권력의 자리에 올랐다. 그는 페르시아의 새 왕조 파르티아(Parthia)가 예루살렘을 점령해 히르카누스 2세를 폐위하고는 대제사장 자리에 하스몬 왕가 출신의 아리스토불루스 2세의 아들을 허수아비로 앉혔던 기원전 40년, 예루살렘을 수복하고 평화를 되찾으라는 로마의 명령을 받았다. 헤로데는 이 임무를 훌륭하게 완수, 기원전 37년 로마군을 이끌고 예루살렘을 수복했고, 로마로부터 왕의 칭호를 받아 그후 33년간 유대를 다스렸다. 그 기간 중 그는 예루살렘의 종교 지도자들에게는 경멸의 대상이 되었을지언정, 그에 대한 이렇다 할 반대파는 없었다.

헤로데를 얘기할 때면 무엇보다도 그의 왕권을 위협하는 처첩들과 자녀들을 수없이 죽인 미치광이 같은 살인 행위가 떠올라, 우리는 그가 오랜 치세 기간 동안 유대를 성공적으로 다스렸던 방법에 대해서는 간과하고 만다. 권력의 유일한 원천이 바로 로마의 후원자들이라는 것을 인식한 그는 첫번째 후원자 마르쿠스 안토니우스(Marcus Antonius, 기원전 82~30)✢와 그 다음 후원자 아우구스투스(Augustus, 기원전 63~기원후 14, 재위 기원전 27~기원후 14)✢✢에게 로마에 대한 그의 충성심이 의심받지 않도록 세심한 주의를 기울였다. 그는 로마의 영향력 있는 사람들에게 선물을 아끼지 않았고, 수련장, 신전, 공연장, 경기장, 목욕탕 등을 갖춘 그리스-로마 풍의 도시를 여러 곳에 새로 건설했다. 아우구스투스 역시 그에게 많은 선물을 받았다. 헤로데는 사마리아 근방에 새로 도시

✢ 로마의 정치가, 군인. 율리우스 카이사르(Julius Caesar)의 부장(副將)이었으며, 그가 암살당한 뒤에는 옥타비아누스 및 레피두스와 함께 2차 3두정치를 펼쳤다. 이집트 여왕 클레오파트라에게 매혹되었으며, 옥타비아누스와 세력을 겨루다가 악티움(Actium) 해전에서 패한 뒤 이집트로 피신했다가 그 다음해 옥타비아누스의 공격을 받자 자살했다.

를 짓고 아우구스투스를 기리는 뜻으로 이 도시에 세바스테(Sebaste)[+++]란 이름을 붙였는가 하면, 지중해 연안에 새로 건설한 수심 깊은 항구에는 카이사리아(Caesarea ; 카이사르의 성이란 뜻)란 이름을 붙여 그에게 영광을 돌리기도 했다. 헤로데는 예루살렘에 대규모 요새를 지어, 그 경비탑 명칭을 자기 동생 히피쿠스(Hippicus)와 파사엘(Phasael) 그리고 아내 마리암네(Mariamne)의 이름을 따라 부르기도 했다. 또한 신전에 가까운 북서쪽 방면의 방위를 강화하기 위해 건축한 요새는 자신의 첫 번째 후원자를 기념하여 안토니우스라고 불렀다. 이런저런 활동을 통해 그는 로마에 충성을 다했으며, 로마의 실력자들도 그를 신뢰했다.

많은 선물들과 건축 자금은 무거운 세금 징수를 통해 마련되었기 때문에 사람들의 반감이 증폭되었고, 누차에 걸쳐 반란이 일어났다. 하지만 어떤 반란도 성공하지 못했다. 놀랄 일도 아니지만, 헤로데는 예루살렘이나 다른 주요 도시에 수많은 첩자들을 풀어 반란의 조짐에 대비했다. 헤로데는 또한 예루살렘의 경비를 위해 베들레헴 근처에 있는 헤로디온(Herodion) 및 사해를 내려다보는 마사다(Masada)에 요새 겸 궁궐을 짓기도 했다.

헤로데는 때로 인정을 베풀기도 했다. 기근이 들어 백성들이 고생하자 그는 자신의 금고에서 금과 보석을 내다 팔아 이집트에서 곡물을 수입해서 백성들에게 나누어 준 일도 있었다.

그의 주위를 맴도는 아첨꾼들을 제외하면, 대부분의 평범한 유태인

[++] 로마의 초대황제. 율리우스 카이사르의 여동생의 손자로서 카이사르의 양자로 입양되었는데, 이때 가이수스 율리우스 옥타비아누스로 개명했다. 2차 3두정치를 이끈 인물 가운데 하나로 경쟁자들을 다 제거하고 모든 실권을 장악. 기원전 27년, 원로원으로부터 거룩한 자 또는 영예로운 자라는 칭호 아우구스투스를 받아 사실상 로마의 제정을 시작했다.
[+++] 그리스어로 영예로운 자라는 뜻.

들은 로마에서 유대 왕관을 받아와 자신들 위에 군림하는 헤로데를 경멸했다. 그는 하스몬 왕가 사람들을 다 죽이거나 귀양 보내, 자신의 왕위에 위협이 될 만한 경쟁자들을 모두 제거했다. 예루살렘의 사제들 입장에서는 하스몬 왕가 역시 이스라엘 왕위의 적법한 후계자는 아니었지만, 헤로데는 이들보다 훨씬 더 다윗 왕가와 관련이 없었다. 헤로데나 그의 아버지 안티파테르, 그리고 할아버지 안티파스(Antipas)는 모두 사해 근처의 이두매 지역 출신으로, 하스몬 왕가의 요한 히르카누스 왕의 정복사업에 의해 강제로 유대교인이 된 사람들이었다. 예루살렘의 순수주의자들 입장에서 보면 이들은 잘 봐줘야 반(半)유태인들이었으며, 원칙적으로는 왕위에 오를 수 없는 그런 신분이었다.

헤로데는 또한 폭군이요, 살인자요, 헬레나이저요, 유태인의 적인 로마 제국의 앞잡이로 알려져 있다. 대부분 맞는 말이며, 그 누구보다도 헤로데 자신이 이를 잘 알고 있었다. 그는 이런 사실을 십분 명심하고, 친로마적 정책들뿐 아니라 친유대적인 정책들도 펴나갔는데, 특히 유태인들의 종교의식 관행에 어긋나지 않도록 세심한 주의를 기울였다. 그는 자신의 왕위를 정당화하기 위한 방편으로 대제사장 히르카누스 2세의 손녀 마리암네를 아내로 맞았으며(나중에 그녀를 처형하긴 했지만), 자신의 사위들은 반드시 할례를 받도록 했다. 그는 메소포타미아나 이집트에 남아 있는 종교 지도자들 및 가족들이 다시 예루살렘에 돌아와 살수 있도록 애쓰기도 했는데, 이들 중엔 유명한 율법학자가 될 힐렐(Hillel)의 집안도 있었다. 헤로데는 바리사이들이 자신을 반대함에도 불구하고 그들에게 경전 연구비를 대주었으며, 예루살렘 성전의 재건축을 명할 때도 종교의식의 원칙에 최대한 맞추도록 하여(그 결과 제사장들에 의해 건축 작업이 시행되었다) 사두가이들의 열렬한 지지를 얻었다. 성전 재건축은 기원전 20년에 시작되어 헤로데가 죽고 68년이 지난 뒤인 서기 64년에 완성되었는데, 그로부터 겨우 6년 뒤, 전쟁으로 인해 또 다시 완전히 파괴되고 만다. 새 성전은 코린트(Corinth; 우리말 성경에서는 고린토) 건축 양식을 따라 하얀 대리석 기둥이 쭉 늘어서 있어, 역사가 요세푸스의 표현을 빌리자면, 먼 곳에서 보니 마치 '눈 덮인 산 같았다'고 한다. 헤로데는 자신의 흔적을 예루살렘 곳곳에 남겨, 지금도 성전 산, 서쪽벽, 안토니우스 요새, 그리고 서쪽의 성채 등지에 그의 기념비 일부분이 남아 전해져 오고 있다.

한편, 헤로데는 요르단 강 동안과 지중해 연안 등지로 영토를 확장하여 과거 요한 히르카누스 왕 당시와 맞먹는 판도를 누렸으며, 이로 인해 유태인들에게 민족적 자부심을 고취시켜, 지지를 받기도 했다.

기원전 4년, 헤로데가 33년의 치세를 마감하고 죽은 뒤 로마는 처음에는 지사, 나중에는 행정관(Procurator)을 임명하는 방식으로 유대를 직접 통치했다. 이들 행정관들은 능력이나 성격 면에서 서로 판이하게 달랐다. 괜찮은 행정관들은 로마와 유태인들 간의 평화를 유지하려 애썼지만, 빌라도(Pilate)⁺로 시작되는 무능한 행정관들은 관계를 악화시켜, 유혈충돌 사태까지 벌어지게 되었다. 이런 충돌이 계속된 끝에 결국 66~70년의 대반란과 132~135년의 바르 코크바(Bar Kokhba) 반란이 일어나고 말았다.

이런 갈등은 로마인의 미숙한 통치 때문에 만들어지기도 했지만, 또 한편으로는 유태인들의 정치적·종교적 열정 때문에 만들어진 것이기도 했다. 이 갈등을 이해하기 위해서는 무엇보다 먼저 유태인들이 하

✦『신약성경』복음서 예수의 고난 부분에 등장하는 유대 총독 본티오 빌라도(Pontius Pilate). 사실 그는 총독이 아닌 행정관(Procurator) 내지 지사(Governor) 정도의 지위에 있었고, 시리아 총독(Legate)의 지휘를 받았다.

스몬 왕가 치세 100년 동안 자유를 만끽해 왔음을 기억해야 한다. 이로 인해 로마가 유대를 통치하던 중에도 유태인들은 민족의 독립에 대한 열망을 버리지 않았고, 따라서 로마의 지배하에서도 기회만 있으면 독립을 쟁취하려 했다. 로마에서 온 유대 지사들이 비록 여러 실책을 범하긴 했지만, 로마의 통치는 대부분 현명하고 공평한 것이었다. 그런데도 유태인들이 로마인의 실책에만 반응하고 계속 반란을 획책하여, 결국 나라를 파멸에 이르게 하고 자신들의 역사를 치명적으로 바꾸어 놓았던 것은 안타까운 일이다.

유태인들의 반(反)로마 움직임은 이미 헤로데 당시부터 있었다. 헤로데의 치세 동안에는 소규모의 반동 분자들이 지방을 돌아다니며 말썽을 부렸다. 그들은 로마 당국을 싫어했으며, 농부들에게 부과되던 높은 세금을 반대했고, 헤로데 및 그의 가족들을 가짜 유태인이라 보았다. 이들은 또한 메시아를 염원했다. 하스몬 왕조 때는 메시아 사상이 잠잠해지기도 했었다. 유태인들의 나라가 멀쩡히 존재했으므로 사람들은 이스라엘 민족의 구원과 관련된 메시아적 희망이 이루어진 것으로 믿었다. 사실 어떤 유태인들은 유다 마카베오에서 야나이우스에 이르는 하스몬 가문의 지도자들이 예언서에 나오는 바로 그 메시아라고 생각하기도 했다. 하지만 유대가 로마에 의해 독립을 잃자, 많은 유태인들은 이것이 사악한 로마 제국의 얼마 남지 않은 마지막 나날이며, 곧 야훼께서 심판을 하여 이스라엘을 다시 구하실 거라고 믿었다. 이런 식의 메시아 사상은 기원전 2세기 당시에 쓰여진 다니엘서에서 엿볼 수 있다. 저자는 그리스인 왕 안티오코스 에피파네스의 사악한 통치를 보고, 분노한 야훼의 심판이 가까워졌음을 예견했으며, 이스라엘의 승리를 믿었다. 헤로데 당시의 반동 분자들 역시 그들이 야훼의 부르심을 받아 구원의 날을 앞당기고 있다고 믿었다. 따라서 그들은 납세를 거부했고, 로마군에게 피해를 입혔으며, 이교도 제단을 파괴했을 뿐 아니라 로마에 굴복해 이교도의 제사 관행을 따르는 유태인을 응징했다. 이들은 자신들의 과격 행위가 마타시아스 하스몬이나 그의 아들 유다 마카베오 등이 보여준 반란 정신을 이어받는 것이라고 생각했다.

이들은 헤로데 치세 말년부터 세가 늘어나더니, 그가 죽은 후엔 숫자가 크게 불어나면서 이스라엘을 이민족 통치에서 구하려는 반(反)로마 민족주의자들 집단이 되었다. 헤로데가 죽기 얼마 전 언제나 그렇듯 로마 황제의 환심을 사기 위해 예루살렘 성전의 현관 위에 로마 황실의 독수리 휘장을 걸쳐놓은 일이 있었는데, 이로 인해 앞으로 다가올 갈등의 조짐이 확연히 드러나는 사건이 벌어졌다. 당연히 이 조치는 유태인들의 분노를 자아냈고, 그들 중 바리사이라고 알려진 두 사람이 그 휘장을 없애기 위해 사람들을 이끌고 성전으로 갔다. 죽음의 문턱에 있던 헤로데는 이들을 다 처형했지만, 사람들은 이들을 순교한 영웅으로 추앙했다.

기원전 4년에 헤로데가 죽은 뒤, 유태인들은 70년간이나 유대의 이방인들과 마찰을 계속하다가 결국 기원후 66년 로마에 대해 반란을 일으켰다. 헤로데 사후, 로마는 그 자리에 새로운 왕을 앉히지 않고 지사나 행정관을 임명, 유대를 다스렸다. 이론상으로는 괜찮은 정책인 것 같았지만, 결과는 로마에게나 유태인들에게나 다 불리하게 나타났다.

해안에 위치한 카이사리아에 본부를 두고 유대를 다스린 행정관들은 처음에는 질서를 유지하는 데 성공하여, 유태인들의 기분을 상하게 하지 않으면서도 유대에 사는 그리스 사람들을 잘 달랬다.

그러나 서기 26년, 빌라도가 부임하면서 문제가 발생하기 시작했다. 그가 특별히 유태인들을 멸시했던 흔적은 없다. 다만 그는 어리석고 무능한 사람으로 여러 실책을 범했다. 그는 유태인들의 감정을 건드렸으며, 예루살렘 안에 수퇘지가 그려진 군대의 깃발을 들여놓아 유태인들의 감정을 고려하여 그 같은 일을 금했던 로마 당국의 정책을 위반하기도 했다. 이에 대한 유태인들의 반발이 얼마나 거세었던지, 역사가 요세푸스는 유태인들이 이 군기를 모른 체 하여 종교법을 어기느니 이에 항거하여 로마인들의 칼에 맞아죽을 각오였다고 적었다. 사람들의 분위기가 심상치 않음을 느낀 빌라도는 결국 그 군기를 성 밖으로 치웠다. 두 번째의 큰 실책은 빌라도가 베들레헴에서 예루살렘까지 물을 끌어 올 수 있는 수로의 공사 대금을 마련하기 위해 성전 금고에서 돈을 빼내 쓴 것이었다. 사람들은 이에 반발하여 평화적인 시위를 벌였는데, 이때 로마 병사들이 시위자들을 공격하여 유태인들이 여러 명 죽고 말았다. 36년, 빌라도는 유대에 온 지 10년 만에 사마리아인들을 잔혹하게 다룬 데 대한 책임을 지고 로마로 소환되었다. 유태인들은 이를 기뻐했지만, 그 이후의 상황은 빌라도 때보다 더욱 악화되었다.

바로 그 다음해인 서기 37년에 황제가 된 가이우스 칼리굴라(Gaius Caligula)는 거만함이 왕년의 안티오코스 에피파네스에 맞먹는 인물이었다. 칼리굴라는 자신을 신격화하고 제국 내의 백성들에게도 자신을 신처럼 숭상하라 명령했으니, 유태인들로서는 그리스의 지배를 받은 이래 한 번도 들어본 적이 없는 이야기였다. 하지만 이 명을 어기면 반역자로 낙인이 찍혔다. 페르시아 제국의 통치 이래, 예루살렘의 유태인 관리들은 언제나 이방인 황제들에 대한 충성을 공공연히 표해야 한다는 걸 알고 있었다. 이들은 충성의 표시로 예루살렘 성전에서 매일 황소 한 마리와 양 두 마리를 바치는 의식을 거행했는데, 사실 이 의식은 황제를 위한다는 명분으로 이스라엘의 신 야훼에게 바쳐지는 것이었다. 하지만 이제 황제를 신처럼 모시라는 칼리굴라의 명령으로 이런 성전의식이 더럽혀지게 될 운명이었다.

유태인들과 칼리굴라와의 직접적인 대결은 40년, 얌니아(Jamnia) 마을에서 그리스인들이 칼리굴라를 섬기기 위한 제단을 만들다가 이를 파괴하러 온 유태인들과 충돌하면서 시작되었다. 이 소식을 들은 칼리굴라는 노하여 예루살렘 성전 안에 자신의 동상을 세우라고 명령했다. 만일 그렇게 되었다면 유태인들이 모두 들고 일어나 분명 엄청난 일이 벌어졌을 것이다.

하지만 다행히 모든 로마 지도층이 칼리굴라의 광기에 물든 건 아니었다. 시리아 총독 페트로니우스(Petronius)는 황제의 명령을 실행해야 할 책임이 있었지만, 이를 미루면서 오히려 황제에게 이를 만류하는 편지를 쓰기도 했다. 그리고 황실 내의 정쟁으로 인해 칼리굴라가 암살되면서 이 일은 흐지부지되고 말았다. 유태인들에게 황제의 죽음은 야훼의 뜻이 실현된 것으로 보였다.

칼리굴라의 공포정치(37~41년)는 바로 헤로데 왕의 손자 아그리파(Agrippa)가 유대의 통치자로 군림하던 시기(37~44년)✢와 겹친다. 칼리굴라의 친구이자 로마 제국의 충복이었던 아그리파는 유대의 대제사장 자리에 올랐으며, 유태인들에게도 좋은 평판을 받고 있었다. 그는 칼리굴라가 성전을 모독하지 못하게끔 애쓰기도 했으며, 그의 할아버지와는 달리 바리사이들에게도 지지를 받았고, 많은 사람들을 유대교로 개종시키는 데 성공하기도 했다. 그는 황제와의 친분을 이용해 유대의 영토를 늘려 헤로데가 다스리던 지역을 대부분 되찾았는가 하면, 이미 처형된 한 이름 없는 갈릴리 출신의 떠돌이 설교자를 메시아로 받드는 유태인 무리들에게도 환영을 받았다. 물론 아그리파는 신전이나 수련장, 극장

✢ 칼리굴라는 서기 37년에 헤로데 필립보(아그리파의 삼촌으로 헤로데 왕의 아들)가 다스리던 영토와 그 인근 지역의 왕으로 헤로데 아그리파를 임명했고, 칼리굴라의 뒤를 이은 클라우디우스 황제는 41년에 그를 유대 땅의 왕으로 임명했다.

등을 지어 유대에 사는 그리스인들과도 좋은 관계를 유지했지만, 유태인들도 대부분 그를 좋게 보았다. 아그리파에 대한 당시 유태인들의 감정은 오늘날 예루살렘 시내에 헤로데의 기념비는 없는 반면, 아그리파의 이름은 도심의 한 중심가의 이름으로 뚜렷이 남아 있는 데에서도 느낄 수 있다.

하지만 아그리파의 치세는 70년에 걸친 로마의 직접 통치 기간 중의 짤막한 막간일 뿐이었다. 아그리파가 죽은 뒤 20년 만에 유태인들의 반로마 감정은 다시 유대 전체로 퍼져갔으며, 법과 질서가 무너지기 시작했다. 역사가 요세푸스는 지방을 떠도는 도적들이 늘어났다고 썼다. 게다가 작지만 혁명을 꿈꾸는 집단들이 조직되었다. 점차 유대는 로마 당국도, 유태인 지도자들도 막을 수 없는 혼란 속으로 빠져들어 갔다.

설상가상으로 빌라도 못지 않은 무능하고 센스 없는 로마 행정관들이 연달아 임명되어 사태를 더욱 어렵게 만들었다. 툭하면 로마의 병정들이 율법서를 태우거나 성전 부근에 접근하는 사태가 벌어졌다. 유혈 충돌이 계속되는 와중에 로마군은 사마리아인들을 무장시켜 예루살렘에 순례가는 유태인들을 습격하게 만들기도 했다. 50~60년대, 예루살렘에 강도 및 암살, 난동이 늘어갔다. 유태인들로 구성된 시카리(Sicarii) 암살단이 등장했으며, 예루살렘 거리에서는 로마 당국에 대한 증오와 함께 로마에 협조하는 유태인들에 대한 혐오감이 공공연하게 드러났다. 많은 유태인들이 이런 무질서가 메시아의 때가 가까이 온 징조라고 믿었으며, 따라서 로마도 얼마 남지 않았다고 수근거렸다. 유태인들이 조상들의 땅에서 다시 뭉치고, 다윗 왕가의 후예가 이끄는 가운데 이스라엘 나라가 세워질 때가 곧 올 것이었다. 에세네 같은 순수파들은 이런 메시아적인 과업이 야훼의 뜻에 따라 이루어질 것이라 믿었다.

이와 달리 혁명가들은 메시아를 희망하고 기다리면서도, 심판의 날이 더 빨리 올 수 있도록 적극적으로 나섰다. 그들은 유다 마카베오의 과감한 작전을 상기시키며, 유태인들이 무기를 들고 이교도 나라에 항거하지 않으면 야훼는 로마의 손을 빌려 계속 이스라엘에 벌을 내리실 거라고 주장했다.

결국 플로루스(Florus, 재임 64~66년)가 행정관으로 있던 중, 지방에서의 무질서가 최고조에 달하더니 본격적인 반란이 일어났다. 일반 대중의 소요를 부채질한 건 로마 황제 네로(Nero)의 가혹한 조치들이었다. 특히 유태인들로 하여금 더 이상 물러설 곳이 없다고 느끼게 한 사건이 하나 있었다. 66년, 카이사리아에서 유태인과 시리아인 간에 정치적 알력이 있었는데, 네로 황제는 시리아인의 편을 들어 그곳의 유태인들을 법률적·사회적으로 시리아인들 밑에 두게 하였다. 그러자 유태인들은 같은 조치가 카이사리아에서뿐 아니라 예루살렘에서도 내려질 수 있다는 걸 깨닫게 되었다. 팔레스타인에서 오랜 세월 동안 누려온 안전과 특권이 이제 사라지고 있었다. 로마의 이스라엘에 대한 정책이 바뀌고 있음을 느낀 이들은 유태인 혁명가들만이 아니었다. 성전의 사제들과 돈 많은 귀족들 역시 로마 행정당국에 반감을 갖기 시작했다. 요세푸스도 이런 부류의 사람 가운데 하나였다. 바리사이이자 하스몬 왕가와도 연결된 영향력 있는 유태인 집안 출신이었던 그는, 혁명 대열에 동참해 장군으로 활약하다가 마지막 순간에 로마 쪽으로 변절하게 된다.

사회, 경제적인 상황의 변화 역시 반란의 계기가 되었다. 무거운 세금으로 인해 저소득층은 허리가 휘었다. 대지주들은 자신들이 내야 할 세금을 소작인들에게 전가했으며, 소규모 자영농들은 세금을 내지 못해 땅을 빼앗길 위험에 처해 있었다. 살 길이 막막해진 자들은 도적들에게 의존하거나, 아니면 로빈 후드 같이 스스로 도적이 되어 문제를 해결했다. 게다가 요세푸스에 의하면, 48년에 대기근이 있어 많은 사람이 고생했다고 한다. 따라서 유태인들은 서로 칼을 들이대기 오래 전부터 이미 사회적으로나 경제적으로 분열되어 갈등을 빚고 있었다. 상류층 유태인들은 로마인들에게 뇌물을 주고 세무 관리가 되어 더 많은 돈을 모았으며, 성전의 각종 수수료를 챙기던 고위급 사제들은 겨우 목숨을 연명할 정도의 봉급을 받는 하급 사제들에게서도 돈을 뜯어냈다. 그러므로 로마에 대한 전쟁 선포는 자신들을 탄압하는 로마나 유태인 상류층에 대한 복수심에 불타는 가난한 유태인들에게 열렬한 지지를 받았다.

60년대 중반, 예루살렘 및 각 지방은 혼란에 빠져 있었다. 게다가 성전이 완공되고 나자 1만 8천 명이나 되는 일꾼들이 갑자기 일자리를 잃게 되어, 경제적인 불안감이 가중되는 원인이 되기도 했다. 현명한 사제들은 성전의 기금을 써서 이들 중 많은 사람들을 재고용해 예루살렘의 거리를 흰 돌로 재포장하는 작업에 투입했다. 하지만 로마의 행정관이 몇몇 사제와 짜고 성전의 금고를 털려고 한 사실이 밝혀지면서 문제가 커졌다. 그리스인들 치세 때도 그랬듯이, 바로 이런 성전 금고에 대한 위협 때문에 유태인들은 반란의 기치를 높이 들었다.

요세푸스는 내부 분열 때문에 유태인들의 혁명이 처음부터 실패할 운명이었다고 쓰고 있다. 반란의 불길이 일어난 지 불과 1년 후인 67년 초에 시작된 임시정부 내의 각 당파간 내분은 티투스(Titus)가 이끄는 로마군이 예루살렘을 포위하고 있는 와중에도 계속되었다. 하지만 이들 반란군이 아무리 잘 짜여져 뭉친다고 해도 어차피 로마군에 의한 토벌을 피할 수 없었을 것이다. 요세푸스 역시 이를 잘 알고 있었다. 그는 이런 현실적인 판단에 따라, 68년경에 젤로트당(Zealot)[+]원들이 예루살렘을 장악하고 난 뒤 로마군에게 항복했다.

요하난 벤 자카이(Johanan ben Zakkai) 같은 유태인은 무기를 들어 저항하기보단 모욕을 참는 편을 택했다. 하지만 이런 사람들은 소수였고, 대부분의 유태인들은 정당한 이 저항이 야훼의 도움을 받아 승리할 것이며, 이스라엘이 그들의 땅에서 다시 자유를 맛볼 것이라 믿었다. 그들은 네로 황제가 자신의 앞날을 챙기기도 바빠 이런 먼 곳의 반란까지 신경 쓸 겨를이 없을 거라는 오판을 했다. 그들은 팔레스타인이 시리아와 이집트 같은 풍요로운 지방을 연결하는 중간 지점으로서 로마에게 전략적 중요성이 있다는 걸 간파하지 못했던 것이다. 오히려 그들은 로마의 숙적 파르티아(Parthia, 페르시아)가 자신들의 반란을 틈타 로마에 대한 공격을 감행하리라 기대했다. 물론 결국 파르티아가 끼여들긴 했지만 유태인들에게 도움이 되기엔 너무 늦은 때였다.

신중히 계획하여 성공한 작전도 있고, 무모한 작전으로 실패한 것도 있었다. 하지만 우리는 요세푸스처럼 한마디로 유태인 반란군이 야망에 눈이 멀어 비열한 전쟁을 했다고 말하긴 힘들다. 오히려 그 반대인 것 같다. 유태인들 입장에서 보면, 당연히 로마에 의한 이민족 통치가 좋았을 리 없고, 언제나 그랬듯이 야훼에 대한 믿음을 바탕으로, 게다가 마카베오 반란의 성공을 전례로 하여, 엄청나게 우월한 로마에 반기를 들었다가 패한 것이었다. 군 생활을 마치고 로마에서 편히 살면서 요세푸스가 글로 표현했듯이, 우리도 역사를 뒤돌아보면서 그때 차라리 유태인들은 반란을 일으키지 않았더라면 더 좋았을 것이라고 얘기할 수 있다. 하지만 유태인들에게 정치적·종교적 자유가 어떤 의미를 갖는지 이해한다면 이런 얘기를 쉽게 하진 못할 것이다.

유태인 반란 세력에는 시카리파, 기샬라(Gischala) 출신의 요한

✤ 로마의 지배에 항거하여 1~2세기 중반에 조직된 유태인 당파. 젤로테스란 그리스어로 열심인 사람을 뜻한다. 이들은 이스라엘 민족이 신에게 선택된 민족임을 확신하고 로마 제국의 유태인 지배를 뒤엎기 위해 직접적인 폭력이나 무력에 호소하는 열광적인 애국자 집단이었다. 역사가 요세푸스는 이들을 66~70년에 있었던 반란을 선동한 폭도로 규정했다.

(John)이 이끄는 파벌, 시몬 바르(Simon Bar)가 이끄는 파벌, 이두매파, 젤로트당 등 다섯 개의 파벌이 있었다. 로마가 예루살렘을 탈환하기 4년 전, 이 다섯 파벌은 경쟁 파벌을 제압하고 혁명을 완수하기 위해 서로 이런저런 제휴를 맺었다. 이들간의 내분에 대해 자세한 얘기를 하긴 힘들지만, 이들의 분열이 서기 1세기 당시 유태인 사회의 다양한 색채를 여실히 드러낸다고는 할 수 있다. 당시 어떤 한 가지 형태의 유대교만 있었던 것이 아니듯 유태인 사회 역시 다채로웠으며, 오직 로마의 통치에 대한 증오심과 이스라엘의 해방에서만 일치점을 찾을 수 있었다. 그 이외엔 심하게 분열되고 쉽게 반목하는 그런 사회였다. 우리는 엘리아자르(Eleazar)가 이끄는 반란군이 성전을 장악한 후 성전의 제사 의식은 재개되었지만, 분열과 반목 때문에 고위 사제들은 성전에 한 발도 들여놓지 못했던 사건에서도 당시의 상황을 짐작할 수 있다. 로마에 대한 반기를 들기가 무섭게, 유태인들간 내전의 씨앗도 뿌려지고 말았던 것이다.

그러나 물론 유태인들간의 내전보다는 로마와의 전쟁이 더욱 중요했다. 반란이 시작되고 얼마 후, 대제사장 아나누스(Ananus)의 지도하에 임시정부가 수립되면서, 아나누스가 다른 제사장들 및 중도세력의 지지를 받아 로마군과 정전(停戰)에 합의하고 협상을 시작할 듯이 보였다. 이런 타결안이 현실로 다가오던 67년 말 겨울, 과격분자들이 모여 젤로트당을 결성, 혁명의 완수를 위해 중도파를 타도하기 위한 작업에 들어갔다. 그리하여 요세푸스가 안타까운 마음으로 썼듯이, 이들에 의해 아나누스가 암살되면서 협상이 결렬되었고, 이로써 유태인 국가의 운명은 결정지어졌다. 젤로트당은 68년 초 예루살렘을 장악하고 정부를 구성, 부유층과 기존 지도층들에 대해 공포정치를 펼쳤다. 그후 2년 간, 유태인들이 예루살렘 내에서 내분에 시달리는 동안 처음엔 로마의 장군 베스파시아누스(Vespasianus)가, 그리고 그가 황제로 추대된 다음엔 그

서기 70년 대의 예루살렘과 그 주변

의 아들 티투스가 각각 로마군을 이끌고 유태인 반군의 거점들을 차례로 함락시키며 예루살렘으로 좁혀 들어왔다.

예루살렘 전투는 5개월 동안 벌어졌으며, 마지막 백병전은 바로 성전에서 벌어졌다. 이 전투 중, 로마 병사들은 명령을 받은 건 아니었지만 성전에 불을 질러버렸고, 그 결과 성전은 완전히 타서 재만 남고 말았다. 유태인들의 전승에 의하면, 그날은 히브리 달력으로 아브(Av, 8월) 달의 9일째 되는 날로서, 바로 기원전 586년에 솔로몬의 성전이 바빌로니아인들에 의해 불타 없어진 그날이었다. 기근과 방화, 그리고 인간의 잔학함 때문에 성전과 도시는 또 다시 황폐화되고 말았다.

유태인들에게 있어서 서기 70년에 일어난 이 일은 전례가 없는 치욕이었다. 유태인 민족의 자유와 신앙을 상징하는 성전이 파괴되자, 그 참극 속에도 목숨을 건졌던 사람들은 차라리 죽는 게 나았을 거라며 비통해 했다. 건강한 남자들은 모두 이집트나 사르데냐(Sardegna)✝에 광부로 끌려갔으며, 많은 사람들이 로마의 원형경기장 건축에 동원되거나, 코린트로 끌려가 네로 때 시작된 운하공사에 쓰였다. 남달리 힘이 센 자들은 검투사 놀이에 보내져 처참하게 죽었으며, 아이들과 여자들은 노예로 팔렸다. 얼마나 많은 유태인들이 죽임을 당했는지는 알 수 없지만, 요세푸스가 1백만 명이 죽었다고 기록한 것을 보면 그 참상의 규모를 짐작할 만 하다.

로마의 힘에 대해 현실적인 판단을 했던 수많은 유태인들은 요세푸스나 종교 지도자 요하난 벤 자카이처럼 그 참극을 피해갈 수 있었다. 갈릴리 지방의 방어를 맡은 장군으로 전쟁에 참가했던 요세푸스는 나중에 로마에 항복해 유태인들의 반란 전쟁에 관한 역사를 남겼으며, 유태인의 반란을 어리석고 쓸데 없는 짓이라고 생각한 자카이는 제자들의 도움을 받아 관(棺) 속에 숨어 예루살렘 밖으로 빠져나가는 데 성공했다.

대단한 전과를 올린 경우, 로마는 항상 대대적인 환영행사로 그 승리를 이끈 장군에게 영예를 주었다. 티투스는 자신의 전리품으로 잿더미가 된 성전에서 주어온 황금제단 탁자와 대형 촛대를 대중들에게 보여주었다. 불더미 속에서 겨우 건져낸 율법경전 꾸러미는 자신이 가질 기념품이었다. 게다가 베스파시아누스 황제는 유태인들에게 이제까지 매년 성전에 내던 헌금을 앞으로는 카피톨리누스(Capitolinus) 언덕에 있는 주피터 신전의 유지비로 로마에 내게끔 하여 유태인들의 수치심을

✝ 이탈리아 서부의 큰 섬. 나폴레옹이 태어난 프랑스 코르시카 섬의 남쪽에 있다.

로마에 있는 티투스 기념문에 새겨진 부조(浮彫)로서, 70년 유태인들의 반란을 진압한 것을 기념하여 로마 병사들이 성전에서 촛대 및 다른 전리품들을 가져가는 광경이다.

가중시켰다. 물론 이는 제국 내 어디에 살든 유태인이면 누구나 내던 특별 인두세 위에 추가되는 세금이었다. 로마의 승리를 자축하기 위해 주조된 동전에는 '유태인의 수도'라는 문자 위에서 여인이 슬피 우는 모습이 새겨져 있었다.

옛 전통에 따라 동물을 죽여 제사 드리는 일이 주된 업무이던 사두가이 제사장들은 예루살렘 성전이 파괴되자 할 일이 없어져 자연히 도태되었고, 바리사이들만이 남아 이스라엘의 신앙을 지키게 되었다. 시간이 지나면서 그들은 랍비(rabbi ; 히브리어로 선생님이란 뜻—옮긴이)라 불리는 율법학자들이 되어 팔레스타인에서건 외지에서건 유태인들 사회의 지도자 역할을 맡게 된다. 서기 70년의 패배 이후 바리사이들은 해

서기 70년, 유태인의 패배와 예루살렘 정복을 기념하여 만들어진 로마 제국의 동전. 승리한 로마 병사의 모습이 새겨져 있다.

안 마을 야브네(Yavneh ; 그리스어로 얌니아)에 자리를 잡은 요하난 벤 자카이의 지도 아래 뭉쳤으며, 이들은 율법과 역사서, 예언서들, 그리고 시편 및 몇몇 다른 기록들을 유태인의 정경(正經)으로 규정하고, 이방인들의 세계에 살게 된 지금 유태인들은 이 말씀들에 쓰인 대로 야훼의 뜻에 따라 살아야 한다고 공식적으로 선포했다. 야브네에서 열린 이 회의는 유태인들의 신앙생활 양식을 새로이 규정했다. 이제 이스라엘 민족의 상징적 중심은 성전이 아니라 성경이 될 것이었으며, 죄의 용서를 비는 방식도 동물을 바치는 제사에서 기도로 바뀔 것이었다.

유태인들의 반란은 제국 각지에서도 반(反)유태인 시위를 불러일으켰는데, 특히 알렉산드리아에서는 유태인들과 티격태격해 온 그리스인들이 난동을 부리기도 했다. 이들 이방인들이 보기에는 유태인의 패배나 성전의 파괴, 그리고 그후 유태인들이 예루살렘에서 추방된 일 등 일련의 사건들은 모두 말썽 많은 유태인들의 자업자득으로, 선민의식에 차서 거만하게 굴던 유태인들이 망신당한 일이었다. 70년 이후, 특히 각지에 흩어진 유태인들은 집 잃은 민족으로 여겨졌으며, 그 어디에도 갈 곳 없는 외지인으로 받아들여졌다. 이런 태도 속에 적대감이 싹트고 자라났다. 그러기를 300년, 콘스탄티누스(Constantinus) 황제에 의해 로마제국이 그리스도교화 되자, 이제 반(反)유태인 감정은 조직적으로 발전하기 시작한다.

66~70년의 사태 때문에 유태인의 저항 정신이 사라진 것은 아니었다. 유태인과 이방인 간의 관계 악화로 인해 115년에는 리비아, 이집트, 키프로스 등지에서 유태인이 봉기하여 2년이나 유혈투쟁이 벌어졌다. 그후 120년대, 유태인들은 하드리아누스(Hadrianus) 황제가 예루살렘을 이교도의 도시로 재건하려는 계획을 알게 되자, 다시 비밀리에 무기를 마련하기 시작했다. 유태인 종교에 대해 학구적인 관심도 있었다던 하드리아누스는 그들의 할례관습에 대해 이상하고 청결하지 못하다고 느끼고 이를 거세와 같은 악독한 행위에 비유했다. 결국 그는 할례를 금하는 칙령을 선포해 유태인들을 들끓게 했다.

그래서 시작된 132년의 반란은 그 강도가 보통이 아니었고, 쉽게 가라앉지도 않아서 브리타니아(Britannia ; 지금의 영국땅)에 있던 로마 병력까지 유대 땅으로 급파되기에 이르렀다. 처음엔 졸지에 당한 로마군이 밀렸다. 바르 코지바(Bar Koziba)란 이름의 유능한 지휘관을 둔 유태인 반군은 로마군을 변두리로 내몰고 약 1년 동안 예루살렘을 장악하기도 했다. 바르 코지바의 유명세가 확산되면서, 많은 유태인들이 바로 그가 야훼께서 이스라엘 민족을 구원하기 위해 기름을 부어 보낸 메시아라고 믿기 시작했다. 80대 나이의 바리사이 학자 아키바(Akiba)처럼 존경받는 저명 인사조차도 그를 메시아로 치켜세우며, 그의 이름을 바르 코크바(Bar Kokhba)로 고쳐주었다. 이 이름은 '별의 아들'이란 뜻으로서 성경에 나타난 야훼의 약속을 근거로 한 이름이었다. "야곱에게서 한 별이 솟는구나. 이스라엘에게서 한 왕권이 일어나는구나"(민수기 24 : 17). 그들이 기다려 온 메시아가 나타났다는 자신감에 찬 유태인 반군은 '예루살렘의 자유를 위하여'란 말이 새겨진 동전을 주조하기도 했다.

하지만 예루살렘을 위한 메시아의 영광은 3년을 넘기지 못했다. 135년, 하드리아누스 황제는 브리타니아 및 아프리카 등지를 포함하여 제국 각지에서 진압군을 모았으며, 이들은 반군의 거점을 하나하나 공격해 무력화시켰다. 유태인들은 베들레헴 북쪽의 베타(Betar)란 곳에 저항선을 형성했다. 훗날 이곳은 유태인 항전의 상징으로 기억되기도 했지만, 결국 엄청난 피해를 입었다. 약 1천 곳에 달하는 유태인 마을이 파괴되었고, 50만 명이 넘는 유태인들이 목숨을 잃었던 것이다. 로마군의 피해도 만만치 않았다. 너무나 많은 병사들을 잃었기 때문에 하드리아누스는 로마의 관례대로 '짐과 병사들은 무사하다'라는 승리 전문도 로마에 보내지 않았다.

무력으로 반란을 진압하고 난 하드리아누스는 그의 결심대로 예루살렘을 재건했다. 일반적인 로마의 국경도시 모습을 따라, 2개의 대각선 축을 이루는 큰 길을 내고, 이로써 4개의 구역을 만들어 벽을 세웠던 것이다. 이 4개 구역은 오늘까지도 남아 있다. 하드리아누스는 전에 티투스가 그랬던 것처럼 예루살렘에서 유태인들을 추방했다. 1년에 딱 한 번 히브리 달력으로 아브 달 9일에 성전의 파괴를 애도한다는 목적으로만 입성을 허락했다. 주피터 신의 동상과 함께 황제의 동상 2개가 성전이 있던 자리에 세워졌다. 그리고 새 도시에는 아일리아 카피톨리나(Aelia Capitolina)라는 이름이 붙여졌는데, 아일리아는 황제의 성(姓)이었고,

카피톨리나는 로마의 수호신 주피터 신전이 있는 언덕의 이름에서 따온 것이었다. 이스라엘 땅의 새 이름으로 팔레스티나(Palestina)가 쓰이기 시작한 것 역시 하드리아누스 황제 때이다. 이는 매우 얄궂은 명칭이었다. 과거에 이들을 무찌르면서 이스라엘이 그 땅의 주인이 되었는데, 이제 로마는 이스라엘을 무찌르고 바로 그들의 이름을 그 땅의 이름으로 삼았던 것이다.

로마의 정치적·군사적 권위에 대항해 유태인들이 일으켰던 두 차례의 커다란 항거에 적극적이고 창조적이며 지속적인 측면은 없었을까? 오늘날 히브리 대학의 교수 여호샤파트 하르카비(Yehoshafat Harkabi)처럼 당시 유태인들이 바빌로니아가 침공해 왔을 때 예레미야가 시드키야 왕에게 했던 충고를 기억했어야 한다고 믿는 사람들도 있다. "바빌로니아를 섬기고 목숨을 부지하라."

예레미야의 충고는 올바른 것이었을까? 조상들의 땅에서 단지 생물학적인 생존을 유지할 수 있다는 면만 보면 그럴 수도 있다. 로마에 대한 해묵은 감정이 로마인들을 내쫓겠다는 광적인, 거의 자살이나 다름 없는 운동으로 발전하지만 않았어도 예루살렘을 잃거나 성전이 불타는 일은 없었을 것이다. 바르 코크바의 반군이 그들의 반란이 어떤 결과를 초래할지 잘 따져보기만 했어도 유대 땅이 그렇게 유린당하지는 않았을 것이다.

하지만 정치적·군사적인 측면을 차치하면, 예레미야의 충고에 대해 다른 각도로 생각해 볼 수도 있다. 바빌론 유수 시절 유태인들이 겪은 고충은 수세기에 걸친 그리스와 로마의 통치하에서 겪은 난관에 비하면 별 것 아니었다. 예레미야 시절의 이스라엘은 이국의 문화에 동화되어 민족이 말살될 위협에 처한 건 아니었다. 그리스와 로마의 지배를 받은 모든 피정복 민족들이 결국 지배층의 문화에 동화하고 거기에 맞추어 갔음을 볼 때, 유독 유태인들만이 이를 거부하고 지속적으로 반기를 들며 민족적 자부심을 주장하고, 어쩌면 바보스러울 정도의 경건함 속에 계속 야훼의 심판을 기다렸다는 건 참으로 놀라운 일이다.

유태인들은 왜 저항했을까? 그 답은 간단하다. 유태인들은 자신들이 야훼와 맺은 계약의 주체인 만큼 이스라엘의 순수함과 자유를 유지해야 한다고 믿었던 것이다. 그리스에 대한 마카베오의 항쟁, 로마에 대한 대반란, 바르 코크바의 난, 이런 모든 것들은 다 유태인의 민족적 특성을 반영한 것이었다. 이런 일들이 필요 이상으로 극단적, 파괴적이 된 것을 안타까워할 것이 아니라, 이들 혁명가들이 모두 유태인이라는 민족적 자긍심으로 똘똘 뭉쳤음을 기억해야 한다. 그리하여 이들의 희생은 1800년이 넘는 해외 이산(Diaspora) 기간 동안 이스라엘 민족을 단결시키는 험한 세상의 다리가 되었다. 훗날 시온주의자들은 그 다리를 건너 고대의 민족의식을 현대에 맞게 재건할 수 있는 길을 모색하고자 옛 땅으로 돌아오게 된다.

3. 시온으로의 귀환

(유태인들은) 가장 높은 신의 두번째 성전이 서 있는 그 거룩한 도시를 자신들의 어머니 도시라 여긴다.
― 필론(Philon)

우린 얼마나 더 오래 시온에서 울고, 예루살렘에서 애도해야 하나?
― 아브라함 이븐 에즈라(Abraham ibn Ezra)

시온의 도시는 유럽의 마을이나 도시와는 다르다. 유럽에서는 누구나 다른 사람들이 무엇을 하는지, 무슨 말을 하는지, 어떤 옷을 입는지 궁금해하지만, 여기서는 아무도 그런 데 신경 쓰지 않는다.
― 카하뉴(M. N. Cahanyu)

예루살렘엔 모든 바람이 다 분다. 사람들은 모든 바람이 다 예정된 방향으로 가기 전에 예루살렘에 와서 주님께 무릎 꿇고 경배한다고 한다.
― 베르티노로의 랍비 오바디야(Obadiah)

치명적인 결과를 가져온 바르 코크바의 반란 이후 유태인들을 지도해온 랍비들은 오직 한 가지만을 염두에 두어왔다. 이스라엘의 땅이 유태인들의 손에 남아 있어야 한다는 사실이었다. 약 50만 명의 유태인들이 반란으로 목숨을 잃었으며, 또 50만 명이 조국을 떠나거나 추방되었다. 유대 땅은 황무지가 되었으며, 시리아인들이나 아랍인들이 그곳에 정착하기 시작했다.

30만 명이 넘는 갈릴리의 유태인들은 바르 코크바의 반란에 참여하지 않았다. 그들은 로마 제국으로부터 해방을 쟁취하려는 시도가 무모하다고 느꼈으며, 유태인 색채가 진한 세포리스(Sephoris)와 티베리아스(Tiberias)의 도시들 그리고 북부 대부분의 지역에서 그들의 세력을 유지했다. 그후 서기 638년 아랍인들이 팔레스타인에 쳐들어 오기 전까지 500년 동안, 팔레스타인에 사는 유태인들의 인구는 20만 명으로 줄었다. 바르 코크바 반란 이전의 130만 명에 비하면 대단히 큰 감소였다.

물론 예루살렘으로 다시 돌아온 유태인들도 있었다. 그들은 랍비들의 지도에 따라 로마 당국에 협조하는 법을 배웠고, 세금을 내고 로마법에 복종했다. 이들은 매일 기도를 통해 메시아가 나타나 이스라엘 땅에 유태인의 나라를 다시 세워주기를, 또 예루살렘이 다시 재건되고 성전이 재건축되기를 기원했다. 하지만 탄압의 빌미를 주지 않기 위해 그들은 조그만 목소리로 기도를 바쳤다.

랍비들의 가르침은 분명했다. 야훼가 언제 그들의 민족을 구원해주실지 아무도 알 수 없으므로, 예정된 그날이 올 때까지 누구도 무력을 사용해 그날을 앞당기는 걸 야훼로부터 허락받을 수 없다는 것이었다. 그날이 빨리 오기를 기원할 수는 있었고, 참회하면 그날이 빨리 올 수 있다는 희망도 괜찮았지만, 그 누구도 바르 코크바가 했듯이 과격한 혁명운동을 통해 구원을 앞당길 수 있다는 생각은 버려야 했다. 원로들의 지도체제와 산헤드린(Sanhedrin)*이라 불리는 종교 법정을 통해 랍비들은 로마에 대항해 민족을 죽음으로 몰아넣는 광적인 행위가 다시는 일어나지 않도록 주의시켰다.

　한때 유태인들의 종교의식을 연구하기도 했던 하드리아누스는 바르 코크바 반란을 진압한 뒤, 유태인들을 벌주기 위해 박해를 가했다. 하지만 황제가 유태인들을 심하게 다룬 진짜 이유는 사실 그가 유태인들의 종교가 만만치 않은 것임을 이해했기 때문이었다. 그는 언제 또 고개를 들지 예측할 수 없는 유태인들의 민족주의를 막는 길은 바로 그 민족주의의 바탕이 되는 종교의식과 예절들을 엄금하는 데 있다고 보았다. 따라서 하드리아누스는 야만적인 관행이라며 할례를 금했고, 유태인들의 명절을 지키는 것, 유대교로 개종하는 것, 토라 설교, 랍비의 임명 등도 모두 금지했으며, 할례를 한 사람이 예루살렘 안에 들어오지 못하게 막았다. 이런 조치들은 너무나 광범위하여 예루살렘에 있는 그리스도교 주교조차도 유태인으로 태어나 할례를 받았다는 사실만으로 다른 이방인 주교로 교체되어야만 했다.

　다행히도 박해는 하드리아누스가 죽고 난 후 오래지 않아 멈추었다. 하드리아누스는 바르 코크바 반란을 진압한 지 2년 만인 137년에 죽었으며, 그의 후계자 안토니누스 피우스(Antoninus Pius, 재위 137∼161)는 전임자의 반(反)유태인 정책을 처음엔 지속하는 듯 했으나, 곧 로마법에 따라 평화롭게 산다면 그들 나름대로 선출한 지도자들을 중심으로 그들의 종교법에 따라 살아갈 수 있도록 관용을 베풀었다. 따라서 유태인들은 알아서 자기들 마을이나 부락을 꾸려나갈 수 있었고, 돈을 걷어 공공사업을 벌일 수도 있게 되었다. 그리고 피우스 황제의 치세가 시작된 지 몇 년 만에 그들은 다시 예루살렘을 방문할 수도 있었다. 해외에서

✦ 산헤드린은 '회합' '모임'의 뜻을 갖는 히브리어로. 복음서와 사도행전에 따르면 대제사장이 의장이 되는 대법원이다. 또한 산헤드린은 사법기구일 뿐 아니라 최고 입법 기구이기도 했다.

온 순례자들은 로마인 관리에게 적당히 뇌물을 바치기만 하면 아직 공식적으로는 금지된 일임에도 불구하고 성 안에서 거주할 기회를 얻었던 것이다.

전반적으로 볼 때, 피우스 황제 이후 제국 내 유태인들의 상황이 전적으로 불만족스러운 건 아니었다. 로마 시민이 될 수는 없었지만, 사실 시민이 되려면 로마인으로서 서약을 해야 하기 때문에, 굳이 시민이 될 이유도 없었다. 오히려 시민이 아닌 데서 오는 특권도 있었다. 군복무를 할 필요가 없었고, 그들 나름대로 사바트(Sabbath ; 안식일) 의무를 지킬 수 있었으며, 그들이 모이는 유대교 회당은 약탈로부터 보호받았다.

66~70년간의 대반란 이후 랍비들이 야브네에서 회합을 했었듯이, 이제 바르 코크바 반란 실패로 인한 시련 속에서 그들은 갈릴리에 있는 작은 마을에서 만나 앞으로 유태인들이 나아갈 바를 모색했다. 그들은 반란의 실패나 이방인의 계속된 지배에도 불구하고, 세계 어디에 있든 모든 유태인들은 유대와 예루살렘 그리고 이스라엘 땅 전체를 민족의 중심으로 생각해야 한다고 선포했다. 메소포타미아나 이집트의 유태인 사회도 모두 조국에 대해 경건한 마음을 가져야 하며, 이스라엘 땅의 장로(長老, Patriarch)는 전통에 따라 앞으로도 계속 축제일을 정하고, 윤년을 선포하게끔 되었다. 또한 랍비들은 오직 이스라엘 땅에서만 임명될 것이었다.

랍비들은 더 이상 유태인 인구가 줄어드는 걸 방지하기 위해 해외 이주를 죄로 규정하고, 귀향을 축복하는 특별조치를 마련했다. 완전히 유태인화 된 해외 도시에서 사느니 이방인과 섞여서라도 이스라엘에 사는 게 더 옳은 일이라고 주장하는 랍비들이 있었는가 하면, 배우자 중의 한 사람이 이스라엘로 이주해 오려 한다면, 나머지 배우자도 따라야 한다고 판결한 랍비도 있었다. 많은 유태인들이 보기 싫은 로마인들도 없고 경제도 번창하던 메소포타미아의 유태인 사회에 끌리고 있던 차라, 이런 해외 이주 제한은 필요한 조치였다. 더구나 이스라엘 땅은 유태인들의 소유로 남아 있어야 했으므로, 랍비들은 누구든 집이나 농토를 이방인에게 팔거나 세를 주면 벌금을 내게 만들었다.

랍비들은 특히 율법을 연구하는 학자나 학생들이 떠나가지 않도록 세심하게 신경썼다. 이스라엘 땅에 체류하는 것은 더 이상 성전에서 지낼 수 없는 제사가 상징적으로 존속되는 것이므로 신의 은총을 받을 수 있는 행위라고 생각했기 때문이다.

유태인들을 그곳에 묶어놓으려는 노력의 일환으로 랍비들은 예루살렘과 약속의 땅에 대해 침이 마르도록 찬사를 보냈다. 어떤 랍비는, "이 세상에 하늘로부터 10가지의 아름다움이 내려왔는데, 그 가운데 예루살렘은 9가지를 얻었고, 그 외의 세상이 나머지 하나를 가졌다"고 말하기도 했다. 그 땅에 사는 것만으로도 율법 전체의 말씀을 따르는 것과 같았고, 그 땅에 사는 사람들은 모든 죄를 용서받을 수 있었다. 그 땅에 사는 사람들은 진짜 신을 섬기는 반면, 해외에 사는 사람들은 가짜 신을 섬긴다고 생각했기 때문이다. 죽어서 그 땅에 묻히는 것 역시 특별한 가치가 있는 일이었기에 해외에 간 유태인들도 죽은 뒤 시신을 이스라엘 땅으로 보내는 관습이 생겼다. 땅을 잃은 슬픔, 예루살렘에서 추방된 설움, 파괴된 성전에 대한 애절한 마음, 이런 모든 것들이 유태인들이 매일 드리는 기도 속에 포함되었다. 유태인들의 가정에서는 이런 비극들을 기억하기 위한 상징적인 습관들이 생겨났다. 남성들은 자기 집을 칠할 때, 일부러 일부분을 칠하지 않고 남겨 놓아 이스라엘 땅과 예루살렘, 그리고 성전 등이 없는 유태인의 삶이 얼마나 불완전한 것인지를 잊지 않았다. 마찬가지 맥락에서 여성들도 귀금속의 일부를 빼고 다니거나, 아니면 반찬 중 한두 가지를 일부러 내놓지 않았다. 이런 관행은 즐거워야 할 결혼 예식에도 빠지지 않아, 신랑은 포도주 잔 하나를 짓밟아 하객들에게 성전의 파괴를 상기시켰다. 이제 동물을 바치는 제사 대신 기도를 바치게 되었으므로, 그들은 기도 중에 반드시 예루살렘을 기억했다. 유태인들은 어디에서나 하루에 세 번, 예루살렘을 향해 동쪽을 바라보며 기도를 바쳤으며, 기도 중엔 다음과 같은 희망을 표현했다. "야훼께서 말씀하신 바대로, 당신의 자비 속에 예루살렘에 돌아갈 수 있게 하소서. 그리하여 하루 속히 영원한 도시를 다시 건설하고, 다윗 왕가를 다시 세울 수 있게 하소서." 따라서 보통 유태인은 일상생활을 통해 여러 가지 면에서 시편에 나오는 다음 말씀대로 살아가게 되었다. "예루살렘아, 내가 너를 잊는다면, 내 오른손이 말라 버릴 것이며, 내 혀가 입천장에 붙을 것이다……."

서기 2~3세기 당시에 만연했던 성지(聖地) 찬양의 분위기로 인해, 역사적으로 의미있는 장소들은 숭배의 대상이 되어 유태인 순례자들이 반드시 찾는 곳이 되었다. 이런 곳들은 한둘이 아니었는데, 특히 마므레(Mamre)의 참나무, 야곱의 우물, 솔로몬이 묻힌 곳, 예루살렘에 있는 다윗의 무덤, 헤브론에 있는 사제묘, 성전 산에 있는 초석, 성전의 자취인 서쪽벽 등이 유명했다. 그리고 머지 않아 그리스도교나 이슬람교의 순례자들까지도 이런 곳들을 경배하게 되었을 뿐 아니라, 그들 나름대로 새로운 의미를 더하기도 했다.

로마 제국 내에서 유태인들은 최고 장로의 지도를 받으며 그들만의 나라를 이루었다. 독립국가인 양 다른 나라와 외교관계까지 맺을 정도로 자치적인 집단이었다. 이스라엘 땅과 메소포타미아 및 이집트 등지의 유태인들은 서로 긴밀한 연락을 취하고 있었다. 정치적으로는 단절되어 있었지만, 이들은 단일민족이라는 믿음 속에 언젠가 야훼의 보살핌을 받아 조상의 나라, 소중한 예루살렘으로 돌아갈 수 있다는 공통의 희망을 가지고 꼭 같은 종교의식을 치르며 살았다.

안토니누스 피우스 황제 이후 약 200년간, 팔레스타인의 유태인들은 로마 제국과 평화로운 관계를 유지했다. 이 기간 동안 유태인들은 위대한 작품들을 창조했는데, 학자들은 오랜 기간 동안 각고의 노력 끝에 유태인들의 사회생활 지침서가 될 미슈나(Mishnah)✛라 불리는 도덕률을 완성했으며, 예루살렘과 바빌로니아 지역에서는 유태인들의 법률과 전통을 새로이 집대성한 『탈무드』가 탄생했다.

323년, 콘스탄티누스가 최초의 그리스도교인 황제로서 분열된 로마제국을 통일했다. 이제 힘이 실린 교회는 본격적으로 이방인들 및 유태인들에게 그리스도교 교리를 강요하기 시작했다. 콘스탄티누스가 예루살렘에 대규모 교회 건축을 추진하자, 그나마 얼마 안 되던 유태인들마저 예루살렘을 떠났다. 아브 달 9일에 행해지는 순례자들의 애도 행렬은 계속되었지만, 대부분의 유태인들은 그리스도교 수도사들이 갑자기 공격하거나 개종을 강요할지도 모를 예루살렘에 가까이 가는 것을 피했다. 더구나 그리스도교 교회가 주장하는 예수를 통한 구원에 대해 랍비들이 반대를 표명하며 이미 그리스도교로 개종한 유태인들을 다시 유대교로 끌어들이려 하자, 양측간에 긴장감이 돌았다.

콘스탄티누스 황제는 그리스도교로 개종한 뒤 열렬한 신자가 되긴 했지만, 그래도 고집불통은 아니었다. 그는 그리스도교를 믿지 않는 제국 내의 모든 소수 민족들에게도 종교의 자유를 허락했으며, 유태인들 역시 이전의 황제들 아래서 누리던 모든 권리를 다 누릴 수 있었다. 하지만 337년에 콘스탄티누스가 죽자, 350년에 제국을 이어받은 그의 아들

✛ 미슈나란 '가르침' 또는 '반복'의 뜻이다. 미슈나는 유대교에 관한 최초의 체계적인 해설서로서, 총 6권으로 이루어져 있으며 단순한 법전 이상의 의미를 가진 것이다. 윤리적 원칙과 민사 및 형사 재판뿐 아니라 예배와 정결예식 등과도 관계되기 때문이다.

콘스탄티우스(Constantius) 2세는 최초로 반(反)유태인 정책을 추진, 그리스도교 지도자들의 조언에 따라 제국 내 그리스도교인 사회로부터 유태인들을 격리시켰다. 이런 정책에 따라 유태인들과 그리스도교인들 간의 혼인이 금지되었고, 특히 그리스도교 여인의 유대교 개종이 엄금되었다. 게다가 유태인들이 그리스도교나 그 외의 종교를 믿는 노예를 소유할 수 없게 만든 것은, 노예의 소유가 일반화되어 있던 고대의 경제생활에서 유태인들에게 큰 타격을 입혔다. 유태인들에 대한 적대감이 어느 정도였는지, 이런 법안의 글귀에서는 유태인들을 '미개한 사람' 또는 '혐오스러운 민족'이라고 표현할 정도였다. 유태인들의 종교는 '창피하고 파렴치한 행위'라고 표현되었다.

361년, 콘스탄티우스 2세가 죽자 그 뒤를 이은 사촌동생 율리아누스(Julianus)는, 로마교회 당국에겐 매우 당혹스럽게도 그리스도교를 혐오하는 열렬한 다신교 숭배자였다. 그는 교회와 국가의 밀착 때문에 나라 경제가 기운다면서 반(反)교회 정책을 펴나갔다. 그는 콘스탄티누스 및 콘스탄티우스 2세가 교회에 준 특권들, 예를 들면 유태인을 개종시킬 수 있는 권리 등을 모두 폐지했다. 그는 이미 세력이 막강해졌던 그리스도교 주교들과 신경전을 벌이며, 교회를 폐쇄하지 않는 대신 그리스-로마 신들을 모시는 옛 신전들의 문을 다시 열게 했다. 유태인들은 율리아누스가 그 짧은 치세(361년 11월~363년 6월) 동안 내놓은 정책들을 어찌나 환영했던지, 그를 페르시아의 키루스 왕 같은, 유태인들을 위해 야훼가 보내신 이방인 구원자로 여기기도 했다.

율리아누스가 유태인들을 잘 대해준 이유는 그가 유태인이나 그들의 종교를 좋아해서가 아니라(오히려 그는 신에게 선택받은 민족이란 유태인들의 주장을 말도 안 된다고 여겼다), 그리스도교와의 대결에서 유태인들의 힘을 빌리고 싶었기 때문이다. 그리고 잠재적으로 그들은 귀중한 힘이 '되었다'. 4세기의 유태인들은 부(富)나 인구 면에서 이전만 못하긴 했지만, 정치적으로는 아직도 그리스도교인들과 이방인들 사이에서 균형을 유지하며 중간자로서의 영향력을 발휘할 수 있었다. 또한 율리아누스는 페르시아 침공을 계획하면서, 메소포타미아에 있는 유태인 사회의 협력을 기대하고 있었다.

362년, 율리아누스는 유태인들의 예루살렘 귀환 및 성전 재건까지 허락했다. 열렬한 다신교 신자였던 율리아누스에게는 유태인들을 돌려보내 그들 성전에서 다시 제사를 지내게 하면, 이스라엘의 신이라는 또 하나의 막강한 신이 자기에게도 뭔가 호의를 베풀지 않겠느냐는 계산이 있었다. 그는 또한 성전 파괴에 대한 그리스도교인들의 해석을 반박하려는 의도도 있었다. 그리스도교 사제들 주장에 따르면, 성전이 파괴되었다는 건 한때 신에게 선택되었다던 이스라엘 민족이 이제 신에게 버림받았다는 확실한 증거였다. 한걸음 더 나아가 그들은 티투스가 예루살렘을 파괴하고, 하드리아누스가 바르 코크바의 난을 진압할 수 있던 건 유태인들이 예수를 메시아로 받아들이지 않았기 때문에 하느님이 벌을 주신 거라고 설교했다. 즉 야훼가 바빌로니아에서의 고난 뒤에 이스라엘 민족을 조상의 땅으로 돌려보내주셨지만, 로마에 의한 추방은 영원할 것이라는 얘기였다. 왜? 예수 그리스도를 살해한 죄는 야훼의 율법을 더럽힌 정도와는 비교할 수 없는 것이기 때문이다.

율리아누스는 성전의 재건을 허락함으로써 그리스도교인들의 주장을 허구로 만들어 기고만장해진 교회의 콧대를 꺾으려고 했다. 마치 20세기에 들어 영국이 자신들의 제국주의적 이해관계 때문에 시온주의자들의 팔레스타인 정착을 지지했듯이, 4세기에 율리아누스는 교회에 맞서 이교 숭상을 장려하기 위해 성전 건축을 지지한 셈이었다.

제국 내에 흩어져 있던 유태인들은 율리아누스의 포고를 열렬히 환영했다. 많은 유태인들이 이제 메시아에 의한 구원이 시작된다고 여겼다. 황제가 유태인들을 밀어주는 분위기 속에서 많은 사람들이 예루살렘으로 돌아왔다. 하지만 일부 지도자들은 아직 확신이 없었다. 300년 전 성전이 파괴된 후, 랍비들은 한결같이 성전은 야훼의 손에 의해서만 재건될 것이라 가르쳐 왔기 때문이었다. 또 어떤 지도자들은 교회가 수난당하는 것을 고소한 마음으로 쳐다보았다. 이교도 황제가 유태인들을 불러 성전을 다시 짓게 하는 마당에, 이교도를 배척하는 그리스도교인들은 그들이 불신하는 종교의 상징이 다시 재건되는 걸 쳐다보고 있어야 할 형편이었다.

랍비들의 감독하에 성전 재건축이 시작되었다. 전해지는 이야기에 따르면 유태인들의 경전인 『토라』가 쇠를 금하기 때문에 은으로 만든 도구들을 사용했다고 한다. 인부들이 제국 각지에서 동원되었으며, 비용은 모두 로마 제국이 부담했다. 율리아누스 자신은 페르시아와의 전쟁 때문에 공사의 진전을 보지는 못했다. 공사는 하드리아누스 황제가 파괴된 성전 뒷마당에 세웠던 주피터 신전을 없애는 걸로 시작되었다.

공사가 한참 진행되던 363년 5월, 갑자기 이 모든 걸 공수표로 만들어 버릴 사건이 발생했다. 건축 자재에 불이 붙어 많은 인부들이 불길에 싸여 죽은 것이다. 불이 난 원인은 지진 때문이었는데, 그 바람에 건축 자재를 쌓아둔 밀폐된 지하공간('솔로몬의 마굿간'이라 불렸다) 속에 차 있던 가스가 폭발한 것이었다. 유태인들은 이 사건을 보고 야훼가 성전 재건축을 탐탁지 않게 보는 증거라고 믿었다. 반대로, 그리스도교인들은 이를 기적이라고 떠들며 하늘이 자기들 편임을 느꼈다. 일부 광적인 그리스도교인들은 불덩이가 하늘에서 내려와 유태인들을 집어삼키는 걸 보았다고까지 떠들어댔다. 또 어떤 그리스도교인들은 예루살렘에 사는 모든 사람들의 상의에 십자가 무늬가 나타났다면서, 그리스도교인들에겐 흰색의 십자가가, 유태인들과 이교도들에겐 검은색의 십자가가 나타났다고 주장했다. 반면 율리아누스는 그리스도교인들에 의한 방화일 거라고 의심했다. 하지만 그리스도교인들은 그들이 증오하는 황제에게 곧 원한을 갚게 되었다. 363년 6월, 율리아누스는 페르시아와의 전투에서 죽고 만다. 그의 후계자 요비아누스(Jovianus)는 독실한 그리스도교 신자로서 교회의 입김에 따라 성전 건축에 대한 후원을 중지했다.

율리아누스의 사망은 제국 내 유태인들에게 커다란 타격이었다. 그가 만일 31년이나 통치한 콘스탄티누스만큼 살았다면, 아마 유대교는 난관을 극복했을 것이고 반대로 그리스도교는 번창하지 못했을 것이다. 물론 율리아누스가 성전을 재건하여 예루살렘을 다시 한번 유태인의 중심지로 만들었더라도, 유태인들이 얼마나 오래 율리아누스에게 충성했을지, 혹은 민족 독립의 염원을 버리고 그대로 살아갔을지는 아무도 모른다. 다만 그가 죽은 후 그리스도교인들은 격렬하게 유태인들을 배척하게 되는데, 그가 오래 살았더라면 이런 반감이 훨씬 누그러졌을 것은 분명하다.

율리아누스의 때이른 죽음 이후 그리스도교 신자인 황제들이 뒤를 이으면서, 유태인에 대한 적대감이 급속히 확산되었다. 이런 가운데 결국 테오도시우스 2세(Theodosius II, 재위 408~438)의 치세 중엔 유태인들 자치사회의 상징이었던 장로제도가 폐지되었으며, 입법을 통해 유태인들의 법적 권리를 많이 박탈하기도 했다. 유태인과 그리스도교인 간에 소송이 붙으면, 유태인들은 자신들 법정이 아니라 일반적인 민사법정에서 판결을 받게 되어 공정하지 않은 판결을 받기 일쑤였다. 385년에서 420년까지 예루살렘에서 살았던 그리스도교인 성경학자 제롬(Jerome ; 히에로니무스[Hieronymus]라고도 한다―옮긴이)의 말에 따르면, 유태인들은 군복무에서 제외되었으며 무기를 가지고 다닐 수도 없었고,

교직이나 공직에도 몸 담을 수 없었던 데다가 그리스도교 신자인 노예의 소유도 다시 금지되었다고 한다. 그리스도교 사제들은 이런 기회를 통해 유태인 개종에 박차를 가했다. 뿐만 아니라 유태인들의 전통적인 축제 행사는 모두 제한받았으며, 부림(Purim)✛절은 완전히 금지되었다. 388년 이후엔 유대교 회당에 대한 습격이 늘어갔고, 414년에는 알렉산드리아에 있는 회당이 파괴되기에 이르렀다. 팔레스타인이나 이집트 등지에서는 파괴된 많은 유대교 회당이 그리스도교인들에 의해 교회로 탈바꿈되기도 했다. 419년, 예루살렘에서는 바르 사우마(Bar Sauma)란 이름의 광신도가 일으킨 반유태인 폭동으로 인해 수많은 유대교 회당이 파괴되었다. 테오도시우스 2세는 회당의 신축을 금하는 조치를 취하기도 했다. 이에 반발하여 취소를 청원한 유태인들은 황제로부터 이런 회신을 받았다.

> 우리에겐 그리스인, 유태인, 이교도 같은 족속들의 세력과 중요성을 줄여야 할 의무가 있다. 따라서 유태인들에게 고(告)한다. 너희들의 불쾌한 청원은 받아들일 수 없다. …… 다만 앞으로 너희들은 박해를 받지 않을 것이며, 누구도 너희들 회당을 탈취하거나 불지르지 못하게 하겠다.

사마리아인들은 유태인들보다 훨씬 더 상황이 안 좋았다. 로마 제국은 그들의 신앙이 히브리 신앙과도 같지 않다는 판단하에, 그나마 유태인들에게 허락한 권리조차도 거부했으며, 따라서 사마리아인들은 회당도 가질 수 없었다.

✛ 페르시아 제국 시절, 유태인들이 제국의 총리 하만(Haman)의 간계 때문에 전멸될 위험에서 구원받은 것을 기념하는 유태인 축제일. 『구약성경』 에스델서에 그 배경이 자세히 묘사되어 있다.

유태인들의 예루살렘 방문 금지령은 계속 유효했지만, 잘 지켜지지는 않았다. 언제나 그랬던 것처럼, 파수병들에게 뇌물을 쓰면 성문 안으로 들어갈 수 있었다. 뇌물이 잘 안 먹힐 때는 성 밖 올리브 산에 올라가 과거의 영광스러운 자리를 내려다보며 기도를 암송하곤 했다. 제롬에 의하면, 매년 성전이 파괴된 날이 되면 유태인들이 그 성전터에 모여 슬픔을 나눌 수 있었다고 한다. "그들은 조용히 눈물을 흘리며 왔다가 눈물을 흘리며 조용히 간다. 그것도 밤에 왔다가, 아침이 되기 전에 간다……." 그의 조롱하는 말투를 계속 들어보자.

이들은 오늘이 아니면 예루살렘에 못 들어온다. 오직 오늘 하루, 이들은 돈을 내고 들어와 폐허가 된 옛 자리에 모여 돈으로 산 눈물을 흘린다. 눈물 흘리는 데도 돈을 내는 거다. 예루살렘이 파괴된 날이 되면, 쇠약한 노파들, 가난에 찌든 노인들이 꾸역꾸역 눈물을 흘리며 성 안에 들어온다. 그들을 보면 주님의 노여움이 얼마나 무서운 건지 느낄 수 있다. 십자가가 새겨진 깃발이 올리브 산에 나부끼는 가운데, 그들은 부활하신 주님을 알아보지 못하고 그저 성전의 파괴만을 슬퍼하며 눈물을 흘린다. 그들을 불쌍히 여길 이유는 없다. 그들은 힘 없이 헝클어진 머리카락을 날리며 무릎 꿇고 앉아 슬퍼한다. 경비병들은 주위에 서서 눈물을 더 흘리게 해준 대가를 요구한다.

율리아누스가 사망한 363년부터 소아시아의 칼케돈(Chalcedon)에서 신학에 관한 회의('공의회'라 한다)가 열린 451년까지 약 90년 동안 팔레스타인에는 중요한 인구 변화가 있었다. 유태인들이 살던 그곳에 그리스도교인들이 들어와 대다수가 되면서, 135년 바르 코크바 반란 당시에 80만 명이던 유태인 인구가 614년 페르시아인들이 침입할 당시에는 15~20만 명으로 줄어들었다. 하지만 유태인들은 숫자가 줄어든 만큼 그들의 종교적 일치감을 강화해 나갈 수 있었다. 5~6세기가 되면, 과거 헬레니즘 문화가 판을 칠 때 도입된 야손이나 메넬라오스 같은 그리스식 이름이 사라지기 시작하고, 그 자리를 성경에 나오는 히브리 이름들이 대신하게 된다.

반유태인 감정은 527년 비잔틴 제국에 유스티니아누스(Justinianus) 황제가 등극하면서 더욱 골이 깊어졌다. 성지에 수많은 교회와 수도원을 지었던, 이 믿음 좋은 황제는 케케묵은 반유태인 법안들을 다시 실시하고, 유태인들을 보호해 주던 법률은 모두 폐지하는 등의 정책을 펴, 교회를 기쁘게 했다. 그가 통합한 『로마대법전』에서도, 유대교는 적법한 종교로서의 위치를 박탈당했다. 이리하여 비잔틴 제국 내의 유태인들은 법적인 지위를 잃고, 전례 없는 법률적·종교적 박해를 받게 되었으며, 심지어 그리스도교 세례를 강요받는 경우도 늘어났다.

고대 중동 지방의 역사에서 7세기는 결정적인 전환점이었다. 페르시아⁺와 로마는 이미 4백여 년 동안 유프라테스 강을 경계로 혈투를 벌여왔는데, 7세기 초가 되자 페르시아가 세력이 강성해져 606년엔 시리아를 침공했다. 한편 정쟁이 심해진 비잔틴에서는 610년 포카스 황제가 밀려나고 헤라클리우스(Heraclius)가 즉위했다. 613년, 멧돼지란 별명을 가진 페르시아 장군 호레암 루미잔(Khoream Rhumizan)이 다마스쿠스

✚ 기원전 6세기에 흥기하여 기원전 4세기에 마케도니아의 알렉산드로스에게 멸망당하기까지 약 200년 동안 중동의 패자였던 페르시아는, 기원전 3세기 셀레우코스 왕조 시대에 아르사크 왕조(Arsacid Dynasty)에 의해 재건되어 파르티아(Partia)라 불렸는데, 기원전 1세기 이후 로마와 끊임없는 전쟁을 치렀다. 서기 3세기 중반 아르사크 왕조는 사산 왕조(Sasanid Dynasty)로 대체 되었으며, 이때 다시 페르시아라는 명칭을 사용하기 시작한다. 사산 왕조 역시 7세기 중반에 무슬림에게 정복되기까지 로마 및 비잔틴 제국과 소모적인 전쟁을 계속한다. 옛 조상인 아리아인(Aryan)에서 따온 이란(Iran)을 국호로 사용하기 시작한 것은 20세기 들어 팔레비 왕조(Pahlavi Dynasty)가 들어선 이후의 일이다.

를 점령하자, 유태인들은 갈릴리의 문턱에 도착한 페르시아군이 비잔틴 압제자들로부터 자신들을 해방시켜 줄 거라며 그들을 열렬히 환영했다. 당시 기록을 보면 유태인들은 페르시아군이 부락이나 마을을 점령할 수 있도록 도움을 주었다고 한다. 물론 페르시아군에는 메소포타미아 출신 유태인들도 끼어 있었다. 614년, 페르시아 왕 호스로우 2세(Khosroe II)는 3일간의 공방전 끝에 예루살렘을 함락했다.

호스로우 2세는 유태인들에 대한 고마움의 표시로 그들에게 예루살렘을 넘겨주었다. 그렇게 되자마자 예루살렘에서는 파괴된 성전터에서 여러 종교행사가 열렸다. 물론 유태인들은 거룩한 그들의 보금자리에서 다시 살게 되어 기뻐서 어쩔 줄 몰랐지만, 지도자들은 기뻐하기엔 아직 정치적으로 불안한 상태라는 것을 잘 알고 있었다. 페르시아인이 전쟁에 승리했다지만, 아직 95퍼센트 이상이 그리스도교 신자인 지역이었기 때문이다.

한편 그리스도교인들은 다시 유태인을 쫓아내고 세력을 만회하려고 노력했는데, 오래지 않아 그런 기회가 왔다. 점령 3년 만에 페르시아인들이 유태인들을 다시 쫓아내고, 그리스도교인들에게 예루살렘 자치권을 넘겨버렸던 것이다. 유태인들의 입장에서 이는 페르시아인들의 배신이었지만, 페르시아인들 입장에선 아직 인구의 대다수를 차지하고 있는 그리스도교인들과 원만한 관계를 유지하고자 하는 정치적 배려였다. 유태인들로서는 이제 예루살렘에서의 희망이 완전히 사라진 셈이었다. 이후로 그들은 20세기에 이르기까지 다시는 예루살렘에서 권리를 행사하지 못하게 된다.

비잔틴 제국은 10년간 힘을 모은 뒤, 시리아 및 팔레스타인을 점령한 페르시아에 역공을 취했다. 629년, 헤라클리우스 황제는 예루살렘을 수복했다. 어느 모로 보나 헤라클리우스는 유태인들에 대한 보복 같은 건 생각하지 않을 사람이었지만, 복수심에 불탄 그 지역 그리스도교 주교들은 황제를 구워삶아 유태인들을 다시 예루살렘에서 추방했다. 그들은 페르시아인 점령 당시 콘스탄티누스 황제가 예수의 무덤 위에 지은 예수부활 교회에서 십자가가 없어진 건 궁극적으로 유태인들의 책임이라고 주장했다. 그들에 따르면, 유태인들이 페르시아인들을 그 십자가가 있는 곳으로 안내하여 떼어갈 수 있게 했다는 것이었다.

헤라클리우스는 주교들의 탄원에 마음이 움직였지만 이미 유태인 지도자들에게 예루살렘에서의 안전을 약속한 뒤였기 때문에 주저하지 않을 수 없었다. 황제가 약속을 어기면 신에게 벌을 받을 일이었다. 이 순간 잘 알려진 전설에 따르면, 황제 앞에 주교와 수도사들이 무리를 지어 나타나더니 황제가 약속을 어기지 않을 수 없게 만들 신학적 제안을 했다고 한다. 즉 그들이 약속을 어긴 황제의 죄를 떠맡아 참회를 하겠다고 나선 것이다. 헤라클리우스는 동의하지 않을 수 없었고, 그 결과 유태인들은 다시 예루살렘에서 쫓겨나고 5킬로미터 이내로의 접근이 금지되었다. 수도사들이 황제를 위해 참회의 단식을 시작했음은 물론이다. 이런 관례는 이후 이집트의 교회에서도 '헤라클리우스의 단식'이란 이름으로 재개되었다.

유태인들에 대한 징벌은 예루살렘 추방으로 끝나지 않았다. 유태인들은 그리스도교인들의 귀에 거슬린다는 이유로 '오 이스라엘이여, 들으라'로 시작되는 그들 특유의 기도 셰마(Shema)를 암송하지 못하게 되었고, 안식일(사바트)에 찬송가를 부를 수 있을 뿐이었다. 이 이후 유태인 시인들은 독창성을 발휘하여 셰마에 나오는 단어들을 짜집기 해 새로 찬송가를 만들었고, 유태인들은 이 찬송가를 부르며 고대로부터 내려온 기도 의식을 계속 지켜나갔다.

비잔틴의 예루살렘 수복 후 겨우 5년 뒤, 중동에는 새로운 정복국가가 등장했다. 번개 같은 기병 부대가 아라비아의 사막지대에서 쏟아져 나와 비잔틴 제국에게서 시리아 및 팔레스타인, 그리고 이집트까지 다 빼앗아 간 것이다. 물론 이런 정복은 약탈의 성격이 짙었지만, 비교적 짧은 기간 내에 이들 지역의 피정복민들은, 유대교와 그리스도교의 후계임을 자처한 이슬람(Islam)✛ 신앙을 받아들였다.

아랍인들이 팔레스타인을 침략한 634년, 할례를 받은 민족에게 나라를 빼앗길지도 모른다는 전설을 두려워한 헤라클리우스 황제는 제국 내의 모든 유태인들에게 세례를 강요했으며, 스페인이나 이탈리아의 왕들에게도 똑같이 하도록 부탁했다. 헤라클리우스는 아랍인들 역시 할례 의식을 치른다는 사실을 몰랐던 것이다.

638년, 아랍군은 10개월간의 공방 끝에 예루살렘을 점령했다. 이번엔 지난번 페르시아 공격 때처럼 유태인들이 아랍군을 도왔다는 증거는 없지만, 유태인들이 지긋지긋한 그리스도교인들로부터 자신들을 해방시켜 주는 아랍군을 반기지 않을 리 없었다. 그 이후 무슬림들은 1099년 십자군이 예루살렘을 정복할 때까지 460년 동안 예루살렘의 주인이 되었다. 이 오랜 기간 동안 유태인들은 과거 페르시아 제국이나 로마 제국 초기에 그랬듯이 대체로 안전하고 평화롭게 살 수 있었다. 세금만 내고 법만 어기지 않으면 종교의 자유도 누릴 수 있었고, 지도자를 뽑아 자치 사회를 꾸려나갈 수 있었다. 유태인들이 성전의 서쪽벽에 찾아와 기도하는 일도 계속되었는데, 한때 성전이 있던 자리에 엄청난 이슬람 사원이 둘이나 모습을 드러내기 시작하자 이들의 기도 소리는 한층 더 슬프게 들렸다. 유태인들은 무슬림 정복자들을 성전 산으로 처음 안내했던

✛ 아랍어로 이슬람은 '확실한 복종'을 의미하며, 무함마드가 가르친 유일신 알라에 대한 신앙을 가리키는 말로 쓰였다. 무슬림(Muslim)은 이슬람 신앙을 가진 사람들이란 뜻이다.

공을 인정받아, 성전 산을 깨끗이 보존할 수 있는 특혜를 얻었다. 또 그들은 올리브 산 자락에도 묘지자리를 살 수 있었는데, 그곳은 성전이 파괴된 후 세키나(히브리어로 신성의 '거주' '임재'를 뜻함—옮긴이)가 머무는 곳으로 여겨지는 곳이었다. 예로부터 랍비들은 신께서 쉬고 계시는 성스러운 곳 중에서도 가장 성스러운 그곳을 유태인들이 밟을까 우려하여 성전 산 구역으로 들어가지 못하게 했다. 하지만 어떤 유태인들은 특별히 랍비들의 허락을 받아 그곳에 들어가 이슬람 사원의 청소부로 일하기도 했다.

무슬림 종교법에 의하면 유태인과 그리스도교인은 같은 유일신 알라(Allah ; '신'이라는 뜻)를 믿으면서도 그 예언자 무함마드(Muhammad)의 권위를 인정하지 않는 과오를 범하는 사람들로, 무슬림은 그들을 '경전(經典)의 사람들'(People of the Book)이라고 불렀다. 민법적으로 이들은 모두 '보호받는 백성'이란 뜻의 짐미스(dhimmis)로 분류되었으며, 무기를 가질 수 없는 대신 보호를 받는 대가로 세금을 내야 했다. 우마이야 및 아바스 칼리프조(朝)를 거치는 수세기 동안 이스라엘 땅에 남아 있던 유태인 사회는 이 무거운 세금을 견디지 못하고 빈곤에 빠져들었다. 정말 놀라운 일은 이들 유태인들이 비교적 쉽사리 이집트나 소아시아 또는 유럽 등지의 부유한 동포들을 찾아 떠날 수도 있었을 텐데도 굳이 이 오랜 기간 동안 예루살렘에 남아 있었다는 점이다.

4세기 반에 걸친 무슬림들의 통치 기간 동안, 예루살렘은 유태인들에게 그저 성스럽고, 안전한, 그러나 꽤 따분한 곳이었다. 하지만 그런 상황은 11세기 말 십자군 기사들이 찾아오면서 하루 아침에 달라지고 말았다. 십자군 원정은 성스러운 땅 팔레스타인에 참혹한 결과를 가져올 대사건이었다. 십자군이 성지에 도착한 때는 1096년이었는데, 이미 그들은 유럽을 떠나기 전부터 라인 강 유역의 독일 마을을 훑고 오면서 유태인들을 학살했었다. 예루살렘이 포위된 건 1098년 말의 일이었고, 5주 간의 공방 끝에 성이 함락되었는데, 이 전투에서 유태인들은 무슬림들과 나란히 서서 보기도 싫은 라틴인들로부터 예루살렘을 보호하기 위해 싸웠다. 십자군들은 성 안에 들어서자마자 많은 사람들을 죽였다. 유태인들은 그들의 회당 안에서 불에 타 죽었으며, 겨우 목숨을 건진 사람들도 노예로 팔려갔다. 예루살렘 전체가 과거 로마의 티투스에게 함락되었을 때와 맞먹는 큰 피해를 입었다. 라틴 정복자들은 도시를 다시 재건하여 교회와 탑을 세우고 요새 및 시장을 만들었는데, 오늘날까지도 그 당시에 꾸며진 도시 모양대로 남아 있다. 라틴 정복 초기의 공포가 끝나자, 유태인과 무슬림들은 공식적으로는 금지되어 있었지만, 점차 예루살렘으로 모여들어와 언제 어떻게 변할지는 모르지만 그래도 좀 덜 야만적이었던 제2세대 라틴 통치자들 아래에서 삶을 꾸려갔다.

라틴인들이 팔레스타인을 다스린 약 90년간, 그리고 1186년 살라딘(Saladin)이 이 땅을 재정복한 이후 수세기에 걸쳐 계속된 무슬림 통치 기간 중에, 유태인들은 조상들의 땅을 잊지 않고 신앙을 지켜나갔다. 그들은 끊임없이 이곳에 순례자로 찾아왔으며, 숫자는 많지 않지만 정착하는 사람들도 있었다. 타향에서 죽은 사람들의 시신을 가져와 그곳에, 특히 메시아가 올 것으로 기대되는 올리브 산에 묻기도 했다. 이런 순례자들 가운데 가장 유명한 사람은 무슬림의 재정복 직전인 1174년에 이곳을 찾은 투델라(Tudela ; 지금의 스페인 나바라—옮긴이)의 벤야민(Benjamin)이었다. 그는 예루살렘에 유태인들의 거리가 있었지만, 겨우 세 명만이 옷감을 염색하는 일을 하며 불쌍하게 살고 있었다고 여행소감을 적었다.

벤야민이 방문한 뒤 수년 동안, 유태인들은 기금을 모아서 고향 땅에 돌아가 메시아에 의한 구원을 기대하며 연구하고 기도할 의향이 있는, 나이 들고 신심 깊은 사람들에게 도움을 주었다. 아이유브, 맘루크, 오스만⁺으로 이어지는 오랜 무슬림 통치 기간 중, 각지로 흩어진 유태인들에게 예루살렘은 아름답고 평화로운, 거의 천국에 가까운 도시로 미화되기 일쑤였다. 하지만 현실은 매우 달랐다. 예루살렘은 가난에 찌들고, 부패하며, 위험하고, 지저분한, 질병이 만연한 도시였다. 정말 놀라운 것은 이런 미화된 예루살렘 이미지에 감정이 복받쳐 그곳을 직접 가보고자 위험하기 짝이 없는 바다 여행을 떠나는 유태인들이 있었다는 사실이다. 야훼의 섭리에 의해서만 흩어진 민족이 다시 옛 고향에 모일 수 있다는 믿음을 가진 수동적인 메시아파들과는 달리 능동적인 메시아파는 그들이 실제로 그곳에 가서 살고 기도를 해야만 야훼가 빨리 손을 쓰실 거라는 믿음으로 조상들의 땅을 찾아가 정착했다. 이들은 예루살렘주의자라는 뜻에서 예루샬미(yerushalmi)⁺란 별명도 얻었다.

시온을 그리워한 이들은 예루살렘에 대한 기억을 기도와 시를 통해 간직했고, 궁극적으로 예루살렘을 찾아 정착했다. 예루살렘을 방문하여 파괴된 성전터에 온 순례자들은 기도문을 암송했는데, 이런 수많은 기도 중 11세기 말 십자군 정복 직전에 쓰여진 것을 인용해 보자.

> 나의 주님, 감사합니다. 지금까지 저를 보호하사 생명과 힘을 주시어 이제 이곳에 와서 당신의 성전터를 바라볼 수 있게 해주심을 감사합니다. 우린 모두 성전이 다시 세워져 그 그늘 속에서 쉬고 그 먼지 속에 몸을 누이고 싶습니다. 저는 당신의 하인을 모시는 종복(從僕)밖에 안 되는 보잘것 없는 사람이지만, 영광스럽게도 제 기도를 들어주시어 소원대로 이곳에 와 성전터를 바라볼 수 있게 되었습니다. 성전은 다 무너지고 없지만

✚ 예루샬미는 일종의 시온주의자이다.

아직도 당신의 거룩한 기운이 남아 있습니다. 다른 민족들이 이곳을 망가뜨렸지만, 주님의 존재와 약속 덕에 이곳은 고결한 상태로 남아 있습니다. 아직은 허락해 주시지 않고 있지만, 약속하신 대로 언젠가 우리에게 이곳을 돌려주시어 다시 세워주실 것을 믿습니다.

약속의 땅과 예루살렘에 대한 수많은 찬미의 시들 중 그 아름다움이 몇 손가락 안에 드는 건 스페인의 시인 유다 하 레비(Judah ha-Levi)의 작품일 것이다. 그는 가족과 친구들, 의사라는 직업, 자라난 고향 스페인을 다 버리고 십자군이 예루살렘을 정복한 후 이스라엘 땅에 돌아와 살았다. 그는 메시아나 또는 메시아라고 떠들고 다니는 사람들을 기다리진 않았다. 다만 그는 유태인은 이스라엘 땅에 있어야만 자유와 성취감을 느낄 수 있다는 믿음으로 그곳을 찾아간 것이었다. 그는 민수기 저자의 말을 가슴속 깊이 새기고 있었다. "너희는 그 땅을 차지하고 거기에서 살아라. 그 땅은 내가 너희의 유산으로 주는 것이다"(민수기 33 : 53). 그럼 그의 시 중에서도 가장 낭만적인 시에서 몇 구절을 읽어보자. 이 시는 성전이 두 번씩이나 파괴되었던 그날, 즉 아브 달 9일에 암송되어졌다.

아름다운 고귀함이여, 온 세상의 기쁨이여, 위대한 왕의 도시여,
나의 영혼은 서방의 맨 끝에서 당신을 열망합니다.
지나가버린 과거의 영광을 생각하면
나의 마음은 격정에 휩싸입니다 — 당신이 황폐해졌으니.

이 다음 대목에서 시인의 마음은 감정에 복받쳐 그 폐허가 된 성전터를 보고픈 열망을 이렇게 표현한다.

아, 내게 독수리의 날개가 있다면, 당신의 먼지와 내 눈물이
함께 섞일 때까지 나는 당신 위로 내 눈물을 뿌리겠습니다.
비록 지금 당신 안에 왕이 없어도 난 당신을 찾아갑니다.

내 어찌 당신의 돌들을 부드럽게 만지며 입 맞추지 않을 수 있겠습니까?
내 입술에 당신의 흙은 꿀보다 달콤합니다.

하 레비와 동시대인으로 역시 스페인 출신 유태인인 아브라함 이븐 에즈라(Abraham ibn Ezra)는 다음과 같은 애도가를 통해, 유태인들의 죄에 대한 형벌로 성전이 파괴된 것이라는 주장을 반복했다. 초창기 예언자들이 1500년 전에 외친 것 못지 않은 강렬한 주장이었다.

우린 얼마나 더 시온에서 눈물 흘리고, 예루살렘에서 슬퍼해야 하나?
오, 시온에 자비를 베푸시고, 예루살렘에 성벽을 다시 쌓게 하소서.
지난 날, 우리의 죄 때문에 지성소가 파괴되고, 우리의 부정 때문에 성전이 불타버렸습니다.

신이 구원의 손길을 내밀어 이스라엘 민족이 조상의 땅에서 재결합하기를 바라는 열망은 시인이나 학자, 신비주의자들뿐 아니라 일반인들도 모두 가지고 있었다. 그렇지 않았다면 많은 유태인들이 때때로 나타난 사이비 메시아들을 그렇게 열심히 추종했을 리가 없다. 1492년 그리스도교인들이 스페인 남부에서 무슬림들을 완전히 몰아낸 뒤 유태인들을 추방하기 시작하면서✝ 구원이 가까워졌다는 믿음이 강화되었다. 이삭 아브라바넬(Isaac Abravanel) 같은 사람은 다니엘서 안에서 구원이 1502년으로 예정되었다는 숨긴 뜻을 발견했다고 했으며, 다비드 루베니

(David Reubeni)는 구원의 해가 1524년이라고 예언했다. 폴란드 및 서부 러시아에서 1648~49년에 유태인들이 집단으로 학살된 사건이 있은 후, 예루살렘에서 카발라(Kabbalah)✚✚라 불리는 신비주의적 유대교리를 가르치던 샤베타이 체비(Shabbetai Tzevi)는 1666년에 구원이 있을 거라며, 모든 유태인들이 성지로 돌아오게끔 활발한 운동을 펼쳤다. 샤베타이 말고도 몇몇이 더 나타나 메시아를 칭했는데, 이들은 모두 해외 유태인 사회를 뿌리 채 흔들어 살던 마을을 버리고, 가진 물건도 팔고, 무작정 예루살렘으로 향하게 만드는 데 성공했다. 도보, 마차, 배로 하는 이런 여행은 거의 언제나 비극으로 끝나기 마련이었다. 많은 사람들이 여행 중에 목숨을 잃었으며, 운 좋게 거룩한 땅에 도착한 사람은 드물었다. 하지만 도착한 사람들도 고생이 너무 심해 결국 살던 곳으로 다시 돌아가기도 했다.

이런 메시아 운동에 의해 해외의 유태인 사회가 심하게 동요함에 따라 지역 사회의 랍비들은 사람들이 이런 데에 동조하지 못하게 막곤 했다. 심지어 그 조치가 성지에 살 기회를 막는 것을 의미하는데도 말이다. 하지만 광적인 면에도 불구하고, 이런 메시아 운동 덕에 예루살렘은 이상적이고 낭만적인 이미지로만 남아 있진 않게 되었다. 이런 운동은 예루살렘을 현실로 되돌려준 구체적인 정치적 행위였다.

한편 이런 메시아 참칭자들을 무시한 유태인들도 수없이 많았다. 메소포타미아의 율법학자들처럼 성지에 돌아갈 자유나 여유가 있음에

✚ 콜럼버스의 신대륙 발견을 원조한 것으로 유명한 스페인의 이사벨 여왕은 열렬한 가톨릭 신도로 이베리아 반도에서 무슬림들의 최후 거점이었던 그라나다 왕국을 정복해 이슬람 세력을 완전히 몰아냈다. 한편 그녀는 스페인에 종교 재판소를 설치하여 그리스도교로 개종하지 않으려는 유태인들을 스페인에서 추방했다.
✚✚ 신비주의를 띤 유태교 일파. 어떤 경지에 달하면 신과 직접 만날 수 있으며 초이성적인 방식으로 신에 대한 지식을 얻을 수 있다고 가르친다.

도 돌아가지 않는 사람들이 많았다. 어째서일까? 유태인들은 고대 페르시아 왕 키루스가 팔레스타인을 정복했을 때도 그랬던 것처럼, 2천 년이 지난 중세에도 현실감각이 탁월했다. 대부분의 유태인들은 안전한 집과 땅을 떠나 궁핍한 삶이나 죽음을 맞을지도 모르는 위험한 여행 길에 오르는 것이 주님을 잘 모시는 것은 아니라고 믿었다. 생명의 신성함은 성지의 거룩함보다도 더 중요한 것이었다. 많은 학자들은 『토라』와 『탈무드』 연구를 소홀히 하는 게 죄가 된다는 핑계로 움직이려 하지 않았다.

많은 유태인들이 예루살렘을 방문하고 그때의 인상을 기록으로 남겼다. 10세기 말 해외에 있는 유태인 사회의 지도자 중 한 사람이었던 여행가 요나(Jonah)의 경우엔 그가 예루살렘을 방문하기 전에 그곳에서 문서가 날라왔다. 예루살렘의 유태인 지도자들이 모금을 부탁하며 참담한 실상을 전해온 것이었다. "이곳은 과부들과 고아들밖에 없는 버림받은 곳이며, 몇몇 학자들만 남은 피폐한 도시입니다. 여기에서의 삶은 무척 고통스럽습니다. 먹을 것도 부족하고, 일자리를 찾기도 힘듭니다." 또한 그 문서는 무슬림 당국이 부과하는 높은 세금 때문에 엄청난 고리에 돈을 빌리든지 아니면 세금을 못내 감옥에 들어가는 유태인 사회의 실정을 밝히고 있었다. 납세를 거부할 경우에는 올리브 산에서 기도할 수 있는 자격을 잃기도 했다.

투델라의 벤야민은 1174년의 방문기에서 예루살렘에 시리아인, 그리스인, 그루지야(Gruziya)*인, 프랑스인 등등 수많은 민족들이 살며 수많은 언어가 사용된다고 썼다. 벤야민은 200명 정도 되는 유태인들이 예루살렘 북서쪽에 있는 다윗 탑 아래 살고 있다고 했다. 그는 또한 성전 산에 지어진 무슬림들의 바위 돔 사원이 대단하다고 경탄하면서, 무슬림들이 유태인들과 마찬가지로 사람이 그린 신의 형상을 숭배하지 않고 기도로만 신을 경배하는 모습에 감동했고, 그리스도교인들이 유태인들의 묘지터를 훼손하여 거기서 가져온 돌로 자기들 집을 짓는다며 개탄하기도 했다. 또한 벤야민은 예멘(Yemen)과 독일에 있는 금욕주의 유대교단('시온의 애도자들'이란 별명을 가졌다)에 대해서도 기록을 남겨, 그들이 고기와 포도주를 멀리하며 검정색 옷만 입고, 동굴에 살면서 하루 종일 이스라엘이 산산조각이 나 흩어지게 된 데 대해 야훼의 자비를 청원하는 기도만 드린다고 적기도 했다.

여행가들 가운데 스페인 출신의 철학자이자 시인인 모세 벤 나크만(Moses ben Nachman)만큼 신앙심과 열정과 학식과 용기를 겸비해 존경받는 인물은 드물었다. 보통 나크마니데스(Nachmanides)라고 불려지는 그는 1263년, 그리스도교인들과 신의 섭리에 대하여 신랄한 신학 토론을 벌였으나, 그 때문에 성지로 피신해야만 했다. 그에게 있어서 이 피신은 평생의 꿈이 이루어지는 순간이기도 했다. 그는 이미 오래 전부터 이스라엘 땅에서 사는 것이 미츠바(Mitzvah), 즉 야훼의 계명으로서 성서에 나오는 다른 모든 계명과 맞먹는 것이라고 가르쳐 왔었다. 나크마니데스는 몽골인들의 약탈이 있은 지 7년 뒤인 1267년에 예루살렘에 도착해 이렇게 썼다. "내가 이곳의 실상에 대해 무슨 말을 할 수 있으랴? 이곳의 파괴와 참상은 엄청나다. 한마디로 더 성스러운 곳일수록 그 피해가 더 심하다." 그는 여기에서 제자들을 모았고, 『토라』에 대한 주석을 완성했으며, 자기 이름을 딴 회당을 짓기도 했다. 그는 형편없는 상황에도 불구하고 다마스쿠스나 먼 메소포타미아 등지에서 유태인들이 계속

✦ 흑해 연안의 민족국가. 기원전 6세기에 그리스 식민지가 되었고 잠시 독립하기도 했으나 기원전 1세기에 다시 로마의 식민지가 되었다. 6세기 이후 왕국으로 부활했으나, 13세기 초 몽골인의 침입으로 급속히 쇠퇴하여, 15세기 초 여러 공국(公國)으로 분리되었다가 19세기에 모두 러시아제국으로 병합되었다. 그후 1918년 러시아 제국의 붕괴 직후 독립을 얻었으나 얼마 안 있어 구소련에 다시 병합되었다가 1991년, 구소련 붕괴 이후 재독립했다. 스탈린이 바로 이곳 출신이다.

찾아온다고 쓰면서, 다음과 같은 격앙된 말로 아들에게 보내는 편지를 마무리했다. "아들아, 너와 너의 형제들, 그리고 내 가족 모두가 예루살렘의 좋은 모습을, 시온의 안락함을 보게 되기를."

이탈리아 베르티노로(Bertinoro)의 랍비 오바디야(Obadiah)는 15세기 말인 1488년 3월 예루살렘에 도착해 그곳의 유태인 사회를 이끌었다. 당시 예루살렘은 맘루크 칼리프조(13세기 중엽, 노예 군인들이 이집트에 세운 무슬림 국가)의 지배 아래 있었으며, 맘루크 치세 200년 동안 황폐될 대로 황폐되어 있었다. 그가 남긴 글을 보면 맘루크 말기 예루살렘의 처참한 모습을 잘 살펴볼 수 있다. 오바디야에 의하면, 도시엔 4천 가구가 살고 있었는데, 그 중 70가구가 가난에 찌든 유태인들이었으며, 이들 대부분이 아버지가 없는 상태였다. "유태인들은 거의가 독일, 스페인, 포르투갈 등지에서 온 나이 들고 갈 곳 없는 과부들로서, 남녀의 비율이 7대1에 달했다." 그가 관찰한 결과, 유태인은 집을 수리하려 해도 허가받는 데 돈이 들었으며, 보통 이 비용이 집 값보다도 더 비쌌다. 고기, 포도주, 올리브나 참깨기름 같은 건 풍부하고 값도 쌌지만, 유태인들은 안식일 축복에 필요한 포도주를 새로 만들 때조차도 무슬림 관리에게 돈을 내야만 했다.

1517년 오스만 투르크(Osman Turk)의 팔레스타인 점령은 유태인들에게 예루살렘에 부는 바람의 방향을 갑자기 바꾸어 날씨의 변화를 가져온 사건이었다. 술탄의 관리들은 유태인들의 팔레스타인 이주를 적극 장려한 건 아니었지만, 그렇다고 막지도 않았다. 그 결과 유태인들은 비잔틴 제국, 십자군 왕국, 아이유브 및 맘루크 칼리프조 등을 거치며 예루살렘에서 겨우겨우 유지해 오던 그들의 기반을 적극 확장해 나갈 수 있었다. 그리고 이렇게 확장된 기반 덕에 19세기 후반에는 유태인 인구가 무슬림과 그리스도교인을 합친 숫자보다 많아지기에 이르렀다.

1492년 스페인에서의 유태인 추방, 그리고 4년 뒤 포르투갈에서의 유태인 추방은 오스만 투르크가 팔레스타인을 점령하기 20여 년 전에 일어난 일이었다. 쫓겨난 30만 명 중엔 극소수의 인원만이 맘루크 치하의 팔레스타인으로 돌아가는 위험을 택했으며, 사실 대부분의 유태인들은 북아프리카나 이탈리아, 그리스 또는 오스만 투르크 지배하의 소아시아 방면으로 진출했다. 특히 소아시아에서는 그들 모두 근면하게 일해 돈도 많이 벌었으며, 오스만의 술탄에게 충성하는 백성이 되었다. 하지만 1517년, 오스만이 팔레스타인을 점령한 이후엔 점점 더 많은 유태인들이 조상들의 땅으로 이주해 갔다. 이들은 가난에 찌든 예루살렘보다는 갈릴리 북쪽에 위치한 작은 산악 마을로서 안전하고 자유로우며, 번영을 누리고 있던 사페드(Safed ; 현재 명칭은 제파트[Zefat]이다—옮긴이)에 끌려 고향을 찾았던 것이다.

16세기 중반, 사페드(당시 유태인 인구 1500명)는 예루살렘(당시 유태인 인구 300명)을 제치고 팔레스타인 제1의 유태인 도시가 되었다. 사페드에 이주해 온 유태인 중 많은 사람들이 『탈무드』와 『토라』를 연구하는 종교학자들이었지만, 농부나 일꾼, 상인, 기술자 등의 숫자도 충분해 지역경제를 활성화시켰다. 따라서 갈릴리 호수에 어부들이 등장했으며, 밀밭이 경작되기 시작했고, 과수원도 늘었다. 또한 양들을 길러 양털을 수출했으며, 이로 인해 섬유 산업이 번창했다. 사페드에서 생산된 목면 옷감은 아랍세계에서 값비싸게 팔리기도 했다. 사페드의 유태인 가운데 일부는 노예 무역을 통해 돈을 벌기도 했다. 더구나 사페드에 사는 학자들도 세금이 감면되는 특권을 이용해 이런저런 장사로 재미를 봤다.

하지만 사페드에서의 최우선 관심사는 종교였다. 『탈무드』 연구와 신비주의인 카발라가 가득 퍼져 있었던 사페드는 16세기 중반, 200개나 되는 회당과 300명이 넘는 랍비 학자들을 자랑할 수 있었다. 그리고 신비주의적 기법이 도입되어 성서에서 구원받을 정확한 년도를 찾아내는 게 유행했다. 처음에는 1522년이 으뜸으로 꼽히더니, 그해가 별일 없이 그냥 지나가자 1530년이 주목을 받았고, 그 이후에도 또 다른 해들이 거론되었다. 많은 사람들이 기적 같은 징표를 통해 구원이 예시될 거라 믿었다. 예를 들면 예루살렘에 세워진 바위 돔 사원의 기둥들이 무너진다든가 하는 것이 그런 징표가 될 수 있었다. 무함마드가 하늘로 올라간 걸 기념하여 그 자리에 세워졌다는 바위 돔 사원은 이슬람교의 귀중한 기념물이었기 때문이다. 물론 사페드의 랍비들은 무슬림 당국의 귀에 이런 말이 흘러가지 않도록 매우 신경썼다.

　모든 유태인들이 사페드에서 시작되어 나오는 메시아에 대한 열광적인 기대를 함께 한 건 아니었다. 예루살렘의 지도자였던 레비 이븐 하비브(Levi ibn Habib) 같은 랍비는 이런 메시아 신자들의 기적에 대한 기대감을 강력히 비난하며, 바보들의 소식이라고까지 혹평했다. 하비브 및 그의 무리들은 사페드의 신앙 열기와 그곳의 번영을 좋지 않게 보았다. 그럴 수밖에 없는 것이 사페드가 번창하고 그곳 랍비들에게 재력이 생기자, 전통적으로 예루살렘이 누렸던 특권적 기능, 예를 들면 연중 종교적 휴일을 정해 발표한다든가, 윤년을 지정한다든가, 종교 법정의 판사를 지명한다든가 하는 것들이 자칫 사페드로 넘어갈 위험에 처해 있었기 때문이다. 그들은 옛날 하드리아누스 황제의 박해 이후, 티베리아스 및 세포리스 등지의 랍비들이 메소포타미아에서 안락하게 번영하는 유태인 동족들을 부러워했던 과거를 되새기기도 했다. 하지만 메소포타미아의 랍비들이 종교 문제에 대해서는 이스라엘 땅에 사는 랍비들의 권위에 복종했던 데 반해, 사페드의 지도자들은 적극 나서서 그들의 입지를 확보하려고 했다. 사페드의 학자들이 얼마나 자신만만했었는지,

그곳의 탈무드 교육기관인 예시바(yeshiva)＋에서는 메시아가 사페드로 먼저 오실 거라는 말이 돌 지경이었다. 예루살렘 입장에서 이런 말은 신성모독죄였다.

1524년, 야콥 베랍(Jacob Berab)이란 랍비가 사페드에 도착, 지도자적 위치에 등장하는 동시에, 시온으로 귀환해야만 구원이 온다는 주장을 펼치자, 두 도시간의 갈등은 첨예화되었다. 그가 말하는 시온은 사페드였던 것이다. 베랍은 그와 같은 주장을 내세우며 스스로 판사를 임명하고 사페드에 옛 사법기관인 산헤드린을 부활시킬 계획을 세웠다. 그렇게 된다면 정말 사페드가 예루살렘을 압도할 것이었다.

하지만 예루살렘도 사페드가 자기 자리를 훔쳐가게 놔둘 수는 없었다. 레비 이븐 하비브는 예루살렘 랍비들의 대표로서 베랍을 비난하며 사페드의 랍비들에게 그의 말을 따르지 말도록 지시했다. 베랍은 결국 불명예 퇴진하고 다마스쿠스로 피했다. 운명의 장난이었을까? 베랍이 불법적으로 임명한 랍비 판사들 중엔 요세프 카로(Joseph Karo)라는 사람도 있었는데, 그는 유대교가 낳은 가장 위대한 학자 중 한 명이 되었다. 카로는 30년간 사페드의 유태인 사회를 이끌었으며, 1575년 사망하기까지 동료들과 함께 유태인의 종교의식법을 새로이 성문화했는데, 이 법전은 오늘날까지도 가장 권위 있는 지침서로 쓰이고 있다.

하지만 사페드도 16세기 말에서 17세기 초를 기점으로 기울기 시작했는데, 그 이유는 1599년에 발생한 가뭄과 1602년에 무섭게 퍼진 전염병 그리고 17세기 초반 끊임없이 사페드를 괴롭힌 드루즈(Druze)＋＋ 및

＋ 유태인들의 전통적인 교육기관인데, 시민법정으로도 쓰였다. 복수형은 예시보트(yeshivot).
＋＋ 시리아 해안을 중심으로 세력을 확장한 이슬람 시아파의 일파. 예언자 무함마드의 뒤를 이은 알리 계통의 적법한 후계자 이맘(Imam)들 중, 파티마조의 칼리프 알 하킴(al-Hakim)이 가장 완전하다고 믿는다. 지금도 시리아, 레바논 등지에서 세력을 유지하고 있다.

아랍 침입자들 때문이었다. 결국 양모와 섬유 산업이 다 죽어버렸고, 팔레스타인 최초로 1577년에 도입된 인쇄기도 무용지물이 되고 말았다. 1656년, 드루즈인들은 사페드와 티베리아스를 파괴했으며, 이에 따라 수많은 유태인들이 예루살렘으로 피난해 갔다.

예루살렘은 아직 이런 난민을 맞이할 여유가 없었다. 여전히 주거시설도 변변치 않고, 일자리도 부족했으며, 언제 어디서 폭력사태가 일어날지도 모를 상태였다. 또한 유태인들은 무슬림 세리들의 착취 때문에 항상 가난에 쪼들려야 했다. 1625년, 술탄에게서 예루살렘 행정권을 매수한 무함마드 이븐 파루크(Muhammad ibn Farukh)는 본전을 뽑기 위해 마구잡이로 세금을 거두어들이며 공포정치를 펼쳤다. 그는 유태인들에게 5만 쿠루시(kurush)나 되는 연간 세금을 요구해 유태인들 사회를 파산지경으로 몰아넣었으며, 랍비 지도자들이 이 금액을 다 내지 못하자 감옥에 집어넣기도 했다.

때때로 예루살렘을 구할 길은 야훼가 직접 나서는 것밖에 없는 듯했다. 1637년, 예루살렘에 가뭄과 기근이 예견되자, 무슬림들은 유태인들을 예루살렘에 들어와 살게 한 데 대해 신이 노했기 때문이라고 생각했다. 3일 내에 비가 오지 않으면 유태인들이 모두 집단학살을 당할 거라는 경고가 돌았다. 이스라엘의 역사학자 이차크 벤 즈비(Itzhak ben Zvi)는 당시의 사태를 이렇게 묘사했다. "유태인들은 단식을 선포했고, 3일째 되던 날, 올리브 산에 있는 즈가리야(Zechariah ; 구약시대의 예언자─옮긴이)의 묘지 앞에 모여 정오까지 기도했다. 오후가 되자 하늘이 어두워지며 많은 비가 쏟아졌다. 저수지를 꽉 메울 정도로."

17~18세기 중, 비록 적은 숫자이지만 유태인들은 계속 예루살렘을 찾아와 정착했다. 그들은 정착하여 일하고, 공부하고, 기도하고, 아이를 낳아 가족을 이루었다. 유태인 사회가 불어나기 시작했다. 해외에서 도

착하는 유태인들의 숫자가 증가하고, 순례자들의 방문도 늘어났다. 어려움 속에서도 사람들은 예루살렘을 찬미했다. 파루크의 탄압이 있던 1625년에 예루살렘에 온 한 유태인은 이런 편지를 남겼다.

이스라엘 민족이 추방된 이래로 가장 많은 사람들이 이곳에 돌아와 야훼의 도시에 살고 있다. 매일 새로운 유태인들이 귀환해 정착하고 있으며, 순례자들도 찾아와 우리의 벽 너머에 계시는 야훼께 기도하고, 야훼를 느끼고 간다. …… 그리고 예루살렘이 강해지길 바라며 돈들도 잘 낸다. 우리가 평화롭고 안전하게 산다는 소식이 해외에도 전해지고 있다. 아이들은 거리에서 뛰어 놀며, 시온에서는 세상을 위한 지식과 지혜가 쏟아져 나온다. 학문을 하는 곳은 공부할 마음이 있으면 누구든지 찾아갈 수 있다. 지도자들은 학자들과 가난한 사람들의 생계를 돕는다 …….

오스만 투르크 시대에 유태인들은 팔레스타인 이주 초창기부터 해외에 있는 부유한 유태인들 사회에 보조금을 요청하는 관례를 만들었다. 전통적으로 해마다 내던 성전세에 추가로 내는 돈이었다. 해외 유태인 사회의 지도자들은 예루살렘에서 오는 요청이면 무엇이든 곧 들어주곤 했다. 콘스탄티노플(이스탄불)에선 예루살렘의 만성적인 파산 상태를 해결하기 위한 위원회가 결성되기도 했다. '장로들의 콘스탄티노플 위원회와 성지의 명예로운 관리자들'이라는 멋진 이름을 가진 이 조직은 우선 술탄에게 세금을 현실적으로 낮추어줄 것을 청원하며 그 세금을 자기들이 내겠다는 제안을 하면서 활동을 개시했다. 그리고 성지순례를 후원하는 데 적극 힘써, 많은 유태인들이 일생에 적어도 한 번은 예루살렘을 방문할 수 있을 정도가 되었다. 돈이 많은 유태인들은 웅장한 모습으로 수많은 수행원들을 거느리고 순례에 나서기도 했다.

18세기 후반엔 처음으로 아슈케나지(Ashkenazi ; 주로 독일과 동유럽에 살다 이주한 유태인들—옮긴이) 유태인들의 대규모 팔레스타인 이주가 있었다. 이들은 리투아니아(Lithuania), 백러시아(White Russia), 우크라이나(Ukraine) 등지에 살던 유태인들로서, 하시딤 지도자 바알 쉠 토브(Baal Shem Tov)를 추종하는 무리들이었다. 그들은 처음엔 사페드에 정착했다가 점차 예루살렘으로 이주했다. 이들의 존경을 한 몸에 받던 토브도 추종자들과 함께 성지를 향해 떠났지만, 나중에 밝혔듯이 아직 구원의 시기가 아니라면서 중간에 되돌아갔다. 이 첫번째 이주 다음에는 이것보다 더 큰 규모의 팔레스타인 이주가 있었는데, 이번엔 전통적으로 하시딤들의 경쟁자들인, 미트나그딤(Mitnagdim ; '반대자'라는 뜻)이라 불리던 무리들이었으며, 이들의 지도자는 랍비 엘리야(Elijah)였다. 이들 두 집단들의 대규모 이주 덕분에 18세기 말 팔레스타인의 유태인 인구는 1만 명에 달했다. 이들 대부분은 1837년 사페드와 티베리아스를 강타한 지진 때문에 예루살렘으로 이주하게 되었고, 그 결과 예루살렘의 유태인 인구가 크게 불어나, 1850년의 인구조사에 의하면 4천 명의 세파르디(Sephardi ; 주로 스페인과 포르투갈, 북아프리카 등지에 살다 이주한 유태인들—옮긴이)와 2천 명의 아슈케나지가 예루살렘에 살았다.

1799년 2월, 나폴레옹은 프랑스 왕국을 중동 지역에까지 확장하려는 욕심으로 팔레스타인에 침입했다. 그는 전략적으로 유태인들의 지지를 얻기 위해 팔레스타인에 유태인 왕국을 만들어 주겠다고 약속했다. 물론 이 약속은 실현되지 않았다. 나폴레옹은 가자에서 야파에 이르는 해안선을 단숨에 점령했지만, 아크레 공격 때부터는 심한 저항을 받았다. 도살업자라는 별명으로 불리던 아크레의 무슬림 통치자 아흐마드 자자르(Ahmad Jazzar)는 영국 해군의 지원을 받으며 오래된 이 항구의 성벽을 무너뜨리려는 프랑스의 노력을 14번에 걸쳐 좌절시켰다.

나폴레옹이 아크레를 점령했더라면, 그는 보나마나 다음 단계로 예루살렘과 베들레헴으로 진격하여 중세 프랑스 십자군들의 발자취를 따라갔을 것이다. 하지만 이런 성지 도시들은 그에게 우선적인 전략 목표는 아니었다. 아크레 함락에 실패한 나폴레옹은 바로 이집트로 후퇴했고, 유태인들은 잠시 귀신에 홀려 덫에 빠진 꼴이 되었다. 왜냐하면 유태인들의 왕국 회복에 대한 소문이 오스만 투르크 당국에 들어가, 유태인들의 충성심만 의심받게 되었기 때문이다.

나폴레옹의 팔레스타인 공격 이후, 그곳은 유럽 제국주의의 영향을 받기 시작했다. 18세기 및 19세기 초 오스만 투르크의 군사력 및 정치적 입김이 약해지면서 영국, 프랑스, 오스트리아, 프로이센, 러시아 등 많은 유럽 국가들이 이곳에 기반을 마련하려 기회를 엿보았다. 이런 국제적 관심은 예루살렘에 사는 유태인이나 예루살렘으로 이주하고자 하는 유태인들에게 커다란 변화를 주었다. 유태인들의 놀라움 속에 처음으로 그리스도교 국가들이 그들의 팔레스타인 이주를 지지하고 나선 것이었다. 게다가 이들 그리스도교 국가들은 영향력을 발휘하여 유태인들을 보호하고, 생계를 도와주었다.

영국 입장에선 이렇게 유태인들을 돕게 된 가장 큰 이유는 중동 지역에 있어서 영국의 제국주의적 기반을 확립하기 위한 것이었다. 이미 오스만 투르크와 '외국인 거류협정'(Capitulations)이란 이름으로 알려진 조약을 통해 팔레스타인 내의 유럽 출신 유태인들에 대한 책임을 떠맡고 있던 영국에게 유태인들은 중동에서의 영토적, 경제적 이해를 위해 긴밀히 써먹을 만한 존재였다. 물론 이보다 덜 정치적인 이유도 있었다. 몇몇 주요한 영국의 실력자들이 '천년왕국'을 신봉하는 그리스도교인들로서, 유태인들이 팔레스타인으로 돌아가야만 예수 그리스도의 재림이 이루어질 수 있다고 믿는 사람들이었던 것이다.

유럽 국가들 그 중에서도 특히 영국의 지지 덕분에 19세기 후반 예루살렘의 유태인 인구는 급속히 증가해, 1850년경에는 6천 명이던 것이 세기말엔 3만 5천 명이 되었으며, 1914년 1차 세계대전 직전에는 4만 5천 명으로 불어나 무슬림과 그리스도교인을 합친 2만 5천 명보다도 훨씬 많아졌다.

19세기의 전환점은 1831년 10월 이집트의 실력자 무함마드 알리(Muhammad Ali) 및 그의 양자 이브라힘 파샤(Ibrahim Pasha)가 팔레스타인을 점령한 일이었다. 이들은 9년간(1831~1840) 팔레스타인을 다스렸는데, 매우 계몽적인 통치를 하여 그간 유태인들과 그리스도교인들에게 행해지던 많은 차별대우를 철폐했다. 유태인들은 검정색 옷이 아닌 다른 색의 옷을 입고 거리를 행보할 수 있게 되었으며(물론 예언자 무함마드를 상징하는 녹색은 금지였다), 유태인의 법정 진술도 이제 보통 사람들의 진술처럼 받아들여졌다. 또한 처음으로 유태인들이 정부 관리에 임명되기도 했다. 관리들의 착취 행위는 고정 월급제를 적용하면서 없어지기 시작했으며, 여러 명목의 세금이 줄어들거나 아예 폐지되었다. 특히 순례자들에게 부과하던 악명 높은 세금이 철폐되었다. 수세기 만에 처음으로 유태인들은 회당을 수리하거나 새 회당을 짓기 위해 뇌물 바치는 일을 면할 수 있었다. 이렇게 되자 예루살렘의 지도자들은 곧 나서서 랍비 요하난 벤 자카이의 이름을 따라 명명된 네 군데의 회당을 수리하기 시작했으며, 메나헴 시온(Menahem Zion)이라 불리는 멋진 새 회당도 착공되었다. 오랜만에 유태인들은 팔레스타인에서 종교의 자유와 신변의 안전을 느낄 수 있었다. 새로운 유태인 이주자와 순례자들이 유럽 각지에서 몰려왔으며, 순례자를 탈취하는 것으로 악명 높던 아부 고쉬 같은 도적들로부터 예루살렘에 이르는 이들의 여행길을 이집트군이 보호해 주기도 했다.

하지만 9년 동안 반짝했던 이집트의 팔레스타인 통치는 4세기에 걸친 오스만 통치 전체를 볼 땐 하나의 짧은 간막극이었다. 1840년 11월, 영국과 오스만 투르크 연합군은 팔레스타인에서 이집트 세력을 몰아냈다. 그래도 이집트 당국에 의해 실시된 각종 진보적 조치들의 영향을 받아 다시 재개된 오스만의 통치는 개혁주의적 색채를 띠었으며, 술탄 압둘 메시드(Abdulmecid)는 과거 그 어느 때보다도 비(非)무슬림 백성들의 권익에 관심을 기울였다.

웅장한 현관(Sublime Porte)*이란 별칭으로 불리던 오스만 투르크 정부는 팔레스타인과 시리아에서 이집트 세력을 몰아내는 데 도움을 받은 대가로 영국 및 유럽 열강들과 '외국인 거류 협정'을 맺어 여러 요구를 들어주었는데, 그 결과 이들은 예루살렘에 각자 영사관을 두어 자국 출신의 그리스도교인과 유태인을 보호할 수 있게 되었다. 사실상 이 협정은 팔레스타인 내에 국가 속의 국가를 만든 결과를 가져와, 각각 과세·사법·경찰권을 가진 여러 독립적인 거주민 자치 구역이 생겼다.

이들 외국영사 관할 지역 밖에는 아직 술탄의 지배를 받는 수많은 무슬림, 유태인, 그리스도교인들이 있었다. 하지만 여기에서조차 커진 외국 세력들의 목소리는 수천 명의 세파르디 유태인들에게 이득이 되었다. 수세기 동안 팔레스타인의 무슬림 관리들에게 돈을 뜯기거나 폭행을 당해왔던 유태인들은, 1840년 이스탄불에 사무실이 새로 설립되어 제국 내 유태인의 이해관계를 정부와 직접 논의하게 되었다. 투르크어로는 하캄 바쉬(Hakham Bashi), 히브리어로는 리숀 레 시온(Rishon le-Zion ; '시온의 선봉'이라는 뜻)이라 불린 이 사무실은 사실상 오래 전 이

✦ 오스만 투르크 술탄 정권의 법원 역할을 하던 궁전의 문 이름으로서 일반적으로 오스만 정권의 별칭으로 쓰였다.

민족 지배하에서 유태인들의 자치기구였던 장로제도의 부활을 의미했다. 술탄의 측근들 역시 이런 사무실이 생기자 이제까지 부패한 지방 세리들에 의해 착복되면서 무리하게 거두어지던 세금을 하캄 바쉬를 통해 효율적으로 징수할 수 있게 되어 기뻐했다.

하지만 팔레스타인에 사는 자국 유태인들에 대한 유럽 영사들의 보호권리는 양면성을 띠었다. 긍정적인 면을 보면, 영국의 경우 영국 출신 유태인뿐 아니라 어느 유럽 국가 출신의 유태인이든 요청만 하면 보호해 주었다. 성지에만 가면 투르크가 아닌 영국의 보호 속에 살 수 있다는 사실은 중서부 유럽에 사는 수많은 아슈케나지 유태인들의 팔레스타인 이주를 장려하는 효과를 가져왔다. 시간이 흐르자 팔레스타인에 사는 외국 국적 유태인 중 약 20퍼센트가 예루살렘에 있는 영국 영사관의 보호를 받게 되었다. 게다가 프랑스, 오스트리아, 프로이센, 그리고 자국 내에선 유태인 박해 정책을 쓰던 러시아까지도 자국적의 유태인들에게 영국이 하는 것과 비슷한 보호조치를 취했다.

하지만 예루살렘의 외국 영사관에는 부정적인 측면도 있었다. 이들은 모두 유태인들을 그리스도교로 개종하려 열심히 노력했기 때문이다. 특히 영국 성공회와 스코틀랜드 장로교회, 그리고 신앙심 깊은 영사관 관리들은 이를 위해 동분서주했다. 이들의 목표는 아직 술탄의 지배하에 있는 세파르디 유태인들이 아니라 그들의 관할권 안에 모여든 궁핍한 아슈케나지 유태인들이었다. 그들은 이 유태인들에게 절대로 부족한 식량이나 돈, 학교, 의약품 등을 베풀어주며 이들을 유혹했다. 1833년과 1837년에는 예루살렘에 지진이 일어났었다. 깨끗한 물이 없던 유태인 구역은 툭하면 장티푸스나 콜레라, 천연두 등이 돌았으며, 주변 도살장에서 도살되어 골목길에 버려진 동물의 시체 썩는 냄새가 진동했다. 엄격한 랍비들은 거의 모든 유태인들에게 가난과 무지의 삶을 살라고 명했다. 1806년, 프랑스의 여행가 샤토브리앙(Chateaubriand)은 유태인 구역의 참담한 모습을 다음과 같이 표현했는데, 아마 19세기 초반 내내 유태인 구역은 이런 모습으로 남아 있었을 것이다.

유태인 구역은 성전터와 시온 산 기슭 사이에 있는 바자(Bazaar)의 오른편에 있다. 가난에 찌든 그들은 누더기를 걸치고 죄악의 먼지 속에서 기생충 같은 삶을 살며, 그들의 시선은 성전터에 고정되어 있다.

이런 상태로 살고 있었으니 유태인들 중 개종자가 나오는 건 놀랄 일이 아니었다. 하지만 그 숫자가 너무 적어(50년간 약 200명이 채 안 되었다) 교회 당국자는 몇 안 되는 영혼을 위해 너무 많은 노력과 돈을 낭비한다고 불평하기도 했다. 그러나 예루살렘의 랍비들에겐 한 명의 개종자도 너무 많아 보였다.

선교사들에 대한 랍비들의 반응은 맹렬했다. 어느 누구를 막론하고 그리스도교로 개종하면 그와 그의 가족들은 모두 유태인 사회에서 추방되었으며, 그리스도교인들에게 돈이나 약품을 제공받는 사람도 일자리나 거주지, 보조금 등을 잃을 위험이 있었고, 게다가 가족들이 유태인 묘지에 묻히지 못하기도 했다. 어떤 유명한 일화에 따르면, 한 유태인이 개종하기 전에 그리스도교 병원에서 죽었는데, 병원 당국이 그 시신을 유태인 구역으로 보내 매장케 했으나, 랍비들이 이를 거절해 그의 시신을 다시 병원으로 돌려보낸 일이 있었다고 한다. 물론 병원에서도 그 유태인을 그리스도교 묘지에 묻어주지 않았으며, 결국 무슬림 당국이 개입해 '중립지역'에 시신을 매장했다. 유태인은 때로 그리스도교인들과 연락하지 말라는 랍비들의 명을 지키지 않아 감옥에 가거나 채찍질을 당하기도 했다.

이러한 그리스도교인들의 자선행위와 개종 유혹은 저명한 유태인 지도자 두 사람에게 영향을 주기도 했다. 그 두 사람은 런던의 모세 몬티피오리(Moses Montefiore)와 파리의 에드몽 드 로트실(Edmond de Rothschild) 남작으로, 이들은 성지에 더 안전하고 깨끗하고 확실한 유태인 구역을 조성하기 위한 활동을 전개했고, 돈을 모아 병원, 학교, 고아원, 작업장, 식당 등을 세웠다. 이런 서방의 자선가들의 예를 본받아 1857년엔 랍비들 또한 러시아, 미국, 독일, 오스트리아 등지에 사는 부유한 유태인들의 도움을 받아 비쿠르 홀림(Bikkur Holim)이라는 병원을 설립하기도 했다.

하지만 몬티피오리나 로트실이 팔레스타인의 유태인 사회를 활성화하기 위해 엄청난 돈을 퍼붓기는 했어도, 예루살렘 랍비들의 반대에 부딪혀 실패하고 만 사업들이 많았다. 그 이유를 살펴보면, 19세기 예루살렘 역사 중 가장 슬픈 이야기 가운데 하나가 아닐 수 없다. 이런 반대는 근본적으로 할루카(halukah, 분할이란 뜻)라 불리던 구호제도 때문이었다. 할루카란 19세기 초 해외의 부유한 유태인에게 연락을 취해 성지의 유태인들을 위한 자금을 모으던 관행이었다. 이런 관행이 새로운 것은 아니었다. 이미 세파르디 유태인들은 해외의 부유한 유태인들에게 종종 보조를 받아오고 있었다. 물론 세파르디 유태인들은 이런 보조금이 필요했지만, 사실 이것이 없어도 생계를 유지할 수 있었다. 왜냐하면 그들은 모두 손재주나 무역, 아니면 일반 노동을 통해 돈을 벌 수 있었기 때문이다. 하지만 할 줄 아는 일이라곤 경전 연구뿐이던 대부분의 예루살렘 거주 아슈케나지 유태인들에게 할루카는 생사의 문제였다. 특히 1840년 이후 예루살렘에 아슈케나지 유태인들의 숫자가 크게 불어나면서 할루카는 더욱 심각한 문제가 되었다.

할루카 구호금을 관리하던 아슈케나지 랍비들은 그 힘이 막강해졌다. 어떤 통계에 의하면 1850년대 중반, 예루살렘의 아슈케나지 유태인 중 일해서 돈을 버는 자는 239명이었던 반면, 나머지 5,461명은 모두 할루카에 의존하고 있었다. 또 다른 기록에 의하면, 1914년 제1차 세계대전이 일어나기 직전, 팔레스타인에 사는 8만 5천 명의 유태인 중 6만 명이 할루카로 생계를 잇고 있었다. 1850년대 중반, 이 할루카에 대한 의존 때문에 예루살렘의 유태인들이 얼마나 무능력해지고 있었는지는 영국 작가 바틀릿(W. H. Bartlett)의 글에 잘 나타나 있다.

> 매주 금요일, 회당에 소속된 하인들은 조금 더 잘 사는 유태인들의 집을 찾아가 빵을 몇 조각 얻어서 가장 급한 사람들에게 나누어 준다. 좋지 않은 음식, 너무 작은 주거 공간, 부족한 음료 때문에 발생하는 질병과 고통은 이루 말할 수가 없다. 이런 상황이 제대로 알려진다면 틀림없이 너무 행복하게 사는 영국인들의 동정과 구호의 손길을 받을 것이다. 어떤 의사의 말에 따르면 굶어죽는 사람도 적지 않다고 한다. 지금 이와 같은 정신적, 신체적 파멸에서 시온에 사는 불쌍한 이스라엘 사람들을 구하기 위해 가장 시급한 일은 제대로 된 고용제도이다.

연초에 도착한 할루카는 봄이 되어 유월절(逾越節, Passover)✛이 오기도 전에 보통 모두 소진되었다. 그때 즈음이면 유태인 구역의 주거지를 거의 다 소유하고 있는 무슬림 집주인들이 12개월치 집세를 한꺼번에 요구하기 때문이었다. 유태인들은 보통 돈을 갚거나 집세를 내거나

✛ 4월 초, 히브리인들이 이집트로부터 자유를 획득한 일을 기념하는 축제. 모세가 이집트에서 행한 마지막 기적은 천사가 이집트 각 가정에 들러 집안의 장자(長子)들을 다 죽이는 것이었는데, 양의 피를 문설주에 발랐던 유태인들의 집은 천사가 그냥 건너갔다(pass-over)고 한다. 유월절은 바로 이날을 기념하여 신에게 감사드리는 날이다.

또는 마실 물을 사기 위해서도 가진 걸 팔아야 했다. 어떤 해에는 유태인들이 돈을 내지 못하자 무슬림들이 예루살렘 내의 한 회당을 태워버린 일도 있었다. 바틀럿이 보았듯이 유태인들은 할루카를 얻을 때까진 그냥 굶는 게 보통이었다. 어떤 유태인들은 굶주림에서 면하게 해주려고 아이들을 그리스도교인들에게 팔아 넘기기도 했다. 그리고 과거에도 그랬듯이 종종 파렴치한 랍비들이 할루카를 착복하고는 최소한의 필요분만 나누어준다는 소문이 돌기도 했다.

몬티피오리나 로트실이 보기에 유태인들은 이런 할루카 제도 때문에 나태와 무기력에서 빠져 나오지 못한 채 가난의 굴레에서 맴돌고 있었다. 그렇다고 두 사람이 이런 구호제도를 없애려 할 수는 없는 일이었다. 유태인들의 경제적 자립을 돕기 위한 이들의 다각적인 노력은 할루카 제도를 통해 더욱 강화된 랍비들의 권위와 유태인들의 의존적인 성향에 정면으로 부딪쳤다. 모세 몬티피오리와 그의 아내 주디스는 1839년에서 1874년에 이르기까지 7번에 걸쳐 팔레스타인을 찾았다. 그들이 1849년에 문을 연 병원과 약국은 유태인들에게 큰 환영을 받았지만, 농업이나 수공업, 기타 소규모 사업을 장려하기 위한 다양한 노력들은 철저히 배척받았다. 예루살렘에 세운 제분공장은 가동되지 못했고, 여자아이들을 위한 뜨개질학교 역시 랍비들의 반대로 문을 닫아야 했다. 마찬가지로 몬티피오리나 로트실 등이 전통적인 탈무드 위주의 교과에 외국어와 수학을 더하려고 노력했지만, 아슈케나지 랍비들의 반대가 워낙 심했기 때문에 이런 개방적 학교들은 학생 수 부족으로 모두 문을 닫고 말았다(그 중에서도 특히 랍비들을 화나게 했던 건 남녀공학 문제였다고 한다). 이런 신식학교들에 입학한 몇몇 학생들은 모두 전통적으로 신앙이 깊으면서도 근대적인 교육방식에 덜 거부감을 느끼던 세파르디 집안의 학생들이었다.

각종 사업에 대한 랍비들의 집요한 반대에도 불구하고 몬티피오리는 예루살렘 구도시 외곽에 새 도시의 씨앗을 심은 사람으로 기억된다. 1875년, 야파 문 밖 0.5킬로미터 지점에 새 건축물이 완성되었다. 몬티피오리가 유태인들의 수공업을 육성하기 위해 만든 이 건물에는 12개의 작업실과 함께 각 방마다 숙박시설까지 있었다. 기술자들은 미슈케노트 샤아나님(Mishkenot Sha'ananim ; 고요한 집)이란 이름으로 불린 이 건물에서 작업을 했지만, 워낙 강도와 도둑이 많은 지역이라 숙박을 하지는 못하고 해질 무렵이면 모두 구도시로 돌아갔다고 한다.

미슈케노트 샤아나님은 예루살렘 유태인들의 삶을 근본적으로 바꾸어 놓게 될 신식 건물 1호였다. 정치적인 보호막과 할루카에서 오는 경제적 도움에 힘입어 1840년에서 1890년까지 50년 동안, 서방의 아슈케나지 유태인들이 대규모로 이주, 모두 예루살렘의 유태인 구역에 자리잡았다. 1870년 이후 유태인들은 너무 비좁아진 거주 구역을 떠나 성벽의 서쪽에 새로 자리를 마련했는데, 그 수가 점차 늘어나 결국 70여 개에 이르렀던 이런 마을들은 유태인 중심의 새로운 예루살렘을 만들어 냈다. 그리고 바로 이 신도시[✦]가 1948년, 유태인들에 의해 현대 이스라엘의 수도로 선포되었다.

이런 70여 개의 새로운 마을들 중 가장 먼저 생긴 건 1856년의 예민 모이셰, 1869년의 나라트 시바, 1875년의 메아 셰아림 및 베트 야코브였다. 역마차를 이용한 운송수단이 도입되어 이 마을들 사이를 연결했다. 새 도시에 사는 유태인들은 전통적인 신학 연구에 국한되지 않은 다양한 모습의 사회를 일구어내, 많은 유태인들이 석공, 대장장이, 출판업

✦ 서예루살렘이라고도 한다. 이에 대해 구도시 및 아랍인 거주지역을 포함한 곳을 동예루살렘이라고 한다. 1948년 1차 중동전쟁의 결과 요르단은 동예루살렘을, 이스라엘은 서예루살렘을 차지하였으나, 1967년의 6일 전쟁으로 동예루살렘이 서예루살렘에 통합되었다.

자 및 목재, 가죽, 유리 및 금은 등을 취급하는 수공업자로 일했다. 무슬림들이 수공업을 멸시한 까닭에 이런 일들은 모두 유태인들과 그리스도교인들 몫이었는데, 특히 유태인들은 신구(新舊)도시에서 이런 수공업을 거의 독점하다시피 하여 유태인들이 쉬는 안식일에는 그리스도교인들과 무슬림들이 물건을 수리하지도 못했고, 먹을 것 외엔 아무것도 살 수 없었다.

신도시가 한걸음씩 발전되는 사이, 기존 유태인 거주지를 포함한 구도시 역시 중세의 성에서 근대의 서양식 도시로 탈바꿈하고 있었다. 외국 영사관과 교회는 수많은 그리스도교인 여행객 및 순례자들을 예루살렘에 불러들였다. 이들 방문객들은 새로 발명된 증기선 덕에 유럽에서 곧바로 야파 항구에 도착, 그곳에서 마차를 타고 도적들 방비가 충분히 된 도로를 통해 예루살렘까지 왔다. 예루살렘에 오면, 잘 포장된 길과 이들만을 위해 새로 건축된 깨끗한 숙소가 그들을 기다렸다. 이들 모두 성내에 유태인들이 꽤 많은 것을 보고 놀랐다. 구도시 여기저기에 예시바와 회당이 새로 건축되고 있었다. 19세기 초에는 요하난 벤 자카이를 기념하는 4개의 회당이 있을 뿐이었으나, 19세기 말에 이르면 회당의 수는 무려 70개로 늘어나게 된다. 유태인 구역이 너무 비좁아질 정도로 숫자가 늘자, 유태인들은 자연히 신도시로 옮기거나, 무슬림 구역에 집을 얻게 되었다. 무슬림 구역에 살게 된 유태인들은 1920년 첫 반(反)유태인 난동이 있기 전까지는 그곳에서 아랍 이웃들과 평화롭게 살았던 것 같다. 다만 그리스도교인 구역에서는 유태인들이 환영받지 못했는데, 특히 성묘(Holy Sepulchre) 교회✢가 있는 근방에서는 과거처럼 그리

✢ 콘스탄티누스 황제가 예수의 무덤자리에 세운 교회. 처음엔 예수부활 교회라 불렸는데, 그 건물은 다 무너지고 지금은 12세기에 십자군이 지어 성묘 교회라 부른 건물이 남아 있다.

유태인 남녀가 율법에 따라 따로 나뉘어져 헤로데 왕이 지은 성전의 서쪽벽 잔해에서 기도하는 모습이다(사진 - 아드리엔 본필, 19세기 말).

스도교인들에게 돌팔매를 당하거나 매를 맞기도 했다.

옛 성전의 서쪽벽 중 남은 부분이 유태인들에게 민족의 단결 및 구원의 상징으로 비추어지기 시작한 건 19세기 말의 일이었다. 몬티피오리나 로트실 같은 유태인 명망가들이 예루살렘에 오면, 반드시 이곳에 인도되어 특별한 기도와 찬미를 바쳤다. 물론 서쪽벽 지역이 아직 무슬림 관할하에 있었기 때문에 유태인들은 성전의 잔해에서 경배를 하기 위해서는 세금을 내야만 했다(그리고 그들은 올리브 산 기슭의 유태인 묘지를 훼손하지 말아달라는 부탁의 대가로도 무슬림 마을에 돈을 내고 있었다). 이 성벽에 이르는 좁은 길은 보통 동물의 배설물 등으로 지저분했으며, 경배 드리기 위해 의자와 책상을 갖다 놓거나, 햇빛을 가리고자 천막을 치기라도 하면 이곳을 회당으로 만든다는 항의를 받기도 했다. 19세기 말 서쪽벽이 유태인들에게 민족적인 상징으로 부각되면 될수록, 그 성벽과 그 너머 성전 산은 유태인들의 인구 증가에 불안해 하던 무슬림들에게도 정치적으로나 종교적으로 그 중요성이 커지게 되었다. 서쪽벽과 성전 산 부근은 20세기 내내 무슬림과 유태인 간의 갈등의 원인이 될 것이었다.

19세기 말이 되면 유태인들에게 예루살렘의 역사적·종교적 중요성은 더욱 부각되었고, 이로 인해 대규모의 이주가 이루어졌다. 1910년, 예루살렘 신구도시의 유태인 숫자는 4만 5천 명에 달하여, 1만 2천 명의 무슬림 및 1만 3천 명의 그리스도교인에 절대 우위를 차지했다. 그들의 숫자를 무시할 수 없던 오스만 당국은 무슬림들이 주도하는 지방자치 정부지만 몇몇 유태인을 요직에 앉히지 않을 수 없었다.

또한 19세기 후반에는 새로운 유형의 유태인들이 팔레스타인으로 속속 입국했는데, 이들은 예루살렘에 이미 정착해 살고 있는 신앙심이 깊은 유태인들에 의해 환영받은 게 아니라 멸시와 두려움의 대상이 되었다. 이들은 1881년 러시아의 차르(Tsar) 알렉산드르 3세(Aleksandr III)에 의해 시작된 반(反)유태인 학살✚을 피해 온 유태인들이었다. 약 2만 내지 3만 명에 달하는 러시아 그리고 나중엔 루마니아 출신 유태인들이 죽음을 면하기 위해 팔레스타인으로 이주하고 있었다. 물론 이들 중 많은 사람들이 신앙심이 투철한 유태인들이었지만, 누군가 나타나 성지에서 유태인들을 구원할 거라는 메시아 신앙을 신봉하는 사람은 거의 없었다. 오히려 이들은 인간들의 노동, 지식, 희생을 통해서만 예루살렘을 포함한 이스라엘 땅을 다시 찾을 수 있을 거라는 믿음을 가지고 있었다. 그들은 시온을 사랑하는 사람들이란 뜻의 '호베베이 시온'(Hovevei

---

✚ 이를 포그롬(fogrom)이라 하는데, 포그롬은 러시아어로 '파괴' 또는 '학살'이라는 뜻이다. 종교적으로나 민족적으로 소수인 사람들과 그들의 재산에 대해 군중들이 당국의 묵인이나 허가를 받고 가하는 공격으로, 주로 19세기 말과 20세기 초 러시아에서 일어난 유태인 공격을 지칭한다.

Zion)이라 불리던 러시아 출신의 유태인 시온주의자들이 추진하는 새로운 운동의 기수들이었다. 이들 시온주의자들은 이 세상에서 유태인들이 자유롭고 완전하게 살 수 있는 곳은 팔레스타인뿐이라고 보았다. 그들은 최초의 할루침(Halutzim ; 선봉자라는 뜻)으로서, 스스로를 빌루임(Biluim)이라 불렀는데, 이는 성서의 구절 "오 야곱의 가문이여, 야훼의 빛을 받으며 걸어가자"(이사야 2 : 5)에 나오는 단어들의 첫 글자를 연결한 합성어였다. 이들 초기 할루침들과 1903~1914년에 있었던 두번째 대규모 이주 때 온 제2기 할루침들은 모세 헤스(Moses Hess), 레오 핀스커(Leo Pinsker), 아하드 하암(Ahad Ha'Am)과 같은 초기 시온주의 작가들의 민족주의적 성향에 영향을 받고 있었다. 이런 새로운 정착자들은 농사지을 땅을 쉽게 구할 수 있던 해안가에 정착하기 시작했다. 이들은 자신들의 노동에 대한 사고와 사회주의적 사고방식을 정통파 랍비들이 야훼의 구원을 재촉하는 불경한 철학으로 여기고 배척할 것을 잘 알고 있었으며, 따라서 굳이 예루살렘에 가려고 하지도 않았다. 이들의 민족주의적 성향 역시, 이스라엘 민족을 이끌고 갈 분은 야훼뿐이며 야훼의 법만이 이스라엘의 유일한 지침이라고 보는 랍비들에게 곱게 받아들여질 수 없었다. 이 새로운 정착자들이 히브리어를 세속적인 용도로도 쓰기 시작하자, 랍비들은 성서를 모독하는 것이라며 비난했다.

  예루살렘의 정통파 랍비들과 세속적인 시온주의자들 간의 긴장관계에도 불구하고, 조상들의 땅에서 유태인들이 성장하는 것은 멈추지 않았다. 정통파 랍비들의 노력과 시온주의자들 모두의 활약에 힘입어, 1차 세계대전 직전 팔레스타인의 유태인 숫자는 8만 5천 명에 달했고, 그 중 예루살렘에만 4만 5천 명이 살았다. 물론 예루살렘의 유태인이 동질적인 집단은 아니었다. 율법 및 예루살렘에 대한 경건한 마음을 제외하곤, 이들간엔 다른 점이 같은 점보다 훨씬 많았다. 이들은 하나의 유태인 사회가 아니라, 여러 지역의 소사회(小社會) 즉 콜레림(kolelim)으로 구성되어 있었다. 예를 들면, 유럽, 아시아, 북아프리카 등지에서 온 세파르디가 있었고, 러시아, 루마니아, 헝가리, 그 외 서방 국가에서 온 아슈케나지가 있었다. 이 콜레림은 하나의 작은 유태인 세상으로서, 그 출신 지역마다 회당도 따로, 도살장도 따로, 예시바도 따로, 공중 목욕탕도 따로 있었다. 원칙적으로 해외 출신 유태인들은 모두 예루살렘에 그들 나름대로의 콜레림이 있었으며, 그 결과 예루살렘은 다윗 왕 이래 항상 그래왔듯이 국제적인 면모를 유지했다.

또한 이들 이외에도 성전의식 중심의 사두가이와 비정통파 사마리아인들의 후손들로서 카라임(Karaim)이라 불리던 소규모 집단도 있었는데, 이들은 랍비들의 『탈무드』 법을 거부하며, 인간의 해석에 의해 변질되지 않은 율법 원전만이 이스라엘 사람들의 경전임을 주장했다. 이 카라임들 중 극소수는 오랜 세월 동안 고난을 버텨내고 살아 남았으니 예루살렘이 그들의 적법한 성지라고 주장하며 또 하나의 집단을 이루고 있었다. 이들은 원래 크림 반도에서 이주해 왔으며, 19세기 말에는 겨우 열 가족 정도가 예루살렘에서 이들의 명맥을 유지하는 가운데, 자신들을 이단으로 보고 접촉을 피하는 세파르디나 아슈케나지들과 떨어져서, 지하 회당에서 기도하는 모습을 볼 수 있었다.

시온은 정통파 유태인에게나 세속적 유태인에게나 다 자석 같은 힘을 가지고 있었다. 이들은 성지의 의미 또는 성지로 이주하는 것의 의미에 대해 서로 정치적·종교적으로 다른 해석을 하고 있었지만, 이런 입장 차이에도 불구하고 이들이 결국 정착한 곳은 다른 땅이 아닌, 같은 땅이었다. 20세기 초반이 되자 예루살렘에서는 세속적인 시온주의자들의 목소리가 커졌으며, 따라서 시온의 의미에 대한 정치적·종교적인 긴장 관계가 공개적이고 지속적인 갈등으로 증폭되었다.

만일 어떤 도시에 돌아가 그걸 재건하는 행위만으로 도시에 대한 애정을 평가한다면, 정말 유태인들은 정통파건 시온주의자건 모두 예루살렘을 너무나 사랑한다고 말할 수 있다. 구도시에 인구가 다시 늘어나고, 예루살렘에 신도시가 설립되면서 유태인들은 자신들의 역사를 되찾았다. 2천 5백여 년에 걸친 헤아릴 수 없을 만큼 많은 비극과 파괴, 유배, 추방에도 불구하고, 이들은 시온으로, 예루살렘과 팔레스타인으로 돌아왔다. 예루살렘이 다시 이스라엘 민족의 손에 재건된 것이다. 그리고 20세기는 이스라엘 민족이 그 땅에서 그리고 그 도시에서 그들의 자리를 지키기 위해 어떻게 싸워나가는지를 우리에게 보여 줄 것이다.

2부
그리스도교인들의
분쟁과 축복으로 얼룩진
예루살렘 역사

4. 예수의 발자취들

…… 사람들이 아버지께 예배를 드릴 때에 '이 산이다' 또는 '예루살렘이다' 하고 굳이 장소를 가리지 않아도 될 때가 올 것이다.
— 요한복음 4 : 21

예루살렘아, 예루살렘아! 너는 예언자들을 죽이고 하느님께서 보내신 사람들을 돌로 치는구나! 암탉이 병아리를 날개 아래 모으듯이 내가 몇 번이나 네 자녀들을 모으려 했던가! 그러나 너는 응하지 않았다. / 너희 성전은 하느님께 버림을 받을 것이다 …….
— 루가복음 13 : 34~35

우린 그리스도가 묻혔던 동굴 안으로 들어가 볼 수도 있고, 그리스도의 묘지 앞에서 눈물 흘릴 수도 있고, 십자가 나무에 입맞출 수도 있으며, 올리브 산에 올라가 볼 수도 있습니다.
— 성 제롬이 순례자에게

천국이란 예루살렘에서건 브리타니아에서건 똑같이 열려 있다. 왜냐하면 하늘나라는 우리의 마음 속에 있으니까.
— 성 제롬

그리스도교인들은 항상 예루살렘에 대해 애증의 감정을 가져왔다. 예루살렘에서의 예언자들에 대한 박해는 결국, 예수✢를 십자가에 못박는 사건으로까지 이어졌지만, 그리스도교인들에게 예루살렘은 예수 부활의 도시면서 예수가 세상을 구원하러 다시 오실 곳이기도 하기 때문이다.

예루살렘에 대한 그리스도교인들의 양가 감정은 두 가지 입장을 낳았다. 첫째는 예수가 갈릴리에서 벌인 선교활동 및 예루살렘에서 당한 수난을 기록한 『신약성경』에 근거한 입장이다. 즉 성경의 기록에 따라 그리스도교인들은 예수의 발자취를 더듬어 베들레헴에서 나자렛, 예루살렘으로 이어지는 성지 순례를 한다. 이 성지 순례 여행은 매주 금요일, 신도들이 감옥에서 골고다 언덕까지 예수의 '마지막 고난의 길'(비아 돌로로사[Via Dolorosa])을 재연하는 것으로 끝을 맺는다.

또 하나는 예루살렘에 대한 지나친 경배사상에 일침을 가하는 것으로서, 예루살렘 땅을 직접 밟은 순례자들에게 그들이 다른 사람들에 비해 어떤 영적인 특혜를 받는다는 등의 감상적인 환상에 빠지지 말라고 경고하는 입장이다. 바울로의 서간문이나 요한복음의 영향을 받은 이 입장은 기본적으로 구원에 필요한 건 장소가 아니라 신앙이라는, 즉 순례가 아니라 참회와 올바른 생활이라는 주장에 근거하고 있다. 이 입장에 의하면, 진정한 예루살렘은 이 세상에 있는 도시가 아니라 하늘에 있으며, 다시 태어난 예수가 언젠가 모든 사람의 죄를 심판하러 오실 때까지 살고 있는 곳이라고 한다.

예루살렘을 바라보는 이런 입장 차이에서 생기는 긴장은 사실 『신약성경』의 초기시대부터 있었다. 예수의 사후 약 20년 뒤에 쓰여진 바울

✢ 예수(Jesus)라는 이름은 히브리어 이름 여호수아(Jehoshua)의 단축형인 요슈아(Joshua)의 그리스어 형태이다.

로의 서간문들을 읽어보면 바울로가 예수의 재림이나 천상의 예루살렘에 대해서만 마음이 있을 뿐, 현존하는 예루살렘이나 이스라엘 땅 팔레스타인 같은 데는 별 관심이 없었음을 쉽게 알 수 있다. 물론 바울로는 신앙심 깊은 유태인답게 예루살렘 성전에 대한 공경심은 있었다. 하지만 그는 자신이 직접 예수를 통해 경험한 이 신앙이 비단 자신이 속한 이스라엘 민족뿐만 아니라 모든 이방인들에게도 다 전파될 수 있는 것임을 믿어 의심치 않았다. 바울로는 이런 새로운 신앙관을 바탕으로 율법, 영토, 수도, 성전이 가지는 히브리적 의미에 새로운 해석이 가해져야 한다고 설교했다. 그 새로운 해석이란 다름아닌 예루살렘과 그 성전을 비공간적인 개념으로 바꾸는 일이었다. 바울로가 코린트(Corinth)✛에 사는 이방인 그리스도교 개종자들에게 보낸 편지를 보면 그 새로운 해석의 의미를 알 수 있다.

> 여러분은 자신이 하느님의 성전이며 하느님의 성령께서 자기 안에 살아 계시다는 것을 모르십니까? / 만일 누구든지 하느님의 성전을 파괴하면 하느님께서도 그 사람을 멸망시키실 것입니다. 하느님의 성전은 거룩하며, 여러분 자신이 바로 하느님의 성전이기 때문입니다.
>
> ─ 고린토전서 3 : 16~17

바울로가 마음 속으로 그리는 진정한 성전은 예루살렘에 있는 세속의 성전이 아니라 하느님께서 예수를 믿는 모든 신자들의 마음속에 만들어 놓은 그런 영적인 성전이었다. 바울로는 그 밖의 다른 곳에서도 히브리 율법의 상징인 세속의 예루살렘을, 그 율법을 다 이루어낸 예수가

✛ 고대 그리스의 도시로 상업, 예술의 중심지. 우리말 성경에는 고린토라고 표기되어 있다.

살고 있는 하늘나라의 예루살렘보다 낮게 평가하고 있다. "그리스도를 믿는 자들은 이미 새로운 예루살렘에 살고 있습니다. 그들은 이미 천국의 사람들입니다."

예루살렘과 성전을 영적으로 바라보려는, 혹은 비공간적 개념으로 파악하려는 경향은 후기『신약성경』인 요한복음, 히브리서, 요한계시록 등이 쓰여질 당시까지 계속되었다. 이런 경향은 거의 관습처럼 굳어져 훗날 그리스도교 사상가로서 커다란 영향력을 미친 성 아우구스티누스 (St. Augustinus, 354~430), 크리소스토무스(Chrysostomus, 349~407), 니사의 그레고리우스(Gregorius of Nyssa, 335~394) 역시 성지(聖地)에 대해서는 놀라울 정도로 부정적인 견해를 갖고 있었다. 그 가운데 가장 전형적인 그레고리우스의 말을 들어보자.

> 하느님께서 복 받을 자들을 천국으로 불러 올리실 때, 예루살렘을 순례했던 건 선행으로 꼽지 않으십니다. 하느님께서 가장 훌륭한 일들이 뭔지 말씀하실 때, 그런 정성은 포함시키지 않으신단 말입니다. 그런 유명한 곳을 찾아서 얻는 바가 무엇이란 말입니까? 어떻게 하느님이 오늘 이 시간 그곳에 살고 계신다거나, 우리 같은 이방인들에게선 멀리 떨어져 계신다거나, 또는 성령이 예루살렘엔 넘치지만 이방인의 땅엔 너무 멀어 못 간다는 식으로 말할 수 있을까요? 장소에 따라 하느님께 가까워지거나 멀어진다고 할 수는 없습니다. 당신들이 어디 있든지, 마음속에 하느님이 들어설 구석만 만들어 놓으면 그 분은 당신께 가까이 갈 것입니다. 하지만 당신의 마음속에 사악한 생각만 가득하다면, 당신이 골고다 언덕에 있든, 올리브 산에 올라가 있든, 예수께서 부활하신 그 바위 위에 서 있든 간에, 당신은 마치 아직 신자가 되지 않은 사람처럼, 당신 안에 그리스도를 맞이할 수 없습니다.

장소가 영혼의 구원에 영향을 미치는 건 아니라는 걸 알면서도, 대부분의 그리스도교인들은 예수의 자취가 남아 있는 곳들을 의미심장하게 받아들였다. 이런 태도는 예수의 제자를 포함한 초기 추종자들에게 공통적으로 나타나는 모습이었다. 예수의 사후, 제자와 초기 추종자들은 예수의 모습과 가르침을 기억하기 위해 그의 흔적들을 귀하게 여기지 않을 수 없었다. 신약의 복음서에 나오는 자세한 그의 일대기는 바로 이런 필요에서 나왔던 것이다. 복음서의 저자들은 베들레헴에서 출생하여 나자렛에서 성장한 후, 갈릴리에서 전도하고 예루살렘에서 죽음을 맞은 예수의 메시아적 일생을 서술하는 과정에서, 신자들을 위해 영적인 지도를 만들어내고 있었다. 잠시 세속에 영광을 드러낸 예수 그리스도를 영원히 기억하기 위해 필요한 신성한 지리학이었다고 할까?

이런 지도는 확실한 역사적 근거를 가진 건 아니었지만, 복음서를 읽은 뒤 성지를 찾는 순례자들의 신앙심은 역사적 사실에 얽매이려 하지 않았다. 순례자가 예수가 탄생한 곳을 찾아 무릎 꿇어 경배하거나, 예수가 갇혀 있던 감방을 찾거나, 못 박힌 십자가가 서 있던 곳을 찾거나 할 때 역사적 신빙성은 하등 중요한 문제가 아니었다. 유태인들이나 무슬림 순례자들에게 그렇듯이 그리스도교 순례자들에게도 성지란 천국에 가까이 다가갈 수 있는 그런 세속의 장소였다. 순례자들이 성지에 대해 품는 열정은 언제나 직접적이고, 가식 없고, 매우 단순한, 따라서 니사의 그레고리우스 같은 지적인 신학자에겐 어떤 호소력도 없는 서민들의 열정이었다.

하지만 신자이건 아니건 간에 『신약성경』을 읽다보면 누구나 모두 역사적 사실에 의문을 갖게 마련이다. 정말 복음서는 예수의 일생과 가르침을 역사적인 근거에 입각하여 쓴 것일까? 그가 예루살렘에서 당한 고통과 죽음은 정확히 묘사된 걸까? 물론 4복음서 어느 것도 전기 작가들이 전기 쓰듯 철저한 사실에 입각하여 쓰여진 게 아닌 바에야 이런 질문들에 대한 답은 쉽지 않다. 복음서는 신앙심에 불타는 이들이 신자들을 위해 쓴 것이다. 복음(福音, Gospel)은 좋은 소식이란 뜻의 그리스어 에반젤리온(evangelion)에서 파생된 말이다. 즉 복음서는 예수가 다시 부활했다는 기쁜 소식을 통해 신자들의 신앙을 고취시키려 쓴 책으로, 이런 주제에 맞춰 예수의 일생과 죽음을 이야기한 것이다.

복음서가 비록 종교적인 목적에서 쓰여지긴 했지만, 그래도 역사적 사실들을 찾아볼 수 있지 않을까? 공관(共觀)복음(Synoptic Gospel)✛ 가운데 가장 먼저 쓰여졌고 뒤이은 마태오복음과 루가복음의 주요 전거가 되었던 마르코복음을 주의깊게 읽어 보면 답을 구할 수 있다. 마르코복음에는 예수 일생의 마지막 몇 년에 대한 개략의 역사적인 사실이 나타나 있다.

로마의 2대 황제 티베리우스(Tiberius)가 재위한 지 14년째 되던 해, 약 30세였던 예수는 세례 요한이 이끄는 유태인들의 메시아당(黨)에서 등장, 홀로서기를 하여 갈릴리 지방에서 설교하고 가르치며 병자들을 고쳐주기 시작했다. 그 역시 세례 요한처럼 동포 유태인들에게 하느님의 나라가 가까이 왔으니 죄를 뉘우치고 올바른 삶을 살아야 한다고 외쳤다. 그는 당시 메시아를 준비하라고 외치는 많은 설교자들이 그랬듯이 여러 우화를 통해 하느님의 나라를 생생히 묘사했다. 예수는 하느님 나라가 마치 밤에 도둑이 찾아오듯 아무도 생각 못할 때 갑자기 찾아올 거라고 말했다. 그리고 그때가 되면 죽은 자가 부활할 것이며, 죄 지은 자들이 벌을 받고, 의로운 사람들은 축복을 받아 천국에 들어갈 거라고

✛ 예수 그리스도의 생애에 대해 같은 견해를 가지고 공통적인 관점(syn-optic)에서 기록한 복음으로, 요한복음을 제외한 마르코, 마태오, 루가복음이 여기에 포함된다. 이중에서도 가장 먼저 쓰인 마르코복음은 나중에 쓰인 마태오복음과 루가복음에 영향을 미쳤다.

말했다. 그 나라가 오면 이 사악한 세상은 끝이 나고 정의롭고 공평한 시대가 될 것이었다. 사실 이런 가르침들이 새로운 것은 아니었다. 예수의 설교는 아모스와 이사야의 전통을 따르고 있었다. 예수가 살던 당시에도 이런 설교를 하는 사람들은 꽤 있었으며, 이들 대부분이 종교적·도덕적·정치적으로 활기가 넘치던 갈릴리 지방을 떠돌고 있었다.

예수는 권위 있는 설교를 펼치며, 제자도 얻고, 군중들도 모았지만, 갈릴리 선교활동에 만족하지 못했다. 사람들은 참회하라는 말에 별로 귀를 기울이지 않았다. 다른 문제도 있었다. 다가오는 하늘나라에 대한 급진적인 설교는 일부 바리사이들의 눈에 거슬리지 않을 수 없었다. 바리사이들은 예수가 "안식일이 사람을 위해 있는 것이지 사람이 안식일을 위해 있는 건 아니다"라는 등의 파격적인 설교를 함으로써 그때까지의 모세 율법에 대한 학문적 해석을 무시하는 데 분개했다. 갈릴리인들은 율법에 대해 비교적 자유분방한 사람들이었다. 갈릴리에서 자란 예수 역시 안식일에 관해 과거의 엄격한 관습에 얽매이지 않았다. 그는 제자들에게도 안식일에 너무 집착하지 말도록 했으며, 세리나 창녀 등 종교적인 관점에서 정결하지 못한 사람들과도 잘 어울렸다.

서기 1세기의 갈릴리는 혁명적인 유태인 민족운동이 활발한 곳이었다. 예수가 설파하던 하느님의 나라는 헤로데 왕의 아들이자 당시 갈릴리 지방의 영주였던 헤로데 안티파스(Herod Antipas)에 의해 정치적인 의미를 가진 것으로 해석되었다. 따라서 갈릴리의 티베리아스에 주재하던 안티파스는 예수를 지난 30년간 로마에 대해 반란을 획책해 온 갈릴리 젤로트당원들 가운데 하나로 간주하게 되었다.

예수는 갈릴리뿐 아니라 나중에 예루살렘에서도 로마나 유태인 당국에 의해 급진적인 민족주의자로 간주되었지만, 그가 자신을 그렇게 여긴 증거는 별로 없다. 갈릴리에서 펼친 선교활동을 보면 예수는 다가

오는 하늘나라를 역설한 종교적·도덕적 이상주의자였다. 물론 자신의 가르침에 정치적인 색채가 있다는 걸 모르는 바는 아니었으나, 대중들이 원하는 민족 독립에 대해서는 초연한 입장이었다. 그의 정치에 대한 무관심은 로마에 바치는 세금납부 문제에 대한 질문을 받았을 때 잘 드러났다. "카이사르(Caesar)✛에게 세금을 바치는 것이 옳습니까? 옳지 않습니까? 바쳐야 합니까? 바치지 말아야 합니까?"라고 어떤 바리사이가 예수에게 물었다. 이것은 매우 구체적인 정치적 질문이었으며, 예수를 곤경에 빠뜨리려는 의도가 다분한 것이었다. 세금을 내야 한다고 대답하면 이스라엘 민족에 대한 반역자가 될 것이었으며, 내지 말아야 한다고 말하면 로마 당국에 의해 반란을 획책하는 폭도로 낙인 찍힐 것이었다. 그는 다음과 같은 답으로 그 덫을 살짝 피해갔다. "카이사르의 것은 카이사르에게 돌리고, 하느님의 것은 하느님께 돌려라"(마르코복음 12 : 17). 확실히 그의 마음은 정치에 있지 않고 다가오는 하느님의 나라에 있었으며, 이에 비해 로마의 압력이나 이스라엘의 독립 문제는 중요한 게 아니었다.

예수가 정치적인 유태인 혁명가가 아니라면, 과연 그는 예언자들이 수없이 얘기하고 모든 유태인들이 애타게 기다려 온 바로 그 메시아였을까? 마르코복음을 보면 초기에 예수를 따르던 사람들은 그를 메시아로 보았고 다른 사람들에게도 그렇게 선전했다. 하지만 예수가 자신을 메시아로 보았는지는 확실치 않은데, 구원을 선포하기 위해 하느님에게

✛ 율리우스 카이사르는 제1차 3두정치에서 득세하여 독재정치를 확립한 뒤 원로원의 권위를 넘보다가 암살당했다. 이후 제2차 3두정치에서는 그의 양자(사실은 조카 손주) 옥타비아누스가 득세, 대권을 잡고 아우구스투스(Augustus, 영예로운 자) 존칭을 받으며 사실상 종신 황제의 자리에 올랐다. 그후 카이사르는 황제의 영예로운 별칭으로 사용되었다. 훗날 디오클레티아누스 황제에 의한 제국 분할 이후엔 정(正)황제 명칭 아우구스투스에 대한 부(副)황제 명칭으로도 쓰였다. 시저는 카이사르의 영어식 발음을 우리말로 음역한 것이다.

선택된 사람으로 보았는지는 몰라도, 자신을 메시아 그 자체로 여긴 것 같지는 않다. 여기서 우리는 서기 1세기 당시 유태인들은 메시아를 이스라엘 민족의 구원자이자 다윗 왕가의 후손으로서 사악한 이방인 세력을 몰아낼 군사적 영웅으로 생각하고 있었다는 걸 잊어서는 안 된다. 마르코가 묘사한 예수의 모습은 그 어느 면에서도 유태인들의 이런 기대와는 맞지 않았다. 나중에 마태오와 루가에 이르러서야 예수를 다윗 — 그는 실제로 베들레헴에서 태어났다 — 의 핏줄과 연결시키기 위해 탄생 이야기도 쓰여지고 다윗의 후손임을 나타내는 계보도 등장하게 된다. 하지만 이는 다윗 가문에서 메시아가 나오리라는 유태인들의 기대에 비추어 예수가 메시아임을 강조하기 위한 방편이었다.

31살이 된 예수는 갈릴리 선교활동을 마감하고 유월절 며칠 전에 예루살렘에 도착했다. 마르코에 의하면 예수는 갈릴리 사람들의 부족한 믿음과 바리사이인들 및 행정당국의 적대에 실망하여 예루살렘으로 간 것이었다. 이 말에 일리는 있지만, 사실 예수 역시 유태인의 한 사람으로서 유월절에 예루살렘을 순례할 의무감을 느꼈을 것이 당연하다. 루가복음에 의하면 예수의 부모들은 매년 유월절에 예루살렘을 찾았으며, 한번은 어린 예수를 데리고 간 적도 있었다(루가복음 2 : 22).

예루살렘은 당연히 예수가 유월절을 보낼 만한 곳이었다. 그 역시 구원이 예루살렘에서 시작된다고 믿고 있었으며, 아마도 다른 지방에서의 만족스럽지 못한 선교활동을 예루살렘에서 만회하려고 기대했는지도 모른다.

이런 사명감에 찬 예수가 마르코의 얘기처럼 예루살렘에 도착하자마자 곧 성전을 찾은 건 놀라운 일이 아니었다. 그는 갈릴리에서 그랬던 것처럼 설교하고 군중을 모아 성전 제사장들의 눈총을 받게 되었다. 마르코에 의하면, 특히 성전이 파괴될 거라는 설교가 제사장들의 분노를 샀으며 결국 체포까지 당하게 되는 주원인이 되었다. 예수는 이렇게 말했다고 한다. "지금은 저 웅장한 건물들이 보이겠지만, 그러나 저 돌들이 어느 하나도 제자리에 그대로 얹혀 있지 못하고 다 무너지고 말 것이다"(마르코복음 13 : 2).

마르코가 예수의 말을 사실 그대로 전한 거라면, 성전의 대제사장과 그의 조직이 예수를 왜 반대했는지 이해할 만하다. 이들에겐 야훼를 모신 곳일 뿐 아니라 민족적 영광의 상징이기도 한 그 성전을 안전하게 보호할 의무가 있었던 것이다. 하지만 예수가 마르코복음에 쓰여진 대로 말을 했을 것 같지는 않다. 전국을 돌며 하느님의 나라를 설교하던 설교자가 과연 이런 과격한 말을 내뱉었을까? 정치적 입장 표명을 피하며 종교적 이상주의만을 강조하던 예수가 아니었던가?

성전 파괴의 예언은 예수의 말이라기보다는 훗날 현실적 필요에 의해 의도적으로 만들어진 것이라 볼 수 있다. 예수가 죽은 뒤 예루살렘의 정통파 유태인들과 그리스도교로 개종한 유태인들 간에 긴장관계가 생기고, 갈등 또한 과격한 양상을 띠게 되는데, 성전 파괴에 대한 예언은 이런 험악한 관계 속에서 생겨났을 것이다.

물론 예수가 종교적 이상주의를 표방했음을 볼 때, 그가 성전의 상업화에 반대했을 가능성은 충분히 있다. 마르코에 의하면 그는 "성전 뜰 안으로 들어가 거기에서 사고팔고 하는 사람들을 쫓아내시며 환전상들의 탁자와 비둘기 장사들의 의자를 둘러 엎으셨다. 또 물건들을 나르느라고 성전 뜰을 질러 다니는 것도 금하셨다"(마르코복음 11 : 15~16). 그리고 예수는 성전을 도둑놈들의 소굴로 만들어버린 제사장들과 다른 관리들을 비난했다.

이 광경을 살펴보자. 종교적 이상주의에 빠져 있는 시골티를 벗지 못한 뜨내기 선교사가 유월절을 맞아 예루살렘에 도착해 보니 때가 때인지라 성전 내에서 순례자들과 이들을 맞이하는 열띤 장사치들을 만나게 된다. 예수 같은 도덕군자가 이런 상업적인 야단법석에 화를 내지 않을 리 없다. 오늘날도 성전 주변은 여전히 근처의 혼잡한 시장과 더불어 비슷한 모습이긴 하지만.

예수가 살던 시절, 성전은 종교적인 중심이었을 뿐 아니라 이스라엘 민족의 상업 및 금융 중심지였다. 성전에는 각지의 유태인들이 내는 연례 성전세(聖殿稅)가 쌓였으며, 부유한 유태인 가문들이나 은둔할 곳을 찾아 예루살렘에 온 나이 지긋한 유태인들 역시 성전에다가 돈을 맡겼다. 제사에 필요한 동물 역시 매일 성전 근처에서 매매되었다. 유월절이 되면 순례자 물결로 인해 예루살렘의 인구가 평소 2만 5천 명에서 12만 5천 명까지도 늘어났으니, 그 순례자들, 제사장들, 동물들과 그 피, 그리고 돈 따위로 여간 혼란스럽지 않았을 게 뻔하다. 희생된 동물들의 피는 성전 남쪽으로 난 배수구를 통해 키드론 계곡으로 흘러 들어가 야채 가꾸는 밭의 비료로 쓰이기도 했다. 성전 자체도 엄청난 양의 금, 대리석, 청동으로 지어졌으니 그 찬란함이 이루 말할 수 없었다. 성전 벽 밖으로는 성전에 필요한 물품을 대는 금은 세공품점과 향료품점, 빵집 등이 즐비했다. 예수만큼 높은 도덕관념이 없더라도 누구든지 이곳에 오면 기분이 상할 터였다. 물론 다음날 아침이 되면 일단의 청소부들이 나타나 순식간에 어지러워진 성전 경내를 깨끗이 청소하긴 했지만.

하여간 예수가 성전에서 하늘나라가 가까이 왔다고 설교하기 시작하자 성전의 사제들 및 관리들은 눈살을 찌푸리지 않을 수 없었고, 이로 인해 로마 당국에도 예수의 존재를 알린 것 같다. 유월절 기간 중 성전에서 메시아에 대한 얘기를 하는 건 반란선동으로 받아들여질 소지가 있었다. 유태인 성전 관리자들은 특히 이런 기념일이 되면 성전 주변에서 터져나올지 모를 민족주의적인 언동에 주의를 기울였는데, 그 이유는 상주하고 있는 로마군이 언제 이에 자극 받아 그들을 공격할지 모르기 때문이었다. 아마 예루살렘의 유태인 지도자들은 예수가 갈릴리에서 바리사이들이나 헤로데 안티파스의 관리들과 충돌했던 얘기도 알고 있었는지 모른다.

어쨌든 예수는 군중을 선동한 죄목으로 붙잡혀 보통 그 죄목에 적용되듯이 로마 관례에 따라 십자가에 못 박혀 처형되었다. 물론 예수는 그 죄목으로 붙잡혀 처형당한 첫 유태인도, 또 마지막 유태인도 아니었다. 다만 안타까운 건 유월절에 예루살렘에서 메시아에 대한 설교를 하는 게 어떤 결과를 가져올지에 대해 예수 자신이 너무 무심했던 것이 아닌가 하는 점이다. 그는 사람들이 자신의 설교에 귀 기울일거라 믿었던 것 같다. 체포를 당하리라곤, 더구나 죽음을 당하리라곤 전혀 예상치 않았던 것 같다. 게쎄마니 동산에서 예수가 고통 받는 장면("아버지, 나의 아버지! 아버지께서는 무엇이든 다 하실 수 있으시니 이 잔을 나에게서 거두어 주소서"), 그리고 십자가에서 한 마지막 말("나의 하느님, 나의 하느님, 어찌하여 나를 버리셨나이까?")에서 엿볼 수 있는 인간적인 고뇌는 예수가 갈릴리에서 선교활동을 할 때와 똑같은 이상적이고 순수한 마음으로 예루살렘에 간 것임을 잘 보여주고 있다. 그런 면에서 볼 때, 루가가 복음서를 쓰면서 예루살렘에게 예수를 처형한 죄를 물을 심정으로, 예수의 입을 빌려 이런 비난의 말을 한 것도 이해가 간다. "예루살렘아, 예루살렘아, 너는 예언자들을 죽이고 하느님께서 보내신 사람들을 돌로 치는구나!"(루가복음 13 : 34).

예수의 체포와 처형이 궁극적으로 정치적인 문제였다면, 예수가 처음엔 예루살렘의 대제사장 가야파에 의해, 그리고 나중엔 로마 행정관 빌라도에 의해, 자신의 메시아적 주장에 대해 심문받는 극적인 장면을 우리는 어떻게 받아들여야 할까? 먼저 짚고 넘어갈 건 사실 그 두 심문

장면은, 특히 복음서에 묘사된 식의 심문 장면은 없었을 가능성이 많다는 점이다. 그 두 장면은 훗날 그리스도교인들이 예수의 죽음에 대한 책임을 로마 당국으로부터 유태인 종교 지도자들에게로 떠넘기는 게 교회에 더 유리했기 때문에 만들어졌던 것이다.

마르코에 의하면 유태인 지도자들이 예수를 로마 당국에 넘긴 이유는 그가 신성모독죄를 범했기 때문이었다. 하지만 예수가 예루살렘에서 산헤드린이라 불린 유태인 법정에 섰을 것 같지도 않고, 또 신성모독죄로 고발되었을 것 같지도 않다. 유태인들이 신성모독죄라고 한 근거는 그가 메시아임을 주장해서가 아니라, 너무 신성해서 발음도 하면 안 될 신의 이름(즉 야훼)을 사용했다는 것이었다. 하지만 복음서에 나타난 예수는 이런 신성모독을 한 적이 없다.

빌라도가 예수의 메시아 주장을 심문하는 장면은 오히려 빌라도가 유태인 군중을 이용해 그들로 하여금 처형을 선택하게 함으로써 자신은 처형의 직접적인 책임에서 벗어나는 효과를 가져왔다.

> 빌라도는 다시 군중에게 "그러면 너희가 유대인의 왕이라고 부르는 이 사람은 어떻게 하면 좋겠느냐?" 하고 물었다. / 그러자 군중은 "십자가에 못 박으시오!" 하고 소리질렀다. / 빌라도가 "도대체 이 사람의 잘못이 무엇이냐?" 하고 물었으나 사람들은 더 악을 써가며 "십자가에 못 박으시오!" 하고 외쳤다. / 그래서 빌라도는 군중을 만족시키려고 바라빠를 놓아 주고 예수를 채찍질하게 한 다음 십자가형에 처하라고 내어 주었다.
> ― 마르코복음 15 : 12~15

이 장면에 분명한 역사적 진실이 하나 있다면, 그건 시카리라 불리는 반(反)로마 혁명당의 일원으로 보여지는 바라빠의 방면에 관한 언급이다. 그렇다면, 예수는 그 당시 정치선동 혐의로 체포된 여러 사람들 중 하나가 아니었을까?

예수가 죽고 나자 제자들간에 곧 그의 부활에 관한 믿음이 생겨났다. 제자들은 메시아의 시대가 도래한 지금, 야훼께서 사악한 사람을 벌하고 정의로운 자들을 무덤에서 다시 살릴 거라고 믿었다. 바리사이들 역시 사두가이들과는 달리 부활에 대한 믿음을 가지고 있었다. 예수는 한발 더 나아가 죽은 육신까지 부활한다고 믿었다. 그리고 예수를 구원의 메시아적 매개자로 보았던 제자들은 예수의 죽음을 부활과 재림의 전주곡으로 받아들이지 않을 수 없었다. 이런 입장에서 마르코는 복음 집필을 마감하면서, '무덤이 빈' 채로 발견된 뒤 예수가 제자들에게 나타났다는 기록을 남기고 있다.

예수가 죽고 나자 제자들은 체포당하여 예수와 비슷한 운명을 당할까 두려워한 나머지 모두 예루살렘을 떠났다. 물론 그들 모두 예수가 말한 하늘나라가 곧 이루어지지 않았을 뿐 아니라 스승마저 참혹한 죽음을 당한 데 대해 매우 실의에 빠지고 말았다. 우린 도대체 어떻게 그들이 실의에서 벗어나 예루살렘으로 돌아와 예수가 메시아임을 가르치고 하늘나라를 선포하게 되었는지 알 수 없다. 예수라는 사람의 자석 같은 흡인력, 그의 권위 있는 가르침, 병자를 고친 기적들, 역경에도 굴하지 않았던 용기, 이런 모든 것이 제자들로 하여금 예수를 잊지 못하고 돌아오게 만든 원동력이 되지 않았을까?✛

✛ 그리스도교에서는 예수의 제자들이 선교활동을 재개하게 된 계기가 복음서에 나와 있는 바대로 성령(聖靈, 영어로는 Holy Spirit 또는 Holy Ghost)이 그들에게 내려왔기 때문이라고 믿는다. 유대교 기념일인 오순절(Pentecost ; 유월절 이후 50일째 되는 날)에 성령이 내려왔기 때문에 그리스도교에서는 이날, 즉 부활절 후 7주째 되는 일요일을 성령강림주일(聖神降臨週日, Whitsunday)이라 하여 교회의 창립일로 여긴다.

제자들의 입장에서 보면, 부활이란 예수가 유태인 동포들에 의해 비난받고 십자가에 못 박혀 죽었던 것이 인간적인 패배가 아니라 신의 계시라는 의미를 가졌다. 즉 신께서 당신이 선택한 아들을 고통받고 죽게 함으로써 인간의 죄를 심판하고 용서하려 했던 계획의 일부였다. 나중에 바울로 성인이 안티오크에 있는 이방인들에게 설교했듯이. "예루살렘에 사는 사람들과 지도자들은 예수를 알아보지 못하고 그를 단죄하였습니다. 그리하여 결국 안식일마다 읽는 예언서의 말씀을 성취시켰던 것입니다"(사도행전 13 : 27).

처음에는 예루살렘 내의 유태인들 가운데 그리스도교 신자를 구분하는 길은 '예수는 나의 주'라는 고백뿐이었다. 아직은 유태인 그리스도교 신자들이 유대교의 종교 의식을 유지하여 아이들의 할례도 했고, 성전에서 경배도 드렸으며, 보통 유태인들과 다름없이 이방인들을 정결하지 못한 사람들이라며 피했기 때문이다. 하지만 오래지 않아 이들의 신앙이 이방인들에게 전해지고, 그들도 그리스도교의 일원이 되고 싶어하자, 문제가 생겼다. 과연 이방인들도 유태인들의 전통 종교의식을 마쳐야만 그리스도교 신자가 되는 걸까? 베드로와 예수의 동생 야고보가 이끄는 예루살렘 교단은 그래야 한다고 주장한 반면, 바울로는 그럴 필요 없다는 입장이었다. 만일 베드로와 야고보의 목소리가 바울로를 눌렀더라면 아마 그리스도교는 별볼일 없는 유대교 분파로 존재하다가 66~70년에 있었던 로마와의 전쟁 이후 소멸했을 것이 뻔하다. 하지만 우리 모두가 잘 알고 있듯이 이 논쟁에서 승리한 쪽은 바울로였고, 그 결과 그리스도교는 점차 이방인 세계 전체를 대상으로 전도 활동을 벌이는 종교로 탈바꿈되어 갔다.

예수의 신성(神性)에 대한 바울로의 새로운 신학적 해석은 이방인들의 입맛에 맞는 것이었으며, 따라서 예루살렘 및 팔레스타인 이외의 이교도 지역에서 바울로의 선교사업은 큰 성공을 거둘 수 있었다. 갈라디아 및 로마의 신자들에게 보낸 편지에서 분명히 밝히고 있듯이, 그는 모세의 율법은 도덕적으로나 종교의식적으로 더 이상 신자들을 하느님께 올바르게 인도하는 지침이 될 수 없다고 주장했다. 만일 그럴 수 있다면 예수가 그리스도로서 세상에 나타날 필요도 없었으리라. 모세 율법의 목적은 얼마나 인간이 죄를 많이 짓고 있는지, 그러므로 얼마나 신의 용서가 필요한지를 보여주기 위한 것이었다. 그러한 신의 용서가 이제 예수 그리스도라는 사람으로 구체화되었으며, 그의 고통과 죽음은 인간의 죄를 사하기 위한 희생제물이었다. 따라서 이젠 율법이 아니라 예수 그리스도에 대한 믿음을 통해서만 올바른 길로 인도받을 수 있으며, 죄도 용서받고 하느님과의 관계도 새로이 할 수 있게 되었다. 이런 해석에 의하면, 예수 그리스도의 자비는 율법과는 달리 유태인에게나 이방인에게나 다 똑같이 베풀어질 수 있는 것이었다.

그리스도교인들은 초기부터 예루살렘의 유태인들 및 로마 관리들에 의해 박해를 받았다. 그 이유는 사실 예수 그리스도를 믿으라는 설교 때문이라기보다는 하늘나라가 가까이 왔다는 식의 정치적으로 예민한 예언으로 군중을 흥분시켰기 때문이다. 서기 44년 이후, 그러니까 예루살렘 교단의 지도권이 베드로에서 야고보로 넘어간 이후 정통파 유대교 지도자들과의 관계가 약간 나아졌는데, 이는 야고보가 모세 율법을 철저히 지키자는 입장이었기 때문이다. 하지만 야고보는 예루살렘에서 너무 인기가 좋은 게 탈이었다. 62년, 그는 두려움을 느낀 성전의 대제사장에 의해 억울한 누명을 쓰고 처형되었다.

66~70년에 걸친 유태인의 대반란은 예루살렘의 정치적 상황을 크게 변화시켰고, 그리스도교인들과 유태인들 간의 관계도 악화되기 시작하여 전쟁 이후에도 갈등이 계속되었다. 서기 1세기 후반에는 유태인 및

유대교에 대한 그리스도교인들의 반론이 발전하여 당시에 쓰인 『신약성경』 여기저기에 그런 요소를 남겼다. 서기 70년 이후, 그리스도교인들은 복음서에 나온 이야기들을 약간 수정하여 예수의 죽음에 대한 책임이 전적으로 유태인들에게 있는 것으로 묘사함으로써 유대교 지도자들에 대한 증오의 강도를 높였다. 이런 반론 중 가장 악명 높은 건 마태오복음에 나오는 장면으로, 유태인들이 예수의 재판에서 "그 사람의 피에 대한 책임은 우리와 우리 자손들이 지겠습니다"(마태오복음 27 : 25)라고 외쳤다는 이야기다. 한편 그리스도교인들에 대해 유태인이 취하는 태도는 항상 똑같았다. 랍비들에게 그리스도교는 이단으로 폄하되었으며, 그리스도교의 주창자인 예수는 마리아와 로마 병사 사이에 생긴 사생아로 간주되었다.

 서기 70년 이후 예루살렘에 사는 유태인 그리스도교 신자✢들은 로마 당국으로부터 반란에 참여했던 유태인으로 비추어질까 봐 예루살렘을 떠나 트란스요르단의 펠라(Pella) 같은 이방인 도시로 망명했다. 이들은 히브리식 그리스도교 신앙생활을 하며 살았으나, 얼마 안 되어 사라져 버렸다. 하지만 그리스도교의 미래는 예루살렘과 팔레스타인의 서쪽, 다시 말하면 바울로에 의해 복음이 전파된 지중해 동부 연안의 이방인 세계에 놓여 있었다. 서기 90년 팔레스타인의 해안 도시 얌니아(Jamnia)에서 열린 랍비들의 회의에서 유대교는 그리스도교에 대한 거부 의사를 확실하게 밝혔다. 랍비들은 그리스도교의 위협적인 성장과 히브리 예언자들의 말씀이 이루어졌다는 설교에 대처하여 처음으로 히브리 성경의 공식 목록을 발표했다. 물론 이 목록에는 갈릴리 예수 및 그 추종자들에 대한 언급은 한 마디도 없었다.

✢ 유태인 그리스도교 신자들은 나자렛 사람이라 불렸다.

135년 하드리아누스 황제는 바르 코크바 반란을 진압하고 예루살렘을 파괴한 후 새로 로마식 도시를 건설했는데, 이때 그는 로마의 권위를 상징하는 무시무시한 십자가 모형으로 도시를 갈라 4개의 구역으로 나누었다. 이 구획은 오늘날까지 예루살렘의 모양을 이루고 있다. 현재의 다마스쿠스 문의 아랍 이름 바브 엘 아무드(Bab el-Amud)는 그곳에 하드리아누스 황제와 안토니누스 피우스 황제를 기념하여 세운 큰 기둥에서 따온 이름이었다. 그리고 팔레스타인 내의 모든 지역은 이 문에서부터 얼마나 떨어져 있는가로 그 거리가 측정되었다. 로마 신들의 모습을 새긴 석상들이 골고다 언덕에서 90미터밖에 안 떨어진 광장을 가득 메웠으며, 파괴된 성전터에는 주피터와 하드리아누스 황제의 동상이 우뚝 섰다. 그리스도교인들이나 유태인들 모두 이를 보면서 예언자 다니엘이 말한 '파괴자의 우상'을 상기하지 않을 수 없었다.

　　예루살렘을 떠나간 유태인 그리스도교 신자들 중 135년 이후 돌아온 사람은 아마 수백 명을 넘지 않았을 것이다. 4세기에 이르기까지 예루살렘은 그리스어를 사용하는 이교도들이 주로 거주하는 도시였으며, 성경학자 제롬(Jerome, 340~420)에 의하면 그 당시엔 예루살렘에 그리스도교인보단 유태인들이 더 많았다고 한다. 예루살렘 및 베들레헴에 생긴 소규모의 그리스도교 집단은 로마 당국의 눈에 거슬리지 않기 위해 조용하고 티 나지 않는 신앙생활을 했다. 로마식 신도시 아일리아 카피톨리나에서 멀리 떨어지지 않은, 시온 언덕에 세워진 교회 건물은 예수의 동생이자 예루살렘의 첫 주교인 야고보의 근거지였던 것으로 추정되며, 따라서 '최초의 교회'로 불려지고 있다.

　　로마 당국은 다양한 종교적 성향을 가진 소아시아 및 중근동 지역에 생겨난 수많은 교파 중 하나인 이 조그맣고 보잘 것 없는 교파에 별 관심을 기울일 이유가 없었다. 따라서 예루살렘과 팔레스타인의 그리스도교인들은 2~3세기 중 로마 제국 서방에서 자행된 종교탄압을 대부분 피해갈 수 있었다.

처음 300년간 그리스도교인들 활동의 중심지는 유태인들 인구가 상대적으로 많은 예루살렘이 아니라 카이사리아였다. 헤로데 왕이 지중해 해안에 세운 이 멋진 항구 도시는 로마 당국의 팔레스타인 행정수도였다. 카이사리아에 살던 3세기의 신학자 오리게네스(Origenes)는 예루살렘의 주교 알렉산데르 플라비아누스(Alexander Flavianus)의 초청을 받아 예루살렘의 신자들에게 강연을 하러 간 적이 있었는데, 그곳에서 수많은 성서 판본들을 발견하고 기뻐했다고 한다.

교회 역사학자 에우세비우스(Eusebius, 260~340) 역시 카이사리아의 주교로서 예루살렘에 서적들을 찾아보러 간 적이 있었다. 그는 예루살렘이 콘스탄티누스 황제 덕에 어떻게 그리스도교인의 도시로 변모되어 가는지를 생생하게 기록했다. 2~3세기 동안, 그리스도교인들은 예루살렘 내에서 예수가 자취를 남겼던 장소들, 즉 설교한 곳, 고통받은 곳, 죽은 곳 등을 가려내 성지로 만들었다. 신심이 깊은 사람들은 이런 곳들에서 유골이나 돌, 유품이라도 몇 개 발견하면 곧 예수의 자취를 찾은 것으로 생각하고 감동하기 마련이었다. 하지만 이교도 신전들이 팔레스타인 내에 가득했기 때문에 대부분의 경우 그리스도교인들은 이 거룩한 장소를 놓고 이교도들과 갈등을 벌였다. 325년, 콘스탄티누스 황제가 예루살렘 주교 마카리오스(Makarios)에게 예수의 무덤을 복원해도 좋다고 허락했을 때도 우선 그 자리에 서 있던 비너스 신전을 무너뜨려야 했다. 그리스도교인들에게 전해오는 이야기에 따르면 하드리아누스 황제가 그리스도교 성지를 없애기 위해 그곳에 신전을 세운 것이라고 한다. 비슷한 경우지만, 베들레헴에서 예수가 태어난 장소라는 곳 역시 아도니스 신전 밑에서 발견되었다. 이교도들은 일부러 그리스도교 성지들을 훼손하기 위해 그런 곳에 신전을 지은 걸까, 아니면 그리스도교인들이 이미 존재하는 이교도 신전 자리를 성지라 믿게 된 걸까? 후자의 가설이 더 설득력이 있는데, 그 이유는 5세기까지도 팔레스타인 각지에는 이교도 신전이 널리 퍼져 있었기 때문이다. 특히 가자 같은 곳엔 8개의 신전이 있었고, 이교도 인구 5만 명 중 그리스도교 인구는 250명뿐이었다. 어쩌면 성스러운 기운이 있는 곳은 숭배하는 신이 누구이든 간에 모든 종교인들을 끄는 흡인력이 있는지도 모른다. 지금도 팔레스타인에서 유태인, 그리스도교인, 무슬림들이 다 비슷한 곳에 위치한 각자의 신전(또는 사원)에서 어깨를 나란히 하며 경배를 올리는 것을 보면, 이런 현상은 예나 지금이나 변한 게 없다.

예루살렘은 4세기 초반 콘스탄티누스 황제가 그리스도교로 개종하기 이전부터도 중요한 그리스도교 성지였다. 하지만 예루살렘이 확실하게 그리스도교 도시로 변하게 된 것은 콘스탄티누스 황제의 개종 덕이었다. 황제의 개종 직전 그리스도교는 이미 지난 250년간 경멸받던 보잘 것 없는 교파에서 로마의 지도층 다수를 포함하는 막강한 종교 세력으로 성장해 있었다. 하지만 그리스도교인들은 4세기 벽두부터 디오클레티아누스 황제에 의한 마지막 대대적인 박해를 견뎌야 했으며, 313년 밀라노(Milano)에서 발표된 종교 관용정책✦ 덕에 겨우 합법적인 종교로 인정받았다. 그리고 그로부터 한 세대가 지나자 그리스도교는 제국에서 가장 강력한 세력이 되었다.

관용정책을 편 지 얼마 안 되어 콘스탄티누스 황제는 하나 남은 정치적 경쟁자마저 제거하고는 제국을 통일했으며, 곧 동방에 새로운 수

✦ 밀라노 칙령을 말한다. 콘스탄티누스 황제는 당시 로마를 함께 분할 통치하고 있던 리키니우스와 밀라노에서 만나 '그리스도교를 포함하여 모든 사람들에게 원하는 대로 믿음을 가질 권리를 부여하노라' 라는 내용이 포함된 칙령을 발표, 그리스도교 탄압에 종지부를 찍는다.

도를 짓기 시작했다. 이건 매우 다행스러운 결정이었다. 왜냐하면 그후 북유럽의 미개한 부족들이 지중해 방면으로 내려와 프랑스, 스페인, 이탈리아 및 북아프리카 등지까지 점령할 것이기 때문이었다. 330년, 콘스탄티누스는 보스포루스(Bosphorus) 해변에 위치한 옛 그리스 식민지 비잔티움(Byzantium)에 제2의 로마를 건설하고, 자신의 이름을 따라 콘스탄티노플(Constantinople)이라 불렀다.

성 바울로가 서방의 이방인들에게 그리스도교를 전한 첫번째 사도라면, 콘스탄티누스 황제는 그것을 다시 동방의 그리스도교인들에게 돌려준 첫 황제였다. 콘스탄티노플을 수도로 하여 황제의 군대는 시리아, 팔레스타인, 이집트, 메소포타미아 등지를 정복했고, 그의 기술자들은 그 군대를 따라다니며 각지에 새로 교회며, 수도원이며, 순례자들의 숙박소 등을 지었다. 아마 제국 내의 모든 도시 중 콘스탄티노플을 제외하고 예루살렘이 이런 혜택을 가장 크게 받은 도시였을 것이다.

예루살렘의 새로운 그리스도교적 면모는 콘스탄티누스 황제가 착수한 여러 건축사업 못지 않게 그의 모후인 헬레나(Helena)의 신앙심 덕이기도 했다. 그녀는 아들로 하여금 그리스도교 신앙을 받아들이게 하는 데도 큰 영향을 미친 바 있었다. 헬레나는 320년에 콘스탄티노플을 떠나 길고 힘든 순례여행 끝에 예수가 태어난 땅에 도착했다. 여정길에 지나친 모든 시골교회에서 무릎 꿇고 경건히 기도하는 황제 모후의 모습은 콘스탄티노플로 전해졌고, 이는 훗날 귀족들, 부자들, 권력자들이 그녀를 따라 겸허한 순례길에 오르는 계기가 되기도 했다.

헬레나의 순례여행 직전, 황제는 성지에 큰 교회를 3개나 착공시켰다. 첫번째 교회는 예수의 무덤 위에 지어진 것으로서, 처음에는 예수부활(Anastasis) 교회라 명명되었다가 나중엔 십자군들에 의해 성묘(Holy Sepulchre) 교회라고 이름이 고쳐졌다. 두번째는 베들레헴에 있는 예수가 탄생한 곳에 세워진 예수탄생(Nativity) 교회였고, 마지막 세번째 교회는 부활한 예수가 승천한 자리에 세워진 올리브 산 교회(Church on the Mount of Olives)였다.

이들 웅장한 교회의 건축에 헬레나가 어떤 역할을 했는지는 잘 알 수 없다. 하지만 모두들 건물을 지은 건 콘스탄티누스 황제이지만, 사실 뒤에서 영감을 불어넣어 준 이는 헬레나 모후라고 믿었다. 헬레나는 성지에 지어진 수많은 그리스도교 건물이나 시설들과 매우 밀접하게 연관되어 있었으며, 따라서 그녀가 죽고 약 60년이 지나자 그녀가 생전에 성령의 감화에 힘입어 예수가 못 박혔던 십자가를 발견했다는 전설이 생겨났다. 더 극적인 것은 그녀가 어떤 유태인의 도움을 받아 십자가를 찾게 되었으며, 그 유태인은 나중에 그리스도교로 개종해 시리아쿠스라는 세례명을 쓰게 되었을 뿐 아니라 마지막 유태인 출신 예루살렘 주교가 되었다는 얘기였다. 역사 문헌에 보면 그런 사람이 있긴 있었지만, 그는 이미 헬레나가 살기 200년 전인 하드리아누스 황제 때 로마 당국이 유태인과 그리스도교인을 제대로 구분하지 못한 관계로 박해받아 죽었다. 그 유태인의 본명은 하필 유다였다.

또한 헬레나에 얽힌 전설은 여기서 그치지 않아 그녀가 예수의 몸에 박힌 못들 중 2개를 찾았다는 소문도 있었다. 그녀는 그 못 2개를 아들에게 선물로 주어 하나는 그의 왕관에, 또 하나는 그가 타는 말고삐에 쓰게 했다는 것이다. 이건 황제를 통해 옛 예언이 이루어졌다는 얘기였다. 히브리 예언자 즈가리야(Zechariah)는, "그날이 오면 말방울까지도 야훼의 것으로 구별되고 ……"(즈가리야 14:20)라고 예언한 바 있었다. 황제인 아들에 의해 대규모의 교회사업이 추진되는 걸 보면서 헬레나 모후는 마음속으로 메시아의 시대가 왔다고 생각했을 것이 분명하다.

콘스탄티누스의 건축사업 및 헬레나가 남긴 본보기 덕에 수많은 순례자들이 세계 각지에서 구름처럼 모여들기 시작, 예루살렘은 과거 그 어느 때보다도 국제적인 모습을 띠게 되었다. 교회에 들어가보면 여러 곳에서 온 유럽인들이 에티오피아인, 아르메니아인, 이집트인, 페르시아인, 시리아인 및 인도인 들과 어깨를 나란히 하고 무릎 꿇고 앉아 기도하는 모습을 발견할 수 있었다.

구세주가 살다 가신 곳을 찾아보기 위해 생명의 위험을 무릅쓰고 또 돈도 많이 들이면서 먼 길을 여행하는 사람들에게 예루살렘에서의 생활은 어떤 것이었을까? 프랑스 남부 아키텐(Aquitaine) 출신의 귀부인 실비아가 남긴 순례 여행기를 토대로 미국의 작가 노만 코트커(Norman Kotker)는 예루살렘 교회에서의 순례자 생활을 이렇게 재구성했다.

영적인 목마름을 해갈할 만한 신성한 의식은 여기에 다 있다. 아침 일찍 시작된 시편 암송은 매 3시간마다 반복되어 저녁 기도 때까지 계속되며, 밤에는 찬송가와 합창이 기다린다. 골고다 언덕에 지어진 큰 교회에서도 예배가 있고, 성모 교회에서도 있으며, 라자루스(Lazarus) 무덤 교회 또는 예수탄생 교회에서도 예배가 있다. 순례자들은 성서를 읽고, 촛불 행진도 하며, 설교도 듣고, 예수가 매달렸던 십자가 · 무덤의 돌 · 예수가 매질당했던 기둥 · 목을 축이던 잔 · 옆구리에 박힌 창 등 이런 모든 것들에 입맞춤 한다. 이 모든 신성한 의식을 통해 실비아와 그녀의 순례자 일행은 이 거룩한 도시에서 천국으로 가는 영생을 얻을 수 있다. 순례자들은 또한 성벽 아래로 보이는 계곡에서 지옥으로 가는 문도 볼 수 있다. 종일 힘들었던 신성한 의식의 일정이 끝나면 예루살렘의 주교는 순례자들 및 지역 신자들에게 "모두 집으로 돌아가 쉬세요"라고 말한다. 이들은 좀 쉬고는 다시 돌아와 성 십자가를 바라보면서 이제 그들의 영혼이 구원받을 거라며 안심한다.

이런 수많은 교회와 수도원 그리고 그리스도교 사제(즉 신부)들과 순례자들 덕에 예루살렘은 그리스도교 세계의 중심지가 되었다. 431년 에페소스(Ephesos, 혹은 에페소)에서 열린 공의회(Council)[+]를 통해 카이사리아 대신 예루살렘이 새로운 총주교구(Patriarchate)[++]로 격상하게 되었다. 이제 예루살렘은 이미 오랜 동안 총주교구였던 로마, 알렉산드리아, 안티오크 및 콘스탄티노플과 어깨를 나란히 하는 위상을 갖게 된 것이었다.

팔레스타인에 두번째로 몰아친 대규모의 비잔틴식 건물 증축을 주도한 인물은 438년에 성지를 순례한 황후 에우도키아(Eudocia)[+++]였다. 그녀는 아예 그곳에 눌러 앉아 지역을 다스리면서 자기 돈을 내어 교회와 수도원을 짓고, 예루살렘을 둘러싸는 높은 벽을 새로 올렸다. 에우도키아 황후의 신앙심은 널리 알려졌으며, 그녀는 많은 자선사업을 벌였다. 예루살렘을 연구하는 학자 존 윌킨슨(John Wilkinson)은 그녀가 성벽을 다시 쌓은 건 다음과 같은 시편 51편 18절의 말씀을 이룬 것과 같다고 추켜세우기도 했다. "어지신 마음으로 시온을 돌보시어 예루살렘 성벽을 다시 쌓게 하소서."

세번째이자 마지막이 될 예루살렘의 교회 건축 붐은 유스티니아누스(Justinianus, 재위 527~565) 황제 때 이루어졌다. 역사가들은 모두 유

[+] 교리문제나 전교, 사목(使牧) 문제를 협의 결정하기 위해 교황이 소집하는 공식 주교회의.
[++] 그리스도교의 세력이 크게 확장되자, 지역 책임자인 주교들 가운데 명망있는 사람을 뽑아 총주교(patriarch)로 임명하고 5개로 나뉘진 광범위한 지역의 종교 사무를 관할케 했는데, 이들 총주교가 상주하는 곳을 총주교구라 했다. 로마의 주교는 제1대 주교 베드로의 전통을 따라 이들 중 가장 높은 지위를 점하는 교황으로서 점차 그 권위를 높여갔다.
[+++] 비잔틴 제국 황제 테오도시우스 2세의 아내로 그리스 출신이다. 원래는 아테나이스란 이름을 가졌으나 테오도시우스와 사랑에 빠지면서 그리스도교 세례를 받고 이름을 에우도키아로 바꾸었다. 남편과 사이가 좋았으나 시누이 풀케리아의 음모로 점점 사이가 벌어져 성지 순례를 하고 온 뒤 얼마 후 다시 예루살렘에 돌아가 그곳에서 살다가 생을 마감했다.

스티니아누스 황제 당시의 예루살렘이 비잔틴 제국의 그리스도교 도시로서 최고의 영예를 누렸다는 데 의견을 같이 한다. 예루살렘은 그리스어를 쓰는 사제들과 상인들로 북적거렸고, 수도원에는 세계 각지에서 수도사들이 몰려들어와, 수많은 교회들이 밤낮으로 붐볐으며, 순례자들의 행렬이 끊이지 않았다.

유스티니아누스는 콘스탄티누스 황제와 에우도키아 황후의 뒤를 이어 적극적인 건축사업을 벌임으로써 예루살렘을 제국의 수도에 버금가는 찬란한 도시로 변화시켰다. 당시 팔레스타인에 교회나 수도원이 도대체 몇 개나 들어서 있었는지는 아무도 모른다. 아마 2백여 개는 되지 않았을까? 이는 과장된 짐작은 아닐 것이다. 왜냐하면 올리브 산에만 해도 교회가 24개나 있었으니까.

이 당시 예루살렘의 모습은 요르단의 마다바에 있는 그리스정교 교회의 바닥에 그려진 6세기경의 모자이크 지도를 통해 엿볼 수 있다. 그 지도에는 마치 외딴 섬처럼 성벽으로 둘러싸인 둥근 모형으로 잘 정비된 도시의 모습이 나타나 있는데, 신자들의 소망처럼 하늘나라로 올라가는 언덕 위에 예루살렘이 덩그러니 놓여진 듯한 분위기를 자아내고 있다. 이 지도에서 특히 강조되는 건물은 에우도키아 황후가 지은 성벽으로, 높은 경계탑과 신중하게 자리잡은 성문이 눈에 띈다. 로마 양식에 따라 도시는 우아한 기둥이 서 있는 넓은 길에 의해 북쪽문(현재의 다마스쿠스 문)에서부터 남쪽의 시온 문까지가 양분된다. 다마스쿠스 문 안으로는 웅장한 석조 기둥의 모습이 보이며, 곧바로 우아하고 넓은 광장으로 연결된다. 훗날 복잡한 거리가 된 이곳의 모습을 떠올려 보면 이와 굉장히 대조적인 모습이다. 오늘날 예루살렘 구도시에 아직도 남아 있는 네 구역의 모습은 그 당시에도 예수부활 교회의 위치에 의해 구별되었다. 바로 대로의 중간 지점에 이 교회가 자리하고 있으며, 여기에서 다

1897년 사해(死海) 남동쪽 마다바(Madaba)에서 발견된 6세기경 예루살렘의 모자이크 지도.

윗로가 그 대로(大路)를 동과 서로 나누기 때문이다. 예수부활 교회는 도시의 북부를 내려다보고 있고, 그 부속 건물들은 골고다 언덕 및 예수 묘지를 껴안으며 북쪽 성벽 야파 문이나 헤브론 문까지 연결된다. 예루살렘의 남쪽 끝에는 다윗이 처음 다스리기 시작한 그 최초의 도시에서 멀지 않은 곳에 유스티니아누스 황제가 지은 웅장한 성모 마리아 교회의 모습이 보인다. 오늘날 이 근처의 유태인 구역에서는 탐사 작업이 이루어지고 있다. 지도에는 시온 교회 역시 성모 마리아 교회보다 더 큰 모습으로 그려져 있으며, 예수부활 교회의 맞은 편에 위치하고 있다. 황금문도 보이지만, 성 스테파누스 문(St. Stephanus Gate ; 나중엔 사자 문[Lion's Gate])의 위용에 못 미치게 그려졌다. 모자이크 제작자는 촘촘히 박힌 황금 돌을 이용하여 이곳에서 예수의 고난 길이 시작됨을 묘사하고 있다.

순례자들의 여행 중 가장 잘 알려진 것은 로마의 성경학자 제롬의 여행이다. 그는 385년 순례 여행을 가서는 예수가 태어난 곳에서 멀지 않은 곳이라고 알려진 베들레헴의 한 동굴에 기거하면서 예수의 발자취를 밟아보고, 성서의 원천이 된 팔레스타인 땅에서 성서를 연구했다. 그는 낮에는 히브리 원전과 그리스어 판본 『구약성경』을 라틴어로 번역했는데[*], 때로는 지역 랍비들에게 정확한 뜻을 묻기도 했다고 한다. 연구를 하지 않거나 옛 성전을 찾지 않을 때는 동료 학자들이나 신앙심 많은 귀족층과 서신을 주고 받으며 로마를 버리고 예수의 자취를 찾아 순례할 것을 종용했다. 그런 서신 하나를 살펴보면 그가 순례에서 얻을 수 있는 정신적 기쁨에 대해 얼마나 선전했는지를 알 수 있다. "우린 그리스도가 묻힌 동굴 안으로 들어가 볼 수도 있고, 그의 무덤 앞에서 눈물 흘릴 수도 있고, 십자가 나무에 입맞출 수도 있으며, 올리브 산에 올라가 볼 수도 있습니다."

그의 글에 감동받아 로마를 떠나온 귀족 부인들 중엔 바울라(Paula)와 에우스토키움(Eustochium)이란 모녀가 있는데, 이들은 곧 얼마 안 되는 베들레헴의 그리스도교인 사회에 합류하여 그곳에 머물며 팔레스타인 최초의 수녀원을 창시하였다. 교회는 나중에 그 공을 인정하여 이 모녀에게 성녀 칭호를 주었다. 바울라는 아주 열성적인 순례자여서, 나중에 그녀를 따라 성지 순례를 오게 될 많은 사람들의 귀감이 되었다. 그녀는 골고다 언덕과 예수 무덤에서 순례를 시작, 베들레헴에 도착해 예수가 탄생했다는 동굴을 찾았고, 다시 시온 산에 갔다가 여호소팟 계곡으로 내려간 뒤 마지막으로 올리브 산에 올랐다. 그녀는 이런 마라톤과

---

[*] 제롬이 라틴어로 옮긴 성경이 바로 가톨릭 교회가 사용하는 공인 라틴어본 『구약성경』 불가타(Vulgate)이다. 제롬의 그리스어 이름은 히에로니무스(Hieronymus)이다.

같은 여정 동안 줄곧 예수가 그랬듯이 걸어 다니며 눈물을 흘리고 기도 했다. 또한 그녀는 예루살렘을 떠나 유대 산악지방에 도착하여 헤브론 을 방문, 『구약성경』에 나오는 히브리 제사장들의 무덤을 찾았으며, 그 다음으로는 예수가 세례를 받았다는 요르단 강으로 갔다. 그리곤 더위 와 피곤함을 견디며 다시 북쪽으로 발길을 돌려 갈릴리 호수 연안에 도 달해, 예수가 전도여행을 하는 동안 자취를 남겼던 모든 곳을 찾았다.

그녀의 순례길에 제롬이 동행했는지는 알 수 없다. 하지만 제롬은 몇 차례나 진실한 믿음 없이 순례만으로 은총을 얻을 수 있고 영혼의 구 원도 가능하다고 믿는 사람들의 오류를 지적했다. 제롬은 이집트의 한 동굴에 머물며 굳이 예루살렘을 순례할 마음이 없던 은둔자 성 안토니 우스(St. Anthonius)를 흠모했다. 사도 바울로나 안토니우스의 성향을 대변하듯 제롬은 신앙의 열쇠는 특정 장소에 있는 것이 아니라 올바른 행동에 있는 것이라고 주장했다. 그가 보기에 순례자는 단순히 예루살 렘을 찾는 것으로 끝날 게 아니라 그곳에서 거룩한 삶을 살아야 했다. 물 론 이런 신학자들도 신자들에게는 예루살렘이 아니더라도 성스러운 곳 이면 순례를 가고 싶어하는 낭만적이고 신비한 충동이 있다는 건 알고 있었다. 하지만 동시에 순례는 자칫 신도들을 미신과 우상숭배로 몰아 갈 위험을 가지고 있다는 것 역시 간파하고 있었다. 이미 순례자들 중 일 부는 성인들의 유골이나 그 밖에 신비한 은총이 서려 있을 만한 물건들 을 찾아 다니고 있었다.

이런 거룩한 장소에 대한 과도한 숭배를 걱정하던 신학자들은 이를 유대교를 비난할 기회로 삼았는데, 그런 신학자의 대표격인 오리게네스 와 제롬의 주장은 다음과 같다. 즉 이제 그리스도교 신앙이 예루살렘의 성전을 중심으로 한 유대교식 야훼 숭배를 대신하여, '어떤 특정 장소와 무관하게 예수 그리스도와의 영적인 교감만을 필요로 하는 전세계적인 신앙으로 자리잡았다'는 것이다. 그리스도교 사상가들이 볼 때 헤로데 왕이 지은 성전이 파괴되었다는 사실은 유대교가 더 이상 설 자리가 없는 종교라는 확실한 증거였으며, 이제 예수 그리스도에 대한 믿음이 유대교의 의미와 순수성을 무의미하게 만들었다. 비슷한 논리로 볼 때, 유태인의 도시 예루살렘이 파괴되었다는 사실 역시 바울로와 베드로가 얘기했듯이, 진정한 예루살렘은 지상에 있는 것이 아니라 하늘에 있다는 말을 입증해 주는 것이었다. 하지만 대부분의 순례자들에겐 이런 미묘한 신학적 구분은 중요하지 않았으며, 지상의 예루살렘과 천상의 예루살렘이 달라 보일 리가 없었다. 아마 순례자들은 지상의 예루살렘에서 예수의 발자취를 좇으면서 천상의 예루살렘으로 한 걸음 더 다가선 기분이 들었을 것이다.

콘스탄티노플을 수도로 한 그리스인들의 비잔틴 제국이 시리아, 팔레스타인, 이집트 등지를 다스린 지 약 3백 년이 지난 서기 610년, 힘을 기른 페르시아인들이 제국을 침입했다. 이후 20년에 걸친 전쟁은 그리스인과 페르시아인 모두에게 엄청난 국력의 소모를 가져왔다. 그래서 630년경에 무슬림들이 그들의 새 예언자가 알려준 알라의 이름을 외치며 문명세계의 문을 두드렸을 때, 이들 양대 세력은 모두 힘없이 무너지고 말았다. 재미있는 건, 이 지역이 조로아스터교를 믿는 페르시아인들이나 얼마 후 아랍 사막에서 온 무슬림들에게 정복당할 때, 유태인들이 그리스인들의 패배를 전혀 안타까워하지 않았다는 사실이다. 유태인들이나 사마리아인들은 모두 비잔틴 제국 그리스인들에게 멸시와 홀대를 받아왔으니, 그들이 아시아에서 온 정복자들을 환영하는 건 당연한 일이었다. 하지만 정복자들을 환영한 이들은 그들만이 아니었다. 시리아인이나 아르메니아인, 이집트인 들과 이들 외에도 다른 그리스도교계

주민들마저 새로운 정복자들을 적극 도와주고 있는 걸 보는 그리스인들의 마음은 어땠을까? 시리아, 팔레스타인, 이집트 같은 동방의 그리스도교인들은 그리스인들이 지난 3백 년 동안 고압적이고 거만한 자세로 그들의 문화와 신학 논리를 강요한 데 대해 앙심을 품고 있었으며, 민족의 독립을 염원하고 있었다.

비잔틴 제국은 콘스탄티노플에 기반을 둔, 황제 주변의 소수 그리스인들에 의해 운영되는 매우 폐쇄적이고 중앙집권적인 권력체계를 가지고 있었다. 이들은 제국 내의 모든 백성들에게 무거운 세금을 부과하는 한편, 피정복 민족들이 가진 문화적인 다양성을 인정할 줄 몰랐다. 황제 테오도시우스(Theodosius, 재위 379~395)는 이보다 한술 더 떠서 제국을 모든 면에서 하나로 통일하려는 노력을 기울였다. 황제는 속세에서 예수 그리스도를 대리하는 존재로 격상되었으며, 그의 정책은 신성한 종교적 입법의 모양새를 띠었다. 언어만 해도 아르메니아어, 아람어, 시리아어, 이집트어, 아랍어 등이 다양하게 쓰였지만, 제국의 행정 공용어는 그리스어로 통일되었으며, 관리의 길로 나서려는 사람은 무조건 그리스어에 능통해야 했다. 하지만 동방의 그리스도교인들은 그들만의 언어를 가지고 있었을 뿐 아니라 오랜 세월 동안 고유한 지역적 종교 전통을 발전시켜 왔다. 따라서 교회 건축물이나 각종 성상의 표현 방식이 그리스인들과 다를 수밖에 없었고, 무엇보다도 이들의 순박하고 단순한 종교의식은 화려하고 거창한 그리스 의식과 상당한 거리가 있었다.

비잔틴의 그리스인들이 가장 통일시키려 노력한 부분은 신학적인 논리였다. 물론 동방의 그리스도교인들 역시 이 점에서는 한치의 양보도 있을 수 없었다. 콘스탄티누스 황제가 새로운 수도에 제국의 기틀을 마련한 직후, 제국은 이집트의 수도자 아리우스(Arius)에 의해 시작된 신학 논쟁으로 인해 걷잡을 수 없는 혼란에 빠지고 말았다. 325년 콘스탄티누스는 니케아에서 첫번째 종교 공의회를 개최하여, 아리우스의 주장을 이단으로 규정했다. 우리는 비단 아리우스의 주장뿐 아니라 그후에도 여러 형태로 고개를 들었다가 결국 이단 판정을 받게 되는 수많은 주장들을 통해 이들 동방의 피정복민들이 그리스 지배자들에 대항하여 품고 있던 민족 독립을 향한 외침을 듣게 된다.

이런 이단 논쟁들로 인해 로마, 알렉산드리아, 안티오크, 콘스탄티노플 등의 총주교구도 서로 심각한 갈등에 휘말렸다. 예루살렘은 431년이 되어서야 총주교구로 격상되었으므로, 비교적 이런 이단 논쟁에서는 떨어져 있었지만, 아무래도 이런 논쟁에서 불어오는 종교적, 정치적 바람까지 피할 수는 없었다. 예루살렘의 그리스도교 지도자들은 모두 콘스탄티노플에 있는 총주교에 의해 임명되었으므로 이들은 논쟁이 있을 때마다 황제의 편에 서 있었다. 하지만 팔레스타인에 거주하는 피정복민들, 즉 아람어나 시리아어를 쓰는 대부분의 일반 신자들은 자신들 지역 교회의 정서나 요구에 전혀 관심을 기울이지 않는 그리스인 주교들을 증오했다. 이런 갈등구조는 그후에도 시간이 흐르면서 두고두고 팔레스타인의 그리스도교인들을 괴롭혔으며, 오늘날까지도 남아 예루살렘에 있는 교회들에 고통을 주고 있다.

이런 신학적 논쟁의 근본 문제는 예수 그리스도가 누구냐 하는 의문이었다. 그리스도교는 예수가 부활했다는 믿음 속에 태어난 종교였다. 하지만 신자들은 그가 죽은 뒤 얼마 안 있어 바로 논쟁을 벌이기 시작했다. 과연 그는 누구였는가? 그와 하느님과의 관계는 무엇인가? 확실히 구원을 받으려면 누구를 믿어야 하는가? 이런 신학적 의문에 대한 답은 가지가지일 수밖에 없었다. 신학자들이 논쟁하는 중에 여러 파벌이 생기기 시작했고, 총주교구인 대도시들도 각각 입장이 달랐다. 오늘날엔 신학을 공부하는 학자들 몇몇 이외엔 이런 논쟁들이 왜 일어났는지 알 리가 없을 뿐더러 관심을 가질 사람도 별로 없다. 하지만 그 당시엔 이런 신학적인 추론들이 마치 오늘날 우리들이 당일의 운세나 정치면에 관심 갖는 정도에 못하지 않게 대중들의 관심을 끌었다. 4세기 후반의 교회 지도자 니사의 그레고리우스(Gregorius)는 콘스탄티노플을 방문한 기록에서 보통 사람들이 이런 오묘한 신학적 논리에 열광하는 데 대해 놀라움을 금치 못하고 있다.

어떤 사람에게 이 물건이 얼마냐고 물으면, 사람과 신의 차이에 대해 떠들기 시작한다. 또 다른 사람에게 이번엔 빵 값이 얼마냐고 물어도, 하느님 아버지가 아들 예수보다 더 위대하며, 아들은 아버지의 아래에 있다는 대답을 듣게 된다. 마찬가지로 여관에서 목욕 준비가 다 되었냐고 물어도, 아들 예수가 무(無)에서 창조되었다는 대답뿐이다.

이집트의 신학자 아리우스는 예수의 신성이 하느님과 같은 정도는 아니며 비슷할 뿐이라고 주장하여, 이집트의 그리스도교인들을 사로잡았을 뿐 아니라 제국의 북부 지방으로까지 급속히 영향을 미쳤다. 그의 주장에 따르면, 아들 예수는 삼위일체(三位一體, Trinity)✢에서 아버지 하느님보다 한 수 아래에 있다는 결론에 이르게 되었다. 만일 아리우스를 그대로 놔둔다면 이집트인들은 콘스탄티노플의 주교들이 가르치는 바와 다른 교리를 타지역에도 확산시킬 염려가 있었다. 따라서 325년, 콘스탄티누스 황제는 이런 정치적인 말썽의 불씨를 끄기 위해 니케아에 주교들을 불러모아 이 문제를 해결하도록 했다.

✢ 하느님과 예수와 성령, 다시 말해 성부(聖父, Father), 성자(聖子, Son), 성령(聖靈, Holy Spirit)이 불가분의 동등한 관계이면서 하나라는 교리. 니케아 공의회 이후 정식으로 확정된 교회의 공식 입장이다.

그 공의회에서 황제의 편에 선 서방의 주교들은 아리우스가 그리스도와 하느님과의 심오한 형이상학적 관계를 너무 단순하게 왜곡했다고 비난하면서 그리스도는 하느님과 동일한 존재이며, 아들 예수가 아버지 하느님과 같은 신성을 지니고 있다고 판결했다. 이 판결이 니케아의 신앙이라 불리는 정통파(Orthodox) 교리가 되어, 이후 여기에서 약간만 벗어나도 모두 이단으로 지적되어 바로 저주를 받게 되었다. 그후 2백 년 동안 팔레스타인, 시리아, 이집트의 그리스도교인들은 황제가 밀어주는 정통파 교리와 알렉산드리아나 안티오크, 심지어 때로는 콘스탄티노플의 총주교까지 지지하기도 하던 색다른 이단적 교리 사이에서 갈등과 고통을 감내해야만 했다. 이 말썽 많고 흥미로운 기간 중에 일반 신자들은 누구를 믿어야 할지, 어떤 교리를 믿어야 할지 오락가락할 수밖에 없었다.

이런 신학 논쟁 가운데 가장 파문이 컸던 것은 5세기에 있었던 단성론(單性論, monophysitism) 논쟁이었다. 아리우스의 주장 이상으로 동방의 그리스도교인들의 공감을 얻는 데 성공했던 이 교리는, 사실 콘스탄티노플에서 태동하여 안티오크에서 지지를 받고 결국 동방으로 퍼져 나가 페르시아와 메소포타미아 그리스도교인들의 주요 교리로 자리잡은 또 다른 이단 네스토리우스(Nestorius)의 주장에 대한 반발로 생겨난 것이었다. 네스토리우스는 예수 그리스도에게서 신성보다 인성이 더 중요하다고 강조한 반면, 단성론자들은 그리스도가 오로지 신성만을 가지고 있다고 주장하며, 예수의 인간적인 모습은 겉으로 보이는 모습일 따름이라고 말했다. 불과 몇 십년 만에 이 단성론은 아르메니아와 이집트 교회의 지배적인 교리가 되었다. 5세기 시리아의 성직자 야코부스 바라다이우스(Jacobus Baradeus)는 시리아인들과 바누 가산(Banu Ghassan)이나 바누 타기브(Banu Taghib) 같은 아랍의 토착 부족들에게 이 단성론을 전파했으며, 훗날 이 신도들은 야코부스파(Jacobite)라는 이름으로 불리며 명맥을 유지했다. 6세기 초에 아랍인들이 쳐들어오기 전까지 대부분의 동방 그리스도교인들은 단성론 교리를 믿고 있었다. 이 단성론은 예수의 인성과 신성을 똑같이 강조하는 정통파 그리스도교인들에게는 귀에 거슬리는 이단이었지만, 오히려 무슬림들에겐 어색하지 않은 주장이었다. 왜냐하면 무슬림들 역시 (혹자는 무함마드가 단성론 전도사의 영향을 받았다고도 한다) 세속에 내려온 예수 또한 무함마드에 앞서 신이 보낸 또 하나의 예언자로서 평범한 인간의 한계를 넘어선, 고통과 죽음으로부터 자유로운 존재라고 믿었기 때문이다.

451년, 정통파 주교들은 칼케돈에서 열린 제4차 종교 공의회에서 이 단성론자들을 정면 공격했다. 정통파는 그리스도에겐 인성과 신성이 신비한 공동체를 이루며 각각 섞이지 않은 상태로 공존한다고 주장했다. 예루살렘에서는 이단 판정 소식을 들은 단성론자들이 폭동을 일으켜 정통파 주교가 도망가는 사태가 벌어지기도 했다.

예루살렘이 이단 논쟁 때문에 소란을 겪은 건 이번이 처음은 아니었다. 이미 서기 2세기에는 또 다른 이단인 에비온파(Ebionite)들로 인해 말썽이 난 적도 있었다. 이들은 유태인 그리스도교 신자들의 정신적 후계자들로서 전통 유대교 의식을 지켜나가며, 예수의 메시아적 면모보다는 도덕적인 면모를 강조하는 무리들이었다. 또한 3세기에는 그 유명한 신학자 오리게네스 역시 이교도 그리스 사상을 근간으로 하는 듯한, 그리고 예수의 부활 자체를 의심하는 듯한 이성적인 강연을 하여 정통파 지도자들에게 비난을 받기도 했다. 오리게네스의 강연에 대해 얼마나 말이 많았는지, 알렉산드리아 출신의 예루살렘 주교 데메트리우스(Demetrius)는 그를 교회 지도부로 불러들여야만 했다. 또 한번은 5세기 초에 예루살렘을 방문한 신학자 펠라기우스(Pelagius)가 제롬과 논쟁을 벌이기도 했는데, 제롬은 정통파 주교들 입맛에 맞는 보수주의자답게 펠라기우스가 인간의 부패와 타락을 가볍게 보고 인간의 도덕적 자유를 지나치게 강조한다고 비난했다. 설상가상으로 고집불통인 예루살렘의 주교 요한네스가 오리게네스나 펠라기우스의 입장을 변호하고 나서면서 베들레헴을 기반으로 하는 제롬 학파와 부딪치자, 이런 논쟁은 더욱 불이 붙었다. 전해오는 바에 따르면 그후 한참 동안이나 예루살렘과 베들레헴의 그리스도교인들은 서로 말도 안 하는 사이였다고 한다. 아마 제롬이 예루살렘도 그 어느 속세의 도시와 다를 바 없이 매춘과 연극과 광대들이 판을 치는 곳이라고 깎아내렸던 이유는 바로 이런 신학 논쟁 때문이었는지도 모른다.

아리우스를 따르는 이단들도 성지에 많았다. 베들레헴에서 동쪽으로 8킬로미터 거리에 있는 사막의 동굴에 기거하던 존경받는 수도자 성 사바스(St. Sabas)가 유스티니아누스 황제를 설득해 아리우스파를 쫓아내게 했을 때, 그는 신경써서 팔레스타인에 있는 수많은 단성론자들에게 피해가 가지 않게 했다. 유스티니아누스의 황후 테오도라(Theodora)가 단성론자들에 대해 동정적이었기 때문이다. 테오도라는 신학적인 면에서는 예루살렘의 정통파들에 대항, 그리스도 단성론을 열렬히 전파하던 신심 좋은 황후 에우도키아의 전철을 따랐던 것 같다.

이와 같이 예루살렘의 그리스도교 사회는 아랍인들의 침공이 있기 직전까지 혼란에 빠져 있었다. 638년, 무슬림 정복자들에게 문을 열어 항복했던 예루살렘의 총주교 소프로니우스는 그후 단성론에서 파생된 또다른 이단으로서 팔레스타인과 시리아에 폭넓게 퍼져있던 단일의지론(Monothelitism)✛과 싸우는 데 남은 여생을 보냈다. 소프로니우스는

✛ 예수는 인간이자 신으로서 활동을 하지만, 의지는 하나뿐이라는 주장이다.

이들 이단들이 예루살렘의 교회에 발을 들여놓지도 못하게 했을 뿐 아니라 기회가 닿는 대로 이들을 감옥에 집어넣음으로써 정통파들 사이에서는 영웅 대접을 받았다.

그리스 정통파들과 동방의 본토박이 단성론자들 사이의 충돌은 예루살렘 및 팔레스타인, 시리아 전역에서 계속되었다. 그러나 티레, 아크레, 카이사리아, 야파 또는 가자와 같은 전략적 해안 도시는 조용했다. 이런 곳에는 황제의 군대가 주둔하고 있어 본토박이 그리스도교인들은 황제의 입장에 따르지 않을 수 없었으며, 따라서 단성론자들은 이들을 경멸하여 왕의 하수인들이란 뜻으로 멜키트(Melkite)라 불렀다.

614년 봄, 페르시아 사산 왕조 호스로우 2세(Khosroes II)가 파견한 페르시아군은 안티오크(611년)와 다마스쿠스(613년)를 점령한 후 팔레스타인에 침공, 4월 말에는 예루살렘을 포위했다. 1천 년 전에 있었던 그리스인들과 페르시아인들의 전쟁에선 그리스인들이 승리하여 소위 아시아의 미개인들로부터 서방의 문화를 보존했었다. 그러나 이제 천년이 지난 뒤 유태인이나 사마리아인, 아르메니아인, 시리아인, 그 밖의 다른 아시아인들이 보기엔 페르시아인들이 관용을 베풀 줄 모르는 그리스인들로부터 자신들을 해방시켜 주러 온 듯이 느껴졌다. 유태인들과 사마리아인들은 예로부터의 적대감을 버리고 함께 협력하여 페르시아인들을 갈릴리에서 비잔틴 해군의 전략 거점 카이사리아로 안내하고, 또 그곳에서 내륙 예루살렘으로 안내하는 역할을 했다.

예루살렘은 해방의 값을 치러야 했다. 페르시아군의 포위는 19일 동안 계속되었는데, 항복한 뒤 도시는 폐허가 되었다. 교회가 털리고 불태워졌으며, 수도원들은 파괴되고, 사제들과 신자들이 발견되는 대로 학살되었다. 통틀어서 약 3만 5천 명이 죽음을 당했으며, 약 6만 명이 노예로 끌려갔다. 페르시아군은 예수부활 교회를 포함, 콘스탄티누스 황제의 유물 중 가장 귀중한 것들을 다 파괴했다. 베들레헴에 있는 예수탄생 교회가 파괴를 모면한 것은 페르시아인 의상을 입은 동방박사들이 갓 태어난 그리스도에게 선물을 전해주는 교회문의 모자이크를 보고 페르시아 병사들이 감동했기 때문이라는 전설도 전해진다.

그리스도교인들은 깊은 모멸감과 심한 충격을 받았다. 정통파 총주교 자카리아스(Zacharias)를 필두로 그리스도교인 포로들은 메소포타미아로 끌려갔다. 교회에 보관되어 있던 귀중한 유물들이 다 몰수되었는데, 특히 예수가 못 박혔던 성 십자가마저 빼앗기고 말았다. 이런 성스러운 물건들은 모두 네스토리우스의 교리를 믿던 페르시아 황후 메리엠에게 선물로 전해졌다. 조로아스터교를 믿는 페르시아였지만, 네스토리우스파 그리스도교인들은 황후의 보호 아래 안정적인 생활과 번영을 누리고 있었다.

한편, 유태인들이 정통파 그리스도교인들에게 복수하기 위해 페르시아인들로부터 이들 그리스 포로들을 사서는 지금의 야파 문 밖 마밀라 연못(Mamilla Pool) 자리에서 모두 학살했다는 슬픈 이야기도 전해온다. 동포들이 페르시아나 메소포타미아에서 얼마나 잘 대접받고 사는지 알고 있던 예루살렘의 유태인들은 이 조로아스터교인들에게 도시 행정을 자기들에게 넘기라고 청원했다. 그리하여 그후 짧지만 몇 년 동안이나마 예루살렘은 느헤미야라는 역사적인 이름을 가진 유태인을 정점으로, 다시 그들의 도시가 되었다. 하지만 얼마 안 가 팔레스타인과 시리아를 지배하는 데 지역 그리스도교인들의 협조가 필요하다는 걸 간파한 페르시아인들은 예루살렘의 경영을 다시 단성론자 그리스도교인들에게 돌려주었다. 콘스탄티노플의 비잔틴 제국은 이런 유태인들의 배반을 잊을 수도 용서할 수도 없었으며, 얼마 후 제국 군대가 다시 힘을 길러 페르시아인들에게 역공세를 취할 때, 보복의 칼날을 휘두르게 된다.

결국 페르시아인들은 정통파 그리스도교인들이 교회와 수도원을 다시 짓는 것을 허락했다. 이 과업은 모데스투스(Modestus)라는 수도사가 진두에 나서 지휘했는데, 그는 '시온의 복구자'라는 별명을 얻기도 했으며 나중엔 예루살렘의 총주교에 오르기도 했다. 페르시아인들의 예루살렘 통치는 불안한 가운데 계속되었다. 그들은 이 지역에서 전투에 승리, 패권을 잡았지만 아직 그리스인의 세력이나 콘스탄티노플의 힘도 그대로 남아 있었다. 그리스인들이 볼 때, 예루살렘과 성 십자가를 빼앗긴 건 반드시 복수를 해야 할 불경스런 사건이었다. 따라서 호전적인 성격의 새로운 황제 헤라클리우스는 동방 그리스도교 지역을 다시 재정복하기 위한 계획을 수립했다.

622년에 전쟁을 일으킨 헤라클리우스 황제는 교묘한 전술로 페르시아의 수비를 뚫으며 메소포타미아 깊숙한 곳까지 침공하는 데 성공했다. 627년, 페르시아의 수도 니네베가 함락되었으며, 후에도 계속된 승리를 통해 결국 페르시아인들은 시리아나 팔레스타인, 이집트뿐 아니라 메소포타미아 일부까지도 포함하는 지역을 다시 다 돌려주기로 하는 평화안에 동의하지 않을 수 없게 되었다. 630년, 그리스인들은 예루살렘을 회복하고 성 십자가도 되찾아 자존심을 만회했다. 이날의 기쁨을 기념하기 위해 올리브 산 맞은 편의 황금문에서부터 폐허가 된 예수부활 교회까지 정통파 주교들이 그 십자가를 들고 도시를 가로지르는 엄숙한 행진을 했다.

하지만 이 기쁨도 잠깐이었다. 불과 8년 만에 비잔틴군은 이번엔 무슬림들에 의해 예루살렘에서 쫓겨나고, 이후 중동 지역의 모습은 완전히 바뀌고 말았다.

5. 신의 뜻입니다!

> 그리스도를 지키기 위해 나서라. 이제껏 반목에 빠져 있던 자들이여, 그 힘을 이교도들을 물리치는 데 써라. 도둑질 하던 자들이여, 군인이 되어 정의로운 전쟁에 참여하라. 이제 거룩한 무덤을 향해 떠나자. 사악한 무리들로부터 성지를 되찾아 너희들의 것으로 만들어라. 바로 젖과 꿀이 흐르는 곳, 예루살렘으로 가자.
>
> ─ 1095년, 교황 우르바누스 2세가 클레르몽 종교회의에서 한 연설 중에서(이 연설은 "신의 뜻입니다!"(불어로 Dieu lo vult)라고 외치는 열광적인 청중들의 고함소리 때문에 자주 중단됐다고 한다)

633년, 아랍인들은 가자 근방 팔레스타인 땅으로 쳐들어 왔다. 그리고 5년이 지난 뒤, 포위된 예루살렘은 배고픔을 견디다 못해 이들에게 항복했고, 그후 약 350년 동안 팔레스타인에는 그리스도교 지배자가 얼씬도 하지 못했다.

이때 그리스인 총주교 소프로니우스는 무함마드의 후계자, 즉 칼리프 우마르('Umar) 이외엔 그 누구에게도 항복하지 않겠다고 고집했다. 이미 예루살렘이 무슬림들에게도 종교적으로 중요한 곳임을 인식하고 있던 우마르는 그의 요청에 응했다. 다음은 전설로 전해오는 그날의 모습이다. 두 사람은 같이 올리브 산에 올라갔다. 총주교는 땅에 닿을 정도로 긴 옷자락을 질질 끌며 나귀를 탔고, 칼리프는 엉성하게 누빈 전투복을 걸쳐입은 채 자신이 아끼는 흰 낙타를 탔는데, 둘은 산꼭대기까지 함께 올라갔다. 두 사람 사이에 어떤 말이 오갔는지는 알 수 없지만, 분위기는 화기애애했던 것 같다. 산에서 내려온 뒤 총주교는 성전 산에서 시작하여 예루살렘을 한바퀴 돌며 안내를 해주었다. 일반 그리스도교인들은 아랍의 이교도가 이런 성스러운 장소에 서 있는 것을 슬픈 눈으로 바라보면서 예언자 다니엘의 말을 떠올렸다. "파괴자의 우상이 있지 못할 곳에 함부로 서 있다."

하지만 우마르 역시 성전 산이 파괴된 채 버려진 모습에 충격을 받았다. 성전의 문들은 앞서 있었던 페르시아인들의 정복 때 생겨난 무너진 돌들과 파편들로 꽉 막혀 있어서 도저히 성전 안쪽으로 들어갈 수조차 없었다. 우마르는 손수 앞에 있는 돌들을 치우가며 겨우 돌무더기 사이로 좁은 길을 내어 네 발로 기다시피 성전 안으로 들어갔다. 비단 옷을 입고 금줄을 차고 있던 총주교도 정중히 기어서 따라갔다. 성전 안쪽의 평평하게 트인 공간에 이르른 우마르는 또 한번 소스라치게 놀랐다. 그리스도교인들은 나락에 빠진 유대교에 대한 경멸의 표시로 성전 내부에서도 가장 신성한 곳에 쓰레기를 쌓아 놓았던 것이다. 우마르는 즉각 이 쓰레기들을 치우도록 했으며, 그 결과 유태인들에게 영원한 존경을 받게 되었다.

성전 산에서 내려온 두 지도자는 북쪽으로 향했는데, 페르시아인에 의해 심하게 손상되었던 예수부활 교회 밖에 도착했을 때쯤 무슬림들의 대낮 기도시간이 되었다. 무함마드의 후계자인 우마르의 종교적 권위에 대한 경의를 표하고 싶었던 소프로니우스는 그에게 교회 안에 들어가 같이 기도하자고 했다. 전설에 의하면 우마르는 점잖게 거부하며, 만일 그렇게 하면 그의 추종자들이 그 교회를 접수하여 이슬람 사원으로 만들 거라고 대답했다고 한다. 우마르는 교회에서 몇 백 미터 물러나 땅바닥에 깔개를 깔고 기도를 시작했다. 이 자리는 지금의 성묘 교회 남서쪽에 위치해 있는데, 무슬림들에게 성스러운 곳으로 여겨지다가 935년에 이슬람 사원이 들어섰다. 오늘날 이곳은 수단(Sudan)인 경비원들이 입구를 지키는 무슬림들만이 들어갈 수 있는 곳이 되었다.

우마르의 자비로운 모습에 대한 전설은 입에서 입으로 전해져 오면서 이슬람법상 '경전의 사람들'이란 명칭으로 보호를 받게 되어 있는 그리스도교인들 및 유태인들에 대해 무슬림들이 관대하다는 사실을 강조하는 본보기가 되었다. 그리스도교인들이나 유태인들은 모두 이슬람 경전 『코란』에 명시된 대로 무슬림보다 낮은 지위임을 인정하는 인두세(지스야jizya)를 내야만 했다. 이런 인두세는 보통 무슬림 군대가 자신들을 보호하는 데 필요한 경비로 충당되었다. 많은 비(非)무슬림들이 인두세를 싫어한 건 사실이지만, 과거 비잔틴 제국 당시의 세금에 비하면 그리 큰 부담은 아니었다.

무슬림 시대의 도래는 이 지역에 새로운 종교를 가진 지배층을 가져왔지만, 그래도 팔레스타인에 사는 유태인들이나 그리스도교인들의 생활은 기본적으로 별로 변한 게 없었다. 물론 그들은 보호대상으로 분류되었기 때문에 무기를 가질 수는 없었지만, 아무런 간섭을 받지 않고 일도 하고 여행도 할 수 있었으며, 특히 그들 방식대로 종교의식을 행할 수 있었다. 단성론 그리스도교인들이나 유태인들, 사마리아인들 입장에서 보면 무슬림 지배는 보기 싫은 그리스 정통파 그리스도교 지배자들로부터 자유를 가져다 준 것이었다. 더구나 무슬림 당국은 각각의 민족 종교적 집단에 반(半)자치국 지위를 부여하여, 자유롭게 자기들이 선출한 지도자 아래 자치생활을 할 수 있게 허용했다. 그리하여 단성론자들이나 그외 다른 그리스도교 이단 집단들은 처음으로 합법적인 자치사회를 이룰 수 있게 되었다.

무슬림들이 그리스 주민들을 관대하게 다룬 이유는 아직 막강했던 비잔틴의 군사력을 의식, 괜히 지역 내의 그리스인들을 학대해 비잔틴 제국을 자극하지 않으려는 현실적인 동기 때문이었다. 이런 우려를 제외하면 무슬림 지도자들은 진심으로 그리스인들을 흠모했는데, 특히 상업, 미술, 법, 의약 등 각 분야에 걸친 그리스인들의 앞선 문화를 흡수하려 노력했다. 따라서 그리스인들은 우마이야(Umayya) 칼리프 궁정에서 높은 위치에 오를 수 있었으며, 칼리프들은 모두 그리스인 고문을 두었다. 칼리프 아브드 알 말리크('Abd al-Malik, 재위 685~705)는 그리스 건축가 및 기술자를 고용하여 성전 산에 있는 아브라함이 제사를 지낸 자리에 바위 돔 사원(Dome of The Rock)이라는 멋진 이슬람 사원을 짓게 했다. 이 사원은 콘스탄티누스 황제가 지은 예수부활 교회를 모방했지만, 더 큰 규모를 자랑했으며 그 내부는 『코란』이 적힌 비잔틴식 모자이크로 현란하게 꾸며졌다.

　　그리스도교인들은 때때로 박해를 받기도 했지만, 이건 몇몇 칼리프들의 개인적 편견 내지 취향 때문이었지 국가 정책의 변화 때문은 아니었다. 우마이야 칼리프조 말기, 아브드 알 말리크가 본토박이 그리스도교인들, 특히 시리아의 단성론자들 및 아랍 사막에 사는 가산(Ghassan) 부족들에게 이슬람으로 개종할 것을 강요할 때부터 말썽의 소지가 엿보였다. 무슬림에 의한 정복 이후 100년 만에 시리아는 그리스도교 사회에서 무슬림 사회로 바뀌어 있었다. 아랍어가 일반 대중들 사이에 고유의 시리아어 및 아람어를 대신했으며, 행정어로서도 그리스어와 동등한 위치로 올라와 있었다. 시리아와 팔레스타인에 사는 많은 본토박이 그리스도교인들은 이미 이슬람으로 개종하는 게 경제적으로나 정치적으로 편리하다는 것을 느끼고 있었다. 한편 무슬림 시대가 된 후 많은 무슬림들이 동쪽의 아라비아반도에서 시리아 및 팔레스타인으로 이주해 왔다. 하지만 팔레스타인은 11세기 말 제1차 십자군 전쟁 직전까지도 여전히 정통파 그리스도교 그리스인들이 인구의 대부분을 이루고 있었다. 특히 예루살렘, 베들레헴, 나자렛 등은 거의 완전히 그리스도교인의 도시라고 할 수 있었다.

다마스쿠스를 기반으로 한 우마이야 칼리프조는 약 100여 년 지속되다가, 750년 바그다드를 중심으로 한 아바스(Abbas) 칼리프조에 의해 무너졌는데, 이 아바스조는 종교적으로 보수적이었기 때문에, 범세계주의적인 우마이야조에 비해 문화적 다양성에 대해 관대하지 못했다. 권력 기반인 바그다드 자체가 팔레스타인으로부터 멀리 떨어져 있어서 그런지, 이들은 팔레스타인 민족들에 대해 별 관심이 없었으며, 그 결과 수십 년 동안 혼란이 가중되었다. 그리스도교인, 유태인, 무슬림 모두 양심 없는 무슬림 지방 장관들에 의해 착취 당하기 일쑤였다. 최악의 조직적인 그리스도교 박해는 칼리프 알 무타와킬(al-Mutawakkil, 재위 847~861)의 재임 중에 일어났는데, 그가 취한 조치들을 보면 이렇다. 그리스도교인들이나 유태인들은 말을 타고 다닐 수 없으며, 특별한 색의 옷을 입어야 했다. 그는 교회를 짓밟았고, 십자가가 대중 앞에 공개되는 것을 금했으며, 종교의식용 촛불을 켜거나 교회의 종을 치는 것까지도 못하게 했다. 게다가 그는 아랍어를 쓰는 모든 그리스도교인들에게 이슬람으로 개종할 것을 강요했으며, 정통파 그리스도교인들에게는 북쪽의 비잔틴 영토로 망명할 것을 권했다. 그 결과 많은 그리스도교인들이 비잔틴 제국으로 이주했으며, 이들의 고난 소식에 자극 받은 콘스탄티노플의 그리스인 권력층은 복수할 기회만 엿보게 되었다.

그리스도교 박해자로서 무타와킬에 버금가는 사람은 훗날 아바스 칼리프조에 이어 이 지역을 장악한 파티마(Fatima) 칼리프조의 칼리프 알 하킴(al-Hakim)이었다. 그는 정신분열증 조짐을 보이며 자기 어머니의 종교인 그리스도교에 대해 무시무시한 탄압을 가했는데, 1004년부터 1014년 사이에만 시리아 및 팔레스타인 지역에서 3만여 개의 교회를 약탈하고 잿더미로 만들었다. 그는 교회를 불 지르지 않을 땐 협상을 하여 그 지붕 위로 이슬람 사원을 짓게 했다. 1009년, 그는 매년 부활절마다 그리스정교 신도들이 거행하는 성화의식(Holy Fire ceremony)이 기분 나쁘다는 이유로 그 장소인 예수부활 교회를 파괴해 버렸다. 역사가 스티븐 런치만(Steven Runciman)에 의하면, '알 하킴이 자신을 신과 동격이라고 확신하고 나서야 박해는 겨우 멈출 수 있었다'고 한다. 그 이후 알 하킴은 심경에 변화가 일어, 교회 재건을 위해 자금을 대주는가 하면, 강요에 의해 이슬람으로 개종한 사람들에게 다시 그리스도교로 돌아갈 수 있도록 해주었다.

이렇게 그리스도교를 박해하는 칼리프가 있었는가 하면, 그리스도교인들이 고마워 할 정도로 관대했던 칼리프도 있었다. 이런 칼리프들 중 가장 유명한 사람은 바로 무타와킬의 할아버지인 아바스조 칼리프 하룬 알 라시드(Harun al-Rashid, 재위 783~809)였다. 하룬은 프랑스의 왕 샤를마뉴(Charlemagne)를 영원한 숙적 비잔틴에 대한 주요한 동맹자로서 여겼던 칼리프이다. 전설에 따르면, 하룬은 예수부활 교회의 열쇠들을 샤를마뉴에게 선물로 주며 그에게 예루살렘으로 순례올 것을 권하기도 했다고 한다. 샤를마뉴는 수많은 돈을 들여 키드론 계곡에 있는 라틴인들의 성모 마리아 교회를 포함해 수많은 교회를 새로 짓고, 오래된 교회들을 수리하는 등, 예루살렘 같은 성지를 위해 많은 공을 들인 걸로 잘 알려져 있다. 또한 그는 9세기에 들어서면서 그 숫자가 불어나던 서방의 순례자들을 위해 많은 숙소를 지었다.

10세기 말 비잔틴 제국의 국력이 다시 커지면서, 동쪽에 있는 옛 영토를 찾기 위한 계획이 현실화되었다. 마케도니아 출신의 호전적인 황제 니케포루스 포카스(Nicephorus Phocas, 재위 963~969)는 '사라센의 망치'라는 별명까지 얻었던 용병의 달인으로서, 시리아와 아르메니아, 메소포타미아 등지를 누비며 많은 영토를 탈환했다. 하지만 예루살렘 회복을 성스러운 의무라고 선언하면서도 이들은 애써 예루살렘까지 진군하려 하진 않은 채, 약탈할 것이 많은 해안 도시만을 노렸다. 예루살렘의 총주교 요한네스가 포카스 황제에게 어서 예루살렘 성지를 구해달라고 연락을 취하자, 예루살렘 주민들은 비잔틴의 그리스인들이 다시 돌아오는 것보다 무슬림들이 그냥 있는게 더 좋다고 느낀 나머지, 그 총주교를 끌어내 화형에 처해 버리는 어처구니 없는 일이 있기도 했다.

포카스 황제의 후계자는 그에 못지 않은 뛰어난 장군이자 포카스와 사촌이었던 요한네스 치미스케스(Johnnes Tzimisces, 재위 969~976)였는데, 포카스의 황후와 불륜관계를 맺은 끝에 포카스를 살해하고 황제가 된 인물이었다. 975년, 치미스케스는 포카스의 죽음으로 중단되었던 동방원정을 재개, 북쪽에서 팔레스타인을 침공하여 티베리아스와 나자렛을 점령하는 데 성공했지만, 예루살렘을 향해 남쪽으로 진격하는 대신 다시 북상하여 중요한 해안의 전략 거점들을 확보하는 데 그쳤다. 그리고 다음 해에 그가 갑자기 죽으면서 비잔틴 제국의 역공세도 끝나고 말았다. 그리하여 팔레스타인은 이교도들을 쫓아내고 성지를 수복하는 비잔틴의 '성스러운 의무'가 실패로 끝남에 따라 100년 가량 더 무슬림의 손에 남아 있게 되었다. 하지만 시간은 그리스도교인들의 편에 있었다. 1036년, 비잔틴 황제 미카일 4세(Michael IV)가 파티마조의 칼리프를 설득하여 성지 내에서 교회를 재건할 수 있게 되었으며, 예루살렘에 정통파 총주교를 다시 임명할 수 있는 권리를 되찾는 커다란 성과를 올렸던 것이다.

비잔틴 제국에 의해 시작되었던 그리스도교인들의 성전(聖戰)은 1

세기가 지난 뒤 프랑스인✢들에 의해 결실을 보았다. 1099년 프랑스인들의 공격이 있기까지 11세기 후반의 마지막 30년 동안, 예루살렘은 이집트를 근거로 하는 파티마조와 중앙아시아에서 일어난 셀주크 투르크 사이에서 각축의 장이 되어 주인이 여러 번 바뀌었다.

아랍의 팔레스타인 정복은 동방의 본토박이 그리스도교인들에겐 잘된 일이었는지 몰라도, 서방의 순례자들에겐 재앙이었다. 비싼 바다 여행의 고통을 마다 않고 떠난 순례자들은 동지중해 바다 한가운데서 벌떼같이 달려드는 아랍 해적들을 만나기 일쑤였고, 겨우 소아시아 해변에 도착한 뒤에도 팔레스타인으로 가는 육로여행에서 다시 도적들을 만났으며, 운좋게 해적이나 도적들을 피했다 해도 적대적인 눈빛의 무슬림 관리들을 상대해야 했다. 예루살렘에만 도착하면 일단 안전했지만, 거기에서 귀국하는 여정 또한 마찬가지로 힘든지라, 아예 그냥 예루살렘 근방의 수도원을 하나 골라 거기에서 여생을 마치는 경우도 많았다. 프랑스의 주교 아르쿨프(Arculf)는 아주 드문 예외에 속한다. 그는 670년에 예루살렘을 방문, 팔레스타인과 시리아 등지의 성지를 3년 동안 여행한 뒤 무사히 귀국해 팔레스타인 지역의 교회들이 다 건재하며 그리스도교인들도 자유롭게 신앙생활을 하고 있는 걸 보고 너무 기뻤다는 기록을 남기고 있다. 하지만 순례길은 점점 더 어려워져만 갔다. 870년, 베르나르(Bernard)라는 이름의 프랑스인은 '샤를마뉴 황제가 세운 교회들과 숙소들이 모두 건재하긴 하지만, 텅 비어있고, 점차 썩어가는 상태다'라는 글을 남겼다.

✢ 원래 저자는 십자군 시대의 프랑스인(French)을 프랑크인(Frank)이라고 표기하고 있다. 이는 프랑크 왕국이 분열된 후 십자군 전쟁 때까지는 아직 중앙집권화된 프랑스 왕국이 등장하기 전이어서 그런 것인데, 여기에서는 편의상 프랑스인으로 번역하였다.

10세기 후반, 비잔틴군은 동지중해상의 무슬림 해적들의 근거지를 소탕하여 상인들과 순례자들이 안심하고 다닐 수 있게 했다. 그러자 옛날처럼 수많은 선박들이 스페인이나 프랑스, 이탈리아의 항구를 떠나 소아시아와 성지를 향할 수 있었다. 게다가 성지까지 힘겹게 가는 열성의 대가로 죄사함을 받을 수도 있으며, 심지어 앞으로 지을 죄에 대해서도 용서를 받을 수 있다는 믿음 덕에 순례자들의 숫자가 늘어나게 되었다. 그리하여 성지로 향하는 선박 위에서는 사제들이나 농부들, 또는 영주나 귀부인들뿐 아니라 갖가지 죄명의 죄수들도 발견할 수 있었고, 이로 인해 유럽 각국의 감옥들이 텅 비게 되었다.

순례를 가는 또 다른 이유는 성스러운 유물 때문이었다. 보통 순례자들은 도중에 콘스탄티노플에 먼저 들러 거기에 보관되어 있는, 예수의 일생과 관련된 수많은 성(聖)유물들을 직접 봤다. 거기엔 예수가 썼던 가시면류관도 있었고, 예수가 입던 의복, 에데사(Edessa)에서 발견된 예수의 형체가 드러나 있는 옷자락, 성 루가가 그린 성모 마리아 초상화, 세례 요한의 머리카락, 그리고 엘리야가 걸치고 다니던 망토도 있었다. 순례자들은 남들이 가져온 이 모든 성스러운 물건들을 두 눈으로 확인한 뒤에 팔레스타인을 향해 떠났다. 자기들도 그곳에서 일생을 마친 수많은 성인, 성녀, 순교자들이 남겼을 법한 유골이나 혹은 유품 한조각을 찾아보겠다는 희망에 젖은 채로 말이다.

그리고 그렇게 순례를 온 사람들은 잘만 하면 성자의 유품을 들고 고향으로 돌아가 교회나 수도원에 모시는 영광을 누릴 수 있었는데(사실 대부분의 사람들은 성자의 유품을 팔아 이익을 챙기는 장사꾼들 덕에 그런 영광을 누릴 수 있었다), 주위의 이웃들도 그런 모습이 부러운 나머지 성지로 떠나게 되었다. 역사학자 스티븐 런치만의 설명을 들어보자.

모리엔(Maurienne) 출신의 귀부인이 순례길에서 세례 요한의 엄지손가락을 가지고 돌아오자, 그녀의 친구들은 모두 자기들도 순례에 올라 사마리아에 있는 그의 시신과 다마스쿠스에 있는 그의 머리를 보고 싶은 충동에 사로잡혔다. 순례자들은 모두 성혈(聖血)이 담긴 작은 병이든, 십자가 한 조각이든 간에 가리지 않고 성스러운 유품을 얻고자 순례길에 올랐다. 이런 순례가 잦아지면서 서방에 세워진 교회에도 동방의 성인들 이름이나 예수의 무덤에서 따온 이름이 붙여졌다. 그리고 이런 경우 교회 수입의 일부가 그 이름을 따온 거룩한 순례지로 보내지곤 했다.

사실 런치만이 묘사한 당시의 실태는 오늘날에도 예루살렘에 있는 열혈 신도들에게서 볼 수 있는 풍경이다. 다만 이들은 성스러운 유골을 찾는 대신 특별한 축복을 받은 촛불이나 올리브 나무로 만들어진 십자가 따위에 만족할 수밖에 없고, 이런 것들을 고향으로 가져가서 자신들과 자신의 가정, 또는 자기 나라를 예수가 태어난 곳과 영원히 연결시키려 한다는 차이가 있을 뿐이다.

기념물을 모으는 관행은 11세기 후반까지 계속되더니, 결국은 교황과 귀족들 및 기사들이 나서서 이런 성스러운 유물들에 중요한 의미를 준 바로 그 성지를 회복하려는 움직임으로 발전했다. 이런 움직임, 즉 십자군 운동은 중동 역사에 있어서 빼놓을 수 없는 한 장(章)이 되었다. 11세기 말에서 13세기 말까지 2백 년에 걸친 기간 동안, 끊임없이 유럽에서도 영향력이 있던 귀족들, 수많은 자치도시의 시민들, 그리고 셀 수 없을 정도로 많은 농민들까지 모두 십자군의 대열에 합류했다. 칼과 금속 투구를 쓴 이들은 그리스도의 무덤을 되찾을 목적으로 이교도 무슬림들과 싸우기 위해 동쪽으로 몰려갔다.

그 이전에도 또 그 이후에도 이 정도로 격렬한 성지 쟁탈전은 없었다. 십자군은 북프랑스의 조그만 마을 교회에서 출발해 콘스탄티노플로 그리고 그곳에서 안티오크를 거쳐 예루살렘으로 가는 여정 동안 무수한 피를 보았다.

십자군들은 그냥 프랑스군이라고 불릴 정도로 프랑스 출신들이 대부분이었으며, 따라서 당연히 프랑스인다운 기질을 보여주어, 용감하고 경건하지만 편협할 뿐 아니라 때에 따라 잔인한 행동까지 서슴없이 저질렀다. 그들은 중동 어느 곳이든 정복하고 나면 성과 로마네스크 양식의 수많은 교회들을 세웠지만, 오랜 세월 동안 다스렸음에도 불구하고 이런 눈에 보이는 흔적 외에는 별다른 문화적 업적을 남기지 못했다.

십자군의 정복으로 말미암아 수많은 유럽인들이 성지로 순례를 떠날 수 있었다. 그 결과 예루살렘에 대한 신성한 의무감이 고취되는 한편, 이탈리아의 해상 무역이 크게 재미를 보았다. 그러나 그리스인, 아르메니아인, 야코부스파(Jacobite), 그리고 동방 그리스도교인들 입장에서 보면, 이런 무리들은 차라리 그냥 고향에 가만히 있는 편이 나았다. 서방에서 온 라틴 그리스도교인들은 성지에 사는 사람들에겐 너무나 거만하고, 촌스러웠으며, 잔인한 데다가 성지인들에 대한 배려가 너무 없었다. 뜨내기 프랑스인들에겐 동방 그리스도교인들의 언어나 복장, 그리고 종교의식 따위는 아무런 의미가 없었던 것이다.

하지만 사실 프랑스인들을 불러들여 말썽을 자초한 건 동방의 그리스도교인들이었다. 비잔틴 제국의 황제 알렉시우스 콤네누스(Alexius I Comnenus, 재위 1081~1118)가 먼저 십자군 파견을 요청하지 않았더라면 프랑스인들이 그런 먼 길을 떠날 생각을 처음부터 하지 못했을 것이 분명하기 때문이다. 11세기 후반, 비잔틴의 소아시아 영토 대부분을 점령하고 콘스탄티노플마저도 위협하던 셀주크 투르크에게 시달리던 황제 알렉시우스 1세는 교황 우르바누스 2세(Urbanus II)에게 편지를 보내, 이들에 대항하기 위해 군사력 강화가 필요하며, 교황이 자원부대를 모아 파견해 주면 도움이 될 거라는 요청을 했다. 하지만 1096년, 첫번째 십자군이 콘스탄티노플에 도착했을 때 알렉시우스는 이미 자체 병력만으로 승전을 올려 셀주크 투르크의 야망을 한풀 꺾은 뒤였다. 물론 교황이 보낸 기사들이 겨우 비잔틴 제국의 국방력을 강화하러 먼 길을 온 건 아니었다. 그들에겐 예루살렘의 정복이라는 더 큰 목표가 있었다.

프랑스 출신이자 로마 가톨릭의 수장인 교황이 그리스정교✝의 황제를 돕고자 하는 데는 여러 이유가 있었다. 1054년에 발생한 교회 대분열(Great Schism)은 그리스도교를 라틴과 그리스 양쪽으로 갈라놓았으며, 극심한 교리 논쟁 속에 그리스인들은 교황을 우두머리로 인정하지 않고, 또 교황은 콘스탄티노플의 총주교를 파문시키는 사태에까지 이르렀다. 우르바누스 교황은 만일 자신이 투르크 세력을 몰아내는 데 도움을 주면 알렉시우스 황제가 빚을 지는 셈이 되어 교황의 권위를 다시 인정

✚ 콘스탄티누스 황제가 행정수도를 옛 그리스 식민지인 비잔티움으로 옮겨, 콘스탄티노플로 개명한 뒤 전통적인 교황인 로마의 주교와 황제의 힘을 업은 콘스탄티노플의 총주교는 묘한 경쟁관계에 들어가게 된다. 양측은 이탈리아인(서방인)과 그리스인(동방인)이라는 차이 이외에도 각종 종교 의식 및 교리까지도 점점 차이를 보이기 시작하였다. 니케아 및 칼케돈 공의회 등까지는 서로 정통파 교리(삼위일체 및 반단성론 등)를 지지하는 양대축을 이루었으나, 북이탈리아를 점령한 게르만족(롬바르드족) 및 남이탈리아를 위협하는 무슬림들 사이에서 위기를 느낀 교황이 서기 800년의 크리스마스 날, 프랑크 왕 샤를마뉴에게 서로마 황제의 관을 씌우주면서 정치적인 이해관계까지 갈라지기 시작했다. 그후 교리 문제뿐 아니라 정치적으로도 급속히 사이가 냉각되다가, 1054년에 결국 비교적 사소한 일로 최종 분열하여 오늘날에 이르렀다. 여기서는 이제까지 '정통파'란 의미를 아리우스 및 단성론파에 대한 반대 개념으로 써왔으나, 이제부터는 로마를 중심으로 하는 가톨릭('전반적이다'라는 의미)과 그리스를 중심으로 하는 정교(그들 입장에서 로마에 대해 정통파라는 의미)로 분리하기로 한다. 콘스탄티노플 내지 그리스에서는 콘스탄티누스 황제 이후 황제가 정치 및 교회의 수장이라는 개념이 고착되어, 총주교의 존재에도 불구하고 황제의 종교적 위상이 계속 막강했다. 비잔틴 제국의 멸망 이후 근대에 들어서면서 러시아의 차르가 이런 역할을 자청하고 나선다. 한편, 16세기 초반 영국이 가톨릭에서 독립해 성공회로 분리되고, 대륙에선 종교개혁으로 개신교가 탄생해 급속하게 발전하자, 라틴은 그 의미가 축소되어 지도자나 대부분의 국민들이 로마 가톨릭을 신봉하는 나라들, 즉 프랑스, 스페인, 포르투갈, 이탈리아 등과 그 식민지들을 칭하는 말이 되었다. 스페인 및 포르투갈이 점령했던 남아메리카를 라틴아메리카라 하는 이유도 바로 이 때문이다.

하는 방향으로 나아가지 않을까 하는 기대를 하고 있었다.

또한 우르바누스 2세는 무슬림들이 동방 교회를 위협하는 데 대해 크게 걱정하고 있었다. 그는 이미 그리스도교인 군대가 시실리에서 무슬림들을 몰아낼 수 있도록 도움을 준 바 있었다. 비잔틴 제국은 동쪽에서 유럽을 보호해 주는 벽이었다. 만일 그 벽이 무슬림들에게 뚫린다면 한때 로마가 9세기에 그랬던 것처럼 이교도 무슬림들의 공격 대상이 될 터였다.

물론 우르바누스 2세가 가장 신경 쓴 점은 어떻게 하면 유럽 내에서 교회의 위상을 더 높이는가 하는 것이었다. 이미 수십 년에 걸쳐 유럽은 봉건영주들간의 국지적 분쟁으로 인해 피폐해져 가고 있었다. 따라서 교황은 이런 호전적인 영주들을 자신의 기치 아래 한데 모아 그리스도교 형제들로서 단합시켜, 그리스도교인들의 진정한 적을 공격하는 데 써야겠다고 생각했다. 무슬림들에게서 예루살렘을 해방시키는 일은 영적으로나 정치적으로나 유럽에 새로운 질서를 수립할 수 있는 성전으로 보였기에 교황에게 있어서는 매우 이상적인 전쟁이었다.

교황은 순례자들의 문제도 고려하지 않을 수 없었다. 소아시아의 패권이 셀주크 투르크로 넘어간 이후, 순례자들의 여행길이 순조롭지 못했던 것이다. 방어 능력이 없는 순례자들은 직접 공격의 대상이 되기도 했지만, 그게 아니라도 막중한 세금을 내거나 다른 고초를 당하기 일쑤였다. 우르바누스의 지지세력으로서 그가 이끌고 있는 유럽의 도덕혁신 운동에 앞장 서 있던 클뤼니(Cluny) 수도원 역시 성지순례를 장려하면서 예루살렘 탈환을 염원했다. 또한 클뤼니의 수도사들은 성지순례가 가지는 참회적인 성격을 강조했다. 이는 죄를 용서받기 위해 그리스도교 성지를 돌아보는 힘든 여행길에 오른다는 의미다. 스페인 산티아고(정식 명칭은 Santiago de Compostela이며, '사도 야고보'를 뜻한다—옮긴이)의 성 야고보(St. James) 교회나 로마에 있는 여러 교회들도 모두 순례자들이 즐겨 찾는 곳이었지만, 참회 여행에 성지보다 더 안성맞춤인 곳은 있을 수 없었다.

1095년, 프랑스 오베르뉴(Auvergne) 지방의 클레르몽(Clermont)이라는 작은 마을에서 열린, 별로 특별할 것 없는 한 회의에서 교황은 아무에게도 미리 알리지 않은 채 조용히 성전을 주창했다. 교황이 자신의 말이 어떤 결과를 가져오길 기대했는지는 알 수 없지만, 하여간 그의 연설에 대한 반응은 즉각적이며 엄청났다. 그건 마치 싸우기 좋아하는 유럽의 영주들이 이제껏 혐오스러운 무슬림들에 대한 전투 신호를 기다려온 것 같았다. 이제 겨우 몇 년에 걸친 기근을 딛고 살아남은 농부들도 예루살렘에 가는 교황의 군대에 낀다는 건 하느님께 한 걸음 다가갈 수 있는 절호의 기회라고 생각했다. "신의 뜻입니다!"라는 환호에 부응하려는 듯, 수많은 사람들이 옷에다 붉은 십자가 표시를 하고는 여행 차비를 했다.

스티븐 런치만은 첫번째 십자군 시기를 '희망의 시대'라고 부른다. 경건하지만 가난하고 아는 게 없던 유럽의 수많은 그리스도교인 대중들은 곧 심판의 날이 올 거라 믿고 있었다. 사람들은 기근이나 홍수 같은 자연재해를 마지막 심판이 다가온 신호로 보았으며, 따라서 곧 그리스도가 재림하고 천년왕국이 도래할 것이라 믿었다. 그러니 어서 참회를 해야만 했으며, 자기가 가진 걸 팔아 십자군에 참여하기 위한 식량과 무기를 사는 것 이상 더 좋은 참회 방법은 없었다.

영주들이 이끄는 대규모 군대가 정식 십자군으로 탄생하기도 전에 이미 농부들로 구성된 소규모의 열성파들은 자발적으로 모여 라인 강과 다뉴브 강을 건너 예루살렘으로 향했다. 이들 중 대부분이 하늘나라의 예루살렘과 세속의 예루살렘을 혼동하고 있음이 분명했다. 이스라엘의 역사가 요슈아 프라워(Joshua Prawer)에 의하면, 이들 농부들은 새로운 도시에 이르를 때마다 '저게 천상의 예루살렘이냐'고 물었다고 한다.

이런 민중 십자군을 이끈 지도자들 중 가장 유명한 인물은 은둔자 피에르(Pierre L'Ermite)✛이다. 그는 은둔자들이 입는 외투를 입고 다녀서 이런 별명을 얻었다. 피에르는 맨발로 다니거나 나귀를 타고 다녔는데, 그 나귀 역시 그 자신만큼이나 존경받았다고 한다. 그는 빵이나 육류 대신 물고기와 포도주를 먹었으며, 겉모습은 초라했지만, 그의 설교는 사람을 빨아들이는 힘이 있었다. 그는 그리스도의 무덤을 되찾자는 말과 함께 구원을 약속하여 북프랑스 및 남독일 지방에서만 약 2만 명에 달하는 사람을 끌어모았고, 이들을 인솔하여 발칸반도를 지나 콘스탄티노플로 향했다. 하지만 목적지에 도착한 사람은 거의 없었다. 이는 광신과 탐욕 때문이었다. 이미 여행 시작 전부터 피에르는 십자군 경비를 짜내기 위해 여러 유태인 지역 사회에 위협을 가했다. 하긴 피에르만 이런 식으로 경비를 마련했던 건 아니었다. 교황의 군대를 직접 지휘하다가 나중에는 십자군이 세운 예루살렘 왕국의 초대왕까지 되었던 부용의 고드프루아(Godefroi de Bouillon) 역시 마찬가지였다.

피에르나 고드프루아가 돈을 마련하기 위해 위협하는 정도에 그쳤다면, 민중 십자군을 이끄는 범죄자 출신의 또 다른 대장들은 유태인들에게 직접 해를 입혔다. 그들의 궁극적인 목적이 그리스도의 무덤을 훔친 무슬림들을 때려 눕히는 것이었다면, 그리스도를 무덤에 눕게 한 장본인들부터 처벌하는 게 당연하다는 식이었다. 그리하여 십자군들은 유태인들에게 변절이 아니면 죽음을 선택하게 했다. 하지만 대부분의 유

✛ 은둔자 피에르는 이른바 민중 십자군을 이끌고 정규 부대보다 먼저 십자군 원정을 시작한 인물이다. 일부 역사서에 따르면 신망 높은 인물로 알려져 있으나 사실 그는 은둔자가 아니었을 뿐 아니라 부패한 수도사에 불과했다고 한다.

태인들에게는 선택의 기회조차 주어지지 않았다. 라인 강 유역의 보름스, 마인츠, 쾰른, 모젤 강 유역의 메스, 그리고 체코의 프라하 등지에서 수많은 유태인들이 학살당했으며, 유대교 회당이 불타고, 집이 약탈당했다. 요슈아 프라워는 이런 파괴 행위가 그 이후 1천 년에 걸친 그리스도교인들의 반유태인 운동의 시작이라고 평했다. 이는 유태인들이 '운명의 1096년'이라고 부르는 사태로서, 유태인들에겐 잊혀질 수 없는 일이었으며, 이런 잔학 행위는 성지를 되찾겠다는 자들에 의해 끊임없이 계속되었다. 바로 이것이 세상의 모든 이들에게 사랑과 평화를 주기 위해 지상에 내려온 그리스도의 무덤을 되찾으러 간다는 자들이 저질렀던 일이다.

민중 십자군들 중 콘스탄티노플에 도착한 사람은 거의 없었다. 게다가 자신들의 목표가 예루살렘을 해방시키는 것임을 분명히 아는 사람은 더욱 적었으며, 그건 피에르도 마찬가지였다. 이들 대부분은 헝가리를 지나며 시골 마을들을 약탈하다가 이에 분개한 헝가리인들의 손에 죽었다. 당시의 프라하 출신 역사가 코스마스(Cosmas)는 '이들의 죽음은 유태인들을 끔찍하게 학살한 데 대한 신의 정당한 분노이자 응징이었다'고 쓰고 있다. 우르바누스 교황과 알렉시우스 황제는 십자군이 콘스탄티노플에 집결하자, 비잔틴군과 함께 소아시아 탈환 작전을 벌이기로 합의했다. 1096년 여름, 수많은 십자군들이 무리지어 콘스탄티노플에 도착했고, 1097년 봄까지 약 6만 명에서 10만 명에 달하는 프랑스인들이 위대한 비잔틴 제국의 도성에 모였다.

알렉시우스 황제는 이들 라틴 귀족들에게 푸짐한 선물을 주어 반기면서, 위험한 소아시아 지역의 여정에 길잡이가 되어줄 것을 약속했다. 그 대신 그는 이들로부터 재정복한 옛 제국 영토를 돌려주겠다는 엄숙한 충성 서약을 받아냈다. 물론 이 서약에 팔레스타인과 예루살렘까지 포함되진 않았다. 알렉시우스는 우르바누스 교황의 희망을 존중하여 이곳에 대해서는 형식적인 종주권을 갖는 정도에 동의했다. 하지만 결국 십자군들은 서약을 지키지 않았으며, 그 결과 교황이 십자군 운동을 통해 그렇게 기대했던 라틴 교회와 그리스 교회 간의 화해는 이루어지지 않았다.

문제는 프랑스인들이 도착하면서 바로 생겨났다. 교양있는 그리스인들을 경멸했으며, 그들의 관습과 종교의식에 대한 이해가 너무나 부족했던 수많은 무질서한 외국군이 콘스탄티노플에 모여들자 황제와 그리스인들은 염려하지 않을 수 없었다. 대부분의 십자군은 도성 외곽에 진을 치고 머물러 황제가 주는 식량에 의존하고 있었다. 하지만 이들이 거기까지 오는 길에 보여준 약탈 행위를 막기 위해 알렉시우스는 자신의 경찰 병력을 파견, 이들을 세심히 지켜보아야 했다.

프랑스인들은 그리스인들의 우쭐한 모습을 혐오했으며, 반면에 그리스인들은 이 서방인들의 무례함에 대한 경멸감을 감추지 않았다. 프랑스인들은 동방 그리스도교 세계의 도성을 보호하기 위해 왔다가 오히려 그 도성의 주민들에게 압도당하고 위협당하는 꼴이 되었다. 런치만은 이들의 반응을 이렇게 묘사하고 있다.

콘스탄티노플은 거대하고 눈부신 도시였다. 엄청난 재물이 넘쳐나고, 수많은 상인들과 장인들이 바삐 돌아다니며, 궁정의 귀족들이 옷자락을 끌며 다니고, 고귀한 부인들이 화려한 의상을 입은 채 환관과 노예들을 앞세워 다니는 도시가 바로 콘스탄티노플이었다. 십자군 병사들은 이 도시에 대해 경멸감뿐 아니라 왠지 불안한 열등감을 느끼지 않을 수 없었다. 말도 알아들을 수 없었고, 관습도 이해할 수 없었으며, 교회의 종교 의식조차도 생소했다.

1097년 4월, 소아시아에 상륙한 비잔틴과 프랑스의 연합군은 두 달 뒤, 도릴라이움(Dorylaeum)에서 셀주크 투르크의 군대를 크게 무찔렀다. 이로써 비잔틴 제국에 대한 투르크의 위협은 사라졌으며, 십자군은 시리아까지 무사통과할 수 있었다. 십자군의 주력은 남쪽 시리아로 향했으나, 불로뉴의 보두앵(Baudouin)이 이끄는 일단의 병력은 동쪽으로 기수를 돌려, 유프라테스 강 너머에 있는 아르메니아 지방의 에데사를 공격했다. 무슬림들로부터 구해달라는 아르메니아 그리스도교인들의 요청에 응한다는 명분을 내세운 보두앵은 에데사를 탈취한 뒤 자기 영토임을 선언, 알렉시우스 황제와의 충성 서약을 어겼다. 이리하여 에데사는 중동에 세워진 첫번째 프랑스 국가(에데사 백작령)가 되었다. 다음 차례는 안티오크였다.

　　시리아 북부에서 가장 큰 도시 안티오크는 그리스도교인들이 처음으로 크리스천(Christian)이란 명칭을 얻은 곳이었으며, 사도 베드로가 처음으로 주교구를 설치한 곳으로서 매우 거룩한 도시였다. 이 아름답고 부유한 도시에는 예로부터 그리스도교 인구가 상당히 많았다. 셀주크군은 안티오크에서 도릴라이움에서의 패배를 만회하고 소아시아에서 십자군을 몰아낼 계기를 만들기 위해 강력히 저항했다. 격렬한 전투가 몇 개월 동안이나 계속된 끝에 결국 십자군이 승리했지만, 기뻐할 일은 아니었다. 성을 함락하고 안에 들어가자마자 곧바로 새로 도착한 셀주크군에게 포위되었기 때문이다. 십자군은 굶주림을 비롯해 여러 가지 어려움을 참고 견디며 이들의 역공을 물리친 뒤인 1098년 6월에야 겨우 안티오크를 확실히 점령할 수 있었다. 하지만 그들은 승리를 자랑할 형편이 못 되었다. 전해오는 이야기에 따르면 무슬림들의 공격이 절정에 달하여, 성 안에 갇힌 그리스도교인들이 배고픔에 지쳐 방어할 힘도 상실한 채 거의 벼랑 끝에 다다른 것 같았을 때, 성스러운 창(Holy Lance)

이 발견되었다고 한다. 지친 병사들은 십자가에 매달린 예수의 옆구리를 찔렀다는 이 창이 발견된 뒤에야 겨우 사기가 다시 올라 무슬림들을 무찌를 수 있었다고 한다.

하지만 십자군은 안티오크를 확보하자마자 누가 그 창을 가져야 하는가를 놓고 다투기 시작했고, 이 때문에 예루살렘 진격마저도 늦춰질 듯이 보였다. 십자군 지도자들이 본래의 목적을 잊은 채 전리품을 가지고 싸우는 데 진력이 난 농민 출신 병사들은 안티오크를 다 부숴버리겠다고 위협하기에 이르렀다. 이들의 위협은 효력이 있었다. 다툼을 멈춘 지도자들은 레몽(Raimond de Saint-Gilles)을 최고 사령관으로 앉힌 뒤 다시 남쪽 예루살렘을 향해 진격할 차비를 차렸다.

그리스군과 프랑스군 사이에 갈등이 본격화된 시기는 바로 이 안티오크 전투중이었다. 프랑스군은 알렉시우스 황제가 도움을 줄 거라 기대하고 안티오크에 대한 공격을 시작했지만, 전투가 격렬해지자 황제는 자신의 군대를 아껴 뒤로 물러섰다. 이로 인해 황제는 큰 대가를 치러야만 했다. 배반당했다고 느낀 프랑스군은 안티오크를 황제에게 돌려줄 마음이 없어졌고, 노르만족 출신의 교활한 귀족 보에몽(Bohemond)이 안티오크를 차지하게 되었다. 그리하여 팔레스타인에는 에데사에 이어 두번째 십자군 국가가 생겨났다. 안티오크 점령 후 십자군을 수행하던 라틴 주교들은 도시 내의 주요 교회에 그리스인 사제 대신 자신들의 사람을 임명했다.

프랑스군이 안티오크에서 출발한 뒤 예루살렘에 도착하는 데는 꼬박 1년이 걸렸다. 일단 예루살렘을 향해 출발하자 그들은 팔레스타인 해변을 따라 남쪽으로 빠르게 움직였다. 무슬림들과의 교전을 피하면서 최종 목표인 예루살렘에 도착하기 위해 힘과 물자를 아꼈다. 예루살렘을 먼저 탈환하고 나서 해안선을 확보하는 것이 훨씬 수월하리라 생각했던 것이다. 이는 비잔틴 황제 요한네스 치미스케스의 작전과는 정반대였다. 물론 요한네스는 예루살렘을 탈환하지 못했었다. 1099년 6월 중순, 교황의 기사들은 예루살렘의 북쪽 외곽에 도착했다. 그들은 오늘날의 네비 사므윌(Nebi Samwil ; '예언자 사무엘'이란 뜻의 아랍어—옮긴이)이란 곳에 진을 치고 그 오랜 여정을 통해 마침내 도착한 이 축복받은 도시를 내려다보며 기쁨의 눈물을 흘렸다.

예루살렘은 불과 몇 년 전에 셀주크 투르크군을 쫓아버렸던 이집트 군에 의해 물샐 틈 없이 방비되어 있었다. 십자군의 공세가 시작되기 전까지 예루살렘 내의 무슬림 인구는 2배로 증가하여 4만 명 가까이 되었으며, 게다가 주변의 마을 사람들마저 난리를 피해 성벽 안으로 들어와 있었다. 또한 그리스인들이나 다른 모든 그리스도교인들은, 총주교 시메온(Symeon)과 마찬가지로 불순분자로 낙인 찍혀 추방되어 있었다. 몇 백 명 정도밖에 안 되던 유태인들은 도성 내에 남아 이집트 무슬림들과 나란히 방어전에 임했다.

성 밖에 진을 친 십자군들은 사실 이 난공불락의 성을 함락시키기엔 준비가 부족했다. 성을 공격하는 데 필요한 무기들도 없었지만, 무엇보다 급수가 큰 문제였다. 게다가 이들은 일단 공격만 시작하면 하느님께서 승리로 이끄실 거라는 신학적인 공상에 젖어 있었다. 이들은 한번은 맨발로 모자도 안 쓴 채 기도를 암송하며 무거운 십자가를 지고 성벽을 맴돈 적도 있었다. 그렇게 하면 『구약성경』의 일화처럼 성벽이 무너질 줄로 믿었기 때문이다.✝ 하지만 결국 도움이 되었던 것은 이런 간절한 기도가 아니라, 인내심과 여러 가지 궁여지책이었다. 그들은 곧 야파 항

✝ 『구약성경』 여호수아서에 나오는 일화로 이스라엘군에 의한 예리코 성을 공격할 때 이스라엘군이 성 주위를 돌며 나팔을 불고 함성을 지르자 성이 저절로 무너졌다는 이야기다.

구로부터의 물자보급로를 확보하여, 제노바(Genoa) 상인들로부터 공격에 필요한 목재와 군인들이 먹을 식량을 안정적으로 보급받았다.

5주일에 걸친 힘겨운 싸움이 있었지만 예루살렘 성벽은 여전히 높았으며, 방어는 그 어느 때보다도 완강했다. 하지만 십자군 역시 예루살렘의 아킬레스건이 어딘지는 알고 있었다. 그건 바로 오늘날의 다마스쿠스 문에서 멀지 않은 북동쪽 성벽으로, 이곳은 평지를 내려다 보는 위치에 있어 공격하기에 좋았다. 서기 70년 로마의 티투스가 예루살렘을 공격한 것도 이 방면이었으며, 훗날 1967년 이자크 라빈(Yitzhak Rabin)이 이스라엘의 공수부대를 투하한 곳도 이 지역이었다. 7월 15일, 부용의 고드프루아가 이끄는 십자군이 이 곳을 뚫는 데 성공했다. 그리고 몇 시간 뒤엔 추가로 탕크레드(Tancrède de Hauteville)가 이끄는 부대가 예루살렘 북서쪽에서 수비를 뚫고 성내로 들어오고, 레몽은 시온 산 방면에서 공격에 성공했다. 수많은 십자군들이 구름같이 성내로 진입, 숨돌릴 틈도 없이 그간 겪었던 고생을 보복하려는 듯 칼부림을 시작했다. 눈앞에 보이는 무슬림들은 모두 죽음을 당했으며, 부녀자나 아이들은 집 안에서 칼에 맞아 쓰러졌다. 회당으로 피해간 유태인들은 그 안에서 산 채로 불태워졌다. 거리를 뒤덮은 피는 아래로 흘러, 한때 예수가 걸어다닌 바 있던 키드론 계곡까지 흘러들었다. 역사가이자 그리스도교 주교였던 티레의 기욤(Guillaume de Tyre)은 그리스도교 기사들이 성 안의 사람들을 모두 죽여버리는 학살극이 예루살렘의 앞날에 어두운 그림자를 드리운다면서 이런 글을 남겼다.

정말 수도 없이 많은 사람들이 죽음을 당하는 걸 공포에 떨며 바라본다. 어디에 가나 시신 조각이 널부러져 있고, 땅엔 피가 가득하다. 두려운 것은 거리 여기저기에 흩어진 머리 없는 시체나 잘린 팔다리뿐만은 아니다.

이보다 더 무시무시한 건 머리 끝부터 발 끝까지 피로 물든 승리에 도취된 자들의 모습이다.

학살이 끝난 뒤에 약탈이 따르지 않을 수 없었다. 여기엔 지도자들도 한몫 했다. 겁 없는 기사 탕크레드는 골고다의 성당에서 금촛대를 8개나 훔치다가 발견되어 큰 말썽을 빚었고, 결국 다 반환해야만 했다. 일부 살아남아 잡힌 포로들은 다 노예로 팔렸으며, 불에 타는 걸 가까스로 모면한 유태인들 역시 같은 신세가 되었다. 이들은 팔려가기 전, 도성 안에 널린 시체들을 묻거나 성벽 밖에서 불태우는 일을 맡기도 했다.

이런 지옥 같은 하루가 지난 뒤, 도성에는 황폐한 정적이 감돌았고, 불 냄새와 주검 썩는 냄새가 진동하는 가운데 십자군들은 승리에 대한 감사 기도를 올리는 걸 잊지 않았다. 대단한 행렬 속에 영주들과 주교들, 시민들, 그리고 농부들이 엄숙한 분위기로 그리스도의 무덤까지 걸어가 차례로 무릎을 꿇고 승리의 날까지 인도해 주신 하느님께 감사 기도를 드렸다. 이제 그 무덤이 다시 그리스도교인 손 안에 들어 왔으며, 그리스도의 고향이 다시 존엄을 회복한 것이었다. 그들의 기도가 끝나자 프랑스인들은 즉각 예루살렘 도성 안에 있는 돌로 만든 단단한 집들을 서로 나누어 가졌다.

예루살렘을 되찾았는가 싶더니 프랑스인들은 누가 도성의 주인이 될 것인가를 두고 다투기 시작했다. 보통 있는 일이었지만, 이번엔 조금 달랐다. 그때까지는 교회 지도자들이 전투에 대해 왈가왈부할 일이 없었듯이, 회복된 영토에 대한 소유권 다툼에도 별로 끼여들지 않았다. 하지만 예루살렘과 베들레헴의 경우는 다르다는 건 누구나 인정하는 바였으며, 따라서 이번엔 교회가 적극 나서서 예루살렘의 첫 통치자를 뽑는 일에 영향력을 크게 행사했다. 그 결과 신심 두텁고 용감한 반면, 별로 총명하지는 못했던 부용의 고드프루아가 선출되었다. 그는 예수부활 교회에서 멀지 않은 곳으로 총주교가 사는 지역에 대해서 교회에 합법적인 자치권을 주었는데, 이 지역은 바로 현재의 그리스도교인 거주지에 해당된다. 그는 진정 겸손한 자세로, 예루살렘의 왕은 그리스도뿐이라면서 왕관받기를 거절하다가, 결국 '성묘의 파수꾼'이란 겸손한 칭호를 쓰는 조건으로 통치를 승낙했다.

고드프루아는 대권을 맡은 뒤 불과 1년만에 죽었으며, 그보다 더 명민했던 동생 보두앵 ── 불로뉴의 영주이자 아르메니아에서 에데사 백작령을 설립했던 ── 이 뒤를 이었다. 철두철미한 전사였던 보두앵은 즉각 예루살렘 왕을 자칭하고는 자신의 새 왕국을 확대하고 강화하는 데 온 힘을 기울였다. 18년에 걸친 재임 기간 중 그는 끊임없이 투르크, 이집트, 사막 유목민들과 싸웠으며, 때로는 자신만큼이나 싸움을 좋아하던 그리스도교 영주들과 충돌하기도 했다. 보두앵의 후계자들 역시 그의 확장 정책을 따랐는데, 12세기 중반이 되자 예루살렘의 라틴 왕국은 과거의 다윗 왕국과 비슷한 정도의 광대한 영토를 가지게 되었다. 왕국의 서쪽 국경은 남쪽 끝 가자에서 북으로 베이루트를 지나 독립국 트리폴리(Tripoli)✛의 변경에 이르는 자연적인 해안선이었다. 동쪽으로는 레바논 산맥을 기점으로 남으로 요르단을 지나 홍해의 북쪽 끝에 있는 에일랏(Eilat) 항구까지 이르는 내륙 국경이 있었다.

1099년의 예루살렘 정복으로 말미암아 도성 안에는 원래 살던 사람들이 하나도 남지 않게 되었고, 물과 양식의 부족이 심각했다. 예수의 무덤을 되찾은 뒤 많은 프랑스인들이 고향으로 돌아가버려, 예루살렘에

✛ 십자군에 의해 설립된 4개의 독립국가 중 마지막으로 1109년에 세워진 나라. 4개의 독립국은 각각 에데사(1097~1144), 안티오크(1098~1268), 예루살렘(1099~1187), 트리폴리(1109~1289).

는 몇 백 명밖에 안 되는 기사와 몇 천 명밖에 안 되는 보병들만이 남아 있을 뿐이었다. 첫 15년간은 예루살렘의 새 통치자들에게 힘들고 외로운 기간이었다. 결국 1115년 보두앵 왕은 용단을 내려 트란스요르단으로 쫓아버렸던 그리스인들, 시리아인들 및 그 외의 동방 그리스도교[+]인들을 다시 다 불러들였다. 그들은 모두 과거 유태인들이 살던 예루살렘 북동쪽에 자리 잡았다. 그곳은 시리아 구역이라는 새 이름으로 불리다가 오스만 투르크 시대 초기에 무슬림들이 그리스도교인들을 쫓아내고 (그리스도교인들은 총주교가 사는 구역으로 옮겨갔다) 자리를 잡아 오늘날에도 볼 수 있는 무슬림 구역이 되었다.

시리아 그리스도교인들은 예루살렘에 돌아와, 그곳에서 오랜 전통을 자랑하는 가죽, 목재, 금속 중심의 소규모 사업을 통해 예루살렘 경제에 활력을 불어 넣었다. 뿐만 아니라 이탈리아의 무역상들은 아크레, 하이파, 야파 등지에 상업기지를 두고 지역경제를 활성화시켰다. 이탈리아인들은 원재료를 가져와 완공품을 가져갔으며, 이런 무역활동 이외에도 예루살렘에 순례자들을 실어 날랐다. 예루살렘 및 팔레스타인 성지와의 독점적 무역활동은 그들에게 상당한 이득을 남겨주었다. 이탈리아인들은 예루살렘과의 거래로 이득은 많았지만 예루살렘 내에 거주할 생각은 없었다. 예루살렘 내의 한 거리에 여러 집들을 소유하고 있던 제노바인들조차 그곳에 살지는 않았다. 예루살렘은 왠지 신성함과 비극이 함께 스며 있는 곳 같았다. 오늘날 많은 이스라엘 사람들과 마찬가지로 당시의 이탈리아인들 역시 예루살렘보다는 날씨도 더 따뜻하고 분위기도 더 편안한 바닷가 도시를 선호했다.

[+] 동방 그리스도교란 그리스정교에 비하여, 단성론이나 단일의지론 등의 비정통파 교리를 믿는 중동지역 본토박이들 교회 및 그 신자들을 의미한다.

예루살렘 재정복 이후 50년 동안 예루살렘의 인구는 예수가 살던 당시의 인구인 2만 명으로 불어났다. 과거 비잔틴인들이나 로마인들 치하에서 그랬듯이 프랑스인들 세상에서도 유태인들은 도성 출입이 금지되었으며, 갈릴리나 아슈켈론에 있던 그들만의 촌락에 남아 있어야 했다. 12세기 말 투델라 출신의 유태인 여행가 벤야민은 그가 여행했을 때 예루살렘에 유태인이라고는 물감공으로 일하는 사람 세 명밖에 없었다고 했다. 유태인들은 네비 사므월 언덕 정도까지만 접근이 가능했으며, 그곳에서 그들은 자신들의 옷을 찢으면서, 그리스도교인들이 점령하고 있는 시온을 돌려달라고, 또 영광스러운 다윗의 도시를 다시 세울 수 있게 해달라고 신에게 기도드렸다.

무슬림들 역시 예루살렘에 들어갈 수 없었다. 하지만 시간이 지나면서 이들에 대한 프랑스인들의 적대감이 점점 줄어들자 무슬림들은 하나둘씩 다시 성내에 들어와 살게 되었고, 서서히 예루살렘은 그 국제적 면모를 다시 찾게 되었다. 뷔르츠부르크(Würzburg) 출신의 순례자 요한은 십자군 시대 당시 예루살렘에 존재하던 수많은 종교적·민족적 집단의 이름을 다음과 같이 열거했다. "예루살렘에는 그리스인, 불가리아인, 라틴인, 독일인, 헝가리아인, 스코틀랜드인, 나바라인, 브르타뉴✛인, 영국인, 프랑스인, 루테니아인, 보헤미아✛✛인, 그루지야인, 아르메니아인, 야코부스파, 시리아인, 네스토리우스교파, 인도인, 마론 교회인 들이 살고 있다." 그리고 이외에도 더 많은 종교적·민족적 집단이 있어 다 이

✛ 나바라(Navarra)는 스페인 북동부에 위치한 지역으로, 당시엔 왕국이었다. 브르타뉴(Bretagne)는 프랑스 서쪽 끝 브르타뉴 반도를 가리킨다.
✛✛ 루테니아인(Ruthenian)는 고대 키예프·러시아 주민에 대한 라틴어 명칭이며, 보헤미아인(Bohemian)은 중세 시대 중부 유럽에 존재했던 보헤미아 왕국의 사람들을 가리키는데, 보헤미아는 지금의 체코 지역이다.

야기하려면 오래 걸릴 것이라고 덧붙였다.

　라틴의 주교들은 안티오크에서와 마찬가지로 예루살렘에서도 서둘러 그리스인 성직자들을 라틴 성직자들로 교체했다. 다행히 예루살렘 정복 당시 총주교 시메온이 추방된 상태여서 총주교까지 쫓아내야 할 필요는 없었다. 늙고 힘 없던 시메온은 총주교로 예루살렘에 귀환할 꿈은 버린 채 프랑스인들이 저지른 행위를 증오하면서, 누룩(leaven)을 넣지 않은 빵✚을 사용하는 라틴인들의 종교의식에 오류가 있음을 신학적으로 규명하는 데 마지막 여생을 보냈다.

　철저히 모욕당한 그리스인들은 그들 나름대로 독특한 복수 방법을 택했다. 그들은 전통적으로 '성화'(Holy Fire)라 불리는, 부활절 전야에 어둠이 깔린 그리스도의 무덤에 횃불을 켜서 환히 밝히는 의식을 거행해왔다. 신앙심 깊은 이들에게 이 의식은 천국에서 보내는 빛을 통한 계시로, 그리스도의 부활에 대한 믿음을 확신하게 하는 것이었다. 이는 예루살렘의 그리스정교 총주교가 직접 관장하고 모든 동방 그리스도교의 주교들이 적극 후원하는 행사였다. 1009년, 정신분열 증세를 보이던 칼리프 알 하킴은 이 성화가 속임수라는 말을 듣고 교회들을 다 불태우게 한 적이 있었다. 하지만 이런 박해가 끝나고 그리스도교인들과 무슬림들의 관계가 개선되면서 예루살렘의 무슬림 관리들은 이 행사 때 하늘이 보내는 불빛을 가까이에서 볼 수 있는 예수부활 교회의 특별석에 초청 받기를 즐겨했다.

　이 성화의식은 예루살렘의 달력에 표시된 수많은 기념일 중에서도

✚ 동서교회, 즉 라틴 교회와 그리스 교회 간의 중요한 종교적 차이점 중의 하나로서, 예배 중 성찬의식에 쓰일 빵을 발효시킬 것이냐 아니냐, 즉 누룩 넣은 빵을 쓸 것이냐 아니냐의 문제였다. 전통적으로 유태인들은 발효된 빵이 먹기는 좋지만, 불순물이 낀 것으로 보고 유월절 등의 명절에는 발효되지 않은 순수한 밀가루 빵만을 먹게 했다.

가장 큰 행사였다. 성화의식이 진행되는 동안 예수부활 교회는 구경꾼들로 가득 찼으며, 교회 맞은 편의 정원에도 사람들이 빽빽하게 들어섰다. 모두들 아직 불을 붙이지 않은 촛대를 들고 어둠 속에서 그 첫 불이 켜지기를 기다렸다. 그러다 그리스도의 무덤 안에서 갑자기 불이 환히 켜지면 기적이 일어난 것으로 믿었는데, 총주교는 즉각 무덤에 다가가 이 불로 자신의 촛불을 밝혔으며, 주위의 주교들에게 이 불을 돌려 각자의 초를 밝히게 했다. 그리고 불은 거기에 모인 모든 신자들의 촛불에도 옮겨져, 교회와 정원은 순식간에 성화로 활활 불타는 모습이 되었다.

하지만 1102년, 십자군이 예루살렘을 탈환한 지 불과 3년 만에 이 성화는 인간들의 죄악에 의해 꺼질 운명에 처했다. 바로 그해에 라틴 주교들이 예루살렘의 수도원에서 그리스인, 아르메니아인, 시리아인, 그루지야인 등을 다 쫓아버렸기 때문이었다. 부활절 전야에 사람들은 성화가 켜지지 않는 걸 처음으로 보았다. 공포감이 교회를 감쌌으며, 성난 군중들이 비난을 퍼붓기 시작하자, 주교들은 당황하여 머리를 맞대고 고심했다. 에데사 출신의 아르메니아인 역사가 마태오에 의하면, 이 사태를 해결하기 위해 아르메니아인과 이집트인, 그리고 또 다른 단성론 그리스도교인들이 모여 즉각 특별기도를 바쳤다고 한다. 그 효과가 있었는지 마침내 하루 늦게나마 불이 켜졌고 성화를 보기 위해 그때까지 교회에 남아 있던 군중들은 이를 보며 기뻐했다. 그리고 라틴인들은 이를 중요한 계시로 받아들여 수도원을 원래 주인에게 되돌려 주었다.

라틴 성직자들의 이런 행동들이 교황 우르바누스 2세를 기쁘게 할 리 없었다. 그는 라틴과 그리스로 나뉜 그리스도교 세계를 성전을 통해 다시 하나로 묶을 희망을 가지고 있었으나, 그 희망은 프랑스 영주들이 콘스탄티노플에서 보여준 야만적인 행동 때문에 다 사라지고 말았다. 예루살렘의 재정복 과정 역시 프랑스인들이 그리스도교 세계의 통일보다 영토적 패권에 더 관심이 있다는 걸 분명히 보여주었다. 예루살렘을 탈환한 지 2개월 뒤인 1099년 8월, 우르바누스 2세는 자신의 호소에 의해 해방된 그 도시를 방문해 보지도 못한 채 실의에 빠져 죽었다.

해가 지남에 따라 프랑스인들은 트란스요르단에서 돌아온 동방 그리스도교인들에 대해 관대해졌다. 하지만 동방 그리스도교인들은 예루살렘이 다시 그리스도교인들의 손에 돌아왔다지만, 프랑스어를 쓰는 지배자들이 과거 무슬림 관리들처럼 거만하다는 걸 알게 되었다. 프랑스인들은 무식하고 거칠며, 오만하기가 이를 데 없었고, 때로는 난폭한 행위와 광신적인 행태를 보였다. 이집트 콥트 교회의 역사가 사우이리우스 이븐 알 무파파(Sawirius ibn al-Muffafa)는 이집트 그리스도교인들이 프랑스인들의 따가운 적개심 때문에 해마다 가던 예루살렘 순례를 그만두었다는 기록을 남겼다. 물론 프랑스인들은 그 지역 그리스도교인들에게 자유로운 경배를 허락했다. 하지만 예루살렘에 사는 단성론 아르메니아인들, 야코부스파, 이집트 그리스도교인들은 비잔틴 제국, 이슬람 시대, 십자군 시대를 지나는 오랜 기간 동안 열등한 집단으로 차별대우를 받았으며, 따라서 앞날에 대한 희망을 가질 수 없었다. 이들은 유태인들처럼 하나둘씩 예루살렘을 떠나 이집트나 메소포타미아 같은 좀더 활기찬 지역으로 떠나갔다. 이는 슬픈 탈출이었다. 이들 중 수도원이나 교회의 잡무직을 맡아 남게 된 몇몇을 제외하고 대부분이 떠나감에 따라 예루살렘은 독특하고 생기 넘치는 그리스도교인 집단을 잃게 되었다.

예루살렘의 십자군 왕국을 이루는 집단 가운데 구호 기사단(Knights Hospitaller)과 템플 기사단(Knights Templar) 만큼 흠모와 두려움의 대상이 되고, 또 미움을 받았던 조직도 없다. 이 두 종교집단은 군대식 사고방식으로 뭉쳐진 수도사들이 세운 것으로, 신앙심과 금융사업 그리고 전투력 등을 적절히 융합해 성지에서 감히 넘볼 수 없는 막강한 세력으

순례자들이 야파 항구에 내린 뒤 예루살렘에 가기 위해 기사단에게 통과세를 내는 모습.

로 떠올랐다. 이 기사단의 회원은 청빈과 순결, 복종을 맹세했으며, 이를 광신적으로 지켰다. 또한 이들은 전문적인 전사답게 전투술과 경험, 용맹을 겸비하고 있었으며, 따라서 무슬림들과의 끊임없는 국지전 속에서 믿을 만한 사람이 부족했던 예루살렘 왕 보두앵 2세 및 그 후계자들에겐 더 이상 반가울 수가 없는 존재들이었다. 구호 기사단과 템플 기사단 둘 다 보통은 베네딕트 수도원의 규율에 따르고 있었지만, 팔레스타인에서는 교황에게만 복종하는 독립기구로 운영되었다. 교황은 성지에서 자신의 목소리를 내기 위해 이들에게 크게 의존했다.

　1118년에 창시된 템플 기사단은 알 악사 사원 자리에 세워진 솔로몬 성전에 그들의 본부를 두어서 템플 기사단이란 이름을 갖게 되었다. 그들은 원래 순례자들이나 신성한 장소들을 보호하기 위해 조직되었다. 이에 영향을 받아, 1070년 이탈리아의 아말피(Amalfi) 상인들이 가난하고 병든 자들을 위해 만든 자선단체인 성 요한 병원단(Order of St John of the Hospital)도 이와 비슷한 일을 하게 되었다. 12세기 내내 두 기사단은 부두에서 순례자를 실은 배를 기다렸는데, 금속 전투조끼 위로 걸친 하얀색 외투에 붉은 색 십자가 무늬가 있는 쪽은 템플 기사단이었고, 검은 외투에 하얀 십자가 무늬가 있는 쪽은 구호 기사단이었다. 일단 순례자가 무사히 도착하면, 기사단은 그들을 예루살렘까지 안전하게 호송했다. 해안에서 예루살렘까지는 이집트인, 투르크인, 아랍 유목민 도적 등에 의한 약탈 행위가 빈번한 길이었으므로 이들의 호송 없이는 안전하게 갈 수가 없었다. 순례자들은 모두 이들의 친절함에 감사를 표했으며, 특히 부유한 순례자들은 이들에게 후한 돈이나 부동산을 주거나 아니면 유언을 남겨 유산의 일부를 주기도 했다.

이들 기사단은 순례자들의 감사 표시로만 운영되는 건 아니었다. 청빈서약을 한 수도사들은 자신의 세속 재산을 기사단에 넘기고 극소량의 배급으로 살아야 했기 때문에 기사단에겐 이들의 재산에서 안정적인 수입이 보장되었다. 물론 대규모 장원을 가진 영주가 세속을 팽개치고 기사복을 입는 경우는 드물었지만, 기사단의 숭고한 뜻에 감동되어 이러저러한 재산을 모두 바치고 기사단의 회원이 되는 작은 땅의 영주는 종종 있었다.

청빈서약이 너무나 철저하게 지켜져 두 기사단 모두 어느 수도사라도 적에게 잡혔을 때 몸값을 지불하지 않는 게 원칙일 정도였다. 기사단의 지휘자 중 한 사람인 오도(Odo de Saint-Amand)란 사람은 이 원칙에 따라 그냥 적지에서 죽기도 했다.

예루살렘의 왕들 역시 두 기사단에게 토지, 집, 성채 등을 아낌 없이 주었다. 보통 수도사 전사들의 뛰어난 전투력에 의해 얻어지는 승리였지만, 그 공은 모두 기사단에게 돌아갔다. 또한 예루살렘의 라틴 총주교는 그리스도교 기사들의 역할이 그리스도교 영토 방어에 얼마나 중요한

지를 알고 있던지라 이들이 교회가 거두어들이는 십일조의 일부를 요구했을 때도 순순히 동의했다.

물론 기사단과 라틴 총주교와의 관계가 그렇게 편한 건 아니었다. 총주교는 구호 기사단이 자기들 본부가 있는 예수 무덤 남쪽에 너무 높은 건물들을 많이 지어서 성묘 교회가 빛이 바래고 있을 뿐 아니라 순례자들이 교회에 접근하기도 불편해졌다고 불만을 토로했다. 한번은 이들 간의 갈등이 바로 예수의 무덤에서 터져나왔다. 어느날 구호 기사단의 기사들이 새로운 예배의식의 절차가 그들을 무시하는 행위라면서 칼을 들고 교회에 뛰어들어와 사제들을 모두 내쫓았던 것이다. 오늘날 구호 기사단의 건물들은 다 없어졌다. 다만 지금도 그 지역의 이름이 페르시아어로 '병원'을 의미하는 무리스탄(Muristan)이라는 사실이 한때 그곳에 살았던 막강한 사람들을 상기시켜 준다.

이들 기사단이 광신적이면서 동시에 많은 재산을 축적한 것도 사실이었지만, 그렇다고 자선단체로서의 이상을 저버린 건 아니었다. 두 기사단 모두 광범위한 지역에 숙소와 병원, 고아원 등을 지었으며, 가난한 사람들을 위한 시설을 운영했다. 구호 기사단은 하루에 2천 명이나 되는 병자를 돌볼 수 있는 시설을 가지고 있었으며, 예루살렘 남서쪽(오늘날의 유태인 구역)에 있었던 튜튼 기사단(Teutonic Knights)과 성 라자루스 교단(Order of St. Lazarus) 역시 이에 영향을 받아 도성 북서부 끝에 모여 살던 수많은 문둥병 환자들을 위해 자선활동을 벌이기도 했다.

자선과 성전이라는 고귀한 이상에 젖은 이들은 첫번째 십자군에 참가했던 세속 기사들의 자유분방한 행동을 경멸했다. 이런 세속 기사들은 예루살렘 정복 후 10~20년 동안 대부분 고향으로 돌아갔다. 몇천 명의 보병들과 함께 남은 기사의 수는 7백 명도 되지 않았다. 이들은 왕명에 따라 전투에 나아가지 않을 때면 편안하게 도성에서 아르메니아나 그리스, 시리아 출신의 부인들과 같이 살며 음주, 도박, 사냥을 즐겼다.

구호 기사단과 템플 기사단 모두 라틴인과 본토박이 그리스도교인들 간의 결혼을 반대했다. 그들의 눈엔 본토박이 그리스도교인들은 무슬림이나 유태인들과 다를 바 없었다. 그들은 이런 결혼에서 생긴 아이들을 경멸하여 '혼혈아' (half-caste)✛라고 불렀다. 또한 이 수도사 기사들은 세속 기사들의 멋드러진 의상이나 긴 머리, 여성적인 태도를 비웃었는데, 이들이 세속 기사들의 모습을 비꼬고 있는 글을 하나 살펴보자.

그들 의복의 소매는 금줄로 묶여 있으며, 아무렇게나 내놓은 허리엔 수놓은 혁대를 차고 있다. 그들은 외투를 뒤쪽으로 멋지게 고정시켜 주름 하나 나타나지 않게 한다. 목에는 보석으로 장식한 번쩍이는 옷깃을 달고 있으며, 머리엔 갖가지 색깔의 꽃으로 꾸며진 화환 모자를 쓰고 다닌다.

세속 기사들의 이런 모습은 성지의 기사단에게 큰 성원을 보내던 클레르보(Clairvaux)의 성 베르나르(St. Bernard)가 남긴 수도사 기사단들의 모습과 커다란 대조를 이룬다.

이들은 지휘관의 지시에 따라 옷을 입고 식사를 한다. 이들은 음식이나 의복에서 지나침이 없이, 꼭 필요한 것만을 원하며, 여자나 아이 없이 자기들끼리 함께 모여 산다. 여기엔 게으른 사람이나 방관만 하는 사람은 없다. 자주는 아니지만 어쩌다가 전투가 없는 때나 식사시간과 기도시간을 제외한 때엔 항상 옷을 깁거나 닳아빠진 안장을 고친다. 무례한 말이

✛ 오늘날 푸른 눈에 백색 피부를 가진 아랍인들은 바로 이 혼혈아들의 후손이며, 이스라엘 사람들은 이들을 십자군이라 부르기도 한다.

나 쓸데없는 행동, 지나친 웃음소리, 불만이나 중얼거림 등은 모두 발견되는 대로 처벌받는다. 이들은 체스나 주사위 놀이를 경멸하며, 더구나 새나 잡으러 다니는 사냥 같은 건 매우 혐오한다. 그리고 연극이나 마술, 가벼운 노래나 우스운 얘기들도 모두 피한다. 이들은 또 머리도 짧게 자르는데, 성경에 남자가 머리를 단장하는 건 창피한 일이라고 쓰여 있기 때문이다. 이들은 머리를 빗거나 몸을 씻는 일도 없어서, 수염은 다듬지 않아 엉켜 있으며, 먼지에 찌들어 있고, 땀냄새와 말안장에서 밴 고약한 냄새를 안고 다닌다.

역사가 요슈아 프라워는 이런 엄격한 수도사 전사들이 그리스도교인들의 도덕성에 심오한 변화를 가져왔다고 보았다. 이들은 성전에 참여한 첫번째 그리스도교인들은 아니었다. 그런 미덥지 않은 영예는 비잔틴 황제 니케포루스 포카스나 요한네스 치미스케스, 또는 그보다 더 이전에 페르시아인들을 동방에서 몰아내려 했던 황제 헤라클리우스에게 돌아갈 것이었다. 하지만 비잔틴인들이 아무리 정의로운 전쟁이라 하더라도 살인 행위는 신의 자비와 용서를 구해야 할 죄악으로 이해하고 있었던 반면, 예루살렘의 두 기사단에게는 그런 인식이 전혀 없었다. 이들에게 이교도에 대한 전쟁은 그 와중에 아무리 참혹한 살인과 상해를 입히더라도 신이 보시기에 흡족한 '종교적인 행위'였다.

십자군이 처음 예루살렘에 도착했을 때 예수부활 교회의 상태가 어떠했는지는 알 수 없다. 콘스탄티누스 황제 당시에 세워진 원래의 웅장한 교회 건물은 페르시아인들에 의해 파괴된 적이 있었으나 그 잔해는 비잔틴식 교회로 바뀌어 남아 있었다. 이렇게 재건된 교회는 1009년 칼리프 알 하킴에 의해 다시 파괴되었다가, 40년 뒤 비잔틴 황제 모노마쿠스(Monomachus)가 무슬림의 동의를 받아 다시 재건 작업에 들어갔다.

그 뒤 십자군이 들어서며 그들 나름대로 과감한 변화를 시도, 완전히 새로운 건물을 완성시켰다. 이들은 왕국을 방어하는 데 바빠서 새로 교회를 완공하는 데 무려 50년이나 걸렸다. 사실 원래 콘스탄티누스 황제가 지었던 교회는 여러 구조물로 이루어져 있었으며, 무덤과 골고다 등지엔 그 부속 건물도 있었다. 십자군은 예수가 수난당한 장소들을 기념하여 세워진 여러 구조물들 자리에다 대규모의 로마식 건축물을 올렸는데, 예수부활 교회도 무덤 위에 있는 원형의 천장만이 원래의 비잔틴 양식을 간직한 채 남았다. 이 새로운 예수부활 교회는 1049년에 완공되었으며, 수많은 기사들의 순교에 걸맞게 그 이름도 부활(Anastasis)에서 무덤(Sepulchre)으로 바뀌었다. 이 구조물은 훗날 재건축을 거듭하며 많이 바뀌긴 했지만 현재 성묘 교회(Church of the Holy Sepulchre)의 원형을 이루고 있는데, 참으로 예루살렘에 사는 그리스도교인들의 이상과 원한을 다 끌어안고 있는 건축물이라 하지 않을 수 없다.

수세기를 거치는 동안 교회 안은 별로 변한 게 없다. 그 안에 들어서면 교회 안에 왔다기보다는 야곱, 요한, 미카엘, 헬레나, 막달라 마리아, 아브라함 등의 수많은 성인들에게 봉헌된 작은 경배실들의 집합소에 온 것 같은 느낌을 받는다. 또한 교회 안에서는 중세의 지도 제작자들이 그린 환상적인 지도에서 지구의 중심을 발견할 수 있다. 이 지도에는 유럽, 아프리카, 아시아 대륙이 지구의 줄기인 예루살렘에서 꽃잎처럼 뻗어나가는 모양으로 그려져 있다. 그리고 이 교회 안에서는 골고다 바위 아래 아담이 묻힌 곳도 볼 수 있는데, 그리스인들의 전설에 따르면 이곳에서 예수가 처형당함으로써 인류의 시조가 지은 죄가 사면되었다고 한다. 골고다에서 그다지 멀지 않은 곳엔 성모 마리아와 막달라 마리아, 그리고 살로메가 예수의 처형 장면을 지켜보던 곳도 있고, 그 여인들이 죽은 예수의 몸에 성유(聖油)를 바르던 자리도 표시되어 있다.

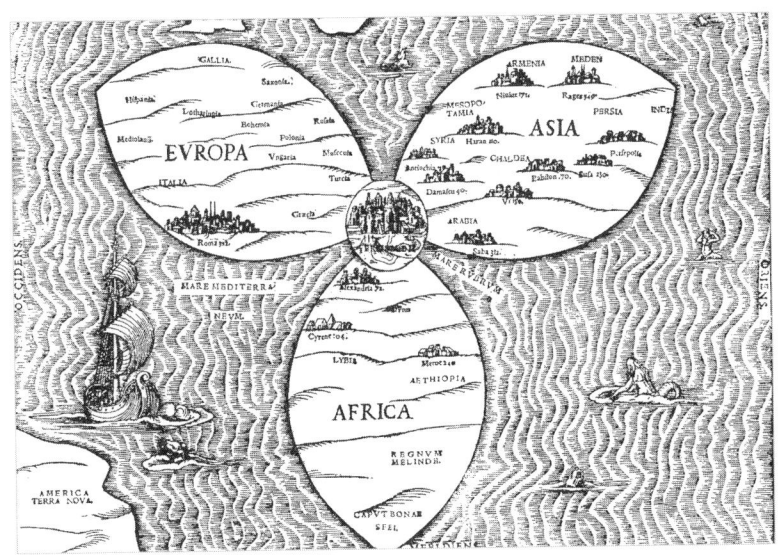

16세기 말의 '꽃잎 지도'. 예루살렘을 중심으로 유럽과 아시아, 아프리카 등이 꽃잎처럼 뻗어있다.

    순례자들은 수세기 동안 이 교회를 찾아 골고다와 예수의 무덤에 경배를 올렸다. 하지만 이들 모두 처음 교회에 도착했을 때 실망했을 것이 뻔하다. 그리스도가 죽었다 부활한 곳에 세워진 교회니까 로마에 있는 성 베드로 성당(St. Peter's Church)✝만큼 웅장하고, 프랑스의 샤르트르(Chartres)에 있는 대성당만큼 아름다울 것으로 기대했겠지만, 이곳에는 움푹 들어간 바위 덩어리가 있을 뿐이다. 이 교회는 어둡고 축축하며, 공기도 안 통하고, 빛도 차단된 곳으로, 그 안에는 보기에 기쁜 것도, 마음을 감동시킬 만한 것도 없다. 일단 예루살렘의 역사를 상징하는 듯한

✝ 우리는 흔히 가톨릭(구교)의 교회 건물을 성당, 프로테스탄트(신교)의 교회 건물을 교회라 하지만, 이 책에서는 주제 및 편의상 모두 교회라 칭했다. 하지만 성 베드로 성당과 하기아 소피아 성당처럼 이미 그 자체가 고유명사화 된 것은 성당이라 표기했다.

불일치감이 보는 이로 하여금 기운 빠지게 한다. 물론 성묘 교회는 십자군들이 세운 교회 건물들 중 손꼽히는 건물은 못 된다. 가장 잘 만들어진 건축물로는 비아 돌로로사(고난의 길) 위 마리아가 탄생한 곳으로 알려진 자리에 세워진 성 안나 교회가 꼽힌다. 게다가 성묘 교회 안에 정말 옛 골고다의 바위가 있는 건지, 혹은 예수가 그 건축물 안에 위치한 동굴 속에 정말 묻히긴 했었는지조차 고고학적으로 입증할 길이 없다. 하지만 그런 것들은 문제가 되지 않는다. 여전히 신도들은 세계 각지에서 몰려와 성스러운 바위를 만지며 은총을 입고 간다. 이들은 경건한 흥분에 휩싸인 채 교회 안으로 들어가 찬송가를 부르며 어수선한 내부 모양에 마음이 흔들리지 않도록 눈을 감는다.

그리스도교인들은 유태인들이나 무슬림들보다 더 예루살렘 시내를 행진하는 것을 좋아했다. 십자군 시대에는 그 전후 어느 때보다도 종교적 행렬이 빈번했다. 이런 행렬은 그리스도교 전통에서는 흔한 것이었지만, 예루살렘에서는 더 특별한 의미를 가졌다. 로마에는 권위가 있었고, 콘스탄티노플에는 수많은 신성한 유물들과 하기아 소피아 성당이 있었으며, 안티오크와 알렉산드리아 역시 귀중한 전통을 많이 간직하고 있었다. 하지만 예루살렘에는 세상에서 가장 거룩한 장소들이 있었다. 1년에 한 번씩 예수의 고난과 관련된 장소들을 찾는 신도들의 합동 행렬은 이런 곳들이 얼마나 신성한 곳인지를 온 세상에 확인시켜 주었다.

대부분의 행렬은 바로 이 성묘 교회에서 시작하여 성묘 교회에서 끝났다. 전통적으로 라틴 교회는 부활절보다 성탄절을 더 열광적으로 기념해 왔는데, 이것은 그리스나 다른 동방 그리스도교의 전통과는 반대였다. 라틴인들은 동방인들의 전통을 존중하여 예루살렘에서는 부활절을 더 성대히 치렀는데, 이때도 그리스인들보다 더 멋지고 장엄한 부활절 행사를 만들려고 애썼다. 그 행사는 종려주일로부터 시작되었다.

종려주일 새벽, 많은 군중들이 예수가 예루살렘에 들어서는 운명의 장면을 되풀이 하기 위해 올리브 산에서 동쪽으로 몇 킬로미터 떨어진 베다니(Bethany) 마을에 모여든다. 성 십자가, 아니 그것의 남은 부분이라고 해야 할 나무조각 뒤에 선 총주교가 관할 내의 모든 주교들을 이끌고 걷기 시작하면 그 뒤를 기사들, 수도자들, 상인들, 마을 사제들, 농부들 그리고 각국에서 온 수많은 순례자들이 따랐다. 이때가 되면 숨어서 나오지 않는 무슬림들이나 유태인들을 제외한 예루살렘에 사는 모든 사람들이 행렬에 참여해 하나의 거대한 물결을 이루었다. 이들이 가는 길목 마다 흰색 옷을 입은 소년들이 서서 사탄의 방해를 막기 위해 땅 위에 향을 뿌렸다. 이 행렬은 서서히 올리브 산에 이르러 예수 그리스도가 하늘로 승천할 때 발자국을 남겼다는 바위에 도착한 뒤 기도를 올렸다. 거기에서 행렬은 다시 아래로 내려가 게쎄마니 동산에 이르러 예수의 고통을 되씹었다. 그런 다음 예수가 그랬던 것처럼 황금문을 통해 성전 산으로 갔다. 황금문은 1년에 한 번 이 행사를 위해서만 열렸다. 신도들은 우선 솔로몬 성전에서 기도를 올린 후 주의 성전(Templum Domini)으로 건너가 모리야 바위 위에 세워진 제단에서 기도를 계속했다. 이들은 밖으로 나갈 때도 이슬람 사원인 바위 돔 사원의 현관 문에 붙여진 커다란 성모 마리아 그림 앞에 꿇어 앉아 기도를 바쳤다. 기도를 마친 후 밖으로 나온 이들 행렬은 행정 관청을 지나 예수의 발길을 좇아 고난의 길에 들어섰다. 그들은 십자가 길(Stations of the Cross)✦의 각 처(處)에 이를 때마다 멈추어 서서 경배했는데, 이 가운데 처음 10군데는 성묘 교회까지 가는 길에 있었고, 마지막 4군데는 예수가 십자가에 매달린 곳과

✦ 신자들이 예수가 체포된 때부터 처형당해 묻힐 때까지를 14처(處), 즉 14단계로 나누어 그 고난을 기억하는 것으로서, 오늘날에도 가톨릭 교회 안에 들어가 보면 그 단계들을 각각 조각으로 표현한 것을 볼 수 있으며, 신자들은 그 14처를 차례대로 돌며 예수의 고난을 기억한다.

시신이 매장된 장소에 걸쳐 있었다. 마지막으로, 이들은 무덤 앞에 모여 하루종일 찬송가를 부르며 경건한 흥분을 느꼈다. 그러고 나면 일주일 내내 은혜가 충만한 기분이 되었다.

재의 수요일(Ash Wednesday)✢이 되면 총주교는 성묘 교회의 정원에서 설교를 한 뒤 그곳에 모인 사람들의 머리 위로 재를 뿌렸다. 세족 목요일(Maundy Thursday)✢✢에는 요한복음 13장에 나오는 장면을 재현하여 총주교가 예수의 제자 역할로 뽑힌 12명의 주교들의 발을 씻어 주었다. 그리고 총주교는 미리 가난한 사람들 중 문둥병이나 다른 전염병이 없는 사람 몇 명을 뽑아서 그들의 발도 씻어 주었다. 성 금요일(Good Friday)✢✢✢ 때는 '고난의 길'을 걷는 행사가 반복되었으며, 마지막으로 성묘 교회에서 자정에 시작되어 거의 밤새도록 계속되는 예배로 그날의 행사를 끝냈다. 그 다음날에는 모두가 오랫동안 기다려 온 성화 의식이 있었고, 그 다음날인 부활절 일요일 새벽에는 예수의 무덤에서 거창한 부활절 예배를 드림으로써 일주일에 걸친 장엄한 행사의 막을 내렸다. 이때 예루살렘의 모든 그리스도교인들은 그 자리에 함께 모여 "예수가 부활하셨다!"라고 외쳤다.

예루살렘에서만 볼 수 있는 독특한 기념일들은 이외에도 많았다. 7월 15일이 그런 날 가운데 하나인데, 바로 십자군의 예루살렘 탈환과 성묘 교회 축성을 기념하는 날이었다. 또 하나는 5월 3일로, 콘스탄티누스 황제의 모후 헬레나가 성 십자가를 발견한 것을 기념하는 날이었다.

십자군 시대의 예루살렘은 계층 구분이 확실한 도시였다. 각 집단마다 다른 집단의 지위를 인정하며 자기들만의 거리, 구역, 영내라는 보

✢ 예수의 고난기를 기리는 사순절의 첫날로, 이날 참회자의 머리에 재를 뿌리는 관습이 있었다.
✢✢ 부활절 직전의 목요일로서 예수가 제자들의 발을 씻어준 것을 기념했다.
✢✢✢ 부활절 이틀 전 금요일로서 예수가 죽은 날.

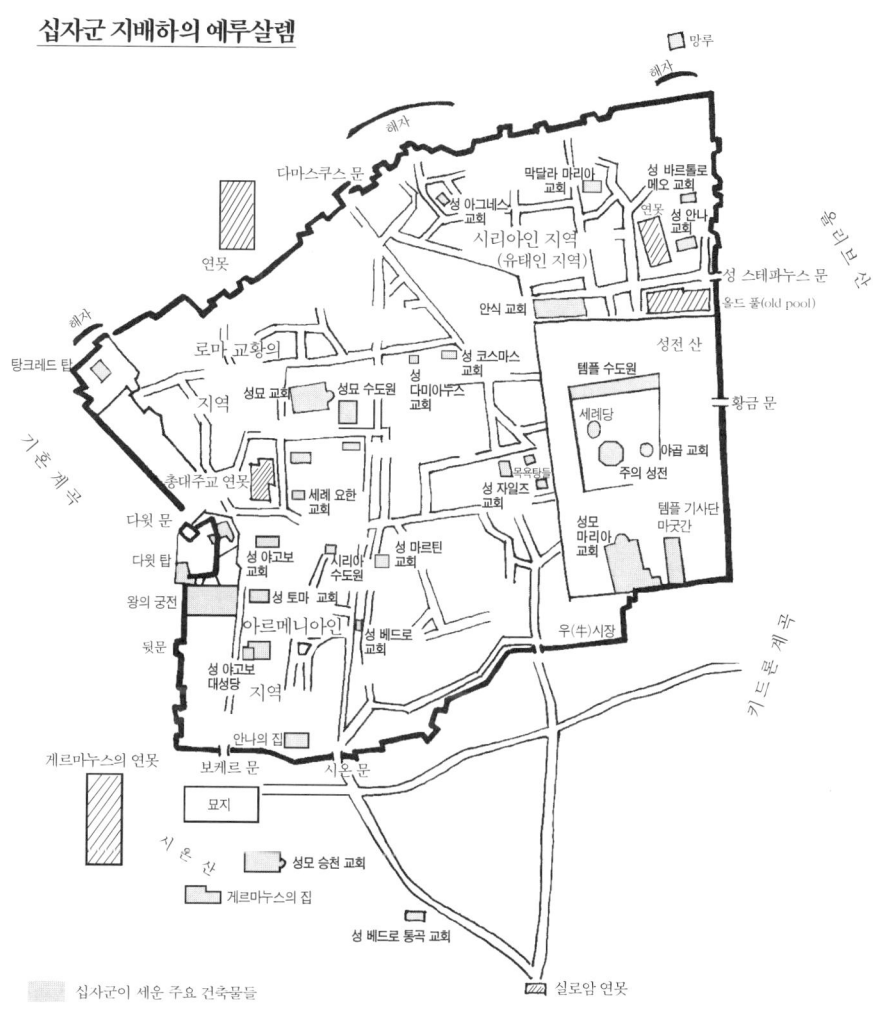

십자군 지배하의 예루살렘

호막을 쳐놓고 그 안에서만 생활했다. 프랑스인, 이탈리아인, 독일인, 아르메니아인, 시리아인 모두가 자기들 구역을 가지고 있었다. 집들은 대개 중동 지방 양식에 따라 안에 정원이 있는 사각형 모양의 단단한 돌집이었는데, 사람들은 웬만하면 그 밖으로 잘 나오려 하지 않았다. 사람들이 모이는 곳은 시장터뿐이었고, 거기에선 여러 사람들이 잘 섞였다. 여기에서는 둥근 석조 지붕에 달린 창살로 햇빛이 흘러드는 가운데, 그리스인, 프랑스인, 독일인, 이탈리아인 등이 함께 모여 상대가 누구든 간에 또 어떤 종교를 믿든 간에 상관 없이 서로 물건을 사거나 팔았다.

프랑스인들은 전쟁터에 나가거나 기도를 드리지 않을 때면, 술을 마시거나 주사위 놀이에 탐닉했다. 시장터에는 이들이 놀 수 있는 주사위 탁자가 마련되어 있었는데, 오늘날 아랍인 상점 밖에서 볼 수 있는 주사위 놀이판과 비슷했다. 술에 취한 기사들이 이런 놀이 끝에 서로 칼싸움을 하는 모습은 드문 광경이 아니었다.

예루살렘에는 예로부터 독특한 요리라고 내놓을 만한 게 없다. 십자군 시대 역시 이렇다 할 맛있는 음식이 없어서 시장에 있는 한 거리에는 '맛없는 음식 거리'라는 이름이 붙을 정도였다.

첫번째 십자군의 성공이 가능했던 것은 병사들의 전투력과 용맹함 때문만은 아니었다. 팔레스타인, 시리아, 이집트, 메소포타미아 등지에 있는 무슬림들이 서로 분열되어 싸우고 있었기 때문에 프랑스인들은 에데사, 안티오크, 트리폴리, 예루살렘 등지에 4개나 되는 독립국가를 세울 수 있었다. 하지만 무슬림들도 장기(Zangi), 누레딘(Nureddin), 살라딘(Saladin)으로 이어지는 뛰어난 지도자를 중심으로 다시 뭉쳐, 보기 싫은 프랑스인들에 대한 반격에 나섰다. 12세기 중반에 시작된 이들의 역공은 중동에서 유럽인들을 완전히 쫓아낼 목적을 가지고 있었다.

1144년, 셀주크 투르크에 의해 실력을 인정받은 투르크인 장기가 에데사의 그리스도교 국가를 공격해 정복하는 데 성공했다. 이 사건은 팔레스타인에 대한 그리스도교 세력의 지배에 종말을 고하는 첫번째 징후였다. 무슬림들의 공격에 놀란 유럽의 그리스도교 영주들은 다시 2차 십자군(1147~1149)을 결성했다. 프랑스 왕 루이 7세(Louis VII) 및 독일 왕 콘라드 3세(Conrad III)가 이끌게 된 이들 십자군은 에데사에 이르기도 전에 소아시아의 황무지를 지나는 동안 대부분의 군사를 잃었다. 따라서 지도자들은 계획을 바꿔 그리스도교인의 명예를 되찾기보다, 재물이 많은 아랍인들의 중심 도시 다마스쿠스를 약탈하기로 했다. 하지만 이것은 커다란 실수였다. 공격에 실패했을 뿐 아니라 남은 병력마저 잃었던 것이다. 이제 십자군의 불패 신화는 깨져가고 있었다. 설상가상으로 그리스도교인들은 전략적인 우세마저 잃고 말았다. 다마스쿠스는 당시 주변의 아랍 및 그리스도교 세력과 평화로운 관계를 유지하는 독립적인 이슬람 세력이었으며, 따라서 바그다드의 강력한 아바스 칼리프조에 대해 좋은 완충지대 역할을 해주고 있었다. 다마스쿠스는 십자군의 기만적인 공격을 격퇴하긴 했지만 이로 인해 세력이 약화되어 막강한 장기에게 손쉬운 희생물이 되어버렸다. 이젠 프랑스인들에 대한 지하드(Jihad)를 외치며 대규모 병력을 모으던 새로운 무슬림 지도자들의 야망을 막을 길이 없었다.

　　장기에서 누레딘으로, 또 누레딘에서 살라딘으로 이어지는 계승 과정을 통해 팔레스타인에서 무슬림의 세력은 크게 강화되어 어느새 예루살렘 왕국을 포위하는 형국이 되었다. 1186년, 살라딘이 예루살렘 왕국에 대한 공격을 시작할 때만 해도 아직 십자군의 세력도 만만치 않았다. 프랑스인들은 지중해 해안을 장악하고 있었던 이점 덕에 유럽에서 물자를 쉽게 보급받을 수 있었다. 또한 내륙의 국경 역시 성에 의해 단단히 방어되었으며, 병력 면에서도 기동력 있고 무기도 잘 갖춘 데다 전투 경험이 많고 사기가 충천해 있는 군대를 보유하고 있었다. 따라서 살라딘의 초반 공격은 모두 다 실패했다. 만일 십자군이 이 시점에서 괜히 쓸데없이 무슬림 마을이나 무역하는 대상(隊商)들을 공격하여 이들을 자극하지만 않았다면, 최악의 상황은 피할 수 있었을지도 모른다. 또한 십자군이 서로 더 협력하기만 했더라도 그들에게 다가오고 있는 위험을 직시할 수 있었을지도 모른다. 그리고 또 하나, 그들이 전쟁터에서 조금만 덜 잔인하게 굴고, 피해자들에게 좀더 관대하게 대하며, 본토박이 무슬림, 그리스도교인, 유태인들에게 조금만 더 아량있게 행동하며 덜 착취했더라면, 굳이 무슬림들이 들고 일어나 대규모 공세를 취하지는 않았을지도 모른다. 하여간 예루살렘 왕국의 프랑스인들은 전쟁 외에 다른 생각은 없는 철저한 전사들이었다. 그들이 어떤 사람들인지는 예루살렘을 점령하던 1099년 당시 무슬림들을 함부로 참혹하게 죽였을 때 이미 드러났었으며, 무슬림 실력자들은 그후 복수의 날만을 기다려 왔다.

  십자군 왕국은 갈릴리 지방의 티베리아스 호수(갈릴리 호수라고도 함—옮긴이)가 내려다 보이는, 봉우리가 두 개의 뿔처럼 갈라져 하틴의 뿔(Horns of Hattin)이라 불리는 언덕에서 벌어진 전투에서 최후를 맞았다. 전하는 바에 따르면 살라딘이 인내심을 잃고 싸움을 건 이유는 그리스도교 기사들이 약속을 어기고 다마스쿠스에서 카이로로 가는 대상(隊商)을 공격했기 때문이라는데, 그 대상에는 살라딘의 여동생이 있었다고 한다. 1187년 7월, 살라딘은 2만 명의 무슬림군을 거느리고 요르단 강을 건너 호수가 바라보이는 그 언덕에서 비슷한 규모의 십자군 병력과 마주했다. 십자군은 예루살렘에 수비군을 별로 남기지 않고 병력의 대부분을 여기에 집결시키는 전술적 오류를 범했다. 메마른 유대 언덕길을 지나오며 지치고 목이 말랐던 이들은 쉴 사이도 없이 바로 전투에 돌입해야 했고, 그 결과는 참담했다. 그곳에 모인 십자군 전체가 무너졌으며, 대부분의 지도자들이 죽거나 포로가 되었다. 예루살렘 왕이었던 뤼지냥의 기(Guy de Lusignan) 역시 그날 포로가 되었다가 나중에 보석금을 내고 풀려날 정도였다.

승리한 살라딘은 병력을 몰아 팔레스타인의 해안 마을과 성을 쉽게 점령하며 남하하여, 10월 12일에는 별 어려움 없이 예루살렘을 탈환했다. 이리하여 성스러운 도시는 다시 무슬림의 차지가 되었으며, 그후 신성로마 제국 황제[✚] 프리드리히 2세(Friedrich II)가 14년 동안 일시적으로 다스린 때를 제외하고 나면, 예루살렘은 다시 7백 년 넘게 무슬림들의 손에 있게 되었다.

✚ 서기 800년 프랑크 왕국의 샤를마뉴(샤를 1세)에게 서로마 제국 황제의 관을 씌워주었던 교황은, 프랑크 왕국이 독일, 프랑스, 이탈리아 등으로 분할된 뒤에도 정치적 · 종교적 편의에 따라 이 사람 저 사람에게 황제관을 씌워주었다. 물론 스스로 황제를 칭하는 사람도 있었지만, 교황이 씌워준 황제관을 받은 사람만이 적법한 황제로 인정받았다. 독일 지방의 제후로 이탈리아 왕을 겸했던 오토(Otto)가 마자르인(지금의 헝가리인)들의 침입을 격파한 뒤, 세력을 확장해 960년에 교황 요한 12세로부터 서로마 황제관을 받았으며, 그후 대체로 독일의 왕들이 로마 황제관을 받았다. 이를 신성로마 제국이라 하는데, 훗날 몽테스키외는 이 나라가 신성하지도 않고, 로마와는 상관도 없으며, 제국이라 볼 만한 위세나 실체도 없다고 꼬집은 바 있다. 신성로마 제국은 교황과의 마찰 및 지역 제후들과의 갈등 속에 이름만 겨우 연명하다 1806년 나폴레옹에 의해 해체되었다.

6. 그리스도의 무덤은 누구 것인가?

> 이 성지들은 모두 술탄의 것입니다. 따라서 그것을 누구에게 주든지 그건 술탄 마음입니다.
> ― 오스만 투르크의 총리대신, 1757년

> 아랍인들은 건달들입니다. 그들은 우리를 미워하며 비방합니다.
> ― 리따의 그리스인 대주교 키릴루스, 1843년

1187년 예루살렘을 탈환한 무슬림 실력자 살라딘은 지체 없이 라틴 십자군들 손에서 이슬람교가 겪어야 했던 굴욕들을 되돌려 놓았다. 바위 돔 사원 위에 세워진 황금 십자가를 녹여서 사원의 금고를 살찌게 했으며, 교회로 바뀐 사원들은 모두 다시 이슬람 사원의 모습으로 돌려놓았다. 그리고 상처받은 그리스도교인들의 자존심을 더욱 건드리려는 듯, 유태인들을 다시 예루살렘으로 불러들이는 것도 잊지 않았다.

하지만 십자군의 기백이 한 번의 패배로 사라질 리 없었다. 그리스도교 지도자들은 거듭된 설교를 통해 예루살렘 회복을 주장했다. 그들에게 살라딘의 승리는 하느님에 대한 모독이었다. 교황 그레고리우스 8세(Gregorius VIII)는 "그리스도에 대한 이런 위해는 반드시 되갚아야 한다"며 흥분했고, 교황의 대사였던 알바노의 추기경 앙리는 예루살렘의

십자군이 지은 성묘 교회의 이중문 입구. 동쪽문은 예루살렘의 십자군 왕들의 무덤을 가리기 위해 그리스정교 신도들이 벽으로 발랐기 때문에 막혀 있다(사진 - 아드리엔 본필즈, 19세기 말).

함락은 그리스도를 다시 십자가에 못박은 것과 마찬가지라고 개탄했다. 그는 과장된 어법을 써가며, "구세주의 십자가가 무엄하게 도둑맞아 이교도들의 발 아래 짓밟히고 있다"고 목청을 높였다. 그의 마음속에 비친 예루살렘은 하늘나라로 가는 황금빛 사다리였으며, 그는 미묘한 영적 사고 능력이 없던 일반 농부들에게 예루살렘 순례에 대한 보상으로 천국으로 가는 이 사다리를 받는 것이라고 강조했다. 추기경의 말을 직접 들어보자. "지혜로우신 하느님께서는 우리 그리스도교인들에게 뭔가 눈으로 볼 수 있는 것을 주고 싶어하십니다. 그래서 영적인 세계를 접하기 힘든 보통 사람들도 눈으로 볼 수 있는 것을 통해 보이지 않는 세계로 올라갈 수 있게 만들려는 것입니다."

살라딘이 거느리고 있는 무슬림 이교도들은 바로 그 황금 사다리를 빼앗은 셈이었다. 어서 서둘러 그것을 다시 찾아야만 했다. 예수의 무덤을 다시 찾으면 하늘나라에 있는 진정한 예루살렘에 대해 지은 죄들을 용서받을 수도 있을 것 같았다. 새로 결성된 십자군은 과거 그리스 이교도들의 손아귀에서 예루살렘을 되찾았던 용감한 마카베오 형제들을 본받아야 한다고 귀따갑게 들었다. 이것은 하느님의 소망이었다. 그리스도교 교회는 하느님이 바라시는 새로운 이스라엘이 아니었던가? 그리스도교인들은 하느님이 예루살렘 왕 다윗에게 하신 모든 약속들을 계승받은 사람들이 아니던가? 도미니카 수도회의 수도사 부르봉의 스테파누스(Stephanus)는 경건한 마음으로 승리를 확신하며 이런 말을 남겼다.

> 우리의 조상 아담이 그곳에서 창조되었으며, 그후의 총주교들처럼 그곳에서 죽은 뒤 묻혔다. 따라서 우리의 육신은 그 성지로부터 물려받은 것이며, 예수 그리스도와 동정녀 성모 마리아가 그곳에서 태어나 살다가 죽고 묻혔으니 정신적으로도 우린 그 성지에 속한 후손들이다. 또한 우리의 아버지들이라 할 수 있는 예수의 제자들도 그곳에서 태어나 자랐으며, 우리의 어머니인 교회도 그곳에서 비롯되었다. 따라서 우리가 하느님의 진정한 자녀들이라면, 그 땅은 당연히 우리가 계승해야 한다.

그리하여 장기의 에데사 정복으로 말미암아 제2차 십자군이 결성되었듯, 살라딘의 예루살렘 탈환은 유럽의 그리스도교 세계를 또 다시 뜨겁게 달구어 세번째 성전의 도화선이 되었다. 더구나 이번에는 '사자왕'이란 별명을 가진 영국 왕 리처드 1세(Richard I)가 총사령관이 될 것이었다. 1191년 리처드 왕은 자신의 별명답게 평소처럼 용감히 싸웠다. 하지만 하이파, 카이사리아, 아르숩, 야파 등지를 포함한 좁은 해안 지역을 확보하는 데 그쳤을 뿐, 예루살렘을 회복하는 데는 실패했다. 그러나 다행히도 리처드는 전사인 동시에 훌륭한 외교관이었다. 그는 살라딘과의 협상을 통해 예수의 성 십자가를 돌려 받았고, 순례자들이 항상 자유롭게 성묘 교회를 찾을 수 있도록 해안에서 예루살렘까지의 안전한 육로 여행도 보장받는 조건으로 합의를 도출했다.

제3차 십자군은 큰 전환점이 되었다. 십자군의 행렬은 그 이후에도 계속되었지만, 이젠 성지에 다다르는 일부터가 쉽지 않았다. 시간이 흐를수록 십자가를 다시 찾는다거나 그리스도의 존엄을 회복한다거나 하는 초기의 종교적 열정이 점차 식어갔으며, 마침내는 사라지고 말았다. 물론 그 열기가 완전히 식기 전, 몇 차례 더 대규모의 십자군이 결성되었다. 1199년, 프랑스 기사들이 일으킨 제4차 십자군은 예루살렘 탈환은 커녕 아무 소득 없이 시간만 끌다가 1204년에는 콘스탄티노플을 공략하여 그리스인들을 무자비하게 살육하고 약탈을 저질렀다. 이 사건은 동서 그리스도교 세계를 다시 돌이킬 수 없는 원수 사이로 만들었다. 라틴인에 의한 콘스탄티노플 정복은 라틴인들에게도 자살 행위나 다름없었다. 왜냐하면 그후 3백 년의 역사가 충분히 증명해 주듯, 이 사건 이후 쇠약해진 비잔틴 제국은 얼마 뒤 이슬람 세력이 다시 힘을 길러 유럽의 발칸반도를 공격해 왔을 때 효과적인 방패막이 될 수 없었기 때문이다.

그 이후 십자군 원정은 두 차례 더 있었다. 하지만 이제 교황의 군대는 더 이상 그리스도의 영광을 회복하기 위해서가 아니라 전리품을 챙기려고 싸우는 것이라는 게 누가 봐도 뻔했다. 더구나 1221년에 결성된 제6차 십자군의 원정 기간 중엔 묘한 일도 있었다. 원정군 사령관인 독일 왕이자 신성로마 제국 황제 프리드리히 2세는 성지를 회복하여 예루살렘을 되찾는 성과를 올리긴 했는데, 이는 무슬림을 격파한 결과가 아니라, 당시 팔레스타인을 지배하던 이집트의 아이유브조 술탄 알 카밀(al-Kamil)과 맺은 외교적 담판의 결과였던 것이다. 이후 프리드리히 2세은 곧 떠나갔지만, 그 덕에 그리스도교인들은 14년이라는 짧은 기간 동안이나마 예루살렘을 다시 차지할 수 있었다. 그러나 그 14년 내내 프리드리히는 교황으로부터 질책을 받아야 했다. 그리스도교 세계의 왕이 그리스도의 더럽혀진 명예를 다시 깨끗이 회복하기 위해 성전(聖戰)을 벌이는 대신에 그리스도의 무덤을 놓고 이교도와 협상을 했다는 사실은 교황이 받아들이기엔 너무 해괴한 일이었다. 그런데 교황은 그런 프리드리히에 대한 응징이라면서 특별 십자군을 따로 모아 프리드리히의 영토였던 시실리를 침공했다. 이제 주교든 영주든 판단력 없는 농부든 그 누구의 눈에도 십자군이나 성전이 좋아보일 리가 없었다.

1250년, 7차이자 마지막이던 십자군이 실패한 뒤 팔레스타인과 시리아는 이집트 맘루크 술탄의 세력권 아래 확실하게 편입되었다. 맘루크 술탄들은 1517년 오스만 투르크에 의해 쫓겨날 때까지 3백 년 가까이 이 지역의 주인 노릇을 했다. 이들이 확실한 지배권을 행사하게 된 13세기 중반부터 1차 세계대전 이후 영국이 오스만 투르크를 몰아낼 때까지 약 7백 년 동안 그리스도교인들은 다시 무슬림 치하에서 살아야 했으며, 과거에 그랬듯이 하위 계층으로서 보호받는 지위에 만족해야 했다. 이들은 세금만 잘 내고 이슬람 법률만 어기지 않으면, 전통과 관습에 따라 자유롭게 신앙 생활을 하고, 그리스도교인의 자치 사회를 영위할 수 있었다.

예루살렘에 있는 그리스정교 주교들 및 라틴 주교들은 여전히 사이가 좋지 않았다. 물론 이젠 별 볼일 없는 사소한 것을 가지고 다투는 정도였다. 한때 신앙의 진정한 대상이나 특정 국가의 공식적 종교 노선 또는 유럽이나 소아시아, 중동 등지에 대한 영향권을 놓고 세력 다툼을 하던 이들 양대 세력은, 이제 예루살렘이나 베들레헴, 나자렛 등지에 널려 있는 손바닥만한 면적의 성지에 대한 관할권을 놓고 네 꺼니 내 꺼니 하며 다투었다. 14세기에 시작된 이런 알력은 궁극적으로 교회 세력간의

성묘 교회 안 중앙 경배당 모습. 중앙에 그리스인 예루살렘 총주교가 앉아 있다(그림 - 데이비드 로버츠, 1838년).

갈등을 넘어서, 유럽 강국들간의 세력 다툼으로까지 번지게 되었다. 이런 싸움의 주연 배우들은 베네치아와 프랑스의 지지를 받던 프란체스코 수도회 소속의 수도사들, 즉 프란체스칸들과 정통파의 본거지인 콘스탄티노플 총주교의 지원을 받던 예루살렘의 그리스정교 총주교였다.

프란체스칸들이 팔레스타인에 도착하기 시작한 때는 성 프란체스코가 예수의 발자취를 더듬기 위해 성지를 방문한 지 꼭 1백 년째 되는 해인 1331년이었다. 1291년, 그리스도교인들의 마지막 보루였던 아크레가 다시 무슬림들의 손에 넘어가자 프랑스인들은 더 이상 팔레스타인에 발 붙일 곳이 없었으며, 무슬림들은 교회와 수도원을 다시 그리스정교 내지는 다른 동방의 그리스도교인들에게 돌려주었다. 갈색 의복에 머리를 삭발한 프란체스칸들은 성지에 도착하자마자 지난 2백여 년간 그들의 라틴 교회가 누려왔던 기득권을 되찾기 위해 활발한 운동을 전개했다. 그들은 자신들의 학문적·법률적 재능을 십분 발휘해, 도착한 지 불과 10년 만에 무슬림 당국으로부터 성묘 교회 및 예수탄생 교회에 대한 그들의 기득권을 인정받았다. 그리스정교도 이에 맞서 싸웠지만, 교육 수준도 더 높고 기본이 잘 갖추어져 있었으며, 게다가 소유권 문제나 고문서 입증에 누구보다도 앞서 있던 프란체스칸들의 적수가 되기엔 한계가 있었다. 게다가 프란체스칸들에 대한 해외 각지의 성원도 보통이 아니었다. 베네치아 같은 상업 도시들은 카이로의 맘루크 술탄과 유리한 상업협정을 맺고 있었으며, 다른 이탈리아인들 역시 그들의 영향력을 이용하여 가톨릭 교회가 많은 권리를 얻어내도록 도왔다. 로마의 가톨릭 당국은 이런 프란체스칸들의 성공적인 노력에 대해 보답하지 않을 수 없었다. 1342년 교황 클레멘스 6세(Clemens VI)는 프란체스코 수도회를 전세계 가톨릭을 대표하는 성지의 보호자로 임명했다. 물론 이런 와중에 그리스정교도 기회를 엿보고 있었다.

 1517년 투르크인들의 팔레스타인 정복은 그리스정교와 라틴 교회 간의 갈등을 더 격화시켰으며, 이 경쟁 속에는 아르메니아인, 시리아의 야코부스파, 에티오피아인 및 이집트인 들까지 끼여들어 문제를 더욱 복잡하게 했다. 그리스도교인 사회에서는 오래 전부터 교회를 수리하거나 청소하거나 사용하는 사람에게 교회의 소유권이 돌아가는 전통이 있었다. 따라서 교회 지붕을 수리하거나, 제단에 향료를 뿌리거나, 양초에 쌓인 먼지를 닦는 일을 두고 서로 더 많은 돈을 내겠다고 다투는 사람들에게 그 권리를 팔 수 있는 위치에 있던 투르크인들은 이런 과도한 경쟁을 통해 막대한 이익을 챙겼다. 4백 년 동안 오스만 투르크 정부는 이런 그리스도교 당파들간의 경쟁을 잘 이용하여 프랑스나 오스트리아 또는 러시아 같은 나라들과의 관계에서 정치·경제적인 이득을 보곤 했다.

 오스만 정부는 처음부터 라틴인들보다는 그리스인들의 편을 들었다. 이는 예전부터 정통파 총주교구인 콘스탄티노플, 알렉산드리아, 안티오크 및 예루살렘이 모두 그들의 지배권하에 놓여 있었기 때문이다. 투르크인들은 그리스인들을 상당히 높은 보좌관으로 임명했으며, 콘스탄티노플의 그리스인 총주교는 예루살렘의 총주교구를 포함해 제국 내의 모든 그리스정교 교회들로부터 폭 넓게 권위를 인정받았다.

프란체스칸들이 예루살렘의 남서쪽 언덕 시온 산에 있던 그들의 본부에서 쫓겨난 일은 그들의 운이 다했음을 역력히 드러낸 사건이었다. 그들은 2백 년 동안이나 예수의 '최후의 만찬'이 있었던 장소로 믿어져 온 곳에 세워진 코이나쿨룸(Coenaculum)이라는 높은 석조 건물을 본부로 사용해 왔는데, 이 건물은 이집트의 술탄 멜렉 알 나스르(Melek al-Nasr)에게 3만 듀캇(ducat ; 유럽에서 쓰던 돈의 단위—옮긴이)을 주고 매수한 것이었다. 하지만 프란체스칸들은 1552년 그곳에 다윗 왕이 묻혔다고 주장하는 오스만 관리들에게✢ 쫓겨났고, 관리들은 그곳에 곧바로 이슬람 사원을 세웠다. 무슬림 관리들이 프란체스칸들을 쫓아낸 이 사건은 시온 산을 두고 오늘날에도 일어나고 있는 종교적 분쟁의 전형적인 모습이다.

쫓겨난 뒤 갈 곳이 없어진 프란체스칸들은 시온 언덕을 넘어 약 1백 미터 떨어진 곳의 성벽 안으로 들어가 한동안은 아르메니아의 정통파 그리스도교인들이 마련해 준 거처에 머무르기도 했다. 프란체스칸들은 이에 대한 고마움의 표시로 수년간 아르메니아인들의 성 야고보 교회에서 특별 예배를 봉헌하기도 했다. 결국 그들은 동료 그리스도교인들의 몰락을 이용해 큰 돈을 벌어볼 생각이던 그리스인들에게 돈을 주고 성구세주 수도원을 사들였다. 그리스인들은 정말 큰 돈을 번 것이었다. 이

✢ 무슬림들 역시 다윗을 신의 계시를 받은 예언자 가운데 하나로 본다.

수도원은 투르크인들에게 세금을 내느라 파산해 버린 그루지아인의 정통파 교회로부터 그리스인들이 헐값에 사들인 것이었기 때문이다.

그리스인들의 입지는 더욱 개선되었다. 1605년에 그들은 성묘 교회 경내의 갈바리아(Calvary)✝ 언덕 북쪽 지대를 얻었는가 하면, 1637년에는 베들레헴에 있는 예수탄생 교회, 예루살렘의 예수 무덤과 성유의 바위, 갈바리아의 남쪽 교회 등을 모두 차지했다. 또한 그리스인 주교들은 1656년 에티오피아 그리스도교인들을 쫓아내는 데 성공했으며, 두 해 뒤인 1658년에는 아르메니아인들을 성 야고보 교회에서 몰아내기까지 했다. 그러나 그들의 승승장구도 그 정도가 끝이었다.

1690년이 되자 라틴인이 승기를 잡기 시작했다. 당시 오스트리아, 폴란드, 베네치아와 전쟁중이던 오스만 정부는 해외 식민지를 잃지 않기 위해 가톨릭 교도가 대부분인 프랑스의 지원이 절대적으로 필요한 상태였다. 프랑스는 투르크를 돕는 조건의 일환으로 1637년에 빼앗겼던 많은 가톨릭 교회의 권리를 요구했다. 오스트리아 및 러시아에 대해 다시 전쟁이 발발했던 1735년에도 마찬가지 상황이 벌어져, 프랑스에게 또 손을 벌려야 했던 투르크는 프랑스의 요구에 따라 성지에서 라틴인들의 권익을 신장시키지 않을 수 없었다. 1740년에 체결된 프랑스와 오스만 간의 외국인 거류 협정은 예루살렘 및 베들레헴의 교회 등지에서 가톨릭 교회의 우선권을 천명하는 1690년의 조치를 재확인했다.

그리스인들은 분노하지 않을 수 없었다. 예루살렘에서는 이런 분노가 무력충돌로 격화되었다. 그리스정교 수도사와 프란체스칸들은 촛대와 십자가를 들고 서로 맞붙었다. 그 사이에 낀 오스만 관리들에겐 이제 갑자기 프랑스와의 관계 개선보다 제국 내부의 안정이 더 큰 문제로 부

✝ 해골을 뜻하는 라틴어. 아람어로는 골고다(Golgotha)라고 한다.

각되었다. 그리하여 1757년에 발표된 새 조치에서는 그리스인들에게 옛 권리를 되돌려주었다.

이 발표를 들은 콘스탄티노플의 프랑스 대사는 소스라치게 놀랐다. 그는 술탄의 궁궐로 뛰어가 항의했지만, 술탄의 총리대신은 서양의 도덕 논리에 대해 은근히 경멸감을 내비치면서 이렇게 말했다. "대사, 이 성지들은 술탄의 것입니다. 따라서 그것을 누구에게 주든지 그건 술탄 마음입니다. 한때 술탄이 그 성지들을 프랑스인들에게 주었는지 모르지만, 오늘 술탄께서는 그리스인들에게 주고 싶어하십니다."

그후 1808년, 다시 1757년의 조치가 재확인되자 그리스인들은 기쁨을 감추지 못했다. 동시에 그들은 그 사이 화재로 타버린 성묘 교회의 지붕을 수리할 수 있는 권리도 허락받았다. 전통에 따라 그런 수리를 할 수 있다는 건 그 교회를 소유할 수 있음을 의미했으므로 그들은 성묘 교회 전체를 가지게 된 셈이었다. 그리스인들은 아르메니아인들이 교회에 불을 질렀다고 비난했지만, 나중에 밝혀진 바로는 술에 취한 어떤 그리스인 사제가 실수로 목재에 불을 붙인 후, 들고 있던 술을 물로 착각하고는 불을 끄기 위해 이를 목재에 뿌려 화재가 커진 것으로 드러났다.

라틴인들, 아르메니아인들, 이집트인들, 시리아의 야코부스파들은 그들의 교회와 무덤이 그리스인들 손아귀에 들어가는 걸 보며 낙담했다. 주교와 외교관이 파견되어 술탄의 보좌관들과 협상을 했다. 그들은 술탄을 설득하여 그리스인들이 지붕 수리는 하되 다른 그리스도교인들이 교회에서 경배할 수 있는 권리를 침해하지는 못하도록 하는 데 성공했다.

하지만 예수의 무덤 자리에 있는 교회의 지붕을 수리한다는 건 분명한 그리스인들의 승리였다. 그 이후 중세 그리스도교인들이 한때 세계의 중심이라 생각하기도 했던 그 커다란 제단이 있는 중앙 경배당은

성묘 교회 안에서도 특히 경배를 받는 그리스도의 무덤 자리에 세워진 적갈색 대리석의 웅장한 구조물. 예루살렘의 오래된 교회들 중에서도 특히 이곳의 토굴, 양초, 촛대에 대한 소유권은 항상 그리스도교인들 사이의 갈등의 원인이 되었다(사진 - 아드리엔 본필즈, 19세기 말).

확실히 그리스인들의 차지가 되었다. 하지만 그 승리는 비싼 값을 치른 결과였다. 그리스인들은 러시아인들의 도움을 받아서만 수리비를 댈 수가 있었던 것이다. 러시아인들은 프랑스 세력인 프란체스칸들에 대항하기 위해 그리스인들을 도왔다. 교회를 수리하는 데 150만 루블이나 들었다고 하나, 이는 그 공사 권리를 따내기 위해 투르크 관리들에게 줘야 했던 뇌물 225만 루블엔 못 미치는 액수이기도 했다.

십자군 시대의 라틴인들이 저지른 짓을 용서하거나 잊었던 적이 없었던 그리스인들은 19세기 초 성묘 교회에 안치되어 있는 고드프루아나 보두앵 1세 같은 예루살렘 라틴 왕들의 무덤을 벽으로 막아버려 밖에서 보이지 않게 함으로써 라틴인들에게 마지막 일격을 가했다.

1850년에 베들레헴의 예수탄생 교회 석굴 안에 있던 은으로 만들어진 별이 없어진 사건은 그리스도교인들 사이의 증오심에 더욱 불을 지피고 말았고, 이는 크림 전쟁의 계기가 되기도 했다. 프란체스칸들은 그리스인들이 라틴어가 새겨진 그 별을 훔쳐갔다고 믿었고, 반면 그리스인들은 라틴인들이 자기들을 비난하기 위해 일부러 별을 제거했다고 주장했다. 이 둘 사이의 서로에 대한 비난이 격화되는 틈을 타 프랑스는 오스만 정부에게 1740년의 외국인 거류 협정을 통해 합의된 가톨릭 교회의 권리를 다시 주장했다. 러시아✦는 그리스정교나 다른 동방 그리스도교인들의 이해에 반하는 건 절대 안 된다며 이를 맹렬히 반대하고 나섰다. 과거의 의무에서 빠져나올 절호의 기회라 판단한 오스만 정부는 프랑스인이나 러시아인 그 누구에 대해서도 '보호자' 역할을 하지 않겠다고 발표했다. 프랑스는 동의했지만 러시아는 이에 반발, 오스만 제국과 크림 전쟁을 벌였고, 그후에도 1878년에 한 번 더 전쟁을 벌였다.

1878년의 전쟁 후 "성지에 관한 한 그 어떤 변화도 있을 수 없다"는 조항이 명시된 베를린 조약이 맺어졌다. 이는 신중한 결정이었다. 그리스 정교와 라틴 교회의 분쟁은 유감스럽게도 유럽 각국의 정쟁으로까지 발전되었기에 이제 모두 이 파괴적인 대결 국면을 종결하려 노력했던 것이다. 하지만 그 노력은 결실을 보지 못했다. 베를린 조약은 성지 문제를 종결지었으나, 제1차 세계대전 이후 오스만 투르크 제국이 붕괴되면

✦ 러시아는 일찍부터 그리스정교를 국교로 채택해 왔는데, 15세기 중반 오스만 투르크에 의해 비잔틴 제국이 무너진 이후 스스로를 정교의 보호자로 여겼다. 또한 자신들이 주도하는 정교를 그리스정교와 구별하여 러시아정교라고 불렀다. 이는 17~18세기경 러시아의 남하 정책과도 맞물려 차르는 기회가 있을 때마다 그리스정교 및 동방의 다른 그리스도교 세력의 보호자 역할을 자처하며 러시아 세력을 확장하는 데 주력했다. 성지 관리권을 놓고 벌어진 19세기 중반의 크림 전쟁이 그 대표적인 예다.

서 유럽의 강국들은 다시 한번 팔레스타인 및 중동 지역을 놓고 각축전을 벌여야 했다. 베를린 조약으로 인해 더 이상 유럽 각국들이 성지 문제로 머리를 싸맬 필요는 없어졌지만, 이제 그들은 시온주의자들과 아랍 민족주의자들의 갈등이라는 새로운 숙제를 풀어야 했다. 각기 나름대로 성지에 대해 특별한 의미를 부여하고 있는 시온주의자들과 아랍 민족주의자들은 서로 상대방이 성지를 훼손했다며 분개했다.

과거 2백 년 동안 그리스인들에게 위협적인 문제가 되었던 것 중 하나는 프란체스칸들의 성지에 대한 권리 요구였다. 하지만 이젠 그리스 정교를 믿는 아랍인들 역시 그리스인들에게 위협적인 존재가 되었다. 19세기 팔레스타인에서 그리스정교 신자의 대부분을 차지했던 아랍인들은 그때까지 교회의 정책 결정에서 항상 무시되어 왔다면서 이제 목소리를 높여 자신들의 권익을 주장하기 시작했다. 그리스인 성직자들과 아랍인 일반 신자들의 관계는 오스만 투르크 4백 년 역사 동안 한 번도 좋은 적이 없었다. 그리스인들이 보기에 아랍인들은 무식하고 믿지 못할 사람들이었으며, 아랍인들 눈에는 그리스인들이 거만하고 부패한 사람들로 비쳐졌다.

그리스인들의 아랍인들에 대한 태도는 훗날 예루살렘의 총주교 자리에도 오르게 되는 리따의 그리스인 대주교 키릴루스가 1843년 러시아 정교의 대주교 포르피리 우스펜스키(Porfiry Ouspensky)와 나눈 대화에서 잘 엿볼 수 있다.

키릴루스 : 아랍인들은 건달들입니다. 그들은 우리를 미워하며 비방하지요. 그런데 당신마저 우리를 미워하고 오히려 아랍인들 편을 드시는군요.

포르피리 : 제가 얼마나 당신을 생각하는지는 하느님께서 아십니다. 하지만 저는 아랍인들한테도 동정이 갑니다. 저는 누구 앞에서든 그들을 변호할 작정입니다.

키릴루스 : 그들은 신앙심이 없는 야만인이자 악당들이라니까요.

포르피리 : 그건 주교님 책임이 아닙니까? 신앙심을 가르치셔야죠.

키릴루스 : 그들은 제 말을 듣지 않아요.

포르피리 : 그건 당연한 일입니다. 주교님이 그들을 사랑하지 않고 경멸하시니까요. 그들은 순교자 같은 사람들이죠. 무슬림들로부터도 박해를 받고, 주교님께도 보호를 받지 못하고 있지 않습니까? 그들은 기도할 곳도 마땅치 않아요. 그들 마을의 교회는 형편 없는 상태인 걸 알고 계신가요?

키릴루스 : 우리가 투르크인들에게 지배받고 있다는 걸 잊고 계신 것 같군요.

포르피리 : 그렇다고 그들의 교회를 수리하고 장식할 수 없는 건 아니지 않습니까? 그곳의 사제들은 자신들의 의무가 뭔지도 몰라요. 교회 안에다 가축 떼를 들여놓을 정도라니까요. 그들이 도움을 청해와도 주교님은 만나주시지도 않잖아요.

키릴루스 : 우린 우리의 위엄을 떨어뜨리지 않기 위해 아랍인 사제들을 받아들이지 않는 겁니다. 또 그 사람들 말도 모르구요.

포르피리 : 왜 아랍어를 안 배우십니까? 너무 연로하셔서 그렇다면 왜 통역할 사람이라도 구해 그들의 말을 한번 들어보시려고 하지 않습니까?

키릴루스 : 우린 새로운 관행을 시도할 수는 없습니다.

포르피리 : 그럼 옛날 관습대로 하시겠다는 거군요. 아랍 사제들의 자제는 다닐 학교도 없습니다. 아랍인 과부나 고아들은 수녀원에서 받아주지도 않습니다. 아랍인들은 주교가 될 수도 없고, 수도원장이 될 수도 없습니다.

이 대화 속에는 그리스인들이 저지르는 수많은 부정부패들에 대한 반감이 깔려 있다. 아랍인들에 의하면 그리스인 사제들은 자신들의 직업이 얼마나 신성한지를 전혀 깨닫지 못한 채, 창피한 줄도 모르고 술을 마시며 여자들과 놀아났다. 수도원 가까이에 사는 아랍인 마을에는 그리스인 수도사들과 마을 여인들 사이에서 불법적으로 태어난 아이들이 한둘이 아니었다. 주교들 역시 주교관에서 일하는 여자들을 정부로 삼기 일쑤였으며, 다른 교회 업무보다 돈 모으는 일에 혈안이 되어 있었다. 교회에는 매관매직이 일반화되어 있었으며, 교회에 바쳐진 헌금은 종종 사제의 뒷주머니로 들어갔다. 사정이 이렇다 보니 정작 아랍인들을 위한 작은 마을 교회들은 필요한 돈을 받을 수 없었다. 아랍인 사제들은 봉급도 받지 못한 채 그들이 사목하는 가난한 사람들에게서 겨우 돈을 구걸하여 살아가는 형편이었다. 그들에겐 교구의 신학교에 다닐 기회도 주어지지 않았다. 정교의 성직자 자리는 그리스인들이 독식하고 있었으며 아랍인들은 완전히 배제당했다. 아랍 사제들에겐 굳이 결혼 생활을 막지 않았으며, 그 결과 이들은 주교로 승진할 수 있는 기회도 가지지 못했다. 아랍인들은 그들이 제대로 교육받지 못한 이유가 투르크 사회 제도에 따라 그들의 교육을 책임지고 있는 총주교구가 이들에게 학교를 세워주지도 않을 뿐더러, 혹 그런 경우에도 우수한 교사를 배정해 주지 않기 때문이라고 주장했다.

그리스인과 아랍인 사이에 일어난 갈등의 근본 원인은 아랍 정교파로부터 그리스정교파로 교회 지도권을 넘겨준 오스만 제국의 행정 체계에 있다고 볼 수 있다. 12세기 말 살라딘에서 16세기 초 오스만 투르크의 정복에 이르는 3백여 년 동안 아랍인들은 그리스정교 사회에서 상당한 위치를 확보했었다. 알렉산드리아, 안티오크, 예루살렘 등 오랜 역사를 자랑하는 총주교구의 수장직은 많은 경우 아랍인들 차지였다. 그러나 오스만 정부는 정치적인 고려에서 이런 추세를 돌려놓았다.

그러한 반전의 중심적인 요인은 바로 지역 행정권을 비(非)이슬람 종교 지도자들에게 넘겨주는, 밀레트 제도(millet system)✝라 불린 피정복민 지배구조였다. 오스만 투르크의 권력자들은 처음부터 동방 그리스도교 사회의 주도세력으로서 아랍인들보다는 그리스인들을, 특히 총주교구 중에서도 수석의 위치로 인정받던 콘스탄티노플의 총주교구에 있는 그리스인들을 우대해 주었다. 1517년 이후 그리스인 성직자들은 오스만 투르크 내의 정교를 믿는 민족들, 즉 그리스인, 아랍인, 시리아인, 불가리아인, 세르비아인 등의 내정 문제에 책임을 지게 되었다. 얼마 지나지 않아 콘스탄티노플의 총주교구는 엄청난 부와 권력 그리고 영향력을 손에 쥐게 되었으며, 따라서 다른 세 총주교구도 이에 의존하지 않을 수 없게 되었다. 이들 총주교구나 그에 속한 민족들에 관한 중요한 안건들은 콘스탄티노플을 거치지 않고는 결정이 내려질 수 없었다. 콘스탄티노플의 그리스 교회가 얼마나 그 권력이 막강했는가 하면, 예루살렘의 총주교 게르마노스(Germanos)는 팔레스타인에 대한 지원을 확보하기 위해 아예 자신의 근거지를 콘스탄티노플로 옮기는 희극을 연출할 정도였다.

그리고 바로 이 게르마노스 총주교 때부터 아랍인들을 교회의 지도층에서 몰아내는 작업이 시작되었다. 그는 교회 집행위원회를 선출하고 총주교 후보가 되기 위한 필수 과정인 성묘 형제단(Brotherhood of the Holy Sepulcher)에 아랍인 사제들의 입단을 금지했다. 이 결정으로 말미암아 아랍인 그리스정교 신자들은 사실상 팔레스타인의 동방 그리스도

✝ 밀레트는 자치권을 지닌 종교 공동체를 뜻한다. 오스만 투르크 제국은 방대한 영토를 효과적으로 다스리기 위해 종파에 따라 백성들을 분류해 공동체를 나누고 종교 지도자를 각 공동체의 수반으로 삼았다. 그리고 각 개별집단에는 광범위한 자치가 허용되었다.

교 사회에서 지도력을 빼앗기고 말았다. 그리고 오래지 않아 아랍인들은 그리스인 주교들이 그들이 영적으로 돌봐야 할 아랍인 신도들의 복지보다 성지나 순례자들에게 거두어들이는 돈에만 더 관심이 있다고 불만을 터뜨리기 시작했다. 이에 대해 그리스인 성직자들은 경건한 체 하면서 그들의 일차적인 의무는 그리스도교 세계의 모든 사람들을 위해 성지를 잘 보호하는 것이라고 강조했다.

아랍인 그리스정교 신자들과 그리스인 중심 성직자들 사이의 분열은 선교사들의 개종 운동이 시작되는 계기를 마련했다. 18~19세기 동안 상당히 많은 수의 아랍인 그리스정교도들이 그들의 교회를 떠나 동방의 그리스도교 종파 가운데 로마 가톨릭과 화해한 멜키트파(Melkite)✢로 개종했다. 이런 개종은 로마의 가톨릭 지도층도 열렬히 권장했는데, 이들은 이미 1622년에 특별히 이런 사업을 적극 지원하기 위한 중동 사무소를 개설한 바 있었다. 가톨릭의 개종 선교사업이 얼마나 효과가 있었는지 1723년이 되자 예루살렘을 필두로 한 동방의 네 총주교구가 모두 술탄에게 호소하여, 가톨릭 선교사들이 그리스정교 신자들에게 접근하는 것을 금하는 조치가 발표되기에 이르렀다. 물론 이런 조치에도 불구하고 그리스인들은 아랍인 신자들이 계속 빠져나가는 것을 볼 수밖에 없었다.

이브라힘 파샤(Ibrahim Pasha, 재위 1831~40)의 치세는 모든 그리스도교인들에게 축복이었다. 수세기 만에 처음으로 그리스도교인들은 2등 계층 신세를 면하게 되었으며, 공식적으로 무슬림들과 똑같은 정치적 권리를 누리게 되었다. 또한 그리스도교인들은 특별세를 내지 않고도 군역이 면제되었으며, 유태인들이나 그리스도교인들 모두 그들의 성

✢ 그리스도 단성론을 거부하는 칼케돈 공의회 결정을 받아들인 그리스도교인들.

지를 보수하고 새로운 회당이나 교회를 지을 수 있었다. 이런 개혁의 물결 속에 아랍인 정교도들도 그리스인 주교에게 예루살렘 총주교구에도 변화가 필요하다고 요구했다. 이런 아랍인들의 요구를 은근히 뒤에서 도와준 세력은 바로 러시아정교의 지도자들이었다. 러시아정교의 대주교 포르피리 우스펜스키가 이끄는 러시아 교회 지도자들은 19세기 중반 그리스인들을 도울 목적으로 성지에 왔으나, 오히려 그리스 지배층에 도전하는 아랍인 정교도들의 후원자가 되어버렸다.

러시아정교회 지도자들 및 정치인들이 예루살렘이나 팔레스타인에 적극 관여한 시기는 1840년부터 러시아에서 볼셰비키 혁명이 일어난 1917년까지의 77년 동안이었다. 러시아인들이 관심을 갖게 된 것은 권력욕과 신앙심이 혼합된 결과였다. 다시 말해 러시아 차르 정부는 제국주의적 팽창 정책의 일환으로 팔레스타인을 기웃거리고 있었으며, 동시에 러시아정교 지도자들은 그리스도교 세계에서 자신들이 메시아적인 역할을 해야 한다는 신비한 의무감에 젖어 있었던 것이다. 18세기 및 19세기 초반 러시아는 오스만 투르크를 무너뜨리기 위해 계속 이들과 전쟁을 벌였다. 1854~56년의 크림 전쟁에서 패한 러시아는 이제 오스만을 약화시키는 쪽으로 전략을 바꾸어야 했다. 러시아가 19세기 중반 팔레스타인으로 진출한 것은 바로 이런 전략의 일환이었다. 수많은 동방 그리스도교인들이 오스만 제국 내에 살고 있었으며, 1453년 콘스탄티노플이 오스만에게 함락된 이후 러시아의 황제들은 자신들을 비잔틴 황제의 후계자로 여겨왔다. 비잔틴의 황실 문장인 독수리 두 마리가 러시아의 황실 문장에 추가되었고, 러시아인들은 모스크바를 제3의 로마로 격상시켰는가 하면, 이교도 투르크인의 지배로부터 제2의 로마인 콘스탄티노플을 해방시킨다는 그들의 야망을 굳이 감추려 하지 않았다. 이제 러시아인들은 무슬림 통치하에 사는 수많은 정교파 형제들의 진정한 보호자 역할을 맡아 나선 것이었다.

1774년의 퀴춰크 카이나르카(Küçük Kaynarca) 조약, 그리고 1792년의 야시(Jassy) 조약을 통해 러시아는 오스만 투르크 제국 내의 모든 정교파 민족을 대표할 수 있는 중요한 권리를 받아냈다. 이는 오스만 투르크 제국 내의 가톨릭 신자들을 대표할 수 있는 프랑스의 권리와 맞먹는 것이었다. 한편 19세기 후반 러시아 관리들은 성지를 찾아 떠나는 수많은 러시아인 순례자들의 신변에도 신경을 써야 했다. 러시아인들은 그들이 자신의 소유라고 느끼던 성지를 자신들의 세력권 안으로 돌려놓기 위한 성전을 계획하기도 했다. 데렉 호프우드(Derek Hopwood)는 러시아인들의 태도를 이렇게 묘사하고 있다.

> 러시아인들은 신의 존재를 느끼게 해주는 전통적인 종교의식에 오랫동안 익숙해 있었지만, 팔레스타인에 와서 성지를 순례하고 요르단 강에서 세례받으며, "예루살렘에서 그리스도가 부활하셨다!"라고 외치는 가운데 이루어지는 각종 부활절 행사를 체험하면서 자신들이 신앙의 중심에 서 있음을 느꼈다. 이런 러시아인 순례자가 늘어나면서, 점차 그들 사이에서 팔레스타인이 바로 성스러운 러시아 영토의 일부라는 공감대가 일어날 정도였다.

그리스인들 중심의 예루살렘 총주교구가 쇠망해 가고 팔레스타인에 사는 아랍인 정교도들의 불만이 고조됨에 따라 러시아의 종교 지도자들은 크게 고무되었다. 그들은 차르의 고관들을 설득하여 시리아 및 팔레스타인에 대표단을 파견, 그 지역에 영구적인 러시아인 근거지를 설립할 방법을 모색하게 했다. 19세기 후반에는 몇 번에 걸쳐 이런 대표단이 파견되었다. 1843에 팔레스타인 땅을 밟은 첫번째 대표단은 포르

러시아정교에 속한 마리아 막달레나 교회의 모습. 이 교회는 1888년 올리브 산 위에 모스크바 건축양식으로 세워졌다(사진 - 아드리엔 본필즈, 19세기 말).

피리가 이끌었는데, 이때 그가 그리스인 대주교 키릴루스와 나눈 날카로운 대화는 러시아정교가 그리스인들 및 아랍인들과 풀어가야 할 문제들을 확연히 드러내 주었다.

러시아인들은 치밀한 전략을 세워감과 동시에 아끼지 않고 물자를 투자한 결과 팔레스타인에 확실한 거점을 마련할 수 있었다. 올리브 산 위에는 러시아정교의 승천 교회(1866년)와 모스크바 공국식 건축양식으로 다섯 개의 둥근 지붕이 있는 마리아 막달레나 교회(1888년)가 건립되었으며, 성묘 교회 근처에는 알렉산드르 네프스키(Aleksandr Nevsky, 1220~63)[+] 교회가 올라갔다. 예루살렘 구도시 북쪽, 옛날 투르크군의 연병장이었던 곳에는 성 삼위일체 교회(1872)가 세워졌는데, 이 교회는

[+] 러시아의 군인으로 스웨덴군을 격파했으며, 튜튼 기사단(Teutonic Knights)의 침입을 물리쳐 러시아의 국민적 영웅이 되었다.

장차 러시아 구역이라고 불리게 될 곳의 중심이 되었다. 이후 이 지역엔 점차 교회, 학교, 숙소, 병원, 영사관들이 빽빽이 들어서게 되었다. 이들은 또한 예루살렘의 북서쪽 에인 케렘(Ein Kerem)에 있는 아름다운 언덕에도 교회를 세웠는데, 이 지역은 세례 요한이 태어났다는 전설이 있는 곳이기도 했다.

러시아인들은 황실의 후원으로 1882년에 세워진 황실 정교 모임을 통해 다양한 고고학적 활동과 자선사업을 벌여나갔다. 러시아 고고학자들은 팔레스타인에 있는 그루지야 교회에 대한 과거사 연구를 통해 성지에서 그들의 신앙적 뿌리를 더듬어가기 시작했다. 이 교회와 관련된 찬란한 성유물 중 하나는 서부 예루살렘 계곡에 있는 십자가 수도원인데, 바로 예수의 십자가가 되었던 나무를 벤 곳이라는 전설을 가지고 있었다. 그루지야들은 투르크 정부에 세금을 낼 돈이 떨어지자 이 수도원을 그리스인들에게 팔았는데, 이후에 그리스인들은 러시아인들이 돈을 아무리 많이 준다고 해도 다시 돌려주기를 거부해 왔다.

크림 전쟁 뒤 러시아가 투르크에 대한 전략을 수정하자, 그리스와 러시아의 관계는 악화되었다. 모스크바의 전략가들은 투르크를 약화시키기 위해서는 오스만 제국 내부의 혼란을 가중시켜야 한다고 생각했으며, 이를 위해 제국 내에 거주하는 소수 그리스도교 민족 사이의 불화를 조성하려 했다. 우선 그들은 불가리아 정교를 부추겨 콘스탄티노플 총주교구에서 독립하도록 만든 뒤, 예루살렘에서도 아랍인 정교도들이 그리스인 교회지도자들에게 불만을 터뜨리도록 지원을 아끼지 않았다.

러시아는 예루살렘과 팔레스타인에 관한 한 유럽 각국, 특히 프랑스와 각축을 벌여야 한다는 것을 잘 알고 있었다. 물론 프랑스인의 순례 행렬이 19세기 들어 많이 줄긴 했지만 팔레스타인 문제에 있어서 프랑스의 영향력은 여전했다. 게다가 1847년 로마 교황청이 십자군 이후 처음으로 라틴 총주교를 예루살렘에 파견함에 따라 프랑스의 입지는 더욱 높아졌다. 한편 영국과 프로이센 역시 성지에 대한 관심이 부쩍 늘어나 1841년엔 예루살렘에 영국 성공회-개신교 합동 주교구를 설치하기에 이르렀다. 러시아 교회는 성공회나 가톨릭 교회들이 벌이는 이런 선교활동을 세밀히 지켜보고 있었다.

19세기 말에서 1917년까지 러시아의 목표는 정해져 있었다. 그건 바로 교회에서 그리스인들의 권위를 떨어뜨리기 위해 아랍인 정교도들의 독립운동을 지원하는 것이었다. 러시아의 주교들이 팔레스타인에 파견되어 어떻게 하든 총주교구에서 그리스인 세력을 감소시키고 또 기회가 되는 대로 여러 성지의 관리자를 그리스인 사제에서 러시아인 사제로 바꿀 수 있도록 노력했다. 그러나 이 전략은 실패했다. 그 이유는 러시아인들이 아랍인들의 힘을 과대평가했던 반면, 그리스인들의 힘을 과소평가했기 때문이다. 그러다가 1917년에 통과된 결의안으로 말미암아 중동에 있어서 러시아 교회의 영향을 확대하려던 모든 노력은 끝이 나고 말았다.

하지만 러시아인들의 이런 활동은 아랍인 그리스정교도들의 정치적 인식을 크게 발달시키는 데 중요한 역할을 했다. 그리고 그 결과 아랍인 그리스정교도들뿐 아니라 무슬림들 사이에도 민족주의 운동이 일어나는 계기가 되었다. 이런 연결고리를 이해하기 위해서는 1870년 러시아의 지원을 받은 불가리아 정교파가 그들 교회를 지배하던 그리스인들을 쫓아내고 콘스탄티노플 총주교구로부터 독립을 선언했던 사실을 기억해야 한다. 이는 오스만 투르크 제국의 역사상 매우 중요한 사건이었다. 콘스탄티노플의 총주교구는 정부를 설득하여 고분고분 말을 듣지 않던 불가리아 교회를 탄압하려 했지만 오스만 정부도 어쩔 수 없었다. 그후 세간의 관심은 러시아인들이 아랍인 정교도들의 독립 운동을 사주

그리스도교인 구역에서 성묘 교회의 정원으로 가는 돌계단에 있는 거지들과 상인들 및 행인들의 모습(사진 – 아드리엔 본필즈, 19세기 말).

한다며 그리스 주교들이 노심초사하고 있던 팔레스타인으로 쏠렸다. 불가리아인들과 마찬가지로 아랍인들 역시, 그리스인 외에 여러 민족들을 신자로 거느리고 있던 팔레스타인 교회의 주도권을 그리스인들이 쥐고 있는 걸 곱게 볼 수 없었다. 게다가 아랍인 정교도들은 1822년 그리스인들이 오스만 정부에 대해 일으킨 반란 때도 오스만 체제하의 피정복민 지배 체제인 밀레트 제도에 따라 그리스인들과 한통속으로 분류되어 처벌받았다. 그 이후 아랍인들은 자신들을 그리스인들과 같은 '집단'으로 볼 이유를 점점 느끼지 못하게 되었다. 그들은 머나먼 콘스탄티노플에 앉아 투르크 관리들에게 돈이나 구걸하는 그리스인 총주교가 아니라 자신들과 함께 하는 동포 가운데 한 사람이 자신들 교회의 대표자가 되기를 원했다.

그리스인과 아랍인들 간의 갈등은 결국 1872년 그리스인 총주교 키릴루스가 그리스인들에게 민족적 배신 행위로 여겨지는 행동을 취함으로써 폭발하고 말았다. 키릴루스가 앞서 보았던 포르피리 우스펜스키의 말에 감화를 받았었는지는 모르겠지만 어쨌든 아랍인 정교도들에 대한 러시아인들의 견해에 동감했다. 유럽 강국들의 팔레스타인에 대한 관심이 점증하는 데 놀란 키릴루스는 예루살렘의 총주교로 선출되자마자 그의 거처를 예루살렘으로 옮기기로 결정했고, 16세기 이후에 이런 결정을 내린 첫번째 그리스인 예루살렘 총주교가 되었다. 게다가 그는 불가리아 교회 독립 문제에 있어서도 그리스 민족에 반대하고 러시아인들의 편에 섰다. 콘스탄티노플의 그리스인들과 키릴루스가 속한 성묘 형제단은 이에 대한 보복으로 1872년 그를 총주교 자리에서 몰아냈다. 이는 운명적인 결정이었다. 이후 그리스인들만으로 이루어진 성묘 형제단은 공개적으로 아랍인 정교도들에 대한 적대감을 나타냈으며, 아랍인과 그리스인 간의 갈등은 계속되었다. 1908년 당시 그리스인 총주교였던 다미아노스(Damianos) 역시 친아랍적 성향을 보인다는 이유로 쫓겨났다.

러시아는 그리스인 교회 지도층에 대한 아랍인들의 반대 운동을 지원하는 과정에서 자신들도 모르게 아랍 민족주의를 탄생시키는 산파역을 했다. 데렉 호프우드의 말을 들어보자.

러시아는 사실 아랍인 정교도들의 의식을 자극하여 총주교구의 제반 문제에 대한 적극 참여를 갈망하게 만들었다. 정교에 의한 아랍 민족주의 운동은 바로 이때부터 시작되었다. 그 영향은 이후 19세기 후반부터 1차 세계대전 때까지 계속 물결처럼 번져갔으며, 그 문제는 오늘날까지도 해결되지 못하고 있다.

사실 아랍 민족주의가 오늘날까지 해결되지 못한 채 남아 있는 이유는 안으로 여러 교회 세력간의 정치적 알력 때문이기도 하지만, 한편으로는 오스만 정부가 4백여 년 동안 이 지역을 다스려 오면서 차라리 그 문제가 해결되지 않는 걸 더 바랬기 때문이기도 하다. 무함마드 알리가 술탄에게 반기를 들어 이집트 및 팔레스타인, 시리아 등을 점령한 뒤 그의 아들 이브라힘 파샤가 그를 대신해 팔레스타인과 시리아를 다스리던 기간(1831~40년) 동안 오스만 정부는 팔레스타인에 있는 아랍인들의 독립에 대해 부정적이었다. 파샤의 통치가 끝난 1840년에 오스만 정부는 아랍인 그리스정교도들의 독립운동이 더 구체화되는 걸 막기 위해, 그리스인 성직자들의 입지를 다시 강화시켜 주었다. 그리고 1차 세계대전 후 투르크 세력이 물러가고 난 뒤, 그 지역을 점령하게 된 영국은 오스만과 같은 친그리스 정책을 펴나갔다. 그리고 오늘날 예루살렘에 존재하는 작지만 언제 폭발할지 모르는 그리스도교 세력들의 정치판에서 이스라엘 역시 친그리스 노선을 따르고 있다.

십자군 이후 그리스도교인들이 팔레스타인에서 보낸 9백 년의 기간은 전사와 순례자와 정치가 그리고 수도사의 것이었다. 그들은 성지를 점령하여 식민지화 했으며, 교회와 수도원을 세워 이 땅을 하늘나라로 가기 위한 발판으로 만들어 주신 예수 그리스도를 기념했다. 우리는 갈릴리 출신의 유태인으로서 성지라든가 형식적인 종교의식에 별 관심을 보인 적이 없던 예수가 십자군들의 이런 노고를 치하했을지는 알 수 없다. 예수의 마음은 다가올 천국에 있었으며, 더구나 그 천국은 세속의 예루살렘을 끝장내고서야 이루어질 것이었다.

하지만 그 천국은 오지 않았고, 예루살렘도 그대로 남았다. 그리고 그리스도교 세계의 모든 나라들은 이 작은 땅을 두고 서로 정복하여 그들 방식으로 성지화하려는 경쟁을 벌였다. 비잔틴의 황제들이나 신학자들이나 건축가들은 그곳을 확실히 그리스도교인들의 성지로 만들어 주었다. 라틴의 십자군들은 그 성지를 보존하기 위해 얼마나 용감하고 잔인한 행동이 필요한지를 보여주었다. 그후 19세기에 중세의 십자군 정신에 감화되어 그곳을 찾은 영국인, 프랑스인, 독일인 선교사들은 역설적이게도 이번에는 인본주의 정신을 가져다 주었다. 의도한 대로 유태인들을 그리스도교로 개종시키는 데는 실패했지만, 이들 선교사들은 그 땅에 남아 학교를 열고 병원을 세워 아랍인들의 마음을 끌어당겼다. 때로 같은 종파인 러시아인들의 지원을 받기도 하던 그리스인들은 이런 유럽 선교사들의 활동을 저지하느라 애썼다. 그리스인들은 언제고 필요에 따라 무슬림 지도자들과 협상할 태세를 갖추고는 예수 그리스도의 진정한 후계자인 그들만이 성지의 주인임을 굳게 믿으며 수단과 방법을 가리지 않고 그 땅에 집착했다.

정복과 성지화, 두 가지 모두 이 땅의 그리스도교인들 마음속엔 깊게 각인되어 있다. 예루살렘의 그리스도교 사회에는 오늘날도 정복 심리가 팽배해 있다. 주교들의 부와 권세 속에도 있고, 총주교들의 막강한 전제적 권력에도 있으며, 성직자들이 평신도들을 깔보는 태도에서도 엿볼 수 있다. 그리고 또 하나 과거 십자군 때와 하나도 변함없이 수도사들과 수녀들이 요새처럼 높은 담벽 뒤로 완전히 차단된 집단 생활을 하는 것에서도 역시 중세 정복 시대의 한 단면을 볼 수 있다. 그리스인들이 이스라엘 사람들과 협상하는 모습이나, 그리스인들을 곤경에 빠뜨리기 위해 라틴인들이 이스라엘인이나 아랍인과 수작을 부리는 모습을 보면 아직 중세의 정복 심리가 오늘날의 예루살렘에 그대로 남아 있는 것을 느낄 수 있다.

12세기 말 그리스도교인들의 성지 정복은 살라딘에 의해 끝났지만,

그후에도 순례 행렬은 그치질 않았다. 그리스도교인들은 한 번도 성지 순례를 중단한 적이 없었으며 오늘날에도 수천 명씩 순례를 한다. 그들이 성지로 오는 이유는 과거나 지금이나 똑같다. 바로 그들이 믿는 종교의 근원에 가보고자 하는 열망이다. 그리스도교 신앙은 갈릴리와 예루살렘에서 시작되었다. 순례자들은 이런 유적지로 여행하여 여러 성지를 둘러보고 싶어하며, 요르단 강에 손도 담가보고, 갈릴리 호수에도 가보고 싶어한다. 무엇보다 그리스도 무덤의 대리석 표면에 한번 입을 맞추어보는 행위를 통해 순례자들은 그가 믿는 신앙의 거룩한 근원과 교감하고자 한다.

4세기의 순례자 바울라는 성지들을 돌아보니 성경 말씀이 살아나오는 것 같다고 했다. 그리스도가 서 있던 곳, 가르치던 곳, 기도하던 곳, 그리고 고통받던 곳에서 경배할 수 있다는 것은 과거와 현재와 미래를 연결해 주는 영적인 다리 위를 걷는 것과 다름 없었다. 그리스도가 만졌던 곳을 보고 만지는 건 순례자들의 세속 생활과 거룩한 성경상의 과거가 연결되어 있음을 의미했다. 존 윌킨슨(John Wilkinson)은 "바울라나 그외의 모든 순례자들에게 있어서 성지를 볼 수 있다는 것은 구원의 역사를 한 눈에 바라보는 것과 같았다. 바울라는 그곳에서 십자가에 못 박힌 예수와 구유에 누워 있는 아기 예수의 환영을 보았기 때문이다"라고 한다. 바울라의 말이 전해진 뒤 수십 세기 동안 수많은 순례자들이 그녀의 뒤를 따라 예수가 탄생한 동굴에 내려가 보기도 하고 갈바리아 언덕에도 올라갔다. 그리고 그 감격의 순간에 진짜로 예수 그리스도의 모습을 보았다는 글을 남긴 순례자는 한둘이 아니다.

하지만 성 제롬을 불안하게 만들었던 건 바로 이러한 순례자들의 환상이요, 미신이나 다름없는 유물 숭배에 대한 유혹이었다. 그는 그리스도교 신앙을 영적이고 지적인 종교라고 믿었으며, 따라서 그리스도교 형제들에게 천국이란 예루살렘에도 브리타니아(Britannia ; 훗날의 영국)에도 열려있는 것이라고 강조했다. 오늘날 신학자들이나 세계적인 교회 조직의 지도자들에게 있어서 성지는 고고학적 연구나 성경 연구의 대상으로서 외에는 별 관심의 대상이 되지 못한다. 성지 순례가 절실한 사람들은 경건한 사람들이기도 하지만 어떻게 보면 단순하고 감상적인 신앙심을 가진 사람들이다. 순례자들은 진심으로 경건한 마음에서 우러나오는 행동을 하지만 도를 넘어 미신적 행위까지 보이기도 한다. 밤새 철야 기도를 한다거나, 특별한 축복을 받은 물이나 촛대, 십자가를 산다거나 선물 가게에서 파는 소형 가시관을 아무렇지도 않게 성묘 교회 문 앞까지 쓰고 다닌다거나 하는 것이다.

예루살렘에서 이들 그리스도교인들은 이렇듯 우스꽝스러운 모습들을 보여준다. 하지만 순례자들을 비웃을 수는 없다. 순례자들은 성스러운 물건들을 보고 만지고 그것에 입 맞추러 이곳까지 온 것이다. 이 성스러운 장소들이 잘 보존되지도 못하고, 교회 주변의 거리가 수많은 사람들로 북적거리고, 갈바리아 언덕이 금, 에메랄드, 루비 등으로 뒤덮여 알아보기 힘들게 되었어도 이들은 상관 않는다. 순례자들은 다만 십자가 나무에 손을 대보고 바위를 만져볼 수만 있다면 그걸로 만족이다. 세속의 도시는 천상의 도시를 느끼게 해주니까 말이다.

그리스도교 순례자들 입장에선 투르크인이건 아랍인이건 또는 유태인이건 간에 누가 예루살렘을 다스리는가는 별로 중요하지 않다. 그들에겐 언제든 자유롭게 이곳에 와서 자기들 언어로 경배할 수만 있으면 그만이다. 그외의 불안정하고 세속적인 정치 문제는 종교적인 열망에 사로잡힌 순례자들에겐 관심 밖의 일이다. 이 신성한 장소들을 관리하는 수도사들이 좀 딱딱하고 자신들을 경멸하는 태도를 보일지라도 그것 역시 세속적인 일로 곧 잊어버릴 수 있는 일이다.

예루살렘은 유태인들보다는 그리스도교인들에게 더 색다른 의미를 갖는다. 유태인들은 예루살렘을 통해서 하나의 민족으로 묶일 수 있지만, 그리스도교인들에게 있어서 예루살렘은 땅과 사람과 종교를 하나로 묶는 민족적인 중심지가 아니다. 그리스도교인들은 단일한 역사적 배경을 가진 하나의 민족이 아니며, 민족·영토·언어·종교의식 면에서 매우 다양하다. 수많은 민족으로 이루어진 그리스도교인들은 로마, 콘스탄티노플, 제네바, 캔터베리 등 수없이 많은 종교의 중심지를 가지고 있다. 그리스도교인들은 정복자의 위엄을 가지고, 한편으론 순례자의 모습으로, 또는 선교사나 상인의 옷을 입고 예루살렘을 찾았다. 그때마다 그들은 마음속에 그리던 이상에 가까운 도시, 아니면 그들이 어딘가에 두고 온 듯한 도시에 오는 기분이었다. 예루살렘에서 멀지 않은 해안에 이탈리아 상인들이 제노바나 피사를 떠올리게 하는 항구를 만들었던 것처럼, 사람들은 예루살렘에 오면 콘스탄티노플에 온 기분도 들었고, 마인츠(Mainz)나 영국의 한 도시에 온 듯한 기분도 들었다.

예수는 예루살렘에서 그리스도교 신앙이 이렇게 발전하리라 예견하긴 힘들었을 것이다. 복음서의 저자들은 그가 예루살렘에 사는 유태인들의 신앙 생활을 경멸한 걸로 묘사하고 있다. 아집과 유혈 투쟁으로 얼룩진 예루살렘의 역사를 볼 때, 예수는 이곳에서 막강한 힘을 자랑하던 그리스도교 지도자들에게도 별 쓸모가 없었을 게 뻔하다. 예수의 눈은 다가올 하늘나라에 맞추어져 있었다. 그리고 그 하느님의 나라가 올 때면 그가 보았던, 그리고 우리가 역사를 통해 조명해 보고 있는 이 세속의 예루살렘은 사라질 것이었다.

3부
이슬람 역사에서 본
예루살렘의 거룩함

7. 이슬람, 예루살렘에서 이기다

> 성스러운 사원(메카)에서 …… 먼 곳의 사원(예루살렘?)까지, 밤에 그 종
> (무함마드)을 데리고 여행하시는 분께 영광이 있으라.
> ―『코란』 17 : 1

> 이 세상에 바위 돔 사원보다 더 우아한 것은 없다.
> ―10세기의 무슬림 여행가 알 무카다시

오랜 역사를 자랑하는 유태인의 성전터에 찬란한 사원을 지었다는 사실은 예루살렘이 무슬림들에게도 얼마나 성스러운 곳인지를 여실히 증명해 주었다. 이 사원은 685년에 완공된 웅장한 8각형 건물로서 '바위 돔 사원'(Dome of The Rock)⁺이란 이름이 붙여졌는데, 유태인 전설에 따르면 아브라함이 아들 이사악을 제물로 바치려던 곳이며 또한 솔로몬이 지은 성전 중에서도 가장 거룩한 신의 성소였던 툭 튀어나온 석회암 자리에 지어졌다. 훗날 이슬람교의 전설에 의하면 무함마드는 이 거룩한 바위에서 알라의 마지막 계시를 받기 위해 천국에 다녀왔다고 한다.

✦ 정확히 말하자면 '바위 위에 지어진 둥근 지붕의 사원'이 맞지만, 간편하게 '바위 돔 사원' 또는 '황금사원'이라 부른다.

팔레스타인을 다스린 초기의 아랍 통치자들은 바위 돔 사원을 세움으로써 예루살렘에 대한 경의를 표했다. 그들에게도 예루살렘은 아브라함과 모세, 예수, 그리고 무함마드에 이르는 수많은 위대한 예언자들의 도시였다. 따라서 그 사원은 이슬람교가 유대교 및 그리스도교로부터 배태되었을 뿐 아니라 이 두 종교를 최종적으로 완결한 종교라는 의미의 상징이 되었다.

게다가 수세기에 걸쳐 시리아 및 팔레스타인에 사는 수많은 무슬림들이 메카까지 가는 의무적인 순례 여행(하즈)✚을 이루지 못하고 대신 예루살렘의 바위 돔 사원을 찾는 바람에 예루살렘은 그 신성함을 더하게 되었다. 그런 무슬림 순례자들은 이곳 예루살렘에서 순례자로서 해야 할 기도나 의식을 바쳤다. 이들은 마치 메카에 있는 정육면체의 신성한 건물 카바(Ka'ba)✚✚ 앞에 와 있는 듯이 아브라함이 이사악을 제물로 바치려 했다던 그 바위 주위를 빙빙 돌았다.

이슬람교에 있어서 예루살렘의 중요성은 의심할 여지가 없지만, 무슬림들은 과거 유태인들이나 나중에 그리스도교인들이 잠시 그랬던 것처럼 한 번도 예루살렘을 수도로 삼은 적은 없었다. 무슬림 통치자들은 예루살렘을 그 지역의 행정 수도로 만들 기회가 있을 때조차 예루살렘 대신에 지중해에서 내륙으로 몇 킬로미터 안쪽에 새로 생긴 무슬림 마을 람라(Ramla)✚✚✚를 택했다. 예루살렘의 약한 경제적 기반이 그곳의 정

✚ 하즈(hajj)란 모든 성인 무슬림들이 성도인 메카를 일생에 적어도 한 번은 순례해야 하는 의무이다. 이슬람의 기본적인 의식과 실천 의무들 중 5번째 의무이며, 친척이나 친구가 그 가족들이나 친구 가족을 대신하여 대리 순례를 할 수도 있다. 하즈를 수행한 무슬림은 자신의 이름에 하즈라는 칭호를 붙일 수 있다.
✚✚ 이슬람교 최고의 신전으로, 메카의 중심부에 있는 정육면체의 석조 건물. 그 동쪽 구석엔 검은색 운석 덩어리, 그 반대편에는 성천(聖泉)이 있다. 이슬람교 최대의 신성한 장소로 무슬림은 평생에 한 번은 메카에 와서 이 주위를 돌며 기도를 바쳐야 한다.

치적 중요성을 덜 하게 만든 것 같다. 어쩌면 무슬림 통치자들은 처음부터 예루살렘이 종교의 도시지 부(富)의 도시는 아니라는 걸 알고 있지 않았을까? 예루살렘은 올리브 기름이나 수공예품 등을 수출해 재미를 보긴 했지만, 그 이외엔 별 게 없어서 돈벌이에 관심이 있는 무슬림 정복자들이나 상인들의 마음은 끌지 못했다.

예루살렘이 무슬림들에게 정치적으로 덜 중요했던 두번째 이유는, 무슬림이 처음 예루살렘을 정복한 638년 이후로 오랜 세월 동안 그들에게 이곳은 수많은 교회 탑이 하늘을 찌를 듯이 솟아 있는 그리스도교의 도시로 여겨졌기 때문이다. 무슬림 통치자들은 이런 선입견 때문에 예루살렘을 다시 설계해야 했지만, 왠지 자기들의 도시가 아닌 듯한, 외부의 정복자로서 와 있는 듯한 느낌을 가질 수밖에 없었다. 그들의 세계는 예루살렘 밖 동쪽과 서쪽에 있었다. 칼리프의 근거지인 다마스쿠스, 바그다드, 카이로, 이스탄불(옛 콘스탄티노플) 등이 여기에 해당된다. 무슬림의 중심 세력이 시리아에서 이라크로, 또 거기에서 이집트로 갔다가 투르크(지금의 터키)로 옮겨가는 오랜 기간 동안 예루살렘과 팔레스타인은 그 권력이동의 과정에서 항상 주변적인 역할에 머물러 있었다. 예루살렘은 어떤 무슬림 세력이든 항상 정복의 대상으로 삼았지만, 여전히 무슬림들에게 이곳은 무함마드가 하늘에 다녀온 그날 밤의 여행 중에 잠시 머물렀던 곳이라는 종교적 의미 외엔 별 다른 의미가 없는 그런 머나먼 도시일 뿐이었다.

물론 예루살렘은 그들에게 정복되기 이전부터도 무함마드의 추종자들에게 잘 알려져 있었고, 또 추앙의 대상이었다. 하지만 정복 그 자체

✛✛✛ 아랍인들이 팔레스타인 지역에 세운 유일한 도시로, 현재 이스라엘 텔아비브야파 남동쪽의 해안평야 지대에 위치해 있다.

는 '성전'(聖戰)과 같은 고상하고 광신적인 구호 아래 이루어진 것은 아니었으며, 더구나 일찍이 비잔틴 제국이나 훗날의 프랑스인들이 했던 것 같은 그런 난폭한 성전은 절대로 아니었다. 또한 초기 무슬림들의 팔레스타인 정복은 영토에 대한 야심 때문도 아니었다. 그들의 동기는 보다 현실적이고 보다 세속적인 데 있었다. 즉 시리아에서 시작한 침탈을 더 남쪽으로 확대하여 그 지역을 약탈하려는 것이었다. 629년 9월, 그들이 처음 약탈을 시작했을 때, 그리스 주교들은 9년 전에 페르시아인들에게 빼앗겼던 예수의 십자가를 되찾았다고 예수의 무덤에 모여 하느님께 감사 예배를 드리고 있었다. 그리스도교인들이 기도를 드리고 있던 중, 소규모의 아랍 유목민 무리가 요르단 강을 건너 사해의 동남쪽 끄트머리에 있는 무타(Mu'ta)라는 작은 마을에서 비잔틴 국경수비대와 충돌했다. 역사가 필리프 히티(Philip Hitti)는 이 국지전이 이후 1453년 비잔틴의 수도 콘스탄티노플이 함락되어 그리스도교 세계에서 가장 화려한 성 소피아 성당의 벽에서 그리스도의 이름이 지워지고 무함마드의 이름이 새겨지는 그 순간까지, 수세기에 걸친 기나긴 그리스도교와 이슬람교 간 전쟁의 첫 시작이었다고 말한다.

 이들은 무함마드가 계획하고 있는 메카 공격에 대비하여 무기인 칼을 마련하기 위해 팔레스타인에 있는 주물소를 손에 넣고자 무타를 점령한 것이었다. 무함마드는 칼을 얻었고, 메카를 점령했으며, 사람들이 우상으로 받들던 신성한 바위를 깨끗이 정화하는 한편, 아라비아반도의 대부분 주민들을 정복하고 이슬람교도로 만들었다. 무함마드는 632년에 갑자기 죽었는데, 그 1년 뒤 시리아 및 팔레스타인에 대한 공략이 시작되었다. 뛰어난 예언자이자 군 지도자였던 무함마드가 그의 고향인 사막지방의 북서쪽에 위치한 이 풍요로운 지역을 정복하려고 계획했던 흔적은 없다. 게다가 그가 이 지역을 선교의 대상으로 생각했을 리는 더 더욱 없다. 우리가 확실히 알 수 있는 건 무함마드의 초기 추종자들인 아라비아반도의 유목 부족들이 끊임없이 이곳을 약탈했다는 사실이다. 무함마드가 아라비아반도 부족들간의 약탈을 금했기 때문이다. 무함마드는 모든 무슬림들은 '신앙으로 묶인 사회'의 일원으로 서로 형제나 마찬가지기 때문에 서로의 귀중품이나 낙타, 여자 등을 훔치는 건 알라에게 죄를 짓는 일이라고 가르쳤다.

이제 막 피어나는 이슬람 국가에게 운 좋게도 시리아와 팔레스타인은 약탈하기에 최상의 낙원이었다. 우선 두 지역은 가까웠고, 재물도 많았으며, 비잔틴의 그리스인 장교들을 증오하는, 행동도 굼뜨고 충성심도 별로 없는 토박이 수비군들에 의해 엉성하게 방어되고 있었다. 비잔틴군은 아랍의 훈련된 낙타들 및 능숙한 기병들과 맞붙어 싸워야 했는데, 더구나 아랍인들은 자신들이 사막전에선 유리하다는 사실과 전투의 보상이 상당하다는 걸 잘 알고 있는 이들이었다. 첫 전투 이후 4년 동안 그들의 치고빠지는 약탈은 점차 규모가 커져 웬만한 정규전을 방불케 하더니 633년이 되자 정복을 위한 전쟁이라 하지 않을 수 없게 되었다. 첫 목표는 상업적 가치가 별로 없던 예루살렘이 아니라 시리아에서 이집트로 가는 오래된 해안 무역도시 가자였다. 이 소식을 들은 비잔틴 당국은 그곳에 군대를 급파해 외지에 너무 깊숙하게 들어온 탓에 불안해하고 있는 무슬림들을 격퇴했다. 하지만 몇 달 후 무함마드의 뒤를 이어 그의 영적·정치적 대리인이었던 아부 바크르(Abu Bakr)가 후계자, 즉 칼리프(Caliph)가 되었고, 바크르는 수하의 뛰어난 장군 할리드 이븐 알 왈리드(Khalid ibn al-Walid)에게 명하여 수세에 몰린 이들 남부 팔레스타인의 무슬림군을 돕게 하면서 운명은 아랍쪽으로 기울었다. 무함마드가 '알라의 칼'이란 별명을 붙여 준 바 있던 알 왈리드는 물 한 모금 구할 수 없는 시리아 사막을 행군하는 대담한 전략을 통해 믿을 수 없을 정도로 짧은 기간인 18일 만에 아라비아 사막에서 다마스쿠스에 도착했다 (이는 아직도 사막 전투전에 관한 연구의 대상이 되고 있다). 역습을 당한 비잔틴군은 기동력 좋은 무슬림군의 상대가 될 수 없었으며, 일시적으로 다마스쿠스를 잃었는데, 혹자에 의하면 이는 성내에 있던 유태인 및 시리아 그리스도교인 불만세력의 배반 때문이었다고 한다.

그후 약 1년 뒤인 634년 7월, 알 왈리드가 거느리는 아랍군은 팔레스타인 남부의 리따(Lydda) 근방 아즈나다인(Ajnadain)에서 두번째 승리를 거두어, 그 지역 일대를 손에 넣었다. 아랍군의 압력은 이제 예루살렘에서도 느껴져 그리스인 총주교 소프로니우스는 그해 크리스마스 설교에서 이들 때문에 예수가 탄생한 곳을 찾아 예루살렘에서 8킬로미터 밖에 안 떨어진 베들레헴으로 가는 성탄절 의식을 못하게 되었다고 안타까워했다. 성탄절이 지난 뒤 상황은 더욱 악화되었다. 소프로니우스는 다음해 초, 공현주일* 예배 때 다음과 같은 고통스러운 강론을 했다.

이런 살육은 언제나 끝날까요? 왜 교회당들이 파괴되고 십자가가 훼손되는 걸까요? 예언자 다니엘이 '파괴자의 우상'이라고 예언한 바대로 사라센(Saracen)**들이 감히 이 땅에 들어와 노략질하고 다니며 논과 밭을 망가뜨리고, 마을을 불태우며 수도원들을 무너뜨리고…… 곧 온 세상을 정복할 거라 떠들며 다니고 있습니다.

마침내 비잔틴 황제 헤라클리우스가 보복을 시작했다. 그는 소아시아에서 모은 대군을 팔레스타인으로 파견, 잠시 다마스쿠스를 회복하기

✚ 동방 박사 세 사람이 아기 예수를 경배하러 왔던 일을 기념하는 날로서 1월 6일.
✚✚ 중세에 유럽사람들이 무슬림들을 비하하여 부르던 말. 십자군 전쟁 이후 유럽에서 일반적으로 쓰여 아직까지도 사용되고 있다.

도 했으나, 635년 9월에 다시 ─ 이번엔 되돌이킬 수 없이 ─ 무슬림들에게 빼앗겼다. 이로 인해 이 역사적인 그리스도교 도시는 20세기 초반 국제연맹 결의에 따라 프랑스 관리들이 도착하기까지 다시는 그리스도교 통치자들을 보지 못하게 되었다.

636년 8월, 요르단 강 북쪽의 지류인 야르무크(Yarmuk) 강이 흐르는, 찌는 듯이 덥고 메마르며 먼지 자욱한 계곡에서 벌어진 비잔틴군과 아랍군 간의 최후 결전에서 무슬림 기병대는 비잔틴군을 격멸했다. 이제 팔레스타인에서 그들을 막을 자는 없었다. 무슬림들은 여세를 몰아 중부 팔레스타인으로 진입, 주요 성읍을 쉽게 점령했는데, 이때마다 그리스인들의 멍에에서 벗어나고자 하는 본토인들의 도움을 받았다. 아랍군의 지도자들은 잘할 줄도 모르고 별로 기질에도 안 맞는 예루살렘 성벽을 공격하는 대신에 그냥 도시를 철통같이 에워싸서 식량공급을 끊는 식으로 항복을 유도하기로 했다. 그리고 이 작전은 638년, 2년 만에 성공했다. 하지만 바로 그 전해에 훨씬 더 전략적으로 중요한 페르시아 수도 크테시폰(Ctesiphon)을 함락해 사산(Sassan) 왕조의 핵심을 붕괴시키고, 수많은 이라크와 이란 지방의 조로아스터 교인들을 이슬람으로 개종시키는 전과를 올렸기 때문에 이 승리의 기쁨은 좀 맥 빠진 것이 되고 말았다. 팔레스타인의 중요한 전략 거점 카이사리아도 예루살렘과 같은 해에 함락되었고, 640년엔 이집트까지 통째로 무슬림들의 손에 들어갔다. 무함마드가 한을 품은 채 메카에서 메디나로 쫓겨난 헤지라(Hijra, 622년) 이후 불과 18년 만에 중동의 전 지역이 모두 그의 신앙으로 뭉쳐진 수천 명에 불과한 아랍 전사들의 수중에 떨어지고 말았다.

영토를 빼앗기는 걸 보며 가장 마음 아파한 사람은 비잔틴 황제 헤라클리우스였다. 비잔틴군과 페르시아군은 그간 30년도 넘게 서로 싸우느라 지쳐 이제 새로 등장한 아랍군이 양쪽으로 진격하는 걸 막을 힘이 없었다. 헤라클리우스는 팔레스타인 및 시리아를 구하러 나섰지만, 야르무크에서의 패배로 희망을 버린 채 북으로 말머리를 돌려 콘스탄티노플로 돌아갔다. 그가 떠나가며 한 말은 이 지역의 운명을 날카롭게 지적하고 있다. "오, 잘 있거라, 시리아여. 적들이 얼마나 너를 좋아할꼬!"

정복의 승기를 잡은 무적의 이슬람 전사들은 사기가 충천하여 사방으로 퍼져 나갔다. 무함마드가 죽은 뒤 68년 만인 700년의 세계지도를 보면 이들의 영토는 서쪽으로는 대서양에 닿아 있었고, 동쪽으로는 중국의 서부 산악지역에 걸쳐 있었다. 그 이전에 이보다 더 큰 판도를 자랑한 제국은 없었다.

역사가들은 모두 시리아 첫 침공이 있던 633년부터 이집트 및 팔레스타인의 완전 정복에 이르는 640년까지 7년의 기간 동안, 팔레스타인 사람들의 생활엔 별 다른 변화가 없었다고 입을 모은다. 이는 무함마드의 후계자들, 즉 칼리프들이 영토 정복 그 자체엔 별 관심이 없었기 때문이었다. 처음 100년 가량 시리아와 팔레스타인을 다스린 사람들은 모두 무함마드 자신이 그랬던 것처럼 상인이요, 유목민 출신들이었다. 이들은 일단 지역을 점령하고 나면 농지를 경작하여 정착할 생각은 전혀 없었으며, 이런 일들은 토박이들에게 맡겨두었다. 무슬림 지도자들은 다만 피정복민들에게서 세금을 잘 거두어 들여 계속되는 군사작전에 필요한 자금, 사원이나 화려한 거처를 짓기 위한 건축 자금, 아니면 개인적인 축재를 위한 자금을 마련하는 데 모든 관심을 기울였다. 이들의 주된 수입원은 보통 사람들이 내는 재산세였지만, 이에 추가하여 무기를 가지고 다닐 수 없던 모든 비무슬림들에겐 군사적인 보호 비용 명목으로 사람 숫자에 따라 인두세를 거두어 들였다. 피정복민들은 이러저러한 세금을 내고 나면 자유롭게 그 전처럼 살 수 있었고, 아무 간섭 없이 종교 생활을 계속할 수 있었다. 팔레스타인에 사는 토박이 그리스도교인들이나 유태인들은, 그리스인 지배자들이 아무 이유 없이 지역사회에 간섭하고, 세금도 무거웠던 비잔틴 시절보단 훨씬 나은 삶을 살 수 있었다.

팔레스타인에 거주한 많은 무슬림 정복자들은 토박이 사람들을 피해 해안의 평야에 새로 건설한 람라에 자기들끼리만 모여 조그만 엘리트 사회를 구성하여 살았다. 정복이 있은 지 100년 뒤에도, 아랍 무슬림들의 인구는 시리아 및 팔레스타인 전체 인구 350만 명 중 겨우 20만 명에 불과했다. 하지만 사회계층은 엄격하게 구분되었다. 맨 위로 무슬림들이 군림했고, 그 다음 계층은 이슬람으로 개종한 사람들로 '손님'이란 뜻의 '마왈리'(Mawali)였으며, 세번째는 '보호받는 자들'이란 뜻의 '짐미스'(dhimmis)라 하여 그리스도교인이나 유태인들이 인두세를 내는 계층으로 분류되었다. 사회 계층의 맨 아래에는 주로 아프리카 정복지에서 온 흑인들로 구성된 노예들이 있었다.

흔히 무슬림들이 한 손엔 『코란』을, 다른 한 손엔 칼을 들고 정복지를 유린했다는 애기들을 하지만, 사실은 이와 다르다. 아랍인들은 신앙을 전파하기 위해 시리아와 팔레스타인을 정복한 것은 아니었으며, 오히려 그 반대였다. 초기 무슬림 지도자들은 개종을 바라지도 달가워하지도 않았다. 개종자가 나올 때마다 인두세가 줄었기 때문이다. 수많은 토박이 그리스도교인들이 인두세를 피하기 위해 개종한다는 게 밝혀지자 무슬림 지도자들은 개종을 억제하기 시작했다. 예외적으로 개종을 억제하지 않았던 지도자로 잘 알려진 인물은 우마이야(Umayya)✝조의 5

✝ 우마이야 칼리프조는 메카의 부유한 상인 우마이야 가문 출신의 무아위야(Mu'awiya)가 661년 칼리프가 되어, 무함마드의 사위 알리('Ali)로부터 권력을 탈취한 정권이다. 다마스쿠스를 수도로 하여 무아위야의 후손들이 칼리프 자리를 세습하다가 750년, 13대 칼리프 마르완 2세(Marwan II)가 바그다드를 중심으로 하는 아바스('Abbas)에게 권력을 빼앗기고 죽을 때까지 존속했다. 전성기 때는 스페인 및 북아프리카에서 중앙아시아에 이르는 이슬람 최고의 판도를 자랑했다.

번째 칼리프 우마르 2세('Umar II, 재위 717~720)로서 그는 몰라서 이슬람교를 믿지 않는 사람들을 개종시키기 위해 모든 수단과 방법을 가리지 않아야 한다고 주장했다. 이 때문에 그는 '경건한 칼리프'라는 별명을 얻기도 했다. 한번은 그의 보좌관이 개종자들 때문에 국고가 줄기 시작하니, 이들이 정말 신앙이 있는지 시험해 봐야 한다고, 즉 할례의식을 제대로 거쳤는지 확인해야 한다고 주장했는데, 이 말을 들은 우마르 2세는 이렇게 꾸짖었다고 한다. "알라께서 예언자 무함마드를 세상에 보내신 진짜 이유는 사람들을 깨우치게 하려는 것이지, 할례를 받게 하려는 것은 아니었다."

시리아와 팔레스타인의 초기 무슬림 정복자들과 그들의 뒤를 이은 우마이야 칼리프들은 모두 아랍인들이었다. 이들은 자신들의 종교를 무함마드가 전해준 귀중한 보물로 여겼으며, 이 보물이 비(非)아랍인들에 의해 더럽혀져서는 안 된다고 생각했다. 또한 이들은 샤리아(Shari'a)라 부르는 그들의 이슬람법이 비(非)무슬림들에게 적용되기엔 너무 신성한 것이라는 생각을 가지고 있었다. 이런 배타적인 민족종교관은 예로부터 중근동 지역에서 공통적으로 발견되어 왔다. 콘스탄티노플의 비잔틴인들 역시 시리아나 팔레스타인의 본토박이들에 대한 경멸감과 로마 교회에 대한 증오심 때문에 그리스도교 신앙을 철저히 그리스화한 바 있었다. 이보다 먼저 초기 이스라엘 사람들 역시 『토라』 경전에 근거하여 신과 계약을 맺고, 할례를 받은 자신들이 이 세상의 다른 모든 '이교도'들과는 다른, 선택받은 민족이라고 믿고 있었다.

638년 봄, 굶주리고 지쳐 있는 예루살렘 주민들(비잔틴 당국이 성 안에 유태인들이 거주하는 것을 금지했기 때문에 그들은 모두 그리스도교인들이었다)은 마침내 항복을 했는데, 다만 칼리프 우마르 1세가 직접 항복을 받으러 와야 한다는 조건을 내걸었다. 이미 이슬람교에서도 예루살렘을 거룩하게 여긴다는 사실을 보이려는 듯 우마르는 이 요청에 동의했다. 그렇다면 예루살렘은 왜 무슬림들에게도 성스러운 곳이었을까? 예루살렘의 거룩함과 메카에 있는 성소 카바는 무슨 관계일까? 그리고 무함마드는 예루살렘을 어떤 눈으로 보았을까? 우마르의 예루살렘 입성에 얽힌 흥미진진한 일화들을 잘 살펴보면 이런 의문에 대한 답을 구할 수 있다.

사실 우마르의 예루살렘 입성 일화 자체는 역사적 사실이라기보다 우마르를 존경하는 아랍인 연대기 작가가 지어낸 얘기에 더 가깝다. 그 작가는 우마르의 도덕성이 그가 정복한 곳에 사는 어느 누구보다도 우월하다는 점, 특히 예루살렘을 그에게 넘겨준 그리스인 예루살렘 총주교 소프로니우스보다 더 우월하다는 점을 강조하고 있다. 두 지도자가 처음 만났을 때, 무슬림 지도자가 입고 있던 장식이 없고 세련되지 못한 전투복은 그리스도교 지도자가 입고 있던 화려한 제복보다 더 그를 돋보이게 만들었다. 항상 모략과 조작을 일삼던 그리스인들에 비해 우마르는 '말만 번지르르 하거나 위선자처럼 속삭이지 않는, 진실로 신을 두려워하고 항상 분별력 있는' 사람으로 묘사되고 있다.

우마르는 우선 성전 산으로 인도해 줄 것을 청했다. 이는 무슬림들이 히브리 예언자들의 전통을 인정한다는 것을 뜻했다. 성전에 도착한 우마르는 그리스도교인들이 유대교 신앙에 대한 경멸의 표시로 성전에서도 가장 중요한 신의 거처에다가 쓰레기를 쌓아놓은 걸 보고 기분이 상했다. 이 중에는 여인들의 월경용 천조각처럼 일부러 모욕을 더하기 위한 쓰레기도 있었다. 칼리프는 유태인들에 대한 존경심에서 이 주변을 깨끗이 청소하게 만들었는데, 이것은 유태인들의 성스러운 장소를 앞으로 무슬림 경배 장소로 쓰기 위한 배려이기도 했다. 하지만 이 전설에서 무슬림들의 그리스도교인에 대한 악의를 약간 엿볼 수 있는 부분도 있다. 무슬림들은 그리스도교인들이 성전 산을 더럽힌 데 대한 보복으로 예수부활 교회(부활은 아랍어로 키아마[Kiyama])를 똥 교회(똥은 아랍어로 카마마[Kamama])라 불렀다고 한다.

그날 칼리프와 총주교가 예수부활 교회에 도착한 때는 무슬림들의 한낮 기도 시간인 정오였는데, 여기에서 또 한번 칼리프의 도덕적 우월성이 입증되었다. 손님에 대한 예우를 갖춘 총주교는 그에게 교회 안으로 들어가 기도하도록 권했다. 하지만 우마르는 그리하면 부하들이 교회를 이슬람 사원으로 바꾸어놓을 거라면서 공손히 거절하고는 교회 밖 정원으로 걸어가 예절을 거행했다.

그리스도교 지도자들은 우마르에게 유태인의 예루살렘 거주 금지령을 계속 지속시켜 달라고 부탁했지만, 우마르는 이를 거부했을 뿐 아니라 그들을 다시 성 안으로 불러들여 유태인들의 희망에 불을 붙였다. 예루살렘을 아끼는 사람들에게 우마르는 "예루살렘은 강자라 할 만한 왕에게만 주어질 수 있다"라는 예언에 걸맞는 사람이었다.

아랍 작가들이 보기엔 우마르가 예루살렘 주민들과 맺은 계약보다 더 확실하게 무슬림의 관용정책을 보여주는 건 없었다. 세금만 내면 보호도 받을 수 있고 경배의 자유도 누릴 수 있게 해준 이 계약은 무슬림 정복자들이 피정복민을 어떻게 현명하게 다루는지를 보여주는 모델이었다. 하지만 예루살렘에 사는 그리스도교인들에게 이런 계약은 그들의 위신을 떨어뜨리는 것이었다. 인두세는 새로운 이슬람 제국 내에서 그들의 하위 신분을 상징하는 것이었고, 교회를 보호해 주겠다는 보장도 교회 건물의 신축을 금하는 조치와 같이 놓고 보면 기운 빠지는 얘기였다. 하지만 무슬림들이 신변보호에 대한 대가로 과세한다는 걸 얼마나 곧이곧대로 지켰는지, 634년 비잔틴군에게 다마스쿠스를 잠시 내주게 될 때 그들은 보호해 줄 수 없게 되었다며 다마스쿠스 주민들에게 거둔 인두세를 돌려주기까지 했다. 우마르가 예루살렘 주민들과 맺은 계약을 한번 살펴보기로 하자.

자비로우며 온정이 많으신 알라의 이름으로 말합니다. 알라의 종복이자 신자들의 지도자인 우마르는 예루살렘 주민들에게 다음과 같이 안전을 약속합니다. 난 모두에게 신변의 안전뿐 아니라 재산이나, 교회 및 십자가의 안전도 보장합니다. 하지만 여러분들도 페르시아인들이 내는 만큼의 인두세는 내야 합니다. 또한 여러분들은 비잔틴 사람들이나 도둑들을 쫓아내야 합니다. 하지만 비잔틴 사람들도 마을을 떠날 때는 안전한 곳에 닿을 때까지 생명과 재산이 보장되며, 어느 곳에 머물든 역시 안전할 것이지만 예루살렘 주민들과 마찬가지로 인두세를 내야 합니다. 예루살렘 주민 역시 비잔틴 사람들처럼 떠나가고 싶다면 안전한 곳에 닿을 때까지 생명과 재산이 보장됩니다. 우리가 부과하는 인두세만 제대로 낸다면 여기에 쓰인 약속들은 알라와의 계약과 예언자 무함마드 및 그 후계자들의 보증에 의해 지켜질 것입니다.

우마르에 관한 전설은 또 있다. 한번은 그가 가장 신임하는 보좌관이자 이슬람으로 개종한 유태인인 카브 알 악바르(Ka'b al-Akbar)와 대화를 나눈 적이 있었다. 그 유태인의 아랍 이름은 메카에 있는 신성한 바위(카바)와 알라의 권세(악바르)를 합쳐 놓은 것이었다. 두 사람간의 대화를 들어보면 무슬림들이 예루살렘을 경배하는 이유뿐 아니라 이 역사 깊은 유태인과 그리스도교인의 도시에서 느끼는 불안감을 이해할 수 있게 된다.

카브는 우마르에게 성전 뒷편에 있는 아브라함이 이사악을 제물로 바치려 했던 곳에서 기도를 바치라고 권하면서, 그러면 신성한 아브라함의 바위와 메카의 카바를 다 가지실 수 있을 게 아니냐고 했다. 순간 이 개종한 유태인이 아직 유대교가 우월하다는 생각을 버리지 못하고 있음을 간파한 우마르는 "아, 이 꾀 많은 유태인아, 아직도 조상들의 신앙을 버리지 못하고 있구나"라고 꾸짖은 뒤, 무함마드가 유태인들에게 배척받고 화가 나서 기도를 바치는 방향을 예루살렘에서 메카로 바꾸었던 사실을 상기시켰다. 이것은 우마르가 예루살렘과 메카, 아브라함의 바위와 카바는 절대로 그 신성함의 정도가 같을 수 없다고 보았던 것을 의미한다.

사실 우마르의 질책에는 훨씬 더 명백한 또다른 의미가 담겨져 있었다. 예루살렘이 예언자들을 배출한 도시라는 것과 그런 전통의 첫 주자가 아브라함이란 걸 인정하면서도, 우마르는 무엇보다도 그 예언자의 전통이 무함마드에서 완결되었다는 점을 강조했던 것이다. 따라서 무함마드의 도시라 할 수 있는 메카나 메디나가 종교적으로 예루살렘보다 우위에 있다는 논리였다.

예루살렘이 무슬림들에게 거룩한 도시이면서도 메카나 메디나에 비해 한 수 아래라는 점을 더욱 확실히 이해하려면 우린 잠시 무함마드가 히브리 경전 내지 그리스도교 경전들을 존중하게 된 과정과 더불어 훗날 자신의 예언자적 권위를 거부한 유태인과 그리스도교인을 미워하게 된 과정을 살펴보아야 한다.

『코란』을 학문적으로 연구해 보면 이슬람교의 교리는 대부분 히브리 경전에 뿌리를 두고 있으며, 거기에다 『신약성경』도 좀 가미되어 있음을 알 수 있다. 무함마드 자신도 이 점에 대해서는 부정하지 않고 있다. 그는 610년경 40세 안팎의 나이에 설교를 시작할 때부터 그가 새로운 예언을 하는 게 아니라, 온 세상을 창조하신 유일한 신의 말씀을 통해 인간들을 통합시키기 위한 것임을 분명히 밝혔다. 그 말씀은 아브라함으로 시작하여 모세, 예수와 같은 성서상의 모든 인물들을 통해 전해져 온 것이었다. 물론 무함마드 자신은 앞서 왔다간 모든 예언자들 위에 서 있는 가장 높은 예언자였다.

그가 가르친 말씀은 유일신에 대한 '확실한 복종'을 의미하는 이슬람(Islam)이라 불리기 시작했으며, 이는 무엇보다도 다른 모든 우상들을 배척하며 하나뿐인 신만을 믿는다는 고백을 기본으로 하는 믿음이었다. 무함마드는 유대교 경전에 쓰인 대로 사람들은 유일신께서 주신 율법에 따라 올바르게 살아야 한다고 믿었다. 그는 유태인들의 단식일이나 안식일 같은 개념들을 무슬림들에게도 필요한 것으로 받아들였으며, 처음부터 유태인들의 의식을 따라 그의 추종자들에게도 예언과 도덕률의 상징인 예루살렘을 향해 기도하라고 가르쳤다. 뿐만 아니라 그는 마지막 심판이라든가 죽은 자의 부활 같은 것도 믿었으며, 예수의 메시아적 사명도 인정했다. 그러나 무엇보다도 그는 이런 신학적인 원리원칙들을 장엄한 아랍어 운율로 옮겨놓는 획기적인 업적을 남겼다. 사실상 『코란』의 원전을 쓴 셈이었다.

무함마드는 죽기 얼마 전인 632년부터 미신을 믿는 그의 부족 동포들에게 우상숭배를 그만두고 하늘에 계신 유일한 신 알라의 목소리에 귀를 기울이라고 진심으로 외쳤다. 그리고 아라비아반도에 사는 유태인들 및 그리스도교인들에게도 자신이 신의 예언자라는 것을 인정하고 자신의 말을 따를 것을 권했다. 하지만 이 두 가지 모두에서 그는 크게 실망하고 말았다. 그의 동포들은 고집을 꺾지 않았고, 같은 유일신을 믿는 유태인과 그리스도교인들은 그의 말에 전혀 신경을 쓰지 않았다. 하지만 그 이후의 일들을 보면 모든 종교의 역사에서 항상 공통적으로 볼 수 있는 진실이 나타난다. 즉 인정받기보다는 배척을 받음으로써 미래에 대한 이상을 확실한 현실로 바꿀 수 있는 힘이 생긴다는 것이다. 만일 예루살렘의 유태인들이 예수의 예언자적인 권위를 받아들였다면 그리스도교 역시 유대교의 한 종파로 남았을 것임을 생각해 보면, 이는 쉽게 이해가 간다.

무함마드의 초기 선교사업은 621년에 중대한 전기를 맞이한다. 메카에 있는 신성한 운석 카바를 찾아오는 순례자들을 상대로 장사를 하며 막대한 이익을 남기던 아랍 쿠라이시(Quraysh) 부족이 무함마드의 반우상숭배 설교 때문에 그들의 장사가 방해받게 되자 무함마드를 메카에서 쫓아버렸던 것이다. 이 순례자들은 카바가 있는 메카를 그 지역의 우상숭배 중심지로 삼아 그곳에 경배하러 오는 사람들이었다. 다음 해인 622년, 그의 가르침에 대한 반발이 격화됨에 따라 무함마드와 그의 추종자들은 야스리브(Yathrib)란 곳으로 피해갈 수밖에 없었는데, 훗날 이 도시는 무함마드를 기리는 뜻에서 '예언자의 도시'라는 뜻의 메디나(Medina)로 이름이 바뀌게 된다.

무함마드는 야스리브에서 영향력 있는 부유한 유대교 지도자들을 접하자, 즉각 이들에게 도움을 청했다. 하지만 이들이 보기에 무함마드는 신과 율법 그리고 전통적인 히브리 예언자들을 믿기는 하지만, 성경 구절을 학문적으로 해석할 줄도 모르고 성경을 인용할 때도 실수투성이인 이상하고 불쾌한 사람이었다. 더구나 무함마드는 하느님이 만든 율법을 세상에 전파할 도구로서 이스라엘 민족을 선택했다는 사실을 인정하려 들지 않았다. 또한 그 무엇보다도 결정적인 결함은 그가 예수를 권위 있는 예언자로 받아들인다는 사실이었다.

그런가 하면 야스리브 주변의 수도원에 기거하는 그리스도교 수도사들 역시 그에게 별 관심을 보이지 않았다. 무함마드에 대해 거의 아는 바가 없는 이들도 그를 무지한 이단이라 생각했다. 왜냐하면 예언자를 자칭하는 이 사람이 예수를 인정한다고는 하나, 예수를 하느님의 아들이라 부르려 들지 않으며, 하나이신 하느님은 아들이 있을 수 없다고 우겼기 때문이다. 미묘한 신학논리에 정통한 수도사들에겐 삼위일체를 잘못된 가르침이라 부정하는 무함마드를 받아들일 여지가 전혀 없었다.

이런 부정적인 반응에도 불구하고 무함마드는 열심히 교리를 설파하고, 추종자들을 모았다. 그리고 이들은 함께 똘똘 뭉쳐서, 그들의 목적을 이루기 위해 점점 군사적인 해결책에 의존하게 되었다. 야스리브 근처에서 지역 아랍 부족들을 크게 이긴 그들은 재정 형편이 매우 좋아지면서 이제 메카에 대해 다시 큰소리 칠 수 있는 입장이 되었다.

630년, 무함마드는 메카에서 쫓겨난 지 8년 만에 다시, 이번엔 경험 많고 숙달된 군대와 함께 메카로 돌아왔다. 그는 메카에 들어서자마자 곧 카바로 향하여 그곳을 깨끗이 청소하고, 우상숭배를 위한 모든 동상이나 그림들을 다 없애버렸다. 그를 감동시킨 마리아와 아기 예수의 그림 하나만 제외하고 말이다. 이 행동 하나로 그는 이슬람교도들의 마음속에 성상 숭배에 대한 혐오감을 확고히 심어주었으며, 훗날 그리스도교인들이 교회에서 어떤 성상을 숭배하는 게 올바른 일인지를 다시 생각하게 만들기도 했다.

우상숭배자들을 처리한 다음 무함마드는 자신을 비방하던 유태인들에게 눈을 돌렸다. 전하는 이야기에 따르면, 그는 800명이나 되는 유태인들을 학살하고 그들의 아내와 아이들은 노예로 팔았다고 한다. 이는 이슬람 역사의 오점으로 남아 훗날 이슬람교 찬미자들을 당혹스럽게 만들곤 했다. 한편 이 사건은 다음과 같은 『코란』의 말씀으로 정당화되는 첫번째 지하드(Jihad, 聖戰)로 기억되기도 한다. "이교도들은 살인보다 더 심각한 문제다." 하지만 이런 성전은 무함마드가 처음 생각해낸 것은 아니었다. 히브리인들 사이에서 생겨나고 나중에 그리스도교인들에 의해 강화된 '신을 위한 전쟁'은 이미 고대부터 있어온 관행이었기 때문이다.

　엄밀히 말해 유태인들과 그리스도교인들이 이교도거나 신앙심이 없는 사람들은 아니었다. 하지만 그들은 무함마드의 권위를 거부함으로써 이슬람교의 전파에 방해가 되는 걸로 여겨졌다. 무슬림들은 이들을 어떻게 받아들여야 했을까? 무함마드는 이들을 '경전의 사람들'(People of The Book)이란 개념으로 한데 묶었다. 이들은 신의 계시를 받은 사람들이긴 하지만, 무슬림들과는 달리 무함마드에 의해 최종적으로 밝혀진 신의 진실을 받아들이지 않고 있는 무리들이란 뜻이었다. 그 의미는 분명했다. 유태인과 그리스도교인 들은 사회적으로 용납될 수 있으나, 종교적으로는 하위에 있는 계층이었다. 무슬림들은 그들의 이런 종교적 열등성을 어떻게 나타내야 했을까? 그들이 내린 답은 분명하고 실용적이었다. 바로 세금이었다. 『코란』의 구절(9:29)을 보면 무슬림들은 "성전(聖典)을 받고 있으면서 알라와 종말의 날을 믿으려 하지 않고 알라와 사도가 금한 것을 금하지 않고 참된 종교를 믿지 않는 자에 대해서는, 스스로 자기를 낮추며 자발적으로 인두세를 바칠 때까지 싸우라"고 쓰여 있다. 무슬림들은 유태인이나 그리스도교인 들에겐 아직 우상숭배나 도덕적으로 부패한 냄새가 남아 있다고 믿기까지 했다. 위에 인용된 『코란』의 구절은 얼마 안 가 다음과 같이 이어진다.

　　그들〔유태인과 그리스도교인〕은 알라를 따돌리고 자기들의 율법학자나 수도사를 또 마리아의 아들 그리스도를 주로 숭배하고 있다. 그들에게 유일한 신을 숭배하라고 그렇게 명령하였는데도. 알라와 나란히 우상을 숭배하지 말고 더 알라를 찬송하라. …… 믿는 사람들아. 율법학자나 수도사의 대부분은 허위 때문에 사람들의 재산을 먹고 알라의 길을 막고 있다.

유태인과 그리스도교인들은 이슬람 세계에서 노예보다는 높은 지위지만, 무슬림들보다는 아래에 놓이게 되었으며, 열등한 계층의 상징인 인두세를 내야만 했다. 하지만 이슬람 신앙의 많은 부분이 히브리 경전에 그 뿌리를 두고 있었으므로, 유태인의 열등한 지위는 무함마드가 전하는 진실과 잘 어울린다고는 할 수 없었다. 무함마드는 이런 문제를 신학적으로 해결했다. 요컨대 이슬람의 역사적 뿌리 문제와 유태인들이 무함마드 자신을 인정하지 않는 문제, 이 두 문제에 대한 해결 방안으로 무함마드는 아브라함을 자신의 조상이라 주장했던 것이다. 역사가 웰하우젠(Wellhausen)은 이를 '도둑질'이라 표현했지만, 사실 아랍인들이 전통적으로 아브라함의 아들 이스마엘(Ishmael)✝을 자신들의 정신적 조상으로 여겨온 데서 무함마드 주장의 근거를 찾을 수 있다. 그리고 이런 결연 관계는 아브라함과 이스마엘이 함께 카바 신전을 만들었으며, 아브라함이 사람들을 카바에 순례오도록 이끌었으므로 그가 최초의 무슬림이었다는 주장과 함께 더욱 강화되었다. 따라서 상상력에 의한 이같은 결연 관계 안에서 무함마드는 이슬람교를 독창적이고 근본적인 진실된 종교로, 또한 유대교나 그리스도교로부터 자유롭고, 오히려 그보다 앞서 생긴 종교로 격상시켰다.

메디나의 유태인들이 무함마드의 선교활동에 대해 조금만 더 동정적인 태도를 보였다면 아마 이슬람교가 이렇게 독립적인 종교로 크지는 못했을 것이다. 또한 아라비아반도의 그리스도교인들이 유일신에 대한 철저한 신앙이 마치 단성론자들의 주장을 상기시킬 정도였던 이 메카 출신의 전도사를(정말 그는 단성론자들의 영향을 받았었는지도 모른다) 받

✝ 『구약성경』에 따르면 이스마엘은 아브라함이 본처인 사라가 아이를 낳지 못해 하갈이라는 이집트인 몸종에게서 얻은 아들이다. 나중에 사라가 이사악을 낳자 하갈과 이스마엘은 아브라함의 집에서 쫓겨났고, 이스마엘은 사막에서 활을 쏘는 사냥꾼이 되었다고 한다.

아들였다면, 아마 이슬람교는 사막에서 일시적으로 일어났다가 사라진 한 종파로 끝났었을지도 모른다. 무슬림들에겐 다행히도 무함마드의 말씀은 유태인과 그리스도교인 모두에게 거부되었으며, 그 결과 무함마드는 아라비아 반도의 분열된 여러 부족을 하나로 모으는 종교를 탄생시켰고, 이들 사회는 혈연이 아닌 신앙을 중심으로 굳게 뭉쳤다. 그리고 얼마 안 있어 무함마드 추종자들의 뛰어난 군사적 재질은 그들을 세계적인 세력으로 부상시켰다.

　무슬림을 한 축으로, 유대교와 그리스도교를 또 다른 한 축으로 하여 형성된 양자간의 적대 관계로 인해 예루살렘은 그 신성함의 빛이 바랬다. 무함마드가 무슬림들에게 기도 드리는 방향을 예루살렘에서 메카로 바꾸도록 한 것이다. 하지만 그렇다고 예루살렘이 신성함을 잃은 것은 아니었으며, 다만 성스러움의 순위가 바뀐 것이라고 해야 맞겠다. 무함마드가 메카를 수중에 넣은 뒤, 평소 소원하던 바대로 카바에서 우상들을 싹 쓸어버리고 그 안에 있는 검은 운석 덩어리를 알라의 이름으로 성역화한 이후로, 무슬림들에겐 메카가 최고의 성지라는 데 의심의 여지가 없었다. 메카 다음으로는 헤지라의 도시이자 무함마드에 의해 이슬람교가 독특한 종교로 탄생한 메디나가 중요한 성지였다. 예루살렘, 특히 아브라함이 이사악을 제물로 바치려 했던 모리야 바위 및 나중에 그곳에 세워진 바위 돔 사원은 언제나 무슬림들의 순례지로 각광을 받긴 했지만, 메카와 메디나의 사원에 대한 순례처럼 의무적인 것은 아니었다.

　무슬림들의 시대를 통틀어 보면 예루살렘은 이미 메카나 메디나에 가서 하즈를 마친 무슬림들이 방문하는 '바람직한' 순례 장소로 남아 있었다. 그리고 아라비아반도까지 가는 멀고, 힘들고, 돈 많이 드는 여행을 하기 어려운 사람들에게는 예루살렘이 가장 바람직한 대안이 되었는데,

이는 시리아나 팔레스타인에 사는 무슬림들에게도 해당되는 얘기였다. 따라서 비공식적인 순례 행렬로 봐서는 예루살렘이 다른 모든 무슬림 도시들보다 앞섰다. 물론 메카나 메디나를 따라갈 수는 없었지만.

661년은 이슬람 치하의 예루살렘에 있어 커다란 전환점이 되었다. 시리아 및 팔레스타인 지방을 다스리던 무아위야(Mu'awiya)가 바로 그 해에 성전 산에 있는 어떤 작은 이슬람 사원에서 추종자들에 의해 칼리프로 추대되었던 것이다. 메카의 오래된 부호 집안 우마이야 가문의 일원이었던 무아위야는 일단 칼리프가 되고 나자 혈통에 의한 칼리프 계승을 확립하고(그때까지는 대표 지도자들에 의한 선출이었다) 눈부신 정복을 통해 이슬람 세력의 판도를 크게 늘려나갔다. 우마이야 칼리프조는 페르시아에 근거한 아바스 가문에게 그 권세를 빼앗길 때까지 약 100년간 지속되었다.

무아위야가 칼리프 자리를 확고히 하는 일은 쉽지 않았다. 세번째 칼리프이자 무아위야의 친족이기도 했던, 무능하고 정실(情實)정치를 일삼던 우스만('Uthman)이 살해된 후 네번째 칼리프가 된 인물은 무함마드의 사촌형제 알리 이븐 아비 탈리브('Ali ibn Abi Talib)였다. 알리와 우스만 사이엔 개인적인 알력이 있었지만, 사실 여기에는 무함마드가 속한 상대적으로 지위가 낮은 하심 가문과 막대한 부와 권세를 가진 메카의 우마이야 가문 간의 오랜 갈등이 깔려 있었다. 하심가문 입장에선 우마이야 가문이 처음엔 무함마드의 가르침을 배척하다가 나중에 무함마드가 군사적으로나 재정적으로 성공을 거둔 뒤에야 이를 받아들였던 것을 내심 괘씸하게 여기고 있었다. 알리의 지지세력은 2대 칼리프 우마르 1세(1대는 무함마드의 장인인 아부 바크르)가 죽은 후 우스만의 칼리프 선출을 반대했었다. 알리의 지지자들은 부족 대표들간의 전통적인 선출

방식으로 무함마드의 후계자를 뽑는 게 아니라, 무함마드의 직계 후손이 이어받아야 한다고 믿었다. 이들은 알리가 예언자 무함마드의 사촌인 동시에 사위이며, 무함마드의 유일한 손자인 하산(Hassan)과 후사인(Husayn)의 아버지로서, 무함마드와 가장 가까운 친척이므로 다른 어떤 무슬림 지도자들보다 칼리프 자격이 있다고 주장했다.

알리의 당(黨)이 우스만의 칼리프 지위를 인정하지 않았듯이 우마이야 가문도 알리를 칼리프로 인정하지 않았다. 656년, 우스만이 암살된 후, 이들간의 분쟁은 무슬림간의 첫번째 내전으로 발전, 알리의 시아파(Shi'ite ; 복수형은 Shi'a, '당파'라는 뜻)와 상대방 수니파(Sunni ; '정통'이라는 뜻) 간의 싸움이 시작되었으며, 이는 오늘날까지도 치유되지 않고 말썽의 소지가 되고 있는 이슬람 내부의 큰 상처이다. 이 내전의 승리자는 알리였지만, 문제는 이제 막 시작된 것이었다. 알리는 칼리프 자리에 오른 뒤, 그 근거지를 나이든 무슬림 지도자들이 많은 메디나에서 새로운 군대 주둔지인 이라크의 쿠파(Kufa)로 옮겨, 자신의 세력 확충에 힘썼다. 그 이후 원래 아라비아 반도에 있던 이슬람의 중심은 점차 북쪽의 이라크 및 시리아로 옮겨갔다.

무아위야는 오래지 않아 자신의 친족 우스만의 복수전에 나섰다. 우스만의 암살에는 알리의 추종자들이 연루되어 있었던 것이다. 657년, 무아위야군은 유프라테스 강변에서 알리군의 힘을 크게 꺾어 무아위야가 벌인 내전의 승리 기반을 닦았다. 4년 뒤, 알리는 전임 칼리프 우마르나 우스만이 당했던 것처럼 쿠파의 사원에 기도하러 들어가다가 자객의 칼에 쓰러졌다. 무아위야는 우선 알리의 아들 하산에게 재물을 듬뿍 주어 칼리프 지위를 참칭하지 않도록 설득한 뒤, 스스로 칼리프 자리에 올랐는데, 시아파 세력들 때문에 발 들여놓을 틈이 없던 아라비아나 이라크가 아닌 바로 자신이 이미 20여 년 동안 통치한 지역의 중심 도시 예루살렘에서 그 행사를 치렀던 것이다.

무아위야는 예루살렘에서 칼리프 자리에 올랐지만, 나날이 확장되는 이슬람 제국✚의 수도로는 다마스쿠스를 택했다. 다마스쿠스가 새 제국의 수도가 되자 가까이 있는 예루살렘 역시 혜택을 보아 많은 건축물이 들어섰으며, 마치 우마이야 칼리프 가문의 사원 도시가 된 듯했다. 그리고 이런 변화와 함께 메카나 메디나는 이슬람교에서 가장 중요한 도시임에도 불구하고 정치적인 영향력은 잃고 말았다.

눈 덮인 헤르몬(Hermon) 산 아래의 푸른 언덕에 자리 잡은 다마스쿠스는 가장 오랜 역사를 가진 도시 가운데 하나임이 분명하다. 한때 무함마드는 "천국에는 딱 한 번만 들어가고 싶다"는 이유로 다마스쿠스 성 안으로 들어가지 않으려 했다고 한다. 이런 지상 천국은 그곳에 사는 주민들의 모습에서도 발견할 수 있었다. 필리프 히티는 이슬람 시대 초기 다마스쿠스 주민들의 생활상을 다음과 같이 묘사하고 있는데, 아마 이는 당시 예루살렘의 모습과도 크게 다르지 않았을 것이다.

다마스쿠스의 길거리는 좁다. 그래서 헐렁한 바지 차림에 무거운 터번(turban)을 쓰고 끝이 빨간 신발을 신고 다니는 다마스쿠스 주민들은, 머리에 숄을 두르고 끈으로 머리칼을 묶은 까맣게 탄 사막 유목민들과 어깨를 부딪히며 길을 걷는다. 그리고 때때로 유럽식 복장을 한 그리스도교인들이 지나다니는 모습도 볼 수 있다. 여인들은 얼굴을 완전히 가린 채 바

✚ 제국(帝國)이란 용어는 개념상 정확한 표현은 아니지만 워낙 광대한 영토를 점령했기 때문에 제국이란 말이 가장 어울린다 하겠다. 사실은 황제가 있던 것도 아니고, 왕이 있던 것도 아니지만, 최고 지도자 칼리프의 권력은 어느 황제나 왕보다도 컸으니까. 우마이야조(朝)나 아바스조(朝)라는 표현도 칼리프가 세습되었기 때문에 Dynasty 즉 조(朝)라는 표현을 쓰는 것 뿐이다. 이는 술탄 및 칼리프 명칭을 함께 세습했던 오스만 제국에 대해서도 마찬가지다.

삐 길을 건넌다. 어떤 여인들은 시장이나 광장이 내려다보이는 집에서 창살 사이로 바깥 세상을 슬쩍 구경하기도 한다. 여기엔 좌우로 다니는 길이 나누어져 있지 않으며, 말을 탄 사람이나 걷는 사람이나 다 구분 없이 갈 길을 간다. 이런 혼잡 속에 가끔 신분이 높은 사람이 실크로 된 옷을 입고 칼을 찬 채 말을 타고 지나간다. 끊임없이 지나가는 사람들과 사막이나 마을의 온갖 물건들을 가득 실은 노새나 낙타들이 혼잡을 더하는 가운데, 시원한 음료나 설탕과자를 파는 상인들은 목청을 높인다. 이곳은 온갖 종류의 냄새로 숨쉴 틈이 없으며, 볼 것도, 들을 것도, 냄새 맡을 것도 무궁무진하다.

우마르가 예루살렘을 정복한 뒤, 많은 무슬림들이 아라비아에서 예루살렘으로 이주해 왔다. 어떤 사람들은 불모의 사막지대에서 먹고 살기가 힘들어서, 또 다른 사람들 특히 메디나에서 오는 사람들은 예루살렘의 신성함에 매혹되어 이곳에 왔다. 그들 중에는 무함마드의 유태인 첩 라이하나(Rayhana)의 아버지 시메온(Simeon)도 있었는데, 그는 성전 산에 거주하며 그곳에 세워진 첫 이슬람 사원에서 설교를 하기도 했다. 무슬림들 역시 유태인이나 그리스도교인들처럼 가난한 사람들을 위한 구호사업을 벌였다. 다마스쿠스에 사는 카디(cadi ; 종교 심판관)의 아내는 매년 6개월 이상을 예루살렘의 빈민들을 위한 자선활동을 하는 데 보냈다. 예루살렘 정복 후 8년 만에 칼리프 우스만이 시작한 박애사업에서는 실로암(Siloam)의 풍성한 과수원에서 나오는 모든 수입을 도시 빈민을 위해 쓰게끔 지정했다. 실로암은 예루살렘 성벽 남쪽에 있으며 지금은 실완(Silwan)이라 불린다.

무슬림들은 예루살렘에서 그리스도교인들과 잘 섞여 살았으며, 그리스도교인들도 이들에 대해 별 불만이 없었다. 어떤 그리스인 주교는 무슬림 관리들을 칭송하며 굳이 이런 말까지 보탰다. "이들은 그리스도교인들의 적이 아닙니다. 오히려 그들은 우리의 신앙을 찬양하고, 우리 사제들이나 성인들을 존경하며, 교회와 수도원에 기부금도 냅니다."

무아위야가 도착했을 때, 다마스쿠스와 예루살렘은 둘 다 수많은 본토박이 그리스도교인들에 의해 꾸려져 가는 그리스풍의 도시였다. 이들은 모두 아람어, 시리아어, 그리스어를 할 줄 알았으며, 아랍어를 하는 사람들도 꽤 있었다. 무아위야는 이들이 필요했다. 왜냐하면 그가 거느리고 있는 아랍 유목민들은 문맹이어서 행정조직을 꾸려나갈 능력이 없었기 때문이다. 한편 성도 쌓고, 기거할 궁궐이나 사원도 짓고, 아직 막강한 힘을 자랑하는 소아시아의 비잔틴군과 한판 벌이기 위해서는 막대한 돈이 필요했다. 그리고 이런 자금은 대부분 시리아와 팔레스타인의 본토박이 그리스도교인들로 이루어진 비(非)무슬림들의 인두세로 충당되었다. 뿐만 아니라 무아위야는 세금을 거두기 위해서라도 사제나 수도사 같은 믿을 만한 그리스도교인들의 도움이 필요했다. 뛰어난 신학자였던 다마스쿠스의 요한네스(Johannes)는 논쟁적인 신학 논문을 쓰고 있지 않을 때는 그의 부친이 그랬던 것처럼 칼리프를 위해 재무관리 일을 보기도 했다. 아직은 아랍어가 공식 행정용어로 자리잡기 전이었으므로 그리스어가 공용어로 사용되었으며, 그 결과 많은 시리아인, 그리스인, 그리고 유태인이 제국 내에서 높은 직위에 오를 수 있었다.

무아위야는 지역 사령관 및 칼리프로서 40년 동안 통치하는 가운데 지역 그리스도교인들의 삶에 대해 매우 폭 넓은 소양을 가지게 되었다. 그리스도교에 대한 그의 소양이 얼마나 폭 넓었던지 심지어 야코부스파 그리스도교인들이 그들간에 분쟁이 생기면 무아위야에게 중재를 요청할 정도였다. 무아위야의 주치의나 궁정 시인은 모두 그리스도교인들이었으며, 부인 역시 야코부스파 그리스도교인이었다.

무아위야는 외모가 뛰어난 사람은 아니었다. 오히려 키도 작고, 배도 나온데다 엉덩이만 큰, 볼품 없는 사람이었다. 하지만 정치와 행정면에서 그가 보여준 역량은 놀랍다. 그는 오합지졸 수준이었던 유목민 군대를 훈련된 정규군으로 바꾸어 놓았으며, 본토박이 그리스도교인들도 많이 받아들였다. 또한 그는 처음으로 무슬림 해군을 창설해 그리스인 선원들에게 이를 맡겼는데, 물론 이 선원들은 북쪽 비잔틴으로 슬쩍 뱃머리를 돌리고 싶은 충동을 참아야 했을 것이다.

653년, 무아위야의 해군이 로도스(Rodhos) 섬을 점령했을 때, 세계 7대 불가사의 중 하나인 그 섬의 거대한 아폴로 동상(the Colossus of Rhodes)을 조각 내어 팔아버리게 한 게 누구의 명령이었는지, 그리스인의 짓인지, 아랍인의 짓인지 우린 알 길이 없다. 이것은 문화유산에 관심을 기울이던 우마이야조 칼리프들이 두고두고 안타까워한 몇 안 되는 불명예스러운 문화파괴 행위였다. 또한 무아위야는 넓은 제국 내에 효율적인 우편제도를 도입하고 토지등록제도 실시했다. 한편 무아위야는 전임 칼리프들처럼 사막 출신의 전사였다. 한때 할리드 알 왈리드를 도와 시리아에서 비잔틴군을 몰아냈던 그는 여세를 몰아 콘스탄티노플까지 차지하고 싶은 욕망을 버리지 못했다. 물론 그의 계속된 노력은 실패를 거듭했지만, 그래도 그는 끊임없이 이를 되풀이했다. 그의 육해군에게 실전 훈련이라도 되라는 듯이.

우마이야조 치세 100년간 비잔틴 제국은 소아시아를 굳게 지키며 힘을 아꼈다. 콘스탄티노플의 황제와 교회 지도자들은 시리아 및 팔레스타인에 있는 그리스정교 신자들에 대한 후원자 역할을 계속했다. 아직 비잔틴 제국의 힘은 무시할 수 없는 막강한 것이었으며, 따라서 우마이야조 칼리프들은 때때로 뇌물을 써가며 그들이 옛 땅에 침공하려는 걸 막기도 했다.

무슬림들은 예루살렘 정복 이전부터 성전 지역을 경배해 왔다. 이는 예루살렘의 아랍어 명칭이 '성전의 집'(Bayt al-Maqdis)이었던 것에서도 알 수 있다. 하지만 이 성전 지역이 훗날 오스만 투르크 시대에는 '고귀한 성소'(al-Haram esh-Sharif)✛라고 불릴 정도로 무슬림들에게 성스러운 지역이 되기 시작한 것은 무아위야가 그곳에 커다란 이슬람 사원을 짓기로 결정한 다음부터였다.

바위 돔 사원의 건축을 계획한 칼리프는 무아위야였지만, 691년 사원의 완공을 본 칼리프는 아브드 알 말리크('Abd al-Malik)였다. 그 바위 돔 사원은 사실 엄격히 말해서 사원 혹은 무슬림들이 함께 모여 기도하는 장소는 아니었으며(그 역할은 나중에 지어진 알 악사 사원이 하게 된다), 단지 아브라함이 아들 이사악을 제물로 바치라는 신의 명령을 따르기 위해 제단으로 사용했던 신성한 모리야 바위를 경배하는 기념관 같은 것이었다.

바위 돔 사원이 완공되기 전에도 이미 성전 산에는 메디나에 있는 무함마드의 가족사원을 흉내내어 벽돌과 나무로 지은 사원이 세워져 있었다. 670년, 무아위야의 치세 중에 예루살렘을 방문했던 프랑스의 주교 아르쿨프는 그 사원을 본 소감을 이렇게 적었다.

> 사라센들은 한때 성전이 웅장하게 자리잡았던 그 유명한 곳의 동쪽 성벽 방면에 기도하는 장소를 만들어 자주 드나들고 있다. 그곳은 폐허더미 위에 쌓인 판자나 대들보들을 적당히 세워서 엉성하게 만들어놓은 것인데, 그래도 사람들은 그 안에 한꺼번에 3천 명도 들어간다고 얘기한다.

✛ 거룩한 곳 혹은 금지된 곳이란 뜻으로서, 바위 돔 사원 및 알 악사 사원 등을 포함하여 성전 산에 지어진 무슬림 성소들을 총체적으로 일컫는 말. 줄여서 '알 하람'(al-Haram) 또는 '하람'(Haram)이라고 불려진다.

전설에 따르면 이 수수한 사원을 짓게 한 인물은 칼리프 우마르 1세인데, 그는 유태인의 성전터가 이슬람 신앙에 의해 성역화되는 걸 빨리 보고 싶어했다고 한다. 우마르나 그의 뒤를 이은 칼리프들은 무슬림군의 계속되는 승리가 유대교나 그리스도교보다 이슬람교가 우월하다는 산 증거라고 해석했다. 하지만 예루살렘의 정복에는 좀 특별한 문제가 있었다. 정복 후에도 수세기가 지나도록 예루살렘은 여전히 그리스도교인들의 도시였으며, 토박이 그리스도교인들, 그 중에서도 특히 수도사나 사제들은 피정복민처럼 굴지 않았다. 무슬림들은 도시의 언덕에 빽빽하게 들어선 수많은 아름다운 교회들에 감명받지 않을 수 없었으며, 여기저기 흩어진 성소들은 모두 유태인이나 그리스도교인의 성경에 등장하는 장소들이었다. 유명한 수도원들 역시 도시 중심에서 며칠이면 갈 수 있는 거리에 있었고, 예루살렘 주변의 언덕에 산재하는 동굴들은 수없이 많은 고행 수도사들의 기도소리로 꽉 차 있었다. 게다가 세계 각지에서 몰려드는 그리스도교 순례자들로 말미암아 예루살렘은 진정한 국제도시의 면모를 갖추고 있었다.

올리브 산의 작은 오두막에 사는 은둔 수도사들의 명단이 전해 오는 게 있는데, 그것을 살펴보면 수도사들 중 11명은 그리스인, 6명은 시리아인, 5명은 라틴인, 4명은 그루지야인, 2명은 아르메니아인이고, 아랍인도 한 사람 포함되어 있다. 예루살렘 그리스도교의 힘은 매일 교회에서 들려오는 종소리로도 알 수 있었다. 우마이야조 칼리프들 중 그리스도교를 박해했던 유일한 칼리프 우마르 2세('Umar II)는 교회의 종소리가 시끄럽다며 쇠로 된 종을 못 치게 했고, 종 속의 추를 나무로 바꾸게 했는데, 오늘날에도 아르메니아인 구역에 있는 성 야고보 교회 바깥에는 이런 종이 한 개 남아 있다. 약 2백 년의 기간 중에 예루살렘을 방문한 3명의 유명한 그리스도교 순례자(670년의 아르쿨프, 770년의 윌리발드[Willibald], 870년의 현자 베르나르[Bernard the Wise])들은 모두 이구동성으로 교회 건물들이 잘 보존되어 있으며, 형제들도 다 무슬림들에게서 좋은 대우를 받고 있다는 기록을 남겼다.

예루살렘을 감싸는 신성한 기운은 초기 무슬림 지도자들을 감동시키기에 충분했지만, 또한 그들에게 두려움을 주기도 했다. 이곳에서 칼리프 자리에 오른 뒤 무아위야는 골고다 언덕, 게쎄마니 동산, 그리고 키드론 계곡에 있는 마리아 무덤 등지를 찾아 다니며 기도를 했다. 이는 그리스도교 성소들에 대한 존경의 표시 이상의 의미를 가지고 있었다. 이것은 성지에 있어서 무함마드의 신앙이 유대교와 그리스도교에 대해 최종적으로 승리를 거두었음을, 이슬람교가 유대교와 그리스도교보다 한 차원 더 높은 종교임을 보여주는 일종의 시위였다. 그렇다면 제국의 모든 백성들에게 이런 이슬람의 우월성과 승리를 시각적으로 확실히 보여 줄 수 있는 방법은 무엇일까? 그 답은 칼리프의 자존심과 권세와 부에 걸맞는 기념관의 설립이었다. 그 결과 아브라함의 모리야 바위 자리에 바위 돔 사원이 장엄한 위용을 갖추고 세워졌으며, 이는 유일신을 믿는 이슬람교의 상징적인 건축물이 되었다.

바위 돔 사원의 건축은 칼리프 알 말리크에게 맡겨졌다. 685년, 그는 그리스인 건축가, 아르메니아인 장인(匠人)과 더불어 시리아인 인부들을 고용하여 비잔틴 양식으로 8각형의 8층짜리 건물을 웅장하게 지었는데, 서쪽으로 약 180미터 떨어진 곳에 있는 콘스탄티누스가 건축한 예수부활 교회의 원래 모형을 본떠 더욱 화려하게 만든 건물이었다. 두 건물이 얼마나 비슷한지를 잘 살펴보려면 우선 오늘날 볼 수 있는 십자군들이 지은 성묘 교회의 외관은 무시하고, 8각형 꼴에 둥근 지붕을 가진 건물 안으로 들어가 봐야 한다. 그 안에 들어서면 7세기 초 페르시아군에 의해 훼손되고 남은 부분이긴 하지만, 콘스탄티누스가 세운 예수부활 교회의 모습을 떠올릴 수 있다. 바위 돔 사원의 둥근 지붕은 예수부활 교회의 원형 꼴을 복사한 듯 하지만, 사실 그보다 여러 면에서 훨씬 뛰어나다. 예수부활 교회 안이 어둡고 질서가 없는 데 비해, 바위 돔 사원의 돔 내부는 여러 선들이 차분한 대칭을 이루면서 여러 색조들이 따스한 분위기를 주는 가운데 고요한 빛을 발하게 한다. 그 때문에 주(主) 경배실 안에서는 아무도 큰 소리를 내지 않는다. 이 사원은 현존하는 이슬람 사원 중 가장 오래된 사원이자, 아직도 가장 웅장한 사원이다. 분명히 이곳은 바로 근처에 있는 성 안나 교회의 정원과 더불어, 여전히 정신없고 소란스러우며 말썽도 많은 이 예루살렘에서 그래도 명상에 잠길 수 있는 유일한 장소이다.

바위 돔 사원의 돔 모양이 콘스탄티누스가 지은 교회를 본뜬 것이듯이, 이제 반대로 그리스도교인들이 이 건물을 모방하게 되었다. 예를 들면 런던의 템플 교회(Temple Church), 엑스 라 샤펠(Aix la Chapelle)에 있는 대성당 등이 그러하다. 돔을 이루는 둥근 틀은 납과 금으로 만들어졌으며, 겨울에는 동물의 가죽을 그 위에 덮어 예루살렘의 매서운 겨울바람 속에 얼어붙는 것을 방지했다. 봄이 돌아와 그 덮개를 치우고 나면 다시 돔이 햇살에 찬란히 빛나는 모습을 볼 수 있었다. 10세기의 유명한 무슬림 여행가 알 무카다시(al-Mukaddasi)가 예루살렘을 방문해서 이 바위 돔 사원을 보고 감동하여 남긴 글을 한번 보자.

> 새벽, 태양이 둥근 지붕을 비추기 시작하고 그 빛이 지붕 전체에 번질 때, 그 광경은 정말 그 어디에서도 본 적이 없을 정도로 눈부시게 아름답다. 이교도들의 시대에 이 바위 돔 사원보다 더 장엄한 건물이 있었다는 이야기를 들어본 적이 없다.

바위 돔 사원은 수세기에 걸친 여러 번의 지진으로 휘청휘청하다가 1016년 무너지고 말았다. 그후 1319년, 맘루크 칼리프 안 나시르 무함마드(An Nasir Muhammad)에 의해 본격적인 재건축이 시작되어 우리가 오늘날 보는 모습이 되었는데, 알 말리크에 의해 완공되었던 원래의 건물 모양과 크게 다르지 않다고 한다. 오늘날 이 사원은 거대한 보석 덩어리처럼 도시를 밝게 비추고, 금박이 입혀진 알루미늄 돔은 하늘을 향해 웅장한 자태를 자랑한다. 무슬림들의 전설에 의하면 하늘나라는 이 사원에서 20킬로미터밖에 안 떨어져 있다고 한다.

16세기, 베네치아에 있는 산 마르코 교회의 모자이크 벽면에 영향을 받은 무슬림 장인들은 바위 돔 사원의 둥근 지붕 겉면을 페르시아 자기로 된 타일로 장식했는데, 이 타일들은 노랑색, 녹색, 검은색, 청록색 등 가지각색이며 그 기하학적인 꽃무늬 도안은 지금 봐도 세계 최고 수준이다. 이슬람 예술의 정수는 바로 둥근 지붕의 안쪽 표면인데, 색깔과 도안이 둥근 표면 전체에 고르게 박혀 있어 보는 사람들로 하여금 탄성을 자아내게 한다. 또한 건물의 안팎 벽면에는 『코란』의 말씀이 고대 아라비아 문자로 새겨져 있다. 건물의 안쪽은 갈색 줄무늬가 있는 백색 대리석 기둥으로 받쳐지고 있으며, 그 기둥의 꼭대기에는 금박으로 된 비잔틴식 무늬가 있다. 화려한 스테인드글라스로 만들어진 대형 창문들은 장미 모양으로 부드럽게 빛을 받아들이면서 둥근 중앙 경배실 안의 신성함을 더해준다.

돔은 아브라함의 모리야 바위를 품고 있다. 이 바위는 히브리 전설에 나오는 '반석'이자, 무슬림 전통에 의하면 무함마드가 하늘로 날아간 곳이기도 하다. 또한 이 바위는 울퉁불퉁한 석회암이 아무렇게나 돌출한 모양을 하고 있어, 주변의 찬란한 구조물들과 크게 대조된다. 하지만 모리야 바위는 야만적이거나 흉측한 기분을 주지 않으며, 오히려 그 반

바위 돔 사원 안에 있는 아브라함의 모리아 바위. 유태인에게나 무슬림에게나 이 바위는 신앙의 반석으로 경배된다(사진 - 아드리엔 본필즈, 19세기 말).

대이다. 땅에 붙어 있는 부분이 한 곳뿐이라 그런지 몰라도 이 거대한 바위는 꼭 하늘에 매달려 있는 것 같다. 그 덕에 흥미있는 전설도 생겨났다. 무함마드가 하늘로 날아갈 때 이 바위도 그를 흠모하여 따라가려 했지만, 무함마드의 안내를 맡았던 천사 가브리엘이 손으로 바위를 눌러 다시 돌려 놓으며 "바위야, 너의 자리는 이곳 세상이다. 예언자 무함마드의 에덴 동산에는 네가 있을 자리가 없다"고 외쳤다는 이야기다. 오늘날 무슬림 여행가이드들은 그 바위 위에 새겨진 천사 가브리엘의 손자국을 즐거운 마음으로 보여주는데, 거기서 얼마 떨어지지 않은 곳에는 무함마드의 발자국도 남아 있다.

이 바위가 공중에 떠 있다는 믿음은 꽤 오래 지속되면서, 만일 바위가 땅에 떨어지면, 바로 그날 이스라엘을 구원할 메시아가 오실 거라는 이야기가 퍼지기도 했다. 오스만 투르크는 이 전설을 흘려 듣지 않았다. 그들은 예루살렘의 황금문을 막아버리는가 하면, 바위가 떨어지는 걸 막기 위해 보조 받침대를 세우는 등 이스라엘을 구원할 메시아가 오는 것을 미연에 방지했다.

이 신비한 바위 아래에는 동굴이 하나 있는데, 이 동굴은 무슬림들에겐 무함마드가 하늘에 다녀오기 전 기도를 바친 곳으로서 특별한 경배의 대상이다. 동굴 천정 위에 좀 꺼진 곳은 그가 기도 중에 머리를 기댔던 곳이라고 한다. 동굴 벽 안쪽에는 움푹 들어간 곳들마다 조그마한 기도실이 마련되어 무함마드 이전의 예언자들인 아브라함, 다윗, 솔로몬, 엘리야 등의 이름이 붙어 있다. 이 바위 돔 사원 안의 신성함에는 도대체 끝이 없는 것 같다. 돔이 바위를 덮고 있으며, 바위는 동굴 위에 걸쳐 있는데, 그 동굴 밑으로는 우물이 하나 있다. 무시무시할 정도로 바닥이 깊은 이 우물 속에는 모든 죽은 영혼들이 누워 있는데, 그 영혼들은 선인이든 악인이든 다 최후 심판의 날에 응분의 대가를 받기를 기다리고 있다고 한다. 무슬림과 유태인 들은 모두 하늘의 천국과 땅속의 지옥을 나누는 세상의 중심점이 그리스도교인들의 주장처럼 그리스도 무덤에 있는 것이 아니라 바로 바위 돔 사원 내부의 반석 밑에 있는 이 우물의 윗부분이라는 데 동의한다. 또한 이 우물은 '이 세상의 모든 연못과 샘에 물을 대주는 근원'이라고 하는데, 전혀 근거 없는 얘기는 아니다. 이 성소 주변의 바닥 아래에는 비가 올 때 물을 받아두기 위한 물통들이 셀 수도 없이 많이 있으니 말이다.

바위 주위로는 두 개의 폭 넓은 회랑이 있어 메카에 가서 카바 주위를 도는 의식인 타와프(tawaf)를 할 수 없는 무슬림들이 여기에서 바위 주위를 돌며 기도할 수 있도록 배려해 주었다. 페르시아의 여행가 나시르 이 후스라우(Nasir-i Khusraw)에 의하면 해마다 라마단(Ramadan)✦ 때 메카까지 못 가는 무슬림들이 2만 명씩이나 이곳에 몰려와 바위 주위를 돌았다고 한다.

돔을 마주보는 정원에는 사방으로 잘 꾸며진 커다란 석조 아치가 있다. 마치 손가락을 하늘로 향한 채 바위 돔 사원을 꽉 붙들고 있는 가냘픈 손의 모양이라고 할 만하다. 아랍인들은 최후 심판의 날에 인간들의 모든 선과 악을 재보기 위해 더 많은 저울들이 그 아치 사이로 드리워질 거라고 믿으며, 이 아치를 '저울'이라 부른다.

사원 일대의 드넓은 공간에는 삼나무와 올리브 나무로 이루어진 자그마한 숲이 몇 개 있어 땀 흘리고 지친 사람들에게 그늘을 마련해 준다. 무슬림 가족들이 정오 기도를 마친 뒤 더위를 피해 삼나무 아래 앉아 도시락을 먹고 있는 장면은 무척 다정스럽다. 사원 내에서 무슬림들이 각별한 애정을 가지고 바라보는 또 다른 나무는 그 잎사귀가 악마의 눈길을 피하게 해준다고 전해오는 키 큰 가시나무다. 일찍이 솔로몬 왕이 처음으로 이 나무를 심어 거룩한 성전을 보호하려 했다고 하며, 오늘날에도 가시나무 잎사귀로 된 꽃목걸이를 목에 걸고 다니는 젊은 무슬림 여성들을 쉽게 볼 수 있다.

칼리프 알 말리크는 이 사원을 짓기 위해 한푼의 돈도 아끼지 않았다. 이집트에서 들어오는 7년 동안의 국고수입에 맞먹는 돈이 이 사원의 건립에 쓰인 걸 보면, 말리크가 얼마나 이 사원을 아꼈는지 가히 상상이 간다. 그는 사원의 정화 예식을 몸소 거행하여, 직접 손으로 바닥을 쓸고 닦았다고 하며, 그 덕에 그후의 모든 칼리프들이 똑같은 예식을 해야만

✦『코란』이 백성들의 길잡이로 내려온 것을 기념하며 금식하는 달로 이슬람력의 9번째 달이다. 이 기간 중 무슬림들은 신앙심을 더욱 북돋우면서 해돋이 때부터 해질 때까지 단식하고, 성생활 등을 자제한다.

석조 아치 사이로 본 바위 돔 사원의 모습. 무슬림들은 훗날 심판의 날이 오면, '저울'이라 불리는 이 석조 아치 길 위에서 속세에서 한 행동들에 대한 심판이 있을 거라 믿는다(사진 - 아드리엔 본필즈, 19세기 말).

했다. 하지만 매일 사원을 청소하는 일로만 50명의 청소부가 고용되었으며, 이들은 사프론향, 사향, 장미향 등을 섞어 신성한 바위를 열심히 닦았다. 이런 일들은 대부분 유태인들이 맡았는데, 이들은 이것 외에도 밤에 등불을 켜 사원을 밝게 비추는 일도 했다. 유태인들은 이런 일들을 신성하게 생각했다. 왜냐하면 성전이 있던 자리가 다시 사용된다는 것 자체가 새로운 구원의 시작으로 여겨졌기 때문이다. 돔을 밝히는 일은 유태인들에게 또 다른 의미가 있었다. 히브리 달력으로 아브(Av) 달 9일, 즉 성전이 파괴되었던 날 밤에 유태인들은 모두 등불을 끄고 아무 빛도 비추지 않았다는 전설에서 우린 그 의미를 짐작할 수 있다.

그러면 이런 엄청난 비용이 소요된 커다란 건물을 왜 우마이야조의 수도였던 다마스쿠스나 종교적으로 더 중요한 메카, 메디나가 아닌 예루살렘에 세웠던 것일까? 오래된 어떤 주장에 따르면, 칼리프 알 말리크는 메카를 기반으로 한 시아파로서 그에게 도전하던 아브드 알라 이븐 앗 주바이르('Abd Allah ibn az-Zubayr)의 힘을 꺾기 위해 순례자들의 행렬을 메카에서 예루살렘으로 돌리고 싶어했으며, 그런 의도에서 예루살렘에 장엄한 건물을 지은 것이라고 한다. 하지만 이는 근거가 희박하다. 그가 그런 이유로 신성한 바위를 기념하는 건물의 건립을 제멋대로 추진했다면 아마 이슬람의 주요 지도자들은 그를 카피르(Cafir : 이교도란 뜻의 아랍어)으로 지목하고 그에 대한 성전도 불사했을 것이다. 두 인물 간의 정치적 투쟁은 무아위야의 후손들과 그 반대자들(특히 알리를 추종하는 시아파) 사이에 이미 오래 전부터 계속되어 오던 것이었다. 말리크가 기념 건물의 건립장소를 예루살렘으로 정하는 데 있어서 이런 투쟁의 영향을 받은 게 있다면, 그건 다만 진정한 무함마드의 계승자는 자신임을 경쟁자 주바이르에게 과시하고자 하는 정도였을 것이다.

알 말리크의 소망은 메카를 제치고 예루살렘을 으뜸으로 만드는 것이 아니라, 무슬림들을 위해 뭔가 신성한 장소를 만들어 예루살렘을 메카나 메디나만큼 경배 받는 곳으로 만드는 것이었다. 알 말리크의 정치적 의도는 이해하기 어렵지 않다. 메카는 오래된 무슬림 기득권층이 장악하고 있었는데, 이들은 우마이야조 칼리프들을 운 좋게 전쟁에서 승리하여 돈과 권력을 움켜쥔 벼락 출세자 정도로 여기고 있었다. 우마이야조 칼리프들이 통치했던 약 100여 년 동안 메카와 메디나는 여전히 이슬람교의 중심지였던 반면, 예루살렘은 바로 이 바위 돔 사원 덕에 다마스쿠스를 기반으로 한 우마이야조 칼리프들의 가족 사원 같은 역할을 했다.

우리가 위에서 살펴 보았듯이 이 바위 돔 사원의 건립은 이슬람교가 유대교 및 그리스도교에서 탄생했다는 것뿐 아니라 그 두 종교를 한 차원 더 승화시킨 승리자라는 걸 상징해 주고 있었지만, 또 다른 면에서 보면 그리스도교인들이 우글거리는 이 도시에 사는 무슬림들이 638년의 최초 정복 때부터 1187년 살라딘에 의한 재탈환에 이르기까지 항상 불안한 삶을 살고 있었다는 증거이기도 했다. 이 사원의 돔을 성묘 교회의 첨탑보다 더 높게, 더 웅장하게 만든 이유는 알 말리크가 예루살렘의 모든 그리스도교인들에게 성지에서 이슬람교의 권세와 영원함을 여실히 보여주고 싶었기 때문이다. 이 이슬람 사원은 그리스도교인들이 예루살렘, 리따, 다마스쿠스, 에데사 등지에 지은 훌륭한 교회 건물들보다 화려해야만 했다. 알 말리크의 이런 생각은 사원 벽의 타일 모자이크 장식에서도 잘 드러났다. 칼리프가 고용한 장인들은 세속 권력과 종교적 신성함의 상징인 페르시아의 왕관 및 그리스도교인들의 십자가를 모자이크로 교묘히 뜯어 맞추어 이미 이 둘의 시기는 가버렸으며, 페르시아의 경우엔 그 백성들이 이슬람으로 개종했음을 표현했다.

팔레스타인 및 시리아에 사는 수많은 무슬림 순례자들이 성전 산을 찾아왔다. 예루살렘 안에 여기저기 서 있는 멋진 교회들의 위용 때문에 이들의 신앙이 흔들리는 일이 없도록 하기 위해 알 말리크는 돔 내부의 천장 벽에 『코란』 중에서도 반(反)그리스도교적 구절들을 인용하여 새겨 놓았다. 그렇게 새긴 글은 길이가 240미터나 되며, 현존하는 이슬람 글 중에서도 가장 오래된 것인데, 그리스도가 신의 아들이란 것과 삼위일체설 등을 비난하고 있다. '신에겐 동료가 없다'라는 말을 계속 반복하는 그 글의 일부를 한번 읽어보자.

…… 이분이야말로 알라이시며 유일한 분, 알라이시자 영원한 분. 〔누구를〕 낳지 않고, 〔누구에게서〕 태어나지 않은 오직 한 분으로 그분에 견줄 자 없다(『코란』 112:5) …… 알라를 찬송하라. 알라께서는 자식들을 가지시는 일 없이, 그 왕권을 공유하는 자도 없고, 굴욕 때문에 보호자를 필요로 하는 일도 없으시다(『코란』 17:111) …… 그렇기 때문에 알라와 그 사

도들을 믿어라. 결코 삼(三)⁺이라 해서는 안 된다. (삼가라.) 알라는 유일한 신이다(『코란』 4 : 169~171).

무슬림들이 바위 돔 사원 및 하람(Haram : 고귀한 성소) 지역을 얼마나 소중하게 여기는지는 『코란』에 나오는 무함마드의 밤 여행과 승천에 관한 이야기가 이곳과 밀접하게 관련되어 있음을 알면 이해하기 쉽다. 이곳이 무슬림 사원으로 탈바꿈한 지 수년이 지난 뒤, 사람들은 이 바위 돔 사원이 무함마드가 메카에서 날아와 '가장 먼 사원'(Masjid al-Aksa)으로 옮겨졌다가, 신의 마지막 계시를 받으러 하늘로 올라갔다는 『코란』 말씀의 그 장소라고 믿게 되었다. 『코란』에는 그 장면을 "성스러운 사원(메카)에서 먼 곳의 사원(알 악사)까지, 밤에 그 종(무함마드)을 데리고 여행하시는 분에게 영광이 있으라"(『코란』 17 : 1)라고 서술한 구절이 있다. 여기서 나오는 '먼 곳의 사원'(masjid al-aqsa)이 예루살렘으로 잘못 이해되었는데, 최근 학자들 연구에 의하면 그곳은 메카 근처에 있는 알 지라나(al-Jiranah)란 작은 마을로서 630년경 무함마드가 잠시 머물렀던 곳이라고 한다. 사실 『코란』에는 예루살렘에 관한 명시적인 언급이 없으며, 딱 한 번 성지(聖地)에 대한 얘기가 있을 뿐이다(『코란』 5:21)⁺⁺. 하지만 민족적 전통은 흔히 역사적 객관성보다 강력한 힘을 가진다. 이 경우는 무슬림들의 예루살렘 순례가 잦아지면서 『코란』에 대한 해석에 영향을 끼친 것이다. 일단 무슬림들이 무함마드의 밤 여행 및 승천과 예루살렘의 관련을 믿기 시작한 이상, 예루살렘이 이슬람 신학에서 성스러운

✚ 여기서는 삼위일체 중 삼위를 의미하는 것. 즉 삼이라 해서는 안 된다는 건 성부(하느님), 성자(예수), 성신(성령)이 하나로 존재한다는 삼위일체설에 대한 반박이다.
✚✚ 『코란』 5장 21절에서 '성지'가 언급된 부분은 다음과 같다. "모든 사람들이여, 알라께서 너희들을 위해 지정해 주신 성지로 들어가라. 뒤돌아보고 돌아서선 안 된다……."

하람 지역의 남쪽 끝에 위치한 은빛 돔의 알 악사 사원 앞뜰에는 삼나무와 유칼리나무가 심어져 있다(사진 – 아드리엔 본필즈, 19세기 말).

도시의 위치에 오르는 건 문제도 아니었다.

691년 바위 돔 사원이 완공된 뒤, 무함마드의 밤 여행은 더욱 화려하게 각색되었다. 천사 가브리엘이 인도하는 가운데, 무함마드가 메카에서 예루살렘으로 하늘을 날아왔으며, 그 중간에 모세와 다윗에 대한 경의의 표시로 시나이와 베들레헴에도 들렸다. 무함마드는 부라크(Buraq ; '번개'라는 뜻)란 이름을 가진 마법의 백마를 탔는데, 부라크는 여자의 얼굴에 공작 날개를 가지고 있었다. 그는 모리야 바위에서 하늘로 날아가기 전, 부라크를 성전의 서쪽벽에 묶어두었다. 그후 그 벽은 무슬림들에게 부라크라 불리기 시작했고, 그곳을 '통곡의 벽'이라 부르며 찾는 유태인들과의 사이에서 오늘날까지도 긴장을 형성하고 있다. 무함마드는 천사 가브리엘의 안내를 받아 빛으로 된 사다리를 타고 하늘에 올랐으며, 아담, 아브라함, 모세, 솔로몬, 세례 요한, 예수 등을 모두 만나 대화를 나누었다고 한다. 그리고 마지막으로 7번째 천국을 지나 알라를 만나서 최후의 계시를 들었다고 하는데, 그 중엔 무슬림들이 해야 할 기도 방법도 포함되어 있었다. 그러고 나서 그는 하늘에서 다시 모리야 바위로 내려와, 부라크를 타고 새벽이 되기 전에 메카로 돌아갔다. 훗날 무함마드의 밤 여행은 여러 사람의 마음을 사로잡아 시인 단테가 『신곡』(神曲, The Divine Comedy)에서 '천국 편'의 모델로 사용했을 정도다.

하람 지역의 남쪽 끄트머리에 위치한 알 악사(al-Aksa) 사원은 멋진 은빛 돔을 자랑하는데, 빛을 더 환히 발하는 바위 돔 사원이 없었더라면 아마 성전 산 주변을 압도하고도 남았을 것이다. 『코란』에 나오는 무함마드의 밤 여행에서 이름을 따 '가장 먼 사원'이라 불리게 된 이 사원은 유스티니아누스 황제가 지었던 성모 마리아 성당 자리 위에 709년에 공사가 시작되어 715년에 완공된 것으로서, 바로 그 성당 건물의 대부분을 포함하고 있다. 이 사원을 짓게 한 칼리프는 알 왈리드(al-Walid)로서 알 말리크의 아들이었는데, 그는 이 사원뿐 아니라 메디나에도 중앙 사원을 세우고, 다마스쿠스 및 카이로에도 대형 사원을 건립하는 등, 왕년의 헤로데 왕에 버금가게 건축에 대한 정열을 보인 사람이었다. 이 사원은 완공된 뒤에 예루살렘 최대의 무슬림 집회소가 되었다. 영국 학자 존 그레이(John Gray)에 의하면, "알 악사 사원을 보면, 일반 사람들이 얼마나 그리스도교와 이슬람교를 친밀한 것으로 여겼는지 알 수 있다. 사원 안에 무슬림들이 메카를 바라보며 기도하게끔 되어 있는 장소는 마리아가 천사에게 수태고지(受胎告知)⁺를 받았던 곳으로 믿어지는 장소이며, 돌로 된 대야 같은 것도 있는데, 예수가 사람들에게 말할 때 이것에 몸을 기댔다는 이야기가 전해져 온다."

하람 일대를 찾는 방문객들은 바위 돔 사원 및 알 악사 사원의 빛나는 모습에 끌려 이보다 작은 돔들이나, 첨탑들, 이슬람 학교들을 간과하기 쉽다. 예루살렘의 이슬람 학교들은 한때 무슬림 학자들이나 신비주의자들을 예루살렘으로 찾아오게 만들 정도로 번창했었다. 컵을 뜻하는 알 카스(al Kas)란 이름을 가진 알 악사 사원 앞의 우아하고 커다란 연못도 방문객의 눈길을 끄는데, 이곳이 기도를 드리기 위해 사원에 들어가기 전에 손과 발을 씻는 곳이라는 걸 아는 사람은 많지 않다. 이 모든 조그만 조형물들은 하람 일대를 멋지게 꾸며 주며, 방문객들이 유명한 두 사원의 건물을 쳐다보다 지쳤을 때 신선한 즐거움이 되어준다.

아마 10개도 넘는 작은 규모의 사원들 중 가장 흥미로운 것은 쿠바트 알 실실라(Qubbat al-Silsilah ; 쇠사슬 사원)일 것이다. 이 사원은 바위 돔 사원을 축소해 놓은 듯한 구조를 지니고 있는데, 원래 바위 돔 사원의 금고 역할을 했었다고 한다. 하람이나 성전 산 일대가 다 그러하듯이 실실라 사원 역시 최후의 심판과 관련이 있다. 무슬림들의 전설에 의하면, 한때 지금 실실라 사원이 있던 자리에 쇠사슬이 드리워져 있었는데, 다윗 왕이 '심판을 받기 위해 그의 앞에 와 있는 사람들의 정직함을 측정할 때' 그 쇠사슬을 사용했다고 한다. 누가 거짓말을 하려고 하면, 연결 고리에서 쇠사슬이 떨어져 거짓말임을 드러냈다는 것이다. 아마 예루살렘에선 쇠사슬 줄이 매우 길어야만 했을 게다.

하람을 떠나기 전 한 가지 얘기를 빼놓을 수가 없는데, 그건 바로 바위 돔 사원의 돔 위에 놓인, 항상 남쪽의 메카 방향을 가리키고 있는 초생달 모양에 관한 것이다. 무슬림들은 그 초생달이 메카가 아닌 다른 방향을 가리키면 이는 재앙이 일어날 징조라고 믿어왔다. 십자군들은 예루살렘을 정복한 후 그 초생달을 십자가로 바꿔 놓았지만, 살라딘이 탈

✤ 대천사 가브리엘이 동정녀 마리아에게 나타나 성령에 의한 임신을 알린 일을 뜻한다.

환한 뒤 원래의 위치에 남쪽 방향으로 다시 달아 놓았다. 그리하여 그 초생달은 오늘날까지도 거기에 달려 있다. 1980년, 귀중한 성소의 무슬림 문지기가 초생달이 동쪽으로 기울어지고 있는 걸 처음 알았다고 내게 말해주었다. "그게 무슨 의미일까요? 혹 이 하람 지역을 잃게 되는 건 아닐까요?" 하고 내가 묻자, 그는 "네, 그럴지도 몰라요. 우린 이미 1967년에 유태인들에게 예루살렘을 빼앗겼잖아요. 그리고 이젠 이곳 하람도 위협받고 있습니다."

8. 전갈로 가득 찬 황금그릇

예루살렘에서 한 번 기도하는 것은 다른 곳에서 4만 번 기도하는 것과 맞먹는다.
— 무슬림들의 민간 속담

예루살렘에서는 핍박받는 자들이 구호의 손길을 받지 못하고, 약한 자들이 모욕을 당하며, 돈 많은 사람들을 부러워할 따름이다.
— 10세기의 무슬림 여행가 알 무카다시

638년에서 750년까지 100년도 넘게 예루살렘을 다스린 우마이야 가문의 통치자들은 다 용맹한 전사들이요, 대단한 건축가들이었고, 열성적인 수니파 무슬림들이었지만, 이라크 및 이란 지방에 있는 맞수 시아파들이 보기엔 세속적이고, 탐미적이며, 인종 우월주의에 물든 자들이었다. 무함마드의 삶과 가르침에 나타난 동정심과 겸손함이라는 이상이 사라지고 다마스쿠스의 칼리프들이 비잔틴이나 페르시아의 황제처럼 과대망상증에 걸려있다는 식의 비난이 끊이질 않았다. 물론 키 작고 못생겼지만 제국 경영에는 천재적이었던 무아위야가 이국(異國) 군주들의 휘황찬란함을 본뜬 것은 사실이었다. 그는 황실 의복을 입고, 자기 거처에 옥좌를 설치했으며, 게다가 금요일에 예루살렘에서 설교할 때면 전통을 무시한 채 서지 않고 앉아서 했다. 또한 그는 설교대에서 무함마드의 사위인 칼리프 알리를 저주하는 관례를 만들었다. 심지어 무아위야가 공식적인 석상에서만 독실한 신자인 체 할 뿐, 평상시에는 하루에 다섯 번 해야 하는 기도도 잘 안 했다는 애기도 있었다. 고리대금업으로 축재하여 '향수나 혈통 좋은 순종 말, 젊은 여자노예들을 좋아했다'던 칼리프 우스만(그는 무아위야의 친척이었다)처럼, 무아위야가 제멋대로 군다는 이야기는, 신앙심 깊은 무슬림들 사이에서, 특히 시아파 광신주의가 뿌리 뻗어가던 이란 지방에서 많은 분노를 자아냈다. 그의 뒤를 이은 대부분의 우마이야조 칼리프들은 모두 많은 첩을 거느리고, 술과 운동과 사냥을 즐겼다는 면에서 우스만과 무아위야를 닮았었다.

메카와 메디나에 있는 열성적인 무슬림들이 보기에 무아위야는, 칼리프 직위를 왕 자리로 바꾸어버린 채 예언자 무함마드와의 영적인 연결고리를 끊고 서방의 세속적인 군주를 모방하는 커다란 죄를 저지르고 있었다. 무아위야는 서방의 왕처럼 행동함으로써 아라비아 사막 부족들의 전통, 즉 부족의 장로들이 모여 동료들 가운데 가장 으뜸인 자를 셰이크(Sheik)✚로 선출하던 민주적인 전통을 파괴해 버렸다. 이는 정말 끔찍한 역설이었다. 무아위야는 칼리프 자리가 혈통에 따라 세습되어야 한다는 알리의 주장에 반대해 전쟁까지 치렀으면서도 결과적으로 자신의 왕가를 세운 꼴이었으니 말이다. 무아위야는 선출된 셰이크 대신 자신의 주위에 개인 숭배자들을 배치했다. 이는 알라 외에는 누구에게도 최고의 충성심을 바칠 수 없다는 『코란』의 가르침을 정면으로 무시하는 것이었다.

✚ 셰이크는 아랍어로 일종의 경칭인데, '존경받을 만한 사람'을 가리키는 말이다. 부족장에게는 물론이고 종교 교단의 지도자나 명문 대학의 총장, 학식이 있는 사람 등에게 이 칭호를 붙인다.

우마이야조 칼리프들은 다른 무엇보다도 이런 거만함 때문에 결국 파멸에 이르게 된다. 그들은 기회가 있을 때마다 백성들에게 자신들이 아랍인이며 또 귀족 출신이라는 걸 강조해 왔다. 그들은 메카에서 가장 부유하고 막강한 권력을 가진 상인 가문 출신답게, 아무리 아랍어를 쓴다고 해도 본토박이 시리아인과 팔레스타인 주민들을 무식하게 여겼으며, 군역이나 하찮은 농사일에 종사하는 것 외엔 가치가 전혀 없는 부류들이라고 무시했다. 팔레스타인 정복 후, 수많은 예멘인들이 메마른 아라비아 남부에서 가난을 참지 못하고 북쪽으로 이주하여 이곳에 정착했으며, 이들은 곧 아랍 인구의 대다수를 이루게 되었다. 이들은 우마이야조 칼리프들에게 충성심을 가지고 있었지만, 다마스쿠스의 집권 세력은 이들에게 높은 지위를 주지 않았다. 차라리 충성심은 덜해도 같은 북부 아라비아의 카이스(Qays) 부족 사람들을 편애했다.

우마이야조는 무함마드가 가르친 민주적인 이상과는 달리 인종적인 편견도 심했다. 우마이야 칼리프들은 종종 짐미스(보호 대상인 그리스도교인이나 유태인―옮긴이)들 중에 능력이 있거나 영향력 있는 사람들을 발탁하여 중요한 지위에 앉혔지만, 마왈리(이슬람교로 개종한 사람―옮긴이)들에 대해서는 별로 탐탁지 않게 여기며 인두세를 피하기 위해 개종한 비(非)아랍인들이라고 경멸했다. 게다가 마왈리들이 아랍인들과 섞이지 않도록 따로 그들만의 사원을 짓게 함으로써 차별 정책은 더욱 심화되었다. 하지만 해가 지남에 따라 아무리 공식적으로 개종을 억제해도 마왈리들의 숫자는 크게 늘어났으며, 특히 이란 지역에서는 이들 대부분이 시아파가 되어 우마이야조를 증오했다.

우마이야조는 예루살렘에 돈과 관심을 듬뿍 쏟았지만, 718년에 그 지역의 행정수도를 람라로 정하여 예루살렘 주민들에게 모욕감을 주었다. 람라는 원래 무슬림들이 정복전을 펼치면서 이라크의 쿠파(Kufa)와

바스라(Basra), 또는 이집트의 푸스타트(Fustat; 나중에 카이로로 이름이 바뀐다)처럼 군요새로 세워진 곳이었다. 람라는 다마스쿠스와 이집트를 연결하는 해안의 전략적 거점으로서 이곳을 행정수도로 삼은 것은 매우 뛰어난 선택이었다. 하지만 예루살렘 주민들로서는 그들의 아름답고 역사 깊은 도시가 이 벼락처럼 등장한 무덥고 냄새 나는 풋내기 마을에 밀렸다는 것을 참을 수 없었다. 어떤 사람은 다음과 같이 예루살렘의 영광이 땅에 떨어졌다고 통탄했다. "다윗과 솔로몬 시대에 왕국의 수도였던 예루살렘이 이제 람라 아래의 지방도시로 전락했다."

하지만 람라가 행정의 중심지로 선택되면서 이곳으로 드나드는 지역주민들 사이에 아랍어가 급속도로 퍼져나가는 결과를 가져왔다. 이에 비해 예루살렘은 아직도 그리스어가 주로 쓰이는 짐미스의 도시였다. 아랍어가 그리스어와 함께 제2 공용어로 채택된 시기는 7세기 말로, 알 말리크 시절이었다. 예루살렘 아니 더 크게 시리아나 팔레스타인에 함께 살던 아랍인과 그리스인들은 서로 의존하긴 하면서도 종종 미묘한 관계를 맺고 있었다. 다음의 이야기에는 그들간의 이런 미묘한 관계가 잘 드러나 있다. 어느날 칼리프가 아랍어를 공식 언어로 채택하려고 마음 먹었는데, 이 소식을 접한 비교적 높은 직위의 그리스인 서기(書記)는 기분이 상해 잉크병 속에 오줌을 누었다는……

우마이야조 칼리프들의 치세 중에 시아파는 동부 이란과 이라크 지역에서 그 숫자가 엄청 불어났다. 그들은 패배의 아픔을 달래며 언젠가 그들이 추모하는 알리의 복수를 하기 위해 칼을 갈았다. 이들을 이끌고 복수전에 앞장 서게 될 가문은 이라크에 기반을 둔 아바스 가문이었다. 아바스 가문은 우마이야 가문처럼 수니파이면서도 우마이야 칼리프들의 정통성에 의문을 가지고 있었으며, 우마이야 칼리프들과는 달리 무함마드와도 혈연으로 연결되어 있었다. 결전은 750년 1월에 벌어졌다. 이라크 및 이란의 시아파 무슬림의 지지를 등에 업은[+] 아바스 가문의 지도자 아부 알 아바스('Abu al-'Abbas)는 대부분 마왈리들로 이루어진 군사를 이끌고, 주로 시리아 그리스도교인 병사로 이루어진 우마이야 군대와 맞붙었던 것이다. 아바스는 티그리스 강의 한 지류인 자브(Zab) 강 상류에서 결정적인 승리를 거두었는데, 이때 도망치는 우마이야 가문 왕자들을 모두 죽여버렸다 하여, 앗 사파흐(as-Saffah ; 피 뿌리는 자)라는 별명까지 얻었다. 게다가 아바스는 신비주의적인 사디즘(sadism) 의식에 빠진 듯 죽은 우마이야 칼리프들의 시체를 파내 그 남은 뼈조각을 매질하고 십자가에 매달아 저주했다.

우마이야조는 예루살렘에서 비극적인 최후를 맞았다. 예루살렘 주민들은 우마이야조의 마지막 칼리프인 마르완 2세(Marwan II)가 임명한 무능하고 부패한 지사(知事)에 항거하였으나, 마르완 2세가 보낸 군대는 이에 대한 보복으로 예루살렘 성벽을 헐고 주민들을 심하게 탄압한 바 있었다. 또 아바스조가 들어선 이후엔 몇 번에 걸쳐 지진이 일어나, 2백 년에 걸친 아바스조 치세하에서 바뀌게 될 예루살렘의 운명을 예고하는 듯 했다. 정권이 바뀐 뒤, 모든 이슬람 건물에서 우마이야 칼리프들의 이름이 다 지워지고 아바스 칼리프들의 이름으로 바뀌었다. 이 중 가장 잘 알려진 것은 바위 돔 사원에서 알 말리크의 이름을 지우고 아바스조의 알 마문(al-Ma'mun)의 이름으로 대체한 사건인데, 건물 안에 새겨진 완공 일자를 바꾸지 않은 실수로 말미암아 그의 거짓이 그대로 드러났다.

우마이야조에 대한 아바스조의 승리는 이슬람 중근동 역사에 하나의 큰 전환점이 되었다. 새 정권은 스스로를 다울라(Dawlah ; 새 시대)라

[+] 그러나 아바스조 칼리프들은 집권한 뒤 시아파를 내쫓고 탄압한다.

불렀으며, 그 권력의 중심지가 다마스쿠스에서, 아바스의 동생이자 후계자였던 칼리프 알 만수르(al-Mansur)가 새로 건설한 도시 바그다드로 옮겨졌다. 이런 정치 변화와 더불어 세련되고 풍부한 그리스 문화가 꽃피던 시리아와 팔레스타인은 이제 엄격한 시아파 종교 전통을 간직해 온 이란과 이라크를 중심으로 하는 새로운 체제 아래에서 제2의 지위로 밀려나게 되었다. 우마이야 궁정을 살찌우던 시인과 음악가, 철학가들이 모두 추방되고, 이슬람 역사상 처음으로 신학자와 신비주의자, 그리고 이슬람 법률 연구가 들이 칼리프를 보좌했다. 궁정에서의 음주와 도박, 축첩이 모두 금지되고 이전과는 다른 이성적이고 냉철한 분위기가 칼리프 주변을 지배했다. 아바스조의 고위직은 대부분 우마이야 칼리프들에 의해 그럴 듯한 지위를 얻지 못하고 무시받던 마왈리들로 구성되었다. 동시에 아바스 칼리프들은 시리아 사막에 살며 아랍어를 사용하는 그리스도교도들로 구성된 타글리브 부족과 타누흐 부족을 이슬람교로 개종시키는 데 성공했다. 아바스조는 이들을 아랍계가 아닌 그리스인 그리스도교도들과 분리하여 자신들과 같은 아랍 부족으로 여겼던 것이다.

아랍에서도 부유층 출신으로 엘리트주의에 빠져 있던 우마이야조와는 달리 아바스조는 개종해 온 다양한 사람들과 관계를 돈독히 하는 데 힘썼다. 그 결과 바드다드의 칼리프 정권은 국제적인 면모를 띠게 되었다. 이처럼 이슬람 제국이 비(非)아랍권으로까지 널리 국제화됨에 따라 메카, 메디나, 예루살렘 같은 중심 순례지도 많은 영향을 받게 되었다. 메카와 메디나는 과거 우마이야조가 다마스쿠스를 수도로 삼으면서부터 그 정치적 중요성을 잃기 시작했지만, 이제 이곳에서 멀리 떨어져 있는 바그다드가 아바스조의 중심지로 부각되자 메카와 메디나는 예루살렘과 더불어 그저 단순히 1년에 한 번 순례자들이 찾는 곳으로 전락하고 말았다. 예루살렘은 아바스 칼리프들 눈 밖에 날 오점이 또 하나 있었다. 그것은 예루살렘이 마왈리의 도시가 아니라 짐미스의 도시라는 점이었다. 짐미스들은 예루살렘 인구의 대다수를 차지하고 있었는데, 이들은 이곳의 수많은 교회들을 자랑스럽게 여기는 한편, 예루살렘을 자신들의 도시로 여기고 있었던 것이다. 앞선 우마이야조처럼 아바스조 역시 이들 그리스도교인들이나 얼마 안 되는 유태인들을 내버려두긴 했지만, 세금은 철저히 거둬 들였다. 8세기 중반의 예루살렘엔 짐미스들이 무척 많았던 것이 분명하다. 칼리프 만수르는 짐미스들 가운데 납세를 피해가는 사람이 없도록 하기 위해 이들의 손 위에 문신을 새기게 했다고 한다. 예루살렘을 그리스도교인들의 중심지로 여기던 해외의 그리스도교인들은 종종 예루살렘에 살고 있는 신자들이 내야 할 세금을 대신 내주기도 했다. 샤를마뉴(Charlemagne)⁺ 역시 이런 사람들 중 하나였다. 그는 800년에 아바스조의 칼리프 하룬 알 라시드(Harun al-Rashid)와 사신을 교환하면서 칼리프의 동의를 구해 예루살렘에 교회와 숙소와 병원을 새로 짓게 했다. 샤를마뉴의 아들이자 후계자인 루이(Luis) 황제는 예루살렘의 그리스도교 사회를 돕기 위해 제국 내의 모든 장원에서 1데나리온(denarion)씩을 거두기도 했다.

　5백 년 동안 존속한 아바스조의 37명의 칼리프들 중 예루살렘을 방문한 칼리프는 두 명뿐이었다. 둘 가운데 더 잘 알려진 사람은 알 만수르(al-Mansur, 재위 754~775)로서 무아위야의 칼리프 즉위 100주년을 기념하여 방문했던 것 같다. 아바스조는 대체로 예루살렘에 별 관심을 기울이지 않았지만, 각종 건물들을 수리하는 일은 소홀히 하지 않았다.

✚ 프랑크의 왕이었던 그는 바로 그해 800년 성탄절날 교황 레오3세(Leo III)에 의해 로마에서 서로마 황제의 관을 받는다. 샤를1세(Charles I)라고도 한다.

771년에 만수르는 747년의 대지진으로 크게 파괴되었던 알 악사 사원을 수리하게 했으나, 사원의 현관문에 있는 금은 장식을 녹여 팔아 그 경비를 대도록 했다. 팔레스타인에는 새로운 사원이 건립되지 않았으며, 예루살렘에도 이슬람교의 주요한 경배지로 상징될 만한 아무런 새로운 건축도 하지 않았다. 예루살렘의 영광은 다마스쿠스와 더불어 사라져갔다. 그리고 시간이 흐르면서 바그다드 역시 중동에서의 정치적 중심지 역할을 카이로와 콘스탄티노플에 차례로 빼앗겼고, 예루살렘은 메카와 메디나와 더불어 단순한 종교적 역할만을 하게 되었다. 필리프 히티의 책 『아랍의 대도시들』 *Great Arab Cities*을 보면 메카, 메디나, 다마스쿠스, 바그다드, 카이로, 그리고 코르도바(Cordoba ; 스페인에 있던 후우마이야 칼리프조의 수도―옮긴이) 등이 따로 한 장씩 소개되고 있는 데 비해 예루살렘은 따로 소개되고 있지 않다. 그나마 예루살렘 소개라고 나온 몇 쪽마저도 전부 바위 돔 사원 및 알 악사 사원 얘기뿐이다. 바로 이것이 아바스조 시대 예루살렘의 위상이었다.

아바스조 칼리프들이 그들의 제국을 확실히 장악했던 기간은 약 100년 정도였으며, 칼리프 알 마문(al-Ma'mun, 재위 813~833)의 재임 중에 가장 번영했다. 그 이후엔 부패와 빈곤 그리고 끊임없는 전쟁 등으로 인해 제국이 황폐해졌는데, 제국 안에서도 시리아와 팔레스타인의 상황이 가장 심각했다. 마문의 후계자 알 무타심(al-Mu'tasim, 재위 833~842)의 재임 중 경제는 계속 침체에 빠져들었다. 보통 때라면 풍요로운 땅인 팔레스타인은 자급자족이 가능했겠지만, 예기치 못한 가뭄이 몇 년 동안 계속되면서 기근으로 고생하는 농민들이 반란을 일으켰는데, 이는 심각한 정치적 문제가 되었다. 팔레스타인 주민들은 동방에서 온 이방인들이었던 아바스조 관리들 밑에서 만족스러울 수가 없었으며, 여기에 기근까지 겹치자 반기를 들고 말았던 것이다. 이런 과정에서 팔레스타인의 토박이 무슬림들은 혹 우마이야 가문에서 수피아니(Sufyani, 혹은 메시아)가 등장하여 우마이야 가문의 통치를 부활시키지 않을까 하는 희망도 품게 되었다. 마침 이런 인물이 한 명 나타나긴 했다. 아부 하르브 알 무바르카(Abu Harb al-Mubarka)란 이름을 가진 그는 토지세를 철폐하겠다는 약속으로 농민들을 끌어 모으는 동시에 인두세 철폐를 외치며 유태인과 그리스도교인들까지 끌어모으려 했다. 하지만 칼리프의 진압군이 파견되면서 반란은 가라앉았다. 알 무바르카는 팔레스타인의 무슬림들이 기다리던 메시아는 아니었다. 결국 그는 무슬림, 유태인, 그리스도교인 들 모두에게 배척당하고 말았다.

우마이야조는 비잔틴 제국과 항상 긴장 관계에 있었지만, 이제 머나먼 바그다드에 근거지를 둔 아바스조는 비잔틴의 위협을 걱정할 이유가 없었다. 하지만 10세기 후반 비잔틴 황제 니케포로스 포카스 2세가 성지의 회복과 예루살렘 탈환을 외치자 무슬림들은 다시 두려움에 휩싸였다. 포카스 2세는 약속대로 성전을 시작했으며, 그의 후계자 요한네스 치미스케스가 일찍 죽지만 않았다면 거의 예루살렘을 회복할 뻔 했었다. 이런 그리스인들의 위협으로 인해 아바스조는 예루살렘에 새로운 사원을 세웠다. 성묘 교회 정원의 일부를 몰수한 후 그 위에 오마리야(Omariya)라는 이름의 자그마한 사원을 짓고, 예루살렘을 처음 점령했던 칼리프 우마르가 그 교회 앞에서 무릎 꿇고 기도했던 전설을 기념했던 것이다. 이는 역설적인 반전이었다. 우마르는 부하들이 교회를 사원으로 바꿀지도 모른다면서 교회 안에 들어가 기도하지 않겠다고 한 반면, 그로부터 3백 년 후의 무슬림들은 그들의 힘을 과시하기 위해 그 교회의 일부를 빼앗아 사원을 지었으니 말이다.

9세기 중반에 일어났던 팔레스타인 농민 반란은 암흑 시대의 서막이었다. 바그다드의 아바스조는 중동 지역에서 세를 넓히던 두 신흥 세력의 압력을 느끼고 있었다. 그 하나는 중앙아시아에서 일어난 셀주크 투르크(Seljuk Turk)였으며, 또 하나는 무함마드의 딸 파티마의 이름을 딴 새로운 왕조로 얼마 안 가 북아프리카, 아라비아 및 시리아와 팔레스타인을 모두 차지하게 될, 이집트에 기반을 둔 파티마조(Fatimids, 909~1171)✤였다.

아바스조는 5백 년(750~1258년) 동안 지속되긴 했지만, 실질적인 통치는 100년을 얼마 못 넘겼다. 850년 이후 바그다드에 기반을 둔 이라크 출신 통치자들이 급속히 몰락한 이유는 무엇이었을까? 사실 아바스조가 셀주크 투르크와 같은 중앙아시아 출신 투르크 전사들의 뛰어난 전투력에 의존하기 시작하면서부터 몰락은 예정된 것이었다. 칼리프들은 이들 투르크인들에게 궁정의 경비를 맡겼지만, 얼마 지나지 않아 이들에게 권력을 빼앗겼고 사실상 많은 칼리프들이 궁정 안에서 연금 상태에 놓이게 되었다. 처음에 이들은 중앙아시아에 진출한 칼리프 군대에게 노예로 잡혀온 처지였지만, 노예이자 군인 역할을 하며 궁정 내에서 점차 지위가 격상되었고 행정관, 세금 징수관, 군사령관 등으로 다방면에 걸쳐 활약하기 시작했다. 9세기 중반 이들은 세력을 규합, 쿠데타를 일으켜 권력의 핵심에 앉게 되었다. 그후 시리아 및 팔레스타인은 이들 투르크 군벌 및 칼리프 지지파, 그리고 중동 지역을 놓고 아바스조와 패권을 다투던 이집트의 파티마조, 이 세 세력간의 전쟁 속에 그 운명이 계속 바뀌었다. 예루살렘은 이런 전쟁 와중에 중요한 역할을 맡지는 않았지만, 전쟁으로 인한 경제적 파탄의 직접적인 피해자가 되었다. 팔레

✤ 시아파의 파벌 가운데는 알리의 후손 중 이스마일을 알리 이래 7대 후계자로 보는 7대 당파(Seveners)가 있었다. 이들이 우바이드 알라 알 마흐디(Ubaid Allah al-Mahdi)를 진정한 칼리프로 옹립, 북아프리카에 세운 정권이 파티마조다. 969년 투르크 계통의 이흐시드(Ikhshid) 정권을 무너뜨리고 이집트 및 시리아, 팔레스타인까지 차지했다가 1171년 살라딘 손에 멸망당했다.

스타인이 더욱 고통을 당했던 건 이때부터 1099년 십자군 정복이 있기까지 약 200여 년 동안, 이 지역이 누구든 칼자루를 쥔 사람이 최고인 무법천지가 되었기 때문이다. 유목민 도적들이 사막지역에서 시도 때도 없이 출몰하여 주민들은 어느 곳에도 안전하게 갈 수 없었고, 큰 도시의 성벽 안에서만 안전할 수 있었다. 때로는 콘스탄티노플의 비잔틴 제국에서 무슬림의 통치기반을 약화시키려는 목적으로 이들 유목민 도적들에게 재정적인 지원을 해주기도 했다.

이 오랫동안 지속된 암흑 시기에 예루살렘 사람들의 생활을 묘사한 사람이 두 명 있었다. 한 사람은 무함마드 알 무카다시(Muhammad al-Mukaddasi)로 예루살렘과 팔레스타인이 투르크인들이 세운 이흐시드(Ikhshid)조✤의 지배하에 있었을 때 그곳에서 자라난 무슬림 여행가였다. 그는 무슬림들이 자신의 고향인 예루살렘의 성전 산을 무카다시(Mukaddasi ; 성소[聖所]라는 뜻)라고 부르는 데서 자신의 이름을 따왔다. 그는 여러 방면에 관심이 많았지만, 그 중에서도 특히 지리와 글쓰기에 남다른 재질을 보여 20년 동안 쉴 새 없이 중동, 북아프리카, 스페인 등지를 돌아다니며, 각 지역의 특색과 식물, 그곳 사람들에 대해 많은 기록을 남겼다. 그의 문물에 대한 사랑과 탐구 정신은 모두 뛰어난 건축가였던 그의 할아버지에게서 물려받은 것이었는데, 그의 할아버지는 이집트에 기반을 두고 한때 팔레스타인을 지배하기도 했던 툴룬(Tulun)조✤✤의 명령에 따라 아크레에 새 항구를 설계하기도 했었다.

967년, 21살의 나이로 한참 젊었던 알 무카다시는 메카 순례를 마

✤ 이집트의 카이로에 기반을 두고 935년부터 969년까지 존속했던 투르크 정권. 칼리프를 칭하거나 달리 칼리프를 세우지는 않았다.
✤✤ 이집트와 시리아를 기반으로 868년부터 905년까지 존속했던 투르크 정권. 칼리프를 칭하거나 달리 칼리프를 세우지는 않았다.

친 뒤 20년간에 걸친 여행의 결실로, 985년에 '기후(氣候) 연구를 위한 최고의 설명서'라는 제목의 여행기를 냈다. 이 책에서 무카다시는 예루살렘에 대해, "축복의 땅이자 과일이 풍성해 값이 싼 곳이다"라고 말하며, 먹을 만한 과일들을 소개했다. 올리브, 오렌지, 아몬드, 대추야자, 무화과, 레몬 등이 그가 소개한 과일들인데, 그는 특히 바나나를 좋아하여 "오이 같이 생겼지만 껍질이 잘 벗겨지며, 그 안은 수박과 비슷한데 맛이 더 좋고 달콤하다"고 말했다. 또한 그는 단맛을 좋아하는 중동지방 사람들에게 꼭 필요한 우유, 꿀, 설탕 등도 예루살렘에는 풍부하게 생산된다고 하면서, 매우 달고 열매도 큰 예루살렘의 포도 소개도 잊지 않았다. 그는 우리에게 "이 세상에 예루살렘의 포도만큼 맛있는 과일은 없다"고 말한다.

그렇다면 예루살렘엔 불평할 만한 것이 없었나? 이 예루살렘 토박이는 "불평할 게 많다"고 고백하고 있다. 그는 성지를 돈벌이하는 곳으로 만들어버린 순례자들에 대해 냉소적이다. 그는 "이곳은 성스러운 사람들이 들끓지만, 시아파 이슬람 법률에 대해 정말로 잘 아는 사람은 보기 힘들며, 경청할 만한 설교를 하는 사람 역시 별로 없다. 게다가 사람들은 성전(聖戰)에 대한 열정도 없고, 이교도들을 상대로 싸움을 벌인 용사들을 영예롭게 대해 주지도 않는다"고 말했다. 그는 또한 "사원들은 텅 비어 있고 그리스도교인들이나 유태인들만이 판치고 다닌다"면서, 우마이야조가 무너진 이래 이슬람 법률 및 신학에 대한 연구가 팔레스타인과 시리아를 떠나 이라크 및 이란으로 가버렸다고 탄식하고 있다.

알 무카다시가 말하는 성스러운 사람들이란 누구였을까? 그들은 바로 금욕주의자들, 카라미타(Qaramitah)⁺들, 수피즘(Sufism)⁺⁺ 교도 들로서, 대부분이 이란 지방에서 예루살렘의 신성한 분위기를 찾아온 영적인 과격파들이었다. 이들은 하람 주변에 자리잡고 공부하며 그들 나름대로 모임을 이루어 명상에 잠겼다. 이렇게 명상과 학문을 위해 예루살렘에 온 사람들 중엔 1095년에 온 위대한 무슬림 신비주의자 가잘리(Ghazzali)도 있었다. 이런 신비주의자들은 대부분 이란에서 왔으며, 학문과 명상 시간이 끝나면 바위 돔 사원의 그늘에 앉아 바나나를 즐기곤 했다. 예루살렘의 무슬림 인구는 모로코에서 온 이주자들 덕에 더욱 늘어났다. 이들은 성전의 서쪽벽에 위치한 하람의 서쪽 가장자리에 거처를 마련하였는데, 그들을 칭하는 이름 무그라비(Mugrabi)+++는 그 구역을 이르는 명칭으로 굳어져 오늘날까지도 전해오고 있다.

알 무카다시는 당시의 믿을 수 없는 권력자들에 대해 경계를 늦추지 않았다. 그는 유대교 경전 『토라』에 나오는 말을 인용, "예루살렘은 전갈이 가득 찬 황금그릇 같은 곳"이라고 말했다. 비효율적인 정부에 대해 분개하는 선량한 시민답게 무카다시는 시내의 지저분한 공중 목욕탕과 너무 비싼 여관비, 그리고 상품 판매의 이윤을 줄이는 높은 세율에 대해서도 불만을 터뜨렸다. 그는 "예루살렘에서는 핍박받는 자들이 구호의 손길을 받지 못하고, 약한 자들이 모욕을 당하며, 돈 많은 사람들을 부러워할 따름이다"라고 단호히 말했다. 예루살렘은 아름다운 곳이지만 유쾌한 곳은 못 되었다. 이곳은 심각한 도시였다. 알 무카다시와 동시대 사람인 어떤 실크 상인이 카이로에 있는 친구에게 보낸 편지에는 "예루살렘에서는 사람들이 검은색이나 하늘색 실크를 입는다. 람라나 아슈켈

+ 카라미타는 알리의 후손 중 무함마드 알 문타자르(al-Muntazar)를 알리 이래 12대 후계자로 보는 12대 당파(Twelvers)로서, 이라크 지방 시아파의 한 파벌이다. 9세기 후반 이 분파를 이끌던 함단 카르마트에서 카라미타란 이름이 나왔다. 이들은 수세기 동안 아라비아반도 및 중근동 지역에서 각종 테러 및 암살로 악명이 높았으며, 한때 메카의 카바 바위를 훔쳐가기까지 했다.
++ 신에 대한 직접적인 개인의 체험을 통해 신의 사랑과 지혜의 진리를 찾으려고 노력하는 이슬람의 신앙과 의식 형태. 명상, 기도, 금욕 등의 방식을 강조한다. 이란 및 이라크 지역의 시아파 무슬림들 사이에 크게 유행하며, 각종 동양적인 신비한 체험에 의존하는 신비주의를 낳았다.
+++ 아마도 아프리카 북서부를 칭하는 마그립(Maghrib)의 아랍어식 발음인 듯하다.

론에서 보이는 진분홍색은 볼 수 없다"는 언급이 있다.

하지만 알 무카다시는 예루살렘의 위대한 전통을 잊지 않는 세심함을 보였다. 예루살렘은 예언자 무함마드가 승천한 장소인 축복의 바위가 있는, 신에게 선택받은 도시였다. 이는 예루살렘의 운명이 세속의 인간에게 달려있는 것이 아니라 하늘의 알라에게 달려있는 도시라는 것을 의미했다. 알라는 여호소팟 계곡으로 통하는 예루살렘 동문 밖에서 최후의 심판이 있을 것이며, 메카와 메디나가 충성스러운 종복처럼 일어나 예루살렘으로 와서 신에게 경배하는 기적이 일어날 것이라고 했다. 이와 관련해 무카다시는 "정말로 메카와 메디나는 카바와 무함마드로 인해 최고의 도시가 되었다. 알라의 축복이 무함마드와 그의 가족에게 영원하기를 바란다. 하지만 심판의 날엔 진정으로 그 두 도시가 모두 예루살렘으로 찾아와 함께 모일 것이다"라고 표현했다. 아마 알 무카다시의 말에 가장 귀를 기울인 건 카라미타라 불리우는 이라크의 시아파였을 것이다. 그들은 시리아 및 팔레스타인 지방을 약탈하면서도 예루살렘만은 깍듯이 예우했으며, 기도할 때도 무함마드의 지시와는 반대로 메카가 아닌 예루살렘 쪽을 향했다.

예루살렘이 최후 심판 및 부활을 보게 될 도시라는 믿음은 세월이 흐르면서 더욱 강화되어, 지금 소개하려는 두번째 무슬림 여행가인 페르시아 출신의 나시르 이 후스라우(Nasir-i Khusraw)의 여행기에서는 예루살렘이 중심적 주제로 부각되었다. 후스라우는 페르시아 및 인도 지방을 두루 여행한 뒤 1047년에는 파티마조의 칼리프 알 무스탄시르(al-Mustansir)가 지배하던 예루살렘을 방문하게 되었다. 후스라우 역시 알 무카다시와 마찬가지로 신앙심이 각별하여, 메카 순례를 마치고도 포도주를 좋아하는 죄에 대해 참회하기 위해 예루살렘까지 가기로 결정했다. 아마 술을 좋아했던 우마이야조의 칼리프들이 후스라우만 같았어도 예루살렘의 역사는 많이 달라졌을 것이 분명하다.

후스라우에 의하면, 예루살렘은 무슬림 부모들이 아이들을 할례시 키러 오는 곳이자, 온 세상의 병들고 나이든 사람들이 신이 계획한 그날 이 왔을 때 바로 그곳에 있기 위해 찾아오는 마지막 쉴 곳이기도 했다. 무슬림들은 유태인 전통을 따라 죽은 사람을 시온 산에 묻었는데, 무슬림의 묘지 중 가장 잘 알려진 곳은 바로 황금문 밖, 신이 선악을 심판하러 오실 곳이라는 여호소팟 계곡이 내려다보는 곳이었다. 이 예루살렘 묘지는 매우 신성한 곳으로 여겨져 많은 무슬림 통치자와 귀족들이 이 곳에 묻혔는데, 그 중엔 흑인 환관 출신으로 이흐시드조의 통치자까지 되었던 카푸르(Kafur)도 있다.

후스라우가 예루살렘에 매혹된 것은 최후 심판의 장소라는 믿음 때문이기도 했지만, '살아 흐르는 듯한 물' 역시 그의 관심거리였기 때문이다. 그는 이곳은 원래 물이 절대로 부족한 곳이지만, 빗물을 받아 저장하는 물통 시설이 수백 개나 된다면서 이곳의 물맛이 다른 그 어느 곳의 물보다도 달고 맑다고 감탄했다. 또한 그는 예루살렘의 시장 바닥이 커다란 석판으로 되어 있어 비가 오면 거리가 깨끗이 청소된다고 했는데, 실완(Silwan)에 있는 동정녀의 샘물에서 나오는 물에는 병을 고치는 힘이 있어 "누구든 그 물로 머리에서 발끝까지 씻으면 고통을 잊게 되고 만성병에서 치유될 수도 있다"고 쓰고 있다.

알 무카다시가 살던 시절에 예루살렘을 짓누르던 억압과 위기감은 후스라우 시절에도 계속되었다. 하지만 그렇게 심한 정도는 아니어서 참배 시기가 되면 평소 예루살렘 인구와 맞먹는 2만 명 정도의 무슬림 순례자들은 순박하고 친절한 대접을 받는다고 했다. 아브라함 무덤에 경배드리기 위해 예루살렘에서 헤브론까지 걸어가는 순례자들이 어떤 음식을 대접받았는지 후스라우의 글을 한번 보자.

여자 노예들은 종일 빵을 구워낸다. 순례자들은 하루 식량으로 이런 빵 1.3킬로그램 정도와 올리브 기름에 튀긴 콩 한 접시, 그리고 건포도 약간을 배급받는다. 이건 아브라함 이래로 계속되어 온 관례이다. 아브라함이여, 평화가 있으소서. 어떤 날엔 5백 명이나 되는 순례자가 몰려오지만, 그래도 모두 똑같이 이런 대우를 받는다.

969년, 팔레스타인은 이흐시드조로부터 이집트를 빼앗은 파티마조 칼리프의 수중에 떨어졌다. 그후 130년 동안 예루살렘은 무슬림 경쟁세력간에 축구공처럼 차이며 오락가락 하는 신세가 되었다. 물론 차이는 있었다. 파티마조는 팔레스타인의 전략적 중요성이 이집트를 기반으로 하는 자신들과 맹렬히 서진(西進)하고 있던 셀주크 투르크 세력과의 완충지 역할에 있음을 간파했다. 이 때문에 카이로의 칼리프들은 팔레스타인과 예루살렘을 지키려고 노력했다. 그들은 그리스도교인들 및 무슬림 순례자들을 괴롭혀 결국 그 지역 경제를 뿌리 채 흔들어 놓았던 카라미타들이나 유목민 도적떼들에 대해 강경한 태도를 취했다. 팔레스타인의 행정수도였던 람라는 1033년과 1068년에 큰 지진을 겪었고, 해안의 평지에 위치하고 있었기 때문에 이런 도적들이 쉽게 접근할 수 있었다. 11세기 중반, 무슬림들은 람라를 떠나 천연요새이자 높은 성벽으로 에워싸인 예루살렘으로 이동했다. 그 결과 예루살렘이 람라를 대신하여 팔레스타인 지역 무슬림들의 중심 도시가 되었다. 파티마조 관리들은 이런 추세에 발맞추어 1033년 및 1063년에 예루살렘의 성벽을 보수했고, 하람 근처에 새로운 사원을 지었다. 또한 순례 여행을 보호하기 위한 조치로 해안의 야파나 아크레에서 예루살렘에 이르는 길목에 특수 경비대를 파견, 순례자들의 안전을 도모했다. 이런 각종 조치에 힘입어 1065년에는 1만 2천 명이나 되는 그리스도교 순례자들이 독일과 네덜란드에서 도착해 예루살렘 상인들을 기쁘게 했다.

칼리프 알 하킴(al-Hakim, 재위 996~1021)이 한 박해만 빼면 대체로 그리스도교인과 유태인 들은 파티마조 치하에서도 그 전처럼 좋은 대우를 받으며 지냈다. 하지만 칼리프조가 3번 바뀌는 동안 한 조마다 적어도 한 명의 칼리프는 이들 짐미스 집단에게 세금을 거둬들이는 대신 잘 보호해 주라는 무함마드의 지시를 무시했다. 이 칼리프들은 비슷한 의도를 가졌던 것으로 파악된다. 즉 짐미스들에게 열등한 지위를 다시 한번 인식시키려고 모욕을 주었던 것이다.

우마이야조에서는 우마르 2세가 그리스도교인들의 관리 임명을 금지했으며, 터번의 착용을 금지시켰고, 무슬림들과 구분하기 위해 앞머리를 짧게 자르고 가죽띠를 차고 다니게 했다. 그는 또한 그리스도교인들이 안장을 하고 말 타는 것을 금지시켰으며, 기도할 때도 목소리를 낮추게 했다. 아바스조에서는 9세기 중반에 칼리프 알 무타와킬(al-Mutawakkil, 재위 847~861)이 교회를 파괴하고 그리스도교인들과 유태인들의 집집마다에 나무로 된 악마의 표시를 박아두게 했는가 하면, 그들의 무덤도 땅 위로 올라온 부분을 다 밀어버렸다. 뿐만 아니라 법적인 차별도 가했다. 유태인들이나 그리스도교인들의 증언은 법정에서 채택되지 않았고, 무슬림이 짐미스를 살해하면 벌금을 낼 뿐이었지만, 반대로 짐미스가 무슬림을 살해하면 곧바로 처형되었다. 파티마조의 칼리프 알 하킴은 이런 모든 차별대우를 재도입하여 그의 영향이 미치는 곳에서 2천 개가 넘는 교회를 몽땅 부숴버렸는데, 특히 1009년엔 성묘 교회까지 파괴해 버렸다. 그런데 그는 과거의 방식만 따른 것이 아니라 독특한 박해 방법을 고안해 내기도 했다. 역사가 필립 하티에 의하면 알 하킴은 그리스도교인들에게 2킬로그램이 넘는 십자가를 목에 매고 다니게 했으며, 유태인에게는 같은 무게의 작은 종을 달고 다니게 했다. 그 자신이 포도주를 싫어했을 뿐 아니라, 포도주를 금하는 『코란』의 명령과 훌륭했던 많은 칼리프들이 포도주 때문에 몸을 망쳤던 사실을 잘 알고 있던 알 하킴은 영토 내의 모든 포도농장을 파괴했다. 알 하킴은 이미 자신의 치세 중에 미치광이로 알려졌으며, 어떤 사람들은 그의 뇌수가 다 말라버렸다고 얘기하기도 했고, 노먼 코트커(Norman Kotker) 같은 사람은 '아무도 그의 코에 장미기름을 부어 뇌를 적셔 다시 제 정신이 들게 하려 하지 않았다'고 표현하기도 했다.

1063년엔 예루살렘의 성벽을 다시 확장보수하는 작업이 시작되었는데, 보수공사가 시작된 지 얼마 지나지 않아 셀주크 투르크와 파티마조 간에 5번에 걸친 소규모의 예루살렘 쟁탈전이 30년 동안 벌어졌으며, 1099년 프랑스 십자군들이 예루살렘을 탈환하고 나서야 그곳에 평화가 돌아올 수 있었다. 파티마조는 같은 무슬림인 셀주크 투르크로부터 팔레스타인을 지키는 데 신경 쓰느라 이미 그 전해에 공세를 시작한 그리스도교인 원정군에 대한 방비에 소홀하고 말았다. 만일 이들이 십자군의 계획을 간파했더라면 예루살렘을 지키기 위해 알맞은 병력을 배치했었을 것이다. 하지만 서로 반목하던 무슬림들이 그들의 한가운데로 치고 들어온 그리스도교인 세력의 위협에 대응하기까지는 이로부터 50년이 지나야 했다.

하지만 예루살렘엔 다가올 재난을 예견한 사람도 있었다. 예루살렘의 랍비학교를 이끌던 어떤 유태인 지도자는 끊임없는 전쟁에 지친 나머지 예루살렘을 떠나 레바논 지방의 아름다운 해안 도시 티레로 옮겨갔다. 예루살렘의 유명한 이슬람 학자 나스르 이브라힘(Nasr Ibrahim) 역시 그의 뒤를 따랐다. 또한 많은 그리스정교인들도 팔레스타인을 떠나 비잔틴 치하에 있어 안전한 소아시아 지역으로 이주했다.

에데사(1097년), 안티오크(1098년), 예루살렘(1099년) 그리고 마지막으로 트리폴리(1109년)를 점령함으로써 십자군들은 4개의 작은 그리스도교 국가를 설립하여, 북쪽으로 아르메니아의 에데사에서 시작해 지중해를 접하는 좁은 해안지역을 따라 남쪽의 가자와 아카바('Aqaba)에 이르는 지역을 차지하고, 서로 국경을 마주하게 되었다. 유럽의 귀족들은 그들이 예수의 고향에 그리스도교인의 발판을 새롭게 마련했다고 믿었으나, 사실은 잠자는 사자 곁에 잠시 누워있는 정도였다. 곧 사자가 다시 일어나 귀찮은 듯 이들을 몰아낼 것이었다.

　십자군의 성공은 그리스도교인들의 전투력과 용맹 때문이기도 했지만, 무슬림들간의 불화 때문이기도 했다. 바그다드, 카이로, 다마스쿠스 등에 자리잡은 칼리프나 술탄(Sultan ; 투르크어로서 '왕' 또는 '지도자'의 뜻—옮긴이) 들은 서로 다투느라 시리아 및 팔레스타인에 유럽 기사들이 침투해 들어오는데도 이해관계에 직접적인 영향을 미치지 않는다고 별 관심을 두지 않았다. 게다가 무슬림 지도자들은 십자군의 성지에 대한 정열을 과소평가하는 실수를 범했다. 무슬림들의 오랜 천적은 비잔틴 제국의 그리스인들이었다. 약 100여 년 전 요한네스 치미스케스 황제가 팔레스타인 및 예루살렘을 탈환하는 데 실패한 후 그 지역은 그들의 것이었고, 주인만 투르크인이나 이집트인으로 자주 바뀌는 정도였다. 대체로 무슬림들은 이 그리스도교인 침입자들을 일시적인 모험가 내지 도적떼 정도로 보아, 약탈을 마치고 전투에 지치면 다시 고향으로 돌아갈 것이라 판단한 것 같다.

　물론 십자군은 성지에 영원히 남아 있을 작정이었다. 어쩌면 무슬림들이 다시 종교적 열정으로 한데 뭉쳐 이들을 약 100년 뒤에 예루살렘에서, 그리고 또 100년 뒤에 중동 지역에서 완전히 몰아내지 않았더라면, 십자군은 지금껏 그곳에 남아 있었을지도 모른다.

프랑스인 십자군은 전투에서 승리한 뒤 자그마한 자치국가 4개를 설립하고는 이를 지키기 위해 단단한 요새와 성채를 쌓았다. 하지만 무슬림들의 영역 내에 있는 한, 항상 무슬림들의 공격에 시달려야 했으며, 이들에겐 유럽으로부터 인력과 자금을 공급받을 수 있는 시리아, 팔레스타인의 해안선이 생명줄과 같았다. 그러나 무슬림 해적들이 그리스도교인들의 해상 무역로에 침범하기 시작하자, 십자군 왕국들의 운명도 위기에 놓이게 되었다. 육지에서의 상황도 마찬가지로 악화되기 시작했다. 십자군 왕국들이 무슬림 세력권 내에 있었기 때문에 이들은 말을 타고 하루만 달리면 무슬림군을 만날 수 있었다. 따라서 십자군은 전투의 위협에 항상 시달렸으며, 치고 빠지는 무슬림 도적들을 맞아 싸우기 위해 언제나 출동 대기상태에 있어야만 했다.

그럼에도 불구하고 십자군들은 40년 이상 그들의 왕국을 확실히 잘 지켰다. 그러다가 연속해서 세 명의 뛰어난 무슬림 지도자(그들은 모두 '신앙'과 관련 있는 이름을 가지고 있었다)가 출현해, 이들을 몰아내기 시작했다. 1144년, 모술(Mosul) 및 알레포(Aleppo)를 지배하던 셀주크 투르크의 장군 이마드 아딘 장기('Imad al-Din Zangi : '신앙의 기둥, 장기')가 에데사를 공격, 십자군 나라들 중 가장 먼저 세워졌던 이 작은 공국을 무너뜨렸다. 그리고 2년 뒤, 장기는 예루살렘 탈환 계획을 세우던 중 암살되었다. 전하는 바에 의하면 장기는 템플 기사단이 거룩한 알 악사 사원 경내에 군대막사를 설치했다는 말을 듣고 대노하여 '이젠 십자가로 더럽혀진 예루살렘을 정화할 때'라면서, 즉각 이들에 대한 성전을 선언했었다고 한다.

장기의 뒤를 이은 아들 누르 앗 딘(Nur ad-Din ; '신앙의 빛', 줄여서 누레딘[Nureddin]이라고도 함)은 부친의 뜻에 따라 성전의 기치를 높이 들었다. 이와 동시에 십자군은 그간 그리스도교인들의 시리아, 팔레스타인 해안과 메소포타미아에서 서진하는 투르크인들 간에 완충지 역할을 해주며 십자군에게 아무런 위협도 가하지 않던 무슬림 독립국 다마스쿠스를 공격하는 치명적인 실수를 범했다. 다마스쿠스의 무슬림 지도자들은 십자군의 공격을 받자 지체 없이 중립을 포기하고 누레딘 편에 서서 그리스도교인들에 대해 칼을 들었다. 결국 누레딘은 다마스쿠스를 접수한 뒤, 성전의 완수를 위해 중동 지역의 무슬림 세계를 하나로 묶는 작업을 시작했다. 이를 위해서는 아직 시아파인 파티마 칼리프의 손에 있는 이집트를 통합해야만 했다.

누레딘은 중동 지역의 무슬림 세력을 통합하여 프랑스인들을 몰아낸다는 목표를 이루지 못한 채 1174년 죽었다. 하지만 성전은 그의 아래에서 컸던 쿠르드족 장군 살라흐 앗 딘(Salah ad-Din ; '건실한 신앙'. 줄여서 살라딘[Saladin]이라고도 함)에 의해 계승되었다. 그는 이집트의 내분을 틈타 그곳의 시아파 파티마조를 무너뜨리고 이집트 및 이라크, 시리아를 그의 휘하에 두어 수니파 일색으로 통합시켰다. 따라서 수세기 만에 처음으로 중동의 무슬림 세계가 정치적·종교적으로 한데 뭉치게 되었다.✛ 미리 준비하고, 참을 줄 알며 때론 과감하던 살라딘은 십자군들을 한 곳에 몰아 이후 20세기에 이르기까지 팔레스타인과 예루살렘의 운명을 결정짓게 될 최후의 승부를 가렸다. 1187년, 살라딘은 요르단 사막을 횡단해 갈릴리 호수 남단에서 요르단 강을 건넌 뒤, 티베리아스를 점령했다. 그리고 티베리아스가 바라다 보이는 곳에서 십자군 주력을 만나, 하틴(Hattin) 언덕에서 규모는 크지만 정돈이 안 된 상대방을 완전히 섬멸했다. 그후 살라딘은 어려움 없이 남하했다. 그러나 예루살렘에 가까

✛ 북아프리카와 이집트, 시리아, 팔레스타인, 메소포타미아 등지의 아이유브조, 그리고 중앙아시아 및 소아시아 등지의 셀주크 투르크가 모두 실권이 없던 바그다드의 아바스조 칼리프를 상징적인 의미에서 적법한 후계자로 인정하고 있었다는 의미.

이 접근하자 라틴 기사들 및 주교들이 항복의 조건을 제시하지 않으면 하람에 있는 기념물들을 포함, 모든 이슬람 사원들을 다 부수어 버리겠다고 위협했다. 술탄 살라딘은 이를 받아들여 그리스도교인들로 하여금 몸값을 내면 모두 풀어주겠다고 약속했다. 그의 관대한 마음을 보여주는 이야기들은 셀 수 없을 정도로 많은데, 그 중에도 특히 돈 없는 수녀들이나 수도사들의 몸값을 직접 내주었다는 이야기가 유명하다.

    1187년 10월 2일, 예루살렘은 정식으로 살라딘에게 항복했다. 이날은 바로 무함마드가 하늘에 다녀온 것을 기념하는 날이어서, 무슬림들에게는 예루살렘 탈환이 신의 뜻으로 이루어진 듯 느껴졌다.

    살라딘은 즉각 이슬람 사원들에서 그리스도교인들의 흔적을 없애 버렸다. 바위 돔 사원에 걸린 십자가와 예수 형상이 제거되었다. 무슬림들은 프랑스인들이 그 사원 안에 있는 성스러운 바위 조각을 조금씩 부숴 콘스탄티노플이나 유럽에 팔아 넘겼던 걸 알게 되자 분개하지 않을 수 없었다. 알 악사 사원의 군막사 역시 제거되었으며, 프랑스인들이 마굿간으로 사용하던 사원 안의 수많은 석실들도 깨끗이 청소되었다. 또한 알레포(Aleppo)로부터 무슬림들의 새로운 자랑거리가 도착했다. 바로 누레딘이 알 악사 사원에 쓰려고 준비시켰던 수공으로 제작한 설교단이었다.

    살라딘은 사원을 교회로 바꾸어 놓았던 라틴 성직자들에게 복수라도 하듯이 십자군이 세운 성 안나 교회를 이슬람 법률연구소로 바꾸었으며, 오래된 시온 교회를 자신의 거처로 썼다. 예루살렘의 그리스도교인 및 유태인들에겐 실망스럽게도 살라딘은 올리브 산 주변을 신성한 재산인 와크프(waqf)로 선포, 그리스도교인들이 함부로 경배하러 오지 못하게 했으며, 유태인들은 그곳에 묻힐 수 없게 되었다. 그리스도교인 및 유태인 못지 않게 무슬림에게도 성스러운 곳이었던 시온 산에 있는 다윗 왕의 무덤은 사원 건립을 위해 몰수되었고, 성묘 교회 건물 위에는 이슬람식 첨탑이 세워졌다. 하지만 살라딘은 성묘 교회 전체를 파괴하자는 건의를 무시했으며, 라틴 주교들이 도망친 걸 기뻐하던 그리스인들과 합의하여 그들의 종교의식을 재개할 수 있게 해주었다. 라틴 그리스도교인들이 예루살렘에 몇 명이나 남아 있었는지는 알 수 없지만, 총주교나 주교들은 분명 몸값을 낸 뒤 도망갔다. 그후 예루살렘에 라틴 총주교가 돌아온 시기는 1847년, 교황에 의해 새 총주교가 임명되고 난 후였다. 따라서 라틴 교회들은 그후 15세기에 프란체스코 수도회의 수도사(프란체스칸)들이 그들 수도회의 창시자인 성 프란체스코를 본받아 팔레스타인에 도착해, 라틴 교회 건물들을 다시 챙기고 관리하기 시작할 때까지 그리스인들의 손에 들어가고 말았다.

철학자나 이단신봉자, 물질주의자들을 싫어했다는 신앙심 깊은 살라딘은 아랍어를 쓰는 본토박이 그리스도교인들에게 특히 관대한 면을 보였다. 그는 아르메니아인들을 위해 특별보호법을 제정했으며, 십자가 수도원(Monastery of the Cross)을 그루지야인들에게 돌려주기도 했다. 하지만 불행하게도 그루지야인들은 오스만 투르크 시절 이 수도원을 다시 그리스인들에게 빼앗기고 만다. 시리아의 야코부스파들 역시 살라딘으로부터 그들의 아름다운 성 마르코 교회(Church of St. Mark)의 수리비용을 보조받기도 했으며, 그 이후 그리스인들이나 라틴인들과의 충돌은 없었다. 과거에도 종종 그랬듯이 무슬림의 세상이 된 이후, 유태인들은 다시 예루살렘에 자유로이 돌아올 수 있었다. 그들은 이번엔 예루살렘의 남서쪽 변두리인 성전의 서쪽벽 근처에 자리를 잡았는데, 이 새로운 유태인 거주구역은 오늘날까지도 남아 있다.

약 40년에 걸친 무슬림에 의한 성지 회복은 예루살렘에 대한 그들의 태도에 변화를 가져왔다. 십자군들이 예루살렘을 차지한 이래 하람 등지가 그들의 말똥이나 쇳조각으로 더러워지는 걸 보게 된 무슬림 지도자들은 과거 무함마드의 밤 여행이나 승천에 의해 성스러워진 그들의 위대한 도시를 되찾고 말겠다는 결의를 다지게 되었다. 이런 상황을 잘 이용해 이를 십자군에 대한 성전의 구실로 삼았던 건 투르크 실력자 장기였다. 『예루살렘 찬미』라는 이슬람 서적에는 장기 시절부터 살라딘 시절에 이르는 기간 중 예루살렘의 재정복을 위한 성전에 무슬림들이 적극적으로 참여할 것을 호소하는 아랍 시인들의 작품들이 많이 수록되어 있다.

이런 무슬림들의 정신은 1187년 살라딘이 하틴 전투에서 승리한 뒤 그에게 편지를 써 보냈던 어떤 팔레스타인 무슬림의 글에서 잘 엿볼 수 있다. "우린 곧 예루살렘으로 행진합니다. 그 동안 우린 너무 오래 암흑 속에서 살았습니다. 이제 구원의 새벽이 예루살렘에 다가오고 있습니다." 아마 이 사람은 '구원의 새벽'이 무함마드의 승천 기념일에 왔다는 사실에 다시 한번 감동했을 것이 분명하다. 이 사실로 인해 무슬림 세계에서 예루살렘의 위신이 다시 한번 올라갔으며, 무슬림들은 중동 지역 전체에서 십자군을 몰아내겠다는 결의를 더욱 다지게 되었다.

팔레스타인 본토박이로서 예루살렘에 애정을 가지고 있던 무슬림들은 오랜 세월 이런 성지 회복을 기다려 왔다. 그들이 보기엔 예루살렘은 메카나 메디나에 뒤지지 않는 성스러운 곳이었다. 예루살렘의 주변에서 바위 돔 사원이나 알 악사 사원에 가는 것만으로도 메카에 가는 순례에 맞먹는 것으로 느꼈으며, 메디나에 있는 무함마드의 사원에 가는 것만큼의 영적인 축복을 받는다고 믿었다. 우린 이미 10세기의 예루살렘 여행가 알 무카다시의 글을 통해 최후 심판의 날, 메카와 메디나가 예루살렘으로 움직여 갈 거라는, 그래서 세 도시가 함께 모여 신의 영광을 찬미할 것이라는 종교적인 지역주의 성향을 보았다. 최후의 심판 및 망자들의 부활이 다른 어느 곳도 아닌 이곳 예루살렘에서 일어날 거라는 보편화된 인식은, 항상 시리아 및 팔레스타인의 무슬림들에게 예루살렘의 신성함을 일깨워 주었다. 메카와 메디나가 예루살렘에 찾아와야 하는 건 당연한 일이었다.

　예루살렘을 극찬하는 이런 전통들은 다음과 같은 여러 속담들을 낳았다. "신은 하루에 두 번씩 예루살렘을 쳐다본다" "심판의 날은 알라 신이 예루살렘에 도착한 뒤에 온다" 등이 그것이다. 또 히브리인들의 시편에 나오는 듯한 이런 기세 등등한 찬미가도 있다. "예루살렘에서의 하루는 다른 곳에서의 천 일, 예루살렘에서의 한 달은 다른 곳에서의 천 월, 예루살렘에서의 일 년은 다른 곳에서의 천 년과 같다. 예루살렘에서 죽는 것은 천국의 한 구석에서 죽는 것과 같다." 순례를 권장하기 위해 나온 특별한 찬미 구호도 있다. "알라는 순례자의 기도를 귀담아 들어, 그의 슬픔을 덜어주고, 처음 태어났을 때처럼 죄를 깨끗이 다 씻어주며, 순교자로 죽기를 원한다면 그 소원도 들어준다." 무슬림들은 예루살렘 얘기를 할 때면 유태인들의 『탈무드』도 곧잘 인용한다. 즉 세상에서 가장 신성한 장소를 10단계로 구분해 팔레스타인에서 시작하여 성전 내의 지성소까지 거슬러 올라가는 것인데, 무슬림들은 이것을 살짝 바꿔 이렇게 얘기한다. "세상에서 가장 성스러운 곳은 시리아, 시리아 안에서는 팔레스타인, 팔레스타인 안에서는 예루살렘, 예루살렘 안에서는 올리브 산, 올리브 산에서는 하람, 하람 안에서는 바위 돔 사원이다."

　예루살렘의 지위가 올라가고 경배하는 목소리가 커진 결과, 무슬림들의 성지 재정복에 힘이 실렸으며, 팔레스타인 무슬림들은 그들의 성지를 신이 보낸 선물이라고 믿게 되었다. 물론 모두가 다 그렇게 생각한 건 아니었다. 바그다드나 카이로 또는 다른 주요 도시에 있는 이슬람 법률학자들은 예루살렘을 보는 눈이 팔레스타인의 무슬림들과는 다를 수밖에 없었으며, 수피즘 신자 같은 신비주의자들처럼 꼭 예루살렘을 찾아가야 할 의무를 느끼지 못했다. 사실 이들 학자들과 신비주의자들은 예루살렘의 종교적 중요성에 대해 커다란 이견을 보이고 있었다. 예루살렘에 대한 과도한 찬미에 대해 비판을 가하던 사람들 중 가장 잘 알려진 학자는 13세기 다마스쿠스에 살던 이븐 타이미야(Ibn Taymiyya)로, 특히 팔레스타인의 무슬림들이 예루살렘을 경배한다면서 이슬람 고유의 예식을 수정하는 행위를 반대했다. 그는 팔레스타인의 무슬림들이 메카 순례자들이 카바에 입맞춤 하는 의식을 함부로 흉내내어 바위 돔 사원 내의 신성한 바위에 입맞춤 하는 행위를 역겹게 생각했으며, 카바 주위를 도는 행위를 본떠 바위 주위를 도는 것 역시 곱지 않은 시선으로 바라보았다. 카바에 대한 예의를 갖추어 카바를 돌 때처럼 7번이 아니라 3번 도는 걸로 그쳤는데도 말이다. 정통파 무슬림들은 대변을 볼 때 메카 및 예루살렘 방향을 다 피해야 한다는 팔레스타인 무슬림들의 미신을 어처구니 없다며 비난한 타이미야를 지지했다.

예루살렘에 대한 찬미를 자제하자는 목소리들은 때때로 예루살렘에는 전혀 성스러움이 없다는 극단주의로 흐르기도 했다. 어떤 사람들은 무함마드가 하늘로 올라갈 때 정말 성전 산에서 출발했는지를 의심했는가 하면, 또 어떤 사람들은 바위에서 발견되어 수세기 동안 단지 안에 보관되어 온 머리카락이 정말 무함마드의 것인지 의심했다. 이러한 적대감은 예루살렘 순례에 아무런 종교적 의미가 없다는 뜻을 담고 있는 다음과 같은 속담까지 낳게 되었다. "나와 예루살렘 사이의 거리가 2파라상(parasang ; 페르시아의 거리 단위로 약 6킬로미터—옮긴이)만 되어도 그곳에 가지 않겠다."

예루살렘에 대한 생각은 무슬림들간에 차이가 있었지만, 이슬람 전통 속에 나타난 예루살렘의 성스러움에는 이견이 없었다. 메카와 메디나 이외에 이 세상에서 예루살렘보다 더 성스러운 곳은 있을 수 없었다. 사정에 따라 시리아 및 팔레스타인의 무슬림들은 메카에 가는 의무 순례의 대안으로 예루살렘을 택했다. 물론 무슬림으로서 일생에 한 번 메카에 가는 의무를 대신할 방법은 없었다. 따라서 이런 순례를 하즈라 하는 반면, 예루살렘의 순례는 하즈가 아닌, 영적인 '여행' 내지 '방문'이란 뜻의 지야라(Ziyarah)라 칭하여 차이를 두었다. 정통파 이슬람 신앙에서 예루살렘의 종교적 순위는 각 도시에서 바치는 기도의 가치를 정한 유명한 격언을 통해 사실상 확정되었다. 그 격언에 따르면, 메카에서의 기도 한 번은 다른 곳에서의 기도 10만 번에 해당하며, 메디나에서의 기도 한 번은 다른 곳에서의 기도 5만 번과 같고, 예루살렘에서의 기도 한 번은 다른 곳에서의 기도 4만 번과 맞먹으며, 다마스쿠스에서의 기도 한 번은 다른 곳에서의 기도 3만 번과 같다고 한다.

살라딘의 탈환으로 인해 예루살렘은 그의 아이유브(Ayyub) 가문 후계자들과 밀접한 관계를 갖게 되었으며, 그들 모두 '예루살렘의 보호자'라는 살라딘의 칭호를 계승했다. 하지만 살라딘의 후손들이 다 그 영광스러운 칭호에 맞게 살았던 건 아니다. 아이유브 술탄조(Ayyubid Sultan 朝, 1186~1260)✦가 겨우 70여 년을 버티고 문을 닫은 건, 살라딘이 1193년에 죽은 뒤 그의 후계자들간에 권력 다툼이 심했기 때문이었다. 아이

✦ 누레딘은 권력기반을 강화하기 위해 쿠르드족 전사(戰士) 아이유브(Ayyub) 및 그의 동생 시르쿠(Shirkuh)를 고용했다. 아이유브는 얼마 후 죽고, 시르쿠 및 그의 조카(아이유브의 아들) 살라딘이 누레딘 휘하에서 이름을 높이다가, 1163년 파티마조의 내분을 틈타 이를 평정할 목적으로 이집트에 파견되었는데, 목적을 달성한 뒤 이집트에 남아 자신들의 세력을 넓혔다. 1169년 시르쿠가 죽은 뒤 살라딘이 이집트의 실질적 실력자가 되었고, 2년 뒤 파티마조의 문을 닫고 술탄이 되었는데, 그 부친의 이름을 따라 아이유브 술탄조라고 불린다. 칼리프를 칭하거나 다른 칼리프를 내세우지는 않고, 바그다드의 수니파 아바스조 칼리프를 정통으로 인정했다.

유브 가문 내 시리아파와 이집트파의 권력투쟁은 십자군들로 하여금 살라딘에게 빼앗긴 영토를 일부 찾을 수 있는 기회를 주었다. 하지만 그들이 예루살렘을 되찾게 되는 것은 1229년 예상치 못한 일이 발생하고 나서였다. 살라딘의 조카로서 이집트 아이유브조의 술탄이던 카밀(Kamil)은 신성로마 제국 황제 프리드리히 2세(Friedrich II)가 이끄는 새로운 십자군의 기세에 밀린 데다가, 자신의 조카이면서 다마스쿠스를 기반으로 독립 세력을 이끌던 나시르(Nasir)를 프리드리히가 견제해 주기를 바라는 마음에서 십자군에게 10년간 예루살렘을 양도하겠다는 제안을 했던 것이다. 프리드리히는 이를 받아들여 예루살렘에 들어가서는 거의 텅 빈 성묘 교회에서 스스로 예루살렘 왕관을 썼다. 하지만 이 6번째 십자군을 주창했던 교황 호노리우스 3세(Honorius III)의 뒤를 이른 그레고리우스 9세(Gregorius IX)는 프리드리히가 전투 한 번 안 치르고 오히려 협상을 했다면서 대노했다. 교황의 입장에서는 성지란 무슬림 이교도들의 피를 보고 회복해야 정당한 것이었다. 교황은 프리드리히의 이탈리아 내 영지에 대한 성전(聖戰)을 선포하는 방식으로 그를 응징했으며, 예루살렘 순례도 금지했다. 한편 예루살렘에서는 구호 기사단과 템플 기사단이 교황의 지시에 따라 프리드리히의 군대를 위해 일하기를 거부했다. 이런 분위기 속에 기분이 상한 프리드리히 2세는 6주 만에 예루살렘을 떠나 유럽으로 돌아가 버렸다.

　프리드리히의 행동은 십자군들의 예루살렘에 대한 정열이 이미 많이 식었음을 잘 보여주고 있다. 그리고 아이유브 술탄조 역시 예루살렘에 대한 관심을 잃고 있었다. 살라딘 이후 '예루살렘의 보호자'라는 호칭이 어울리는 후계자는 거의 없었다. 영국의 사자왕 리처드가 평화조약의 대가로 예루살렘을 원했을 때 살라딘이 딱 잘라 거부했던 걸 생각해 봐도 상황이 너무 달라져 있었다. 술탄 카밀은 프리드리히가 예루살렘을 얻은 뒤에도 무슬림들이 하람에 드나드는 것을 허락했다면서 양자의 협상을 정당화했지만, 프리드리히는 그 약속을 지키지 않았다. 게다가 무슬림의 땅은 무슬림만이 다스릴 수 있다는 이슬람 법률을 놓고 볼 때 카밀의 말은 한심한 핑계에 지나지 않았다. 나불루스(Nabulus) 및 헤브론(Hebron)의 무슬림들은 예루살렘을 십자군에게 주었다는 소식을 접하고 놀라 예루살렘에 몰려들었지만, 카밀의 수비대에 의해 밀려났다. 그리고 프리드리히는 과거 칼리프 우마르가 그랬듯이 도착 즉시 성전 산으로 안내를 부탁했는데, 하람의 무슬림 고위 관계자는 그 기회에 첨탑에 올라 『코란』 중에서도 가장 반(反)그리스도교적인 구절 "알라는 자식을 둔 적이 없다"를 외쳐 댐으로써 팔레스타인 무슬림들의 분노를 대변했다고 한다.

술탄 카밀이 팔레스타인의 무슬림들에게 모욕을 주었다지만, 그들은 이미 10여 년 전에 모욕감을 맛본 바 있었다. 다마스쿠스에 기반을 두었던 카밀의 동생 무아잠(Mu'azzam)이 십자군들에게 요새를 뺏길 수는 없다면서 예루살렘의 성벽과 돌집들을 다 무너뜨린 일이 있었던 것이다. 이 일에 대한 팔레스타인 무슬림들의 원성은 마그드 알 딘(Magd al-Din)이라는 이슬람 학자의 글에 잘 표현되어 있다. 무슬림 수도자들을 수용하던 타보르(Tabor) 산에 있는 그의 저택 역시 1217년의 파괴 조치 때 다 부쉬지고 말았다.

예루살렘 저택들의 부서진 흔적을 보았다. 나는 영광스러운 과거를 생각하며 눈물짓지 않을 수 없었다. 지금 여기엔 과거를 다 지워버리려는 야만인이 있다. 그는 죄 많고 불경한 손으로 황당한 짓을 하고 있다. 난 그에게 말했다. "너의 오른 팔이 썩을 것이다. 기도하고 명상에 잠기는 사람들을 위해 이 거룩한 도시에 예를 갖추라. 누군가가 목숨을 바쳐 예루살렘을 구할 수 있다면, 기꺼이 나의 목숨을 바치리. 아마 여기 사는 모든 무슬림들이 그렇게 하리라."

예루살렘은 10년간 십자군의 손에 남아 있다가 1239년 또 다른 아이유브 술탄조의 실력자 알 나시르 다우드(al-Nasir Daud)에게 넘어갔으며, 4년 뒤 잠시 십자군이 다시 탈환하는 듯 싶더니 불과 1년 만인 1244년, 다우드의 사촌이자 아이유브조의 술탄이던 살리(Salih)가 중앙아시아의 호레즘(Khwarazm)✝에서 온 용맹한 투르크 전사들을 용병으로 고용하여 다시 이를 차지했다. 이들이 중앙아시아 호레즘에서 멀리 중동 지역까지 쫓겨온 것은 그들 이상으로 용맹한 몽골 기병대 때문이었다. 뭔가 예감이 좋지 않았다. 오래지 않아 훌라구(Hulagu)✝✝가 이끄는, 그리고 한참 더 뒤에는 티무르(Timur)✝✝✝가 이끄는 기병대들이 이 지역을 휩쓸며 무슬림들에게 공포의 대상이 되었다. 호레즘 군사들은 예루살렘에 남아 주민들을 학살하고 여인이나 어린 남자아이들을 강간하며, 성묘교회를 포함해 많은 건물을 불태우는 등, 성지를 완전히 폐허로 만들었다. 이로써 아이유브조 세력과 성지의 형편은 돌이킬 수 없는 정도로 망

✝ 오늘날 우즈베키스탄 북서부 지역. 고대부터 이란인들이 살았고, 8세기부터 이슬람화되었으며, 13세기에는 몽골군에게 짓밟혔다가 16세기 이후 우즈베크족의 영토가 되었다. 호레즘은 고대부터 문명이 발달하여 킵차크 초원과 중앙아시아를 연결하는 대상무역의 중심지가 되었다.
✝✝ 칭기즈 칸의 막내 아들 툴루이(Tului)의 아들들 가운데 하나로서, 중국에 원(元) 제국을 세운 쿠빌라이의 동생이다. 그는 13세기 중엽, 페르시아 및 중동 지역을 정복한 뒤 일한국(Il Khan 國)을 세웠다. 일한이란 '종속된 칸'이란 의미로서 칭기즈 칸 후예들간의 치열한 권력투쟁 중에도 계속 쿠빌라이 및 그 후예들에게 충성했음을 말한다.
✝✝✝ 서양에선 태멀레인(Tamerlane)이란 이름으로 많이 알려져 있는 중앙아시아 출신의 기병대 지도자. 14세기 후반에 혜성같이 등장하여 약화된 칭기즈 칸 후예들의 힘을 꺾고 강력한 세력을 형성, 눈 깜짝할 사이에 중동지역까지 완전히 석권했다. 그 와중에 한참 소아시아에서 기세를 올리던 오스만 투르크의 술탄 바예지드(Bayezid, 재위 1389~1402)가 그에게 잡혀 죽기도 했다. 그 덕에 비잔틴 제국의 마지막 명줄이 몇 십년 더 연장되긴 했지만. 티무르는 15세기 초, 중국 정벌을 눈 앞에 두고 사망했으며, 그의 사후 그 세력은 지리멸렬하게 분산되었다.

가지고 말았다. 이 와중에 아이유브조는 투르크 출신 노예 군인들 맘루크(Mamluk)에 의해 무너졌다. 하지만, 살라딘이 예루살렘에 남긴 영광은 그대로 보존되었다. 그는 그리스도교인들로부터 바위 돔 사원을 구했으며, 교회를 사원으로 바꾸었다. 그의 이런 조치들은 온 이슬람 세계에 예언자들의 도시는 메카나 메디나가 아니라, 무함마드가 밤 여행을 시작한 곳이라는 특별한 은총을 받았던 예루살렘이라는 강렬한 메시지를 전해 주었다.

물론 예루살렘의 영광은 정치적인 것이라기보단 종교적인 데 있었다. 예루살렘은 순례하고 기도를 드리는 곳이지, 큰 사업을 벌인다거나 정복전을 계획할 만한 곳은 아니었다. 하지만 살라딘을 생각해 보면, 그 뒤의 어떤 무슬림 정복자도 예루살렘을 무시하거나 외부 침입자에게 빼앗길 수 없었다. 살라딘이 해방시킨 예루살렘에 대한 성스러운 기억을 가장 잘 간직한 건 투르크 출신의 노예 군인들이었다. 이들이 세운 맘루크 술탄조는 1250년 아이유브조 대신 시리아와 팔레스타인을 차지했으며, 맘루크조는 살라딘이 예루살렘에 남긴 것을 잘 이용했다.

9. 오스만의 무관심

> 성벽은 무너져 있고, 해자(垓字)에는 쓰레기가 잔뜩 쌓여 있고, 도심의 길도 폐허일 뿐인 예루살렘을 보면, 이곳이 과거에 세상에서 가장 힘센 세력들에 맞섰던, 한때는 로마 제국에게도 애를 먹이던 그런 유명한 도시라는 상상을 하기 힘들다. 한마디로, 여기가 예루살렘인지 아닌지 잘 알아볼 수 없을 것이다.
>
> — 콩스탕틴 볼네(Constantin Volney), 1784년

> 내게 여유 돈이 있다면, 집이나 노예나 다이아몬드나 좋은 말이나 아내를 구하는 데 쓰겠다. 예루살렘을 찾아오는 낯선 사람들을 맞이하는 데 돈을 쓰진 않겠다. 예루살렘은 모든 유럽인들이 탐욕에 물들어 좇는 보석 같은 곳이다. 우리가 왜 그들이 원하는 것을 쉽게 얻도록 도와주어야 하는가?
>
> — 예루살렘에 사는 아랍인 명망가, 19세기 중반

1250년 팔레스타인과 시리아를 점령한 이집트의 막강한 군세력은 중앙아시아 투르크 출신으로서 아바스조 칼리프들에게 정복당한 뒤 강제로 무슬림이 되고 병력으로 차출되어 온 집단이었다. 이들은 맘루크(투르크어로 '소유된 사람들')라 불리며, 아바스조 및 훗날 아이유브조에서 세력을 키워 마침내 자신들 술탄의 나라를 세웠고, 그후 또 다른 투르크 부족

오스만이 그들을 멸하고 무슬림 세계의 최강자가 될 때까지 약 250년간 중동 지역을 다스렸다.

맘루크 술탄조는 시리아나 팔레스타인에 대해 정치적 관심을 보인 건 아니었다. 그들은 세금과 군사에 관한 문제를 제외하곤 거의 독립적인 행정관을 파견하여 그 지역을 다스렸는데, 이 행정관들의 통치는 대체로 무능하고 부패했다. 계속되는 지진과 질병, 그리고 유목민 도적때의 출현 등으로 지역의 황폐함은 극심한 지경에 이르렀다. 1260년대에 처음 팔레스타인에 도착한 유태인 학자 나크마니데스(Nachmanides)는 이런 글을 남겼다. "팔레스타인만큼 파괴된 지역은 없지만, 그 중에서도 유대 지방이 가장 파괴가 심하며, 그 중에서도 특히 예루살렘이 가장 끔찍하게 망가졌다."

하지만 초기의 맘루크 지배자들은 괜찮은 업적도 남겼다. 맘루크 정권을 세우고 나중엔 술탄의 지위에까지 올랐던 출중한 능력의 소유자 바이바르스(Baybars)는 십자군에 대해 연전연승을 거듭한 끝에, 1291년 아크레의 함락과 더불어 팔레스타인 해안에서 겨우 명맥을 유지하던 십자군을 완전히 몰아냈다. 바이바르스는 또한 1260년, 아이유브조의 술탄 쿠투스(Qutus) ─ 얼마 안 있어 그는 바이바르스에게 살해된다 ─ 와 함께 나블루스 근처에 있는 길보아 산 기슭의 아인 잘루트('Ayn Jalut)에서 벌어진 유명한 전투에서, 처음으로 팔레스타인에 침입해 온 몽골 기병대를 크게 물리쳤다. 이 승리는 팔레스타인, 시리아의 이슬람 세력을 파멸에서 구한 중요한 전과였다. 몽골군은 물론 명목상으론 이교도였지만, 열렬한 네스토리우스파 그리스도교인이었던 장군 키트부가(Kitbugha)가 이끌고 있었다. 이 전투에서 만일 그가 승리했더라면 아마 아랍어를 사용하는 중동 지역의 많은 사람들이 그리스도교로의 개종을 강요당했을지도 모른다. 하지만 몽골군은 패배했고, 점차 개종을 시작한 건 이슬람교의 강력한 흡인력에 끌린 몽골인들이었다.

맘루크 술탄조는 세력권 내 각지의 도시에 여러 건축 사업을 벌였는데, 그런 도시 중에서도 특히 예루살렘이 덕을 봤다. 맘루크 술탄들은 예루살렘에 사원과 숙소, 병원과 종교대학을 연이어 지었으며, 멋진 석조 아치 길과 화려한 분수들도 만들었다. 또한 카이로에 있는 술탄의 눈 밖에 난 장군들이나 고관들은 이곳 예루살렘에 마련된 거처로 보내져 잘못을 속죄하고 언젠가 술탄이 다시 부를 날을 기다리며 편하게 지낼 수 있었다.

십자군 침입이 있기 전의 긴 파티마조 통치, 그리고 그 이후 아이유브조 및 맘루크조를 거치는 기나긴 시기 중에 예루살렘은 무슬림 수도자, 수피 신비주의자, 신학자, 또는 그 외 유심론 학자 들이 수시로 드나들며, 그리스도교인들 및 유태인들과 같은 공기를 마시며 살아가는 국제적인 종교 도시가 되었다. 랍비, 수도사, 무슬림 수도자들은 모두 해외에서 보내주는 자선기금에 의지해 살아가고 있었는데, 물론 이런 자선 행위는 신을 기쁘게 하고 죽은 후 천국에 갈 수 있는 올바른 일로 여겨졌다. 살라딘 때부터 맘루크조를 거치는 동안 예멘, 모로코, 스페인 등지에서 가난과 정치 변동을 피해 무슬림들이 몰려들면서, 예루살렘은 점차 그리스도교적인 모습에서 이슬람교적인 모습으로 변모하기 시작했다.

하지만 이런 종교적 중요성에도 불구하고 예루살렘은 여전히 맘루크조 내 7개 광역권 산하의 한 도시였으며, 예루살렘이 속한 광역권의 수도는 다마스쿠스였다. 역사가 요세프 드로리(Joseph Drory)는 맘루크 시대 예루살렘의 지위를 이렇게 요약했다.

맘루크 시대의 예루살렘은 정치적 의미는 약했다. 정치적인 결정이 이루어지는 곳도 아니었고, 정치적인 사건도 없었다. 예루살렘의 지배자 역시 고급 관리들도 아니었으며, 중앙의 카이로가 아닌 지역 행정수도 다마스쿠스의 통제하에 있었다. 여긴 제대로 된 성벽도 없었으며, 소규모의 수비대가 성을 지킬 뿐이었다. 지배자들도 적극적으로 뭔가 해보려는 생각은 없었고, 거리에서는 자리에서 쫓겨난 고관들이 한가로이 휴식을 취하는 모습을 볼 수 있었다.

맘루크조가 건축 사업에 보인 성의에 비해 그들의 통치는 좋지 못했다. 때때로 팔레스타인이나 예루살렘은 불쑥불쑥 유목민 도적떼가 쳐들어와 사실상의 무법천지가 되기도 했다. 오스만이 맘루크 술탄을 몰아내기 얼마 전인 16세기 초에는 예루살렘에서 홍해를 경유하여 메카로 가는 정규 순례길이 10년 동안이나 이들 때문에 끊기기도 했다.

예루살렘에 얼마간 살아본 사람이면 누구나 그곳의 부와 권력이 몇몇 무슬림 및 아랍계 그리스도교인 가문에 의해 독점되고 있다는 걸 알 수 있었다. 오래 전부터 언제나 그랬다고 하지만, 이런 권력의 집중 현상이 심해진 때는 아이유브와 맘루크 시대인데, 카이로나 다마스쿠스에 있는 권력층의 묵인하에(물론 그들에게 뇌물을 바쳤겠지만), 몇몇 가문들이 대규모로 땅을 사들이고, 관직 및 성직에 자기네 사람들을 심어두면서 시작되었다.

이런 몇몇 영향력 있는 가문들이 존재함에도 불구하고 예루살렘은 계속 침체 상태를 벗어나지 못했다. 중세의 그리스도교인들과 고대의 유태인들 치하에서 경제적으로 안정되고 때로는 번영하기도 했던 예루살렘이 우마이야조 시기를 제외한 무슬림 치하에서 대부분 경제적으로 피폐한 삶을 살았다는 건 안타까운 사실이다. 예루살렘에 유일하게 남은 수입원은 올리브 기름으로 만든 비누와 순례자들에게 파는 성물(聖物) 정도였다.

맘루크 통치자들이 세운 무수한 건축물 중에 오늘날까지 예루살렘에 남아 있는 것은 약 90여 개 정도이다. 그 중 가장 눈에 띄는 건축은 아치 모양의 길로서, 하람 입구에 몇 개가 보인다. 겹겹의 석조 장식들이 새겨진 높은 아치들은 마치 봄날 활짝 핀 꽃을 대하는 기분을 주면서 그 뒤에 자리 잡은 건물들로 어서 들어오라고 하는 듯하다. 이런 길 중 가장 인상적인 것은 아마도 목화상인 거리에서 하람으로 통하는 길목일 것이다. 목화상인 거리는 원래 십자군들이 만들었는데 나중에 맘루크조에서 재건했으며, 요즘에는 예루살렘의 무슬림 당국이 사용하고 있다.

맘루크 시대의 수많은 아름다운 건축물들 중엔 이외에도 놓칠 수 없는 것이 두 개 더 있다. 첫번째는 하람 내에 있는 '컵'이라는 뜻의 알 카스(al-Kas) 연못으로, 다마스쿠스에 있던 팔레스타인 행정관 탄키즈(Tankiz)가 베들레헴 근처의 솔로몬 연못에서 물을 끌어와 성소에 들어가는 사람들이 손을 씻도록 만든 것이었다. 다른 하나 역시 하람 내에 있는데, 15세기의 술탄 카이트 베이(Qait Bay)가 만들어 자기 이름을 붙인 보석 같은 분수이다.

맘루크조의 건출물을 말할 때 예루살렘의 목욕탕 얘기를 빼놓을 수 없다. 맘루크조는 성벽도 없이 매일 먼지를 뒤집어 쓰고 사는 예루살렘 사람들을 위해 훌륭한 목욕탕을 여러 개 지었다. 이 목욕탕들은 지체 높은 사람들이 드나들며 오래 인기를 끌었다고 한다. 20세기 초 예루살렘의 목욕탕에 관한 다음 이야기는 아마 맘루크 시대에도 비슷하게 맞았을 것이다.

그 시절 예루살렘 가정엔 목욕통과 샤워시설을 가진 목욕탕은 없었다. 엄마들은 어린아이들을 대야에 넣어 씻겼으며, 그 목욕물을 가지고 바닥을 청소했다. 금요일이 되면 남자들은 큰 아이들을 데리고 유대교 회당 근처의 종교의식용 목욕탕에 갔다. 기념일이 가까워 오면 이들은 구도시에 있는 세 군데 공중 목욕탕을 찾았다. 이런 곳에 들어가면 우선 12미터나 되는 원형의 홀 가운데에 욕조가 있으며, 벽에는 누울 곳이 마련되어 사람들이 쉴 수 있었다. 바닥 4~5미터 위로는 커다란 수건들이 여러 개 걸려 있었다. 목욕실은 창문이 없이 원형의 지붕 위에 환기구멍만이 뚫려 있었다. 벽 옆으로는 조그만 욕조가 있어 벽에 뚫린 구멍을 통해 뜨거운 물이 흘러 들어왔다. 목욕하는 사람은 욕조 옆 돌 바닥에 앉아 양철통 바가지에 물을 담아 몸에 끼얹고 스폰지와 비누로 몸을 문질렀다. 여유 돈이 있다면 때밀이를 불러 때를 밀게 할 수도 있었다. 목욕을 마친 사람은 증기실에 들어가 바위 의자에 앉아 잠시 증기를 몸으로 들이마시고 있으면, 종업원이 들어와 큰 수건으로 그의 땀을 닦아주었다. 그리고는 넓은 홀로 인도되어 부드러운 침대에 누워 휴식을 즐겼다. 원한다면 커피나 담배를 시킬 수도 있었다. 이렇게 휴식을 마치고 목욕탕을 떠날 때면 몸이 가뿐해지고 원기가 왕성해졌다.

맘루크 통치자들은 무엇 때문에 그렇게 열심히 건축사업을 벌인 걸까? 역사가 요세프 드로리의 설명에 의하면, 그들은 이전 아이유브조 술탄들처럼 자신들이 십자군의 뒤를 이은 것으로 생각했다는 것이다. 즉 "그리스도교인들이 물러갔으니, 이제 그들이 나서서 예루살렘을 다시 무슬림 도시로 변화시켜야 했다. 다시 말해 새로운 이슬람 건축물을 올리고, 기존 사원들을 개축 보수하고, 십자군 잔재를 모조리 청산해야 할 그런 신성한 의무감을 느낀 것이다." 더구나 맘루크 통치자들은 이슬람으로 개종했기 때문에 이런 열정적인 건축사업을 통해 그들의 깊은 신앙심을 보일 필요가 있었다.

맘루크 술탄들이 건축에 열정을 가진 또 하나의 이유는 순전히 개인적인 것이었다. 그들은 모두 배타적인 엘리트 군조직에 속해 있었으며, 그들의 엄격한 원칙에 따라 자식들에게 지위와 재산을 남겨줄 수 없었다(자식들은 맘루크가 될 수 없었다). 따라서 그들은 자식들을 위해 종교 건물을 세우고는, 추후에 술탄의 간섭 없이 대대로 물려줄 수 있는 관리인 내지 재정 담당관에 자식들을 임명했다. 드로리의 설명을 다시 들어보자. "술탄은 이런 성스러운 건물을 함부로 몰수하지 못했다. 따라서 그런 건물을 맡은 사람은 일정한 수입이 보장되었다."

오스만(Osman)✛은 새로운 목초지와 전리품을 찾아 중앙 아시아에서 서쪽으로 건너온 강인한 투르크인들 중 맨 막차를 탄 부족이었다. 14세기 초, 이들은 아나톨리아(Anatolia)✛✛에서 세력을 확장해 약화된 셀주크 투르크 잔여세력을 쫓아냈으나, 얼마 뒤엔 역시 중앙아시아에서 혜성같이 등장해 파죽지세로 쳐들어 오던 티무르에게 패주하여 어려운 시기를 보내기도 했다. 하지만 이들은 티무르가 죽은 뒤 다시 세력을 만회해 잃었던 영토를 모두 되찾았다. 원래 중앙아시아에서 오스만은 셀주크와 가까운 관계를 가진 부족이었으며, 처음엔 셀주크에게 목동이나 용병으로 고용되기도 했었다. 하지만 이제 오스만은 셀주크가 이룩했던 대제국을 이어받아 이슬람 세계의 대부분을 장악했을 뿐 아니라 지중해 동부를 석권하고는 이제 북동쪽으로 유럽까지 위협하고 있었다.

다만 페르시아인들만이 완강히 저항을 계속했다. 오스만은 서쪽으로 이동하던 중 이라크 및 이란 지방을 서서히 거치면서, 페르시아인들의 언어, 복장, 행동방식, 음식문화 등을 습득했고, 수준 높은 페르시아

✛ 표기에 따라 오토만(Ottoman) 또는 오트만(Othman) 등으로 다양하게 쓰인다.
✛✛ 소아시아라고도 함. 현재 터키의 아시아 지역을 이루고 있는 반도.

문화를 통해 도덕, 신학, 예술 등을 배웠다. 하지만 페르시아인들은 시아파 무슬림이었던 반면, 오스만들은 수니파 신앙을 이어받은 부족이었다. 오스만 투르크는 페르시아의 단단한 저항에 부딪쳐 그들을 정복하는 데 실패했으며, 페르시아인들이 이단인 시아파를 믿는 것도 그만두게 만들지 못하자, 그냥 고원 지방에 남아 자기들 나름대로 살아가게 놔두었다. 그래서 이들은 오늘날까지도 이슬람 세계에서 시아파의 마지막 보루로 남게 되었다.

오스만의 정복사업은 소아시아에 남아 있던 약화된 비잔틴 잔여세력과 충돌하면서 시작되었다. 용맹한 투르크 기병들은 초기 아랍 전사들 못지 않게 싸움에 능했으며, 따라서 무슬림이 처음 아랍 지역을 정복했을 때처럼 쉽게 승리를 이어갔다. 그리스인들은 이들을 당해낼 재간이 없었으며, 1453년 결국 콘스탄티노플까지도 내주고 말았다.

15세기, 북쪽의 오스만은 유럽 끄트머리 및 소아시아에서 페르시아 국경까지를 장악하고, 남쪽의 맘루크는 이집트, 아라비아, 남부 메소포타미아, 시리아, 팔레스타인, 레바논 등을 차지하고 있는 형국이었다. 양자간의 충돌은 불을 보듯 뻔한 것이었다. 그 결전의 1부는 1516년 시리아 북쪽 마르즈 다비크(Marj Dabiq)란 곳에서 벌어졌고, 마지막 결전은 다음 해에 카이로 교외에서 벌어졌다. 이집트군이 칼이나 활에 의존한 데 비해 머스컷(musket ; 구식 소총―옮긴이) 총과 대포로 무장한 오스만 투르크는 두 번의 전투를 다 쉽게 이겼다. 이제 시리아와 팔레스타인은 오스만의 지배하에 들어갔다.

광대한 영토를 차지한 오스만의 지배자는 술탄 셀림 1세(Selim I)였는데, 그는 1258년 몽골군의 칼날 아래 바그다드에서 죽음을 당한 아바스조 칼리프의 뒤를 이어 스스로 칼리프라 칭하는 기민함을 보였다. 따라서 그의 뒤를 이어 20세기 초반까지 오스만 제국을 다스린 27명의 술탄 모두 칼리프 칭호를 겸하게 되었다. 과거 우마이야조 및 아바스조 칼리프들이 그랬듯이 오스만의 술탄들 역시 군사와 종교 양면에서 최고권좌에 앉아 4백 년이 넘는 긴 세월 동안 안정적인 통치기반을 마련했다. 정말이지 만일 유럽 강국들이 18세기 후반 이후 중동 지역을 돈 되는 상업 시장이나 제국주의적 야심의 대상으로 삼지만 않았어도 그들의 지배는 아마 지금까지 계속되고 있을지도 모른다.

오스만 시대의 역사를 돌아보면 누구나 중동 지역에서 아랍어를 사용하는 모든 민족들에게 불어 닥친 슬픈 비극을 발견하게 된다. 오스만 시대는 같은 시기 유럽의 모습과는 너무도 차이가 난다. 15세기에서 20세기까지 서유럽은 후기 르네상스, 종교개혁, 신대륙 개척, 근대과학 및 정치사상의 발전, 그리고 혁명 운동에 이르는 폭발적인 변화를 통해 근대국가의 틀을 형성했다. 이런 변화의 시기 중에 오스만 술탄 치하의 중동 아랍세계는 정체와 무관심 속에 더욱 깊이 가라앉고 있었다. 투르크인들은 군사적 재질은 뛰어났지만, 정치 · 문화 · 종교적인 면의 기술은 부족했다. 4백 년에 걸친 통치기간 동안 오스만 정부의 관심사는 영토 내의 평화유지와 세금징수였다. 그들의 광대한 제국은 이 목적을 달성하기 위해 조직되었으며, 팔레스타인과 예루살렘도 예외는 아니었다.

예루살렘은 앞서 말한 1517년, 카이로 교외에서 벌어진 전투 이후 오스만의 수중에 떨어졌다. 술탄 셀림 1세는 메카와 메디나에 이은 중요한 이슬람 성지로서 예루살렘의 지위를 인정하면서도 예루살렘을 지역 행정수도로 격상시킬 생각은 없었다. 오스만은 이 지역에서 맘루크 시대의 행정체계를 그대로 유지했으며, 따라서 예루살렘은 그냥 다마스쿠스를 수도로 하는 관할지역 내의 일개 지방도시로 남게 되었다. 대(大)시리아 권역에 속한 하부지역의 수도로는 다마스쿠스 이외에도 알레포, 트리폴리, 시돈, 가자 등이 있었다. 오스만의 안정적인 통치를 가능케 한

바위 돔 사원이 바라보이는 곳에서 기도하는 무슬림들. 1838년 영국왕실의 궁정화가 데이비드 로버츠(David Roberts)가 그린 그림. 서양 그리스도교인들은 팔레스타인을 '성경의 땅'으로 흠모했는데, 그런 낭만적인 분위기가 잘 나타나 있다.

열쇠는 바로 유연함이었다. 이스탄불(콘스탄티노플은 투르크인의 표현에 따라 이름이 이렇게 바뀌었다)의 통치자들은 광대한 제국 통치를 위해 널리 자치권을 허용했다. 파샤(pasha)라는 명칭을 가진 다마스쿠스 지역 책임자는 지역 내 치안을 책임질 뿐 아니라 능력껏 세금을 거두어 자기가 알아서 쓸 수 있었다. 이로 인해 파샤 직위는 돈을 벌기에 매우 좋은 자리가 되었고, 이스탄불의 고관들은 공을 세운 장군이나 돈을 많이 내는 사람을 파샤의 자리에 앉혔다. 그리고 팔레스타인 지방은 비(非)무슬림 인구가 많아 거두어 들이는 세금이 특히 많았으므로, 다마스쿠스의 파샤 자리는 누구나 탐을 냈다. 또한 다마스쿠스의 파샤는 무슬림 순례자들이 북시리아에서 메카나 메디나로 의무 순례를 가는 길에 잠시 들리지 않을 수 없는 예루살렘에서 추가수입을 얻었다. 뿐만 아니라 그리스도교 순례자들 역시 성탄절이나 부활절에 맞추어 매년 예루살렘을 찾았으며, 예수탄생 교회나 성묘 교회에 들어가기 위해 입장료를 꼬박꼬박 냈다. 이 입장료는 알 악사 사원에서 코란을 암송하는 사람들의 급료로 쓰였다. 또한 본토박이 비무슬림은 1년에 금화 한 냥에 해당하는 인두세를 냈는데, 이 금액은 그들의 1년간 저축액에 맞먹는 것이었다.

세리농 제도(tax farming)[✚]의 연결고리는 독버섯처럼 이스탄불에서 다마스쿠스로, 다마스쿠스에서 예루살렘으로 뻗어나가, 각 단계마다 세무당국은 돈을 거머쥐었고, 그 와중에 예루살렘의 영향력 있는 무슬림 가문들은 대규모 농지를 사들여 마치 중세의 영주처럼 이를 경영하며 세금을 착취, 많은 이문을 남겼다. 할리드(Khalid), 누세이브(Nusseib), 알람('Alam), 후사인(Hussayn), 다잔(Dajan) 등 이름 있는 무슬림 가문들은 모두 과세, 농장경영, 상업, 국제무역 등, 사회에서 돈이 될 만한 모든 구석구석에 자리를 잡고 앉아 돈과 권세를 거머쥐었다. 또한 그들은 카디(qadi)^{✚✚}, 이맘(imam)^{✚✚✚} 또는 『코란』 암송자 같은 돈이 생기는 종교 요직에도 그들의 사람을 앉혀놓는 걸 잊지 않았다.

무슬림 통치자들에게 비(非)무슬림들이란 '라야'(raya), 즉 돌봐줘야 할 양떼와 같았지만 언제나 세금을 구실로 돈을 뜯어갈 수 있는 상대였다. 하지만 오스만 제국에서는 아랍 무슬림들 역시 그다지 재미를 보지 못했다. 술탄은 일부러 아랍 무슬림들을 관직에서 제외시켰으며, 오

✚ 어떤 개인이나 관리가 관할지역 내에서 세금을 거두어 일정액을 수수료로 제한 뒤 중앙정부에 바치는 제도. 제국이 광대해지고 재정 및 징수 규모가 엄청나게 커짐에 따라 정부 주도로 징세하는 데 한계를 느껴 도입된 제도로서, 시간이 흐르면서 세리농은 세습되어 갔는데, 이들은 사욕을 채우기에 급급해 많은 문제를 야기했다. 사람들은 이 자리를 돈 주고 사서는 세금을 비정상적으로 취하여 일부를 착복하고 상부에 바치는 등, 그 부패의 고리가 매우 광범위하게 연결되어 제국의 경제력을 약화시켰다.
✚✚ 이슬람의 하급 법관.
✚✚✚ 예배의 지도자나 학식이 높은 사람에 대한 경칭. 시아파에서는 교파의 최고 지도자로서 무함마드 및 그 사위 알리의 적법한 계승자를 칭하기도 한다.

히려 군사, 사법, 일반사회 모든 분야에서 두각을 나타낸 이들은 예니체리(janissary)였다. 이들은 유럽 정복 당시 붙잡힌 그리스도교인 노예들의 자손들로, 이슬람교로 개종하여 술탄에게만 충성을 바치도록 교육받으며 자란 특수집단이었다. 술탄은 예니체리를 이용하여 효과적인 통치를 할 수 있었다. 이들은 술탄에게 절대 충성하여, 지방에 있는 야심 많은 실력자들의 위협으로부터 방패막 역할을 충분히 수행하였으며, 결과적으로 술탄의 절대 군주제를 지켜주는 버팀목이 되었다. 또한 투르크인들은 자신들이 콧대 높은 페르시아 문화를 계승했다고 믿었던 바, 아랍인들을 깔보는 경향이 있었다. 이는 유태인이나 그리스인 등 '이방인'들을 고용하여 나라를 경영했던 우마이야조 시대로 회귀하는 듯한 묘한 현상이었다.

예루살렘에서 오스만 투르크가 분명히 잘한 것이 하나 있다면 그건 16세기 중반 쉴레이만 1세(Sülayman I, 재위 1520~66 ; '위대한 쉴레이만'이란 애칭을 가졌다) 때 4년에 걸쳐 예루살렘의 성벽을 다시 쌓은 일이었다. 맘루크가 다시 들고 일어나 팔레스타인을 탈환할까 두려워한 오스만은 13세기 초 아이유브조의 무아잠(Mu'azzam)이 파괴하고 난 성벽 잔재에 커다란 바위로 웅장한 성벽을 지어 오늘날 예루살렘의 외형 모습을 만들었다. 단 한가지 실수가 있긴 있었다. 전설에 의하면, 술탄의 건축기사들이 성벽 남서쪽 끝부분을 잘못 연결하는 바람에, 유태인이나 그리스도교인 뿐 아니라 무슬림들에게도 매우 성스러운, 시온 언덕 위의 다윗 무덤이 성 안으로 들어오지 못하게 되었던 것이다. 성벽의 완공은 기뻐하면서도 다윗 무덤이 밖으로 방치되었다는 얘기를 들은 술탄은 대노하여 기사들의 목을 자른 뒤, 예우를 갖추어 야파 문 안쪽에 묻어주었다고 한다. 오늘날에도 '문'(Gate)이라는 이름의 선물가게 위에 있는 작은 바위 사이로 그들의 무덤을 엿볼 수가 있다.

성벽을 올린 것 이외에도 술탄은 바위 돔 사원의 옆면을 아름다운 청록색 페르시아 타일로 새로 덮었으며, 대중들을 위한 분수대도 몇 개 만들었다. 예루살렘의 분수대 중에는 나중에 만들어진 것이지만, 아브드 알 하미드 2세('Abd al-Hamid II, 재위 1876~1909)의 치세 25주년을 기념하여 만들어진 정교하게 조각된 분수대도 있다. 오늘날에는 무관심한 여행객들이 껌을 씹다 버리는 곳으로 사용되고 있지만.

오스만 시대 초기, 전쟁과 기근, 질병 등으로 황폐해진 예루살렘의 인구는 겨우 4천 명으로 줄어 있었으며, 이들은 거의 무슬림들이었다. 그리스정교 신도들 대부분이 북쪽의 레바논 또는 서쪽의 그리스 본토로 달아났으며, 남아 있는 그리스도교인이라고 해야 대개 본토박이 아랍인들이었는데, 이들은 묵묵히 세금을 내며 무슬림 지도자들과도 잘 지내려 노력하는 사람들이었다. 예루살렘에는 유태인들이 별로 없었다. 팔레스타인 지역에 거주하는 유태인 인구의 대부분은 헤브론, 티베리아스, 사페드 등지에 흩어져 있었다.

라야들은 세금을 내는 대신 보호받을 권리가 있었다. 하지만 오스만 정부 및 다마스쿠스의 돈만 밝히는 파샤는 그들을 제대로 보호하지 못했다. 예루살렘 주민들은 성벽이 다시 올라간 이후 꽤 안전한 생활을 할 수 있었지만, 그래도 밤에 성벽 밖으로 나가면 여전히 사막의 유목민 도적에게 당하기 일쑤였다. 성벽 안이라고 해서 그들의 재산이 안전한 것만은 아니었다. 한번은 예루살렘의 치안 총책임자가 강도 조직의 우두머리로 판명이 난 적도 있었다. 예루살렘 밖의 작은 마을들은 항상 도적들의 위협 속에 살아야 했다. 순례자들 역시 해안에서 예루살렘까지 오는 긴 여행에서 목숨을 거의 내놓고 다니는 꼴이었다. 가장 악명 높던 강도 집단은 아부 고쉬(Abu Gosh) 집안이었는데, 이들은 예루살렘 서쪽의 울창한 언덕에 자리 잡은 채 오가는 사람들을 괴롭혔다. 이들의 세력이 얼마나 컸던지 오스만 후기에 가면 정부는 이들을 돈으로 매수하여 오히려 순례길목을 지키게 만들기도 했다. 운명의 장난이라고나 할까, 예루살렘은 때로 이런 무질서의 덕을 보기도 했다. 팔레스타인의 농부들이 불안한 시골을 떠나 예루살렘으로 몰려옴에 따라 16세기 동안만 무슬림 인구가 3배로 폭증한 것이었다.

술탄 셀림 3세(Selim III, 재위 1789~1807) 및 뒤를 이어 술탄이 된 마무드 2세(Mahmud II, 재위 1808~39)는 처음으로 라야들을 위한 개혁 조치를 취했다. 이 두 술탄은 라야들의 생명과 재산을 안전하게 보장하고, 비(非)무슬림을 차별하는 세금제도를 개선, 공평한 과세가 이루어지도록 노력했다. 하지만 이들의 개혁조치는 시리아와 팔레스타인에서 아무런 효과도 보지 못했다. 이 조치들을 실행해야 할 관리들이 그럴 마음도 돈도 없었기 때문이었다.

실질적인 개혁이 도입된 건 1831년의 대규모 반란으로 인해 오스만 제국 전체가 흔들리고, 그후 정치·경제·사회 모든 면에서 점진적으로 불어온 근대화의 바람 때문이었다. 그 반란은 대담하고 출중한 이집트의 파샤 무함마드 알리(Muhammad 'Ali)에 의해 주도되었다.

무함마드 알리는 원래 알바니아(Albania) 사람으로 그리스 동부의 카발라(Kavala)에서 담배를 취급하던 상인이었는데, 예니체리로 변신하여 출중한 실력을 보이며 군대에서 승진을 거듭하더니, 이집트의 맘루크 불평분자들의 소요를 진압해 이름을 날렸다. 그후 그는 파샤로서 이집트를 반(半)독립적으로 훌륭히 다스렸다. 이스탄불의 술탄 정부와도 좋은 관계를 유지하려고 애썼던 알리는, 1811년에 아라비아의 와하비(Wahabi) 부족이 반란을 일으켜 메카와 메디나를 위협하자 지체 없이 군대를 보내 이를 평정했으며, 10년 뒤엔 그리스인들의 독립운동을 진압하기도 했다. 이집트의 파샤는 이런 충성스런 행동에 대한 보답으로 시리아와 팔레스타인을 받을 수 있으리라 기대하고 있었으나 곧 실망하고 말았다. 이스탄불은 능력 있고 야심 만만한 변방의 장군이 영토를 넓혀 술탄 가까이 오는 걸 바라지 않았다. 술탄은 알리의 충성에 대한 보답으로 겨우 크레타 섬을 하사했으나, 이에 노한 알리는 대군을 몰고 시리아로 갔다. 1831년, 당황한 투르크 정부군을 쉽사리 물리친 알리는 시리아와 팔레스타인을 자기 것으로 만드는 데 그치지 않고 그 여세를 몰아 소아시아 방면으로 진출, 이스탄불을 위협하여 오스만 제국 자체를 무너뜨릴 듯이 보였다. 사태가 이에 이르자 놀란 유럽의 강국들은 술탄을 도와 1840년 알리로 하여금 정복한 영토에서 물러나게 했다.

알리의 양자 이브라힘(Ibrahim)이 파샤가 되어 통치한 9년 동안 시리아와 팔레스타인은 극적인 변화를 맛보았다. 이브라힘은 우선 지역 내에서 광범위한 부패의 근원이던 세리농 제도를 폐지하고 이집트군 장교로 하여금 직접 세금을 걷게 했다. 이집트군은 또한 사막의 유목민 도적으로부터 농촌을 보호해 지역의 평화를 되찾는 데 일조하기도 했다. 몇 개의 파샤 자리가 없어졌고, 이를 대신해 시리아와 팔레스타인 전역에 한 사람의 행정 책임자가 임명되어 카이로에 보고했다. 이렇게 새로 마련된 중앙집권적 조직은 분권화된 오스만 행정조직하에서 만연해 온 태만과 무관심을 없애기 위한 것이었다. 예루살렘은 공식적으로 지위가 격상되진 않았지만, 이곳에도 새 시대가 왔다는 건 누구나 분명히 느낄 수 있었다.

이런 개혁조치로 가장 덕을 본 이들은 그리스도교인들이었다. 그들은 하룻밤 사이에 라야 신분에서 벗어나게 되었다. 이슬람 역사상 처음으로 그들의 증언이 무슬림들의 증언과 마찬가지로 법정에서 받아들여졌으며, 그리스도교인들도 이제껏 금지되어온 공직에 임명되기 시작했다. 이슬람 사회에서 열등집단의 상징이었던 인두세도 폐지되었으며,

그리스도교인들은 이제까지 오스만 정부와 친한 부유한 가문들이 독점해 온 예루살렘 지방자치회의에 대표를 내보낼 수도 있게 되었다. 또한 개혁조치는 신앙생활에까지 확대되었다. 그리스도교인들은 그들 종교의 불명예스러운 상징이었던 검은 의복(유태인들은 빨간 의복)을 더 이상 입지 않아도 되었으며, 무함마드를 가리키는 녹색 의복을 입지 못하게 하던 금지령도 철폐되었다. 또한 이제 그리스도교인들은 말을 탈 수도 있고, 교회 종도 울릴 수 있었으며, 공식행사에서 십자가를 사용할 수도 있게 되었다. 그뿐만 아니라 따로 허가를 받지 않고도 교회 건물을 수리할 수 있었고, 나아가 교회를 새로 지을 수도 있게 되었다. 개혁의 혜택은 유태인에게도 미쳤다. 그들은 처음으로 거리를 걸을 때 고개를 바로 들고 떳떳이 다닐 수 있게 되었으며, 그리스도교인들과 마찬가지로 유대교 회당을 마음대로 수리할 수 있었고, 허락 없이도 성전의 서쪽벽에서 기도 드릴 수 있게 되었다. 수백 년 만에 처음으로 이 지역에 사는 모든 주민들의 생명과 재산이 보장된 셈이었다.

이 지역의 무슬림들은 이런 개혁 조치들을 좋아할 리 없었는데, 그 중에서도 특히 예루살렘의 명문가들은 그리스도교인들이 자치회의에 참가하게 되면 자신들의 권익이 직접 침해를 받을 것이라며 항의의 목소리를 높였다. 또한 무슬림들은 인두세의 철폐로 그리스도교인들 및 유태인들이 자신들과 같은 지위가 되었다고 불만을 토로하면서, 그리스도교 수도원들의 막대한 재산을 봐서도 이들은 계속 세금을 내야 한다고 주장했다. 무슬림들은 이밖에도 새로운 이브라힘 정부가 여전히 그리스도교인들에겐 군대를 면제해 주면서 무슬림 청년들에겐 징병령을 내리자 크게 반발하고 나섰다. 개혁에 대한 이들의 반감은 어떤 팔레스타인 무슬림이 남긴 다음과 같은 말에 잘 표현되어 있다. "오, 무슬림 형제여, 이 나라가 그리스도교인의 나라가 되었는가? 이슬람 국가는 이제 끝이 났는가?" 무슬림들의 분노는 마침내 1834년과 1835년에 여러 도시에서 반란의 형태로 폭발되었다. 예루살렘에서는 예로부터 전해오는 지하수 구멍을 통해 몰래 들어온 주변 마을 농부들과 성 안의 주민들이 힘을 합쳤다. 하지만 이브라힘과 카이로에 있는 그의 아버지 알리는 이를 용납하지 않았다. 반란은 무자비하게 진압되고 개혁조치는 계속 강력히 추진되었다.

1838년에는 유럽의 상업과 문화를 더욱 활발히 받아들이려는 취지하에 다마스쿠스와 예루살렘에 특별 영사관이 설치되었다. 이에 앞장을 선 나라는 영국과 프랑스였으며, 곧 12개국 정도의 유럽 국가가 대표를 보냈다. 이 영사관은 무역의 확장을 위해 설치되었지만, 얼마 지나지 않아 지역 내에 있는 각국 교민사회의 이해관계를 도모하는 기구로 발전했다. 이렇듯 중동 지역에 유럽 열강들의 목소리가 커지자 러시아 역시 성지에서 상당한 규모를 자랑하는 동방정교 사회를 보호한다는 핑계로 과감히 이곳에 발을 들여놓기 시작했다. 이들 유럽의 영사관들은 아무런 방해를 받지 않고 자국의 신교 및 가톨릭 성직자들이, 무슬림들 및 아랍인 그리스도교도들 사회 속에 들어가 선교사업 및 교육사업을 벌일 수 있도록 도왔다.

예루살렘의 무슬림들은 사태의 진전을 점점 더 화난 눈빛으로 바라볼 수밖에 없었다. 이제 그들은 그리스도교인들 및 유태인들에게 숫적으로도 밀리기 시작하고 있었다. 19세기 중반, 팔레스타인 북부의 유태인들은 가난과 질병, 그리고 지진을 피해 예루살렘으로 밀려들었는데, 그 수가 얼마나 많았던지 1860년대 중반에 이미 예루살렘 내 3개의 종교집단 중 가장 많은 인구를 차지하게 되었다. 아랍인 그리스도교도들 역시 이브라힘의 개혁조치로 인해 가장 이득을 본 사람들이었다. 20세기 초, 예루살렘에는 유태인과 그리스도교인의 숫자가 무슬림들보다 더 많았다. 물론 아직 자치회의는 기존 무슬림 명문가들에 의해 좌지우지되는 상태였으며, 유태인과 그리스도교 대표는 그냥 이름만 올려놓는 정도였다.

1840년, 유럽 열강들은 이브라힘과 알리가 오스만 정부를 전복할지도 모른다는 걱정에 빠지자, 영국을 주축으로 힘을 모아 이집트 세력을 이 지역에서 몰아냈다. 1831년에 있었던 알리의 반란을 유일하게 지지했던 유럽 국가 프랑스의 입장에서는, 이집트가 오스만을 꺾을 경우 중동에서의 영향력을 크게 확대할 수 있었을 것이다. 그러나 영국, 러시아, 오스트리아, 프로이센 등 다른 열강들은 프랑스가 혼자 재미 보는 것을 그냥 둘 수 없었고, 따라서 알리의 야심에 반대하고 나섰다. 이것은 유럽 열강들이 중동 지역에서 각자의 경제적 이익과 정치적 영향력을 늘이기 위해 벌였던 끊임없는 시소 게임의 일부였다. 이 게임은 16세기에 술탄 쉴레이만 1세가 이탈리아의 도시국가 베네치아에 무역 증진을 위한 각종 특혜를 부여하고, 오스만 제국 내 베네치아 교민들의 복지를 베네치아 당국이 직접 챙기게 하면서 처음 시작되었다. 투르크 입장에서 보면 이러한 조치들은 힘 세고 현명한 군주가 내린 고귀한 선심이었다. '외국인 거류 협정'(Capitulations)이란 이름으로 불리게 된 이런 특혜조치는 훗날 프랑스, 영국, 그리고 러시아에까지 확대되었다. 이 협정은 유럽 열강들이 중동 지역에 있어서 상업이익과 영향력을 놓고 다툴 때 항상 등장하는 단골 메뉴가 되어, 자기들의 이해관계에 따라 술탄의 조치를 지지하기도 하고 반대하기도 했다.

따라서 알리와 이브라힘이 시리아와 팔레스타인에서 쫓겨난 건 순전히 유럽 열강들의 이해관계가 낳은 결과였다. 하지만 팔레스타인은 이미 1831년 이집트인들이 투르크로부터 그곳을 처음 빼앗았을 때와는 매우 다르게 변해 있었다. 유럽 열강들의 정치·경제적인 이해관계, 크게 늘어난 유태인 인구, 다시 활발해진 그리스도교 선교사업 등의 모든 변화들은 오스만 정부로 하여금 얼마 전까지 관심 밖이던 이 지역, 특히 예루살렘에 대해 새로운 시각을 갖게 했다. 그리고 그들은 이집트에 의해 시작된 개혁조치를 계속 밀고 나가기로 결정하였다.

술탄 압둘 메시드(Abdulmecid, 재위 1839~61)✛는 1850년에 내린 조치를 통해 제국 내 모든 백성들에게 시민권을 약속하기도 했다. 하지만 개혁정신은 오래 가지 못했다. 투르크는 약속을 어기고 말았으며, 과거의 망령이 다시 팔레스타인으로 돌아와 세금 관련 부패가 늘어났고, 도적들이 출몰하기 시작해 여행길이 더 이상 안전하지 못했으며, 그리스도교인들 및 유태인들은 무슬림에 대해 불안감을 느끼게 되었다. 그럴 만도 한 것이, 무슬림들은 1856년 나불루스에서 라야에게 폭행을 가해 수많은 그리스도교인들을 죽였으며, 1860년에는 다마스쿠스에서 이보다 더 끔찍한 학살극을 저지르기도 했던 것이다.

예루살렘의 종교 집단들은 순례자들 때문에도 사이가 나빠졌다. 무슬림들은 부활절 기간에 예루살렘에 몰려드는 그리스도교인들을 곱지 않은 눈빛으로 보았다. 1876~88년에 예루살렘의 행정관이었던 열렬한 무슬림 라우프 파샤(Rauf Pasha)는 무슬림의 예루살렘 순례를 장려하는 동시에, 무슬림 전설에 따라 모세의 무덤이 있다고 전해지는 예루살렘과 예리코 사이의 네비 무사(Nebi Musa ; '예언자 모세'라는 뜻) 순례도 적극 권장했다. 무슬림들의 이런 순례는 20세기에 들어서도 계속되었으며, 팔레스타인에 사는 아랍인들의 민족의식 고취에 큰 역할을 해오고 있다. 해마다 5만 명이나 되는 러시아 농부들이 부활절을 기념하여 예루

✛ 오스만 투르크 제국의 제31대 술탄. 즉위하자 곧 재상 무스타파 레시드 파샤를 등용하여 서유럽의 제도를 채용, 정치·경제·군제·교육·종교 등 각 분야에 걸쳐 개혁을 추진함으로써 탄지마트(혁신) 시대를 열었다.

살렘에 찾아올 때면, 인근 마을의 수많은 무슬림들이 라우프 파샤의 명령에 따라 예루살렘으로 들어와 네비 무사까지 걸어가고는 했다. 종교집단 사이의 충돌은 불가피했다. 영국인 여행가 클라우드 콘더(Claude Conder)는 폭력 사태까지는 가지 않았지만 아슬아슬했던 한 충돌 장면을 그럴듯하게 묘사했다.

1875년, 매년 하던 대로 같은 시기에 네비 무사로 가는 행렬이 시작되었는데, 그 중 일부 극단적인 무슬림들 한 패거리가 초승달이 그려지고 아랍어로 어떤 문장이 쓰여진 녹색 깃발들을 휘날리며 예루살렘 거리를 누비고 다녔다. 도끼와 창, 그리고 길다란 화승총을 든 경비병들이 깃발 바로 옆에 서서 이들 무리에 동참했으며, 심벌즈와 큰 북을 든 무리들이 뒤를 따랐다. 그리스도교인이건 무슬림이건 간에 이런 광신도들이 우글우글하고, 언제 유혈극이 벌어질지 모르는 긴장감이 감도는 가운데서도 별 큰 소동이 없었던 걸 보면 투르크 제국이 정말 대단하다고 여겨진다.

하지만 이집트 세력이 물러가고 시리아와 팔레스타인에 다시 혼란이 찾아오자 이번에는 분위기가 달라졌다. 그리스도교인들이나 유태인들 못지 않게 무슬림들 역시 오스만 정부의 태만과 비정함을 증오하게 되었던 것이다. 19세기를 거치면서 비단 그리스도교인과 유태인뿐 아니라 무슬림들도 서구의 사고와 가치에 영향을 받게 된다. 따라서 이들도 오스만 정부하에서의 삶보다 더 좋은 삶도 있을 수 있다는 걸 알게 되었다. 19세기 말 다마스쿠스, 베이루트, 바그다드, 카이로, 파리, 런던 등지에서 열린 아랍인들의 첫 정치회의는 중동 지역에서 서양문물의 영향력이 점점 커가고 있음을 잘 보여주었다. 단지 예루살렘에서 그런 회합이 없었던 것은 전통적인 보수성향 때문이기도 했지만, 그곳의 무슬림 기득권자들이 이스탄불과의 *끈끈한* 관계를 바탕으로 정치·경제적인 혜택을 누리고 있던 탓이기도 했다. 하긴 회합이 있었다고 해도 팔레스타인 전역에 인쇄기가 한 대도 없었으므로 회합에서 토의된 내용이 발표될 수도 없었다.

아랍인들이 모인 목적은 오스만 정부로 하여금 지방자치제를 허용하게 하려는 것이었다. 대부분 그리스도교 아랍인들이었던 이들은 그들이 사는 지역에서 투르크어 대신 아랍어를 공식언어로 만들고 싶어했으며, 지역 장관 임명에도 그들의 목소리를 내고 싶어했다. 또한 그들이 내는 세금이 예전처럼 관리들의 주머니로 사라지는 것이 아니라 그들의 지역사회를 위해 쓰여지길 바랬다. 시리아 및 팔레스타인의 무슬림들 역시 이 회합에 참여는 했지만, 이슬람이라는 유대관계 때문인지 이들은 분리주의적인 제안에 확실한 지지를 보내지는 못하고 술탄의 눈치를 보았다. 술탄이라는 존재는 개인적으로는 아무리 싫어한다 할지라도 나라의 우두머리이자, 이슬람의 총수였기 때문이다.

오스만 정부의 힘에 금이 가기 시작한 시기는 1908년, 술탄 아브드 알 하미드 2세('Abd al-Hamid II, 재위 1876~1909)의 무능한 정치를 더 이상 참지 못한 젊은 군 장교들(별칭 청년 투르크당[Young Turks])✢이 쿠데타에 성공해 제헌의회 설립을 요구하고 나서면서부터였다. 젊은 장교들은 아랍인들에게 의회참여를 약속했을 뿐 아니라 자치정부 및 아랍어 문제에 대해 긍정적인 입장을 보여 아랍인들을 들뜨게 만들었다. 하지만 투르크인들은 이번에도 약속을 지키지 않았다.

청년 투르크당에 의한 개혁에도 불구하고 아랍인들의 삶이 개선되

✢ 하미드 2세의 전제정치를 쓰러뜨리고 입헌정치를 부활시킬 목적으로 이스탄불의 군의학교 학생 이브라힘 테모 등이 중심이 되어 결성한 진보적 혁신파의 통칭. 정식 명칭은 통일진보 위원회.

지 않자 이제 아랍인들은 지방자치제 요구를 포기하는 대신에 아예 완전한 독립을 꿈꾸게 되었다. 20세기 초 아랍인들의 독립운동은 후세인(Hussein)에 의해 주도되었다. 그는 샤리프(Sharif)**였으며, 나중에 신생국 이라크와 트란스요르단의 왕이 될 파이살과 압둘라의 아버지이기도 했다. 후세인은 팔레스타인 전역 및 요르단 강 양안(兩岸)을 포함하는 광범위한 단일 아랍국가를 만들어 자신이 그 우두머리가 될 것을 기대했다. 하지만 아랍 팔레스타인 국가를 위한 독립운동은 후세인의 이러한 야심이 좌절된 뒤에야 또한 시온주의자들의 세력 확산에 위험을 느끼고 나서야, 본격적으로 불붙기 시작했다.

1914년 1차 세계대전이 일어나자 아랍과 오스만의 관계가 화두로 부상했다. 오스만은 누구나 예상한 대로 그간 좋은 관계를 유지해 온 독일을 지원했다. 통일독일의 황제 빌헬름(Wilhelm)은 1901년 이스탄불, 다마스쿠스, 예루살렘 등지를 방문한 바 있었는데, 특히 예루살렘에서는 방문에 대한 보답으로 알레포와 바그다드 간의 철도부설권을 포함한 각종 상업적 특혜를 얻어내기도 했다. 얼마 뒤 야파와 예루살렘이 이 노선에 연결되자, 낙타를 타고 가면 5일이나 걸리던 여행길이 이제 5시간의 객실 여행으로 간편해졌다.

후세인은 영국 정부가 그에게 아랍 독립국가의 우두머리를 시켜준다는 약속을 해주자 영국을 도와 1916년 6월, 아라비아반도에서 오스만에 대한 반란을 일으켰다. 당시 상황으로 봤을 때 이는 매우 과감한 결단이었다. 아직 오스만군의 세력이 반도 내에서 막강했을 뿐 아니라, 그들은 새로 깔린 철도를 통해 보급물자와 지원병을 쉽게 받을 수 있었기 때

** '귀족' 또는 '귀족 출신'이라는 뜻. 무함마드 가계인 하심 가문의 자손들, 특히 아부 탈리브 및 아부 탈리브의 아들 알리와 무함마드의 딸 파티마의 자손들에 한하여 사용한 아랍어 존칭.

1914년까지 예루살렘의 성장

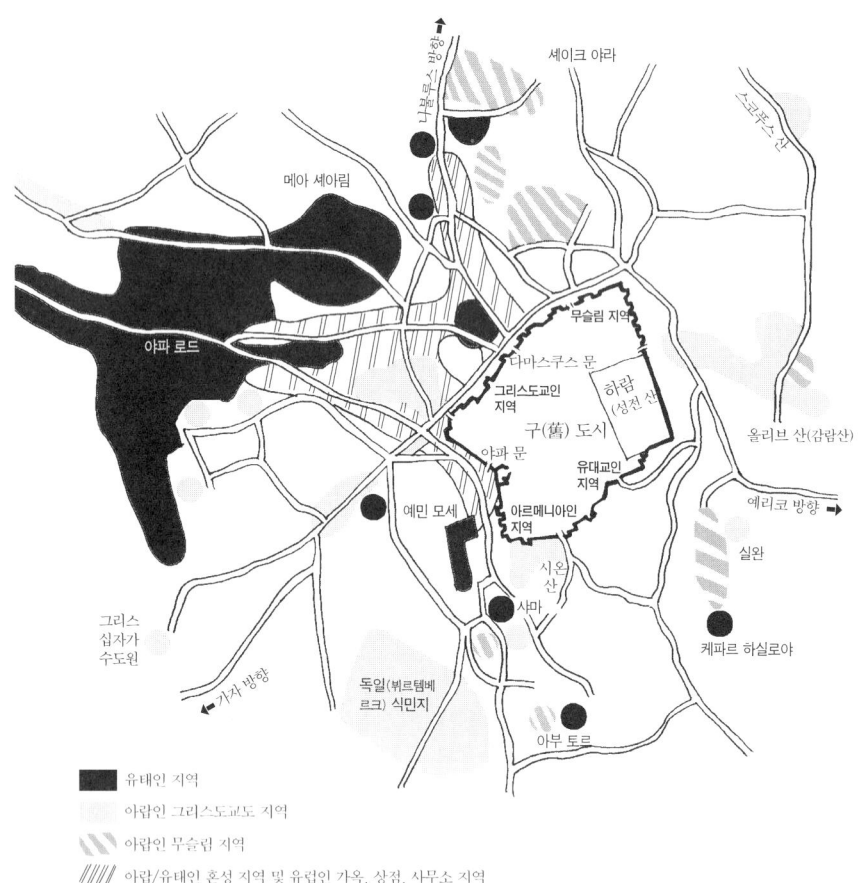

문이다. 더구나 술탄은 아직도 칼리프로서 이슬람의 정신적인 지주였으며, 따라서 샤리아(shari'ah)*에 의하면 후세인은 칼리프에게 절대 복종하게 되어 있었다. 그런 면에서 후세인의 반란은 이단이었으며, 신앙심이 깊었던 후세인은 이 문제 때문에 상당히 고민했었다. 그럼에도 불구하고 그는 중대한 결단을 내렸다. 후세인은 개인적으로도 오스만 정부에게 원한이 있었다. 그와 그의 가족들은 아랍 분리주의 운동의 가능성을 원천 봉쇄하기 위한 오스만의 예비조치로 인해 30년 이상 이스탄불에서 가택연금을 당해왔던 것이다. 오스만 정부는 이제 자치를 원하는 아랍인들을 달랜다는 명목하에 그를 메카로 돌려보내면서 정치활동을 금한 채 반도 내 무슬림들의 성지를 돌보는 샤리프로서의 역할만을 수행하게 했는데, 이는 커다란 실책이었다. 후세인은 고향에 돌아가자마자 아랍 독립국가 수립을 위한 묘수를 짜내기 시작했다.

아랍인 반군의 도움을 받은 영국군은 가자에서 진격하여 1917년 12월 9일에 오스만 투르크의 수비대가 도망가고 난 예루살렘의 성 밖에 도착했다. 그리고 이틀 뒤에 중동 지역 영국 원정군 사령관 에드먼드 앨런비(Edmund Allenby) 장군이 도착해 정식으로 예루살렘을 접수했다. 그는 아브라함, 예수, 무함마드에 대해 존경을 표하는 듯 야파 문 밖에서 말에서 내려 성 안으로 걸어들어 왔으며, 그 뒤 헤로데 왕 때 만들어진 성채 위까지 계단을 통해 올라갔다. 그가 거기에서 한 연설은 다음과 같이 시작되었다.

> 축복의 도시 예루살렘 및 인근 부락에 사는 모든 사람들에게 고합니다. 이제 우리 군대는 오스만군을 이기고 예루살렘을 점령했습니다. 난 이제 이곳을 군계엄령 지역으로 선포하며, 당분간 군사적 필요에 따라 계속 그럴 것임을 알려둡니다. 쫓겨난 오스만 치하에서 당한 경험 때문에 여러분들이 놀랄까봐 한 말씀 드리겠습니다. 모두 평소대로 법에 따라 살아가면 아무 일도 없을 거라는 걸 알려드립니다.

✦ 서기 8~9세기에 체계화된 이슬람의 성법(聖法). 샤리아는 근본적으로 서양의 법률과는 다르다. 이론적으로 인간이 만든 법이 아니라 신의 계시에 근거한 법이기 때문이다.

영국은 앨런비의 약속대로 주민들의 안전과 성소의 보호를 실행했다. 하지만 앨런비는 깨닫지 못했다. 본국 정부가 아랍인과 유태인 양측에게 해준 어설픈 독립 약속으로 인해 팔레스타인과 예루살렘이 크나큰 혼란에 빠져들고, 그날 이후 오늘날까지도 계속되는 불행이 싹트게 될 것을 말이다. 이제 이 책의 마지막 장에서 우린 앨런비의 연설이 있은 뒤의 사건들을 돌아보기로 하자.

4부
예루살렘의 미래,
분할이냐 통합이냐

10. 탄생과 배반
— 예루살렘을 향한 투쟁, 1917~1967

> 유태인들의 팔레스타인에 예루살렘이 없다면 그것은 영혼이 없는 몸이나 마찬가지다.
> — 유태인 행정국, 1936

> 이 궁궐들은 예루살렘에 지어졌어야 했습니다.
> — 요르단 국회의원에 출마한 예루살렘 지역 후보, 1962

근세기에 들어선 이후 팔레스타인 및 그곳의 가장 고귀한 도시에 대한 투쟁은 제1차 세계대전 중반인 1917년 영국이 중동 지역에서 오스만 투르크를 몰아낸 뒤 1922년 국제연맹(League of Nations)의 결의에 따라 팔레스타인 통치를 위임받으면서 시작되었다. 그 통치는 약 30년이나 계속되었다.

이미 영국 통치가 시작되기 전부터 갈등은 예상된 것이었다. 이스라엘의 역사학자 여호수아 포라스(Yehoshua Porath)에 의하면, 예루살렘의 무슬림 및 그리스도교 지도자들은 1891년에 이미 술탄에게 서한을 보내 유태인들의 팔레스타인 이주 및 팔레스타인 토지 매입을 금지시켜 달라고 청원한 바 있었다. 그로부터 26년 뒤, 투르크인들은 영국에 밀려 팔레스타인을 떠나면서 이렇게 말했다고 한다. "이제 영국이 점령했으니 여기는 유태인들의 세상이 될 거야." 하지만 시온주의자들 역시 갈등의 조짐은 느끼고 있었다. 문화 시온주의자(Cultural Zionism)✢들의 대변인 격인 아하드 하암(Ahad Ha-'Am)은 1891년, 이런 경고를 했다.

> 우리 같은 해외의 유태인들은 오늘날 팔레스타인이 마치 황량한 사막이나 버려진 황무지 같아서 누구든 맘만 먹으면 그곳에다 땅을 살 수 있다고 믿는 경향이 있다. 하지만 현실은 이와 딴판이다. 팔레스타인에는 경작되지 않은 채 버려진 땅은 찾아보기 힘들다. 그리고 우리 해외 유태인들은 아랍인들이 다 동물과 다름없는 야만인이며 아무 생각 없이 사는 사람들이라 생각하는 경향이 있는데, 이 또한 큰 오판이다. 아랍인들, 특히 도시에 사는 아랍인들은 우리들의 활동과 목적을 꿰뚫고 있다. 다만 아직은 우리 때문에 당장 미래에 대한 불안을 느끼진 않기 때문에 내색하지 않을 뿐이다. 언젠가 팔레스타인에서 우리의 목소리가 커져 그들이 불안 때문에 경련을 일으키는 때가 오면 지금처럼 가만히 있을 리가 없다.

1917년 이후 영국의 정책은 아랍인과 유태인 간의 마찰을 유발시켜 양자간에 끊임없는 충돌이 발생했으며, 1948년 영국이 팔레스타인에서 물러나자 바로 전쟁이 발발했다. 위임통치를 했던 30년 동안 영국이 팔레스타인에 남기고 간 것은 앞뒤가 안 맞는 약속들과 미리 계산된 배반뿐이었다. 이런 일관성 없는 정책 때문에 전쟁이 터졌다고 볼 수도 있겠

✢ 유태인 문화를 유대교의 종교적 가르침의 표현으로 보고, 그런 전통적인 가치를 강조하는 시온주의자들을 말한다. 이들은 팔레스타인에 유태인 국가를 세워야 한다는 입장에 찬성하긴 하지만 그것은 이스라엘 민족 정신의 부활이 이루어낸 결과이어야지, 국가 건설이 이런 정신 부활의 출발점이 되어서는 안 된다는 입장을 가졌다.

지만, 진정한 이유는 팔레스타인을 포함한 주요 아랍 지도자들이 시온주의자들이 유태인 국가를 건설하는 것을 극구 반대했던 데 있다. 아랍 지도자들은 30년 동안 줄곧 시온주의자들과의 협상이나 협력을 거부했던 것처럼, 새로 태어난 유태인 국가 이스라엘을 무력으로 없애려 했다. 그리고 그들은 실패했다.

    시온주의자들은 내부의 당파 차이를 극복하고 하나의 정치적 목적을 위해 단결함으로써 그들의 민족국가를 설립하고 이를 지키는 데 성공했다. 이와는 반대로 아랍 지도자들은 시온주의 타도라는 구호 이외에는 그 어느 목적에도 합의하지 못했다. 시온주의 타도는 궁극적으로 팔레스타인에 아랍 독립국가를 세우기 위한 전제조건일 뿐이었다.

    아랍과 이스라엘 간의 첫번째 전쟁이 터지기 전 영국의 팔레스타인 통치를 되돌아보면, 하나의 사건이 커다란 분수령이 되었음을 알 수 있다. 그것은 1947년 유엔(United Nations; 국제연합)이 결의한 팔레스타인 분할안을 아랍 지도자들이 거부한 사건이었다. 이 결의안은 예루살렘을 포함해 팔레스타인 지역 전체에 대한 아랍 세계와 시온주의 간의 분쟁을 합리적이고 공평하게 해결할 수 있는 방안으로 나온 것이었다. 하지만 이 제안이 거부된 결과, 지금까지 반세기가 넘도록 끊임없는 무력충돌이 생겨나게 되었다.

    유엔 가입국 대부분이 찬동한 이 결의안은 이 지역에 아랍 및 유태인 국가를 동시에 설립하는 것을 요지로 하고 있었으며, 예루살렘은 국제기구 아래에 남도록 제안되었다. 시온주의자들은 탐나는 비옥한 땅을 아랍인들에게 넘기고 예루살렘마저 자신들의 수도로 삼을 수 없는 그 분할안을 그다지 탐탁하게 여길 리 없었지만, 다비드 벤 구리온(David ben Gurion; 폴란드 출생의 시오니즘 지도자—옮긴이)의 지도에 따라 국가 창설에 대한 국제적 지지의 대가로 이를 받아들이겠다는 입장을 취했다. 하지만 아랍 지도자들은 현실적이지 못했다. 그들은 그 땅 전체가 당연히 자기들 몫이기에 반쪽 땅에 만족할 이유가 없다며, 결의안을 거부하고 이집트, 이라크, 시리아, 요르단, 레바논의 5개국이 힘을 합해 이스라엘에 전쟁을 선포하고 말았다.

시온주의자들은 도움 없이 자신들의 목적을 달성할 수 없었고, 아랍인들은 실패하기만 한 건 아니었다. 처음부터 양측과 긴밀한 관계를 유지하며 사태 발전에 밀접히 관련되었던 국가는 영국이었다. 영국은 정복자로서 팔레스타인에 도착해 그곳을 개발하고 예루살렘을 재건하기 위해 남아 있었다. 그러나 아랍인들과 시온주의자들 사이의 민족주의적 경쟁이 영국의 힘을 고갈시켜 버렸을 때 그들은 팔레스타인을 떠나버렸고, 결국 아랍인과 유태인 모두에게 경멸의 대상이 되어버렸다.

영국 위임통치의 긍정적인 면을 가장 잘 볼 수 있는 곳은 예루살렘이다. 영국인들은 수백 년 동안 성경을 통해 예루살렘에 대한 각별한 애정을 키워온 사람들이었다. 영국 관리들은 예루살렘의 사회 분위기를 바꿔보려 노력했다. 욕을 퍼붓고 뇌물과 돈만 밝히던 세리들은 노련하고 착실한 공무원들로 바뀌었다. 오스만 제국 내에서도 별볼일 없는 지역이었고 그런 지역 중에서도 침체되고 제대로 가꾸어지지 않던 예루살렘이었으나, 수세기 만에 처음으로 팔레스타인의 행정수도로 탈바꿈하면서 그 면모가 달라져 갔다. 영국의 통치 기간 중 두드러지게 상업이 발전한 곳은 하이파, 가자, 야파, 텔아비브 등의 해안 도시였다. 예루살렘은 내륙에 자리잡긴 했지만 행정 도시로서 이런 전반적인 번영의 혜택을 볼 수 있었다. 각종 투자가 줄을 이었고, 주택건설도 활발해졌으며, 이민도 부쩍 늘어났다.

제1차 세계대전 중 예루살렘은 기아와 질병으로 크게 몸살을 앓았다. 예루살렘 사람들은 시궁창 같은 도시에 살았다. 깨끗한 물도 마실 수 없었고, 길이 파괴되어 다른 곳으로 이동하지도 못한 채 그곳에 남아 있을 수밖에 없었으며, 전기 시설이 파괴되어 밤에는 꼼짝도 하지 못했다. 예루살렘을 점령한 영국은 이런 위기를 극복하기 위해 이집트에서 식량을 들여오고, 병원을 건설했으며, 깨끗한 물을 끌어들이고, 길도 새로 깔았다. 또한 전기 시설을 보수하고, 예루살렘과 야파 간 도로를 보수하여, 처음으로 카이로와 다마스쿠스 간의 상업로에 예루살렘이 연결되었다.

해외자본을 유치한 덕에 사무용 건물, 호텔, 상점, 음식점 등이 들어섰다. 예루살렘의 돈줄인 여행객과 순례자들이 다시 몰려들었고, 학교와 도서관이 새로 문을 열었으며 유태인, 그리스도교인, 무슬림들을 위한 문화 공간이 마련되었다.

위임통치 기간 중엔 교회 3개가 새로 지어졌다. 게쎄마니 동산의 가톨릭 성당(1924), 구(舊)도시 서쪽 힌놈(Hinnom) 계곡 건너편에 지어진 스코틀랜드 장로교 계열의 성 안드레아 교회(1927), 시온 언덕 남쪽 기슭에 세워진 성 베드로 프랑스 가톨릭 성당 등이 그것이었다. 스코푸스(Scopus) 산에는 하다사(Hadassah) 병원뿐 아니라 유태인 민족도서관이 문을 열었고, 1925년에는 히브리 대학이 문을 열었다. 화려한 킹다윗 호텔은 1930년에 개관했으며, 3년 뒤 그 건너편으로 미국의 우람한 YMCA 건물이 들어섰다. 또한 중앙 우체국, 록펠러 고고학 박물관, 정부청사 등이 새로이 예루살렘에 들어섰다. 이 중 정부 청사는 처음엔 위임통치 관리들이 사용하다가 나중엔 유엔 대표부에 넘겨지게 된다.

영국의 위임통치 기간 초기부터 벌어진 이런 수많은 건축 사업은 아랍인 및 유태인 들 모두에게 일자리를 제공해, 오스만 시대부터 누적되어 온 실업 문제가 많이 해결되었다. 또한 건축 사업은 새로운 주택단지를 마련해 주었다. 와디 요즈(Wadi Joz) 지역엔 아랍인 주택단지가 들어서고, 예루살렘 동편 셰이크 야라(Sheikh Jarrah) 지역 등에는 영국인들을 위한 임대주택단지가 생겨났다.

한편 예루살렘 서쪽에는 밀려오는 유태인들을 수용하기 위한 거주지가 여럿 들어섰다. 로메마(1921), 탈피요트(1922), 라하비아(1924), 바이트 바간(1925), 키르야트 슈무엘(1928), 게울라(1929) 그리고 텔아르자(1931) 등이 그런 곳에 해당된다. 처음으로 성 밖에 마련된 예루살렘 서쪽 끝의 베이트 하케렘은 1923년에 모습을 드러냈다. 또한 유태인들 단체도 여럿 설립되었다. 유태인 행정국, 최고 랍비단, 의회 성격을 띤 바드 라우미(Vaad Laumi), 하다사 병원, 히브리 대학 등이 설립된 것이다. 1920~21년에 일어났던 아랍인 소요 사태 이후 유태인들은 영국 당국의 허락을 얻어 자기방어를 위해 하가나(Haganah)✦도 만들었다.

영국은 예루살렘을 재건하기만 한 게 아니라 아름답게 치장하기도 했다. 팔레스타인의 초대 군인 통치자였던 로날드 스토즈 경(Sir Ronald Storrs)은 건물을 지을 때 반드시 그 지역에서 나는 핑크빛 돌을 쓰도록 했는데, 그 덕에 오늘날까지도 예루살렘이 아름다움을 간직하고 있다. 스토즈 경은 예루살렘이 종교·문화적으로 독특한 지위를 가질 수 있는 이유가 그곳의 여러 성소 때문임을 인식하고 예루살렘협회를 창설하여 해외에서 자금을 모아 성소들을 보존하는 데 노력을 아끼지 않았다.

영국인들이 30년의 위임통치 기간 중 남긴 업적 가운데 가장 돋보이는 건 종교 분야에서의 업적이다. 1917년 12월 11일 에드먼드 앨런비 장군은 경의를 표하기 위해 군대의 관행을 깨고 야파 문을 걸어 들어갔다. 그날 예루살렘을 공식적으로 접수하면서 그가 한 연설의 마지막 말은 거룩한 도시 예루살렘의 종교적 위상을 영국이 그 누구보다도 잘 인식하고 있음을 보여주었다.

✦ '방어'라는 뜻이며, 팔레스타인의 유태인 대다수를 대표하던 시온주의 군사 조직이다.

예루살렘은 인류 3대 종교의 추종자들 모두가 흠모하는 도시입니다. 이 곳은 오랜 세월에 걸쳐 이 종교들을 믿는 수많은 사람들의 기도와 순례로 거룩해진 땅입니다. 따라서 저는 여러분에게 분명히 밝히고자 합니다. 모든 건물, 기념물, 기념될 만한 장소, 오랜 역사를 가진 교회나 회당이나 사원, 기부된 부동산이나 유산 또는 사람들이 모여 기도하는 곳 등, 이 세 종교와 관련된 어떤 곳도 기존의 관례와 신앙에 따라 철저히 보호되고 관리될 것입니다.

1920년대 초반에 성전의 서쪽벽 하람 주변에서 벌어진 충돌 사건에도 불구하고, 영국인들은 아랍인 및 유태인 모두와 좋은 관계를 유지하려고 노력했다. 무슬림 지도자와 유태인 지도자 사이의 유대 관계를 이끌어내려는 이들의 노력은 대부분 실패로 돌아가긴 했지만, 영국인들은 치안권을 이용해 양자간의 충돌을 막는 방법을 강구했다. 1921년 영국은 최고 무슬림 평의회(Supreme Muslim Council)와 최고 랍비단(Chief Rabbinate)을 조직하여 각 집단 내부의 현안들을 처리하게 했다.

위임통치 당국은 예루살렘을 포함한 팔레스타인의 그리스도교인들과 적절한 관계를 유지하며 여러 가지 일을 해냈다. 그들은 아랍인 그리스도교 신자들 중에서도 특히 영국 성공회 계통의 그리스도교인들을 위해 많은 보조를 해주었으며, 많은 신자들을 가진 그리스정교회가 당면하고 있던 재정 문제를 해결해 주기도 했다. 또한 가톨릭 교회가 가지고 있던 여러 특권들도 보호해 줌으로써 성지에서 라틴의 이해 관계를 대변해 오던 프랑스를 안심시켰다. 일찍이 1852년 오스만 정부는 칙령을 발표, 예루살렘 내 여러 성소에 대한 각 교파간의 권리와 의무를 확정지은 바 있었는데, 영국도 이를 인정하여 어느 특정 교파의 편을 들지 않을 것임을 보여주었다.

영국은 예루살렘을 깨끗하고 효율적이며 번영하는 도시로 만드는 데 성공했다. 하지만 예루살렘과 팔레스타인에 대한 아랍과 유태인의 정치적 주장을 중재하는 데는 실패하여, 1948년 5월 팔레스타인에서 물러나고 말았다. 실패하게 된 원인은 강국들이 지나치게 자국의 이해를 추구하다보면 늘 생기는 그런 이유로서 국제 정세에서 자국의 권익과 안전 및 위신에 치중한 결과, 영국은 아랍과 유태인 간의 잠재적인 충돌 가능성에 대해 일찍이 깨닫지 못했던 것이다.

이 지역에서 영국의 입지가 곤란해진 첫번째 원인은 1917년 영국군이 중동 지역에서 투르크군을 물리친 뒤 맞이한 외교적 위기에서 찾아야 하며, 두번째 원인은 영국이 제1차 세계대전이 끝나기 전에 아랍인과 유태인 들에게 근본적으로 모순되는 약속을 한 것에서 찾아야 한다.

제1차 세계대전이 끝날 당시 유럽 열강들의 최고 관심은 오스만 제국의 붕괴 이후 그들의 수중에 떨어진 아랍 지역의 처리 문제였다. 프랑스와 영국은 이 문제에서 영향력을 발휘할 수 있는 위치에 있었으나, 둘 다 제국주의적 야심을 가진 관계로 서로 조심스레 눈치를 볼 수밖에 없었다. 영국은 막강한 해군력을 바탕으로 동지중해를 장악하고 있었던 반면, 프랑스는 레바논과 시리아에서 그 영향력이 커지고 있었다. 만일 프랑스의 영향력이 남쪽의 팔레스타인 지역에까지 미친다면 이집트 및 수에즈 운하에 걸친 영국의 세력권이 위협받게 될지도 몰랐다. 팔레스타인과 시나이 사막은 영국 지도자들에게 페르시아만과 인도양으로 통하는 길목인 수에즈 운하를 보호해 주는 전략적 완충지로 파악되고 있었다. 페르시아만과 인도양은 정치·경제적으로 영국의 이해 관계에 있어서 매우 중요한 곳이었다. 경쟁을 피하고 협상을 시도할 필요를 느끼게 된 영국과 프랑스는 머리를 맞댄 끝에 중동 지역의 판도를 새로 짰다. 러시아 역시 이 지역에 대해 이들 못지 않은 이해 관계를 가지고 있는지

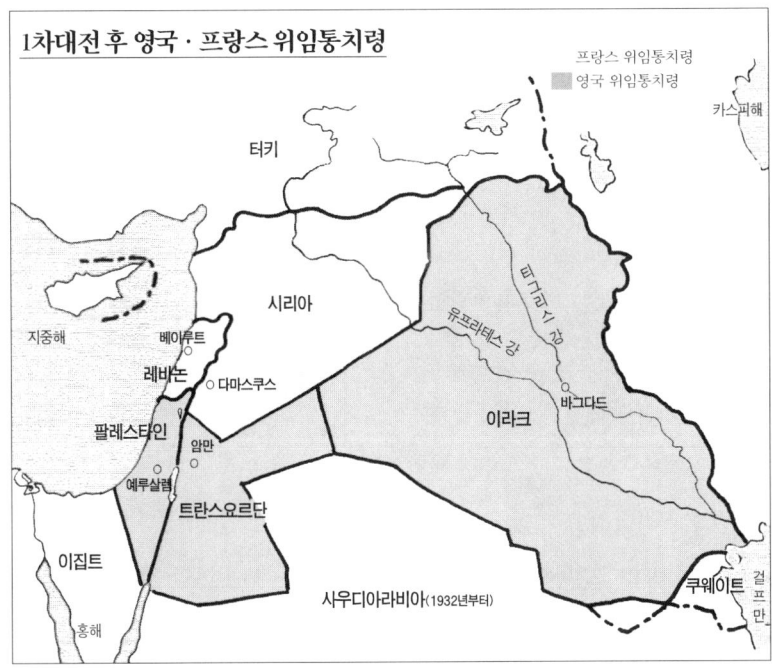

라 이들 사이에 끼어들었다. 결국 영국과 프랑스는 모종의 협상을 통해 1916년 5월 사이크스-피코 협정(Sykes-Picot Agreement)을 맺어, 프랑스는 시리아 서부를, 영국은 이라크를 각각 점령하기로 했다. 또 이 협정은 어느 나라도 팔레스타인에서 독점적인 지위를 가질 수 없으며, 대신 주축국들이 국제적인 관리를 통해 그 영향력을 나누어 갖기로 했다.

그러나 이 협정은 실행되지 못했다. 협정이 이루어진 직후, 레바논 및 시리아의 여타 지역에 대한 프랑스의 요구를 영국이 지지하는 대가로, 프랑스는 러시아의 유감 표시에도 불구하고 영국에게 팔레스타인을 양보했기 때문이다. 러시아는 은밀한 외교를 통해 중동 지역에서 영국의 영향력 증가를 막으려 하는 동시에 자신들의 입지를 확고히 하려 노력하고 있었다. 프랑스가 영국에게 팔레스타인을 양보한 결과, 나중에 국제연맹 역시 영국에게 팔레스타인 위임통치를 승인하게 되었으니, 결국 영국은 이미 그들이 오스만에게 무력으로 빼앗은 지역에서 자신들의 지위를 인정받게 된 셈이었다.

아랍인들과 유태인들 모두에게 독립을 약속한 것은 이들과의 관계 개선을 위한 전략적 목적에는 도움이 되었겠지만, 궁극적으로 영국의 목을 죄고 말았다. 왜냐하면 팔레스타인에 그들의 민족국가를 세울 수 있도록 도와준다는 약속으로 인해 아랍 및 시온주의자들 모두가 민족주의적 야망을 불태우게 되었기 때문이다. 그 결과 1917년 팔레스타인을 점령한 직후부터 영국은 어떤 해결 방법도 찾지 못한 채 지역 내의 국지적 분쟁에 휘말리고 말았다.

도대체 영국은 아랍인들에게 어떤 약속을 해주었던 걸까? 영국은 오스만 투르크와의 전쟁 중 메카의 샤리프였던, 하심(Hashem) 가문의 맹주 후세인(Hussein)과 밀약을 맺어 아라비아반도의 헤자즈(Hejaz)에서 오스만에 대해 반란을 일으키도록 했다. 밀약은 영국의 팔레스타인 담당 국장이었던 헨리 맥마흔 경(Sir Henry McMahon)과 샤리프 후세인 사이의 서신을 통해 이루어졌다. 아랍의 협력 대가로 영국은 후세인이 바라는 독립적인 아랍 국가를 설립하는 데 도움을 주기로 약속했다. 하심 가문의 맹주로서 왕에 상응하는 대접을 받던 후세인은 홍해 및 지중해를 각각 남쪽과 서쪽 국경으로 하고, 북쪽으로는 레바논 산맥을 경계로 하며 동쪽으로는 이라크를 포함하는——따라서 왕년의 '대(大)시리아'를 아우르는——광범위한 아랍 국가를 꿈꾸고 있었다. 이 독립 국가 속에는 남부 시리아라 할 수 있는 팔레스타인이 당연히 포함되는 것이었고, 더구나 당시 팔레스타인이라 함은 요르단 강 양편을 다 포함하는 의미로, 서쪽의 팔레스타인과 동쪽의 트란스요르단(Transjordan, 팔레스타인에서 봤을 때 '요르단 강 너머'란 뜻, 즉 요르단 강 동안—옮긴이)을 합친 지역을 뜻했다.

1916년 초 후세인은 밀약에 따라 오스만에 반기를 들었고, 영국을 상대해야 할 오스만군과 싸워 영국의 팔레스타인 점령을 도왔다. 하지만 후세인 마음 속에 있던 단일한 아랍 국가는 세워지지 않았다. 영국은 애초부터 후세인이 마음대로 아랍 세계를 끌고 가게 할 생각이 없었다. 후세인과의 밀약 직후에 이미 영국은 사이크스-피코 협정 등을 통해 프랑스와 함께 지역의 세력권을 나누는 등 자신의 입지를 강화했으며, 나아가 국제연맹 결의안을 통해 팔레스타인에 대한 위임장을 얻어냈다. 영국의 위임통치는 떡 주기를 기다리는 팔레스타인의 아랍인들 얼굴을 한대 친 꼴이었다. 영국은 그들의 독립국가 설립을 부정하는 정도로 그치는 게 아니라 이제 아랍인들이 사는 곳에 유태인 국가를 세워주겠다고 나섰기 때문이다.

영국 지도자들은 하심 가문의 전폭적인 지지가 없다면 아랍 세계와 우호적인 관계를 맺기 어려웠다는 것과 자신들이 이들에 대한 신의를 크게 저버렸음을 모르지는 않았다. 영국은 이들과 경쟁 관계에 있던 사우드(Saud) 가문이 메카에서 샤리프 후세인을 축출하고 아라비아반도 전체를 장악하도록 내버려 두었으나, 위로의 표시로 후세인의 아들 압둘라와 파이살에게 적절한 보상을 해주었다. 1920년 영국은 트란스요르단을 팔레스타인에서 분리, 압둘라로 하여금 영국의 감독하에 트란스요르단 영주국(emirate of Transjordan)✛을 다스리게 했다. 또한 파이살은 다마스쿠스에서 독립 국가를 세우려다 프랑스에 의해 축출되었으나, 영

✛ 왕보다 격이 낮은 emir(맹주 또는 영주) 호칭으로 트란스요르단을 다스리던 압둘라(재위 1920~51)는 1946년 요르단 왕국의 국왕으로 격상된 뒤, 5년 만에 암살당했으며 그 뒤를 아들 탈랄(Talal, 재위 1951~52)이 이었다. 근래에 죽은 후세인(Hussein, 재위 1952~99)은 바로 탈랄의 아들이다. 지금은 후세인의 아들 압둘라 2세(Abdullah II)가 왕이다.

국의 도움으로 이라크*의 왕이 되어 1933년에 죽을 때까지 그곳을 다스렸다. 1920년 트란스요르단 영주국의 설립은 시온주의자들의 분노를 샀다. 이들은 트란스요르단을 포함하는 광역의 팔레스타인에 유태인 국가를 세워주겠다던 약속을 영국이 어긴 것이라며 흥분했다. 그렇다면 영국은 시온주의자들에겐 또 어떤 약속을 했던 것일까? 영국이 팔레스타인을 무력으로 정복하기 한달 전인 1917년 11월 2일에 영국은 차임 바이츠만(Chaim Weizmann) 등의 시온주의 지도자들에게 팔레스타인 지역에 유태인의 보금자리를 설립하도록 돕겠다고 지지를 표명했다.

영국 황실은 팔레스타인에 유태인들의 보금자리(national home)가 수립되는 것을 지지할 뿐 아니라, 이를 달성하기 위해 모든 노력을 기울일 것입니다. 하지만 현재 팔레스타인에 사는 비(非)유태인 사회의 시민권이나 종교적 권리를 침해하는 일은 없어야 하며, 마찬가지로 다른 어느 나라에 살든 유태인들 역시 정치적 권리와 지위를 침해당해서는 안 됩니다.

이미 영국에서는 오랫동안 시온주의자들의 목적에 동조하는 분위기가 조성되어 왔다. '그리스도교 시온주의자들'(Christian Zionists)이라 불리게 된 수많은 영국인들에 의해 이런 분위기가 주도되었는데, 이들은 유태인들을 그들의 고향에 다시 정착시키는 일이 성경을 통해 예언된 것이라고 믿었다. 또한 인간적인 고려도 작용하고 있었다. 1880~90년대 러시아에서 벌어진 유태인 대탄압 이후 동유럽에서는 반유태

✦ 초대 국왕 파이살(재위 1921~1933)이 죽은 뒤, 그의 아들 가지(Ghazi, 재위 1933~39)가 뒤를 이었다. 그후 가지의 아들 파이살 2세(재위 1939~58)까지 이어지다가, 1958년에 쿠데타로 쫓겨났다. 1963년에는 쿠데타 세력 내의 분열로 바트(Ba'th) 당파가 힘을 얻었으며, 1968년 이후에는 사담 후세인이 실력자로 부상하기 시작해 오늘에 이르렀다.

운동이 점차 거세지고 있었으며, 이에 대한 해결책으로 유태인들에게 국가를 세워주자는 시온주의자들의 목소리가 영국 지도자들에게 먹혀들게 되었다. 하지만 영국이 시온주의를 지지하게 된 결정적인 이유는 중동에 있어서 영국의 전략적 입지 때문이었다. 영국은 처음엔 프랑스와 더불어 팔레스타인을 공동 통치하려 했다. 이는 궁극적으로 유태인들을 팔레스타인에 정착시키고 나면, 이들을 통해서 영국의 영향력이 프랑스를 압도할 수 있을 것으로 믿었기 때문이다. 팔레스타인에 유태인들의 보금자리를 마련해 주겠다는 밸푸어 선언(Balfour Declaration)은 이런 맥락에서 나온 것이었다. 유진 보비스(Eugene Bovis)는 영국의 계산을 이렇게 설명하고 있다.

> 몇몇 영국 정치인들은 이런 생각을 가지게 되었다. 즉 유태인들은 전쟁이 끝나면 기회가 닿는 대로 팔레스타인에 돌아가 정착하려 할 것인데, 영국이 팔레스타인 땅에 유태인의 보금자리가 설립되도록 돕는다면, 그들의 보호국이 될 수 있을 것이고, 따라서 팔레스타인이 국제적 관할에서 벗어나 영국의 독점적 관할하로 들어오게 되는 것을 보장해 줄 것이라는 생각이었다. 밸푸어 선언은 영국이 이런 보호권을 주장할 수 있는 도덕적 근거가 될 것이었으며, 당시 진행되고 있던 군사작전은 보호권의 실제적 행사가 될 것이었다.

밸푸어 선언은 영국에 큰 이익을 주었지만, 그 선언에는 '유태인의 보금자리'(national home)가 정확히 어떤 의미인지는 분명히 명시되지 않고 있었다. 이것이 과연 유태인 국가(Jewish state)를 의미하는 건지, 팔레스타인 전체 혹은 그 일부 지역을 의미하는 건지, 만약 일부라면 또 어디를 가리키는 건지 명확하지 않았고, 한편으로 예루살렘이 유태인의 보금자리와 어떤 관계를 갖는지도 명확하지 않았다. 아무도 이런 의문에 확실한 답을 줄 수 없었다.

어떤 사람들은 영국이 유태인의 보금자리라는 애매한 개념을 의도적으로 사용했으며, 이는 영국 정부가 시온주의자들에게 설득당했다는 아랍인들의 의심을 피하기 위한 것이라고 생각했다. 어쨌든 영국은 분명 팔레스타인에 유태인들이 정착하는 것을 지지하고 나선 것이었고, 그에 따라 유태인의 문화적·정치적 조직이 설립된 것은 당연한 귀결이었지만, 그렇다고 밸푸어 선언에 독립국가 설립을 명시한 건 아니었다. 영국 지도자들은 아랍의 비판에 대해 이 점을 강조하고 나섰다.

하지만 대부분의 시온주의자들은 영국의 애매한 지지표명에도 불구하고 실망하지 않던 바이츠만의 입장에 동조했다. 그의 말처럼 이는 하나의 골격이었으며, 그 나머지는 유태인들의 노력으로 메꿔져야 할 것이었다. 그리고 그는 자신있게 "그건 우리가 어떻게 만드느냐에 따라 정해질 것이며 그 이상도 그 이하도 아닐 것"이라고 결론지었다. 시온주의자들에게 있어서 그들의 투쟁 목적은 한 점의 의심도 있을 수 없었다. 바이츠만의 다음과 같은 말은 그들의 일반적인 생각을 잘 표현해 주고 있다. "영국이 영국 사람들의 것이듯 팔레스타인도 유태인들의 것이 될 것이다." 만일 그렇다면 밸푸어 선언에 들어있는, 사람들의 호기심을 돋구는 다음과 같은 문구는 무슨 얘기일까? "하지만 현재 팔레스타인에 사는 비(非)유태인 사회의 시민권이나 종교적 권리를 침해하는 일은 없을 것이며 ……." 아랍인들이 보기엔 팔레스타인에서 유태인 세력이 확장된다는 것은 자신들의 죽음을 의미하는 것이었다.

1917년 이전에도 아랍인들은 유태인들이 팔레스타인으로 이주해 오는 것을 싫어했지만, 1920년대 이후 이주가 늘어나자 이를 적극 저지하기 시작했으며 1930년대에 이주가 폭증세를 보임에 따라 이제 아하드 하암이 표현한 대로 그들은 '경련을 일으키며' 치를 떨었다. 하지만 이민에 관한 통계수치를 보면 아랍인들이 그런 기분을 느낄 이유는 없었다. 유태인의 이민 속도는 팔레스타인 혹은 예루살렘에 있어서 아랍인들의 우위를 흔들 정도는 분명 아니었던 것이다.

1840년 이전 팔레스타인의 유태인 인구는 2만 4천 명을 넘지 않았으며, 약 50만 명에 달하는 전체 인구에 비해 소수에 지나지 않았다. 팔레스타인의 유태인들은 사페드, 티베리아스, 헤브론 또는 예루살렘 같은 성스러운 도시의 빈민촌에서 종교적 연구에 몰두하며, 해외에서 오는 구호금에 의지해 겨우 연명하는 가난한 사람들이었다. 당시 예루살렘의 인구는 겨우 1만 1천 5백 명이었는데, 이중 무슬림이 4천 5백 명, 아랍인 그리스도교도가 4천 명, 그리고 유태인이 3천 명이었다.

1880~90년에 러시아 및 동유럽에서 벌어진 유태인 대탄압으로 인해 유태인 이주가 증가해 1900년에는 팔레스타인의 유태인 인구가 5만 명으로 늘었다. 이제 아랍인들은 신경이 쓰이지 않을 수 없었다. 특히 이주가 집중된 예루살렘에서는 2세기 초반의 바르 코크바 반란 이후 처음으로 유태인이 가장 큰 인구 구성원으로 등장했다. 1896년에 예루살렘 인구는 4만 5천 명이었으며, 이 가운데 2만 8천 명이 유태인, 8천 6백 명이 무슬림, 8천 4백 명이 아랍인 그리스도교도였다. 영국의 위임통치 중에도 예루살렘의 인구는 꾸준한 증가를 보였고 유태인 비중도 계속 늘어갔다. 전쟁이 터지기 직전인 1948년 예루살렘에는 10만의 유태인, 4만의 무슬림, 2만 5천의 아랍 및 유럽 그리스도교인 들이 살고 있었다.

유태인들은 예루살렘 인구 중 가장 비중이 높았지만, 이는 팔레스타인 전체의 인구 분포와 비교해 볼 때 예외적이라 할 수 있었다. 시온주의자들의 강도 높은 노력에도 불구하고 유태인들의 팔레스타인 이주는 바이츠만이 바란 대로 '영국이 영국 사람들 것이듯 팔레스타인도 유태인들의 것이 될' 정도로 진행되지는 않았다. 1917년에서 1932년 사이에 팔레스타인의 유태인 인구는 꾸준히 매년 약 1만 명 씩 증가하여 1932년에는 17만 4천 명에 달했다. 이로써 벨푸어 선언 이후 유럽의 유태인들이 대규모로 이주해 올 것을 기대한 시온주의자들은 크게 낙담하지 않을 수 없었다. 그 당시 유태인들은 약 76만에 이르는 팔레스타인 전체 인구의 23퍼센트 정도밖에 되지 않았다. 시온주의자들이 기대한 대규모 이주는 1930년대에 히틀러의 반(反)유태인법 때문에 유럽을 빠져나온 유태인들에 의해 실현되었다. 이는 유태인 국가 설립 이전, 팔레스타인의 유태인 인구를 극적으로 증가시켜 준 유일한 사건이었다. 1933~36년에 유태인 인구는 2배 이상 증가하여 37만 명으로 늘었으며, 130만 명에 달하는 전체 인구의 28퍼센트를 차지했다. 그후 12년 동안 유태인 인구는 다시 2배가 증가하여 60만 명에 달했으며, 1947년 당시 190만에 달하는 전체 인구의 32퍼센트를 차지했다.

1917~47년 사이 유태인 인구가 폭증한 것도 사실이지만 같은 기간 중 아랍 인구 역시 자연증가로 인해 63만 명에서 130만 명으로 2배 이상의 극적인 증가를 보인 것 역시 중요한 사실이다.

시온주의에 대한 아랍인들의 반대는 예루살렘의 오랜 무슬림 가문들에 의해 주도되었다. 이들은 오스만 시대 후기 및 영국의 위임통치 기간 중에 획득한 광범위한 농지를 원천으로 부와 권세, 명망을 누려왔다. 팔레스타인 통치에 대한 지역 사회의 지지가 필요했던 영국은 후사인 가문과 같은 명망가 집안뿐만 아니라 그들의 오랜 경쟁자인 나샤시브(Nashashib) 가문과 그 외에 다잔(Dajan), 알람('Alam), 자랄라(Jarallah) 가문 등과도 관계를 유지했다. 처음 이 무슬림 귀족들은 파이살이 외치는 '대(大)시리아' 왕국의 구호 아래 하나로 뭉치는 듯 했으나, 1920년 그가 프랑스에 의해 다마스쿠스에서 축출되고 나자 이들간의 협력 관계는 끝이 났다. 그후 후사인 가문은 할리드 가문과 손을 잡고 팔레스타인의 독립을 위해 무력에 호소하기 시작했으며, 이들보다 보수적인 나샤시브 가문은 다잔, 알람, 자랄라 가문 등과 힘을 합하여 트란스요르단의 영주 압둘라에게 충성을 바쳤다. 이들은 압둘라가 영국과의 관계를 이용하여 결국 독립을 쟁취하리라 믿고 있었다.

1920년 영국은 예루살렘 무슬림 귀족들의 힘을 강화해 주고 그들간의 경쟁을 심화시켜 줄 몇 가지 조치를 취함으로써 아랍 세력들간에 새로운 전기를 마련해 주었다. 그해 후사인 가문의 젊은이 아민 알 후사인(Amin al-Husayn)이 영국에 의해 예루살렘의 무슬림 지도자 그랜드 무프티(Grand Mufti)✜ 자리에 올랐으며, 2년 뒤인 1922년엔 팔레스타인 지역 내 모든 무슬림 기관들을 감독하기 위해 창설된 최고 무슬림 평의회 의장으로 지명되었다. 따라서 아랍인들 사이의 세력 다툼은 후사인 가문에 유리하게 기울었다. 이제 그들은 이슬람 법원 판사를 임명하고, 헌납된 종교 재산인 와크프(Waqf)를 관리하게 되었다. 아민 알 후사인이 무슬림 지도자 자리에 있던 15년 동안, 그는 자금을 총동원하여 시온주의의 물결을 막기 위해 노력했을 뿐 아니라 이슬람 세계에서 예루살렘의 지위를 높이기 위해 힘썼다.

묘하게도 아민 알 후사인은 첫번째 팔레스타인 장관으로 임명되었던 허버트 사무엘(Herbert Samuel)이 개인적으로 지명한 사람이었다. 허버트는 영국에서 자란 유태인으로, 아랍인들 중 가장 으뜸가는 선동가에게 주요 행정직을 맡김으로써 그들의 호전성을 달랠 수 있다고 믿

✜ 이슬람교의 법률 전문가. 개인이나 재판관들이 제기한 질문에 대해 공식적인 법적 견해인 파트와(Fatwa)를 공포할 수 있다.

는 사람이었다. 하지만 이는 잘못된 생각이었다. 후사인은 지체없이 팔레스타인 민족주의자들을 모아서 시온주의에 반대하는 민중 집회를 이끌었던 것이다.

예루살렘의 무슬림 엘리트들은 여전히 분열되어 있었지만, 시온주의에 대한 반대 입장만은 모두 동일했다. 더구나 오랜 세월 동안 독점해 왔던 예루살렘 자치 행정에 관한 한, 이들은 절대로 유태인에게 양보하려 들지 않았다. 조직적인 행정 관청을 위한 자치회가 구성된 시기는 1863년 오스만 정부가 특별조치를 내린 때였다. 6명에서 12명까지의 선출직 의원으로 구성된 이 자치회는 그들 중 한 명을 시장으로 선출했으며, 지방세를 걷어 예루살렘의 도로와 위생 시설 그리고 수도 공급 등을 책임졌다. 자치회 의원 선거권은 25세 이상의 오스만 제국 남자 시민으로 재산세를 일정 수준 이상 내는 사람에 국한되었다. 이 조건으로 인해 예루살렘에 사는 대부분의 유태인들이 (외국 국적을 가진 유태인은 물론이고) 투표에 참여할 수 없었으며, 따라서 영국 위임통치 전까지 무슬림들은 자치회를 독점할 수 있었다. 물론 자치회에는 아랍인 그리스도교 신자 및 유태인 사회의 대표자들을 위한 자리가 마련되어 있긴 했지만 이는 형식적인 것에 그쳤다. 하지만 이스라엘의 기고가 다니엘 루벤스타인(Daniel Rubenstein)이 말했듯이, 1908년에 치러진 자치회 선거는 유태인들의 투표가 무슬림 출마자의 선출에 영향을 미칠 수도 있다는 걸 처음으로 보여주었다. 비록 대표자가 종파별로 균등하게 배분되긴 했지만 원칙적으로는 투표 자격이 있으면 누구나 무기명 비밀투표로 누구에게든 투표할 수 있었으니 말이다.

영국은 예루살렘 내 무슬림 귀족들을 적극 밀어주는 한편 자치회의 구성원을 평등하게 배치함으로써 무슬림의 자치회 독점을 종식시켰다. 위임통치 시기 중 자치회는 대체로 무슬림, 가톨릭과 정교파 모두를 포함한 아랍인 그리스도교 신자, 유태인(세파르디 및 아슈케나지⁺)들이 골고루 비슷한 숫자로 구성되었다. 무슬림들은 시장직은 유지했지만, 처음으로 그리스도교인이나 유태인에게 부시장 자리를 내주었다. 유태인들은 위임통치 초기부터 무슬림들이 자치회를 통해 유태인들의 권익을 침해하며 아랍 민족주의를 부추킨다고 불평했다. 무슬림들은 권력을 이용하여 건설공사 수주 등 여러 공공 사업이 아랍인들에게 유리하도록 영향력을 발휘했다. 더구나 무슬림들은 자치회의 공식 문서에 명시된 팔레스타인의 3가지 공식 언어 중 하나인 히브리어를 아랍어, 영어와 함께 사용하라는 영국의 규정을 무시했다. 또한 무슬림들은 자칫 더 많은 유태인들이 투표권을 행사하는 일이 없도록 투표권 행사 자격 중 재산세 조항의 변경에 집요하게 반대했다.

시온주의에 대한 아랍의 반발에도 불구하고, 무슬림 가문간의 경쟁으로 인해 유태인들과 연합하는 경우도 드물지만 존재했다. 한번은 후사인 가문이 나샤시브 가문에 대해 유리한 고지를 점하기 위해서 시온주의 지도자들에게 접근, "만일 유태인들이 나샤시브 가문 출신 대표들에게 투표하지 않는다면, 우리들도 아구다트 이스라엘(Agudat Israel)⁺⁺ 출신 대표들에게 투표하지 않겠다"는 제안을 한 적도 있었다고 한다.

자치회 의원 내에 유태인과 무슬림 간의 긴장 관계는 1931년에 4명의 유태인 의원이 나샤시브 출신 시장이 너무 반(反)시온주의 색채를 띤다며 거의 4년 동안이나 자치회 참여를 거부하면서 드디어 표출되었다.

⁺ 스페인에서 번영하던 세파르디들은 15세기 말 그리스도교 세력이 스페인 반도에서 무슬림 세력을 완전히 몰아낸 뒤 추방되어 북아프리카를 포함하는 오스만 제국 각지로 흩어졌으며, 아슈케나지들은 17세기 이후 동유럽에서, 특히 19세기 들어 러시아에서 참혹한 탄압 속에 또다시 쫓겨나 서유럽이나 팔레스타인으로 다시 이동했다.

⁺⁺ 유태인 당파 중에서도 가장 격렬하게 시온주의 움직임을 반대하던 당파.

그러나 1937년에는 오히려 무슬림 자치회 의원들이 점증하는 유태인 투표인단 및 유태인의 임시 시장직 임명에 대한 반발로 자치회 참여를 거부하는 일이 벌어졌으며, 그 이후 사실상 도시 행정에서 무슬림과 유태인의 공동보조는 종지부를 찍고 말았다.

1917년 영국은 팔레스타인에서의 '유태인 보금자리'에 대한 지지를 표명했다. 하지만 그후 영국은 아랍인들의 반대에 주의를 기울여야 했다. 1921년 아랍인들의 청원 및 시위에 대하여 유태인들의 귀향을 전폭 지지해 오던 팔레스타인 장관 사무엘은 하는 수 없이 일시적이나마 유태인의 이주를 금하지 않을 수 없었다. 이 조치는 팔레스타인에서 최초로 일어난 대규모 반(反)유태인 폭동 때문에 취해진 것이었다. 1920년 4월 예루살렘에서는 6명의 유태인이 살해당하고 110명이 크게 다쳤다. 한 해 뒤에는 야파에서 두번째 폭동이 일어나 47명의 유태인과 48명의 아랍인이 목숨을 잃었다. 1920년대에 걸쳐 유태인 이민이 늘어나고 아랍인들의 불만도 점증하자, 영국은 공식적으로 밸푸어 선언을 취소하진 않았지만 지역 위임정부 관리들이 자의로 그 선언의 세부조항을 무시해도 이를 수수방관했다. 그 결과 아민 알 후사인과 호전적인 아랍 상임위원회가 이끄는 아랍인들은 더욱 대담하게 폭력적인 행동을 저질렀다.

1920년 이후 이런 폭동의 진원지는 성전 산에 있는 이슬람 사원 아래의 서쪽벽 부근이었다. 오스만 시대 초기부터 이슬람 사원 근처에 다른 물건을 가지고 와서 경배를 드리는 행위가 금지되어 왔는데, 유태인들은 이를 어기고 사원에 의자나 다른 도구들을 가져와 경배를 올렸다. 무슬림들은 유태인들의 이런 행동에 화가 나서 수차례 영국 관리들에게 자신들의 불만을 토로했다. 유태인들의 입장에서는 무슬림들의 눈에 거슬린다는 그 물건들이 사실 기도할 때 도움을 줄 편의시설에 불과한 것이었지만, 무슬림들은 이에 대해 오랜 기간에 걸쳐 무슬림의 소유로 인정받아 온 그 성스러운 벽 부근을 유태인들이 멋대로 사용하려는 음모라고 믿었다. 그 서쪽벽은 무함마드의 신비한 말 이름을 따라 알 부라크(al-Buraq)라 불리며 무슬림들에게 거룩한 곳으로 여겨졌는데, 전설에 따르면 무함마드가 하늘에 다녀오기 전 자신이 아끼던 말을 그곳에 잠시 묶어두었다고 한다.

아무리 분위기가 좋을 때라 해도 유태인들이 그 벽 아래에 기도하러 모이기란 쉬운 일이 아니었다. 그들은 구(舊)도시의 아랍인 시장 남쪽 끝에 연결된 거리를 따라 이곳으로 왔다. 그 길을 따라오다 보면 주변 건물 옥상에서 아랍인들이 던지는 돌 세례를 맞아야 했고, 벽 입구에 도착해서도 주변에 사는 아랍인들이 습관적으로 던져버리는 쓰레기 더미 사이를 뚫고 지나가야 했다. 뿐만 아니라 툭하면 벽 앞의 좁은 길에 동물들을 풀어놓는 바람에, 유태인들은 중세 시대 그리스도교인들이 유대교에 대한 경멸의 표시로 성전 산에 음식 찌꺼기를 버렸던 것을 기억하며 동물 배설물까지 치워야 했다.

그랜드 무프티 후사인이 이끄는 최고 무슬림 평의회는 1922, 1923, 1925년에 유태인들이 금지된 물품인 의자 등을 가져오지 못하게 하는 데 성공했다. 그 이후 후사인은 유태인들의 이런 행위가 성전 산에 있는 사원들을 점령하고 이곳에 그들의 세번째[+] 성전을 지으려는 시온주의자

[+] 첫번째 성전은 기원전 10세기에 솔로몬 왕이 세운 것으로 약 4백 년 뒤인 기원전 586년, 바빌로니아의 네부카드네자르 2세의 침공 때 파괴되었다. 두번째 성전은 유태인들이 바빌로니아에서 귀환, 페르시아 키루스 왕의 후원을 받아 즈루빠벨의 지휘 아래 기원전 515년 같은 자리에 재건한 것으로, 기원전 20년 헤로데 왕이 보수 및 증축 공사를 시작해 서기 64년에 완성되었으나 불과 6년 뒤 로마 장군 티투스가 유태인 반란을 진압할 때 완전히 타버리고 말았다. 지금 남아 있는 서쪽 벽(통곡의 벽)은 이 두번째 성전의 남은 부분이다. 따라서 아직껏 지어지지 않고 있는 새로운 성전은 세번째가 될 것이다.

들의 음모에서 비롯된 것이라 주장함으로써 시온주의를 깎아내리려는 국제적 운동을 시작했다. 서쪽벽에서 행해지는 유태인들의 행태에 대한 조직적인 반대 운동은 1922년에 시작된 후, 1929년 헤브론 및 사페드 등지에서 100명이나 되는 유태인이 아랍인에 의해 목숨을 잃는 상황에까지 이르렀다.

하지만 중요한 건 이런 아랍인들의 반대 행동에도 불구하고 영국은 밸푸어 선언을 취소하거나 유태인 이주를 금하지 않았다는 것이며, 오히려 1933년 이후 유태인의 이주는 눈에 띄게 증가했다. 1936~39년에 발생한 아랍인의 총파업은 이런 영국 정책에 대한 아랍인들의 낙담 때문이기도 했다. 아랍 상임위원회를 대변한 파업 지도자들은 위임 정부 당국에게 유태인 이주 및 유태인의 토지매입이 금지될 때까지 세금을 내지 않겠다고 엄포를 놓았다. 그러나 영국이 이에 대해 어떤 반응도 보이지 않았을 뿐 아니라 팔레스타인에 독립적인 아랍 국가를 설립하기 위한 조치들을 취하지 않고 있음이 분명히 드러나자 이제 아랍인들은 유태인과 영국인을 쫓아내겠다며 거리로 뛰쳐나왔다. 이렇게 1년이 지나자 위임 정부도 더 이상 참을 수 없었다. 아랍 상임위원회는 불법 단체로 낙인 찍혔고, 아민 알 후사인은 최고 무슬림 평의회 의장직을 빼앗겼다. 1937년 말 체포의 위험을 느낀 후사인은 할머니로 위장하고 예루살렘을 탈출, 베이루트로 달아나 반대 운동을 계속했다. 아랍인들의 폭동을 지지해 온 후사인 가문과 동맹 관계인 예루살렘의 무슬림 시장 후사인 알 할리드(Husayn al-Khalid) 역시 인도양 서부의 세이셸 섬으로 유배당했다. 하지만 파업은 계속되었고, 아랍인들은 점점 더 폭력적으로 변했다. 수많은 아랍인들과 유태인들이 죽음을 당했고, 그 사이에 낀 영국인들도 목숨을 잃었다. 하지만 시온주의 지도자들은 간헐적인 복수극을 제외하고는, 영국측이 오히려 아랍인들의 요구에 귀를 기울이게 되

1936년 예루살렘에 도착한 영국 필 위원회 위원들. 맨 앞에 필(Peel) 경이 서 있다. 이 위원회는 팔레스타인을 아랍 국가와 유태인 국가로 양분할 것을 해결안으로 내놓았다.

는 계기를 만들어 주게 될까봐 별다른 행동을 취하지 않았다.

폭동이 수개월간 계속되자 영국의 본국 정부는 팔레스타인에서 일어나고 있는 아랍인과 유태인 사이의 갈등에 대해 본격적으로 대처하기 시작했다. 필(Peel)이 이끄는 위원회가 조직되어 1936년 4월 팔레스타인에 도착, 사태를 조사한 끝에 이 지역을 아랍 국가와 유태인 국가로 양분하고, 예루살렘 및 베들레헴 그리고 나자렛 등은 위임정부하에 특별지구로 관리하는 방안을 내놓았다. 이 위원회의 조사는 유태인과 아랍인 사이에 팔레스타인을 장악하기 위한 투쟁이 벌어지고 있음을, 또한 그 중에서도 예루살렘에 대한 투쟁이 가장 격심하여 양자간의 좌절과 증오가 극에 달하고 있음을 처음으로 공식 인정하는 계기가 되었다. 위원회는 또한 영국 정부에게 양자간의 갈등을 중재할 생각을 아예 버릴 것을 권고했다.

이런 권고안은 영국 지도자들이 국제적인 비난을 피하고 싶어한다는 것을 드러내 주었다. 팔레스타인 분할안을 통해 영국은 그리스도교 신앙에 있어서 가장 거룩한 곳들을 무슬림과 유태인들에게 내주고 있었다. 위원회의 보고서는 자못 감동한 듯한 문체로 이런 말을 남겼다.

팔레스타인의 분할은 신성한 도시인 예루살렘과 베들레헴을 잘 보존하고 세상 사람 누구나 자유롭고 안전하게 그곳을 찾을 수 있도록 만들어야 할 필요 때문이다. 위임통치 결의안에도 충분히 나타나 있듯이 그것은 '문명 세계의 귀중한 신뢰'에 바탕을 두고 있다. 이는 비단 팔레스타인인들만을 위한 것이 아니라 이곳을 성스러운 곳으로 받드는 세상의 모든 사람들을 위한 것이다.

예상대로 필 위원회 보고서에 대한 반응은 여러 가지로 나타났다. 국제연맹에 속해 있는 대부분의 회원국들은 당면한 난국을 헤쳐나가게 해줄 올바른 해결안이라고 받아들였다. 아랍인들은 위원회가 시온주의자들에게 합법적으로 국가를 세워주는 것이라며 실망을 금치 못했으나, 시온주의자들은 보고서에 대해 동의를 표했다. 그 이유에 대해서 유진 보비스의 설명을 들어보자.

바이츠만 박사를 포함한 많은 사람들이 위원회의 또 다른 대안인 위임통치의 연장보다는 원하는 것보다 영토가 조금 작더라도 일단 국가를 수립하는 게 더 좋다고 믿고 있다. 보고서에 의하면 위임통치가 연장될 경우 유태인 이민에 제한이 가해질 수밖에 없다고 하나, 적어도 유태인 국가가 수립된다면 자국 이민정책만이라도 알아서 할 수 있을 테니 말이다.

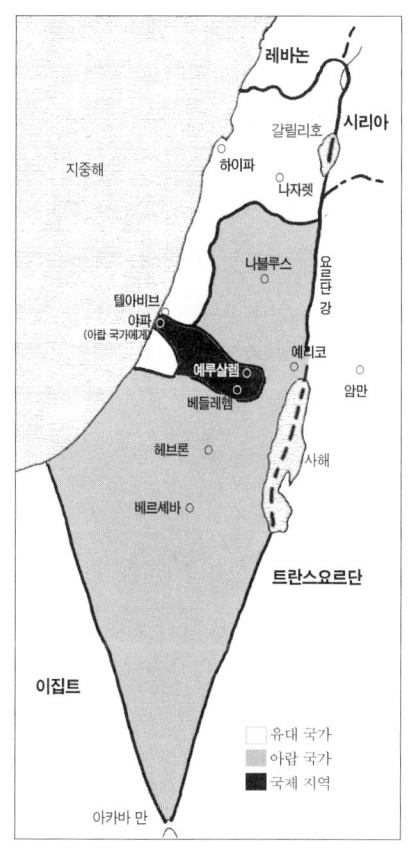

1937년 필 위원회 분할안

유태인 행정국은 예루살렘 및 스코푸스 산이 유태인 영토에 포함되도록 하는 또 다른 대안을 제시함으로써 유태인의 종교적, 문화적 전통에서 예루살렘이 차지하는 중요성을 전세계에 다시 한번 알리는 계기로 삼았다.

예로부터 유태인들의 팔레스타인에 예루살렘이 없다면 그것은 영혼이 없는 몸이나 마찬가지라는 말이 있다. 지난 모든 시대를 통해 유태인들이 그 어디에 흩어져 살았건 간에 예루살렘은 모든 유태인들의 정신적 고향이었다. 예루살렘은 유태인 민족의 상징이며, 유태인의 마음 속에 사실상 팔레스타인과 같은 위치를 점하고 있다. 지나온 수많은 세월 속에서 유태인들은 어떠한 난관과 시련에도 불구하고 예루살렘으로 돌아가 그 땅에 다시 정착하려고 노력해 왔다. 유태인들은 '시온으로 돌아가기' 운동의 일환으로 최근에는 예루살렘 성벽 밖을 많이 개발했다. 이런 예루살렘을 유태인 국가에서 분리한다는 것은 예루살렘과 유태인 모두에 대해 불공평한 처사일 것이다.

훗날 이곳을 국제적인 관할하에 두어야 한다는 압력이 점증할 때도 예루살렘과 유태인의 특수한 관계는 언제나 특별히 강조되었다.

트란스요르단의 압둘라 왕은 팔레스타인이 자신의 영토에 포함되도록 압력을 행사할 수 있는 좋은 기회라 여기고, 필 위원회 권고에 긍정적인 반응을 보였다. 이로 인해 트란스요르단의 하심 왕가와 보다 호전적인 팔레스타인 지도자들 간에 틈이 생겼다. 그리고 시간이 흐를수록 팔레스타인 독립 문제가 더욱 심각해지면서 그 틈은 더 벌어지고 말았다. 또한 보고서는 그때 처음으로 팔레스타인 문제에 관심을 갖게 된 많은 아랍 지도자들의 마음에 거슬렸다. 이들 대부분은 팔레스타인 아랍인들의 독립을 지지했으며, 압둘라 왕 대신에 예루살렘의 그랜드 무프티 아민 알 후사인을 성원했다.

사태는 급박하게 진전되어 보고서 문제를 압도했다. 팔레스타인의 아랍인들과 유태인들 간의 충돌이 심각해지는 가운데 나치 독일과의 전쟁 가능성이 높아지자 영국 정부는 분할안을 포기하게 되었다. 영국은 팔레스타인에서 긴장을 완화하는 가장 안전한 길은 시온주의자들에게 흡족한 약속을 해주는 것에서 조금 물러나 오히려 아랍인들을 달래줄 방안을 찾는 것이라 믿었다. 이제 영국의 관심이 유럽 대륙으로 쏠리게 된 이상, 적어도 유럽의 동쪽에서 아랍인들과의 갈등은 피해야만 했다. 이런 가운데 1939년이 되자 영국 정부는 정책의 변환을 시도하여 「백색문서」(White Paper)를 발표, 유태인들의 이민과 토지 매입을 엄격히 제한하는 조치를 취했다. 이에 따라 향후 5년에 걸쳐 이주할 수 있는 유태인 인구는 7만 5천 명으로 제한되었으며, 그 이후에는 아랍인들의 동의가 있을 때까지 무기한 금지될 것이었다. 5년간의 추가 이민기간이 지나고 나면, 팔레스타인의 유태인 인구는 전체의 1/3로 고정되어, 아랍인들이 영구히 팔레스타인에서 수적 우위를 차지할 수 있게 될 것이었다.

예상대로 유태인들은 밸푸어 선언에 대한 배신이라면서「백색문서」에 대해 분노를 금치 못했다. 특히 히틀러가 장악하고 있는 유럽에서 수많은 유태인들이 피난해 오고 있는 시기에 이민을 제한한다는 것에 대해 매우 경악했다. 하지만 영국 정부는 정책 변화를 그럴 듯하게 정당화했다. 즉 밸푸어 선언에 '보금자리' 조항이 있긴 하지만, 그로 인하여 영국 정부가 아랍인들의 의견에 반하여 팔레스타인에 유태인 국가를 세울 의무를 지게 된 것은 아니라는 논리였다. 또한 그간의 이민을 통해 팔레스타인에 이미 유태인의 보금자리가 세워진 것 아니냐는 논리를 들이대며, 이제 밸푸어 선언대로 어느 정도 약속을 이행했으니 더 이상 시온주의자들에 대한 책임을 느끼지 않는다는 의견을 표명했다.

아랍인들은「백색문서」발표에 기쁨을 감추지 않으면서 시온주의에 대한 투쟁의 정당성을 입증해 주는 처사라고 반겼다. 하지만「백색문서」이후 유태인 지도자들은 교묘한 방법을 통해 수많은 유럽의 유태인 피난민들을 팔레스타인으로 불법 이주시켰다.

1939년 9월 제2차 세계대전의 발발은 시온주의자들을 궁지로 몰아넣었다. 히틀러와의 전쟁만을 보면 영국은 유태인들의 동맹자였다. 하지만 팔레스타인에서는「백색문서」가 존재하는 한, 분명 영국은 유태인의 적이었다. 유태인 행정국 수반인 다비드 벤 구리온은 이 상황을 타개하기 위하여 시온주의자 동지들에게 이렇게 외쳤다. "「백색문서」가 없었던 것처럼 영국을 도와 히틀러와 싸우라. 그리고 전쟁이 일어나지 않은 것처럼「백색문서」폐지를 위해 싸우라."

제2차 세계대전은 팔레스타인 문제에 잠시 휴지기를 가져다 주었다. 유태인들은 영국군에 자원입대하여 연합국을 위해 싸웠으며, 언제나처럼 약삭빠른 후사인은 베를린으로 거처를 옮겨 전쟁이 끝나고 나면 히틀러가 아랍인들의 '유태인 문제'를 해결해 주리라 희망하고 있었다. 그러나 영국이 후원하여 카이로에서 열린 아랍 연맹(Arab League)에 참가한 팔레스타인 대표들에게 그들의 정신적 지주가 이제 나치의 동조자가 되었다는 소식은 아무런 도움이 될 수 없었다.

1945년 6월 유럽에서 전쟁이 종료되자, 유태인들과 아랍인들은 즉각 예루살렘을 장악하기 위한 싸움을 재개했다. 이런 조짐은 이미 1944년 8월 예루살렘의 무슬림 시장 무스타파 알 할리드(Mustafa al-Khalidi)의 사망 이후부터 나타나고 있었다. 유태인들은 예루살렘 인구 중 유태인 비중이 가장 크므로 당연히 시장이 그들 중에서 나와야 한다고 주장한 반면, 무슬림들은 이에 대해 결사적으로 반대했다. 갈등이 깊어지면서 자치회를 통한 의견 조정이 불가능해지자, 영국은 1948년 5월 위임통치가 만기 종료될 때까지 영국인을 시장으로 임명해야 했다.

31년에 걸친 영국의 팔레스타인 통치는 페르시아만 및 인도양으로 통하는 수에즈 운하를 보호하기 위한 전략의 일환이었고, 그 전략은 맞아들어갔다. 영국은 이 지역에서 우위를 잃지 않았으며 나치 독일의 위협에도 불구하고 운하를 잘 지켰다. 하지만 전쟁이 끝났으니 이 전략은 이제 재고되어야 했다. 제2차 세계대전 중의 막대한 전비와 식민지 인도의 정치·경제 문제 등으로 휘청거리던 대영 제국은 결국 위임통치를 포기하고 팔레스타인을 떠나기로 결정했다. 이와 동시에 국제연합에 팔레스타인 및 예루살렘 문제를 상정했다. 유엔은 이에 대한 해결책으로 1947년 11월 팔레스타인 분할안을 내놓았는데, 이전의 필 위원회 보고서의 영향을 받았는지, 팔레스타인을 아랍 국가와 유태인 국가로 분리하고 예루살렘과 베들레헴을 포함하는 제3의 지역을 따로 국제적 관할 하에 둘 것을 제안했다. 유럽과 미국은 급한 대로 불을 끌 수 있는 해결안이라며 이를 지지했고, 소련은 중동에서 영국의 영향력이 줄어들어

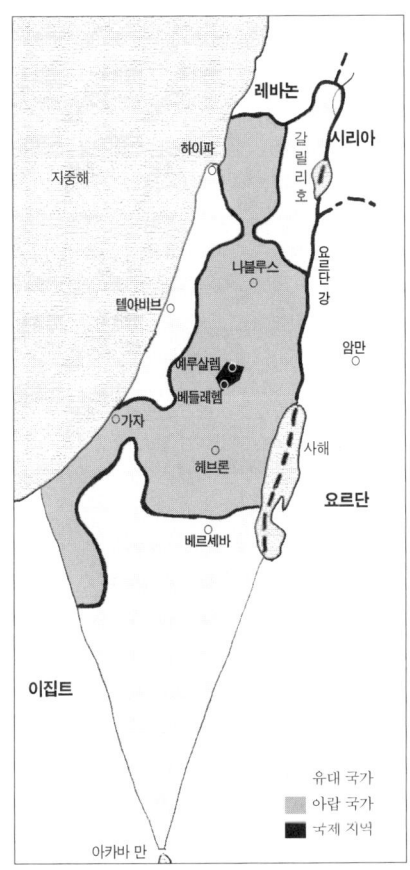

1947년 유엔 분할안

자기들이 끼여들 여지가 생겼다고 이를 반겼다. 바티칸 및 다른 가톨릭 국가들은 성지에 대한 그리스도교인의 통제가 지속될 수 있을 것이란 점에서 예루살렘의 국제화 조항을 특히 반겼다. 벤 구리온이 이끄는 시온주의 지도부 역시 유태인 국가 설립에 대한 국제적 인정을 얻을 수만 있다면 예루살렘을 잃는 것도 감당할 수밖에 없다는 생각에서 이를 지지했다. 트란스요르단의 압둘라 왕은 예상대로 분할안에 따라 자신의 왕국이 확장될 것이라 믿고 이를 반겼다(하지만 얼마 후 그는 다른 아랍 지도자들의 압력에 굴복, 태도를 바꾸어 분할안에 반대를 표했다). 그외 아랍 지도자들은 모두 필 위원회 권고안 때와 마찬가지로 이를 반대했다. 무엇보다도 유태인 국가 설립을 찬성할 수 없었기 때문이었으며, 둘째로 압둘라 왕의 세력이 커질 것을 두려워했기 때문이었다. 여전히 후사인의 지도를 받고 있던 팔레스타인의 아랍인들 역시 이제까지 그들이 반대해 온 바가 이루어지는 것을 찬성할 리가 없었다. 비교적 중도 아랍노선을 취하며 하심 왕가와도 가까웠던 예루살렘의 나샤시브 가문만이 압둘라 왕과 보조를 같이 하여 분할안을 지지했다. 하지만 사태가 진전된 것을 보면, 팔레스타인은 유엔 권고안 때문에 분할된 것이라기보다는 아랍인과 유태인 간 전쟁의 결과로 분할되었음을 알 수 있다.

영국 정부는 1948년 5월 15일에 위임통치를 종료하기로 결정을 내렸다. 이미 아랍인들과 유태인들 사이엔 예루살렘 등지에서 게릴라 전투가 벌어지고 있던 차라, 시온주의 지도부는 영국인들이 떠난 뒤 시작될 극도의 혼란에 대비한 조치로 위임통치 종료 하루 전 전격적으로 국가 수립을 선포하고 바로 전쟁에 돌입했다. 그리고 영국이 떠난 뒤 불과 몇 시간도 안 되어 이집트, 시리아, 이라크, 레바논, 요르단의 연합군은 신생 유태인 국가를 없애버릴 목적으로 팔레스타인에 침공했다. 이리하여 수차례에 걸쳐 터지게 될 아랍-이스라엘 간의 첫 전쟁[+]이 시작되었고, 1948년 전쟁의 결과 향후 19년 동안의 팔레스타인과 예루살렘의 운명이 결정되었다.

1948년 4월 22일에 시작된 예루살렘 포위전은 첫 정전 협정이 있던 6월 11일까지 거의 두 달간 계속되었다. 전투가 집중된 곳은 유태인 구역이었는데, 이곳은 약 2천 명의 신앙심 깊은 유태인들이 좁은 공간에

[+] 중동전쟁이라고도 불리는 아랍-이스라엘 전쟁은 지금까지 총 네 번이 있었다. 1948년 5월 16일에 발발한 것이 제1차 중동전쟁이며, 수에즈 전쟁으로 불리기도 하는 제2차 중동전쟁은 이집트 대통령 나세르가 1956년 7월 수에즈 운하의 국유화를 단행, 이스라엘로 향하는 선박의 통항을 거부하고 티란해협을 봉쇄하자 이에 타격을 입은 영국과 프랑스가 10월 29일 이스라엘이 시나이 반도를 침공한 이틀 후에 수에즈 운하를 공격함으로써 발발했다. 유엔의 개입으로 영국과 프랑스는 연내에, 이스라엘은 57년 3월에 점령지로부터 철수했다. 2차 중동전쟁 후 게릴라의 기지가 된 시리아에 대해 이스라엘이 대규모 공격을 감행하자, 시리아와 요르단이 이집트에 개입을 요청하면서 1967년 6월 5일에 발발한 제3차 중동전쟁(6일 전쟁)은 개전 6일 만에 참가 아랍국들이 모두 유엔의 정전권고를 수락, 6일 만에 막을 내린다. 이 전쟁으로 이스라엘은 시나이 반도, 요르단 강 서안 지역, 골란 고원을 손에 넣게 된다. 제4차 중동전쟁은 나세르 이집트 대통령의 급서로 대통령에 취임한 사다트가 1973년 10월 6일 이스라엘에 선제공격을 가함으로써 발발했다. 전선이 고착되면서 10월 22일 양측은 정전에 합의했는데, 이 전쟁 중에 아랍석유 수출국 기구(OAPEC)가 석유 무기화 전략을 발동, 세계 경제는 오일 쇼크를 겪으며 막심한 타격을 입게 된다.

옹기종기 모여 살며 종교 연구와 명상에 몰두하는 곳이었다. 유태인 하가나 부대의 방위군들이 유대교 회당과 학교에 방어진을 구축하고 총격전을 벌이면서 일부 건물들에 손상이 갔지만, 정작 파괴 행위가 벌어진 것은 유태인군이 항복하고, 승리에 취한 아랍군이 예루살렘 구도시를 전부 점령한 뒤였다.

유태인 병사들은 포로로 잡혔고, 그 구역 내 유태인 주민들은 예루살렘 서부의 카타몬 지역으로 옮겨졌다. 이들이 떠나자마자 아랍 병사들은 유대교 회당, 학교, 가정집들을 약탈하고, 종교적 물품처럼 자기들이 쓸 수 없는 것들은 모두 불태워 버렸다. 그리고 지도부의 지시에 따라 회당과 학교들에 폭탄을 설치해 약 27채에 달하는 회당과 30채에 달하는 학교를 파괴하였다. 그 중에는 포라트 요세프, 후르바, 티페레트 이스라엘 같은 회당도 포함되어 있었다. 또한 유명한 요하난 벤 자카이 회당은 파괴 정도가 심해 건물 뼈대만 앙상하게 남았다. 위대한 학자 나크마니데스가 1267년에 세운 회당 역시 파괴되고 말았다. 유태인들의 문화 유적에 가해진 이런 파괴는 복구되기 힘든 것이었다. 하지만 파괴 행위는 거기에서 그치지 않았다.

19년에 걸친 요르단의 동예루살렘(East Jerusalem)✤ 통치 기간 중 올리브 산에 있는 유태인 공동묘지 역시 비슷한 운명을 맞아야 했다. 가브리엘 파든(Gabriel Padon)은 이 일에 대해 다음과 같이 묘사했다. "묘지가 파헤쳐지고 뼈가 흩뿌려졌습니다. 수많은 비석들이 부서지거나 또는 요르단 병사들에 의해 옮겨져 요새, 도로, 막사 또는 화장실을 만드는 데 쓰여졌습니다. 아랍 예루살렘 자치회는 묘지를 파괴하고 비석을 건축업

✤ 예루살렘 구도시 바깥으로 올리브 산, 스코푸스 산 그리고 새로 생긴 아랍인 거주 구역을 포함하는, 구시가지 및 그 동쪽에 위치한 지역. 이에 대해 유태인들이 구도시 서쪽으로 새로 정착촌을 형성, 발전시킨 곳을 서예루살렘(West Jerusalem)이라 한다.

자에게 판 상인들에게 특혜를 주기까지 했습니다 ……." 지금 올리브 산에 세워져 있는 인터콘티넨탈 호텔의 초석은 이때 팔린 비석들로 만들어진 것이라는 말도 있었다.

이 시기에 대한 기자들의 보도에 따르면 유태인 거주 구역은 그 파괴가 얼마나 심했던지 마치 제2차 세계대전 중의 스탈린그라드(현재 상트 페테르부르크)나 베를린 같은 모습이었다고 한다. 헤브론 등지에서 건너온 아랍 난민들은 유태인들이 사라진 이 지역의 유대교 회당을 무단으로 점거하여 마굿간이나 닭장, 쓰레기장 심지어 화장실로 사용했다. 1967년 6월 이스라엘 병사들이 이 지역을 다시 장악하여 요하난 벤 자카이 회당에 들어섰을 때 발견한 것은 천장 꼭대기까지 쌓인 쓰레기 더미였다고 한다.

이스라엘은 유태인 구역 및 올리브 산 공동묘지에 대한 요르단의 파괴 행위에 대해 점령 지역에서 상대방의 성소들을 보호하기로 한 정전 협정의 위반이라며 유엔에 누차 항의했지만, 아무 소용이 없었다. 오히려 요르단은 서예루살렘에 있는 무슬림 공동묘지인 마밀라 묘지가 훼손되고 있다면서 맞받아쳤다. 이스라엘은 이를 강력히 부인했다. 그후 요르단이 콘크리트 벽과 철조망을 설치하여 동예루살렘과 구도시(Old City) 안으로 유태인을 못 들어오게 막았는데, 그 결과 성전 서쪽벽이나 그 지역 회당들에 대한 유태인들의 접근이 불가능하게 됨에 따라 서로 상대방에게 자유로운 출입을 허락하기로 한 협정 조항은 무용지물이 되고 말았다. 이 장벽은 이스라엘 지역에 사는 무슬림들에게도 성전 산의 사원들을 찾을 수 없게 만드는 결과가 되었다. 요르단이 유태인의 구도시 접근을 어찌나 철저하게 막았던지 서예루살렘에서 그리로 넘어오려는 방문객들은 세례 증명서를 보여줘 자신이 유태인이 아님을 증명해야만 할 정도였다.

1949년 휴전선과 1967년 이스라엘 점령지

둘 다 손실은 있었지만 이스라엘과 요르단은 1948년 전쟁의 승리자들이었다. 이스라엘은 예루살렘을 두고 트란스요르단 정규군 및 아민 알 후사인이 이끄는 팔레스타인 비정규군 양쪽과 싸워야 했지만 그래도 서예루살렘과 현재 히브리 대학 및 하다사 병원이 있는 스코푸스 산 등지를 장악할 수 있었다. 아랍인들이 주로 사는 동예루살렘 및 통곡의 벽 서쪽에 있던 유태인 거주 구역을 포함한 구도시는 모두 아랍인들의 차지가 되었다. 1949년 5월 압둘라 왕은 이스라엘과 공식적으로 정전 협정을 맺어 예루살렘 및 팔레스타인의 경계선을 확정하고 이들 지역을 사실상 두 국가가 분할해 갖기로 합의했다. 그리고 1년 뒤 압둘라 왕은 동예루살렘을 포함한 팔레스타인을 왕국에 합병, 이 지역을 요르단 하심 왕국이라는 이름으로 새롭게 변모한 요르단 왕국의 서안으로 삼았다. 1948년 4월에 전쟁이 끝나면 팔레스타인을 그 지역 주민들에게 귀속시키기로 이미 결정한 바 있던 아랍연맹은 요르단의 합병 조치에 대해 크게 반발했지만 소용이 없었다.

이스라엘은 1948년의 전쟁 결과 유엔 분할안에 명시된 것보다 훨씬 더 큰 영토를 얻게 되었다. 원래 아랍 국가에 소속되기로 했던 야파 항구를 얻었을 뿐 아니라 카타몬이나 바카와 같은 서예루살렘의 대규모 아랍인 구역도 그들 차지가 되어 신생국 이스라엘 수도의 일부가 되었다.

이스라엘은 요르단과의 정전 협정이 체결된 후 곧바로 같은 해 12월, 국회 크네세트를 통해 서예루살렘을 수도로 선포했다. 1950년 요르단의 요르단 강 서안 합병이 국제적 지지를 받지 못했던 것처럼, 이스라엘 역시 이 조치에 대한 유럽 각국 및 미국의 지지를 얻는 데 실패했다. 서방 국가들은 신생국 이스라엘을 공식 인정하는 데는 별 문제를 느끼지 못했으나, 이스라엘이 예루살렘 서부를 차지하고 수도로 삼는 데는 동의할 수 없었으며, 대사관도 예루살렘에 두기를 거부했다. 서방 세계의 지도자들은 예루살렘의 국제구역화를 제안한 유엔 결의안이 아직 유효하다는 입장에서 이를 이행 불가능하게 만든 이스라엘과 요르단의 행위를 비난했다. 특히 바티칸은 유엔 결의안의 이행을 통해서만 성소들을 보호할 수 있고 성지에서의 그리스도교 이해 관계를 증진시킬 수 있다면서 강경한 입장을 보였다. 이에 대해 이스라엘은 이스라엘 내의 그리스도교 및 무슬림 성소들에 대한 국제적 보호와 관련하여 그 어느 누구와도 협력하겠다는 의사를 누차 표명했지만 무시되었다.

요르단과 이스라엘은 국제 여론을 무시한 채 반쪽 예루살렘을 자기 것으로 만드는 데 심혈을 기울였다. 이스라엘은 서예루살렘을 그들의 새 수도에 걸맞는 모습으로 단장하기 위해 대규모 건축 사업을 벌였다. 기바트 람(Givat Ram)에는 새로운 대학이 세워졌고, 세례 요한이 태어난 곳으로 알려진 시 외곽 언덕받이에 위치한 에인 케렘(Ein Kerem)에는 커다란 병원 단지가 들어섰다. 외교부도 텔아비브(Tel Aviv)에서 예루살렘으로 옮겨졌다.

압둘라 왕은 부친 후세인, 동생 파이살과 함께 비옥한 초생달(Fertile Crescent)✢ 지역 전체를 포함하는 독립 아랍국의 수립을 꿈꿔왔으나, 그의 소망은 트란스요르단 지역에 웨스트뱅크(요르단 강 서안) 및 동예루살렘을 더한 정도로 그쳐야 했다. 하지만 그럼에도 불구하고 그는 짜릿한 승리감을 맛볼 수 있었다. 팔레스타인 영토의 절반 이상이 그의 왕국에 귀속되고 90만 명이나 되는 팔레스타인 사람들이 하심 왕국에 속하게 되었으며, 알 악사 사원, 바위 돔 사원 등을 포함하고 있는 이슬람교에서 세번째로 거룩한 도시가 그의 권역 내에 들어오게 되니, 1920년대에 하심 가문이 이븐 사우드에 의해 메카 및 메디나에서 축출되었던 모욕을 이제야 좀 갚은 셈이었다.

압둘라 왕은 몇 가지 중요한 방법을 통해 새로운 백성들을 맞이했다. 즉 모든 팔레스타인 사람들이 요르단 여권을 가지게 되었고, 의원 수의 반을 팔레스타인인들에게 할당하여 국회를 재구성했다. 그후 몇 년에 걸쳐 몇몇 팔레스타인인들은 정부의 요직에도 오르고 재계 및 교육계에서 지도자 반열에 오르기도 했다. 또한 트란스요르단 지방의 유목 원주민들보다 우수한 문화를 가지고 있었던 팔레스타인 사람들은 요르단의 무역·산업·교육 분야에서 활발한 활동을 벌였다. 1948~1967년에 이들은 요르단의 발전에 지대한 영향을 미쳐, 요르단 인구의 1/2에서 2/3 이상을 차지하는 이들이 없었더라면 아마도 요르단이 근대 국가로 성장하기 힘들었을 것이라고 많은 사람들이 입을 모으기도 했다.

✢ 이라크의 남동부에서 시작. 티그리스 강 및 유프라테스 강 사이로 북서쪽으로 가다가 시리아 북부에서 남쪽으로 꺾여져 팔레스타인에 이르는 지역의 별칭. 히타이트, 바빌로니아, 아시리아 등 강대국이 흥망성쇠를 거듭한 고대 문명의 중심지였다. 또한 묘하게도 아브라함은 이 길을 따라 이라크 남동부 우르에서 시리아 북부 하란을 거쳐 가나안 지방, 즉 지금의 팔레스타인으로 내려와 정착했었다.

예루살렘의 분할(1949~1967)

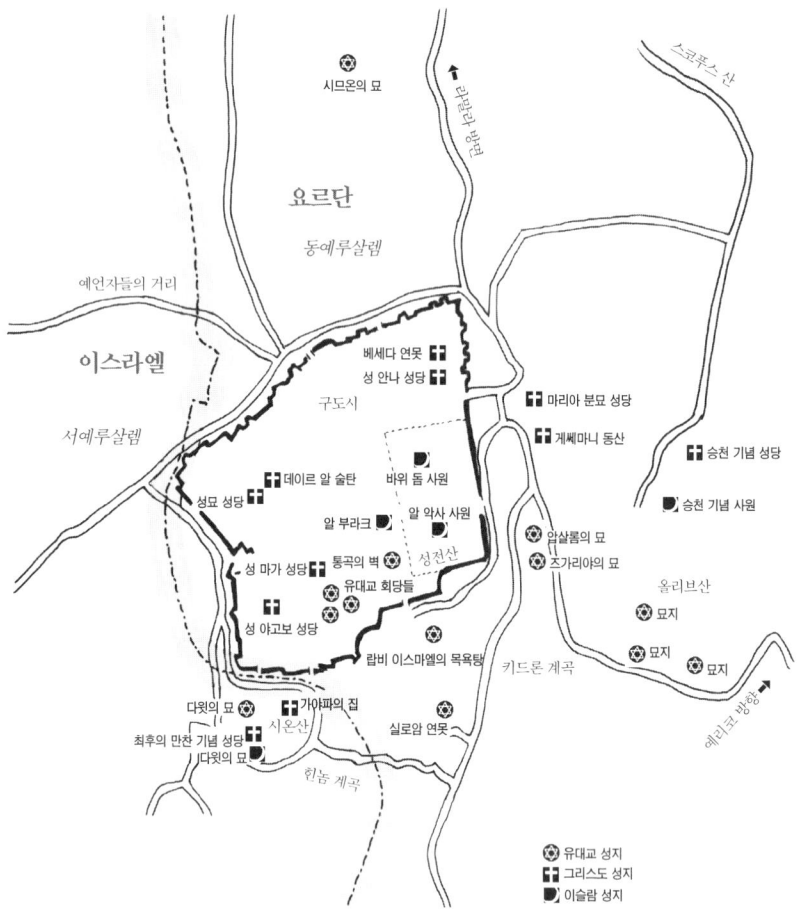

　압둘라 왕은 왕국에 속한 팔레스타인 사람들에 대한 배려와는 달리 팔레스타인 지방에, 그 중에서도 특히 예루살렘에 남아 있는 팔레스타인 사람들에 대해서는 별다른 관심을 기울이지 않았다. 이는 그의 손자 후세인 왕도 마찬가지였다. 하심 왕가는 예루살렘 대신 수도 암만의 건설에 온 힘을 기울였다. 1962년, 요르단 국회의원에 출마한 어떤 예루살렘 지역 후보는 이렇게 분개했다. "암만에 세워진 궁궐들을 보세요 ······ 그건 모두 예루살렘에 지어졌어야 합니다. 예루살렘을 도시가 아닌 마을 정도로만 남겨둘 생각으로 모두 여기에 지은 것 아니겠습니까?"

암만은 주택 및 사무용 건물 건축으로 시끌벅적했지만 예루살렘엔 새 건물이 거의 들어서지 않았다. 어울리지 않게 올리브 산에 세워진 인터콘티넨탈 호텔만이 유일한 예외였다. 1948년 전쟁 이후, 서예루살렘 내 독일인 거주 구역에 있던 그리스도교 소속 성 요한 안과병원이 동예루살렘으로 이전되었지만, 이는 병원을 암만으로 옮기고 싶어했던 요르단 정부의 희망에 반한 것이었다.

모든 정부 기관은 암만에 위치했으며 예루살렘은 더 이상 팔레스타인의 행정중심이 아니었다. 따라서 영국 위임통치 정부가 예루살렘을 활기차게 만들기 위해 취해놓은 여러 정책들이 모두 역전되고 말았다. 단지 하급 관리들만이 예루살렘에 남아 도시 행정을 맡았다. 누군가 은행 대출을 받고자 해도, 전화를 개설하려 해도, 사업 인가를 받으려 해도 심지어 소포를 부치고자 해도 암만으로 가야 했다. 다만 예루살렘엔 관광부가 남아 외자 획득을 위해 필요한 순례자 유치에 힘썼다.

요르단 정부는 오랜 전통을 가진 예루살렘의 무슬림 귀족 사회의 뿌리를 뽑는 데 성공했다. 나샤시브 가문은 하심 왕가에 대한 흔들리지 않는 충성으로 보상을 받았지만, 혁명적인 후사인 가문은 모두 숙청당했다. 이외에도 해외이주, 협박 또는 회유를 통해 오래된 무슬림 가문들의 세력과 명성을 약화시켰다. 후사인 가문의 권력기반이던 최고 무슬림 평의회는 폐지되었으며, 아민 알 후사인이 영국 및 시온주의자들과 투쟁을 벌이기 위해 1936년 창설했던 아랍 상임위원회 역시 문을 닫아야 했다. 얼마 안 되어 팔레스타인의 모든 정치적 모임이 다 금지되었고, 따라서 이들은 모두 지하로 잠적했다. 팔레스타인 와크프(헌납된 종교 재산)의 금고 역시 암만으로 옮겨졌는데, 그후 팔레스타인 무슬림 지도자들은 사원 유지비로 써야 할 자금이 거의 예루살렘으로 전달되지 않는다며 불만을 터뜨렸다. 모든 무슬림 판사들 역시 암만에서 임명되었다. 후사인에 의해 예루살렘의 종교적 중요성이 부각되었던 반면, 이제 하심 왕가는 이를 깎아내리려 노력했다. 예루살렘의 무슬림들 입장에서는 금요일 기도 소리가 이슬람 세번째 성지인 예루살렘에서 나오는 게 아니라 암만의 대(大)후세인 사원에서 나온다는 사실이 매우 굴욕적으로 느껴졌다.

요르단 관리들은 처음부터 헤브론 주민들의 예루살렘 이주를 장려하여, 예루살렘 내에 뿌리박고 있는 오랜 무슬림 엘리트들의 힘을 약화시키고자 노력했다. 이 작전은 성공했다. 머지 않아 팔레스타인의 스코틀랜드인이라 불리던 근면절약하는 이들 헤브론 사람들은 예루살렘 상권의 40퍼센트를 장악하게 되었다. 요르단은 또한 예루살렘에서 거두어지는 도시 지방세를 나불루스나 헤브론 등지의 사업에 사용하여 예루살렘에 간접적으로 손해를 입혔다. 예루살렘의 무슬림 엘리트들에 의해 추진되던 아랍 대학 건립계획 역시 요르단인들의 세상이 되면서 무산되고 말았다. 예루살렘의 아랍인들은 이런 식으로 정치적·문화적으로 고립되었으며, 요르단 정부가 서예루살렘과의 차단을 위해 장벽을 세우자 이런 고립감은 더욱 심화되었다.

인구 증가 면에서도 예루살렘은 뒤처졌다. 1948년에서 1967년 사이 암만의 인구는 6만 1천 명에서 31만 1천 명으로 5배가 증가한 반면, 예루살렘의 인구는 5만 명에서 7만 5천 명으로 늘었을 뿐이었다.

팔레스타인인들은 정부 요직에 올라가긴 했지만 왕에게 자문을 할 수 있는 각료급에 끼는 경우는 드물었으며, 군조직에서도 이런 현상은 마찬가지였다. 수상의 자리에까지 오른 팔레스타인 사람은 단 둘뿐이었다. 그 두 명은 1957년의 후세인 파흐리 알 할리드(Hussein Fakhri al-Khalid)와 1970년의 무함마드 다오우드 알 후세인(Muhammad Daoud al-Hussein) 장군이었는데, 두 경우 모두 팔레스타인 사람들에 대한 탄압의 전조에 해당되었다.

충성스러운 유목민들로 이루어진 요르단 군대 역시 예루살렘에 대해 폭력을 휘둘렀다. 조금만 말을 듣지 않아도 누구든 체포하고 쫓아버리고 감옥에 넣어버렸다. 팔레스타인 사람들은 이미 1948년 이전부터도 요르단 원주민들을 그들보다 문화적으로 뒤떨어진 유목민이라 깔보고 미워했었지만, 1948년 전쟁 이후 이들의 요르단인들에 대한 원성은 그 어느 때보다 높아졌다. 팔레스타인인들이 보기엔 요르단이 이스라엘에 대해 승리했다기보다는 기회를 엿보다가 운 좋게 영토를 확장한 것에 지나지 않았다. 그것도 1947년 아랍연맹 모임에서 투쟁이 종식되면 팔레스타인을 그 지역 주민들에게 넘겨주기로 했던 합의를 어기고서 말이다. 전쟁이 끝난 뒤 이들의 동요를 걱정한 압둘라 왕은 맨 먼저 아민 알 후사인 휘하의 군대를 무장해제했다. 그러나 팔레스타인 사람들은 독립의 염원을 버리지 않았다.

전쟁이 종식된 지 3개월 뒤인 1948년 9월, 팔레스타인의 지도자들은 아랍 상임위원회의 후원을 받으며 가자에서 회합하여 '팔레스타인 통합 정부'를 설립하고 아민 알 후사인을 대통령으로 추대했다. 이들의 행동은 요르단을 제외한 모든 아랍 국가들의 지지를 받았다. 이에 대한 대응으로 압둘라는 자신의 군대를 동원해 후사인의 추종자들을 잡아들여 감옥에 넣었다. 후사인은 또 다시 베이루트로 피신했고, 예루살렘의 그랜드 무프티 자리는 하심 왕가를 지지하는 후삼 알 딘 자랄라(Husam al-Din Jarallah)가 이어받았다. 압둘라 왕은 반란을 진압한 뒤 1948년 12월 예리코에서 회의를 소집, 뇌물과 회유와 아부를 통해 2천 명이나 되는 팔레스타인 귀족들로 하여금 팔레스타인이 요르단 아래로 귀속되길 바라며 그를 '팔레스타인 전체의 왕'으로 추대한다는 성명을 내게 했다. 특히 이제껏 압둘라를 반대해 온 헤브론의 실력자 무함마드 알리 자아부르(Muhammad Ali Ja'abur)와 예루살렘의 영향력 있는 무슬림 안와르 하티브(Anwar Khatib) 및 안와르 누세이베(Anwar Nusseibeh) 등이 압둘라에 대한 지지를 표한 것은 매우 의미심장한 일이었다. 뒤의 두 사람은 그 보답으로 요르단 정부의 요직을 맡았다. 후사인은 압둘라에 대한 복수의 칼을 갈았다. 결국 1951년 7월, 압둘라 왕은 금요일 아침 기도를 하러 알 악사 사원에 들어서는 순간 자객에게 암살당하고 만다.

팔레스타인인들 역시 1948년의 전쟁에서 애써 이스라엘과 싸우기보다는 람라, 리따, 야파 등지를 장악하기 위한 작전에 몰두했던 요르단군을 증오했다. 게다가 이스라엘군과의 충돌은 서예루살렘에 있는 그들의 보금자리를 잃는 결과를 가져왔을 뿐이었다. 또한 그들은 요르단 정부가 사실상 유태인 국가를 인정하게 될 정전 협정의 체결에 적극 나서는 것을 보고 다시 한번 실망하고 말았다. 한 팔레스타인인은 그 협정을 새로운 '밸푸어 선언'이라고 표현하기도 했다.

수세기 동안 예루살렘은 유태인, 그리스도교인, 무슬림들이 정복자와 피정복자로 입장을 바꿔가며 살아온 곳이었다. 이런 예루살렘의 모습이 이제 압제와 종속의 관계를 떠난 새로운 미래로 바뀔 수 있을까?

만일 그럴 수 있다면 그 이유는 예루살렘이 이제 더 이상 광대한 제국 내의 후미진 지방에 속한 자그마한 언덕 위의 고립된 마을이 아니기 때문일 것이다. 영국의 위임통치 관리들은 뽀얗게 먼지 쌓인 예루살렘의 면모를 새롭게 단장하여 이름 없는 지방 도시에서 팔레스타인의 행정 도시로 격상시켰다. 세월이 지난 지금 예루살렘은 군사적, 정치적으

구시가지를 가로질러 북동쪽 방향으로 바라본 오늘날 예루살렘의 모습. 멀리 보이는 건물이 하얏트 호텔이며 그 뒤로는 이스라엘 정부가 세운 고층 아파트 단지가 보인다. 동예루살렘에 대규모 유태인 거주 단지가 확장되고 있다는 좋은 예이다.

로 중요한 세계의 수도가 되어버렸다. 이곳에서 일어나는 일은 세계 언론의 즉각적인 관심을 끈다. 세계 각국의 종교, 민족, 국가 지도자들은 예루살렘의 미래에 대해 저마다 이야기하고 싶어한다. 예루살렘은 주요 대륙의 이음새에 위치한 최고의 성지라는 중세 지도 제작자의 표현대로 되어가고 있는 것이다. 유태인들은 무슬림들과 그리스도교인들이 지배하고 있던 예루살렘에 힘겹게 비집고 들어가 옛 성벽 밖에 자리를 잡고 신예루살렘을 건설했다. 바로 이 신예루살렘이 1948년과 1967년에 유태인들이 자신들의 수도로서 방어하게 될 도시였다. 1967년 전쟁의 승리 덕에 이스라엘은 1800년 만에 처음으로 역사 깊은 구도시까지를 포함한 예루살렘 전체를 장악하게 되었다. 그들은 신속히 구도시 및 아랍인들이 모여사는 동예루살렘을 신예루살렘에 합병하여 통합된 예루살렘을 형성, 그들의 수도로 삼았다. 그 이후 이스라엘은 기회가 있을 때마다 통합 예루살렘을 기반으로 하는 이스라엘의 주권 행사가 무력에 의한 것이 아니라 당연한 권리에 의한 것임을 강조했다.

1967년부터 이스라엘 사람들은 '통합 예루살렘'을 국가 주권의 상징으로 보았다. 물론 이로 인해 이스라엘은 무서운 도전을 받아왔다. 왜냐하면 이곳의 전쟁과 평화에 관한 사항은 이스라엘이 통합된 예루살렘을 어떻게 통치하는가의 문제뿐만 아니라, 이스라엘이 자신들 못지 않게 예루살렘에 대해 역사적, 종교적, 민족적 권리를 주장하는 팔레스타인의 아랍인들과 얼마만큼 타협할 수 있는가의 문제에 달려 있기 때문이다. 예루살렘은 유태인들에게 강력한 정신적 상징이지만, 이는 무슬림들과 그리스도교인들에게도 마찬가지인 것이다.

예루살렘에 관한 오랜 진실 하나는 이 도시가 그 정복자들의 힘을 빼앗아 버린다는 사실이다. 무수한 고난의 가시밭에서도 이곳은 아직 오뚜기처럼 건재하다. 정복과 군림으로 반복된 과거 역사는 이제 아랍인들과 유태인들이 한 자리에 앉아 예루살렘 및 요르단 강 서안 그리고 가자 지구에 대한 영토 협상을 이루어낼 때만 끝날 수 있다.

예루살렘의 미래에 있어서 가장 중요한 문제는 과연 통합된 도시 전체를 이스라엘의 수도로 삼을 것인지 아니면 이 가운데 아랍 인구가 많은 지역을 따로 분리하여 팔레스타인 국가의 수도로 만들 것인지에 관한 것이다. 성소 관할, 지방 행정 및 도시 계획, 소수 민족과 소수 종교 보호문제 등 예루살렘에 관련된 모든 문제들은 사실 그보다 훨씬 더 중요한 문제, 즉 '통합이냐 분할이냐'라는 문제가 해결되고 나면 모두 자연스럽게 풀릴 수 있다.

예루살렘의 분할이라는 말만 들어도 이스라엘 사람들은 괴로워 한다. 예루살렘의 유태인 시장 테디 콜렉(Teddy Kollek)의 말을 먼저 들어보자.

정말 솔직히 말씀드리겠습니다. 제가 가장 두려워하는 것은 아름답고 고귀할 뿐 아니라 수많은 사람들에게 성스러운 이 도시가 다시 분할되는 것입니다. 다시는 이 거리가 철조망 얽힌 담장이나 지뢰밭 또는 콘크리트 벽에 의해 단절되어서는 안 됩니다. 다시는 무장 군인이 이곳의 중심부를 경계선으로 삼아 경비를 서서는 안 됩니다. 제가 예루살렘의 분할을 두려워하는 이유는 단지 제가 시장이기 때문이거나, 유태인 혹은 이스라엘 사람이기 때문이 아닙니다. 저는 역사를 존중하는 한 사람으로서 그리고 그 주민들의 복지에 대해 누구보다 깊은 관심을 가진 사람으로서 분할을 두려워하고 있는 겁니다.

테디 콜렉의 말은 이스라엘 내부의 정치적인 입장 차이에도 불구하고 예루살렘의 재분할만큼은 절대로 반대하는 이스라엘인 대다수의 마음을 잘 대변해 주고 있다. 그는 자신의 말을 보충하기 위해 1967년 6일 전쟁 때 예루살렘의 구도시를 점령한 공수부대원의 말을 인용했다. 이 공수부대원의 말은 오랜 역사를 통해 간직해 온 유태인들의 민족적 감정을 잘 나타내 주고 있다.

1967년에 요르단에게 공격받았을 때 우리는 예루살렘을 위해 목숨을 던질 각오가 되어 있었습니다. 언제라도 그럴 거예요. 혹 골란 고원이나 시나이 반도, 요르단 강 서안 정도는 포기할 수 있을지도 모르지요. 하지만 어떤 이스라엘 사람도 예루살렘을 포기하진 않을 겁니다. 이 아름다운 도시는 유태인들의 심장이요, 영혼입니다. 그 누가 심장과 영혼 없이 살 수 있겠습니까? 유태인 역사 전체를 한마디로 상징할 단어는 바로 예루살렘이지요.

하지만 팔레스타인 사람들 역시도 예루살렘에 각별한 감정을 가지고 있다. 이번엔 예루살렘에서 태어나고 자란 팔레스타인인이자 하버드 대학의 교수인 왈리드 할리드(Walid Khalid)의 말을 들어보자.

예루살렘은 팔레스타인 땅에 있는 가장 거룩한 무슬림 성지입니다. 무슬림들은 기도를 할 때 메카보다 먼저 예루살렘을 향합니다. 예루살렘 안에는 수많은 무슬림 성인들과 학자들, 전사들, 지도자들이 묻혀 있어 팔레스타인과 아랍의 역사를 자랑스럽게 기억시켜 줍니다. 여기엔 팔레스타인 사람들에게 가장 오래된 종교 시설들이 산재해 있고, 종교와는 관계가 없지만 매우 귀중한 기관들도 많습니다. 이 모두는 1500년 동안 쌓여온, 가치를 따질 수 없는 유산들입니다. 이곳 건물들 대부분은 분명히 아랍 양식으로 세워졌으며, 그 건물들의 소유주와 실제 입주자 역시 대부분 아랍인들입니다. 이곳은 당연히 아랍 팔레스타인의 수도입니다.

할리드 교수의 '아랍 팔레스타인'에 대한 언급은 요르단 강 서안 및 가자 문제의 해결에 있어서 결코 예루살렘도 제외될 수 없다는 아랍과 무슬림 세계의 태도를 잘 대변해 주고 있다. 이리하여 역사적으로나 종교적으로나 이스라엘의 핵심은 예루살렘이라는 유태인들의 주장처럼, 아랍인들도 똑같이 역사적·종교적 이유를 들며 예루살렘이 그들 독립 국가의 중심이 되어야 하다고 주장하고 있는 것이다.

다윗 왕 거리의 남쪽 끝에 있는 사자 분수대는 테디 콜렉 시장이 예루살렘 내 다양한 사람들의 공존을 상징하기 위해 만들어 놓은 기념물이다. 그는 독일인에게 이 일을 맡기면서 예루살렘을 위해 매력적인 조형물을 만들어 달라고 주문했었다.

장엄한 모습으로 분수대 주위에 앉아 있는 사자들의 형상은 청동으로 만들어졌으며, 다윗 왕 시절에 유대 사막을 휘젓고 다녔을 맹수들의 모습을 형상화한 것이었다. 이곳에는 하루도 빼놓지 않고 유태인, 무슬림, 그리스도교인 가족들이 모여든다. 그리고 어린아이들은 사자들 사이에서 물장구를 치며 논다.

난 종종 가족 행렬이 도착하기 전에 아침 일찍 이곳을 찾아오는데, 이곳에 오면 항상 분수대 맨 위에 놓인 금속으로 만들어진 작은 새를 본다. 마치 오랜 비행 끝에 올리브 가지를 입에 물고 이곳에 안착한 듯한 이 새를 보고 있노라면 몇 가지 의문이 떠오른다. 누가 그 올리브 가지를 떼어다 땅에 심을 것인가? 누가 '신의 도시'라는 이름에 걸맞지 않게 지난 3천 년 동안 정복자들의 말발굽에 짓밟혀 온 악순환의 고리를 끊을 것인가? 누가 예루살렘을 짓눌러 온 끔찍한 역사의 쇠사슬을 끊어버릴 것인가? 누가 과거가 아니라 미래를 위한 결정을 할 것인가? 누가 단순히 기도만 하지 않고 '예루살렘의 평화'를 위해 행동할 것인가? 정말이지 누가!

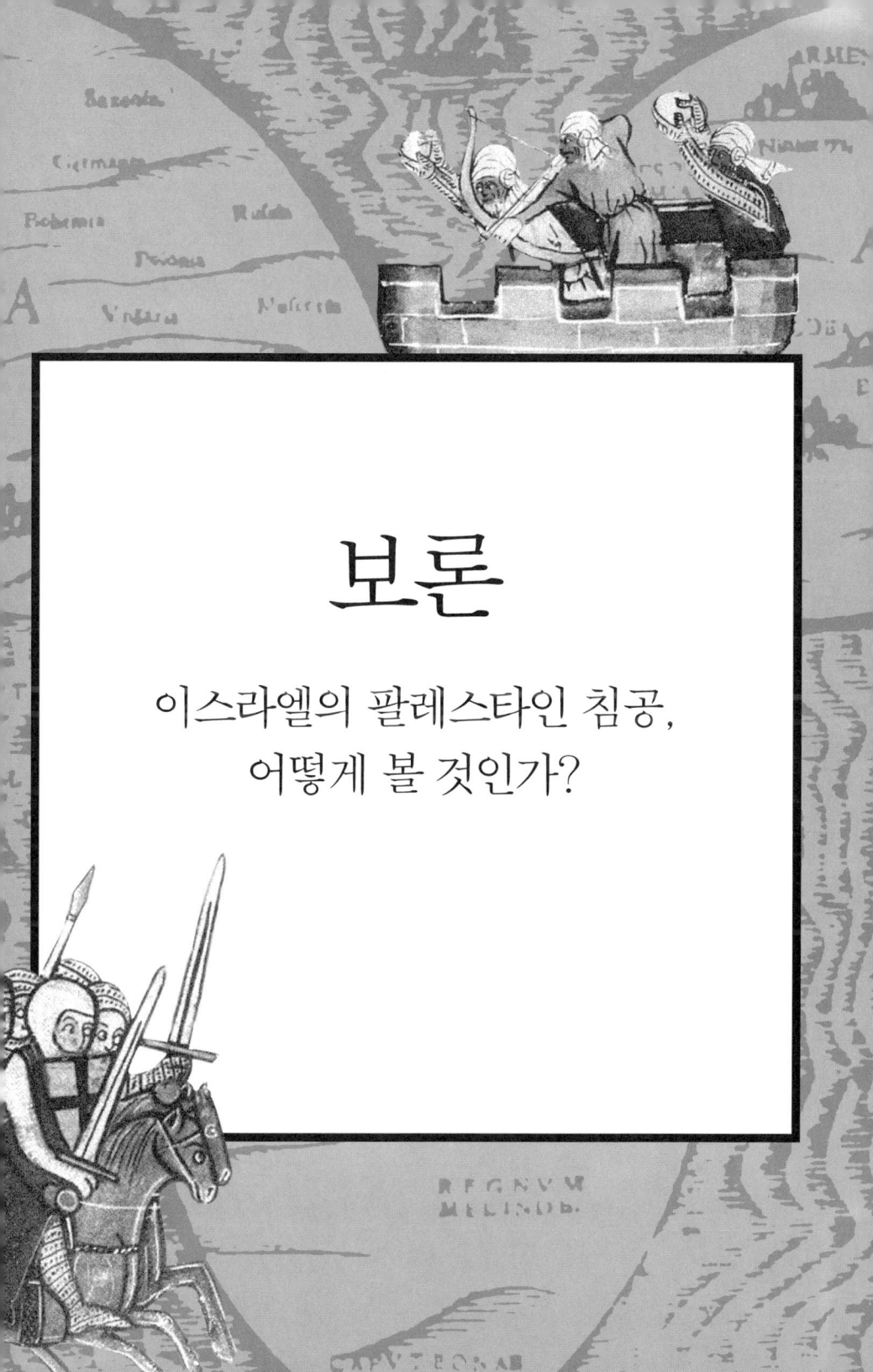

보론

이스라엘의 팔레스타인 침공,
어떻게 볼 것인가?

홍순남 한국외국어대학교 아랍어과 교수. 1945년 생. 한국어외국어 대학교 아랍어과 졸업, 이집트 카이로 대학교 정치외교학 박사, 외무부 정책 자문위원, 한국외국어대학교 중동연구소 소장 역임. 주요 저서 『중동 정치질서의 이해』 『중동의 정치경제』 등.
hongsn@hufs.ac.kr

이스라엘의 팔레스타인 침공, 어떻게 볼 것인가?

홍순남

이스라엘과 팔레스타인 간의 분쟁은 기원전으로 거슬러 올라가는 오랜 역사적 갈등에 그 뿌리를 두고 있지만, 지금과 같은 원한관계는 제1차 세계대전 중 유태인과 아랍인을 연합군 측에 끌어들이기 위해 영국이 취했던 이중외교정책에서 비롯된 것이다. 영국은 1917년 밸푸어(당시 외무장관) 선언을 통해 유태인들에게 팔레스타인 땅에 국가를 건설해 주겠다는 약속을 하는 한편, 아랍인들에게도 과거와 같은 이슬람 통일국가를 수립해 주겠다는 맥마혼-후세인 서한을 이미 약속했던 것이다. 유태인들은 이 영국과의 약속을 근거로 이스라엘이라는 국가를 세웠으며, 아랍인들은 식민지 유산으로 인해 22개 국가들로 분리 독립했다. 팔레스타인 문제는 오스만 제국의 땅이었던 한 주인 없는 아랍 자투리땅의 주권문제이다. 영국과 프랑스 식민지 시대 이후 중동은 미국과 소련 간 정치싸움의 대리전쟁터가 되었고 강대국의 패권다툼 지역이 되었다. 특히 중동의 석유는 오늘날 국제정치의 중요한 변수이며 미국과 유럽의 이해관계가 얽혀 있다.

    이스라엘의 건국으로 유럽의 유태인 문제는 해결되었지만 아랍세계에서는 팔레스타인인의 생존문제가 과거 유럽의 유태인 처지처럼 되었다. 이제 이스라엘은 자국의 이익을 지키기 위하여 과거 그들이 유럽에서 학대받았던 것과 마찬가지 방법으로 팔레스타인 민족을 탄압하며 팔레스타인 지역을 침공하고 있는 것이다.

예루살렘과 종교문명의 충돌

전세계 그리스도교인들의 마음의 고향이며 성지인 예루살렘은 이슬람교를 믿는 무슬림들에게도 중요한 마음의 성지이다. 이슬람교는 유대교와 그리스도교에 이어 중동에서 가장 늦게 나타난 아랍 유목민들의 고유종교다. 이는 이슬람교가 유대교뿐만 아니라 그리스도교에서 많은 영향을 받았다는 것을 의미한다. 실제로 이슬람교 경전인 『코란』의 서두는 『구약성경』과 많은 부분이 같으며 예수도 선지자로 인정하고 있다. 또한 『구약성경』의 모든 부분을 아랍의 것으로 받아들이고 있다. 아브라함의 두 아들 중 이사악은 이스라엘의 선조이며 아랍인 노예의 몸에서 난 적자인 이스마엘이 아랍인의 선조라는 『코란』의 기술은 3대 종교 ─ 유대교, 그리스도교, 이슬람교 ─ 가 갖고 있는 역사와 문화의 오랜 관계를 설명해 주는 것이다.

    예루살렘은 3대 종교의 성지이며 이 지역을 관리하는 문제는 언제나 국제문제와 전쟁으로 발전하였다. 즉 3대 종교문화의 충돌이 일어나는 진원지가 예루살렘이다. 프랑스와 로마 가톨릭은 그리스도교의 대부로, 러시아는 동방정교의 대부로 예루살렘에 관심을 보여 왔다. 아랍인들은 예루살렘을 조상이 물려준 자신들의 영토로 생각하고 있으며, 이들에게 예루살렘은 무함마드가 메카에서 예루살렘까지 하룻밤 여행을 한 특별한 종교적 의미를 갖는 성지이다. 특히 팔레스타인 민족은 유태인들이 왜 이제 와서 팔레스타인과 예루살렘을 자신들의 땅이라고 주장하는지 이해하지 못하고 있다.

　1948년 5월 15일, 이스라엘이 팔레스타인 지역에서 독립을 선언하면서 팔레스타인 영토는 이스라엘의 땅이 되었다. 이스라엘의 건국 선언과 함께 아랍 연맹에 가입한 아랍 여러 나라의 정규군이 팔레스타인에 침입하여 아랍-이스라엘 전쟁이 시작되었다. 1948~1949년의 아랍-이스라엘 전쟁(1차 중동전쟁)을 거치면서 예루살렘은 동서로 양분되어 동쪽은 요르단령, 서쪽은 이스라엘령이 되었고, 1950년 요르단 왕 압둘라가 기존의 동예루살렘 외에 웨스트 뱅크(요르단 강 서안) 지역을 병합하면서 이 두 곳은 한동안(1967년까지) 요르단 땅이 되었다. 이스라엘이 지금 팔레스타인 민족과 협상을 벌이고 있는 요르단 강 서안 지구와 가자 지구는 1967년 아랍과의 6일 전쟁(3차 중동전쟁)에서 강제로 빼앗은 아랍 영토다. 동예루살렘도 이때 점령한 영토다. 1967년 전까지 이스라엘의 행정수도는 텔아비브였지만 지금은 예루살렘이다. 유태인들은 기원전 바빌로니아로 강제로 끌려가 유수 생활을 할 때부터 시온 산이 있는 예루살렘으로 귀향하는 것을 민족의 염원으로 생각하면서 살아왔다. 그후 로마 제국에 쫓겨서 2천 년 동안 유럽에서 떠돌이 생활을 하면서도 유태인들은 고향인 예루살렘의 시온 산으로 가는 것을 꿈꿔 왔다. 예루살렘은 유태인의 정신이며 고향으로, 예루살렘 없는 이스라엘 국가는 유태인들에게는 아무 의미가 없는 것이다.

　한편 그리스도교 성지가 있는 예루살렘은 유럽과 전세계 그리스도교인들의 마음의 고향이기도 하다. 모든 그리스도교 국가들은 예루살렘이 분할되어 성지 순례가 힘들어지는 데 반대하고 있다. 따라서 예루살렘이 동서 예루살렘으로 분리되는 데 반대하고 있으며, 이는 이스라엘의 정책이기도 하다. 과거 오스만 투르크 시대에 러시아가 예루살렘 문제를 빌미로 일으킨 전쟁이 크림 전쟁(1853~56)이며, 중세의 십자군 전쟁도 예루살렘 문제를 놓고 빚어진 전쟁이다. 실크로드를 둘러싼 동방 무역로를 차지하기 위한 전쟁이라는 경제적인 이유가 있는 건 사실이지만, 십자군 전쟁은 종교적인 충돌로 발생한 전쟁이며 이 전쟁에서 패배한 서구 문명은 이슬람 문명에 대한 뿌리깊은 증오와 수치심을 갖고 있다. 이는 중동 문제에서 미국과 유럽 국가들이 언제나 일방적으로 이스라엘을 지지하는 환경을 만들었다.

이스라엘의 독립은 아랍인들을 단결시켰으며, 팔레스타인 민족은 이슬람교의 성지인 동예루살렘을 정신적인 지주로 삼아 가자 지구와 웨스트 뱅크 지역에서 난민생활을 했다. 팔레스타인 민족이 알 악사 사원과 바위 돔 사원 등에서 금요예배를 통해 대(對)이스라엘 투쟁을 다짐하는 모습을 본 아랍인들은 팔레스타인 문제를 형제들의 문제, 나아가 자신들의 문제로 생각하게 되었고, 이는 아랍인들에게 예루살렘을 새삼 이슬람의 성지로 확인하게 하는 결과로 나타났다.

같은 이슬람 성지라 하더라도 아랍인들이 순례의 의무를 지는 곳은 사우디아라비아의 메카와 메디나로, 예루살렘은 제3의 성지일 뿐이다. 이란의 호메이니가 메카와 메디나는 이슬람의 유산이지 사우디아라비아의 재산이 아니라고 하면서 이슬람의 공동관리를 주장하자, 이에 호응해 메카에서 이란 순례자들이 폭동을 일으킨 적이 있는데, 이때도 예루살렘은 빠져 있다. 이슬람의 성지를 지키는 수문장으로 아랍세계에서 중요한 역할을 하는 사우디아라비아 역시 예루살렘이 메카나 메디나보다 중요한 성지가 되는 것을 원치 않는다. 카이로에 있는 알 아즈하르 대학은 전세계의 이슬람교 지도자들을 배출하는 기관인데, 이집트 정부 또한 예루살렘에 제2의 알 아즈하르 종교학교를 세우려는 아랍국가들의 움직임에 반대한 바 있다.

그러나 1967년의 6일 전쟁을 통해 이스라엘이 동예루살렘을 빼앗으면서 예루살렘은 아랍인들의 중요한 성지로 재조명되었다. 동서 예루살렘을 합병한 이스라엘 정부가 예루살렘을 수도로 선언하면서 팔레스타인 민족은 예루살렘을 수도로 하는 자신들의 국가를 건설하겠다는 의지를 더욱 확고히 하였다. 이제 예루살렘을 수도로 한 이스라엘은 전세계의 그리스도교 국가들을 위한 예루살렘 성지의 수문장이 되었다.

이스라엘은 동예루살렘을 점령한 후 1999년까지 3만 5천 동의 유태인 정착촌을 건설하여 유태인 인구를 늘리는 정책을 취하는 한편, 팔레스타인인들에게는 건물이나 주택의 증축 또는 신축을 금지시켜 팔레스타인 인구를 억제하는 정책을 폄으로써, 이 지역에서 유태인과 팔레스타인 인구를 거의 비슷하게 조정했다. 1999년을 기준으로 동예루살렘 인구는 38만 8천 3백 명인데, 그 중 팔레스타인인이 20만 8천 3백 명, 이스라엘인이 18만 명이다. 예루살렘 전체 인구는 64만 5천 7백 명인데, 그 중 이스라엘인이 43만 7천 4백 명으로 팔레스타인인보다 이스라엘인이 더 많다. 이스라엘은 인구면에서도 절대 다수를 차지해서 예루살렘을 이스라엘의 명실상부한 수도로 만들려고 노력하고 있다.

이스라엘은 1973년 10월 전쟁(제4차 중동전쟁) 이후 아랍 점령지에 대해 강력한 합병정책을 시행해 왔다. 이스라엘이 동예루살렘을 포함한 전체 예루살렘을 이스라엘의 법적인 수도로 공식화시킨 것은 1980년 크네세트(이스라엘 국회)에서 예루살렘을 수도로 하는 법안을 통과시키면서부터다. 이집트와 1979년 캠프 데이비드 조약을 체결했기 때문에 가능했던 일이었다.✦ 현재 이스라엘의 수도가 예루살렘이긴 해도 미국과

✦ 1979년 3월 카터, 사다트, 베긴 3국 수뇌는 미국 캠프 데이비드에서 평화조약에 합의했다. 이 조약으로 과거 4회씩이나 대격전을 치렀던 이집트, 이스라엘 양국의 전쟁 상태에 종지부가 찍혔다. 이집트-이스라엘 평화조약은 제3차 중동전쟁에서 이스라엘이 점령한 시나이 반도를 이집트에 반환하며, 이집트는 이스라엘을 국가로서 승인하여 정상의 외교관계를 수립함을 골자로 한다.

한국 등은 아직도 아랍국가들과의 관계 때문에 대사관을 텔아비브에서 예루살렘으로 이전하지 못하고 있다. 석유 에너지원을 갖고 있는 아랍인들을 자극하지 않으려는 이유에서다. 2000년 7월, 미국 중재의 캠프 데이비드 협상이 결렬되자 클린턴 행정부는 미국 대사관을 예루살렘으로 이전하겠다는 뜻을 비쳐 아랍측에 정치적 압력을 가하기도 했다.

이스라엘의 합병정책은 팔레스타인 민족을 자극해 민족봉기를 일으키게 만들었다. 팔레스타인 봉기인 제1차 인티파다(봉기, 반란, 각성 등의 의미를 가진 아랍어) 운동은 1987년에 시작되어 걸프전이 발발한 1991년까지 계속되었으며, 팔레스타인 민족은 시위와 자살폭탄테러로 이스라엘 보안군의 총격에 대항하였다. 제2차 인티파다 운동은 2000년 7월 캠프 데이비드에서의 팔레스타인 자치를 위한 최종지위 협상이 결렬된 상태에서 리쿠드 당의 당수인 아리엘 샤론이 그해 9월 28일 이스라엘 병력의 호위를 받으며 이슬람 성지인 알 악사 사원을 강제로 방문하면서부터 시작되었다. 유태인들은 알 악사 사원 자리가 바로 솔로몬 왕이 세운 유대교 성전이 있던 곳이라 믿고 있다. 유태인들은 알 악사 사원이 있는 성전 산에는 지성소 터를 함부로 밟을 수 없다는 이유로 좀처럼 들어가지 않는다. 그런데 이스라엘의 강경파 가운데는 알 악사 사원을 허물고 그 자리에 서쪽벽(통곡의 벽)을 기초로 유대교 성전을 다시 세워야 한다고 주장하는 사람들이 있다. 이런 상황에서 샤론의 방문은 팔레스타인 사람들을 자극하기에 충분한 것이었고, 아랍세계에 예루살렘이 아랍의 성지임을 다시 확인시키는 계기가 되었다. 이스라엘의 침공·점령에 맞선 팔레스타인의 인티파다 운동은 2년이 지난 지금까지도 피의 보복투쟁으로 계속되고 있으며, 샤론의 강경정책은 과거 오랫동안 미국의 중재로 어렵게 쌓아 온 중동평화를 백지로 만들었다.

팔레스타인 민족은 예루살렘을 수도로 하는 국가를 건설하는 것이

꿈이다. 이는 과거 유태인이 가졌던 꿈과 같은 것이다. 한 지역을 두 민족이 서로 수도로 삼으려 하는 데서 충돌은 필연적일 수밖에 없으며, 이는 두 민족간의 문명의 충돌이 되고 있다. 걸프전쟁에서 팔레스타인인들이 이라크를 지지하면서 국제사회에서 팔레스타인의 위상은 약화되었고, 아랍 형제국가들도 팔레스타인 문제를 더이상 아랍의 대의로 생각하지 않게 되었다. 그러나 1993년 오슬로 협정✢으로 아라파트 팔레스타인 수반은 다시 정치 지도자로 부상하였으며, 예루살렘을 수도로 하는 팔레스타인 국가를 건설하겠다고 공개적으로 선언하였다. 이스라엘은 팔레스타인의 국가건설은 최종 협상문제인만큼 일방적으로 아라파트 수반이 팔레스타인 독립국가 선언을 하지 못하도록 미국을 통해 압력을 넣었다.

    오슬로 협정 이후 1994년부터 아라파트 수반은 동예루살렘을 팔레스타인 국가의 수도로 하는 민족 청사진을 줄곧 발표해 왔다. 팔레스타인 자치정부는 동예루살렘에 오리엔트 하우스를 두어 외국 사절단과 외교관을 이곳에 초청, 정치와 외교의 활발한 활동을 통해 동예루살렘이 팔레스타인 자치정부의 중심지 즉 수도라는 것을 간접적으로 알려왔다. 이번 제2차 팔레스타인 봉기로 이스라엘 정부는 오리엔트 하우스 등 모든 팔레스타인 연락사무소를 폐쇄하였다. 그러나 팔레스타인 민족은 동예루살렘이 팔레스타인의 수도라는 것을 기정사실로 받아들이고 있다.

✢ 노르웨이 외무장관 요한 홀스트의 중재로 이스라엘과 팔레스타인 협상대표단이 비밀리에 오슬로에서 만나 협약안에 합의한 후, 1993년 9월 13일 워싱턴에서 클린턴, 라빈, 아라파트 사이에 체결된 협정. 이 협정으로 이스라엘은 PLO를 합법적인 팔레스타인 정부로 인정하고 PLO도 이스라엘을 인정한다는 상호승인의 원칙에 합의했다. 이 협정의 주요 골자는 가자 지구와 예리코 지역에서의 팔레스타인 자치 허용, 1999년 5월까지 가자 지구와 요르단 강 서안 지구에서 이스라엘군 단계적 철수, 팔레스타인 자치정부 수립을 위한 팔레스타인 주민들만의 총선 실시, 자치정부의 최종 성격 확정 문제 · 국경확정 문제 · 팔레스타인 난민 문제 · 점령 지역 내 이스라엘 정착촌 문제 · 동예루살렘 지위 문제 등에 대한 계속적인 협상 실시 등이다.

2000년 7월 캠프 데이비드 협상에서 바라크 이스라엘 총리는 과거의 강경입장에서 한발 물러나 동예루살렘의 일부 팔레스타인 거주지역에 대한 팔레스타인 자치정부의 행정권을 인정하며 성지지역에 대한 팔레스타인의 기득권을 인정하는 양보안을 제시하기도 했는데, 이는 지금까지의 이스라엘 입장을 고려할 때 매우 파격적인 제안이었다. 그동안 이스라엘 정부는 동예루살렘을 확실히 이스라엘의 것으로 하기 위해 한편으로는 정착촌 건설과 유태인 이민정책을 꾸준히 추진하면서, 다른 한편으로는 각종 협상 테이블에서 예루살렘을 의제로 하는 것조차 금기시해 왔다. 과거 캠프 데이비드 협정에서 이집트가 예루살렘 문제를 제기하였을 때 이스라엘측은 그 자리에서 퇴장하려고 했을 만큼 이스라엘 정부는 예루살렘이 협상의 이슈가 되는 것 자체를 싫어했던 것이다.

이제 예루살렘은 양 민족의 정신적인 수도가 되었으며 이슬람교와 유대교 및 그리스도교의 성지 문제로 문명의 충돌이 일어나는 곳이 되었다. 예루살렘 문제를 해결하기 위해 중동 전문가들과 학자들은 로마 교황청과 같은 해법을 제안하고 있지만 그 해결은 결코 쉽지 않다. 우선 전체 예루살렘은 이스라엘의 수도지만 동예루살렘의 팔레스타인 지역과 그리스도교 지역은 팔레스타인의 행정지역으로 할 수밖에 없다. 구시가지인 유대교 지역과 아르메니아정교 지역은 이스라엘이 관리하는 지역이 될 수밖에 없지만, 동예루살렘의 성지 지역은 이슬람교의 교회인 모스크이기 때문에 다른 종교인들이 관리할 수 없다. 그러나 알 악사 사원이 있는 성지 밖의 서쪽벽이 유대교의 성지인 '통곡의 벽'이기 때문에 이 지역은 성지 순례를 위하여 이스라엘이 관리할 수밖에 없다. 나아가 유태인들은 통곡의 벽을 기초로 유대교 회당(Synagogue)를 건설하려 하는데, 이는 필연적으로 팔레스타인 사람들과의 충돌을 불러일으킬 수밖에 없다.

그동안 이스라엘은 미국과의 특별한 관계를 이용하여 중동에서 이스라엘인에 대한 생명과 재산을 제일 우선으로 보호하는 이스라엘 제일주의 원칙을 주장해 왔다. 지금 미국은 테러와의 전쟁이라는 구실을 내세워 이슬람교와 아랍인들을 야만적인 적으로 규정, 공격하고 있다. 이스라엘 역시 테러와의 전쟁이라는 구실로 국제법을 어기면서 팔레스타인과 레바논을 무차별적으로 공격하고 있다. 한편 아랍인들에게 미국과 이스라엘의 이러한 테러전쟁은 그리스도교 유럽 문명이 이슬람 문명을 공격하는 것으로 받아들여지고 있다. 미국 국민과 이스라엘 국민들은 사태가 이렇게 된 것을 이슬람교와 아랍인들이 그리스도교 문명에 대해 먼저 테러를 했기 때문이라고 생각한다. 이것이 바로 중동 지역에서 계속되고 있는 서로 다른 두 종교문명의 충돌현상이다. 이스라엘인들이 원하는 중동평화는 팔레스타인의 최소한의 생존권을 인정하는 국가건설을 허용하는 것이 아니라 무장도 할 수 없는 작은 땅의 가난한 미니국가를 만들어 이스라엘의 지배하에 두려는 것이다. 이스라엘인들이 이슬람 세계의 한복판에서 생존해야 하고 팔레스타인인들 역시 유태인 정착촌 한복판에서 생명을 지켜야 하는 만큼 두 민족은 충돌할 수밖에 없다. 두 종교문명의 충돌이 계속되는 과정이 두 민족의 생존환경이 될 수밖에 없는 것이다.

미국과 이스라엘의 총선과 중동정치

이스라엘의 팔레스타인 침공은 이미 지난 2000년 9월 28일 리쿠드당 당수인 아리엘 샤론이 군병력의 호위 속에 이슬람교의 성지인 알 악사 사원을 강제로 방문하면서 시작되었다. 동예루살렘도 이스라엘 땅이라는 것을 확실히 알리기 위한 계산된 행동이었다. 샤론의 이런 행동은 동예루살렘을 팔레스타인 독립국가의 수도로 하겠다는 팔레스타인인들의 정치적 의지를 꺾으려는 의도에서 나온 것이었고, 그로써 샤론은 2001년 2월의 총선에서 승리할 수 있었다(2001년 3월 6일 총리 취임). 중동문제는 미국과 이스라엘의 선거에 크게 영향을 받고 있다. 샤론 총리가 총선에서 승리한 것이나 부시 대통령이 미국의 대선에서 승리한 것은 팔레스타인 사람들에게는 불행이었다.

부시 대통령은 선거 후 플로리다주의 재검표 문제로 정치적 리더십을 잃은 상태에서 러더십의 확보가 필요했고, 9·11 테러 사건은 미국 국민을 단결시키는 계기가 되어 부시 대통령에게 커다란 정치적 힘을 실어주는 결과로 나타났다. 지난 1962년 쿠바 봉쇄로 국민의 사랑을 한 몸에 받은 케네디 대통령 이후 미국은 가장 강력한 힘을 가진 대통령을 갖게 되었다. 고어 후보와의 재검표는 부시 대통령으로 하여금 클린턴 대통령의 중동정책을 뒷정리나 하는 대통령이 되고 싶지 않다는 생각을 하게 했다. 미국은 유럽연합이라는 공동체의 도전을 받고 있으며 러시아와 중국의 경계를 느끼고 있다. 이런 상황에서 미국은 국제사회에서 고립이나 독선을 피하기 위해 유럽연합에서 고립된 영국이나 미국의 일부와도 같은 캐나다와 동반 정책을 취하고 있다. 그러나 중동에 대해 미국이 무관심한 사이 부시 대통령은 과거 중동의 평화중재자로서 미국이 가졌던 정치적 영향력을 잃게 되었다.

아프가니스탄 전쟁을 마무리하고 어느 정도 여유를 갖게 된 미국이 이라크의 사담 후세인 정권을 새로운 테러전쟁 목표로 하는 국제적인 합의를 만들어내려는 상황에서 이스라엘의 팔레스타인 침공은 정치적 걸림돌이 되었다. 이스라엘의 팔레스타인 점령은 아랍국가들의 분노를 샀으며, 아랍세계에서 미국이 만들었던 질서의 축인 이집트와 사우디아라비아까지도 미국의 친이스라엘 정책을 비난하면서 이스라엘과 단교까지 생각하고 있다. 미국의 이라크 공격에 대해서는 유럽연합과 러시아뿐만 아니라 중국이 반대하고 있으며, 심지어 영국까지도 자제를 충고하고 있는 실정이다.

더욱이 사담 후세인 이라크 대통령은 이스라엘의 팔레스타인 침공을 비난하면서 30일간의 제한적인 석유금수 조치를 취해 정치적으로 과거 1973년 오일쇼크와 같은 석유자원 무기화 정책을 선언했다. 사담 후세인 대통령은 오히려 이번 기회를 국제적인 고립에서 벗어날 수 있는 좋은 기회로 생각하고 있다. 이라크의 석유금수 조치가 선언적이고 현재로서는 아랍국가들이 동참하지 않고 있지만, 중동사태의 변화에 따라서는 무서운 경제전쟁이 시작될 수도 있으며, 후세인 대통령은 다시금 아랍세계에서 영향력을 발휘하고 있다. 부시 대통령의 테러지원국에 대한 '악의 축' 발언은 이라크와 이란을 가깝게 만드는 정치적 변화를 가져왔다. 아랍국가들도 이라크를 다시 형제국가로 생각하기 시작했다. 이라크의 가스와 석유는 전 세계 국가들이 관심을 갖는 정치변수이다. 대(對)테러전쟁 선언으로 중동에서 테러와의 전쟁을 한다는 명분을 내세워 팔레스타인을 침공한 이스라엘을 제재할 수 없었던 것은 부시의 실수였다.

샤론 총리는 중동평화 정책인 오슬로 협정 파기를 선언하는 강한 의지로 팔레스타인을 공격했다. 개인적으로 아라파트 수반을 증오해 온 샤론 총리는 중동평화의 걸림돌인 유태인 정착촌과 동예루살렘 문제를 이스라엘이 양보할 수 없다는 주장을 군사작전으로 보여주고 있는 것이다. 지난 2001년 12월 중순 샤론 총리는 오슬로 협정 파기를 선언했으며, 이에 대한 대응으로 아라파트는 테러혐의자로 구속했던 급진 이슬람 저항운동 단체 하마스 조직원들을 석방하면서 전쟁과 같은 민족봉기를 선언했다. 아리엘 샤론은 1982년 국방부 장관으로 재임하면서 레바논 전쟁을 일으켰던 장본인이다. 영국이 아르헨티나와 싸우고 있는 포클랜드 전쟁에 관심이 집중된 당시 국제 여론의 공백상태를 이용했던 것이다. 이번에는 미국의 테러전쟁인 아프가니스탄 전쟁을 이용하여 팔레스타인의 무장을 해제하려 하는 것이다. 샤론은 1990년 주택 장관으로서 유태인 정착촌을 확대하였으며 지금은 총리로서 정착촌 건설 정책을 계속 강화하고 있다. 이스라엘의 정착촌 건설은 미국의 중동협상안인 미첼 상원보고서에서도 가장 근본적인 협상의 우선조건으로 보고 있는 바, 미국은 이스라엘의 정착촌 건설과 팔레스타인의 자살테러 공격을 즉각 중지할 것을 요구하고 있다.

미국의 테러전쟁과 이스라엘의 팔레스타인 침공

이스라엘의 팔레스타인 침공은 미국의 아프가니스탄 전쟁과 정치적으로 밀접한 역학관계를 가지고 있다. 오사마 빈 라덴의 알 카에다 조직이 저지른 9·11 뉴욕 테러 참사도 근본적으로는 팔레스타인의 주요 인사를 표적 암살하고 평화협정을 지연시키는 이스라엘에 대한 아랍인들의 절망감에서 비롯된 것이다. 또한 미국의 일방적인 친이스라엘 정책도 아랍인들에게는 배신감을 느끼게 했으며, 이는 뉴욕 세계무역센터 테러가 일어날 수 있는 하나의 근본적인 동기가 되었다. 2001년 9월 초 남아공의 더반에서 열린 유엔 세계인종차별철폐회의에서 이스라엘이 팔레스타인 사람들에 대하여 인종차별을 한다는 비난이 거세지자 미국은 이스라엘 대표와 함께 회의장에서 퇴장했다. 이와 같은 미국의 친이스라엘 정책은 아랍인들의 반미감정을 더욱 고양시켰다. 물론 오사마 빈 라덴은 러시아의 체첸 문제까지 이슬람 문명에 대한 탄압으로 보고 명분을 삼았지만, 실질적인 아랍인의 좌절감과 분노를 나타내는 이슬람원리주의 환경은 아버지 부시 미국 대통령이 1991년에 이라크를 공격한 걸프전쟁에서 시작되었다. 정치적으로 아랍국가들 대부분이 참여한 미국의 다국적 연합군의 이라크 공격을 아랍인들은 그리스도교군의 승리로 보고 있다. 이때부터 아랍국가 정부와 국민간에는 감정적으로 괴리가 생기는데, 이것이 반미감정으로 나타나 아랍국가들의 국내안보를 위협하는 이슬람원리주의 환경을 만들게 된다. 이런 이슬람원리주의 환경은 아랍국가에서 이슬람 급진세력들의 반정부 테러활동을 가능하게 만들었다. 또한 이슬람교의 성지인 메카, 메디나가 있는 사우디아라비아 왕국에 미군이 주둔하고 있는 것도 아랍 이슬람원리주의자들로 하여금 미국을 그들의 좌절과 분노의 표적으로 삼게 만들었다. 1993년 뉴욕 세계무역센터 지하주차장 폭탄테러 사건이나 소말리아 주둔 미군에 대한 테러공격, 1995년 파키스탄 주재 이집트 대사관 폭탄테러, 1996년 사우디아라비아 내 미 군사시설에 대한 테러공격, 1998년 케냐와 탄자니아 주재 미국 대사관 폭탄테러 사건, 2000년 예멘의 사나 항에 정박중인 미 해군 함정에 대한 폭탄테러 사건 등은 2001년 전 세계를 경악하게 만든 9 · 11 뉴욕 테러참사 사건을 이미 예고하고 있었다.

　이스라엘은 미국이 테러와의 전쟁을 선언하자 마치 이스라엘 자신이 테러공격을 받은 것처럼 미국의 대테러전쟁 정책을 팔레스타인 탄압정책으로 이용했다. 샤론 총리가 알 악사 사원을 강제로 방문하면서 팔레스타인인들의 분노를 폭발시켜 야기된 팔레스타인 민족봉기를 샤론 총리는 이스라엘에 대한 팔레스타인의 무자비한 테러행위라고 규탄하면서 가혹한 군사적 침공을 시작했다. 이스라엘은 팔레스타인의 자살테러 공격에 대한 대응을 피의 보복적인 공격으로 확대하다가, 지난 2002년 3월 27일 팔레스타인의 자살폭탄테러 사건을 기점으로 팔레스타인 자치지역을 침공, 점령했다.

유태인의 명절인 유월절이었던 이날, 네타냐의 한 관광호텔 식당에서 팔레스타인의 자살테러 공격으로 이스라엘인 20여 명이 사망하고 100여 명이 부상하는 최악의 테러사건이 발생했다. 이 사건은 이스라엘에 팔레스타인을 침공할 수 있는 명분을 준 사건으로 이스라엘 국민에게 뉴욕 테러와 같은 충격을 안겨주었다. 이스라엘 국민들은 팔레스타인의 자살테러 공격을 규탄하면서 국민의 생명과 재산을 지킬 수 없을 정도로 국가안보가 취약하다는 데 분노했다. 이런 상황에서 이스라엘군은 테러기반 시설을 제거한다는 명분을 내세워 팔레스타인 자치지역에 대해 무자비한 공격을 가할 수 있었다. 3월 29일부터 공격을 시작한 이스라엘군은 예리코 시를 제외한 전 팔레스타인 자치지역을 한순간에 점령했다.

팔레스타인 침공과정에서 이스라엘군이 특히 베들레헴의 예수탄생 교회에 피신한 200여 명의 팔레스타인 보안군과 민병대를 공격하자 전 세계 그리스도교 사회는 물론 로마 교황청까지 이스라엘군의 전면공격을 비난했다. 또한 팔레스타인 예닌 난민촌 학살사건은 유엔과 국제인권단체들의 분노를 사서 유엔은 지난 4월 20일 진상을 조사하기 위한 결의안을 통과시켰다. 국제 여론이 비난으로 들끓자 샤론 정부는 형식적으로 팔레스타인 지역에 대한 군사작전이 끝났다고 선언하면서 예수탄생 교회와 아라파트 집무실을 제외한 지역에서 일시적으로 군대를 철수시킬 수밖에 없었다.

예닌 난민촌은 웨스트 뱅크 북부에 위치한 인구 1만 5천 명에 면적이 1평방킬로미터 남짓한 팔레스타인 난민촌이다. 샤론 총리는 이스라엘에 대한 테러의 온상이라는 이유로 이 난민촌을 2주간 공격해서 초토화시켰으며, 그 과정에서 수천 명이 학살된 것으로 알려졌다. 이곳을 방문한 미국의 중동담당 국무부 차관보인 윌리엄 번스는 그 참상을 보고

'인간비극'이라고 표현했다. 이스라엘은 유엔의 학살진상 조사단 자료가 전쟁 전범 소송자료가 될 수 있다는 판단 아래 유엔 진상조사단의 조사활동을 지연시키고 있다. 예닌 학살사건은 예수탄생 교회 공격과 함께, 테러근절과 자위권을 내세워 팔레스타인 지역을 침공한 이스라엘의 공격 명분을 상실하게 만들었다. 이 사건은 이스라엘 국내외에서 심각한 인권문제가 되고 있으며, 이는 앞으로 팔레스타인 민족의 아픔으로 기억될 것이다. 이 사건은 미국으로 하여금 이스라엘 측에 팔레스타인 지역에서 군대를 철수할 것을 강력하게 요구하게 하는 계기가 되었다.

그러나 4월 27일인 유대교 안식일(사바트)에 이스라엘 군복으로 위장한 팔레스타인인 3명이 웨스트 뱅크의 유태인 정착촌을 공격하여 정착민 4명을 살해하는 사건이 일어나자, 이스라엘군은 이에 대한 군사보복으로 헤브론의 팔레스타인 지역을 공격해서 팔레스타인인 9명을 살해하였다. 이스라엘군이 팔레스타인 지역에서 철수는 했지만 샤론이 총리로 있는 한 군사작전은 계속될 것이며, 팔레스타인의 자살테러 공격도 마지막 항거수단으로 계속되어 이 지역의 피의 보복전쟁은 그 악순환을 끊임없이 되풀이할 것이다.

아라파트의 리더십과 팔레스타인의 자살테러 공격

아라파트는 PLO의 군사력뿐만 아니라 보안경찰력까지 상실했으며 핵심참모들까지도 모두 잃어 이제는 힘없는 상징적 정치인이 되었다. 샤론 총리는 레바논 전쟁을 이용해서 아라파트의 군사조직을 붕괴시켰으며, 이번 미국의 대테러전쟁을 이용하여 팔레스타인 경찰병력을 와해시켰다. 이제 아라파트는 통제할 수 없는 팔레스타인 급진세력들을 통제하라는 이스라엘과 미국의 정치적 압력을 받아야 하는 입장이다.

샤론 총리와 부시 대통령은 아라파트 행정수반을 정치협상 상대가 아니라 오사마 빈 라덴 같은 이스라엘에 대한 테러 혐의자로 보고 있다. 그것은 2001년 10월 17일에 발생한 이스라엘 관광성 장관 레하밤 지비 암살사건의 범인 4명과 50톤 규모의 중화기를 이란에서 팔레스타인으로 반입하려 한 혐의자 2명 등 모두 6명의 테러범들을 인도해야 아라파트 집무실에 대한 포위를 풀겠다는 주장을 되풀이하고 있는 데서도 명확히 드러나고 있다. 이는 이스라엘의 정치적인 술수로 이번 팔레스타인 지역 침공을 테러범 인도 및 색출을 위해 감행한 군사작전이라는 명분으로 이용하려는 의도이다. 중동평화 이슈가 아라파트의 신변보장 문제로 축소된 것이다.

아라파트 행정수반은 모든 것을 잃은 팔레스타인 지도자로 전락했으며, 이제는 정치 지도자가 아니라 이스라엘 관광성 장관 지비의 암살 사건에 책임을 져야 하는 위치에 서게 되었다. 이미 테러혐의자 6명은 팔레스타인 법정에서 재판을 받아 형을 받고 수형생활을 하고 있다. 영국의 블레어 총리가 제의하고 미국이 중재안으로 내놓은 것은 이 6명의 테러범들을 미국과 영국의 법정에 인도하는 조건으로 아라파트의 자유를 교환하는 것이다. 아라파트는 연금된 상태에서는 정치적으로 아무것도 할 수 없는 무능한 노인에 지나지 않으며, 이는 정치생명을 잃는 것을 의미한다. 샤론 총리는 시간적 여유와 함께 군사작전으로 새로 얻은 것들을 정치협상에 이용할 수 있는 기회를 가지게 되었다. 아라파트는 정치적 명분을 내세워 이 테러범들이 팔레스타인 법정에서 재판을 받아야 한다고 주장하고 있다. 이에 대해 미국은 테러범들을 팔레스타인의 예리코 시 자치지역에 있는 감옥으로 보내 미국과 영국 간수들이 이들을 관리하는 방안을 내놓고 절충하고 있다.

유엔과 미국의 역할

과거 냉전체제인 양극체제에서 미국은 이스라엘의 대부역할을, 상대적으로 소련은 아랍의 대부역할을 했다. 그러나 캠프 데이비드 협정을 기점으로 미국이 중동문제에 있어서 유일한 중재자 역할을 하는 강대국으로 부상했다. 유엔은 지금까지 중동에서 전쟁이 일어날 때마다 휴전안을 결의하거나 유엔 휴전감시군을 파견하는 제한적인 역할을 해왔을 뿐이다.

미국은 유엔 안보리에서 이스라엘에 대한 비난을 내용으로 하는 결의안이 상정될 때마다 거부권을 행사하여 유엔의 역할에 제동을 걸었다. 그러나 이번 이스라엘의 팔레스타인 침공 사건에서 미국은 이스라엘에 불리한 3건의 결의안에 동의하여 통과시켰다. 첫번째는 3월 12일 통과된 결의안으로 팔레스타인의 독립을 인정하는 내용이었고, 두번째는 4월 4일 통과된 결의안으로 이스라엘군이 팔레스타인 지역에서 철수해야 한다는 것이었으며, 세번째는 4월 20일 통과된 결의안으로 예닌 난민촌 학살 진상조사단을 파견하는 내용이었다.

미국이 이스라엘에 불리한 결의안에 찬성한 것은 반세기가 넘는 아랍-이스라엘 분쟁에서 처음 있는 일이었다. 이는 친이스라엘 일변도의 미국 중동정책이 어느 정도 변화했음을 의미하는 것으로, 이스라엘의 팔레스타인 침공이 자위권을 벗어난 지나친 공격이라는 미국의 우려에서 나온 것이다. 미국이 이스라엘에 압력을 가할 수 있는 방법은 매년 30억 달러를 지원하고 있는 재정적 영향력을 이용하는 것뿐이다. 이스라엘은 이미 정치적으로 미국이 통제할 수 없는 강대국이 되었으며, 게다가 미국이 주장하는 테러전쟁을 중동에서 수행한다는 명분도 갖고 있다. 미국은 이집트에도 매년 20억 달러를 지원하여 중동질서를 지키는

데 이용하고 있다. 인구 7천만 명의 이집트에 인구 6백만 명밖에 안 되는 이스라엘보다도 10억 달러를 적게 지원하고 있는 것이 이스라엘의 안보를 제일주의로 하는 미국 중동정책의 현주소이다.

미국은 중동에서 정반대되는 두 가지 정책을 취해 왔다. 시나이 반도에서는 이스라엘의 안보를 위해 예루살렘을 지키는 정책을 펼치고, 수에즈 운하 동안(東岸)에서는 걸프지역의 석유를 지키기 위한 석유안보, 즉 사우디아라비아를 중심으로 산유국의 안보를 지키는 정책을 펼쳤던 것이다. 한마디로 전체 중동문제에서는 이스라엘 편을 들고, 걸프지역에서는 사우디아라비아의 편을 드는 정책을 펼쳤던 것이다. 미국이 걸프전쟁에서 사우디아라비아와 쿠웨이트를 지키려 한 것은 바로 석유를 지키기 위해서다.

미국이 이번에 유엔 안보리에서 보여준 태도는 이스라엘 문제를 유엔의 틀에서 해결하는 정치묘수를 찾은 것이며, 유엔을 정치압력 수단으로 이용해 이스라엘과 중동의 정치질서를 효과적으로 통제하려는 미국의 새로운 중동정책 변화이다.

그렇다고 미국의 친이스라엘 정책의 기본 틀이 변한 것은 아니다. 유엔 안보리에서 이스라엘의 팔레스타인 침공과 관련한 중동 중재결의안을 3개나 통과시켰으나 유엔의 역할은 어디까지나 미국의 중동정책을 확인하는 한 과정일 뿐이다. 실제로 미첼 상원의원의 보고서안을 원칙으로 한 미국 중동정책의 골자를 보면 이스라엘이 일방적으로 양보할 수밖에 없는 휴전에 정치적 의미를 부여하여 팔레스타인을 이스라엘과 같은 정치행위자로 만들고, 기본문제인 중동평화 협상은 샤론 총리가 오슬로 정신을 포기한 상태에서 사우디아라비아 왕세자인 압둘라 빈 압둘 아지즈가 새롭게 제안한 포괄적인 중동평화안에 의거해 처리해 나간다는 방침이다. 이 평화안은 아랍연맹회원국인 아랍국가 전체가 이스라엘과 국교를 정상화하여 궁극적으로 아랍과 이스라엘의 평화를 보장하며, 동시에 동예루살렘을 수도로 하는 팔레스타인 국가를 건설해 주는 것을 주된 내용으로 하고 있다.

중동문제는 유엔에서 결의한 것처럼 팔레스타인 국가를 독립시키지 않고서는 결코 해결할 수 없다. 그것뿐이라면 해결은 간단할지 모르겠지만 문제는 동예루살렘이 정신적으로 팔레스타인의 수도가 되어야 한다 데 있다.

동예루살렘의 구도시에는 성전 산과 통곡의 벽(유대교), 성묘 교회와 올리브 산(그리스도교), 바위 돔 사원과 알 악사 사원(이슬람교) 등 세계 3대 종교의 성지가 몰려 있어 서로 이곳을 필사적으로 관할하려 하고 있다. 종교적이고 심리적인 면이 문화적으로 깊게 깔려 있는 동예루살렘의 바로 이런 특성이 이 지역의 복잡한 분쟁 성격을 말해주고 있다.

이스라엘 측은 동예루살렘이라는 용어 사용조차도 꺼린다. 동예루살렘이라는 명칭은 서예루살렘을 전제할 수밖에 없으며, 이는 예루살렘이 동서로 분리될 수 없다는 이스라엘 측의 입장에 정면으로 반한다는 것이다. 이스라엘의 입장은 단호하다. 예루살렘은 이스라엘의 수도이며, 따라서 예루살렘 시 전체가 이스라엘의 주권 아래 있어야 한다는 것이다. 동예루살렘은 1967년 6월 전쟁 때 점령, 합병한 이후 지금까지 이스라엘이 관할하고 있으며, 이스라엘은 동예루살렘에 대한 주권을 유지하기 위해 유태인 정착촌 건설을 포함해서 여러 가지 노력을 기울이고 있다. 게다가 예루살렘은 어떤 형태로든지 다시 분리되어서는 안 된다는 것이 전세계 그리스도교 국가들의 합의사항이다. 예루살렘의 지위는 국제관리하에 두거나 이스라엘과 팔레스타인 양측이 모두 만족할 수 있는 정치적 해결책으로 이탈리아의 로마 교황청과 같은 지위를 가지는 방법이 이미 제의된 바 있다.

이스라엘의 대(對)팔레스타인 정책과 정착촌 건설

이스라엘은 오랫동안 일관되게 하나의 대팔레스타인 정책을 취해 왔다. 팔레스타인 지역에 이스라엘 정착촌을 세워서 유태계 팔레스타인 시민사회를 건설하는 것으로, 이는 이스라엘이 실질적으로 중동국가가 되는 것을 의미한다. 정착촌은 이스라엘이 팔레스타인 국내문제에 언제나 당사자로 개입할 수 있는 명분이 된다. 주택 장관 시절부터 정착촌 건설정책을 강력하게 추진했던 샤론 총리는 한편으로는 전쟁 또는 협상을 진행하면서 다른 한편으로는 정착촌 건설을 계속 추진하고 있다. 이 정착촌 정책은 팔레스타인 측에 정치적 압력을 가하는 수단이 되기도 하기 때문에 샤론 총리는 이 정책을 계속 추진하고 있으며, 더욱이 동예루살렘 지역에도 정착촌을 계속 건설하고 있다. 이스라엘과 팔레스타인 간의 평화협상에서 정착촌 문제는 가장 중요한 안건이다.

이스라엘은 아랍과의 협상에서 정치 이슈를 단계적으로 축소시키는 전략을 펴 자신에게 유리하게 정치문제를 변화시키는 노력을 기울여 왔다. 국가독립 초기에 이스라엘의 주된 관심사는 중동에서 유태인으로 살아야 하는 생존의 문제였다. 그후 수에즈 전쟁으로 1956년부터는 유태인들의 안전이 정치관심사였다. 1967년 6일전쟁 이후부터는 이스라엘이 점령한 아랍 영토 문제로 그 이슈가 바뀌었다. 이스라엘 문제는 쏙 빠지고 아랍국가들의 문제인 영토반환 문제가 협상의제가 된 것이다. 아랍 점령지 문제는 오늘날까지 이스라엘이 아랍국가들과의 관계에서 협상카드로 사용하고 있다. 캠프 데이비드 협상에서도 이스라엘은 이집트와 시나이 반도 반환문제를 협상카드로 사용했다. 시리아와는 아직도 골란 고원 반환문제가 협상카드로 남아 있다. 이스라엘이 시리아 영토인 골란 고원을 언제, 어디까지 되돌려주느냐가 협상의 주요 내용인데,

2002년 8월 현재 이스라엘의 팔레스타인 점령 현황

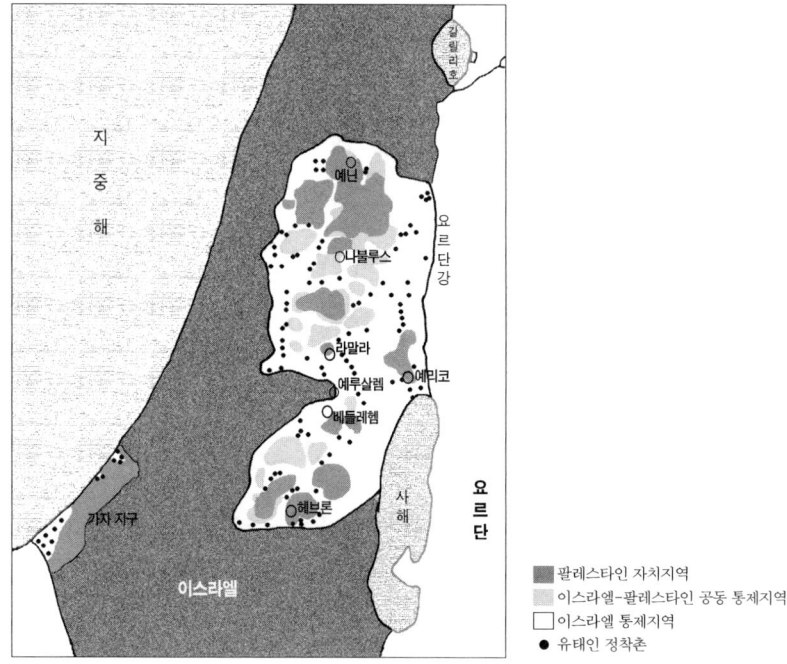

2002년 8월 18일 이스라엘과 팔레스타인 양측은 '가자·베들레헴 퍼스트' 계획에 전격합의했다. 이 계획은 팔레스타인 자치지역인 가자 지구와 요르단 강 서안을 침공·점령한 이스라엘군이 우선 가자 지구와 베들레헴에서 단계적으로 철수하고 팔레스타인이 치안관할권을 넘겨받는다는 내용을 담고 있다. 합의가 이행되면 라말라와 나불루스, 예닌, 헤브론 등 요르단 강 서안의 주요 두시에서도 이스라엘군의 단계적 철수기 순조롭게 이루어지겠지만, 지금처럼 유혈충돌이 계속되는 한 합의는 언제든지 물거품이 될 수 있다.

이 또한 이스라엘의 의지에 달려 있다. 레바논과의 국경문제는 1982년에 점령한 남부 레바논 지역을 이스라엘이 2000년 5월에 반환하면서 정치적으로는 일단 해결되었다. 단지 시리아가 지원하는, 과거 호메이니 옹이 만들어놓은 헤즈 볼라 당이라는 저항조직이 이스라엘의 국경지역을 공격하는 데 따른 이스라엘의 안보문제가 시리아와 레바논의 정치문제로 발전해서 이스라엘에게 군사작전을 펼 수 있는 변수를 제공하고 있다.

이와 같이 이스라엘은 협상 전에 필요하다면 군사적으로 아랍땅을 점령하여 협상카드로 이용하는 전략을 구사해 왔다. 오슬로 협정은 애초 그 이행과정에서 팔레스타인의 독립국가 건설이 주요 협상의제였으나, 이번 이스라엘의 팔레스타인 침공으로 이스라엘군이 팔레스타인 지역에서 지체없이 철수하는 것으로 협상의제가 바뀌었다. 이제는 이스라엘의 팔레스타인 자치지역 점령문제와 휴전문제가 협상의제가 된 것이다. 이스라엘은 아랍과의 분쟁에서 또 한번 유리한 입장에서 협상하게 되었으며, 이는 이스라엘이 아랍국가들에게서 빼앗은 땅을 일부 양보하여 협상하는 것을 의미한다.

이스라엘과 팔레스타인의 평화는 오랜 시간을 두고 다시 시작해야 하는 고통스러운 과제가 되었다. 이제 아라파트 수반은 모든 것을 잃은 힘없는 지도자이며, 팔레스타인의 민족저항세력들에 대한 통제력을 상실했다. 그러나 미국과 이스라엘은 아라파트 수반에게 정치적으로 팔레스타인 테러조직의 통제에 대한 책임을 계속 요구할 것이다.

미국의 테러와의 전쟁을 중동에서 이행한 이스라엘의 팔레스타인 침공은 이스라엘에게는 전략적으로 이익이 되었지만 미국의 입장에서 보면 이라크를 제재하려는 정책에 걸림돌이 되었다. 이집트와 사우디아라비아를 축으로 미국이 만들어 놓은 중동 정치질서가 이스라엘의 팔레스타인 침공으로 힘을 잃게 되었기 때문이다. 미국은 이스라엘의 팔레스타인 침공에서 군사전략을 정치적으로 이용하는 것을 새로이 배워 상식적으로는 생각할 수 없는 대이라크 공격을 아프가니스탄 전쟁과 같은 특수전 방식으로 감행, 후세인 정권을 무너뜨리고 새로운 중동 정치환경과 질서를 만들 수도 있다. 그러나 그렇게 하기에는 석유안보에 대한 위험부담이 있다. 아랍국민들의 반미감정과 아랍국가들의 정치적 결속력이 다시 한번 석유를 자원무기로 사용하는 석유파동을 일으킬 수도 있기 때문이다.

　이스라엘의 팔레스타인 침공은 이 지역의 질서를 혼란에 빠뜨리고, 팔레스타인의 무장을 해제시켰다는 전략적 이익보다는 절망한 팔레스타인 사람들이 여성까지 참여해서 자살폭탄테러를 하는 마지막 방법까지 동원하게 함으로써 중동평화를 더욱 어렵게 만들었다. 더욱이 오사마 빈 라덴의 조직이나 동조세력들에게 국제사회를 무대로 한 테러리즘 환경을 이용할 수 있는 명분을 주고 있다. 이스라엘의 이번 침공은 팔레스타인 문제를 원점으로 돌려놓는 결과를 가져왔다. 국제정치와 외교적 경험이 부족한 부시 행정부도 중동정책을 다시 짜야 할 시점에 처해 있다. 물론 미국의 의사를 거역하면서 독자적인 외교정책을 취할 수 있는 국가는 당분간 없다. 그렇다고 미국 독자적으로 국제문제를 해결할 수도 없다는 것이 지금 미국이 갖고 있는 고민이다.

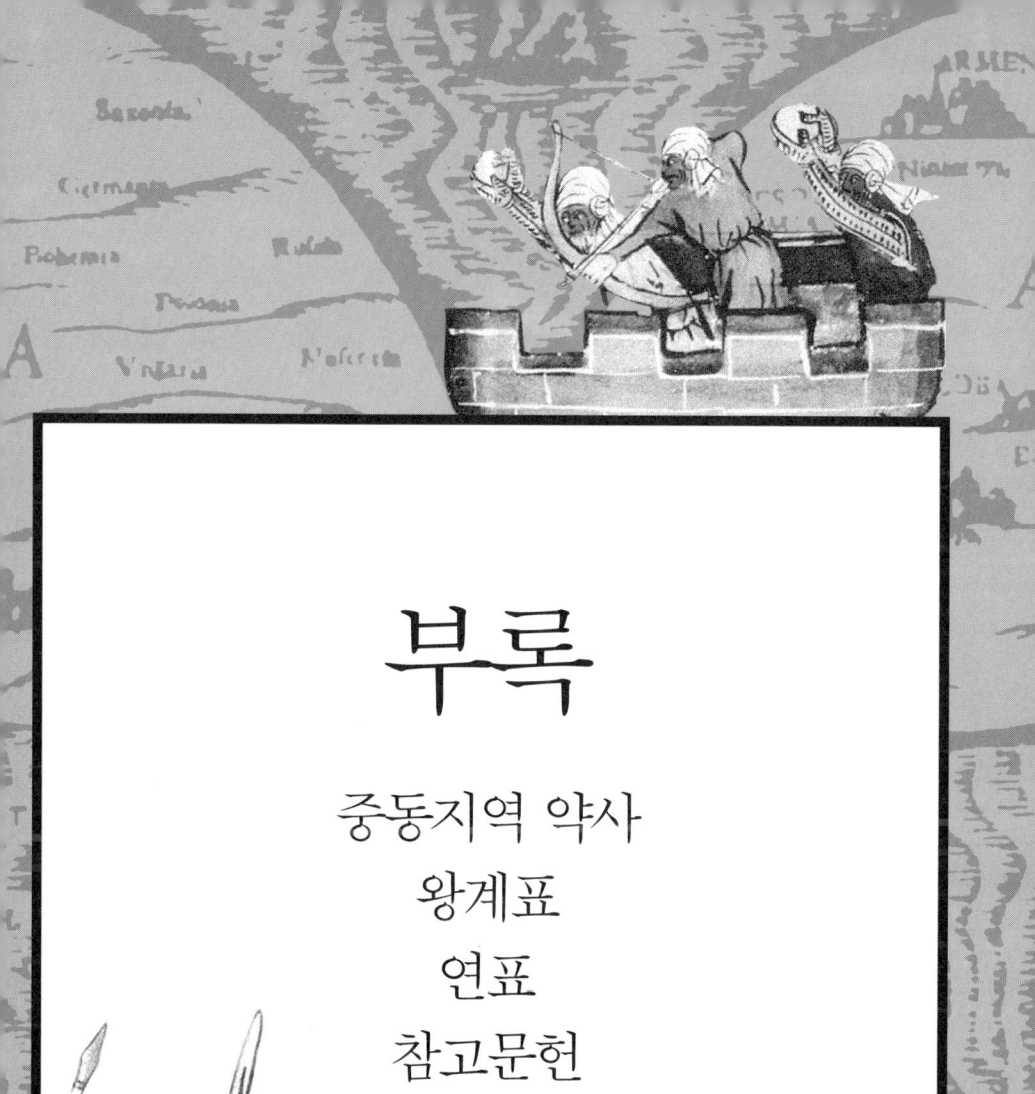

부록

중동지역 약사
왕계표
연표
참고문헌
찾아보기

중동지역 약사

1967년의 6일전쟁에서 이스라엘은 동예루살렘 및 시나이 반도, 요르단 강 서안, 골란 고원, 그리고 가자 지구 등을 점령했다. 이스라엘은 그 이후 1978년에 미국 대통령 카터의 중재로 이집트와 협상하여 시나이 반도에서는 철수했지만, 그 나머지 지역에서는 아직껏 철수하지 않은 채 오늘에 이르고 있으며, 1964년 창설된 팔레스타인 해방기구(PLO) 및 주변의 반이스라엘 세력들과 끊임없이 크고 작은 무력 충돌을 벌여 왔다.

본문이 얘기를 끝낸 시점인 1967년 이후엔 시나이 반도 이외에는 다른 영토의 변화는 없었으며, 그 고착상태가 아직껏 계속되고 있다. 물론 이스라엘도 본문에서 공수부대원이 말했듯이 점령 지역들에 대해 그들이 정당한 영토주장을 할 수 없다는 것을 알고 있다. 사실 이스라엘은 1947년에 UN의 팔레스타인 분할안에 동의하면서 팔레스타인 내의 조그만 일부를 영토로 받아들일 작정이었다. 그러나 그들의 존재 자체를 부정하는 아랍 국가들의 공격으로 시작된 1948년의 1차 중동전쟁을 통해 그들은 UN결의안보다 훨씬 큰 영토를 얻었으며(물론 이로 인해 100만 명에 가까운 팔레스타인 난민들이 발생하고 이른바 아랍 게릴라가 조직되었지만), 동예루살렘을 제외한다면 대략 그들이 야훼에게 약속의 땅으로 받은 땅의 대부분, 즉 다윗 및 솔로몬 치세에 일시적으로 굴복시켰던 땅들을 제외한, 이스라엘 왕국의 고토(古土)를 되찾았다. 1967년의 6일전쟁은 제2차 중동전쟁(1956) 후 64년경부터 아랍 게릴라의 활동이 시작되어, 게릴라의 기지가 된 시리아에 대해 이스라엘이 대규모 공격을 감행하면서 발발하였다. 시리아와 요르단이 아랍세계의 맹주격인 이집트의 개입을 요청하면서 전면적인 전쟁으로 확대되었으나 이스라엘은 이집트, 시리아, 요르단을 쉽게 무력화시키며, 그 참에 기존 영토를 넘어 1948년 첫 중동전쟁에서 포기했던 나머지 영토들을 점령하기에 이르렀다.

그러면 팔레스타인인들은 어떠한가? 이스라엘 국가수립 이후 이들은 졸지에 조상 대대 살아오던 고향이 남의 나라가 되어버리는 상황을 맞았다. 이들을 대표하는 PLO는 이전에 비밀저항운동을 전개하던 다양한 팔레스타인 조직의 지도부를 통일, 1964년에 결성되었으나 주변 아랍 국가들의 이해관계에 따라 이리저리 근거지를 옮기며 오늘에 이르고 있다. 1967년 3차 중동전쟁의 패배 이후 아랍국가들은 위기를 느끼고 힘을 합쳐 PLO를 적극 지지하기 시작했으며, 1974년에는 모로코의 라바트에 모여 요르단강 서안 및 가자 지구에 팔레스타인 자치정부를 수립하자는 결의를 하기에 이르렀고(물론 이때 요르단은 요르단강 서안에 대한 영유권 주장을 포기했다). 다음 해 UN에서는 팔레스타인의 민족자결권 및 PLO의 준(準)국가자격을 인정하기에 이르렀다. 이스라엘의 존재 자체를 부정하던 아랍국가들도 1988년부터는 팔레스타인 자치정부와 이스라엘이 공존하는 방안에 동의하기 시작했다. 이런 화해(?)무드 속에서 1990년대에는 PLO 및 요르단이 이스라엘과 평화협정을 맺는 등 팔레스타인인들의 자치정부 수립이 가까워오는 듯 했지만, 점령지역에서의 대치관계는 항상 일촉즉발의 화약고에 다름없었고, 자치정부 수립을 위한 협상은 여전히 난항을 거듭하고 있어, 이스라엘과 팔레스타인인들 간의 평화가 아직도 요원함을 여실히 드러내고 있다.

아래에서는 먼저 1967년 3차 중동전쟁 이래 이스라엘이 점령하고 있는 세 지역에 대해 살펴본 뒤, PLO를 포함한 이스라엘 주변국가들(이라크, 사우디아라비아, 이란까지도 포함)의 역사와 최근 상황을 간략하게 살펴봄으로써 팔레스타인 더 나아가 중동 지역 전반의 흐름에 대한 독자들의 이해를 돕고자 한다.

요르단강 서안(West Bank) 및 가자 지구(Gaza Strip), 골란 고원(Golan Heights)

요르단 강 서안은 넓이가 약 5,860평방 킬로미터이며, 2001년 7월 현재 약 20만 명의 이스라엘 정착민 외에 약 2백만 명이나 되는 팔레스타인 사람들이 살고 있다. 이런 확연한 인구분포에도 불구하고 이곳은 이스라엘 사람들에겐 조상들의 땅으로 인식되고 있으며, 따라서 1967년 전쟁을 틈타 요르단에게서 빼앗은 이래 오늘에 이르고 있다. 요르단 강 서안 지역은 그 일부로 동예루살렘을 포함한다고 볼 수 있으며, 역시 서안 지역 내에 있는 베들레헴은 이스라엘-PLO 간의 화해무드 속에 1995년 12월, 이스라엘로부터 반환되기도 했다.

한편 가자 지구는 약 360평방 킬로미터의 작은 지역으로서 2001년 7월 현재 몇 천 명 정도의 이스라엘 정착민 외에 약 120만 명이나 되는 팔레스타인 사람들이 살고 있다. 너비 6~8킬로미터, 길이 40킬로미터에 달하며, 남으로는 이집트와도 맞닿는 지중해 연안지역으로서 구약시대에도 불레셋 사람들의 근거지였으며, 이스라엘 민족이 확실히 정복하지 못한 곳이다. 1차 중동전쟁 당시 1949년 이집트와의 합의에 따라 아랍인 지역으로 남아 많은 팔레스타인 난민들이 이스라엘에서 이곳으로 모여들었다가, 1967년 이래 이스라엘에 점령된 상태이다.

1993년 9월에 이스라엘과 PLO 간에 맺은 오슬로 협정에 따르면 5년 내에 요르단 강 서안 및 가자 지구에 팔레스타인인들의 임시자치정부가 수립되도록 했지만, 치안을 유지하려는 이스라엘군과 이에 맞서는 팔레스타인 주민들 사이의 팽팽한 긴장은 종종 유혈폭동 및 과잉진압으로 악순환을 계속했다. 자치정부 수립을 위한 협상은 자꾸 늦어졌으며, 결국 2000년 9월 대규모 민중봉기인 인티파다(intifadeh)가 발생, 요르단 강 서안 및 가자 지구에서의 유혈충돌은 오늘도 계속되고 있으며, 특히 예루살렘을 포함한 요르단강 서안 각지에서는 자살폭탄테러 등의 극단적인 저항운동이 끊이질 않고 있다.

다마스쿠스 남쪽 근방에 위치한 골란 고원은 평균 해발고도가 1000미터이며, 건조한 기후지만 토지는 비옥하다. 1967년 4월, 이스라엘은 제1차 중동전쟁의 정전협정에서 비무장지대로 설정된 골란 고원 일대에 농작물을 경작한다는 일방적인 조치를 발표하여 시리아의 감정을 격발시켰으며, 이것이 6일전쟁의 한 원인이 되기도 하였다. 골란 고원은 구약시대부터 아람인(Aramean, 시리아인들의 선조)들과 이스라엘인들 간의 싸움터였으며, 서기 4~6세기에는 가산(Ghasan) 왕조가 들어서 비잔틴 제국과 남쪽 아랍유목민, 그리고 동부의 페르시아 사산 왕조 사이에서 완충역할을 하기도 했다. 1941년에 독립한 시리아의 영토가 된 뒤, 1차 중동전쟁 당시 시리아에 의해 서쪽 지대가 요새화되었으며, 1967년 이에 위협을 느낀 이스라엘에 의해 점령되었다. 그후 1973년 흔히 욤 키푸르(Yom Kippur) 전쟁(아랍 연합군이 이스라엘 민족에게 가장 성스러운 10월 초의 속죄일에 선제 기습공격을 했다)이라 불리는 제4차 중동전쟁 때 잠시 시리아군이 수복하기도 했으나, 10월 말 정전 때까지 대부분 다시 이스라엘의 수중에 들어갔다. 그후 이스라엘은 1970년대를 통해 30여 개의 이스라엘인 정착촌을 만들었으며, 1981년에는 일방적으로 이 지역을 합병, 국제적인 비난을 받기도 했다.

팔레스타인 해방기구(Palestine Liberation Organization, 약칭 PLO)

『구약성경』에 수없이 등장하여 이스라엘 사람들을 괴롭히는 불레셋인들이 있다. 이들은 이스라엘 사람들이 이집트에서 나와 동쪽 사막에서 가나안으로 들어갈 당시 북서쪽 에게해의 근거지를 떠나 가나안으로 침투하던 중이었다. 이들 사이에 낀 가나안인들(페니키아인들의 일부)은 북쪽으로 쫓겨나거나 정복되어 살았지만, 이스라엘과 불레셋 간의 충돌은 불가피한 것이었다. 이스라엘 사람들은 약 3천 년 전에는 하느님께 약속받은 땅이라면서 평화롭게 살던 가나안 사람들을 몰아냈고, 20세기에 와서는 불레셋인들의 후손 팔레스타인 사람들에게, 지난 1800년 동안 쫓겨나 있었지만 여기는 원래

내 땅이었으니 나가라고 몰아내는 형국이었다.

팔레스타인인은 바로 그 불레셋인들의 후손이자, 이슬람의 정복 이후 그 땅에 들어와 정착한 아랍인들의 후손이다. 1948년 이후 여러 지하 운동 조직들이 활동했으나, 1964년에 아랍연맹의 지지하에 하나로 통합되기에 이르렀다. 사실 팔레스타인인들은 강력한 지도부가 없어 1948년의 1차 중동전쟁에서도 적극 나서지 못했으나, 1964년 지도부가 통합된 이후 1967년 3차 중동전쟁에서 아랍 국가들이 패한 뒤, 그 조직을 재정비, 적극적인 활동을 펼치기 시작했다.

PLO 내에서 활동하거나 그와 관련 있는 단체로는 파타(Fatah), 팔레스타인 해방인민전선(PFLP), 팔레스타인 해방인민민주전선(PDFLP) 등이 있으며, 이들 산하에는 테러조직도 있다. 1969년, 이들 중 가장 큰 집단인 파타의 지도자 야세르 아라파트(Yaser Arafat)가 PLO 의장이 되어 요르단에 근거, 군사조직을 강화했다. 그러나 1971년 요르단 정부와의 갈등으로 강제추방되어 레바논으로 쫓겨났다. 1974년 이후 아라파트는 PLO가 이스라엘과 관계없는 국제 테러리즘에 더 이상 개입하지 않을 것을 선언하면서 국제사회에게 PLO를 정당한 대표체로 인정해 줄 것을 요구했다. 1974년, 먼저 아랍 국가들이 이를 수용했으며, 1976년엔 아랍연맹에도 가입할 수 있었다.

1988년, PLO는 팔레스타인 독립국가 수립을 선언하면서, 이스라엘의 존재를 인정하고 나섰다. 즉, 이스라엘을 제거한다는 목표를 포기하고 독립적인 이스라엘 국가를 인정하는 대신 요르단 강 서안 및 가자 지구에 팔레스타인 국가를 수립하겠다는 제안이었다. 1993년 팔레스타인과 이스라엘 간에 평화협정이 맺어져 PLO의장 아라파트가 팔레스타인 자치지구 의장이 되었으며, 1996년에는 자치정부의 초대 행정수반이 되었다. 그러나 PLO 내 강온파의 갈등은 아라파트의 행동반경에 항상 걸림돌이 되었으며, 특히 반이스라엘 테러리스트 무장 단체들로부터 완전히 자유스러울 수는 없는 입장이어서, 이스라엘과의 공존을 전제로 하는 그의 현실주의 온건노선은 그 진로가 매우 불투명한 상태다.

요르단(Jordan)

『구약성경』에도 자주 등장하는 암몬(Ammon)인들 및 모압(Moab)인들의 나라 요르단은 구약시대 때부터 요르단 강 동안에 해당하는 트란스요르단(Transjordan) 지역을 놓고 이스라엘 민족과 끊임없는 무력투쟁을 벌여 왔다. 이스라엘 12지파 중 므나쎄, 가드, 르우벤 등은 지금의 트란스요르단에 영토를 할당받기도 했는데, 이들 원주민 부족들(『구약성경』에 의하면 아브라함의 조카손자인 암몬과 모압의 후손들)은 동쪽으로는 경작이 불가능한 사막뿐인 탓에 요르단 강 동안의 땅을 목숨 걸고 지켜야만 했다.

이곳은 구약시대 때는 메소포타미아 및 시리아 지방 강대국의 변방으로 근근히 그 명맥을 유지하다가 로마 제국 시대에는 북아라비아 나바테아(Nabatae) 왕국의 변두리로서 수백년간을 지냈으며, 서기 4세기경에는 강력한 페르시아 사산 왕조에 대한 완충지로서 로마 제국이 북아라비아의 가산 부족을 내세워 시리아 및 요르단 변방을 다스리게 했다. 그리고 7세기 이후에는 16세기 초 오스만 제국에 의한 최종 정복이 있기까지 수많은 이슬람 세력에 의해 유린된 바 있다.

1차 세계대전 이후 오스만 제국 대신 이 지역에 들어선 영국은 아랍의 맹주인 후세인의 아들 압둘라에게 트란스요르단 영주 자리를 주어 통치하게 했다. 1946년 완전 독립을 달성한 후 나라 이름을 트란스요르단 하심 왕국으로 바꾸고 왕을 칭한 압둘라는 1948년에 벌어진 아랍과 이스라엘 간의 첫 번째 전쟁에서 요르단 강 서안 및 동예루살렘을 점령, 1949년에 이 지역을 병합하고 국명을 지금의 요르단 하심 왕국으로 바꿨다. 압둘라는 요르단의 영토와 인구를 넓히는 데는 성공했으나, 이를 통해 팔레스타인 주민들의 불만을 샀으며, 그 결과 1951년 암살당했다. 그의 뒤를 이은 아들 탈랄은 불과 1년 만에 사망하고, 압둘라의 손자 후세인이 즉위, 요르단의 근대화에 박차를 가했으며, 관광사업 및 미국의 원조 등으로 발전하기 시작했다.

하지만 1967년의 전쟁 패배로 이스라엘에 요르단 강 서안과 거대한 관광단지인 구예루살렘을 빼앗긴 요르단은 엄청난 농지를 잃고, 관광사업도 돌이킬 수 없는 타격을 받았으며, 덤으로 이스라엘 점령지구에서 수많은 팔레스타인 난민들을 받아들이게 되었다. 요르단 정부는 이 난민들 및 그들의 대표인 PLO 세력과 정치적, 사회적으로 갈등이 깊어지자, 1971년 이들을 강제로 추방했다. 1974년 모로코의 수도 리바트에서 열린 아랍 정상회담에서 PLO가 팔레스타인인의 정당하고 유일한 대표임을 결의하자 이를 받아들여 요르단 강 서안 지역의 지배를 포기하였다. 1995년, 요르단은 이스라엘과 평화협정을 맺어 경제적 협력관계의 발판을 마련했지만, 이로 인해 팔레스타인인들과 곳곳에서 충돌하는 상황을 빚고 있다.

레바논(Lebanon)

『구약성경』에 나오는 시돈, 티레(띠로) 등의 도시 국가를 건설한 페니키아인들의 나라. 십자군들의 트리폴리 공국, 그리고 동방교회의 전통을 간직해 온 마론교회(Maronite)인들이 이슬람 강경파 드루즈(Druze)와 천년 이상 투쟁을 벌이는 땅. 레바논은 아름다운 해안선과 온화한 지중해 기후, 풍부한 천연자원 덕에 일찍부터 교역이 발전했다. 기원전 12세기 이후 페니키아인들의 근거지로서 지중해 무역의 중심지 역할을 하다가, 아시리아, 바빌로니아, 페르시아 등에 차례로 정복당한 뒤, 알렉산드로스 및 그 후계자들에 의한 그리스 왕조를 거쳐 로마 제국에 시리아의 일부로 편입되었으며, 서기 7세기 이후에는 이슬람 정복의 물결에 휩싸였고, 잠시 십자군들에 의한 그리스도교 시대가 있었지만, 아이유브, 맘루크, 오스만으로 이어지는 이슬람 통치 속에 20세기를 맞았다. 사실 중동 지역에서 팔레스타인을 제외하면 레바논만큼 그리스도교와 이슬람교 전통이 고스란히 남아 갈등을 안고 있는 나라도 없다.

 1차 세계대전이 끝나자 십자군의 전통이 남아 있는 곳답게 프랑스가 이곳의 위임통치를 맡았으며, 그들에 의해 2차 세계대전 막바지에 시리아와 더불어 독립했다. 레바논은 고대 페니키아의 명성에 걸맞게 지중해 교역을 토대로 발전해갔으나, 1300년간 계속되어 온 그리스도교와 이슬람 간의 갈등은 국가발전에 걸림돌이 되었다. 권력이 그리스도교계에 집중되는 동안 무슬림들의 소외감은 깊어만 갔으며, 1967년 및 1971년 이후 많은 수의 팔레스타인 난민들이 들어오면서 갈등이 더욱 깊어졌다.

    1975년 그리스도교 우익군부와 이슬람 좌익연합 간에 내전이 발생한 이후 20여 년간 평화유지군을 포함한 수많은 주변국 병사들이 그리스도교-이슬람 세력 간 내전의 포화 속에 피를 흘렸다. 먼저 개입한 건 시리아로서 레바논 대통령의 부탁을 핑계로 군대를 보냈고, 다음은 이스라엘로서 요르단에서 남부 레바논으로 거점을 옮긴 PLO로부터 북쪽 국경을 보호한다는 명목으로 진입했으며, 마지막으로 UN은 내전의 확산을 억제하기 위해 평화유지군을 파견했다. 이 와중에 1982년 이스라엘은 PLO 근거지를 뿌리뽑겠다며 베이루트를 포위하기도 했다. PLO가 부분적으로 철수하고, 다국적군이 증강되는 가운데 이스라엘이 철수하자, 드루즈 민병대와 그리스도교군 사이에 전투가 재개되었다. 1992년, 긴장이 완화되어 인질들이 풀려나고, 시리아군이 철수를 시작했으며, 20년 만에 치러진 의회선거에서 이슬람 원리주의자들인 헤즈볼라가 다수당이 되었다. 하지만 헤즈볼라 소속 무장단체와 이스라엘 간의 국지전은 계속되었으며, 이에 따른 이스라엘의 과잉 대응은 국제사회의 비난을 받기도 했다. 레바논은 1990년대 말 이후 주변국과의 갈등을 많이 해소하고, 국내 안정도 되찾아 그간의 상처로부터 회복하고 있기는 하나, 아직도 국경지대의 불안감 및 내부갈등은 남아 있다.

시리아(Syria)

중세나 근대보다는 문명의 새벽이라 할 수 있던 고대사 시기에 수많은 강대국들이 침을 흘리며 흥망성쇠를 거듭하던 땅, '비옥한 초생달'이라는 별명에 걸맞게 비옥한 땅과 동서양을 잇는 다리 역할로서 페니키아 해안을 통해 고대무역의 중심지 역할도 했던 땅. 과거 시리아는 지금보다 훨씬 더 큰 개념으로서 레바논, 팔레스타인뿐만 아니라 요르단을 포함하는 광역이었다.

시리아 역시 레바논처럼 구약시대에 아시리아, 바빌로니아, 페르시아 등에 의해 차례로 정복당하고, 알렉산드로스 및 그 후계자들에 의한 그리스 왕조를 거쳐 로마 제국에 편입된 뒤, 페르시아의 파르티아 왕조 및 사산 왕조와 로마 간의 수백년에 걸친 결전의 장소가 되기도 했다. 그러다가 서기 7세기 이후에는 이슬람 정복의 물결에 휩싸였고, 아이유브, 맘루크, 오스만으로 이어지는 이슬람 통치 속에 20세기를 맞았다.

1차 세계대전이 끝나고 오스만 제국이 물러간 뒤, 영국과 프랑스의 밀약 및 국제연맹의 합의에 따라 프랑스가 이곳의 위임통치를 맡았다. 위임통치 기간 내내 몇 차례에 걸쳐 반란이 일어나는 등 프랑스와 아랍인들 간의 갈등이 깊었으며, 결국 프랑스는 1941년에 독립을 약속한 뒤, 2차 세계대전이 끝나던 1945년에 이를 지켰다. 하지만 프랑스의 후원을 받던 문민정부는 오래가지 못했으며, 수차례에 걸친 쿠데타 끝에 1954년 군부 바트당이 정권을 잡았다.

바트당은 1940년 그리스도교인들에 의해 설립, 범아랍주의 형성에 힘쓴 결과, 1958년에는 또다른 범아랍주의자 이집트의 나세르와 함께 시리아-이집트를 연합아랍공화국으로 합병하기도 했지만, 정정 불안 속에 다시 쿠데타가 나 그 실험은 3년 만의 단막극으로 끝나버렸다. 바트당은 1960년대 후반까지 집권했지만, 1967년 이스라엘과의 전쟁 패배, 1970년 요르단과의 분쟁 등으로 내부세력간에 불협화음이 잦았다. 1970년에 일어난 쿠데타로 바트당을 몰아낸 군부 파벌은 하피즈 알 아사드(Hafez al-Assad)를 중심으로 새로운 세력을 형성했다.

아사드는 2000년에 사망할 때까지 30년간 시리아를 이끌면서, 험난한 중동 정세 속에서 시리아의 지분을 최대한 확보하느라 노력했다. 1967년에 이스라엘에 빼앗긴 골란 고원의 수복이 숙제로 남아 있으며, 1980~90년대 첨예하던 레바논 내부세력과의 갈등도 아직 타다 남은 불씨로 남아 있다.

이집트(Egypt)

정식 명칭은 이집트 아랍공화국. 비옥한 나일 강을 기반으로 인류 최초 문명 중의 하나를 이룩했던 이집트인들은 『구약성경』, 특히 출애굽기(Exodus, 이집트 탈출기)를 통해 악의 세력으로 묘사된다. 하지만 출애굽 전후의 시기는 이집트 찬란한 고대역사의 거의 마지막 장이었다. 그 이후 거듭된 내분과 외침으로 겨우 명맥만 유지하다가 기원전 6세기 때 페르시아에 정복당하고, 알렉산드로스 이후에는 그리스 왕조(프톨레마이오스)가 들어섰다. 그후에도 20세기에 이르기까지 로마 제국에서 이슬람 제국으로 이어지는 기나긴 외인(外人)들의 정권이 계속되었다.

오스만 제국 말기, 알바니아 출신 무함마드 알리가 이집트의 실력자가 되어 거의 반독립상태를 유지한 뒤, 그가 시작한 이집트 근대화는 그의 후손들에 의해 계속되었다. 19세기 말에는 영국의 제국주의적 이해에 따라 인도와의 직통항로를 가능케 하는 수에즈 운하의 중요성이 부각되며 영국의 국정개입이 심해지더니 1차 세계대전 중에 영국의 보호령이 되었다. 전쟁이 끝나고 독립운동이 본격화되어 1922년 왕정제로 독립을 쟁취했으나, 1936년 국제연맹에 가입하기까지 실질적인 지배자는 영국이었다.

1952년, 나세르 중령이 쿠데타를 일으켜 왕정을 폐지하고 공화국을 수립, 기원전 4세기 페르시아 시대 때 잠시 반세기 동안 독립을 쟁취했던 이래 무려 2300년 만에 이민족 지배에 종지부를 찍고 이집트인에 의한 정권을 만들었다. 그후 나세르는 강한 민족주의 색채를 띠고 이스라엘을 파멸시키기 위해 힘썼다. 1956년에는 수에즈 운하를 국유화하여 영국, 프랑스 및 이스라엘 등과 싸웠으며(제2차 중동전쟁), 그로 인해 나세르는 일약 아랍세계의 자존심을 회복한 영웅으로 부상, 아랍 및 제3세계의 지도자로 떠올랐다. 그후 1967년 요르단 등과 군사동맹을 맺고 이스라엘의 항구 아카바에 봉쇄조치를 취하는 등 다시 이스라엘에 압력을 가했으나, 오히려 역공을 당해 시나이 반도를 빼앗겼다.

1970년 나세르가 사망하고 사다트가 뒤를 이은 뒤, 1973년 시나이 반도를 수복하기 위해 주변국가들과 함께 이스라엘을 선제 공격했으나, 초반의 성공에도 불구하고 이스라엘의 역공으로 득실이 없었다. 그후 사다트는 친서방 온건노선을 취하면서, 미국의 중재로 이스라엘과 상호존재를 인정하는 평화협정을 체결, 시나이 반도를 돌려받았으나, 1981년 화해 무드에 반대하는 아랍 보수파에 의해 피살되었다. 뒤를 이은 무바라크 대통령은 나세르의 아랍민족주의와 사다트의 친서방주의의 장점을 적절히 살리는 중도주의 노선으로 지금까지 이집트를 끌어오고 있다.

사우디아라비아(Saudi Arabia)

거대한 아라비아 반도는 사막에 가로막혀 고대문명의 혜택을 받지 못한 채 고대사와 단절되어 있었다. 다만 구약시대 솔로몬 왕을 방문했던 사바(Saba)의 여왕이 남아라비아의 한 여왕이었던 것으로 추정될 뿐이다. 기원전 2세기경에는 사바를 대신해 힘야르(Himyar) 왕국이 들어섰으나, 서기 4세기경 지금의 에티오피아에서 일어난 악숨(Axum) 왕국에게 정복당했다. 한편, 북아라비아에서는 알렉산드로스에 의한 페르시아 정복 이래 나바테아(Nabatae) 왕국이 들어서서 로마와 우호관계를 맺으며 수백년 동안 요르단강 동안을 포함하여 북아라비아 일대를 다스렸다.

그후 페르시아 사산 왕조 영향력 아래에서 몇몇 세력들이 흥망을 거듭하며 소강상태를 지속하다가, 7세기 초 쿠라이시 부족에서 무함마드라는 인물이 나타나 놀라운 카리스마를 발휘하며 아랍인들을 종교적 열정으로 응집시켜 아라비아를 통일했다. 그리고 그 종교적 열정은 반도 밖으로 화산처럼 폭발하여 뻗어나갔다. 하지만 얼마 안 있어 이슬람세력의 주도권은 다마스쿠스와 바그다드로 옮겨져 아라비아는 메카와 메디나가 있는 성지의 땅이라는 것 이외에 별로 주목을 받지 못하며 주요무대에서 사라졌다. 오스만 시절에는 3개 대륙에 걸친 광대한 영토를 효율적으로 중앙에서 통치하기 힘들었으므로 아라비아에도 광범위한 자치를 허용했다.

바로 그 오스만 시절인 19세기 초, 사우드(Saud) 가문이 엄격한 종교생활로의 회귀를 주장하며 아라비아 유목민들의 지지를 받아 세력을 넓혔으며, 1901년에는 같은 가문 출신의 아브드 알 아지즈('Abd al-'Aziz)가 리야드를 점령, 오늘날 사우디 왕국의 기초를 다졌다. 그 후 1925년, 메카에서 헤자즈(Hejaz, 아라비아 중부) 왕을 칭하던 하심 가문의 후세인이 죽은 뒤 그 아들 압둘라가 즉위했으나, 아브드 알 아지즈에 의해 쫓겨났으며, 아브드 알 아지즈는 그후 더욱 세력을 확장하여 아라비아 전역을 차지한 뒤 1932년 사우디 왕국의 수립을 선포했다.

1953년, 아브드 알 아지즈 왕이 서거한 뒤 아들 사우드가 왕위에 올랐으나, 급변하는 주변국 정세(이집트 및 이라크의 왕정폐지) 속에 퇴임했으며, 1964년 형의 자리를 이은 파이살은 근대화에 박차를 가하며 적극적인 대외활동을 벌였다. 한편 그는 1973년의 4차 중동전쟁 당시 1차 석유파동을 주도하여 전세계에 아랍인의 단결 및 그 영향력을 과시하기도 했다. 파이살은 1975년 조카에게 암살당했으나 아들 할리드(1975~1982) 및 손자 파드(1982~현재)로 왕위가 이어지면서 그가 시작한 근대화 정책이 유지 계승되고, 아랍세계에서도 지도적 위치를 되찾고 있다. 파드 왕은 걸프전에서 보여주었듯 친서방정책을 유지하면서도 때로는 아랍의 권익을 위해 목소리를 높이는 등 독자적인 행보를 모색하기도 한다.

이라크(Iraq)

이집트와 더불어 인류 최초의 문명 중 하나를 탄생시켰던 티그리스 강과 유프라테스 강 사이의 메소포타미아('강 사이'라는 뜻의 그리스어). 수메르, 바빌로니아, 아시리아 등 고대사를 화려하게 장식했던 땅. 이 지역은 아시리아, 바빌로니아의 핵심부였으며, 페르시아 시대에도 동서에 걸친 방대한 제국의 중심에 위치했었다. 그후 알렉산드로스가 거쳐간 뒤 그리스 왕조(셀레우코스)의 지배를 받다가, 페르시아의 파르티아 왕조 및 사산 왕조의 치하에 놓였다. 7세기 이후 무슬림에 의해 정복된 뒤, 8세기 중반 아바스조 칼리프들이 옛 바빌론에 수도 바그다드를 창건하면서 13세기 중엽 몽골군에 의해 유린되기까지 이슬람세계의 중심이 되었다. 몽골족이 물러간 뒤 혼란의 시기를 거쳐 오스만 제국의 지배하에 놓인 채 20세기를 맞이했다.

1차 세계대전 후 오스만이 쫓겨난 뒤, 영국은 프랑스와 맺은 비밀협정을 토대로 이 지역 이라크(페르시아어로 '저지대'라는 뜻)를 계속 지배하려 했지만, 프랑스에 의해 시리아에서 축출된 하심 가문의 파이살을 이라크 왕으로 삼아 점증하는 아랍민족주의를 달래고자 하였다. 그후 1932년에 위임통치를 청산하고 독립했으나, 친서방적인 집권세력에 대한 반발로 정정은 계속 불안했다. 1933년 부왕 파이살의 뒤를 이은 가지(Ghazi)는 6년 만에 죽고 그의 아들 파이살 2세가 즉위했으나, 1958년의 카심(Qasim) 준장이 이끄는 군부 쿠데타로 왕정이 폐지되고 공화국이 들어섰다.

사회주의 노선을 택한 군부정권은 급진적인 경향을 보였지만, 군부 내의 반발, 쿠르드족의 반란 등으로 혼란이 가중되었으며, 1963년 청년장교단과 바트당의 혁명으로 카심 정권이 붕괴되고 아랍민족주의자들이 득세했다. 그러다가 1968년 쿠데타로 또 다른 바트당 세력이 정권을 잡았으며, 이후 점차 막후 실력자 후세인의 영향력이 커졌다. 1979년, 바크르 대통령이 건강으로 사임한 뒤 대통령이 된 후세인은 혁명 이후 처음으로 민정을 수립, 나라를 안정시키며 근대화에 노력했다.

이란의 팔레비 왕조와 불안하게 유지하던 평화관계는 1979년 이란의 이슬람혁명으로 깨졌으며, 그 이후 관계가 급속히 악화, 1980년 샤트 알 아랍 수로(水路)의 영유권을 놓고 전쟁이 발발, 8년에 걸친 소모전을 겪었다. 그후 1991년에는 남쪽의 석유부자 쿠웨이트를 침공하여 걸프전을 일으켰으나, 미국 등의 연합국에게 패했으며, 서방세계와는 아직껏 긴장관계가 계속되고 있다.

이란(Iran)

이란은 사실 팔레스타인으로부터 멀리 떨어져 있으나, 중동의 정치판도를 이해하기 위해 간략히 소개한다. 바빌로니아를 멸하고 유태인을 귀환시킨 키루스 왕의 아케메네스 왕조가 페르시아를 역사 무대에 올려놓은 이래, 그리스와의 지리한 전쟁을 거쳐 알렉산드로스에 의해 정복되었다. 이후 그리스 왕조(셀레우코스)가 페르시아를 다스리는가 싶더니 파르티아 왕조(기원전 3세기~기원후 3세기) 및 사산 왕조(3세기~7세기)가 줄을 이어 들어서며 시리아를 경계로 로마 제국과 끝없는 혈투를 벌였다.

막강했던 사산 왕조 역시 이슬람의 물결은 막지를 못했으며, 7세기 중엽 이후 페르시아는 완전히 이슬람의 영향권으로 들어갔다. 하지만 사막에서 온 아랍인들이 고대로부터 찬란한 종교(조로아스터교), 문화를 간직해 온 페르시아를 압도할 수는 없었으며, 아바스 칼리프조 이후로는 이슬람교에도 페르시아적인 영향이 많이 스며들게 되었다. 사실 시아파 역시 페르시아 지역을 중심으로 세력을 늘려가며 신비주의적인 요소를 많이 띤 채 중앙의 수니파 칼리프들의 권위에 도전했었다.

9세기 이후 아바스조가 쇠퇴해 가는 가운데 페르시아계 사파위 왕조, 사만 왕조 등이 일어났으나, 11세기 이후에는 중앙아시아에서 나타난 투르크인들 및 몽골인(일 한국 및 티무르 술탄조)에 의해 몇 백년 동안 유린되기도 했다. 하지만 15세기 이후 이슬람 세계를 통합한 오스만 투르크도 페르시아는 정복하지 못하고 16세기 초 페르시아계 사파위 왕조가 들어서는 걸 지켜만 보았다. 그후 18세기 후반에는 투르크인들의 카자르(Qajar) 왕조가 들어섰으나, 점증하는 서구 제국주의 세력에 밀려 북부는 러시아, 남부는 영국의 영향권 내에 들어 정부의 권위가 위축되었다.

카자르 왕조는 1차 세계대전 중 중립을 선언했으나, 국토는 석유공급원을 확보하려는 영국과 투르크 간의 전장터로 변했다. 1918년, 전쟁이 끝난 뒤 영국의 보호령이 되었으나, 이에 반기를 든 장군 레자 한이 1925년 쿠데타를 일으켜 카자르 왕조를 무너뜨리고 팔레비 왕조를 창건했다. 그는 각종 불평등조약을 폐기하고, 근대화에 힘썼으며, 1935년에는 국호를 페르시아에서 이란(Iran, '아리아인의 나라'라는 뜻으로 기원전 13세기 경 인도북부 및 이 지역에 들어와 정착한 아리안[Aryan]족에서 그 이름을 따옴)으로 고쳤다. 1941년, 레자 한의 뒤를 이은 아들 무함마드 레자 샤는 석유수입의 증대에 힘입어 각종 개혁조치를 단행했으나, 그로 인해 보수파의 반대에 부딪혔으며, 1979년 이슬람 원리주의자 호메이니가 일으킨 혁명으로 인해 망명했다. 그 후 이란공화국은 이슬람원리주의를 표방하며 국제적 고립을 초래했으나, 1989년 호메이니의 사망 후 라프산자니 등을 필두로 실용주의적인 지도자들이 등장해 경제 및 사회개발을 추진하고 있다.

유대 왕국 왕계표

아브라함에서 12지파까지(기원전 19~8세기)

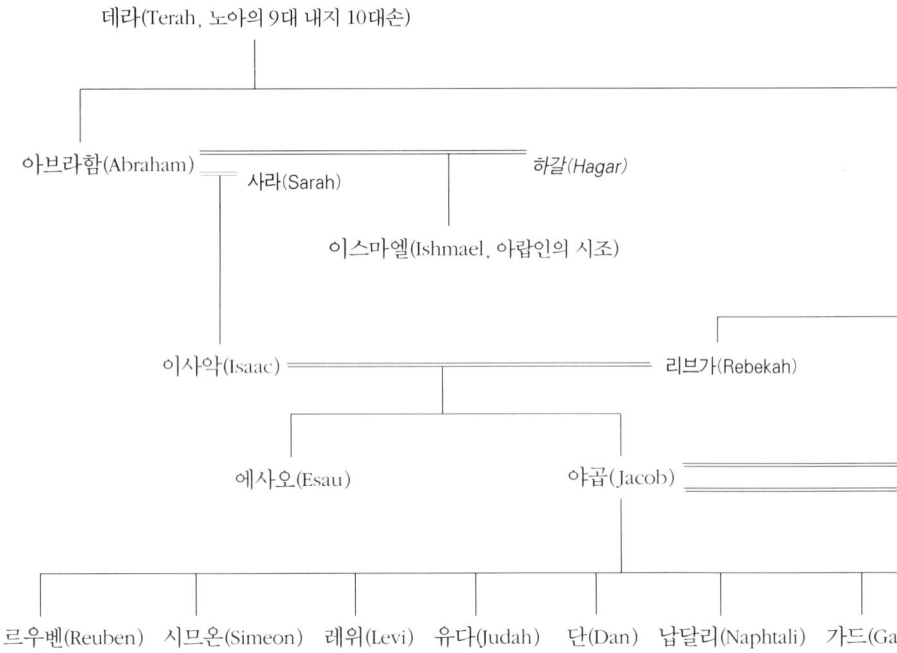

* 남성은 명조체로 여성은 고딕체로 표기했으며, 부부관계는 =로 표시했다. 선이 중간에 끊긴 것은 왕계표에 표기된 자녀 외에 다른 자녀들이 더 있음을 뜻한다.
* 야곱의 아들 12명이 12지파를 이루었으나, 가나안 땅에 들어오면서 레위 지파는 제사장직을 맡아 별다른 영토를 받지 않았으며, 요셉의 두 아들 므나쎄 및 에브라임이 각각 한 지파로서의 지분을 이미 확보하여 12지파의 영토가 분배되었다.
* 이들 중 최남단의 시므온 지파는 얼마 안 있어 유다 지파에 흡수되었으며, 유대 북쪽의 지파들은 므나쎄 및 에브라임 지파의 영도 아래 뭉쳐, 남쪽에 떨어진 유다 지파와는 점점 소원하게 되었다.
* 솔로몬 왕 사후 남북 분열시, 유다와 북부 지파 사이에 있던 베냐민 지파는 다윗이 정복해 수도로 만든 예루살렘이 그 경내에 있었으므로, 유대 왕국의 영토로 분리되었다.

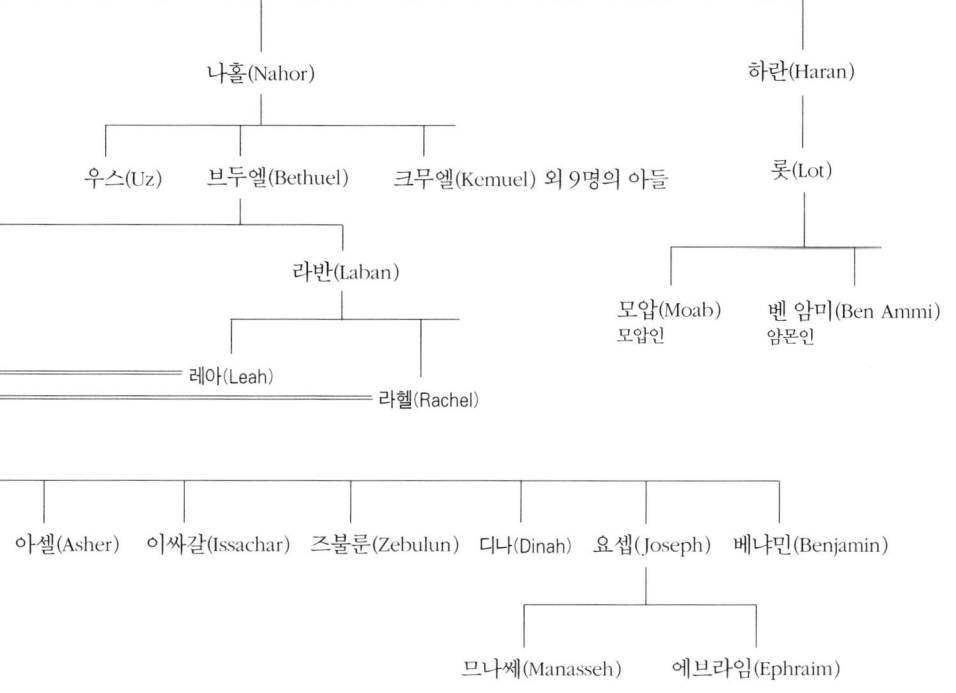

사울 왕 왕가(기원전 12~11세기)

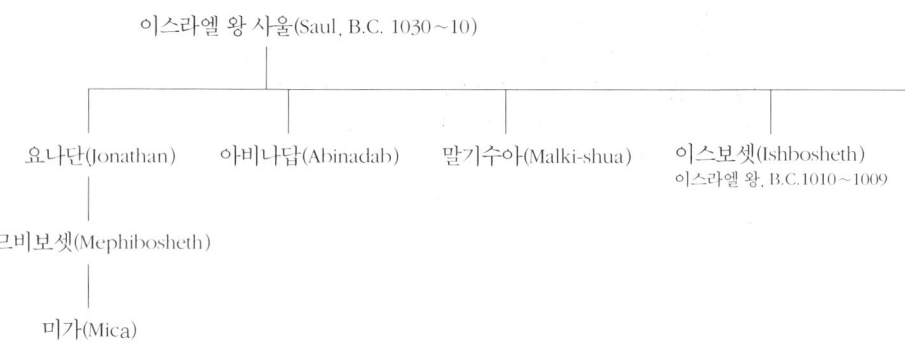

통일 이스라엘 - 다윗왕가(기원전 12~11세기)

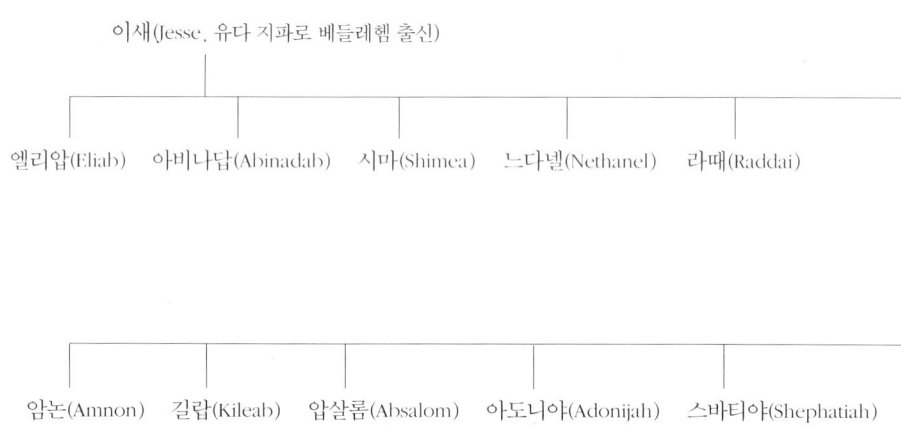

* 이새의 세째아들 시마(Shimea)는 사무엘상 16장 9절에는 삼마(Shammah)라 하고, 역대기상 2장 13절에는 시마(Shimea)라 했다. 단순 오기(誤記)일 가능성도 있지만, 사무엘상 16장 10절에 이새의 아들은 다윗 이외에 7명이라 했으므로 (물론 역대기상 2장 15절에는 다윗이 7번째 아들로 명기되었지만) 혹시 다른 인물일 수도 있다.

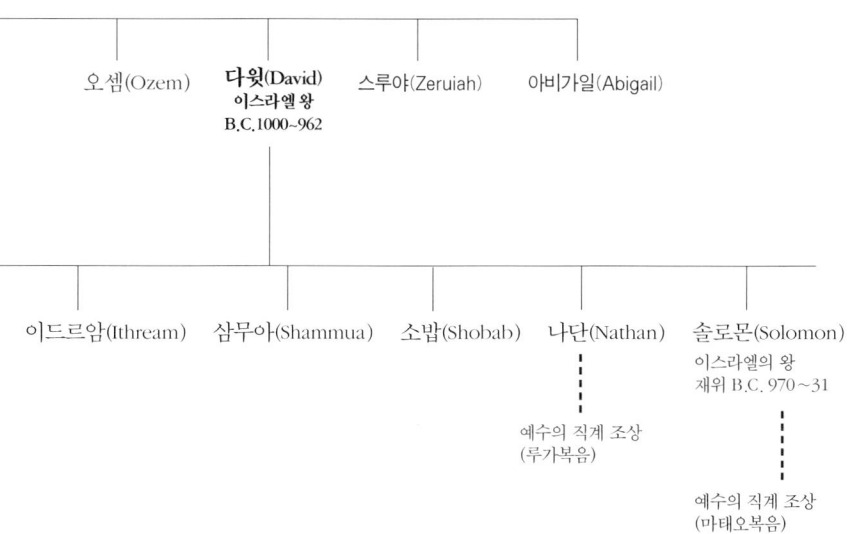

왕계표 | **485**

유대 및 이스라엘 왕가
(기원전 10~6세기)

* 비교를 위해 (남)유대 왕국과 (북)이스라엘 왕국의 계보를 비슷한 시기에 맞추어 나란히 놓았으며, 왕(여왕 한 사람 포함)들은 모두 굵게 표기했다.
* 유대 왕국은 솔로몬 이후 다윗의 왕가가 계속 이어졌으나, 이스라엘 왕국은 수많은 왕가가 흥망을 거듭했다.
* 재위 기간은 연표 방식에 입각해 최대한 사실에 가깝게 맞추었으나, 여기서도 몇 년 씩의 오차는 있을 수 있으며, 이런 오차는 고대로 갈수록 더욱 커질 수도 있다.

(남)유대 왕국

솔로몬(Solomon)
B.C.970~931

르호보암(Rehoboam)
B.C.931~913

아비야(Abijah)
B.C.913~911

아사(Asa)
B.C.911~870

여호사밧(Jehoshaphat)
B.C.870~848

여호람(Jehoram)
B.C.848~841

아하지야(Ahaziah)
B.C.841

요아스(Joash)
B.C.835~796

아마지야(Amaziah)
B.C.796~791

우찌야(Uzziah)
또는 아자리야 Azariah B.C.791~740

뒤 페이지로
이어짐↓

(북)이스라엘 왕국

에브라임 지파
느밧(Nebat)

여로보암(Jeroboam I)
B.C.931~910

나답(Nadab)
B.C.910~909

이싸갈 지파
아히야(Ahijah)

바아사(Baasha)
B.C.909~886

오므리 왕가

오므리(Omri)
B.C.885~874

엘라(Elah)
B.C.886~885

지므리(Zimri)
B.C.885

아합(Ahab) ══ 이세벨(Jezebel)
B.C.874~853   시돈왕 에드바알의 딸

아달리야(Athaliah)
유대 여왕, B.C.841~835

아하지야(Athaliah)
B.C.853~852

여호람(Jehoram)
B.C.852~841

예후 왕가

예후(Jehu)
B.C.841~814

여호아하즈(Jehoahaz)
B.C.814~798

여호아스(Jehoash)
B.C.798~783

여로보암 2세(Jeroboam II)
B.C.783~743

뒤 페이지로 이어짐 ↓

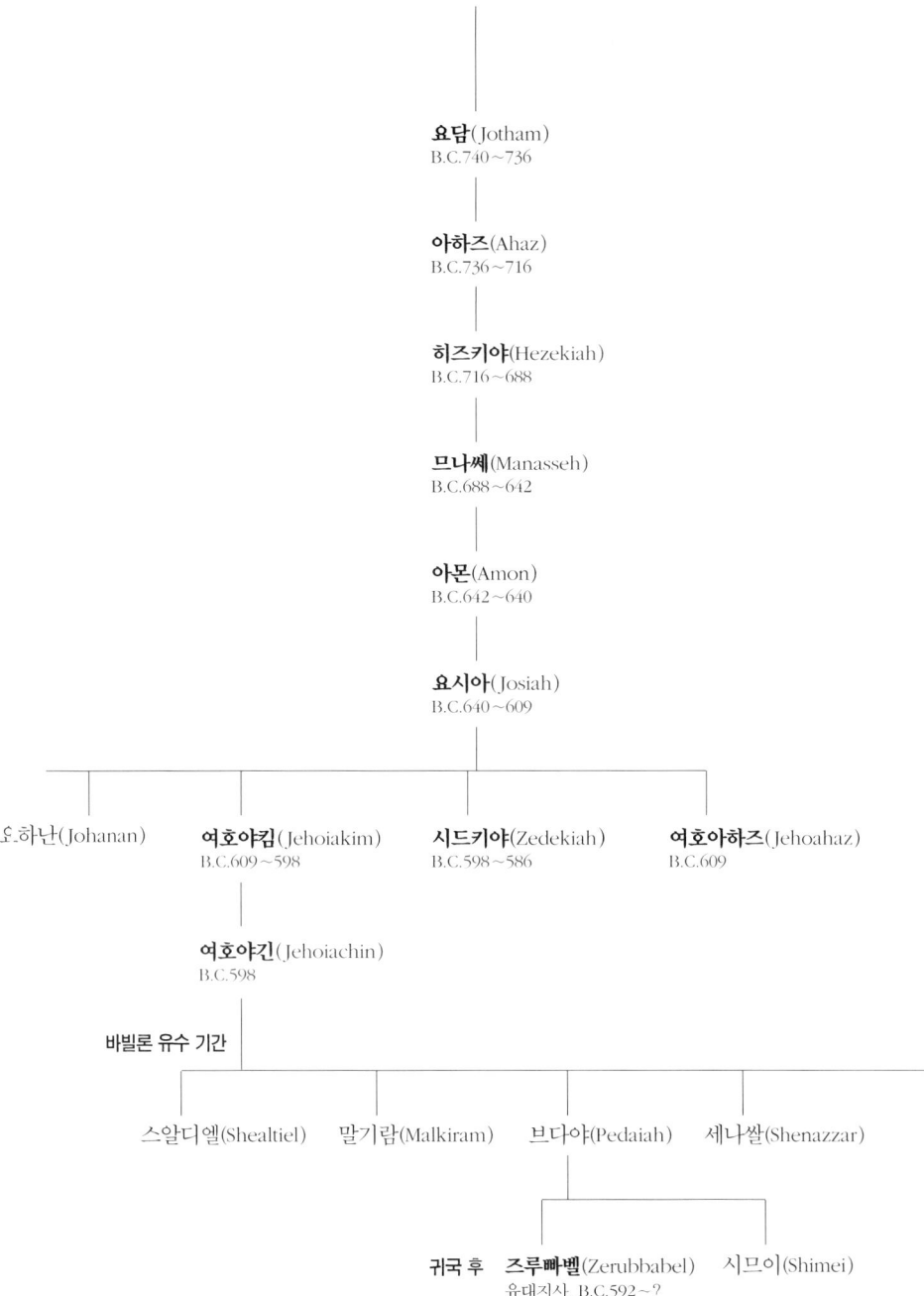

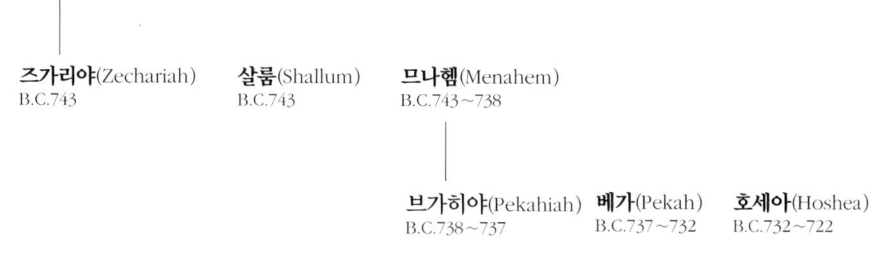

여카미야(Jekamiah)　　　호사마(Hoshama)　　　느다비야(Nedabiah)

마카베오 시대 - 하스몬 가문(기원전 2~1세기)

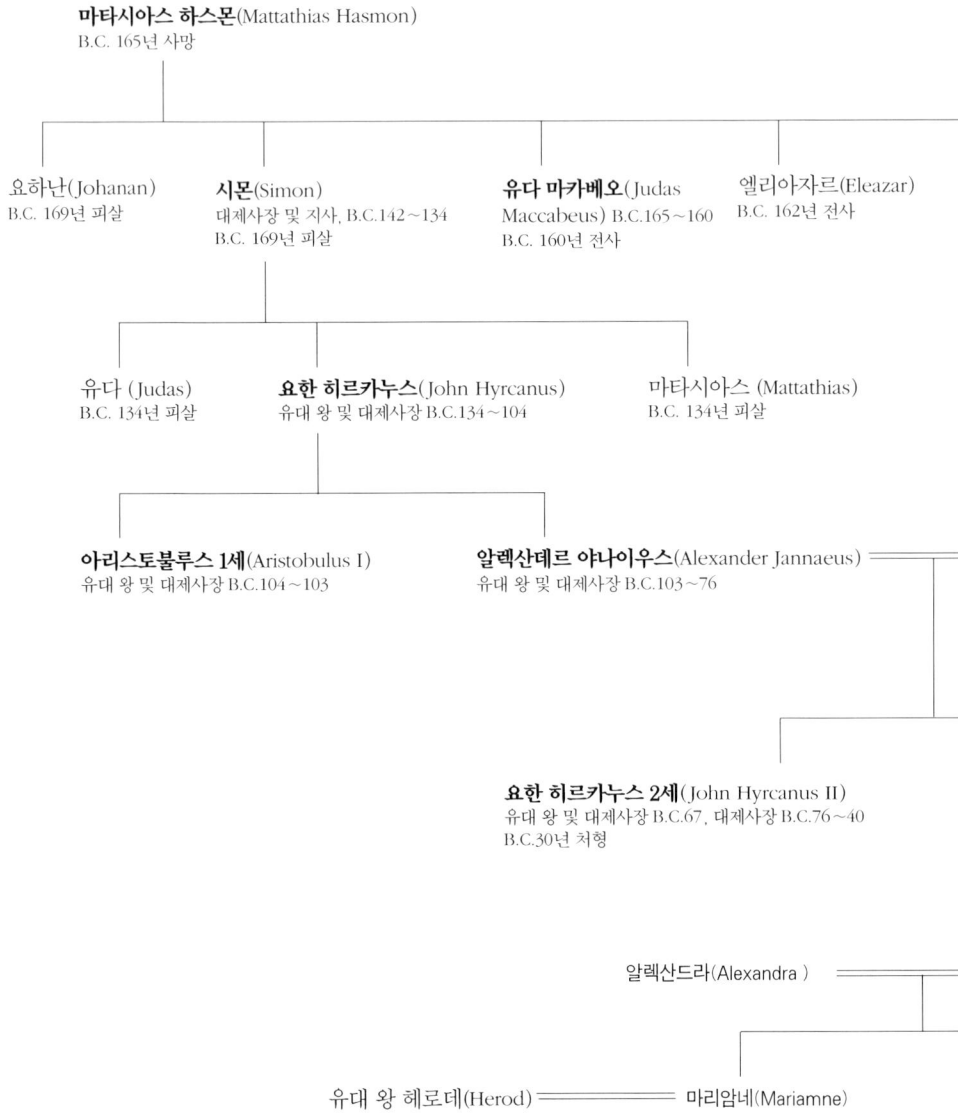

* 기원전 167년 셀레우코스 왕조에 대해 성공적인 반란을 일으킨 마타시아스 하스몬 및 그의 아들들은 그 이후 셀레우코스 왕조의 내분을 틈타 로마와도 우호관계를 맺고, 게릴라전을 수행, 차차 그 영역을 넓혀갔다. 기원전 152년에는 마타시아스의 막내아들 요나단이 셀레우코스 왕조로부터 대제사장직을 제수받기에 이르고, 그후 기원전 142년, 대제사장 시몬 때에는 유대 통치권을 인정받아 명실공히 독립을 쟁취한 뒤, 그의 아들 요한 히르카누스 때에는 왕위를 칭하기에 이르렀다가, 얼마 안 가 로마에 의해 멸망한다.

* 반란의 초기 성공은 마타시아스 하스몬의 셋째 아들 유다(별명 마카베오)에 의해 주도되었으며, 그의 전사(기원전 160년) 이후 그의 메시아적인 역할에 대한 소중한 기억 속에 사람들은 하스몬 가문에 의한 성공적인 반란 및 독립시기를 마카베오 시대라 칭하게 된다. 물론 하스몬 가문은 레위 지파로서 대제사장직은 맡을 수 있을지 몰라도 다윗 왕가 출신이 아닌 관계로 많은 유대인은 기원전 63년, 하스몬 왕가가 몰락한 이후 새로운 메시아를 기다리는 분위기였다.

* 반란 지도자, 대제사장, 왕들의 이름은 굵게 표시, 대제사장 칭호를 쓰기 이전에는 반란 지도자로서의 기간을 연도로 표시(마타시아스 하스몬 및 유다 마카베오의 경우).

요나단(Jonathan)
대제사장 B.C.160~142

알렉산드라(Alexandra)
유대여왕 B.C.76~67
  * 알렉산드라 여왕 치세시
  대제사장은 요한 히르카누스 2세

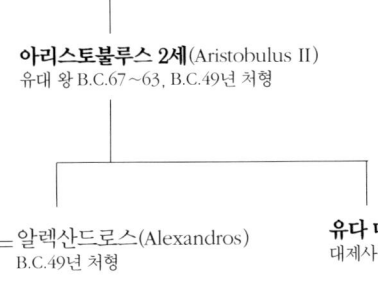

아리스토불루스 2세(Aristobulus II)
유대 왕 B.C.67~63, B.C.49년 처형

알렉산드로스(Alexandros)
B.C.49년 처형

유다 마타시아스(Judas Mattathias)
대제사장 B.C.40~37, B.C.37년 처형

아리스토불루스 3세(Aristobulus III)
대제사장 B.C.37~35, B.C.35년 처형

헤로데 시대 - 헤로데 가문(기원전 1~기원후 1세기)

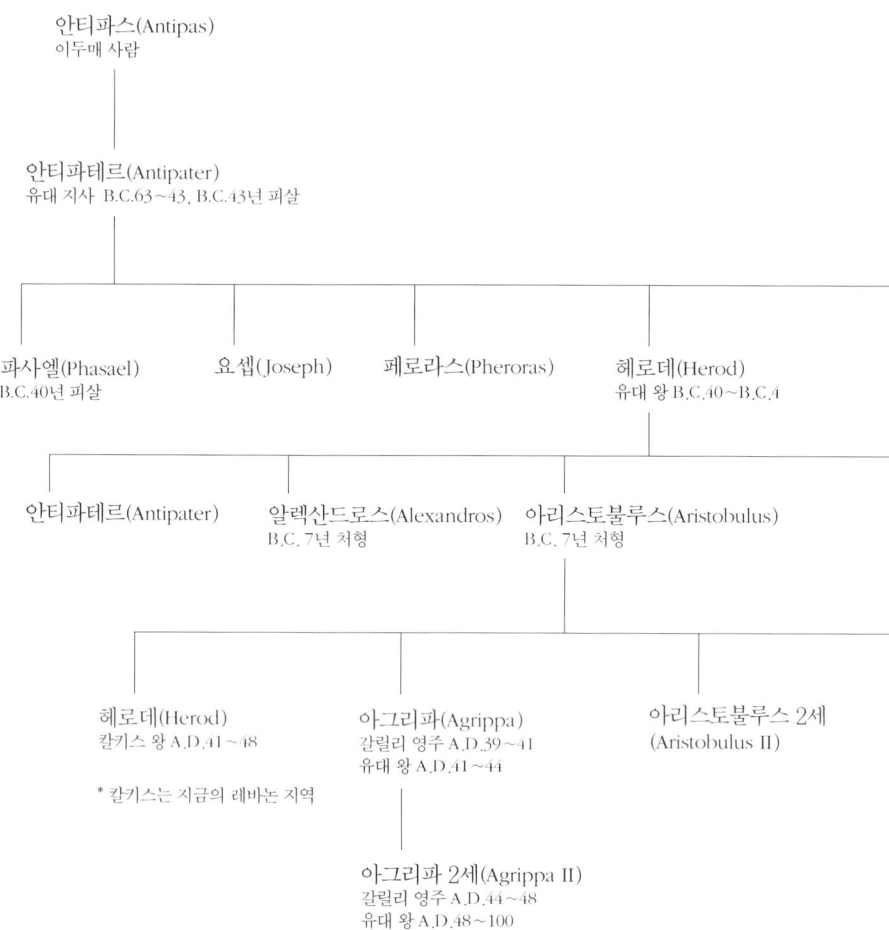

* 헤로데 왕의 오랜 유대 통치 이후, 그의 아들 및 후손들은 자신들의 이름에 헤로데를 경칭처럼 붙였다. 이는 당시 로마에서 볼 수 있던 관례이기도 하여, 로마 황제들은 자신들의 이름 속에 카이사르(Caesar)를 꼭 끼워넣곤 했다. 여기서는 혼동을 피하기 위해, 그냥 헤로데 왕(재위 기원전 40~4)만을 헤로데라 하고 나머지는 헤로데를 제외한 다른 이름만을 쓰기로 한다.

* 헤로디아는 아버지의 이복 형제 둘과 차례로 결혼한 셈인데, 세례 요한은 당시 갈릴리 영주인 안티파스(마태오복음 14장 1절에는 '갈릴리 영주 헤로데'라고 나온다)가 이복 형제 필립보의 아내를 취한 것에 대해 근친상간이라며 격렬히 비난하다가 사로잡혀 죽는다. 그리고 헤로디아의 생일날 어머니의 꾐에 따라 하객들 앞에서 춤을 추어 안티파스에게 상으로 요한의 머리를 달라고 한 살로메는 헤로디아가 첫번째 결혼에서 낳은 딸로 추정된다. 살로메는 나중에 외할아버지의 배다른 형제인 이두레아 영주 필립보와 결혼했다.

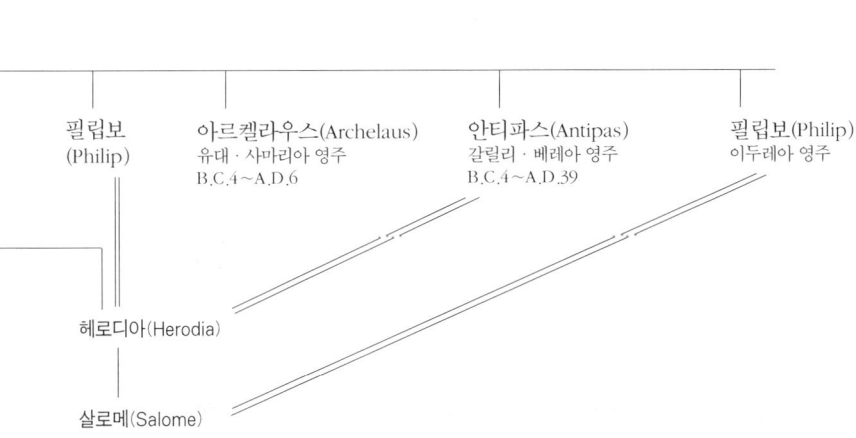

예루살렘왕국 왕 계 표

고드프루아(Godefroi)
로렌 공작

외스타슈 1세(Eustace I)
불로뉴 공작

이다(Ida) ══ 외스타슈 2세(Eustace II)
불로뉴 공작
══ 이다(Ida)

외스타슈 3세(Eustace III)
불로뉴 공작

고드프루아(Godefroi)
로렌 공작 1082~99
예루살렘 왕 1099~1100

보두앵 1세(Baudouin I)
에데사 백작 1098~1100
예루살렘 왕 1100~1118

풀크(Foulque)
앙주 백작 1109~31
예루살렘 왕 1131~43
══ 멜리상드(Melisande)
공동 통치자 1143~50

보두앵 3세(Baudouin III)
예루살렘 왕 1143~63

아말릭 1세(Amalric I)
예루살렘 왕 1163~74

기욤(Guillaume)
몽페라 백작
── 첫번째 결혼 ── 시빌라(Sibylla)
공동 통치자 1185~86
── 두번째 결혼 ── 기(Guy)
뤼지냥 백작 1109~31
예루살렘 왕 1186~87

보두앵 5세(Baudouin V)
예루살렘 왕 1185~86

* 예루살렘 왕국 창건 당시, 왕으로 추대된 로렌 공작 고드프루아가 '성묘(聖墓)의 수호자'라는 겸손한 직함을 쓰기 시작한 이래, 후계자들이 모두 이 명칭을 왕과 함께 겸용했지만, 여기선 단순히 왕이라 칭한다. 같은 가계 내에서 뛰어난 부친 또는 그 이전 조상의 이름을 이어받아 서수(序數)로만 차이를 두는 경우가 많으며, 외모상의 특징이나 공적 등에 따라 별칭이 붙는 경우가 보통이다. 왕 이름은 굵게 나타냈다.

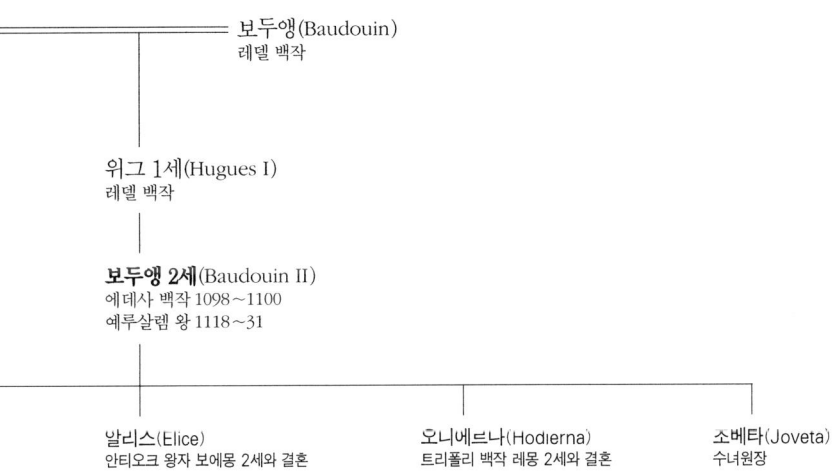

이슬람 칼리프 계표

예언자 무함마드의 가족과 우마이야 칼리프조

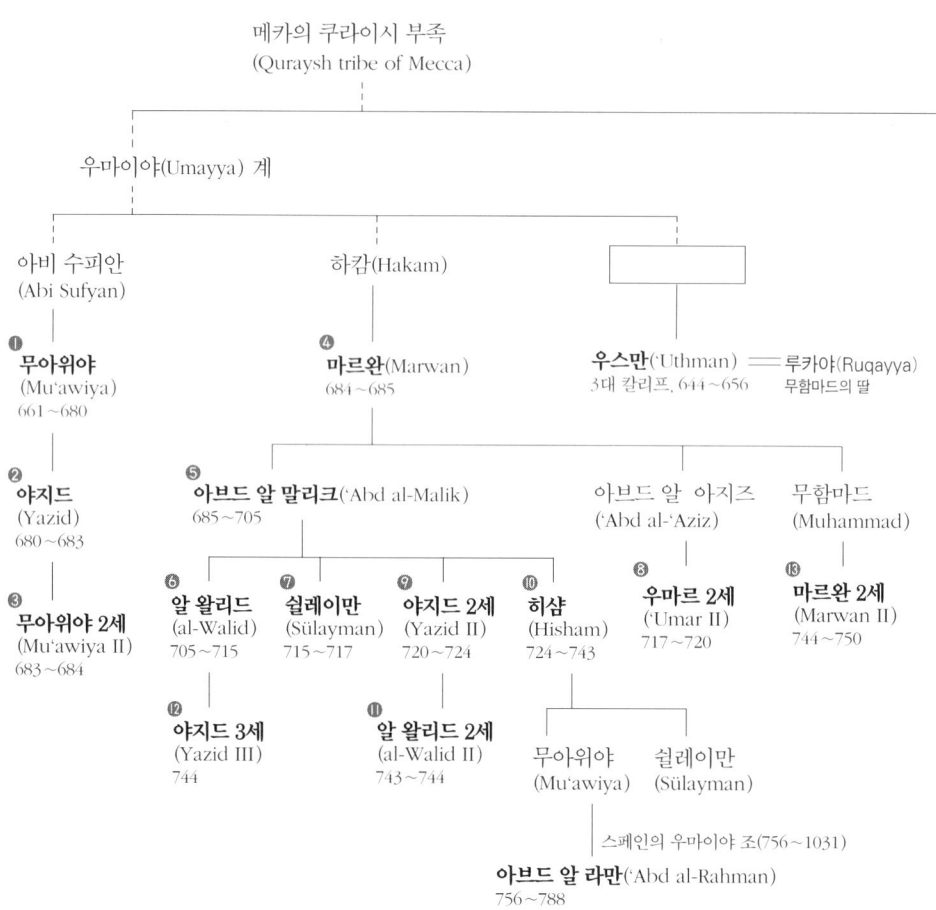

* 1대 칼리프(후계자) 아부 바크르에서 4대 칼리프 알리까지는 부족대표회의에서 후계가 정해졌다 (특히 3대 우스만까지는 그렇다). 그후 무아위야가 권력을 잡으면서 칼리프는 세습되기 시작, 칼리프조(朝), 즉 Dynasty를 이룬다. 실선은 부자관계, 점선은 부족 내지 조상–후손관계를 나타낸다.
* 3대 칼리프 우스만이 암살당한 뒤, 무함마드의 사위 알리와 우마이야 가문의 무아위야는 칼리프 계승을 둘러싸고 내전에 돌입했다. 이 내전에서 무아위야가 승리, 우마이야 칼리프조(옴미아드조라고도 함)가 성립되었다. 우마이야조는 아브드 알 말리크 시기에 최전성기를 맞아, 서쪽으로는 스페인 지역 대부분을 점령했으며 동쪽으로는 인도 지역을 공격하기도 했다. 하지만 우마르 2세 때부터 쇠퇴하기 시작해 결국 750년 아바스조에 칼리프 자리를 내주고 만다. 이때 아바스 왕조의 살육을 피해 이베리아 반도로 피신한 아브드 알 라만은 자신을 이슬람 사회의 통치자로 선언하고 756년 코르도바에 후우마이야 왕조를 세웠다.
* 알리 및 그의 후손을 이맘(Imam, 최고 지도자)으로 추종하는 시아파들도 이곳에 수록했으며, 계승 순서는 숫자로 따로 표기했다. 적법한 7대 이맘은 이스마일이라고 믿는 당파가 생겨 7대파라 불렸으며, 874년 홀연히 사라진 12대 이맘 무함마드가 죽지 않고 살아 있음을 믿는 당파가 생겨나 12대파라 불렸다. 시아파들은 파티마조, 카라미타파, 아사신(Assasin, '암살자'라는 보통명사가 됨) 등으로 분열해 세를 넓혀갔다 – 연표 참조.

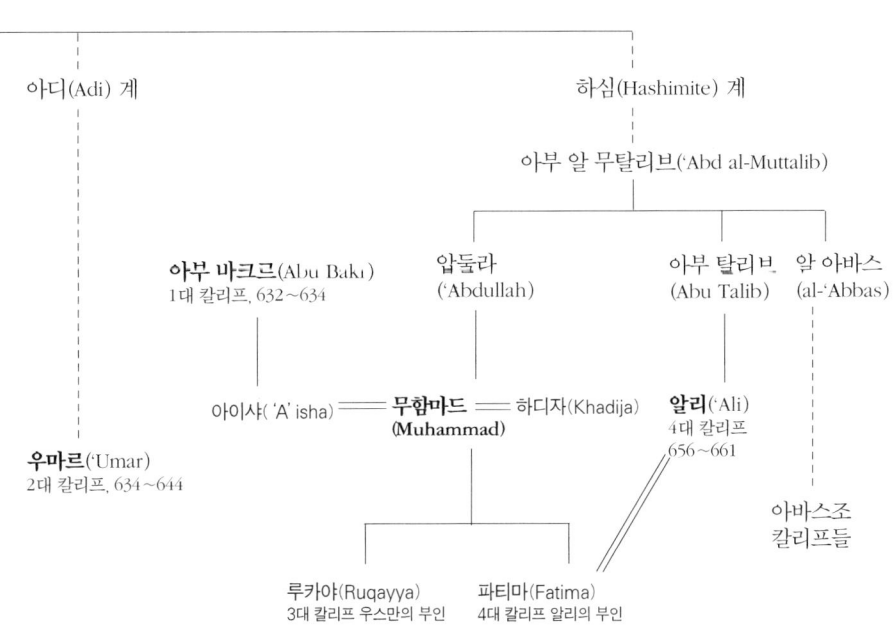

시아파 이맘(Imam)들(656~874)

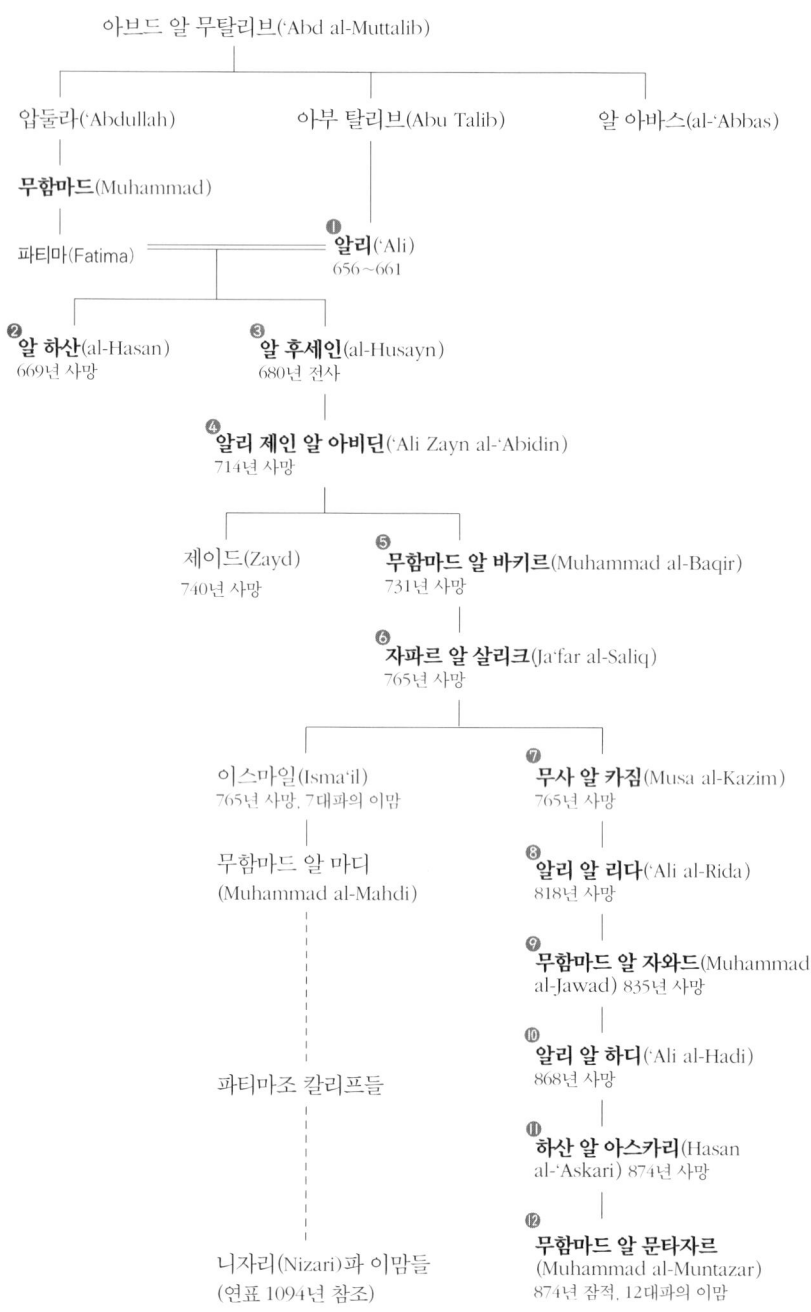

파티마 칼리프조(909~1171)

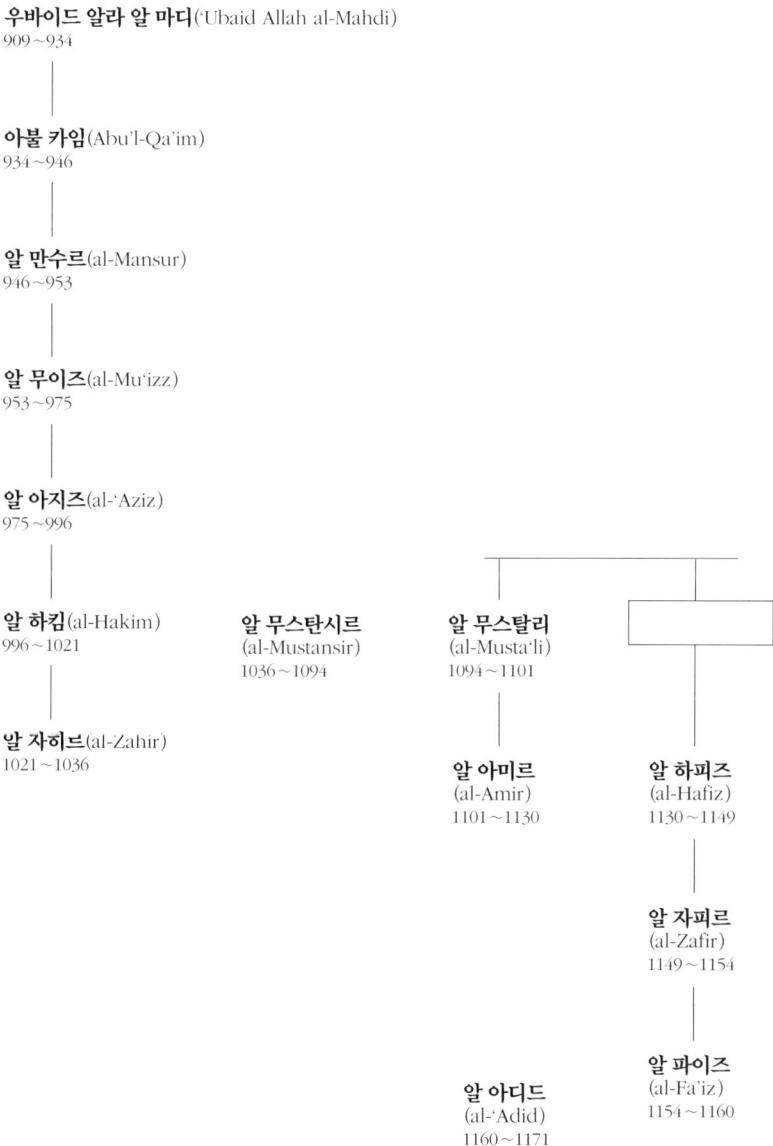

왕계표 | 499

아바스 칼리프조(749~1258)

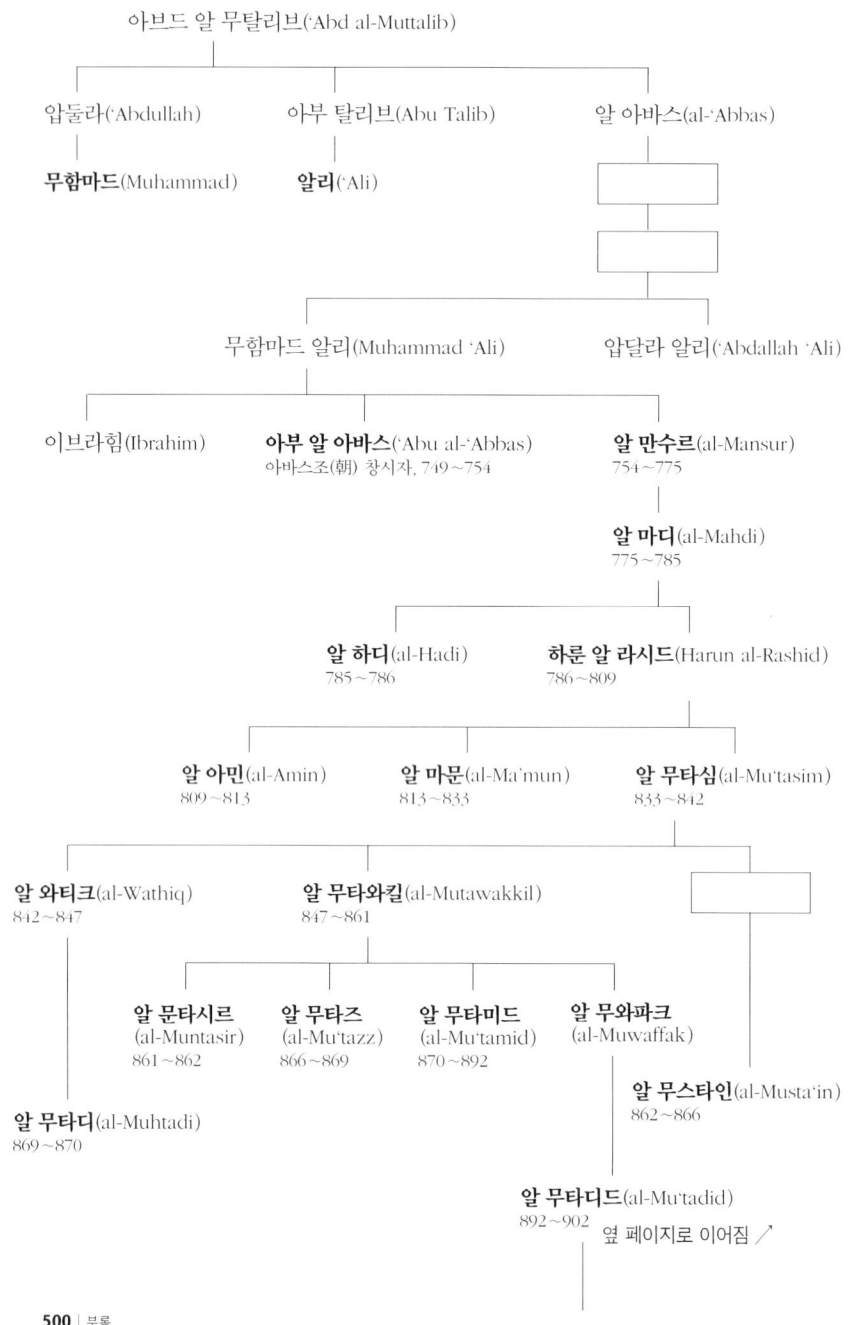

* 아바스조의 칼리프들은 우마이야조 칼리프들의 부정한 정권 탈취와 종교적 타락을 비난하며, 자신들의 정치적 정통성(무함마드와 같은 하심계)과 종교적 순수성을 강조했다. 따라서 칼리프 명칭 역시 우마이야조와는 달리 세속 이름 대신 종교적 의미를 지닌 칭호를 택했다. 예를 들면 아바스조 창시자인 아바스의 동생으로서 2대 칼리프가 된 알 만수르의 본 이름은 자파르(Ja'far)였지만, 칼리프가 되면서 '신의 도움으로' 라는 뜻의 알 만수르(al-Mansur)라는 명칭을 택했으며, 이것이 선례가 되어 그후 모든 아바스조 칼리프들이 이를 따랐다.

오스만 술탄·칼리프조(1299~1922)

오스만(Osman)
1288~1326

오르한(Orhan)
1326~1362

무라드(Murad)
1362~1389

바예지드(Bayezid)
1389~1402

쉴레이만(Süleyman)
1402~1411
무사에 의해 피살됨

무사(Musa)
1411~1413
메메드에 의해 피살됨

메메드(Mehmed)
1402~1421

무라드 2세(Murad II)
1421~1451

메메드 2세(Mehmed II)
1451~1481

바예지드 2세(Bayezid II)
1481~1512

셀림 1세(Selim I)
1512~1520

쉴레이만 1세(Süleyman I)
1520~1566

셀림 2세(Selim II)
1566~1574

무라드 3세(Murad III)
1574~1595

메메드 3세(Mehmed III)
1595~1603
옆 페이지로 이어짐 ↗

참 고 연 표

기원전의 연대는 정확도가 떨어지지만 가능한 한 많은 사실과 일화를 나타내고자 했다. 정확한 연대는 알 수 없으나 역사 흐름상 필요하다고 생각되는 사실들은 비슷한 연대 근처에 * 표시와 함께 끼워 넣었다.

B.C.		
	19세기	아브라함, 우르(Ur)를 떠나 가나안 지방으로 들어와 정착함.
	18세기	아브라함의 손자 야곱 및 그 자손들(히브리인들 혹은 이스라엘인들이라 칭함)의 이집트 이주.
	17~13세기	히브리인들, 이집트에서 노예 생활.
	15~13세기	이집트 신 왕국, 가나안 및 메소포타미아 일부 장악.
	13세기 말	모세, 히브리인들을 이끌고 이집트에서 탈출.
	12~11세기	여호수아 등이 이끄는 히브리인들, 가나안 중심부를 정복한 뒤 12지파에 의한 부족 연맹체로 정착(판관 시대).
		히브리인 방계인 모압인, 암몬인, 에돔인 등은 이미 요르단 강 남쪽 및 동쪽에서 정착해 있었음.
		필리스틴인들, 가나안 해변에 진출, 히브리인들과 끊임없는 전쟁을 치룸.
	1030년	히브리 예언자 사무엘, 베냐민 지파의 사울을 이스라엘 왕으로 기름부어 축복함.
	*	사울, 필리스틴인 및 암몬인 등과 전쟁.
	*	사무엘, 유다 지파의 다윗을 이스라엘 왕으로 기름부어 축복함.
	*	다윗, 사울의 추적을 피해 필리스틴 등지로 피신함.

B.C. 1010년	사울, 이즈르엘 계곡 길보아 산에서 필리스틴인들과 싸우다 사망. 다윗, 유대 왕으로 추대됨.	
1009년	다윗, 이스라엘 전체의 왕이 됨.	
1000년	다윗, 예부스를 점령, 왕국의 수도로 삼음—예루살렘으로 발전.	
*	다윗, 계약의 궤를 예루살렘으로 옮김.	
*	다윗의 정복전—필리스틴인, 아람인, 에돔인, 암몬인 등을 제압.	
*	다윗의 셋째 아들 압살롬, 왕권에 도전했으나 요압에게 살해됨.	
970년	다윗의 넷째 아들 아도니야, 왕을 칭함. 다윗, 솔로몬에게 왕위를 넘겨준 뒤 사망. 솔로몬, 이스라엘 왕이 되어 아도니야 처형.	
967년	솔로몬, 예루살렘에 성전 건립 시작.	
960년	예루살렘 성전 완공.	
931년	솔로몬 사망, 아들 르호보암 즉위. 북부지파들, 르호보암에게 개혁을 요구했으나 거부당함. 북부지파들, 솔로몬 왕에게 의심받고 이집트로 피신 중이던 여로보암을 소환하여 추대하고 독립함—왕국, 남쪽의 유대와 북쪽의 이스라엘로 분열.	
*	북이스라엘 왕 여로보암, 다윗 왕가 및 예루살렘의 영향력을 깎아내리기 위해 우상숭배 시작.	
927년	이집트, 유대에 침입, 예루살렘을 약탈하고 돌아감(유대 왕국, 정치·경제적으로 크게 약화되어 북이스라엘에 대해 열세에 놓임).	
909년	바아사, 이스라엘 왕 나답(여로보암의 아들)을 살해하고 왕이 됨.	
885년	지므리, 이스라엘 왕 엘라(바아사의 아들)를 살해하고 왕이 됨. 오므리, 지므리를 죽이고 이스라엘 왕이 됨.	
*	오므리, 사마리아에 새로 수도를 건설함.	
*	오므리의 아들 아합과 시돈 왕 에드바알의 딸 결혼함.	
*	오므리, 모압 정복.	
874년	이스라엘 왕 오므리 사망, 아들 아합 즉위.	
854년	이스라엘, 아람과 동맹하여 아시리아의 침입을 저지함.	
853년	아합, 유대 왕 여호사밧과 함께 아람 왕 벤 하닷과 싸움. 아합, 아람군과의 전투에서 사망.	

B.C.	850년	모압 왕 메샤, 이스라엘에서 독립.
	841년	이스라엘 왕 여호람, 유대 왕 아하지야와 함께 아람 왕 하자엘과 싸우다 부상당해 이즈르엘 계곡에서 치료받음.
		아하지야, 이즈르엘 계곡으로 이스라엘 왕 여호람을 방문.
		이스라엘의 예후, 이즈르엘 계곡에서 이스라엘 왕 여호람 및 유대 왕 아하지야를 죽이고 이스라엘 왕이 됨.
		유대 왕 아하지야의 모후 아달리야(이스라엘 왕 아합과 왕비 이세벨의 딸), 유대 여왕이 되어 다윗 왕가 살육.
	835년	유대의 대제사장 여호야다, 정변을 일으켜 아달리야 여왕 살해, 생존한 아하지야의 아들 요아스 추대.
	*	벤 하닷을 죽이고 아람 왕이 된 하자엘, 계속해서 이스라엘 및 유대를 침공.
	824년	아시리아 왕 살마네세르 3세 사망, 아시리아 쇠퇴기.
	796년	유대 왕 요아스, 정변으로 살해되고 아들 아마지야 즉위.
	791년	유대 왕 아마지야, 이스라엘 왕 여호아스에게 사로잡힘.
		여호아스, 예루살렘 성벽을 허물고 감.
		아마지야의 아들 우찌야, 유대 왕 즉위.
	783년	이스라엘 왕 여호아스 사망, 아들 여로보암 2세 즉위―북이스라엘 최고 전성기.
	760년	이스라엘 왕 여로보암 2세, 아람을 격퇴하고 세력 확장.
	753년	로물루스, 로마 창건.
	743년	이스라엘의 살룸, 즈가리야를 살해하고 이스라엘 왕이 되었으나, 한 달만에 므나헴에게 살해됨.
	737년	이스라엘의 베가, 브가히야 왕을 살해하고 이스라엘 왕이 됨.
	736년	유대 왕 요담 사망, 아하즈 즉위, 아시리아 왕에게 공물 진상.
	734년	아시리아, 이스라엘 침공.
	732년	호세아, 이스라엘 왕 베가를 살해하고 이스라엘 왕 즉위, 이집트에 공물 진상.
		아시리아, 다마스쿠스 점령―시리아를 멸함.
	725년	아시리아, 이스라엘 침공, 사마리아 포위.

B.C. 722년	아시리아 왕 샬마네세르 5세 사망, 장군 사르곤이 왕위 찬탈.
	아시리아 왕 사르곤 2세, 사마리아 정복 후, 이스라엘인들을 메소포타미아로 끌고감—북이스라엘 멸망.
716년	유대 왕 아하즈 사망, 아들 히즈키야 즉위, 우상숭배 철폐, 이집트와 동맹, 아시리아에 대항함.
705년	사르곤 2세 사망, 센나케리브(산헤립) 즉위, 니네베 천도.
701년	아시리아 왕 센나케리브, 유대 침공하여 예루살렘 포위했으나 곧 철수—예언자 이사야 활약.
697년	유대 왕 히즈키야의 아들 므나쎄, 부왕과 공동 통치.
688년	히즈키야 사망, 므나쎄 즉위—우상숭배, 아시리아에 공물 진상.
681년	센나케리브 왕 피살됨, 아들 에사르하돈(에살하똔) 즉위.
668년	아시리아 왕 에사르하돈 사망, 아들 아슈르바니팔 3세 즉위.
640년	유대 왕 아몬, 정변으로 사망, 아들 요시야 즉위.
625년	아시리아 왕 아슈르바니팔 3세 사망—아시리아 무정부 상태.
	나보폴라사르, 바빌로니아 왕이 됨.
623년	유대 왕 요시야, 종교개혁 실시, 성전 수리 중 율법전서 발견.
*	이집트, 아시리아와 동맹하여 바빌로니아에 대항함.
612년	바빌로니아 왕 나보폴라사르, 니네베 점령. 아시리아 잔여 세력은 시리아 북쪽 하란으로 피신했으나 얼마 후 정복됨.
609년	유대 왕 요시야, 이집트군의 북상을 막기 위해 메기도에서 이집트군과 싸우다 전사.
	요시야의 아들 여호아하즈 유대 왕에 즉위했으나 이집트 파라오 느고에 의해 폐위당하여 이집트로 끌려감.
	파라오 느고, 요시야의 아들 여호야킴을 유대 왕으로 옹립.
605년	바빌로니아, 카르케미시에서 이집트군 격파.
	나보폴라사르 왕 사망, 네부카드네자르(느부갓네살) 즉위.
598년	유대 왕 여호야킴, 바빌로니아에 반란.
	유대 왕 여호야킴, 정변으로 사망하고 아들 여호야긴 즉위.
	바빌로니아 왕 네부카드네자르, 예루살렘 함락. 여호야긴 왕을 압송하고 요시야의 아들 시드키야를 유대 왕에 앉힘.
587년	유대 왕 시드키야, 바빌로니아에 반란.

B.C.	586년	바빌로니아군, 예루살렘 함락, 성전 파괴, 유대인들을 바빌로니아에 끌고감―유대 멸망, 바빌론 유수(B.C.586~B.C.538).
	582년	이스마엘 등 반란을 일으켜 바빌로니아가 임명한 유대지사 게달리아 등을 죽임. 바빌로니아, 이스마엘의 반란을 평정. 이스마엘, 이집트로 피신.
	568년	바빌로니아, 이집트 침공 실패.
	562년	바빌로니아 왕 네부카드네자르 사망, 아들 므로닥 즉위, 전(前)유대 왕 여호야긴을 풀어줌.
	550년	페르시아의 키루스, 메디아 왕국을 멸하고 페르시아 제국 창건(아케메네스 왕조).
	546년	키루스, 소아시아 정복.
	539년	키루스, 티그리스 강 유역 오피스에서 바빌로니아군 격파, 바빌로니아 점령―바빌로니아 제국 멸망.
	538년	키루스, 유태인들의 귀환 및 성전 재건립을 허락함―제1차 유태인 귀환.
	525년	페르시아, 이집트 정복.
	521년	페르시아 왕 캄비세스 사망, 다리우스 즉위(B.C.521~B.C.486).
	520년	유대 왕 여호야긴의 손자 즈루빠벨, 유대 지사로서 귀국, 유태인 귀환 사회를 지도.
	515년	예루살렘 성전 재건됨(제2성전).
	509년	로마, 왕정 폐지, 공화정 수립.
	492년	페르시아, 소아시아에서 유럽으로 진격, 그리스 도시들과 전쟁(페르시아 전쟁, B.C.492~B.C.479).
	460년	에즈라, 유대 귀환하여 법률서, 역사서 정리 시작.
	440년	느헤미야, 유대 지사로 임명되어 귀국, 예루살렘 성벽 재건을 시작하고, 에즈라와 더불어 종교개혁 운동.
	437년	예루살렘 성벽 재건됨.
	404년	이집트, 페르시아에 반란.
	346년	이집트, 반란 평정.
	336년	페르시아 아르타크세르크세스 3세 피살, 다리우스 3세 즉위. 마케도니아 왕 필리포스 2세 피살, 아들 알렉산드로스 즉위.

B.C.	333년	마케도니아 왕 알렉산드로스, 이수스에서 페르시아 격파.
	332년	사마리아인들, 예루살렘 성전과 절연하고 세겜 근처 그리짐 산에 자신들의 성전을 지음.
	330년	페르시아 왕 다리우스 3세 사망, 페르시아 멸망.
	323년	알렉산드로스 사망. 마케도니아 제국, 알렉산드로스 후계자의 후견인들 및 각 지역의 장군들에 의해 분열되기 시작.
	312년	장군 프톨레마이오스, 유대 정복.
	306년	바빌로니아의 셀레우코스, 이집트의 프톨레마이오스, 왕을 칭함.
	3세기	페르시아 왕국 멸망 후 북아라비아 나바테아인들(Nabataens), 세력을 키워 메소포타미아 등지까지 진출.
	3~2세기	로마 공화정 부상 ― 포에니 전쟁 및 그리스, 마케도니아와의 전쟁에서 승리, 지중해 최고의 세력이 됨.
	280년	셀레우코스 왕조의 셀레우코스 1세, 프톨레마이오스 케라우누스와의 싸움에서 전사, 안티오코스 1세 즉위. 마케도니아 제국, 대략 3분됨 ― 안티고노스 왕조(마케도니아), 프톨레마이오스 왕조(이집트) 및 셀레우코스 왕조(시리아).
	270년	로마, 이탈리아 반도 통일.
	250년	프톨레마이오스 왕조의 수도 알렉산드리아에서 '70인'의 학자들에 의한 그리스어 성경 번역.
	248년	파르티아(페르시아)에 아르사크 왕조 창건(B.C.248~A.D.226).
	198년	셀레우코스 왕조, 프톨레마이오스 왕조를 내쫓고 유대를 차지함.
	196년	로마, 마케도니아 정복, 그리스의 독립을 선언.
	192년	셀레우코스 왕조의 안티오코스 3세, 로마와 전쟁.
	175년	안티오코스 3세 사망, 아들 안티오코스 4세 즉위.
	170년	안티오코스 4세, 이집트 침공, 프톨레마이오스 6세 생포 후 석방, 귀환 길에 예루살렘 성전 약탈.
	168년	안티오코스 4세, 이집트 침공했으나 로마의 압력으로 철수함. 시리아로 귀환하는 길에 유태인 학살.
	167년	안티오코스 4세, 유대에 우상숭배 강요. 유태인 제사장 마타시아스 하스몬, 다섯 아들과 반란을 일으킴.

B.C. 165년	마타시아스 하스몬 사망하고, 아들 유다 마카베오 계승.
	마카베오, 셀레우코스군 격파.
164년	유다 마카베오, 예루살렘 수복, 성전을 정화함.
163년	안티오코스 4세 사망.
	유다 마카베오, 유대 지방 수복.
161년	유다 마카베오, 로마와 동맹.
160년	유다 마카베오, 셀레우코스군과 싸우다 전사, 동생 요나단 계승.
159년	요나단의 큰형 요한, 아랍 나바테아인들에 의해 피살됨.
	요나단, 바키데스를 피해 요르단 강 동안에 피신, 게릴라전 수행.
152년	요나단, 셀레우코스 왕조의 데메트리오스(데메드리오) 1세와 화해, 예루살렘 귀환.
	요나단, 데메트리오스 1세와 경쟁 중인 알렉산드로스 발라스에 의해 대제사장직을 받음.
147년	요나단, 셀레우코스군 격퇴.
	파르티아, 바빌로니아 점령.
146년	로마, 북아프리카, 마케도니아 및 그리스 합병.
	이집트의 프톨레마이오스 6세, 유대 정복.
143년	셀레우코스 왕조 안티오코스 6세 즉위, 요나단을 대제사장으로 재확인함.
142년	요나단, 셀레우코스군에 사로잡혀 죽음.
	시몬, 요나단을 계승, 셀레우코스 왕조의 데메트리오스 2세와 화평, 대제사장직을 받음─유대 독립 확인.
141년	시몬, 예루살렘 요새 점령.
137년	시몬의 아들 요한, 형 유다와 함께 셀레우코스군 격퇴.
134년	시몬의 사위 프톨레마이오스, 시몬과 그의 두 아들 마타시아스 및 유다를 살해.
	시몬의 아들 요한 히르카누스, 대제사장직 계승, 곧 왕을 칭함.
133년	셀레우코스 왕조의 안티오코스 7세, 유대 공격, 예루살렘을 일시 점령함.
129년	히르카누스, 모압 및 사마리아 정복.
128년	히르카누스, 그리짐 산에 있는 사마리아인들의 성전 파괴.

B.C.	104년	유대 왕 요한 히르카누스 사망, 아들 아리스토불루스 1세 즉위.
	103년	유대 왕 아리스토불루스 1세 사망, 동생 알렉산데르 야나이우스 즉위하여 트란스요르단 및 가자 방면으로 영토 확장 시작.
	76년	유대 왕 알렉산데르 야나이우스 사망, 왕비 알렉산드라 계승. 아들 요한 히르카누스 2세 대제사장직 계승.
	67년	유대 여왕 알렉산드라 사망, 아들 요한 히르카누스 2세 즉위. 요한 히르카누스 2세, 동생 아리스토불루스 2세와의 계승분쟁에서 밀려남.
	64년	로마, 안티오코스 13세를 폐함—셀레우코스 왕조 멸망.
	63년	로마 장군 폼페이우스, 예루살렘 정복—하스몬 왕조 멸망. 폼페이우스, 요한 히르카누스 2세를 대제사장으로 재확인. 이두매 사람 안티파테르가 유대 지사로 실권을 가짐.
	60년	로마, 1차 3두정치(폼페이우스, 카이사르, 크라수스)
	53년	로마 장군 크라수스, 파르티아군에 패하여 죽음.
	51년	프톨레마이오스 13세 및 클레오파트라, 이집트 공동 통치.
	48년	카이사르, 폼페이우스를 죽이고 독재 정치.
	47년	프톨레마이오스 13세 사망. 클레오파트라, 동생 프톨레마이오스 14세와 함께 공동 통치.
	44년	카이사르, 공화파에 의해 피살됨.
	43년	로마, 2차 3두정치(옥타비아누스, 안토니우스, 레피두스) 유대 지사 안티파테르, 암살됨.
	42년	옥타비아누스와 안토니우스, 필리피에서 카이사르의 암살자들을 격퇴함.
	41년	로마 3두 간의 내전(B.C.41~B.C.40), 영토 3분.
	40년	파르티아, 예루살렘 정복, 히르카누스 2세를 폐한 뒤 아리스토불루스 2세의 아들 유다 마타시아스를 대제사장으로 임명. 안티파테르의 아들 헤로데, 로마로 피신, 유대 왕으로 임명됨.
	37년	유대 왕 헤로데, 파르티아로부터 예루살렘 수복, 대제사장 유다 마타시아스를 처형하고 아리스토불루스 3세를 대제사장으로 함.
	36년	레피두스, 옥타비아누스에게 항복.
	35년	헤로데, 대제사장 아리스토불루스 3세를 죽임.

B.C.	31년	북아라비아의 나바테아 왕국, 로마에 공물 진상.
		옥타비아누스, 악티움에서 안토니우스와 클레오파트라를 격퇴.
	30년	안토니우스 및 클레오파트라 자살—이집트 프톨레마이오스 왕조 멸망.
		헤로데, 요한 히르카누스 2세를 죽임.
	29년	헤로데, 왕비 마리암네(요한 히르카누스 2세의 손녀)를 죽임.
	27년	옥타비아누스, 원로원으로부터 아우구스투스 칭호를 받고 로마 초대 황제가 됨.
	24년	로마 장군 아엘리우스 갈루스, 아라비아 원정 실패.
	22년	로마 장군 가이우스 페트로니우스, 에티오피아 정벌.
	20년	헤로데, 성전의 보수 및 증축을 명함.
	7년	헤로데, 마리암네의 두 아들을 처형.
	4년	베들레헴에서 예수 탄생.
		유대 왕 헤로데 사망, 로마는 왕 대신 유대 지사를 임명하여 통치.
		헤로데 아르켈라오는 유대 지사, 헤로데 안티파스는 갈릴리 지사, 헤로데 필립보는 이두매 지사가 됨.
A.D.	6년	헤로데 아르켈라오 축출되고, 유대와 사마리아는 로마 속주가 되어 로마 행정관 카포니우스가 임명됨.
	7년	유대 인구조사 실시.
	14년	로마 초대 황제 아우구스투스 사망. 아들 티베리우스 즉위.
		발레리우스 그라투스, 유대 및 사마리아 행정관.
	18년	요셉 가야파, 대제사장이 됨.
		로마, 소아시아 내륙 카파도키아 합병.
	20년	헤로데 안티파스, 갈릴리에 티베리아스 건설.
	26년	본티오 빌라도, 유대 및 사마리아 행정관으로 임명.
	27년	안티파스, 동생 필립보가 죽은 뒤 그의 아내 헤로디아와 결혼.
		예수, 세례 요한에게 세례받은 뒤 갈릴리 지방에서 선교활동.
	30년	예수, 십자가형에 처해짐.
		예수의 제자들, 포교 시작.
	34년	예수의 제자 스테반, 첫 순교.
		사울, 그리스도교인 박해에 앞장 섬.

A.D. 35년		본디오 빌라도, 그리짐 산에서 사마리아인들 학살.
36년		본디오 빌라도, 로마로 소환됨.
37년		로마 황제 티베리우스 사망, 칼리굴라 즉위, 로마 제국 내 모든 백성에게 황제의 신격화를 명함.
		헤로데의 손자 아그리파, 요르단 강 동안 바타네아의 영주가 됨.
		사울, 그리스도교로 개종함(바울로라고 개명).
39년		갈릴리의 안티파스, 조카 아그리파를 축출하려다 오히려 로마 황제 칼리굴라에 의해 쫓겨난 뒤 사망.
		칼리굴라, 아그리파에게 갈릴리를 다스리게 함.
41년		로마 황제 칼리굴라 피살됨, 클라우디우스 즉위.
		헤로데 아그리파, 유대 왕이 됨.
43년		베드로 투옥되고 야고보 순교함.
		안티오크 교회 번창, 그리스도교라 불리기 시작.
44년		유대 왕 아그리파 사망하고 유대 및 사마리아, 로마 속주로 편입.
45년		바울로의 1차 전도 여행.
49년		바울로의 2차 전도 여행.
54년		로마 황제 클라우디우스 피살, 네로 즉위.
		바울로의 3차 전도 여행.
58년		로마, 파르티아와 전쟁(58~63).
60년		바울로, 로마에서 연금됨(60~63).
64년		헤로데 왕이 시작했던 예루살렘 성전 보수 및 증축 완공.
		로마 황제 네로, 로마 대화재로 그리스도교인 박해.
		베드로 순교.
66년		유태인 반란(제1차 독립 전쟁).
67년		로마 장군 베스파시아누스, 유대 정벌.
		바울로 순교.
68년		유태인 반란 세력 중 과격파인 젤로트당원들, 예루살렘 장악.
		로마 황제 네로 자살, 갈바 즉위.
		로마, 북아라비아의 나바테아 왕국 병합, 아라비아주로 함.
69년		로마 장군 베스파시아누스, 황제로 추대되어 로마로 귀환, 아들 티투스가 진압군 지휘.

A.D. 70년	로마 장군 티투스, 예루살렘 점령, 성전 파괴. 마르코 복음서 완성.
74년	유대 마사다 고원에 있는 마지막 유태인 반란 세력 진압됨.
75년	마태오 복음서 완성.
79년	로마 황제 베스파시아누스 사망, 아들 티투스 즉위.
80년	루가 복음서 완성.
90년	로마 황제 도미티아누스, 그리스도교 및 유대교 박해. 요하난 벤 자카이가 이끄는 바리사이파, 얌니아에서 회합하여 성전 파괴 이후 유태인들의 신앙생활 지향을 결정.
98년	로마 황제 트라야누스 즉위, 그리스도교 집회 금지.
100년	요한 복음서 완성.
106년	로마, 북아라비아의 페트라 점령, 그 이남은 포기.
115년	리비아, 이집트, 키프로스 등지에서 유태인 반란.
117년	유태인 반란 진압됨. 로마 황제 트라야누스 사망, 하드리아누스 즉위.
118년	로마 황제 하드리아누스, 그리스도교를 금함.
132년	바르 코크바의 지휘 아래 유태인 반란(제2차 독립 전쟁).
135년	로마 황제 하드리아누스, 유태인 반란 진압, 예루살렘을 로마식 도시 아일리아 카피톨리나로 재건.
162년	로마, 파르티아와 전쟁.
198년	로마, 파르티아와 전쟁.
215년	로마, 파르티아와 전쟁.
226년	파르티아(페르시아)의 아르타크세르크세스, 아르사크 왕조를 멸하고, 사산 왕조 설립.
227년	로마, 페르시아 정벌.
235년	로마 황제 세베루스 알렉산데르 피살, 로마 정치 혼란에 빠져듦.
242년	로마, 페르시아와 전쟁.
260년	페르시아 왕 샤푸르 1세, 로마 황제 발레리아누스를 사로잡음. 아라비아 남부의 팔미라 왕조 독립하여 시리아, 북아라비아, 소아시아 등지로 세력 확장.
272년	로마 황제 아우렐리아누스, 팔미라 왕국 정복.

A.D. 284년	로마 황제 디오클레티아누스 즉위, 제국 부흥.
297년	동로마 부제 갈레리우스, 페르시아와 전쟁.
4세기 초	시리아 동부의 라흠 왕국, 페르시아에 복속되어 로마 변경 침입. 로마, 시리아 서부에 가산 왕국을 설립하여 이에 맞서게 함.
303년	로마 황제 디오클레티아누스, 그리스도교 박해.
307년	서로마 황제 콘스탄티우스 사망, 아들 콘스탄티누스 황제 즉위.
311년	서로마 황제 콘스탄티누스, 그리스도교 공인.
323년	콘스탄티누스, 동로마 황제 리키니우스 격파, 제국 통일.
325년	콘스탄티누스, 니케아에서 첫 종교회의(제1차 공의회)를 개최, 아리우스파를 이단으로 규정.
330년	콘스탄티누스, 비잔티움으로 천도, 콘스탄티노플이라 이름지음.
332년	콘스탄티누스, 골고다 언덕에 예수부활 교회를 지음.
337년	콘스탄티누스 사망, 제국 3분됨.
355년	서로마의 밀라노 종교회의, 아타나시우스파를 이단으로 규정함.
361년	로마 황제 콘스탄티우스 2세 사망, 서로마 황제 율리아누스가 제국을 다시 통일함. 율리아누스, 그리스도교의 특권 박탈.
363년	율리아누스, 페르시아와 싸우다 전사.
381년	콘스탄티노플 종교회의(제2차 공의회)
400년	히에로니무스(성 제롬), 라틴어로 성경 번역.
431년	에페소 종교회의(제3차 공의회)에서 예루살렘, 총주교구로 격상.
451년	칼케돈 종교회의(제4차 공의회), 단성론을 이단으로 규정함.
476년	게르만족 용병 오도아케르, 서로마 제국을 멸하고 이탈리아 왕을 칭함.
496년	프랑크족 대장 클로비스, 그리스도교로 개종.
502년	비잔틴 제국, 페르시아와 전쟁.
523년	남아라비아의 힘야르 왕국, 에티오피아의 아비시니아 왕국에 의해 멸망.
528년	비잔틴 장군 벨리사리우스, 페르시아군 격파.
535년	아비시니아 장군 아브라하, 남아라비아에서 독립 왕조 설립.
539년	비잔틴 제국, 페르시아와 전쟁.

A.D. 540년	페르시아, 안티오크 점령.
543년	페르시아, 팔레스타인 및 시리아에서 철수.
553년	콘스탄티노플 종교회의(제5차 공의회)
562년	페르시아 왕 호스로우 1세, 아라비아 원정.
570년	예언자 무함마드 탄생.
572년	비잔틴, 페르시아와 전쟁.
575년	페르시아, 남아라비아 내분을 틈타 이를 정복.
576년	비잔틴, 페르시아와 전쟁.
579년	비잔틴, 페르시아와 전쟁.
	페르시아 호스로우 1세 사망.
581년	비잔틴, 페르시아와 전쟁.
584년	페르시아, 시리아 서부의 가산 왕조 정복.
591년	페르시아 호스로우 2세 즉위.
602년	페르시아, 시리아 동부의 라흠 왕국 정복.
603년	페르시아, 시리아 및 아르메니아 침공.
606년	페르시아, 소아시아 및 시리아에 침공.
609년	페르시아, 소아시아 서쪽 끝 칼케돈까지 진격.
610년	비잔틴 황제 포카스 1세 피살, 헤라클리우스 즉위.
	예언자 무함마드, 이슬람 교리 선교 시작.
611년	페르시아, 시리아와 이집트 및 소아시아 침공, 안티오크 함락.
613년	페르시아, 다마스쿠스 함락.
614년	페르시아, 예루살렘 함락.
616년	페르시아, 이집트 정복.
617년	페르시아, 칼케돈 함락.
620년	페르시아, 로도스 섬을 정복하고 과거 다리우스 1세 때의 최대 판도 재현함.
622년	비잔틴군, 페르시아에 반격.
	무함마드, 메카에서 메디나로 피신(헤지라).
623년	비잔틴 황제 헤라클리우스, 아르메니아 탈환.
625년	헤라클리우스, 페르시아군 격파.
626년	무함마드, 시리아 변경까지 원정.

A.D. 627년	헤라클리우스, 페르시아 격파, 수도 크테시폰까지 진격.
	메카군, 메디나 포위했으나 실패하고 철수.
	비잔틴, 이집트 수복.
628년	무함마드, 메카와 10년 정전 협정 맺음.
	무함마드, 카이베르에 있는 유태인 마을 약탈.
	페르시아 호스로우 2세 피살됨, 고바드 2세 즉위.
	비잔틴, 예루살렘 탈환.
629년	페르시아, 내전으로 무정부 상태.
	무함마드군의 일부, 시리아 변경의 무타에서 비잔틴군과 교전.
	무함마드, 메카 정복 전쟁.
630년	무함마드, 메카 입성, 카바의 우상들을 타파함.
	무함마드, 시리아 변경 침공했으나 곧 철수.
632년	무함마드 사망, 우마르가 아부 바크르를 칼리프로 추대함.
	페르시아, 이스디겔드 3세 즉위.
633년	할리드 알 왈리드, 아라비아반도를 완전 정복, 다마스쿠스 함락.
634년	아부 바크르, 시리아와 팔레스타인 및 이라크 침공 개시.
	할리드 알 왈리드, 아즈나다인에서 비잔틴군 격파.
	페르시아의 루스탐 장군, 바빌로니아에서 무슬림군 격파.
	비잔틴, 다마스쿠스 수복.
	아부 바크르 사망, 우마르 칼리프 계승.
635년	할리드 알 왈리드, 다마스쿠스 함락.
636년	할리드 알 왈리드, 야르무크에서 비잔틴군 격파, 시리아 정복.
637년	무슬림군, 카디시아에서 페르시아 격파, 루스탐 피살, 이스디겔드 왕 피신, 크테시폰 함락.
638년	무슬림군, 카이사리아 함락.
	무아위야, 시리아 지사가 됨.
	무슬림, 팔레스타인 정복, 예루살렘 함락.
639년	무슬림 장군 아므르, 이집트 침공.
640년	아므르, 헬리오폴리스에서 비잔틴군 격파, 알렉산드리아 포위.
641년	아므르, 바빌로니아 이집트군의 항복을 받고 근처에 군기지 설립, 푸스타트라 부름(훗날의 카이로).

A.D. 642년		알렉산드리아, 아므르에게 항복―무슬림군, 이집트 정복.
		무슬림군, 니하반드에서 페르시아 잔여군을 격파함―사산 왕조 멸망.
644년		칼리프 우마르, 메디나에서 암살당함.
		알리와 우스만, 후계자 경쟁―우스만이 칼리프가 됨.
645년		비잔틴군, 이집트 탈환하기 위해 반격했으나 실패함.
647년		무슬림군, 북아프리카로 진격, 튀니지 정복.
649년		무슬림군, 키프로스 정복.
653년		시리아 지사 무아위야, 아르메니아 정복.
		무슬림 장군 압둘라, 호라산 정복.
654년		무슬림군, 로도스 섬 정복.
655년		무아위야, 아르메니아 정복.
		무슬림 해군, 비잔틴 해군 격파.
656년		이집트의 반군, 메디나에 침입, 우스만 살해 후 알리를 추대.
		알리, 무함마드 아내 아이샤의 지지 세력을 격파(낙타 전투).
657년		무아위야 군대와 알리 군대, 유프라테스 강가에서 전투와 휴전을 거듭함―현상 유지 합의한 후 철군.
660년		무아위야, 예루살렘에서 칼리프에 즉위(우마이야 칼리프조 창건).
661년		알리, 쿠파에서 하와리즈파(알리가 657년에 무아위야와 휴전 합의한 것에 반대해 분리한 시아파의 일부)에 의해 암살.
		무아위야, 수도를 다마스쿠스로 정함.
662년		무슬림군, 소아시아 침공.
667년		무슬림군, 옥수스 강을 건너 트란스옥시아나(지금의 우즈베키스탄 남동부) 침공.
668년		무슬림군, 콘스탄티노플 포위.
680년		콘스탄티노플 종교회의(제6차 공의회)
		우마이야조 칼리프 무아위야 사망, 아들 야지드 계승.
		알리의 아들 후사인, 쿠파에서 반란. 카르발라 전투에서 사망.
683년		칼리프군, 알리파 반군 격파하고 메디나 입성.
		북아라비아 카이스 부족, 아부 바크르의 외손자 주바이르를 칼리프로 추대.

A.D. 684년	북아라비아 카이스 부족, 남아라비아 칼브 부족과 무력충돌. 칼브 부족의 지지를 받는 마르완 1세, 카이스 부족을 격파하고 시리아에서 칼리프가 됨.
685년	마르완, 이집트 장악. 마르완 사망, 아들 아브드 알 말리크 계승—시리아 및 이집트에서만 권위가 인정됨(아라비아 및 이라크에선 주바이르).
691년	칼리프 말리크, 예루살렘에 바위 돔 사원 완공.
692년	칼리프 말리크, 메카 함락, 주바이르를 죽임—내분 종식. 무슬림군, 소아시아 침공.
705년	칼리프 말리크 사망, 아들 왈리드 계승.
711년	북아프리카의 무사 누세이르, 모로코 정복 후 베르베르족 인솔하여 스페인 정벌, 서고트 왕국을 멸함.
714년	무사 누세이르, 스페인 정복.
716년	알리의 손자 아부 하심, 유언을 남겨 알 아바스의 증손 무함마드 알리에게 알리파 후계자 자리 넘김. 무슬림군, 소아시아 침공.
717년	무슬림군, 콘스탄티노플 포위(~718). 칼리프 쉴레이만 사망, 사촌 우마르 2세 계승, 그리스도교 박해.
725년	무슬림군, 프랑스 남부 약탈.
732년	무슬림군, 푸아티에에서 카를 마르텔(샤를마뉴의 조부)에게 패함.
734년	무슬림군, 소아시아 침공.
740년	후사인의 손자 자이드, 쿠파에서 반란, 실패.
743년	무함마드 알리 사망, 아들 이브라힘이 시아파 후계자 자리 계승.
744년	칼리프 왈리드(1세)의 아들 야지드 반란, 왈리드 2세 및 그의 아들들을 모두 죽임. 아르메니아 지사 마르완 2세, 야지드 3세에 대해 반란을 일으켜 시리아로 진군. 야지드 3세 사망, 동생 이브라힘 계승, 시리아에서만 인정받음. 마르완 2세, 칼리프를 칭하고 하란을 수도로 함.
745년	칼리프 히샴의 아들 쉴레이만, 알리의 조카 증손인 압둘라 무아위야와 함께 반란을 일으킴.

A.D. 747년		마르완 2세, 야지드의 동생 이브라힘 및 쉴레이만, 무아위야 등의 반란을 모두 진압—내분 종식.
749년		아바스 가문 이브라힘의 동생 아부 알 아바스, 쿠파에서 칼리프로 추대됨(이브라힘은 이미 사망).
750년		칼리프 아바스, 마르완 2세 격파, 우마이야 가문 살육.
		마르완 2세, 이집트에서 피살됨—우마이야조 멸망.
		히샴의 손자 아브드 알 라만, 스페인으로 피신.
751년		무슬림군, 트란스옥시아나의 탈라스에서 중국의 당군 격파(고선지 장군의 활약).
754년		칼리프 아바스 사망, 동생 알 만수르 계승.
756년		아브드 알 라만, 스페인에 후우마이야 왕조 설립(756~1031).
760년		알리의 후손 이스마일(알리를 1대 이맘으로 하여 7대 이맘), 아버지 자파르에 의해 동생 무함마드에게 후계권을 빼앗긴 채 사망(7대 이맘파 또는 이스마일파 불리는 시아파의 시조가 됨).
762년		알리의 큰 아들 하산의 증손 무함마드 압둘라, 메디나에서 반란, 실패하여 피살됨.
		무함마드 압둘라의 동생 이드리스, 북아프리카로 피신 이드리스조 창건.
763년		칼리프 알 만수르, 바그다드 창건.
768년		프랑크 왕 피핀 사망, 아들 샤를마뉴 즉위(재위 768~814).
778년		프랑크 왕 샤를마뉴, 스페인의 무슬림 정벌하려 했으나 실패.
786년		칼리프 알 하디 사망, 동생 하룬 알 라시드 계승.
		메카에서 시아파 반란.
800년		칼리프 하룬 알 라시드, 이브라힘 빈 아글라브에게 북아프리카를 세습하게 함(아글라브조, 800~909).
		로마 교황 레오 3세, 로마에서 프랑크 왕 샤를마뉴에게 서로마 황제의 관을 씌워줌.
803년		무슬림군, 소아시아 침공.
809년		칼리프 하룬 알 라시드 사망, 아들 알 아민 계승.
		칼리프 알 아민과 동생 마문 사이에 내전 발생.

A.D. 813년	페르시아 장군 타히르, 알 마문 편에 서서 바그다드를 함락시킴—마문, 칼리프 즉위.
820년	타히르, 호라산 지사가 되어 이라크 동쪽의 무슬림 영토 지배.
822년	타히르, 금요일 기도에서 칼리프 마문의 이름 삭제.
823년	타히르 사망, 마문, 타히르 자손의 후계를 인정(타히르조, 823~873).
833년	칼리프 마문 사망. 동생 무타심 계승하여 호라산군 대신 투르크 노예군을 중용.
836년	칼리프 무타심, 사마라 천도.
838년	칼리프 무타심, 소아시아 침공, 프리지아의 아모리움 점령.
841년	북아프리카의 아글라브조, 이탈리아 남부 침공.
846년	북아프리카의 아글라브조, 로마 포위.
847년	칼리프 알 와티크 사망, 동생 알 무타와킬 계승하여 투르크 용병 대신 아랍군 중용.
851년	칼리프 알 무타와킬, 카르발라에 있는 후사인 사원 파괴.
858년	무슬림군, 소아시아 침공.
861년	칼리프 아들들 간 분쟁으로 인해 투르크 용병들 쿠데타 일으킴. 칼리프 알 무타와킬 살해하고 아들 알 문타시르 옹립.
862년	칼리프 알 문타시르 사망—투르크 용병들, 알 문타시르의 사촌 알 무스타인을 칼리프로 옹립.
866년	투르크 용병들, 칼리프 알 무스타인을 폐하고 알 문타시르의 동생 알 무타즈 옹립.
868년	투르크 용병 아마드 툴룬, 이집트 정복—툴룬조 창건(868~905).
869년	투르크 용병들, 칼리프 알 무타즈를 폐위하고 살해. 알 와티크의 아들 알 무타디 옹립. 바스라에서 흑인 노예들(잔지), 반란을 일으킴(869~883).
870년	칼리프 알 무타디 사망. 알 무타미드 계승하여 동생 무와파크와 함께 투르크 용병들의 힘을 약화시킴.
874년	12대 이맘 무함마드 알 문타자르 어디론가 사라짐—12대 이맘파 설립의 계기가 됨.

A.D. 878년	툴룬조, 시리아 및 팔레스타인 정복, 예루살렘 함락.
	아글라브조, 시칠리아 정복.
888년	프랑스 남부 프로방스 해안에 무슬림 근거지 설립됨.
891년	카라미타파(시아파의 한 분파로 이스마일파 성향의 과격 집단), 반란을 일으킴.
892년	칼리프 알 무타디드, 바그다드 천도.
903년	카라미타파, 시리아 침공하여 다마스쿠스 점령.
	카라미타파, 칼리프군에 의해 시리아에서 축출, 바레인에 정착. 순례자에 대한 탄압 시작.
905년	아바스 칼리프조, 툴룬조를 멸하고 이집트 수복.
	시아파 계통의 일파, 북시리아에 함단조(905~1004) 창건.
909년	7대 이맘파의 아부 압둘라, 아글라브조를 멸함.
	아부 압둘라, 카이라완 근방 라카다에서 이스마일의 후손 우바이드 알라 알 마디를 칼리프로 옹립(파티마조, 909~1171).
928년	카라미타파, 메카 침입하여 카바 운석을 가져감.
929년	스페인 후우마이야조의 아브드 알 라만 3세, 칼리프를 칭함(스페인의 후우마이야 칼리프조, 929~1031).
932년	이란 서북부 다이람 지방의 시아파 부이 가문, 페르시아 및 이라크 지역에 독립국 수립(부이조, 932~1062).
933년	투르크 용병들, 이집트 장악하고 독립(이흐시드조, 933~969), 시리아까지 정복.
943년	하와리즈파 아부 야지드, 북아프리카에서 반란, 파티마조 칼리프 아불 카심을 수도 마디아에 고립시킴.
945년	아흐마드, 지금의 이란과 이라크 서쪽 지역 부이조 창건.
	아흐마드, 칼리프 알 무스타크피를 무력화시킴.
946년	파티마조 칼리프 알 카임, 마디아에 고립된 채 사망.
	알 카임의 아들 만수르 칼리프 계승.
950년	파티마조 칼리프 만수르, 카라미타파에게 명하여 카바의 운석을 메카에 반환하도록 함.
*	카스피해와 아랄해 사이의 투르크족 일부, 셀주크의 지도하에 트란스옥시아나에 정착, 곧 정통파 이슬람교로 개종.

A.D. 955년	파티마조 칼리프 무이즈, 북아프리카에 있는 스페인의 후우마이야조 영토 침공.
963년	비잔틴 황제 니케포루스 포카스 2세, 성지 회복을 위해 팔레스타인 해안 침공.
969년	비잔틴, 안티오크 회복. 비잔틴 황제 포카스 2세, 정변으로 피살되고 요한네스 치미스케스 황제 즉위. 파티마조, 이흐시드조를 멸하고 이집트, 시리아 및 팔레스타인 점령, 예루살렘 함락.
972년	프랑크 왕국, 프로방스의 무슬림 근거지 탈환.
973년	파티마조, 카이로 천도.
975년	비잔틴 황제 요한네스 치미스케스, 팔레스타인 침공, 티베리아스 및 나자렛 함락.
976년	요한네스 치미스케스 황제 사망, 비잔틴군 팔레스타인 철수.
988년	파티마조, 다마스쿠스 점령.
998년	파티마조, 티레에서 비잔틴 해군 격퇴.
1009년	파티마조 칼리프 알 하킴, 팔레스타인 내의 교회 및 유대교 회당 파괴.
1016년	예루살렘의 바위 돔 사원 붕괴됨.
1031년	스페인의 후우마이야 칼리프조 붕괴.
1036년	비잔틴 황제 미카일 4세, 파티마조와 협상하여 팔레스타인 내 교회 보수와 재건축을 보장받음. 아르슬란(셀주크의 아들)의 조카 토그릴과 차그리, 호라산 정복.
1049년	예수부활 교회 재건축되어 성묘 교회로 이름 바뀜.
1051년	파티마조, 아라비아 유목민 부족을 대거 파견하여 북아프리카에서 독립한 지리드조를 침공함.
1054년	로마 교회와 콘스탄티노플 교회, 완전히 분열.
1055년	토그릴, 바그다드 점령, 시아파 세력 소탕. 파티마조, 메소포타미아의 모술 점령.
1056년	스페인 및 북서아프리카(마그리브)에 베르베르족의 알모라비데조(무라비트조라고도 함, 1056~1147) 수립.

A.D. 1058년	토그릴, 모술 수복, 바그다드로 개선하여 칼리프 알 카임에 의해 술탄 칭호를 받음—셀주크 투르크조(1058~1194). 부이조의 장군 바사시리, 토그릴 부재 중인 바그다드에 입성하여 파티마조 칼리프를 정통이라 선포.
1060년	술탄 토그릴, 바그다드를 수복하고 바사시리를 죽임.
1063년	술탄 토그릴 사망, 차그리의 아들 알프 아르슬란 계승. 파티마조, 예루살렘 성벽 보수.
1070년	셀주크 투르크 장군 아치즈, 예루살렘 및 팔레스타인 장악.
1071년	셀주크 투르크 술탄 알프 아르슬란, 만지케르트에서 비잔틴군 멸하고 황제 로마누스 4세를 사로잡음.
1072년	노르만족, 시칠리아 침공, 지리드조로부터 팔레르모 회복.
1073년	셀주크조 술탄 알프 아르슬란, 반란군에 의해 암살됨, 아들 말리크 샤 계승. 파티마조 칼리프 무스탄시르, 이집트의 내분을 진압하기 위해 아크레 지사 바드르를 소환, 와지르(wazir)에 임명.
1074년	셀주크 투르크, 소아시아 대부분 및 시리아 정복.
1076년	셀주크 투르크, 시리아 및 팔레스타인 정복, 예루살렘 함락.
1077년	셀주크 투르크의 방계 출신 술레이만 쿠툴미시, 아나톨리아에 독립 술탄조 설립(룸의 셀주크 술탄조, 1077~1307).
1094년	파티마조 칼리프 무스탄시르 사망. 와지르 아프달, 무스탈리를 칼리프로 옹립. 페르시아의 7대 이맘파, 무스탄시르의 아들 니자르를 칼리프로 지지함—니자르(Nizar)파, 별칭 아사신파(assassin)의 시초.
1095년	파티마조, 셀주크 투르크로부터 팔레스타인 및 예루살렘 탈환. 셀주크 투르크 세력, 각지에서 분열되기 시작. 교황 우르바누스 2세, 프랑스 클레르몽에서 성지 회복을 위한 성전을 외침.
1096년	십자군, 콘스탄티노플 집결.
1097년	십자군, 소아시아에서 셀주크 투르크군 격파, 에데사 공국 창건(1097~1144).
1098년	십자군, 안티오크 수복, 독립 공국 수립(1098~1268).

A.D. 1099년	십자군, 파티마조로부터 예루살렘 탈환, 고드프루아, 예루살렘 왕국(1099~1187) 창건하여 '성지 보호자'라 칭함.
1109년	십자군, 파티마조로부터 아크레, 베이루트 및 트리폴리 수복, 트리폴리 독립 공국 수립(1109~1289).
1113년	셀주크조의 모술 지사 모두드, 티베리아스에서 예루살렘 왕 보두앵 1세를 격퇴. 모술 지사 모두드, 다마스쿠스에서 아사신파에 의해 암살.
1118년	예루살렘에 템플 기사단 창설.
1121년	파티마조의 와지르 아프달 암살됨, 파티마조 내분에 빠짐.
1124년	예루살렘 왕국, 티레 점령.
1127년	셀주크 투르크의 장군 장기, 모술 지사에 임명됨.
1130년	모로코인 이븐 투마르트, 스페인 및 마그리브에 순수 이슬람 정권 알모아데조 창건(1130~1269).
1144년	모술 지사 장기, 에데사 수복.
1146년	모술 지사 장기, 암살됨, 아들 누레딘 계승하여 쿠르드족 전사 아이유브 및 시르쿠 중용.
1147년	제2차 십자군 결성―독일 왕 콘라드 3세, 프랑스 왕 루이 7세 등이 지휘함.
1148년	알모아데조, 스페인 남부의 코르도바 점령. 제2차 십자군, 다마스쿠스 포위(1148~49) 후 철수.
1154년	파티마조 칼리프 자피르, 쿠데타로 피살, 혼란 가중됨. 파티마조의 새 와지르 이븐 루지크, 질서를 회복. 모술 지사 누레딘, 다마스쿠스 수복.
1155년	십자군, 파티마조의 마지막 팔레스타인 보루 아슈켈론을 점령.
1157년	셀주크 투르크 술탄 산자르 사망, 셀주크 투르크 분해 가속화.
1160년	파티마조의 와지르 이븐 루지크 피살됨.
1163년	누레딘 휘하의 쿠르드족 전사 시르쿠 및 그의 조카 살라딘, 내분 종식을 위해 이집트로 파견됨.
1168년	시르쿠 및 살라딘, 이집트 내분 진압. 파티마조 칼리프 아디드, 시르쿠를 와지르로 임명.
1169년	시르쿠 사망, 살라딘 술탄을 칭함(아이유브 술탄조, 1169~1260).

A.D. 1171년	술탄 살라딘, 파티마조 무슬림들의 기도에 아바스조 칼리프 무스타디의 이름을 넣음. 파티마조 칼리프 아디드 사망—파티마조 멸망.
1174년	모술지사 누레딘 사망. 술탄 살라딘, 시리아 및 메소포타미아 정복.
1186년	살라딘, 모술까지 영향력을 확장.
1187년	살라딘, 하틴에서 십자군 격퇴, 예루살렘 점령, 예루살렘 왕 뤼지냥의 기, 포로가 됨—예루살렘 왕국 멸망.
1189년	제3차 십자군 결성—신성로마 황제 프리드리히 1세, 영국 왕 리처드 1세, 프랑스 왕 필리프 2세 등이 지휘. 프리드리히 1세, 소아시아의 강에서 익사.
1191년	십자군, 키프로스 및 아크레 탈환.
1192년	살라딘, 십자군과 화평함. 리처드 1세 철수.
1193년	살라딘 사망.
1194년	호레즘(지금의 우즈베키스탄 서북지방) 왕 타카시, 호라산(이란 북동부 지방)정복, 셀주크 투르크의 마지막 술탄 토그릴 2세를 죽임—셀주크 투르크 술탄조 멸망.
1202년	제4차 십자군 결성.
1204년	제4차 십자군, 콘스탄티노플 약탈, 라틴 제국 창건(1204~1261).
1212년	스페인의 십자군, 무슬림 세력을 남부로 축출.
1217년	호레즘 왕 무함마드, 아바스조 칼리프 알 나시르가 술탄 칭호 주기를 거부하자 바그다드를 일시 포위. 다마스쿠스에 근거한 아이유브조의 무아잠, 예루살렘 성벽 파괴. 제5차 십자군 결성, 헝가리 왕 안드레아스 지휘.
1218년	몽골 상인들, 호라산 우트라에서 호레즘의 관리들에게 처형됨. 살라딘의 조카 알 카밀(무아잠의 형제), 아이유브조 술탄이 됨. 십자군, 이집트 수복 실패.
1219년	몽골군, 호레즘 침공. 무함마드, 카스피해 섬으로 피신.
1220년	몽골군, 부하라 및 사마르칸트 함락. 호레즘 왕 무함마드, 카스피해 섬에서 사망, 아들 잘랄 앗 딘 왕위 계승.

A.D. 1221년	십자군, 아이유브조와 화평하고 철수.	
1225년	호레즘 왕 잘랄 앗 딘, 아제르바이잔 장악, 카프카스 침공, 룸의 셀주크 투르크와 충돌.	
1228년	제6차 십자군 결성—신성로마 황제 프리드리히 2세 지휘.	
1229년	프리드리히 2세, 십자군을 이끌고 팔레스타인에 도착, 아이유브조 술탄 알 카밀과 밀약하여 예루살렘 차지.	
	프리드리히 2세, 교황에게 질책당한 뒤, 곧 본국 귀환.	
1231년	호레즘 왕 잘랄 앗 딘, 쿠르드족에 의해 피살.	
1238년	아이유브조 술탄 알 카밀 사망.	
1239년	요르단 케라크에 근거한 아이유브조 실력자 알 나시르 다우드, 예루살렘 함락.	
1242년	몽골군, 소아시아 변경 침공.	
1243년	십자군, 1년간 예루살렘 탈환.	
1244년	아이유브조 술탄 살리, 호레즘 용병을 고용하여 예루살렘 함락. 용병들, 예루살렘 유린.	
1247년	아이유브조, 예루살렘 탈환.	
1248년	제7차 십자군 결성, 프랑스 왕 루이 9세 지휘.	
1249년	십자군, 이집트의 다미에타 수복.	
1250년	아이유브조 술탄 투란 샤, 투르크족 노예용병 맘루크에게 피살됨.	
	맘루크 지도자 바이바르스, 독립국 수립(맘루크 술탄조, 1250~1517), 시리아 및 팔레스타인 장악.	
	프랑스 왕 루이 9세, 무슬림군의 포로가 되었다가 곧 석방됨.	
1256년	몽골 왕자 훌라구, 페르시아 북부 알라무트에 근거한 아사신파를 멸함, 페르시아에 일 한국(1256~1336) 수립.	
1258년	훌라구, 바그다드 함락, 아바스조 칼리프 알 무즈타심 살해—아바스 칼리프조 멸망.	
1260년	훌라구, 알레포, 다마스쿠스 및 예루살렘 함락.	
	맘루크 술탄조의 바이바르스 장군, 아인 잘루트에서 몽골군을 격파하고, 예루살렘 탈환.	
	바이바르스, 맘루크 술탄 쿠투스를 죽이고 스스로 술탄이 됨.	
1268년	맘루크 술탄 바이바르스, 안티오크 공국을 멸함.	

A.D. 1281년	투르크족 일부인 오스만족, 중앙아시아에서 흥기.
1289년	맘루크조 술탄 칼라운, 트리폴리 공국을 멸함.
1291년	맘루크조, 십자군의 마지막 팔레스타인 보루 아크레를 탈환하고 십자군을 중동 지역에서 완전히 몰아냄.
1299년	오스만, 술탄을 칭하고 셀주크 투르크로부터 독립―오스만 투르크 술탄조(1299~1922).
1307년	오스만, 룸의 셀주크 투르크를 멸하고 소아시아 정복.
1319년	맘루크조 술탄 안 나시르 무함마드, 예루살렘의 바위 돔 사원 재건.
1353년	오스만 투르크조, 유럽 침공.
1365년	오스만 투르크조의 술탄 무라드 1세, 트라케를 병합하고 아드리아노플 천도.
1366년	몽골족의 일파인 티무르, 북호라산 및 발크 점령.
1370년	티무르, 사마르칸트에 도읍―티무르조(1370~1506) 창건.
1389년	오스만 투르크의 술탄 무라드 1세, 세르비아를 정복한 뒤 세르비아인에게 피살. 아들 바예지드 1세 즉위.
1392년	티무르, 바그다드 침공.
1393년	오스만 투르크, 세르비아 정벌.
1396년	오스만 투르크, 니코폴리스에서 헝가리 왕 지기스문트 격파.
1402년	티무르, 앙카라에서 오스만 투르크의 술탄 바예지드 1세를 사로잡아 죽임. 아들 쉴레이만 및 메메드 1세 분열.
1405년	티무르, 중국 원정 준비하다 사망.
1411년	오스만 투르크의 쉴레이만, 동생 무사에 의해 살해됨. 무사, 술탄을 칭함.
1413년	오스만 투르크 술탄 메메드 1세, 무사를 죽이고 내분 종결.
1424년	오스만 투르크, 콘스탄티노플을 제외한 비잔틴의 모든 영토 점령.
1444년	오스만 투르크, 바르나에서 헝가리군 격파.
1453년	오스만 투르크 술탄 메메드 2세, 콘스탄티노플 함락―비잔틴 제국 멸망.
1456년	헝가리, 베오그라드에서 오스만 투르크군 격파.
1460년	오스만 투르크, 그리스 전역 정복.

A.D. 1475년	오스만 투르크, 크림 반도 정복.
1478년	오스만 투르크, 알바니아 정복.
1492년	에스파냐의 페르난도 왕과 이사벨 여왕, 남부의 이슬람 왕국 나시르조(1230~1492)를 멸함—무슬림 완전 축출.
1502년	신비주의(수피즘) 신봉자 이스마일, 페르시아에 사파위조(1502~1732) 창건.
1516년	오스만 투르크, 시리아, 팔레스타인 및 서부 아라비아 병합.
1517년	오스만 투르크, 맘루크조를 멸함.
1526년	헝가리 왕 로요슈 2세, 모하치에서 오스만 투르크에 패하여 사망.
1534년	오스만 투르크, 바그다드 함락.
1541년	오스만 투르크, 헝가리 및 오스트리아 침공.
1566년	오스만 투르크, 헝가리 침공.
1569년	프랑스, 오스만 투르크와 '외국인거류협정' 체결.
1571년	스페인의 무적 함대, 레판토에서 오스만 투르크 해군 격파.
1574년	오스만 투르크, 튀니지 정복.
1612년	오스만 투르크, 오스트리아 침공.
1623년	페르시아의 사파위조, 바그다드 점령.
1638년	오스만 투르크, 바그다그 수복.
1661년	오스만 투르크, 오스트리아 및 헝가리와 전쟁.
1677년	오스만 투르크, 러시아와 전쟁.
1682년	오스만 투르크, 오스트리아와 전쟁.
1683년	오스만 투르크, 오스트리아 빈 위협. 독일-폴란드 연합군, 오스만 투르크군 격파.
1687년	오스만 투르크, 모하치에서 유럽 연합군에게 패배.
1696년	러시아, 오스만 투르크 북부 영토 침공, 아조프 점령.
1697년	오스트리아, 오스만 투르크 군 격파.
1699년	오스만 투르크와 유럽 열강간에 카를로비츠 휴전 협정(오스만 투르크, 헝가리를 포기하고 크레타 섬을 얻음).
1711년	스웨덴 왕 카를 12세, 오스만 투르크와 결탁하여 러시아 침공. 오스만 투르크, 러시아와 화해하고 아조프를 돌려받음.
1716년	오스만 투르크, 오스트리아와 전쟁.

A.D.	1718년	오스만 투르크, 베네치아 및 오스트리아와 화해(파사로비츠 조약).
	1732년	아프간인들, 페르시아의 사파위조를 멸함.
	1736년	오스트리아 및 러시아, 동맹하여 오스만 투르크와 전쟁.
	1737년	러시아, 오스만 투르크의 아조프 및 크림 반도 점령.
	1739년	오스만 투르크, 오스트리아 및 러시아와 화해.
	1768년	오스만 투르크, 러시아와 전쟁.
	1771년	러시아, 크림 반도 점령.
	1774년	오스만 투르크, 러시아와 화해(퀴취크 카이나르카 조약으로 크림 반도를 잃음).
	1779년	페르시아에 카자르조 수립(1779~1925).
	1780년	러시아 및 오스트리아, 동맹하여 오스만 투르크에 대항.
	1787년	오스만 투르크, 러시아 및 오스트리아와 전쟁.
	1791년	오스만 투르크, 오스트리아와 화해.
	1805년	아라비아 사우드 부족의 무함마드 이븐 사우드, 아라비아에서 세력 확장.
	1808년	세르비아인들, 오스만 투르크에 반란.
	1821년	그리스인들 반란, 이집트 파샤 무함마드 알리, 이를 진압.
	1826년	오스만 투르크, 그리스군 격파, 아테네 점령.
	1827년	유럽 열강, 그리스 지지 선언.
		유럽 연합 함대, 나바리노에서 오스만 투르크 해군 격파.
	1829년	오스만 투르크, 러시아와 화해(아드리아노플 화약).
	1830년	세르비아 독립.
		유럽 열강, 그리스 독립 선언.
		프랑스, 알제리 병합.
	1831년	이집트의 파샤 무함마드 알리, 오스만 투르크에 반기.
		무함마드 알리의 양자 이브라힘, 시리아 및 서아라비아 점령, 개혁정치 도입.
	1832년	이브라힘, 코니아에서 오스만 투르크군 격파.
	1833년	오스만 투르크, 러시아와 상호 방위조약(웅칼 스칼렛시 밀약) 체결.
	1839년	무함마드 알리, 오스만 투르크와 전쟁 개시.
	1840년	유럽 열강, 무함마드 알리에게 압력을 넣음(런던 조약).

A.D. 1841년	무함마드 알리, 시리아 및 팔레스타인에서 철수, 오스만 투르크와 화해, 헤디브가 되어 이집트의 세습 통치를 인정받음. 오스만 투르크, 유럽 열강와 조약 체결, 러시아와의 밀약 파기.
1851년	오스만 투르크, 보스니아 반란 평정.
1853년	오스만 투르크, 몬테네그로 반란 평정. 러시아, 오스만 투르크과 전쟁—크림 전쟁(1853~1856)
1854년	영국, 프랑스도 오스만 투르크에 선전포고.
1855년	연합군, 세바스토폴 함락.
1856년	파리 조약—크림 전쟁 종결.
1860년	레바논 내전—드루즈파 무슬림, 마론파 그리스도교인들 학살.
1863년	이집트 헤디브 사이드 사망, 이스마일 계승하여 오스만 투르크에서 사실상 독립.
1869년	이집트, 수에즈 운하 완공.
1875년	보스니아 및 헤르체고비나, 오스만 투르크에 반란. 영국, 이집트로부터 수에즈 운하 매수.
1876년	오스만 투르크, 헌법 도입, 술탄에 의해 얼마 후 곧 폐기됨. 세르비아, 오스만 투르크에 반란.
1877년	러시아, 오스만 투르크에 대해 선전포고. 오스만 투르크, 불가리아에 자치 허용.
1878년	산 스테파노 조약 및 베를린 조약으로 러시아 오스만 투르그 전쟁 종결.
1880년	러시아 및 루마니아의 유태인 난민들, 팔레스타인으로 피난 옴.
1882년	영국, 내분을 이유로 이집트 점령.
1895년	유럽 열강, 오스만 투르크에 대해 국정 개혁안 제출.
1897년	1차 시온주의자 의회, 팔레스타인에 유태인 국가 설립 의결. 오스만 투르크, 그리스에 선전포고했으나 곧 화해.
1901년	마케도니아, 오스만 투르크에 반란.
1902년	사우드 부족의 아브드 알 아지즈, 리야드 장악.
1908년	오스만 투르크, 청년 투르크당 쿠데타로 헌법 복구. 루마니아와 불가리아, 독립 선언. 오스트리아, 보스니아 및 헤르체고비나 합병.

A.D.	1911년	이탈리아, 오스만 투르크에 선전포고, 리비아의 트리폴리 점령.
	1912년	그리스, 불가리아, 세르비아 등이 동맹을 맺고 오스만 투르크와 전쟁—제1차 발칸 전쟁.
	1913년	제2차 발칸 전쟁 발발—부쿠레슈티 조약으로 종결.
	1914년	제1차 세계대전 발발(오스만 투르크, 독일편에 참전). 이집트, 영국의 보호령이 됨(헤디브가 술탄이 됨).
	1915년	이집트 주재 영국 고등판무관 맥마흔이 전후 아랍인의 독립국가 건설을 지지하기로 약속.
	1916년	하심 가문의 후세인(메카의 샤리프), 맥마흔과의 약속에 따라 오스만 투르크에 반란, 헤자즈(아라비아반도 서부 지역) 왕을 칭함. 사이크스-피코 협약으로 영국과 프랑스가 중동에서의 세력권을 나누기로 함.
	1917년	영국, 밸푸어 선언으로 팔레스타인에 유태인 보금자리 약속. 영국군, 예루살렘 점령.
	1918년	제1차 세계대전 종결.
	1919년	영국의 이집트 독립 거부로 이집트에서 대규모 반영 시위.
	1920년	연합국, 오스만 투르크와 강화 조약 조인. 무슬림과 유태인, 성전 서쪽벽에서의 유태인 종교 의식 문제로 무력 충돌.
	1921년	후세인의 아들 파이살, 프랑스에 의해 시리아에서 축출되었으나, 영국의 후원으로 이라크 왕이 됨.
	1922년	터키(투르크) 국민 정부 수립, 술탄 및 칼리프 제도 폐지—오스만 투르크 멸망. 영국, 이집트 독립 선언(술탄이 왕이 됨). 국제연맹, 이라크와 팔레스타인을 영국의 위임통치하에, 시리아와 레바논을 프랑스의 위임통치하에 둠.
	1923년	터키, 공화국 선언, 케말 파샤 대통령 취임.
	1924년	헤자즈 왕 후세인 양위, 아들 알리 계승.
	1925년	페르시아 레자 샤, 카자르조 멸하고 팔레비조(1925~1980) 창건. 아라비아에서 쫓겨난 사우드 가문의 아지즈, 아라비아 장악.
	1932년	아브드 알 아지즈, 사우디아라비아 왕국 창건.

A.D. 1933년	이라크 왕 파이살 사망, 아들 가지 계승.
1934년	이탈리아, 리비아 해안에서 내륙으로 세력 확장.
1935년	페르시아의 레자 샤, 국호를 이란으로 고침.
1936년	영국, 이집트 점령군 철수, 수에즈 운하에만 방어군 잔류시킴. 팔레스타인 아랍인들, 아민 알 후사인 지도 아래 반란을 일으킴.
1937년	영국의 필 위원회, 팔레스타인 분할안 제시.
1939년	영국, 유태인의 팔레스타인 이주 제한, 아랍인 반란 진압. 이라크 왕 가지 사망, 아들 파이살 2세 계승.
1945년	시리아 및 레바논 독립. 아랍연맹 창설—이집트, 시리아, 레바논, 이라크, 트란스요르단, 사우디아라비아, 예멘.
1946년	트란스요르단의 맹주 압둘라, 요르단 왕이 됨.
1947년	아랍인과 유태인, 팔레스타인 각지에서 충돌 재개. 국제연합, 팔레스타인 분할안을 의결함.
1948년	영국 위임통치 종결. 이스라엘 독립 선언, 제1차 중동전쟁.
1949년	이스라엘과 요르단, 휴전 협정 맺고 예루살렘 양분.
1950년	요르단, 요르단 강 서안 병합, 지배권 확보.
1951년	요르단 왕 압둘라 암살됨, 아들 탈랄 계승.
1952년	이집트에 쿠데타, 나세르 권력 장악, 왕정 폐지, 공화국이 됨. 요르단 왕 탈랄 사망, 아들 후세인 계승.
1953년	사우디아라비아의 아브드 알 아지즈 왕 사망, 아들 사우드 계승.
1954년	영국군, 수에즈 운하에서 철수. 시리아, 군부 쿠데타로 바트당 집권.
1956년	이집트 대통령 나세르, 수에즈 운하 국유화—영국, 프랑스, 이스라엘 등 이집트 공격(제2차 중동전쟁).
1957년	영국군, 요르단 철수.
1958년	레바논 내전. 시리아와 이집트, 연합 아랍 공화국으로 합병됨. 이라크에 군부쿠데타, 파이살 2세 폐위됨, 왕정 폐지.
1960년	석유수출국기구(OPEC) 결성.

A.D. 1961년		쿠웨이트 독립.
		시리아에 쿠데타, 연합 아랍 공화국 해체.
1962년		예멘의 이맘 자이드 사망, 후계자는 곧 폐위됨—예멘 아랍 공화국 수립(북예멘), 내전 발발.
		이집트, 예멘 내 일부 세력의 요청으로 내전에 파병.
1963년		이라크 내 권력 투쟁으로 바트당에 동조하는 세력 집권.
1964년		아랍연맹, 팔레스타인 해방기구(PLO) 창설.
		사우디아라비아 사우드 왕 퇴임, 파이살 계승, 근대화 개시.
1967년		영국군, 예멘의 아덴항에서 철수, 공산주의자들이 권력 장악, 인민민주공화국 수립(남예멘).
		제3차 중동전쟁(6일전쟁)—이스라엘, 시나이 반도, 가자 지구, 요르단 강 서안, 동예루살렘 및 골란 고원 점령.
1968년		영국, 아라비아 북동부 해안가에서 철수, 연합 아랍 맹주국(UAE) 수립을 후원.
		이라크에 또다른 바트당 분파 집권. 사담 후세인, 막후 실력자로 떠오름. 아랍석유수출국 기구(OAPEC) 발족.
1969년		야세르 아라파트, PLO 의장이 됨.
		리비아에 쿠데타, 알 카다피 집권.
1970년		시리아에 쿠데타—하피즈 알 아사드가 이끄는 군부 세력, 바트당을 축출하고 집권.
		이집트 대통령 나세르 사망, 사다트 취임.
1971년		PLO, 요르단에서 축출되어 남부 레바논으로 근거지를 옮김.
1973년		제4차 중동전쟁 발발—이집트, 시나이 반도 수복 위해 공격했으나 실패. 이 전쟁을 계기로 OPEC 생산량 감축과 금수조치를 취해 세계 경제 제1차 오일 쇼크(1973~1974) 겪음.
1975년		사우디아라비아의 왕 파이살 피살, 동생 할리드 계승.
		레바논 내전 발발—이슬람 좌익 연합과 그리스도교 군부세력 간의 무력 충돌에서 시작, 시리아, 이스라엘, 유엔까지 개입.
1976년		PLO, 아랍연맹 가입.
1978년		미국의 중재로 이스라엘과 이집트 간의 캠프 데이비드 협상.
		OPEC 감산정책으로 제2차 오일쇼크(1978~1980).

A.D. 1979년		이스라엘, 이집트 간의 평화 협정—이스라엘의 시나이 반도 철수 및 이집트 중도 노선 지향에 합의.
		이란, 이슬람 원리주의자 혁명으로 왕정 폐지, 호메이니 집권.
		이라크 대통령 바크르 사임, 사담 후세인 취임.
1980년		이란-이라크 전쟁 발발.
1981년		이집트 대통령 사다트 피살, 무바라크 취임.
1982년		이스라엘, 시나이 반도 철수 완료.
		이스라엘, 레바논 남부 PLO 근거지 공격, 다국적군 배치됨.
		사우디아라비아의 왕 할리드 사망, 동생 파드 계승.
1983년		이스라엘, 레바논 철수.
1984년		다국적군, 레바논 철수.
1987년		제1차 팔레스타인 민중봉기 인티파다(1987~1991) 발발.
1988년		이란-이라크 전쟁 종결.
		PLO, 팔레스타인 독립 국가 수립 선포—이스라엘을 인정하고, 요르단 강 서안 및 가자 지구에 팔레스타인 국가 수립 제의.
1989년		이란의 호메이니 사망, 라프산자니 대통령 취임.
1990년		이라크, 쿠웨이트 침공.
1991년		PLO-이스라엘, 마드리드에서 평화회의—PLO와 이스라엘 상호 승인.
		걸프전 발발—미국 등 이라크를 쿠웨이트에서 몰아냄.
1992년		시리아, 레바논 철수.
		레바논, 20년 만의 의회선거—이슬람 원리주의자들인 헤즈볼라 당 다수석 차지, 이스라엘과 충돌.
1993년		PLO-이스라엘, 오슬로 평화협정 체결.
		아라파트, 팔레스타인 자치 기구의 의장이 됨.
1994년		카이로 협정—아라파트와 라빈, 팔레스타인 자치 이행에 합의. 예리코와 가자 지구, 처음으로 팔레스타인 자치 영토가 됨.
		요르단-이스라엘, 워싱턴 선언에 이은 평화협정 체결.
1995년		아라파트와 라빈, 제2차 오슬로 협정 서명—가자, 예리코에 국한되었던 자치 범위를 요르단 강 서안으로 확대키로 함.
		라빈 이스라엘 총리 암살.

A.D. 1996년	이스라엘, 남부 레바논 폭격.
	이스라엘, 서안 지구 주요 도시를 팔레스타인에 이양.
	팔레스타인 자치를 위한 총선거 실시—아라파트 의장, 초대 행정 수반 취임.
1997년	요르단 강 서안에서 이스라엘 병력 철수.
1999년	요르단 왕 후세인 사망, 아들 압둘라 계승.
	이스라엘, 바라크 총리 집권.
	세계 지도자 150명 중동평화회의 개최.
2000년	시리아 대통령 아사드 사망.
	PLO, 이스라엘 동의와 상관없이 독립국가 선포.
	캠프 데이비드의 팔레스타인 자치를 위한 최종지위 협상 결렬.
	알 악사 인티파다(제2차 인티파다) 발발.
2001년	강경파 아리엘 샤론 이스라엘 총리 당선—오슬로협정 파기 선언.
	9.11 뉴욕 세계무역센터 테러 사건 발생.
2002년	이스라엘, 예닌 난민촌 학살사건 자행.
	이스라엘-팔레스타인 '가자 · 베들레헴 퍼스트' 전격 합의—이스라엘이 우선 가자 지구와 베들레헴에서 단계적으로 병력을 철수하고 팔레스타인이 치안 관할권을 넘겨받는 것으로 되어 있음.

참고문헌

1부 – 유태인 역사에서 본 예루살렘의 의미

Kibbutz Members, eds., *The Seventh Day* (London, 1974).

Benjamin Mazar, *The Mountain of the Lord* (New York, 1975).

Shemaryahu Talmon, "The Biblical Concept of Jerusalem," in John M. Oesterreicher and Anne Sinai, eds., *Jerusalem* (New York, 1974).

Walter Harrelson, *Interpreting the Old Testament* (New York, 1964).

H. Tadmor, "The Period of the First Temple, the Babylonian Exile and the Restoration," in H. H. Ben-Sasson, ed., *A History of the Jewish People* (Cambridge, Mass., 1976).

Ronald de Vaux, *Ancient Israel*, vol. 2, *Religious Institutions* (New York, 1965).

John Bright, *A History of Israel*, 2nd ed. (Philadelphia, 1972).

W. O. E. Oesterley, *A History of Israel* (Oxford, 1948).

Menahem Stern, "The Period of the Second Temple," in Ben-Sasson, ed., *A History of the Jewish People* (Cambridge, Mass., 1976).

Lee I. Levine, "The Age of Hellenism," in Hershel Shanks, ed., *Ancient Israel* (Englewood Cliffs, N.J., 1988).

Emil Schurer, *A History of the Jewish People in the Time of Jesus* (New York, 1961).

M. Avi-Yonah, *The Jews Under Roman and Byzantine Rule* (Jerusalem, 1984).

David M. Rhodes, *Israel in Revolution: 64 C.E., A Political History Based on the Writings of Josephus* (Philadelphia, 1976).

Yehoshofat Harkabi, *The Bar Kochba Syndrome: Risk and Realism in International Politics* (Chappaqua, N.Y., 1983).

Avraham Holtz, ed., *The Holy City: Jews on Jerusalem* (New York, 1971).

Joan Comay, *The Temple of Jerusalem* (New York, 1975).

Itzhak Ben-Zevi, "Eretz Yisrael Under Ottoman Rule, 1517~1917," in Louis Finkelstein, ed., *The Jews: Their History, Culture and Religion*, 3rd ed. (New York, 1960).

Yehoshua Ben-Arieh, *Jerusalem in the 19th Century: The Old City* (Jerusalem and New York, 1984).

Tudor Parfitt, *The Jews of Palestine, 1800~1882* (Woodbridge, England, 1987).

S. Zalman Abramov, *Perpetual Dilemma: Jewish Religion in the Jewish State* (Cranbury, N.J., 1976).

2부 - 그리스도교인들의 분쟁과 축복으로 얼룩진 예루살렘의 역사

W. D. Davies, "Jerusalem and the Land in the Christian Tradition," in Marc H. Tanenbaum and R. J. Zwi Werblovsky, eds., *The Jerusalem Colloquium on Religion, Peoplehood, Nation, and Land*, Truman Research Institute Publication No. 7 (Jerusalem and New York, 1970).

Walter Zander, *Israel and the Holy Places of Christendom* (New York, 1971).

Geza Vermes, *Jesus the Jew* (Philadelphia, 1973).

Hans Conzelman, *Jesus* (Philadelphia, 1973).

James M. Robinson, *A New Quest of the Historical Jesus* (Naperville, Ill., 1959).

William Manson, *Jesus the Messiah* (London, 1956).

Rudolph Bultman, *Jesus and the Word* (New York, 1958).

Howard Clark Kee and Franklin W. Young, *Understanding the New*

Testament (Englewood Cliffs, N.J., 1957).

Gunther Bornkamm, *Jesus of Nazareth* (New York, 1960).

Joseph Klausner, *Jesus of Nazareth* (Boston, 1964).

S. G. F. Brandon, *Jesus and the Zealots* (New York, 1967).

Joachkim Jeremias, *Jerusalem in the Time of Jesus* (Philadelphia, 1959).

E. D. Hunt, *Holy Land Pilgrimage in the Later Roman Empire, A.D. 312~460* (Oxford, 1982).

Jonathan Sumption, *Pilgrimage: An Image of Mediaeval Religion* (Totowa, N.J., 1975).

Norman Kotker, *The Earthly Jerusalem* (New York, 1969).

John Wilkinson, *Jerusalem Pilgrims Before the Crusades* (Jerusalem, 1977).

Speros Vryonis, *Byzantium and Europe* (Norwich, England, 1967).

John Gray, *A History of Jerusalem* (London, 1969).

W. H. C. Frend, "Christianity in the Middle East: Survey Down to A.D. 1800," in A. J. Arberry, ed., *Religion in the Middle East: Three Religions in Concord and Conflict*, vol. 1, *Judaism and Christianity* (Cambridge, England, 1969).

Steve Runciman, *A History of the Crusades*, vol. 1, *The First Crusade and the Foundation of the Kingdom of Jerusalem* (New York, 1964).

Joshua Prawer, *The Latin Kingdom of Jerusalem* (London, 1972).

Meron Benvenisti, *The Crusaders in the Holy Land* (New York, 1970).

Zoe Oldenbourg, *The Crusades* (New York, 1966).

C. R. Conder, *The Latin Kingdom of Jerusalem* (London, 1897).

Chaim Wardi, "The Questions of the Holy Places in Ottoman Times," in Moshe Maoz, ed., *Studies on Palestine During the Ottoman Period* (Jerusalem, 1975).

R. Curzon, *Visits to Monasteries of the Levant* (London, 1955 reprint).

Derek Hopwood, "The Resurrection of Our Eastern Brethren (Ignatev); Russia and Orthodox Arab Nationalism in Jerusalem," in Moshe Maoz, ed., *Studies on Palestine During the Ottoman Period* (Jerusalem, 1975).

3부 - 이슬람 역사에서 본 예루살렘의 거룩함

Philip Hitti, *A History of Syria Including Lebanon and Palestine* (New York, 1951).

Shlomo D. Goitein, "Jerusalem in the Arab Period (638~1099)," in Lee I. Levine, ed., *The Jerusalem Cathedra*, vol. 2 (Detroit, 1982).

John Gray, *A History of Jerusalem* (London, 1969).

J. Wellhausen, *The Arab Kingdom and Its Fall* (Beirut, 1963).

Alfred Guillaume, *Islam* (Baltimore, 1964).

Joel Carmichael, *The Shaping of the Arabs: A Study in Ethnic Identity* (New York, 1967).

Shlomo D. Goitein, "Al-Kuds," in C. E. Bosworth, et al., eds., *The Encyclopedia of Islam*, new ed., vol. 5, Fascicules 83~84 (Leiden, E. J. Brill, 1980).

Rev. James Rose Macpherson, *Palestine Pilgrims' Text Society*, vol. 3 (London, 1889).

Guy Le Strange, *Palestine Pilgrims' Text Society*, vol. 3 (London, 1892).

Zev Vilnay, *Legends of Jerusalem* (Philadelphia, 1973).

Aref El Aref, *A Brief Guide to the Dome of the Rock and Al-Haram al-Sharif* (Jerusalem, 1962).

Shlomo D. Goitein, "The Historical Background of the Erection of the Dome of the Rock," *Journal of the American Oriental Society*, vol. 70 (1950).

Oleg Grabar, "The Umayyad Dome of the Rock in Jerusalem," *Ars Orientalis*, vol. 3 (1959).

Guy Le Strange, *History of Jerusalem Under the Moslems* (Jerusalem, n.d.).

E. A. Belyaev, *Arabs, Islam and the Arab Caliphate in the Early Middle Ages* (Jerusalem, 1969).

Shlomo D. Goitein, *Studies in Islamic History and Its Institutions* (Leiden, 1966).

Guy Le Strange, *Palestine Pilgrims' Text Society*, vol. 4. (London 1893).

Norman Kotker, *The Earthly Jerusalem* (New York, 1969).

Emmanuel Sivan, "Le Caractere Sacre De Jerusalem Dans L'Islam Aux XII~XIII Siecles," *Studia Islamica*, 1967.

Issac Hasson, "Muslim Literature in Praise of Jerusalem, Fada'il Bayt al-Maqdis," in Lee I. Levine, ed., *Jerusalem Cathedra*, vol. 1 (Detroit, 1981).

Herbert Busse, "The Sanctity of Jerusalem in Islam," *Judaism*, vol. 17.

M. J. Kister, "You Shall Only Set Out for Three Mosques: A Study of an Early Tradition," *Le Museon*, vol. 82, 1~2, (1969).

Avraham Holtz, ed., *The Holy City: Jews on Jerusalem* (New York, 1971).

Joseph Drory, "Jerusalem During the Mamluk Period (1250~1517)," in Lee I. Levine, ed., *Jerusalem Cathedra*, vol. 1 (Detroit, 1981).

Oleg Grabar, "Al-Kuds, B, Monuments," in C. E. Bosworth, et al., eds., *The Encyclopedia of Islam*, new ed., vol. 5, Fascicules 83~84 (Leiden, 1980).

J. Press, *A Hundred Years of Jerusalem: Memoirs of Two Generations* (Jerusalem, 1964).

Yehoshua Ben-Arieh, *Jerusalem in the 19th Century: The Old City* (Jerusalem and New York, 1984).

Moshe Maoz, *Ottoman Reforms in Syria and Palestine, 1840~1881* (Oxford, 1968).

C. R. Conder, *Tent Work in Palestine* (London, 1878).

George Antonius, *The Arab Awakening: The Story of the Arab National Movement* (New York, 1946).

4부 - 예루살렘의 미래, 분할이냐 통합이냐

Michael Curtis, et al., eds., *The Palestinians: People, History, Politics* (New Brunswick, N.J., 1975).

Moshe Maoz, ed., *Palestinian Arab Politics* (Jerusalem, 1975).

Don Peretz, *The Middle East Today* (New York, 1965).

John Gray, *A History of Jerusalem* (London, 1969).

Eugene H. Bovis, *The Jerusalem Question* (Stanford, 1971).

Chaim Weizmann, *Trial and Error* (London, 1950).

Janet L. Abu-Lughod, "The Demographic Transformation of Palestine," in Ibrahim Abu-Lughod, ed., *The Transformation of Palestine* (Evanston, Ill., 1971).

statistics from *Municipality of Jerusalem, Office of the Spokesman* (May 1974).

Joan Peters, *From Time Immemorial: The Origins of the Arab-Jewish Conflict over Palestine* (New York, 1985).

Yehoshua Porath, "Mrs. Peters's Palestine," *New York Review of Books*, January 16, 1986.

Daniel Rubenstein, "The Jerusalem Municipality Under the Ottomans, British, and Jordanians," in Joel L. Kraemer, ed., *Jerusalem: Problems and Prospects* (New York, 1980).

Norman Kotker, *The Earthly Jerusalem*, (New York, 1967).

Ben Halpern, *The Idea of the Jewish State* (Cambridge, Mass., 1961).

Gariel Padon, "The Siege of Jerusalem," in John Oesterreicher and Anne Sinai, eds., *Jerusalem* (New York, 1974).

Meron Benvenisti, *Jerusalem: The Torn City* (Minneapolis, 1961).

Teddy Kolleck in *Foreign Affairs*, July 1977.

Kibbutz Members, eds., *The Seventh Day* (London, 1974).

Walid Khalidi, "Thinking the Unthinkable: A Sovereign Palestine State," *Foreign Affairs*, July 1978.

M. A. Aamiry, *Jerusalem: Arab Origin and Heritage* (London, 1978).

K. J. Asali, ed., *Jerusalem in History* (New York, 1990).

A. L. Tibawi, *Jerusalem: Its Place in Islam and Arab History* (Beirut, 1969).

Islamic Council of Europe, *Jerusalem: The Key to Peace* (London, 1980).

찾아보기

ㄱ

가톨릭(Catholicism) → 로마 가톨릭
걸프전쟁(Gulf War) 452
게르마노스(Germanos) 277
겐나(Ghenna) 계곡 12, 16, 75
'경전(經典)의 사람들'(People of the Book) 148, 221, 310
계약궤(Ark of the Covenant) 48, 52, 53, 57
고난의 길 → 비아 돌로로사
고드프루아(Godefroi de Bouillon) 233, 241
구호 기사단(Knights Hospitaller) 246, 247, 248, 250
그레고리우스(Gregorius of Nyssa) 184, 185, 212
그레고리우스 9세(Gregorius IX) 362
그루지야(Gruziya)인 154, 320, 357
그리스정교(Greek Orthodox religion) 230
그리스정교 내 아랍인과 그리스인 간의 갈등 274~286
그리스정교와 라틴교회 간 다툼 270~273

ㄴ

나샤시브(Nashashib) 가문 408, 411, 421
나시르 이 후스라우(Nasir i Khusraw) 348, 349
나크마니데스(Nachmanides) 155, 367
네로(Nero) 119
네부카드네자르(Nebuchadnezzar) 86
네스토리우스(Nestorius) 213, 217
누레딘(Nureddin) 258, 259, 354
누르 앗 딘(Nur ad-Din) → 누레딘
느헤미야(Nehemiah) 90, 93~95
니케아 공의회(Council of Nicaea) 212
니케포루스 포카스 2세(Nicephorus II Phocas) 225, 343

ㄷ

다마스쿠스(Damascus) *216, 259, 298, 315~316, 338, 355, 374~375*
다마스쿠스 문 *31, 198, 205*
다마스쿠스의 요한네스(Johannes) *317*
다비드 벤 구리온(David ben Gurion) *395, 419, 421*
다윗(David) *46, 50, 54~59, 69*
단성론(單性論, monophysitism) *213, 214, 311*
단일의지론(Monothelitism) *215*
도릴라이움(Dorylaeum) *236*
동예루살렘(East Jerusalem) *24~25, 43, 171, 423, 425, 445~448, 459*
드루즈(Druze) *159*
디아스포라(Diaspora) *95*

ㄹ

라마단(Ramadan) *326*
라틴 교회와 그리스정교 간 다툼 *270~273*
람라(Ramla) *294, 301, 337, 338, 350*
랍비(rabbi) *125, 132, 140*
러시아정교(Russian Orthodox religion) *279*
레비 이븐 하비브(Levi ibn Habib) *158, 159*
로마 가톨릭(Roman Catholicism) *230*
리숀 레 시온(Rishon le-Zion)
→ 하캄 바쉬
리처드 1세(Richard I) *264, 362*

ㅁ

마론 교회인(Maronite) *27*
마르완 2세(Marwan II) *339*
마르코(Mark) *189, 190*
마리아 막달레나 교회(Church of Maria Magdalena) *281*
마왈리(Mawali) *301, 337, 340*
마카베오 혁명(Maccabeean Revoution) *103*
마타시아스 하스몬(Mattathias Hasmon) *103*
맘루크(Mamluk)조 *365~368, 371*
맥마흔(Henry McMahon) *402*
메노파(Mennonite) *17*
메디나(Medina) *308, 312, 358*
메시아(messiah) *55, 84, 132*
메시아 운동 *153*
메카(Mecca) *309, 312, 358*
멜기세덱(Melchisedek) *14, 56*
멜키트파(Melkite) *27, 216, 278*
모데스투스(Modestus) *218*
모리야 바위(Mount Moriah) *255, 312, 319, 321~324*
모세 몬티피오리(Moses Montefiore) *168, 170, 173*
모세 벤 나크만(Moses ben Nachman)
→ 나크마니데스
무아위야(Mu'awiya) *301, 313~318, 335~336*
무프티(Mufti) *409*
무함마드(Muhammad) *307~311*
무함마드 알리(Muhammad 'Ali) *379, 380, 383*

무함마드 알 무카다시(Muhammad al-Mukaddasi) *322*, *345~348*
므나쎄(Manasseh) 왕 *71*, *74*, *75*
미슈나(Mishnah) *137*
미슈케노트 샤아나님(Mishkenot Sha'ananim) *171*
미츠바(Mitzvah) *155*
민중 십자군 *233*, *234*
밀라노(Milano) 칙령 *200*
밀레트 제도(millet system) *29*, *277*, *284*

ㅂ

바그다드(Baghdad) *340*
바르 코크바(Bar Kokhba) 반란 *127*, *128*, *129*, *132*
바리사이(Pharisee) *105~107*, *112*, *125*, *187*, *188*
바빌로니아(Babylonia) *70*, *77*, *86*, *88*
바빌론 유수(Babylonian Exile) *70*, *85*
바알 쉠 토브(Baal Shem Tov) *162*
바울라(Paula) *207*, *288*
바울로(Paul) *183*, *195*
바위 돔 사원(Dome of the Rock) *222*, *293*, *321~328*, *331*, *339*, *358*, *375*
바이바르스(Baybars) *367*
반(反)유태인 정책 *138*
반(反)유태인 학살 *174*
「백색문서」(White Paper) *418*, *419*
밸푸어 선언(Balfour Declaration) *404*, *405*, *406*
베네치아(Venezia) *323*, *383*
베를린 조약(Treaty of Berlin) *273*
베스파시아누스(Vespasianus) *122*, *124*
보두앵(Baudouin) *236*, *241*, *242*
부라크(Buraq) *331*, *413*
북이스라엘 *68*, *69*
불가리아정교(Bulgarian Orthodox religion) *282*, *283*
비아 돌로로사(Via Dolorosa) *182*, *254*, *256*
빌라도(Pilate) *113*, *115*, *116*, *193*

ㅅ

사두가이(Sadducee) *105*, *106*, *112*, *125*
사마리아인(Samaritan) *92*
샤바트(Sabbath) *134*, *146*, *187*
사울(Saul) *50*, *51*
사이크스-피코 협정(Sykes-Picot Agreement) *401*, *403*
시페드(Safed) *157*, *158*, *159*
산헤드린(Sanhedrin) *132*
산헤립 → 센나케리브
살라딘(Saladin) *20*, *258~260*, *262*, *355~358*
살라흐 앗 딘(Salah ad-Din) → 살라딘
샤를마뉴(Charlemagne) *224*, *261*, *341*
샤베타이 체비(Shabbetai Tzevi) *153*
샤토브리앙(Chateaubriand) *167*
서예루살렘(West Jerusalem) *43*, *171*, *424*, *426*
서쪽벽(Western Wall) *15*, *43*, *147*, *174*, *331*, *446*

성묘 교회(Church of the Holy Sepulchre) 201, 249, 252, 254, 256, 271, 272, 343, 357
성묘 형제단(Brotherhood of the Holy Sepulcher) 277, 285
성 스테파누스 문(St. Stephanus Gate) 206
성전 산(Temple Mount) 23, 43, 174, 220, 303, 333, 412
성전파괴(첫번째) 80, 81
성전파괴(두번째) 123
성지순례 182, 226~227, 231, 288, 289
성화의식(Holy Fire ceremony) 224, 244
세리농 제도(tax farming) 376
세파르디(Sephardi) 28, 162, 165, 168, 411
센나케리브(Sennacherib) 72, 73
셀레우코스(Seleukos) 왕조 96, 99, 104
셀림 1세(Selim I) 374
셀주크 투르크(Seljuk Turk) 226, 231, 344, 350, 352, 354, 372
세마(Shema) 146
세키나(shekhina) 26, 148
소프로니우스(Sophronius) 215, 219, 220, 298
솔로몬(Solomon) 54, 62, 65~67
수니파(Sunni) 314, 338
수피즘(Sufism) 346, 360
쉴레이만 1세(Sülayman I) 377, 383
시나고그(synagogue) → 유대교 회당
시메온(Symeon) 238, 244
시아파(Shi'a) 314, 337, 338, 373

시온주의자(Zionist) 28, 395, 404
시카리(Sicarii) 118
신(新)예루살렘 433
신학논쟁 211, 213
12지파 10, 48, 68
십자가 길(Stations of the Cross) 255
십자군(1차) 232~242
십자군(2차) 264
십자군(3차) 265
십자군(4차) 265
십자군(6차) 265
십자군 원정 148, 228, 229, 443

ㅇ

아랍 민족주의 411
아랍 상임위원회(Arab Higher Committee) 414, 431
아랍인 그리스정교도 276~278, 283, 284, 286
아랍인의 독립운동(오스만 치세 말기) 386, 387
아랍인 총파업 414
아르메니아인(Armenian) 203, 245, 246, 268, 269, 271, 320
아르쿨프(Arculf) 226, 319, 320
아리엘 샤론(Ariel Sharon) 446, 449, 451, 454, 456
아리우스(Arius) 210, 212, 215
아민 알 후사인(Amin al-Husayn) 409, 413, 414, 421, 429~431
아바스(Abbas) 칼리프조 223, 339, 340~342

아부 바크르(Abu Bakr) *297*

아부 알 아바스('Abu al-'Abbas) *339*

아부 하르브 알 무바르카(Abu Harb al-Mubarka) *343*

아브드 알 말리크('Abd al-Malik) *222, 326, 329*

아브드 알 하미드 2세('Abd al-Hamid II) *378, 386*

아브라함 이븐 에즈라(Abraham ibn Ezra) *152*

아슈르바니팔(Ashurbanipal) *75*

아슈케나지(Ashkenazi) *28, 162, 168, 169, 411*

아시리아(Assyria) *72, 73*

아이유브(Ayyub)조 *361~364*

아일리아 카피톨리나(Aelia Capitolina) *20, 128*

아크레(Acre) *66, 162, 345, 350*

아하드 하암(Ahad Ha-'Am) *394*

안 나시르 무함마드(An Nasir Muhammad) *323*

안식일 → 사바트

안토니누스 피우스(Antoninus Pius) *133, 134*

안티오코스 에피파네스 4세(Antiochos IV Epiphanes) *99~103*

안티오크(Antioch) *216, 236, 237, 241*

안티파테르(Antipater) *109*

알렉산데르 야나이우스(Alexander Jannaeus) *104, 107*

알렉산데르 플라비아누스(Alexander Flavianus) *199*

알렉산드라(Alexandra) *108*

알렉산드로스(Alexandros) *96*

알렉산드르 3세(Aleksandr III) *174*

알렉시우스 콤네누스(Alexius Comnenus) *229, 230, 234*

알리 이븐 아비 탈리브('Ali ibn Abi Talib) *301, 313~314*

알 마문(al-Ma'mun) *342*

알 만수르(al-Mansur) *341*

알 무타심(al-Mu'tasim) *342*

알 무타와킬(al-Mutawakkil) *223, 351*

알 악사 사원(Mosque of al-Aksa) *331, 332, 358, 446*

알 카밀(al-Kamil) *362, 363*

알 카스(al-Kas) *333, 370*

알 하킴(al-Hakim) *223, 351~352*

암만(Amman) *429*

압둘라('Abdullah) *403, 418, 421, 425, 427, 432*

압둘 메시드(Abdulmecid) *384*

야고보(James, 예수 동생) *195~196*

야브네(Yavneh) 회함 *126, 197*

야세르 아라파트(Yasser Arafat) *447, 451, 455, 456*

야손(Jason) *100, 101*

야스리브(Yathrib) *308, 309*

야코부스 바라다이우스(Jacobus Baradeus) *213*

야코부스파(Jacobite) *214, 229, 268, 271, 317, 357*

야콥 베랍(Jacob Berab) *159*

얌니아(Jamnia) → 야브네

에데사(Edessa) 백작령 *236*

에드몽 드 로트실(Edmond de Rothschild) *168, 170, 173*

에비온파(Ebionite) *214*

에사르하돈(Esarhaddon) 75
에살하똔 → 에사르하돈
에세네(Essenes)파 107, 118
에우도키아(Eudocia) 204
에우세비우스(Eusebius) 199
에제키엘(Ezekiel) 84, 85
에즈라(Ezra) 90, 93, 95
여로보암(Jeroboam) 67
영국의 위임통치 393, 396, 401
예니체리(janissary) 377
예닌 난민촌 학살사건 454
예레미야(Jeremiah) 77, 78, 80
예루살렘 성벽 25
예루살렘 성전 23, 63, 91, 190, 413
예루살렘 왕 241
예부스(Jebus) 9, 51, 56
예수 그리스도(Jesus Christ) 186~190
예수부활 교회(Anastasis Church) 146, 201, 206, 245, 251, 304, 321, 322
예시바(yeshiva) 159
오리게네스(Origenes) 199, 208, 214
오바디야(Obadiah) 156
오순절파(Pentecostals) 28
오스만 투르크(Osman Turk) 156, 157, 161~165, 268, 273, 372, 373
오슬로 평화협정(Oslo peace accords) 447, 451
오일쇼크(oil shock) 451
올리브 산(Mount of Olives) 12, 23, 149, 205, 281, 320, 356
외국인 거류협정(Capitulations) 163, 165, 383
요세푸스(Josephus) 87, 107, 118, 119~121

요세프 카로(Joseph Karo) 159
요시야(Josiah) 75~77
요시야의 종교개혁 76
요하난 벤 자카이(Johanan ben Zakkai) 120, 124, 126
요한네스 치미스케스(Johnnes Tzimisces) 225
요한 히르카누스(John Hyrcanus) 104, 106, 107
요한 히르카누스 2세(John Hyrcanus II) 108, 109
우르바누스 2세(Urbanus II) 229~231
우마르 1세(Umar I) 219, 220, 303, 304~305, 313, 320
우마르 2세(Umar II) 302, 320
우마이야(Umayya) 칼리프조 223, 301, 313, 318, 328, 337, 339
우스만(Uthman) 313
유다 마카베오(Judah Maccabee) 103
유다 하 레비(Judah ha-Levi) 151
유대교 회당(synagogue) 95, 142
유대 왕국 68, 69, 72, 78, 82
유럽 제국주의의 영향 163
유스티니아누스(Justinianus) 144, 204, 205, 215
유태인 대반란(66~70년) 120, 196
유태인 정착촌(이스라엘) 461
유태인 추방(스페인에서) 152, 157
6일전쟁 → 중동전쟁(3차)
율리아누스(Julianus) 138~141
은둔자 피에르(Pierre L'Ermite) 233
이마드 아딘 장기('Imad al-Din Zangi) 258, 259, 354, 358
이맘(imam) 376

이브라힘의 개혁정책 *380, 381*
이브라힘 파샤(Ibrahim Pasha) *164, 278, 286, 380, 383*
이븐 타이미야(Ibn Taymiyya) *360*
이사야(Isaiah) *10, 46, 72, 73, 77*
이스라엘의 대(對)팔레스타인 정책 *459*
이스마엘(Ishmael) *311*
이스탄불(Istanbul) → 콘스탄티노플
이흐시드조(Ikhshidids) *345, 350*
인티파다(Intifadeh) *446*

ㅈ

자치회(예루살렘) *410, 411*
제롬(Jerome) *141, 198, 207, 208, 215*
젤로트당(Zealot) *19, 120, 122*
중동문제에 있어서 미국의 정책 및 역할 *456*
중동전쟁(1차) *422, 423, 443*
중동전쟁(2차) *422*
중동전쟁(3차) *422, 443, 444*
중동전쟁(4차) *422, 445*
즈루빠벨(Zerubbabel) *91*
지성소(至聖所) *49, 64*
짐미스(dhimmis) *148, 301, 337, 338, 341, 351*

ㅊ

차임 바이츠만(Chaim Weizmann) *404, 406*

청년 투르크당(Young Turks) *386*
총주교구(Patriarchate) *204, 211, 269, 277*
최고 랍비단(Chief Rabbinate) *399*
최고 무슬림 평의회(Supreme Muslim Council) *399*

ㅋ

카라미타(Qaramitah) *346*
카라임(Karaim) *176*
카르케미시(Carchemish) 전투 *77*
카바(Ka'ba) *294, 308, 309, 325, 360*
카발라(Kabbalah) *153*
카이사리아(Caesarea) *111, 115, 119, 199*
칼리굴라(Gaius Caligula) *116, 117*
칼케돈 공의회(Council of Chalcedon) *27, 143, 214*
캠프 데이비드 협정(Camp David Accords) *445, 460*
『코란』(Qur'an) *307, 309, 310, 323, 329, 330*
콘스탄티노플(Constantinople) *161, 201, 235, 277*
콘스탄티누스(Constantinus) 황제 *127, 137, 200~202*
콘스탄티우스(Constantius) 2세 *138*
콜레림(kolelim) *176*
콥트(Copt) *23*
쿠라이시(Quraysh) 부족 *308*
쿠바트 알 실실라(Qubbat al-Silsilah) *333*

퀴취크 카이나르카 조약(Treaty of Küçük Kaynarca) 280
크네세트(Knesset) 43, 426
크림 전쟁(Crimean War) 273, 282
클레르몽 종교회의(Council of Clermont) 232
키루스(Cyrus) 86, 88
키릴루스(Cyrilus) 274, 285

ㅌ

탕크레드(Tancrède de Hauteville) 239
테오도시우스(Theodosius) 210
템플 기사단(Knights Templar) 246, 247~250, 354
토라(Torah) 32, 47, 106, 155, 302
통곡의 벽 → 서쪽벽
통합 예루살렘 434
투델라(Tudela)의 벤야민(Benjamin) 149, 154, 243
툴룬조(Tulunid) 345
트란스요르단(Transjordan) 402
트란스요르단 영주국(emirate of Transjordan) 403, 429, 430, 432
트리폴리(Tripoli) 241
티무르(Timur) 364, 372
티투스(Titus) 120, 123

ㅍ

파르티아(Parthia) 110
파이살(Faisal) 403, 404

파티마조(Fatimids) 344, 350, 352
팔레스타인 분할안(유엔) 395, 420, 421
팔레스타인 분할안(필 위원회) 416
팔레스타인 인구구성(19세기 말부터) 407, 408
페니키아(Phoenicia) 63
페루심(Perushim) 105
페르시아(Persia) 144, 372, 373
펠라기우스(Pelagius) 214, 215
포그롬(fogrom) 174
포르피리 우스펜스키(Porfiry Ouspensky) 274, 279
프란체스칸(Franciscan) → 프란체스코 수도회
프란체스코 수도회(Franciscan) 267, 268~270, 273
프리드리히 2세(Friedrich II) 261, 362
프톨레마이오스(Ptolemaios) 96, 98
필리스틴(Philistine) 49
필 위원회(Peel Commission) 415

ㅎ

하누카(Hanukkah) 104
하드리아누스(Hadrianus) 황제 127, 128, 133, 198
하람(Haram) 319, 330~333, 370
하룬 알 라시드(Harun al-Rashid) 224, 341
하스몬(Hasmon) 왕가 83, 104, 108
하시딤(Hasidim) 24, 98
하즈(Hajj) 294, 312, 361

하캄 바쉬(Hakham Bashi) 165
하틴 전투(Battle of Hattin) 260, 355, 358
할루침(Halutzim) 175
할루카(halukah) 168, 169, 170
할리드 이븐 알 왈리드(Khalid ibn al-Walid) 297, 332
헤라클리우스(Heraclius) 황제 144, 145~146, 218
헤로데 아그리파(Herod Agrippa) 117, 118
헤로데 안티파스(Herod Antipas) 187
헤로데 왕(Herod the Great) 19, 109, 110~113

헤지라(Hijra, 622년) 299
헨리 맥마흔 → 맥마흔
헬레나(Helena) 201, 202
헬레나이저(hellenizer) 24, 98
헬레니즘화(Hellenization) 97
호레즘(Khwarazm) 364
호베베이 시온(Hovevei Zion) 174
호스로우 2세(Khosroe II) 145, 216
황금문 26, 27, 206, 255
후세인(Hussein, 요르단 영주) 387, 388, 389, 401, 403
히즈키야(Hezekiah) 왕 71, 72, 74

이동진 서울에서 태어나 서울대학교 경제학과를 졸업했다. 1985년 미시간 주립 대학 MBA 과정을 마친 그는, 그 해에 Bankers Trust Company에 입사하면서 금융관련 일을 시작했다. 이후 나라종합금융을 거쳐 지금은 HSBC(홍콩 상하이 은행)에서 자금 관련 일을 맡고 있다. 딜링 업무에서 오는 스트레스를 세계 각국의 역사서를 읽으면서 푸는 그는, 비잔틴 제국 1100년의 역사를 다룬 『종횡무진 동로마사』, 대공황기 미국의 증권가를 다룬 경제 역사서 『골콘다』 등을 번역한 바 있다.

예루살렘

지은이 — 토마스 이디노풀로스
옮긴이 — 이동진
펴낸이 — 유재건
초판 1쇄 발행 — 2002년 11월 15일
초판 3쇄 발행 — 2005년 6월 5일
주   간 — 김현경
편집장 — 이재원
마케팅 — 노수준
제   작 — 유재영

펴낸곳/도서출판 그린비 · 등록번호 제10-425호
주소/서울시 마포구 신수동 115-10
전화/702-2717 · 702-4791 팩스/703-0272
E-mail/editor@greenbee.co.kr

책값은 뒤표지에 있습니다.
Copyright ⓒ 1991, 1994 by Thomas A. Idinopulos.
Translation copyright ⓒ 2002 Greenbee Publishing Company
ISBN 89-7682-927-1